W0189833

Lesley Bremness

Das grosse Buch der Kräuter

Lesley Bremness

Das grosse Buch der Kräuter

Ein praktischer Führer
für den Anbau, die Pflege und
Verwendung von Kräutern

AT Verlag Aarau · Stuttgart

Aus dem Englischen übersetzt von
Marta Jacober, Wollerau

Die Originalausgabe
wurde 1988 erstmals unter dem Titel
«The Complete Book of Herbs»
im Verlag Dorling Kindersley Ltd., London,
veröffentlicht.

6. Auflage 2000

Umschlagbild: Ulla Mayer-Raichle, Kempten
Satz: AZ Grafische Betriebe AG, Aarau
Farblithos: Colourscan, Singapore
Druck und Einband: Neografia a.s., Martin, Slowakei

ISBN 3-85502-338-7

Inhaltsverzeichnis

Vorwort

Der ideale Garten spricht alle Sinne an, nämlich nicht nur den Gesichts-, sondern auch den Tast- und den Geruchssinn, und dabei spielen Kräuter eine wichtige Rolle. Denkt man überdies an ihre ehrwürdige Geschichte, die bis in die Antike zurückreicht, so wird klar, dass die Beschäftigung mit Kräutergärten in hohem Masse lohnend ist.

Manche Gärten des National Trust, mit dessen Hilfe die englische Ausgabe dieses Buches entstand, oder Teile davon, sind ganz den Kräutern gewidmet. Aber auch in vielen andern Gärten werden Kräuter gezogen, einfach, weil sie als Gartenpflanzen wertvoll sind. Baumwolle, Lavendel, Salbei, Gartenraute, Gamander und Ysop lassen sich als Einfassungen und niedrige Hecken in ornamentalen Gärten verwenden. Viele Rabattenpflanzen werden ebenfalls zu den Heilkräutern gezählt, und sie wachsen zusammen mit anderen perennierenden, das heisst ausdauernden mehrjährigen Pflanzen in zahlreichen Gärten des Trusts.

Es versteht sich, dass Kräuter in Gärten, die dem 17. Jahrhundert nachempfunden sind, eine herausragende Rolle spielen. In Little Moreton Hall in Cheshire liegen Kräuterbeete, eingefasst von Buchshecken, beidseitig des ornamentalen Gartens, und in Charlecote, bei Stratford-upon-Avon, enthält die Sammlung der von Shakespeare genannten Pflanzen zahlreiche Kräuter.

Der von Mauern umgebene Garten in Felbrigg Hall, Norfolk, wurde vom Trust mit Obstbäumen, Blumenrabatten, Gemüsen und Küchenkräutern restauriert. In Gunby Hall in Lincolnshire enthält ein ähnlich ummauerter Garten einen klassisch-geometrischen Bereich, in dem ausschliesslich blühende und duftende Pflanzen zwischen die Pflastersteine gesetzt sind.

Bei dem gegenwärtigen Interesse für Kräuter wäre es für den Trust ein leichtes, überall Kräutergärten anzulegen; das Hauptziel des Trusts ist es jedoch, die Eigenart jedes Gartens zu bewahren. Kräutergärten werden deshalb angelegt oder restauriert, wo sie für den Ort oder Gartenbereich traditionell sind.

Der umfassendste Kräutergarten des Trusts liegt in Acorn Bank bei Penrith in Cumberland. Der einstige Küchengarten dient heute ausschliesslich zur Zucht von über 200 verschiedenen Kräutern. Darunter gibt es einige mit ungewöhnlichem Geschmack und zum Garnieren geeignete, aber das Hauptgewicht liegt bei Heilkräutern.

Wie es sich für ein grosses elisabethanisches Haus gehört, beherbergt Hardwick Hall in Derbyshire den grössten Kräutergarten des Trusts. Er ersetzt den früheren Kräutergarten und ist mit vielen Kräutern bepflanzt, die dem Haushalt von Hardwick Hall im 16. Jahrhundert nicht unvertraut gewesen wären.

John Sales, Erster Gartenberater

Sonnenuhr
(links) von Lavendel umgeben, im Garten von Polesden Lacy, Surrey.

Blühende Kräuter
(rechts) im Kräutergarten des National Trust in Acorn Bank in Cumberland.

Einleitung

Kräuter sind Pflanzen, die uns dienen, uns Freude machen und die unsere Naturverbundenheit stärken. Die vielfältigen Bedeutungen des Wortes «Kraut» spiegeln unsere wechselhafte Beziehung zum Pflanzenreich wider. Es gab eine Zeit, da alle Pflanzen für den Menschen wichtig waren; sie galten als Kinder der Mutter Erde, jede hatte ihre Göttlichkeit und Anspruch auf Verehrung. Mit der Industrialisierung, dem Aufschwung der Naturwissenschaften und der Technik verminderte sich unsere Beziehung zur Natur. So wurde die Bedeutung des Wortes «Kraut» immer enger gefasst, und selbst heute gibt es Leute, die unter «Kräutern» nur etwa ein Dutzend Würzpflanzen verstehen.

Ein Versuch, Pflanzen zu klassifizieren, wurde im Westen schon im 4. Jahrhundert vom griechischen Philosophen Theophrastus unternommen. Er teilte die Pflanzenwelt in Bäume, Sträucher und Kräuter ein, hauptsächlich der Grösse nach; zur Gruppe der Kräuter gehörten die vielen Pflanzen, die man in der heutigen Botanik «krautig» nennt. Wie weit der Begriff Kraut gefasst war, zeigt sich auch in der Schöpfungsgeschichte, in der Gott spricht: «Es lasse die Erde aufgehen Gras und Kraut, das Samen bringe, und fruchtbare Bäume auf Erden.» Hier waren also Pflanzen eingeschlossen, die für die Menschen in vieler Beziehung wichtig waren – körperlich, seelisch und geistig. Oft wurden auch Pflanzen als Symbole für geistigen Fortschritt verwendet, wie beim «Baum der Erkenntnis» und dem Apfel im Garten Eden, und manche Kulturen stellen sich das Paradies als einen Garten voller schöner und nützlicher Pflanzen vor, die ihr ganzes Leben verschönern.

Frühes Schrifttum

Die ersten Kräuterkenntnisse wurden mündlich weitergegeben. Mit zunehmendem Wissen und wachsender Bevölkerung drängte sich eine genaue Niederschrift auf, um die Identifikation und Dosierung zu sichern. Viele der ältesten bekannten Schriften handeln von Kräutern. Babylonische Tontafeln von 3000 v. Chr. erläutern medizinische Behandlungen und berichten später über die Einfuhren von Kräutern.

Während der nächsten tausend Jahre entwickelten Parallelkulturen in China, Assyrien, Ägypten und Indien Verzeichnisse von hauptsächlich Heilkräutern. Der chinesische Kräuterkanon wird einem legendären Kaiser Shen Nung zugeschrieben, der 2698 v. Chr. starb (die heutigen Texte sind allerdings wesentlich jünger). Dieser Kaiser, «der göttliche Landwirt», testete für sein Volk viele Pflanzen auf ihre Giftigkeit. Sein Kanon enthält 252 Pflanzenbeschreibungen und Angaben über ihre Wirkung auf den menschlichen Körper, wo man sie findet, wie man sie konserviert und wie anwendet; er setzte damit eine Norm für zukünftige Pharmakopöen.

Schon sehr früh versuchten die Chinesen, Aberglauben auszuschalten, und betonten die Wichtigkeit praktischer Erfahrung. Dies schlägt sich in dem moderner anmutenden *Nei Ching* oder «Medizinischen Kanon» nieder, der einem weiteren legendären Kaiser, Huang Ti (gestorben 2598 v. Chr.), zugeschrieben wird; auch hier sind die heute vorliegenden Texte viel jünger, wahrscheinlich von ungefähr 600 v. Chr.

Die Chinesen hatten stets einen umfassenden Begriff von Pflanzen. Kräuter wurden nicht, wie im Westen, in Abteilungen eingeordnet. Für den Chinesen ist eine Chrysantheme nützlich, schön und tugendhaft. Man zog sie ursprünglich wegen ihrer Heilwirkung; sie bildete einen wichtigen Bestandteil des taoistischen Elixiers. Man glaubte, sie sei voll magischer Säfte und vielleicht deswegen so schön. Die Leute von Nanyang, in Zentralchina, wurden hundert Jahre alt, weil, so wird berichtet, ihr Trinkwasser von einem Strom kam, an dessen Ufern viele Chrysanthemen wuchsen. Man glaubte, die Essenz der Pflanzen sickere ins Wasser und verleihe den Einwohnern ständig neue Kräfte. Im heutigen China werden Chrysanthemen für prachtvolle Blumenarrangements und für medizinische Zwecke verwendet. Eine Sorte wird auch in Suppen, Salaten und Bankettgerichten serviert.

Alte Kräuterbücher im Westen beschreiben einen teils medizinischen, teils magischen Umgang mit Pflanzen. Ägyptische Schriften von 1550 v. Chr. enthalten ärztliche Verordnungen und Angaben über den aromatischen und kosmetischen Gebrauch von Kräutern, die bei religiösen Zeremonien wichtig waren. Etwa zur gleichen Zeit berichten die heiligen *Ayurvedas* in Indien von Kräutern und deren magischem Gebrauch.

Die klassischen Werke der Griechen und Römer versuchten, den Aberglauben auszuschalten; sie gipfelten in *De Materia Medica* von Dioskorides, 512 n. Chr. Er beschreibt 600 Heilpflanzen im ältesten illustrierten Kräuterbuch, das uns erhalten blieb. Dieses Werk blieb bis ins 17. Jahrhundert die Grundlage allen Kräuterwissens.

Theophrastus schrieb auch eine Abhandlung über Parfüms und Kosmetika und beschrieb die Wirkungen verschiedener Kräuter- und Blumenessenzen. Wenig später verfasste Apollonius eine Schrift über Parfüm und nannte die Orte, welche die besten Kräuter dafür lieferten: Majoran bezog man am besten von der ägäischen Insel Kos, Zypresse aus Ägypten und Safran von Rhodos.

Kräuter in der Küche

Der Gebrauch von Kräutern in der Küche wird erstmals im 1. Jh. n. Chr. vom römischen Epikureer Apicius erwähnt. Er nennt faszinierende und abenteuerliche Verbindungen. Zum Beispiel wurden Artischocken in einer Mischung aus frischem Fenchel, Koriander, Minze und Gartenraute gekocht; dazu kamen Pfeffer, Liebstöckel, Honig, Öl und Liquamen (eine starke, auf Fisch basierende Sauce, welche die Römer statt Salz benutzten).

Jahrhundertelang gehörten Kräuter zum Alltag. 1699 schrieb John Evelyn *Acetaria: A Discourse of Sallets* (Über Salate), worin er 73 Salatkräuter nannte, mit genauer Angabe, welcher Teil der Pflanze – Samen, Blüte, Knospen, Blatt, Stengel, Wurzel – zu gebrauchen sei und auf welche Weise – roh, gehackt, gedämpft, blanchiert, in Essig eingelegt.

Kräuter als Gartenpflanzen

Als das Leben sicherer wurde, fing man auch an, aus Vergnügen Gärten anzulegen, und die Bücher erwähnten die Schönheit der Kräuter als Gartenpflanzen. Es wurde aber nicht, wie heute, zwischen Nützlichkeit und Ästhetik streng unterschieden. *Herbys Necessary for a Gardyn* (Nötige Kräuter im Garten) wurde von Thomas Fromon um 1535 verfasst und erwähnt mehr als 30 Arten, die man nicht nur des Geschmacks, sondern auch der Schönheit wegen ziehen solle, darunter Akelei, Gamander und Goldlack.

In seinem Essay über Gärten nennt Francis Bacon viele Kräuter als zu einem idealen Garten gehörend. Sein Anfang wird oft zitiert: «Gott der Allmächtige pflanzte als erstes einen Garten. Er ist wahrhaftig die reinste aller menschlichen Freuden. Er bringt dem menschlichen Geist die grösste Erfrischung.» Er beschreibt dann die Duftfreuden, die Monat für Monat zu erwarten sind: «Der Blumenatem ist weit schöner in der Luft, wo er kommt und geht wie das Trillern von Musik, als in der Hand.» Er denkt an ganze Alleen von duftenden Kräutern mit Wiesenknopf, wildem Thymian und Wasserminze, deren Duft man beim Betreten geniessen kann. Manche seiner Gartenideen sind auch heute interessant: hohe Alleen oder Hecken, für Schatten und Schutz, mit Öffnungen, die den Blick in die Ferne freigeben; ein Brunnen oder fliessender Wasserlauf, ornamentale Gärten, die am schönsten von oben, von einem Fenster des Hauses aus zu betrachten sind, breite, bequem begehbare Wege und ein Stück Wildnis mit Geissblatt, Heckenrosen, Veilchen, Erdbeeren und Primeln.

Die Ära der Kräuterbücher

Kräuterbücher, mit Beschreibungen der Pflanzen und Angaben über ihre Heilwirkungen, nahmen im 16. Jahrhundert einen steilen Aufschwung. Obschon es schon viele Pflanzenbücher gab, vergingen 15 Jahrhunderte, bis die botanische Genauigkeit von Dioskorides übertroffen wurde. Im 16. Jahrhundert wurden in Deutschland drei berühmte Kräuterbücher gedruckt, und das dritte, *De Historia Stirpium* von Leonhard Fuchs, das 1542 erschien, enthält entzückende, realistische Zeichnungen nach der Natur – nicht, wie in den meisten älteren Büchern, nach alten Holzschnitten. Sein Text allerdings folgte grösstenteils dem des Dioskorides. Der botanisch-medizinischen Tradition folgten dann eine Reihe von Schriften, worunter *Gerard's Herbal* (1597) von John Gerard, der in seinem Garten über 1000 Arten zog. 1629 erschien John Parkinsons Buch *Theatrum Botanicum*, das mehr als 3000 Arten verzeichnete. Hierauf folgte das berühmteste aller Kräuterbücher, *The English Physician* (auch als *The Complete Herbal* bekannt), von

Ein ornamentaler Garten aus dem 17. Jahrhundert *enthält Pflanzen aus der Gegend, Miniaturbuchshecken und Formsträucher.*

Nicholas Culpeper, 1649. Obschon dieses Werk viel medizinisches Wissen enthält, nahmen viele es nicht ernst, weil Culpeper auch den astrologischen Aspekt der Pflanzen für wichtig hielt. Beliebt blieb es trotzdem, und es ist heute noch im Druck.

Die Gelehrten mühten sich ab, um unwissenschaftliche Betrachtungsweisen auszuschalten, aber das Volk bewahrte seinen tiefen Glauben an die Bedeutung der Pflanzen: Pflanzen waren bestimmt, der Menschheit zu dienen, jede auf andere Weise zu unserem Wohl. Die Lehre von der Signatur aus dem 1. Jh. n. Chr. verkündete, dass das Aussehen mancher Pflanzenteile, meist die Blattform oder -farbe, angebe, wofür sie medizinisch zu verwenden seien. Dieser Glaube blieb fünfzehn Jahrhunderte lang beliebt und war auch in anderen Kulturen zu finden, etwa in China und bei den nordamerikanischen Indianern; Culpeper war sein letzter bedeutender Verfechter.

Bis zum 17. Jahrhundert waren Botanik und Medizin in den Kräuterbüchern vereint, aber als die naturwissenschaftliche Betrachtung aufkam und Pflanzen klassifiziert, seziert und entmystifiziert wurden, gingen Botanik und Medizin getrennte Wege. Die Pflanzenkunde machte grosse Fortschritte, indem sie die neuen technischen Möglichkeiten nutzte, die Zusammensetzung der Kräuter analysierte und Tinkturen und Extrakte standardisierte. Aber neben der glanzvollen Naturwissenschaft und ihrer Fähigkeit, Drogen synthetisch herzustellen, verblasste die Kräuterkunde, und unsere Verbundenheit mit der Natur wurde schwächer.

1931 beschloss eine Engländerin, Mrs. M. Grieve, diesen Zustand zu ändern. Sie schrieb *A Modern Herbal*, worin wissenschaftliche und überlieferte Information vereint wurden. Um diese Zeit lebte das Interesse für Kräuter wieder auf, wohl auch als Folge des Ersten Weltkriegs, der eine Verknappung der Lebensmittel und der ärztlichen Versorgung mit sich gebracht hatte. Man entsann sich alter Würzkünste, Salatkräuter und Gemüses, und in den Schützengräben entdeckte man wieder die lebensrettenden Eigenschaften von Moos, Knoblauch und Thymian.

Kräuter heute

Seit kurzem beobachten wir ein gewaltiges Wiederaufleben des Interesses für Kräuter. Die Erforschung der medizinischen und kosmetischen Anwendungsmöglichkeiten sowie neue Ideen für Schmuck und Duft zeitigen ein ständiges Anwachsen des Wissens über Kräuter. Ziel dieses Buches ist es, wiederum überlieferte mit wissenschaftlichen Erkenntnissen zu verbinden und viele neue Möglichkeiten zu zeigen, wie Kräuter benutzt werden können, um das Leben daheim und bei der Arbeit zu verschönern. Der praktische Charakter dieses Buches soll Sie, so hoffe ich, zu weiteren Einfällen anregen angesichts des unerschöpflichen Potentials der Kräuter. Die Renaissance der Kräuter befruchtet viele Gebiete. Das neubelebte Interesse an der Kochkunst verlockt zum Züchten und Kaufen frischer Kräuter. Die Kochkünste fremder Kulturen bringen Bekanntschaft mit exotischen Pflanzen. Der Wunsch nach nahrhaften Lebensmitteln, alternativer Medizin und umweltgerechter Landwirtschaft erweitert die Grenzen noch mehr. Bedenken wegen der Nebenwirkungen einiger moderner Chemikalien haben den Gebrauch von Kräuterkosmetik, -farbstoffen und -haushaltreinigern neu belebt. Wir sind auch geruchsbewusster geworden und schätzen deshalb Kräuterdüfte in allen Lebensbereichen.

Bei vielen Leuten löst das Interesse für bestimmte Kräuter die Beschäftigung mit anderen Arten aus. Manche interessieren sich zuerst für das Kochen – vielleicht durch Auslandferien angeregt –, und das

Ein leuchtendrotes Wagenrad *(oben) bildet einen hübschen und praktischen Rahmen für Küchenkräuter.*

Kräuter und Steine *(rechts) bilden hier ein harmonisches Ganzes.*

Eine üppige und farbenprächtige Rabatte *(links) mit alten Rosen und Riesenengelwurzblüten inmitten von Bauerngartenblumen.*

kann zum Studium des Nährwerts und der Heilwirkung der Kräuter führen. Anderen macht das Ziehen von Kräutern Spass, und sie mögen, wenn sie einen Garten angelegt haben, unerwartete Freude an einzelnen Kräutern, ihrem frischen Duft und ihren vielfachen Verwendungsmöglichkeiten finden.

Ich selbst war zu Anfang ein begeisterter Anhänger des organischen Gärtnerns, widmete mich aber zuerst nur Gemüsen. Als ich entdeckte, dass Kräuter nützlich und schön sind, fand ich, dass eine gewaltige Welt interessanter Pflanzen auf mich wartete.

Müsste ich Gründe für meine Freude nennen, so würde ich sagen, wie gut Kräuter schmecken und wie sie ein gewöhnliches Gericht in ein kulinarisches Vergnügen verwandeln, oder ich würde erklären, wie praktisch sie in einer wachsenden Familie sein können für die Behandlung von Erkältungen, Husten und anderen leichteren Krankheiten, aber in Wirklichkeit sind das alles nur Zusatznutzen. Die wahre Freude bestand für mich ganz einfach darin, bei den Kräutern zu sein.

Es sind so hübsche Pflanzen mit ihren zarten, weichen Farben, und sie sind so begeisternd vital, weil die meisten die ursprüngliche wilde Art vertreten und nicht gekreuzt worden sind. Sie sind deshalb leicht zu ziehen und entwickeln kaum Probleme – im Gegenteil, sie tun oft benachbarten Pflanzen gut. Sie verleihen auch dem Garten und dem Gärtner den angenehmen Eindruck nützlicher Fülle.

Jäten wurde unerwartet zum Genuss; der Duft, die Struktur und die Formen lenkten meine Gedanken auf alte Rituale und Zeremonien, auf die Kräuterfrauen so mancher Kulturen, auf den Austausch geheimer Botschaften mittels der Blumensprache; allerlei farbige Fäden verbanden plötzlich Vergangenheit und Gegenwart.

Ich hatte immer mehr Arten und begann bald, selbst zu entdecken, auf wie viele Arten die Pflanzen mir nützlich sein konnten. Kräuterkosmetik war eine Fundgrube; ich konnte die Mittel mit den besten Ingredienzen selbst herstellen zu einem Bruchteil der Kosten von Handelsprodukten. Besucher erzählten von ihren Versuchen mit Farbstoffen und Reinigungsmitteln – die Möglichkeiten schienen nahezu endlos, und Kräuter drangen in immer mehr Bereiche meines Lebens ein.

Ich hatte Kunst studiert und dachte bald darüber nach, wie die Ästhetik der Kräuter mein Leben beeinflusste. Sie sprechen selbstverständlich, im Garten und als frischer Hausschmuck, das Auge an. Ihr Duft liess mich an historische Schriftsteller denken, die beschrieben, wie «süsse Wohlgerüche» den Geist erheben können. Dann ist da das Vergnügen der Berührung – die samtenen Blätter des Eibischs müssen zu den sinnlichsten Pflanzen, die es gibt, gehören. Und schliesslich der Geschmack. Was könnte lohnender sein, als beim Aufräumen einer verwilderten Gartenecke eine Walderdbeere zu finden oder ein einfaches Gericht mit einer Handvoll frischer Petersilie und Schnittlauch zu verfeinern.

Mein Kräutergarten ist auch zu einer wichtigen Zuflucht geworden, zu einem Ort, der den Geist beruhigt und bei der Lösung von Problemen hilft. Es ist, als wäre Mutter Erde in den Vordergrund zurückgekehrt. Für mich haben diese Pflanzen ihre alte Bedeutung als Partner, denen mit Ehrfurcht und Dankbarkeit zu begegnen ist, wiedererlangt, und das Wort «Kraut» hat seine weitestmögliche Bedeutung erhalten.

Eine ruhige Ecke im Garten der Autorin (links) mit Farbflecken, geschaffen durch die scharlachroten Blüten der Zitronenminze, weisse Moschusmalven und dunkelrote Ähren des Natternkopfs.

Gesamtansicht des Gartens der Autorin (gegenüber). In einer Abteilung sind Heil-, Küchen- und Färbekräuter in gemischten Beeten gepflanzt.

KRÄUTER
IM
GARTEN

Kräuter bieten eine lohnende Verbindung von Schönheit und Nützlichkeit, und wer noch nie den Drang zum Gärtnern verspürt hat, erfährt die reichhaltigste und schönste Einführung durch Kräuter. Schon ein kleines Ausmass an Arbeit wird schnell belohnt durch aromatisches, silbernes und grünes Blattwerk, hübsche duftende Blüten, saftige Blätter und würzige Samen.

Man kann Kräuter in bereits vorhandene Blumen-Rabatten einfügen, in Gemüsegärten oder dekorative Töpfe. Sie sind anpassungsfähig; viele wachsen freudig auf Balkonen, in Innenhöfen und sogar im Haus. Wo genügend Platz vorhanden ist, richtet man eine Ecke eigens für Kräuter ein, und das wird oft zu einem besonderen Ort der Ruhe und des Entzückens. Er kann die Form eines herkömmlichen Kräutergartens annehmen, sauber mit Beeten und Wegen eingeteilt, oder er kann freier und wuchernder sein. Kräutergärten sind in Stil und Anlage so verschieden wie die Menschen, die Kräuter ziehen und geniessen. Sie können so gross oder so klein sein, wie es der Platz erlaubt. Die folgenden Seiten erklären, wie man die Anlage eines Kräutergartens in Angriff nimmt und liefern detaillierte Pläne für Bepflanzungen in verschiedensten Umgebungen. Es werden auch viele Anregungen für Gärten gegeben, die bestimmten Themen gewidmet sind, so dass jeder etwas finden kann, das seinen speziellen Interessen entspricht.

Wie man einen Kräutergarten anlegt

Bevor Sie sich ans Planen machen, überlegen Sie sich, wieviel Arbeit und Zeit Sie in Ihren Kräutergarten investieren wollen und wieviel Instandhaltungsarbeiten Ihr Plan mit sich bringt. Seien Sie nicht zu ehrgeizig, sonst wird er zu einer Last statt zu einer Freude. Wenn Sie ein Gärtner-Anfänger sind, beginnen Sie klein mit ein paar Behältern und einer beschränkten Anzahl von Kräutern. Mit wachsender Befriedigung können Sie Ihren Kräutergarten erweitern und reichhaltiger bepflanzen.

Wahl der Lage

Die ideale Lage ist ruhig, sonnig und geschützt. So fühlen sich die meisten Kräuter wohl, und der Garten ist gleichzeitig eine Stätte der Erholung für Sie. Solche Plätze findet man fast nie fertig vor, aber man kann sie leicht schaffen.

Suchen Sie ein Plätzchen, von dem mindestens drei Viertel fast den ganzen Tag in der Sonne liegen. Da viele Kräuter vom Mittelmeer her stammen, ist ein geneigtes Gelände, auf das im Tag fünf oder sechs Stunden Sonnenlicht fällt, ideal, denn es bietet nicht nur zusätzliche Sonnenenergie, sondern auch gute Entwässerung. Verbringen Sie beträchtliche Zeit am ausgewählten Platz, merken Sie sich, wie die Sonne darüberwandert, wo Schatten fallen, welche Orte dem Wind ausgesetzt sind und wo sich Wasser sammelt. Ist das Land nass, lohnt es sich, mit Bauschutt gefüllte Gräben zu ziehen, Entwässerungsrohre zu legen oder erhöhte Beete anzulegen (S. 261), bevor Sie irgend etwas anderes unternehmen. Denken Sie an Windschutz, besonders für immergrüne Kräuter wie Rosmarin und Lorbeer und für Ihre Sitzgelegenheit. Eine Hecke oder – in kleinen Stadtgärten – eine Mauer oder Wand vermitteln ein Gefühl der Geborgenheit, erhalten die Düfte der Kräuter und schützen vor Windstössen. Sie halten auch Lärm und die Blicke Fremder fern.

Abgesehen von Gelände und Umgebung denken Sie auch daran, wie Sie Ihren Kräutergarten benutzen wollen. Wird er nahe bei der Küche liegen, damit man sich bedienen kann? Wird der Duft ins Hausinnere ziehen? Oder wollen Sie Ihren Kräutergarten als Zuflucht, fern aller Häuslichkeit, geniessen?

DAS PLANEN DES GARTENS

Haben Sie den Standort gewählt, so überlegen Sie sich, in welchem Stil er gehalten sein soll. Soll er strenge geometrische Formen aufweisen oder sich zwanglos seine Form selbst suchen? Der Stil Ihres Hauses und der Nachbarschaft mag Ihre Entscheidung beeinflussen. Sie können aber auch beides miteinander verbinden. Schauen Sie in den Zeitschriften die Bilder anderer Kräutergärten an und versuchen Sie, solche in Ihrer Gegend zu finden. Klassische Kräutergärten folgen strengen Mustern und geometrischen Formen; Wege und Beete sollen ein Gefühl von Ordnung und Ausgewogenheit vermitteln.

Früher wurden Pflanzen verhältnismässig spärlich gesetzt, jede Art für sich. Heute ziehen es viele Gärtner vor, dem üppigen natürlichen Wachstum der Kräuter die strengen Linien traditioneller Garteneinteilungen entgegenzusetzen.

In zwanglosen Gärten sind Pflanzen in einem hohen Reichtum von Farben und Arten massiert und oft mit Blumen und Gemüse vermischt. Das sieht natürlich und romantisch aus. Aber auch scheinbar frei wucherndes Wachstum muss ein wenig geplant werden, denn benachbarte Pflanzen sollen zusammen harmonieren und brauchen auch Sonne. Auch Wege für den Zugang müssen eingeplant werden.

WIE MACHT MAN EINEN PLAN

Wenn Sie Ihren Standort gewählt haben, messen Sie seine Seiten und zeichnen den Platz auf kariertem Papier auf, wobei jedes Karo etwa 10 cm darstellen soll. Gehen Sie beim Ausmessen von einer Grundlinie aus, die entweder parallel zu Ihrem Haus oder im rechten Winkel dazu verläuft. Zeichnen Sie kühn und kräftig – und so oft wiederholt als nötig – alles Bleibende auf: Zäune, Gebäude, Bäume usw. Wie fühlt sich der Plan an? Jedermann hat ein natürliches Schönheitsgefühl, oft beeinträchtigt durch allzu starke Beachtung des Details, aber Sie werden schliesslich spüren, ob Ihr Plan richtig ist. Dann können Sie Wege, Beete und anderes einsetzen. Wünschen Sie eine moderne, freizügige Anlage, so beginnen Sie mit kühnen Schwüngen. Die Leute haben oft die Neigung, kleine enge Bögen zu zeichnen, aber in drei Dimensionen sieht alles anders aus. Halten Sie Ihren Plan gegen einen Spiegel, um besser zu sehen, ob er ausgewogen ist.

Wollen Sie sich einen klassisch strengen Garten anlegen, so zeichnen Sie auf Ihrem Plan das Netz von Linien auf, das entsteht, wenn Sie von Ihrem Haus her, seinen Fenstern und Türen, der Garage, den Mauern und anderen Begrenzungen Verlängerungen ziehen. So haben Sie eine Auswahl von Linien für den Verlauf der wichtigsten Wege. Jeder Weg sollte auf eine vorhandene Struktur zulaufen.

Wege

Um bequem erreichbar zu sein, sollten Kräuter nie mehr als 75 cm von einem Weg entfernt sein, es sei denn, man lege Trittsteine. Beete sollten also nicht breiter sein als 1,2 bis 1,5 m. Wege sind auch wichtig für Farbe und Musterung des Gartens; sie können auch Formen zur Geltung bringen (s. gegenüber und S. 260/61). Wie immer der Plan, führen Sie keinen Weg schnurgerade durch den Raum. Das verführt zur Eile, wo doch ein Kräutergarten zum Verweilen einladen sollte. Ein Weg sollte die Richtung ändern oder sein Ablauf durch verschiedene Beläge, eine Statue oder hohe Pflanze unterbrochen werden. Er muss auch breit genug sein für die nötigen Gartengeräte.

DETAILS EINSETZEN

Ihr Plan sollte jetzt eine interessante Vielfalt von Linien aufweisen. Nun stellen Sie sich das Ganze in drei Dimensionen vor. Nehmen Sie an, Sie meisseln Wege und Ebenen durch einen grossen Würfel aus Pflanzen. Erwägen Sie weitere Ebenen, andere interessante Details. Drei parallele Linien auf einem Plan bedeuten nicht unbedingt einen Weg und eine Rabatte, sie könnten auch drei Stufen darstellen, eine Unterbre-chung des Weges oder eine Einfassung mit Kräutern.

Entscheiden Sie sich für eine Form der Einhegung (S. 255–259) und denken Sie dabei daran, was Sie lieber verstecken, was zur Geltung bringen wollen. Stellen Sie an den Platz, für den Sie einen Sitz vorsehen, einen Stuhl und stecken Sie Stöcke verschiedener Länge in die Erde, um sich die Höhe der Einfriedung vorzustellen.

GARTENPLÄNE

Unten wird gezeigt, wie ein rechteckiger oder quadratischer Platz aufgeteilt werden kann, um eine geometrische Anord-nung von Beeten und Wegen zu erzielen. Andere traditionelle Anlagen bestehen einfach aus Leiterformen, mit quadratischen Beeten zwischen den schmalen Wegen oder Brettern. Tritt-steine werden im Schachbrettmuster ausgelegt.

Backsteinkreis
Backsteine im Kreis ange-ordnet, zwei Wege kreuzen sich in der Mitte.

Backsteinrhombus
Backsteine im Fischgrätmuster machen die Anlage lebendiger.

Quadrat im Quadrat
Ziegel, in Beton zu Rhomben eingelegt, wirken als Schmuck.

Diagonale Wege
Eine Mischung von Belagma-terial lässt an einen Garten mit verknoteten Hecken denken.

Verschränkte Rhomben
Ein rhombusförmiges Band von Heiligenkraut verschränkt sich mit einem aus Zwergbuchs. Wo eines der Bänder auf den Ziegel-pfad stösst, wird das Muster mit Kieselsteinen fortgesetzt.

Rechtecke und rechte Winkel
Ein langes Beet ist eingefasst von Backsteinen, die im Fischgrät-muster ausgelegt sind.

Rhomben und Quadrate
Ein Ziegelpfad durchquert quadratische Beete und bildet in der Mitte einen Rhombus. Die Beete sind, um ihre Form hervorzu-heben, mit Strohblumen und Buchs eingefasst.

Räderbeete
Wagenräder sind praktisch, um Beete in Pflanzflächen aufzu-teilen. Hier umgibt und verbindet ein Kiespfad jedes Rad.

EIN PFLANZSCHEMA ERSTELLEN

Ist die physikalische Anlage des Gartens festgelegt, so wird der Standort der Pflanzen je nach Bedürfnissen und Gebrauch bestimmt: Küchenpflanzen in der Nähe der Küchentür, aromatische Pflanzen unter den Fenstern, Färbepflanzen, historische oder medizinische Kräuter je nach Interesse. Vergewissern Sie sich auch über die Bedürfnisse der einzelnen Pflanzen und bedenken Sie bei der Standortwahl, wie sich Form und Blattgrösse am besten ergänzen und wie Farben und Höhe der Pflanzen zueinander passen. Als Faustregel diene, dass zehn Pflanzen pro Quadratmeter genügend Raum für die Ausbreitung perennierender (mehrjähriger) Kräuter bieten.

Einjährige Pflanzen sollten so gesetzt werden, dass perennierende bei der Neubepflanzung nicht gestört werden. Hohe Pflanzen eignen sich als Schwerpunkte in zentral gelegenen Beeten oder als Sichtschutz. Wenn Sie Platz haben, setzen Sie mehrere Pflanzen derselben Art zusammen; ihr Anblick wird so wirksamer. Nehmen Sie Skizzenpapier und notieren Sie darauf benötigten Platz, Farbe und Höhe. Oft zeichnet man Pflanzen als winzige Kreise ein, obschon es sich um üppig wachsende Arten handelt. Enges Pflanzen mag am Anfang gut aussehen, führt aber rasch zu Gedränge.

MARKIERUNG AM STANDORT

Ist der Boden wie auf S. 251 zum Pflanzen vorbereitet, überträgt man den Plan auf den Standort. Markieren Sie die Grenzen mit Stöcken und stecken Sie hierauf die Beete und Wege ab. Eine grosse Kartonschachtel kann für die Bestimmung rechter Winkel nützlich sein. Als Hilfe für einen Winkel von 45° zieht man auf einem quadratischen Stück Karton mit farbigem Klebband die Diagonale. Kreise markiert man, indem man einen Stecken benutzt und an straffer Schnur einen Markierstift führt. Bei wiederholten kleinen Formen benutzt man Kartonschablonen. Man grenzt Flächen mit Schnur und Pflöcken oder mit gestreutem Kalk voneinander ab.

Der Kräutergarten der Autorin *ist eine Mischung von traditionellem und zwanglosem Stil. Er hat gepflasterte Flächen, Rasen, eingefasste Beete mit nur einer Art und ungezwungene Rabatten in bäuerlichem Stil. Er ist flexibel angelegt, damit er neuen Interessen stets angepasst werden kann.*

Ein kleiner Kräutergarten für alle Zwecke

Da die meisten Kräuter sehr wenig Platz brauchen, kann man erstaunlich viele auf verhältnismässig kleiner Fläche ziehen. Manche Kräuter können auf mehrere Arten verwendet werden, so dass einige wenige Pflanzen viele Interessen zu befriedigen vermögen. Im unten gezeigten Garten gibt es Fenchel, Rosmarin, Salbei und Thymian für Küche, Kosmetik, Heilzwecke und Duft; Lavendel, Bergamotte und Zitronenmelisse für Parfüm und Beruhigungstee; Gänsefingerkraut vertreibt Fliegen, und Eibisch ist glättender Bestandteil einer Handcreme. Schliesslich sind diese Kräuter herrlich blühende Pflanzen, die Schmetterlinge, Bienen und Vögel in Ihren Garten bringen können.

Aus kleinem Platz holt dieser Plan das meistmögliche heraus: einen schwungvollen Pfad um das Beet der niedrigen Küchenkräuter, einen Hintergrund aus majestätischen Pflanzen wie Engelwurz, Wasserdost und Eibisch, eine hübsche Wasserschale als Vogelbad und eine von duftenden Pflanzen umgebene Holzbank. Selbst auf so kleinem Raum lohnt es sich, einen Sitzplatz zu schaffen, damit Sie sich in Ihrem Garten entspannen können.

Pflanzenliste

1 Geissblatt *Lonicera periclymemum* Duftende hellgelbe Blüte.
2 Engelwurz *Angelica archangelica* Gibt Höhe.
3 Gänsefingerkraut *Tanacetum vulgare* Gibt Höhe, wohlriechendes Laubwerk.
4 Eibisch *Althaea officinalis* Gibt Höhe, samtene Blätter, blassrosa Blüte.
5 Wasserdost *Eupatorium purpureum* Majestätisch mit grossen rosa Blütenköpfen.
6 Fenchel *Foeniculum vulgare* Sehr dekorativ.
7 Lungenkraut *Pulmonaria officinalis* Hübsche immergrüne gefleckte Blätter.
8 Roter Salbei *Salvia officinalis «purpurascens»* Blätter von starkem Geschmack.
9 Fingerhut *Digitalis purpurea* Würdig, farbig.
10 Gefleckte Zitronenmelisse *Melissa officinalis «variegata»* Frischer Zitrusduft.
11 Schnittlauch *Allium schoenoprasum* Essbar und hübsch.
12 Ringelblume *Calendula officinalis* Fröhliche orangefarbene Blüten.
13 Lavendel *Lavandula augustifolia «Hidcote»* Zwergform mit silbernen Blättern und dunkelroter Blüte.
14 Bergamotte *Monarda didyma* Prächtige Blüten, duftende Blätter.
15 Rasenkamille *Chamaemelum nobile* Ergibt dichte, süssduftende Wegbegrenzung.
16 Petersilie *Petroselinum crispum* Ein unentbehrliches Küchenkraut mit dichten grünen Blättern.
17 Wiesenknopf *Poterium sanguisorba* Junge Blätter sind gut in Salaten und Drinks.
18 Goldener Majoran *Origanum vulgare «Aureum»* Aromatische goldfarbene Blätter.
19 Rosmarin *Rosmarinus officinalis «Severn Sea»* Blaue Blüten im Vorfrühling.
20 Waldmeister *Galium odoratum* Unter hohe Pflanzen setzen.

Einrichtungen
Terracotta-Schale mit Wasser spiegelt den Himmel wider und zieht Vögel an.
Kiesweg mit grösseren Steinen im Innern der Biegung, um die Form zu betonen.
Holzbank, umgeben von aromatischen Kräutern.

GARTENPLAN

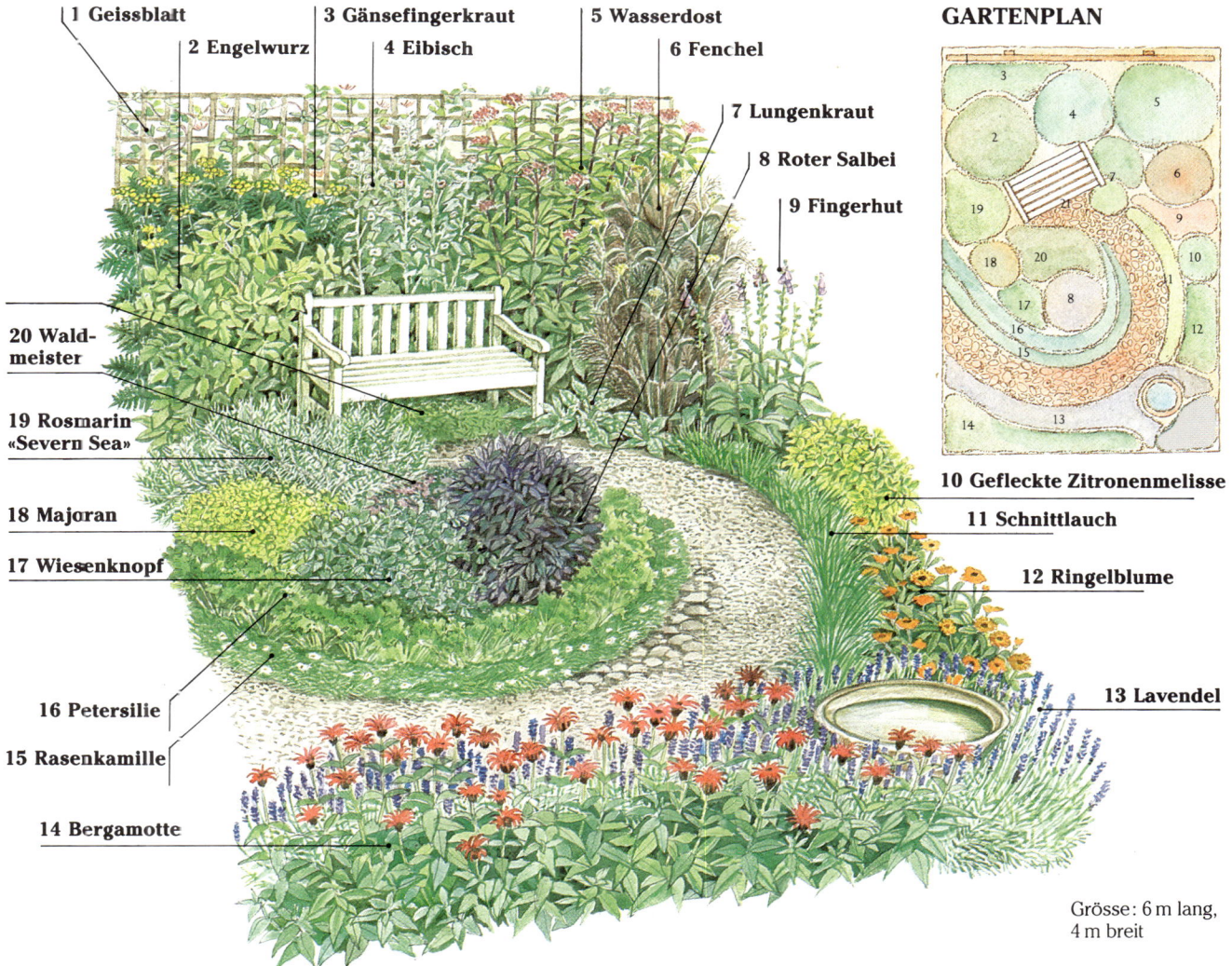

1 Geissblatt
2 Engelwurz
3 Gänsefingerkraut
4 Eibisch
5 Wasserdost
6 Fenchel
7 Lungenkraut
8 Roter Salbei
9 Fingerhut
10 Gefleckte Zitronenmelisse
11 Schnittlauch
12 Ringelblume
13 Lavendel
14 Bergamotte
15 Rasenkamille
16 Petersilie
17 Wiesenknopf
18 Majoran
19 Rosmarin «Severn Sea»
20 Waldmeister

Grösse: 6 m lang, 4 m breit

Ein grosser Kräutergarten für alle Zwecke

Ein ansehnliches Stück Land gibt dem kreativen Gärtner enorme Möglichkeiten für seinen Kräutergarten. Mit soviel Platz lassen sich den verschiedenen Interessen separate Flächen widmen. Man kann Winkel oder Beete nach bestimmten Themen bepflanzen, zum Beispiel in einer Ecke von Shakespeare erwähnte Kräuter (S. 35) und in einer andern angelsächsische Amulettkräuter (Betonie, Eisenkraut, Pfingstrose, Schafgarbe und Rose).

Hat man Platz, kann man auch Arten zusammenstellen: ein ganzes Beet voll verschiedener Thymiansorten, eines von Salbeisorten, eines von Rosmarinen und eines voll Majorane. Ein grosser Garten erlaubt auch die Kultur von Kräuterbäumen. Der untenstehende Plan beruht auf unserem Familien-Kräutergarten; seine ungezwungenen Ränder enthalten Färbekräuter, kosmetische Kräuter und hohe Küchenkräuter beidseits des Eingangs, eine duftende Laube, Porzellanschalen mit verschiedenen Alpenkräutern und viele dekorative blühende Kräuter.

Die Beete gruppieren Heilkräuter, Salatkräuter, Artensammlungen (im Sommer ein Fleckenteppich von Farben), aromatische Sträucher und winzige Ornamentgärten aus verschiedenfarbigen Heiligenkräutern, die ineinander verwebt erscheinen. Die Anlage des Rasens und der Backsteinwege gibt Zugang zu allen Pflanzen und akzentuiert die Gesamtform des Gartens.

GARTENPLAN

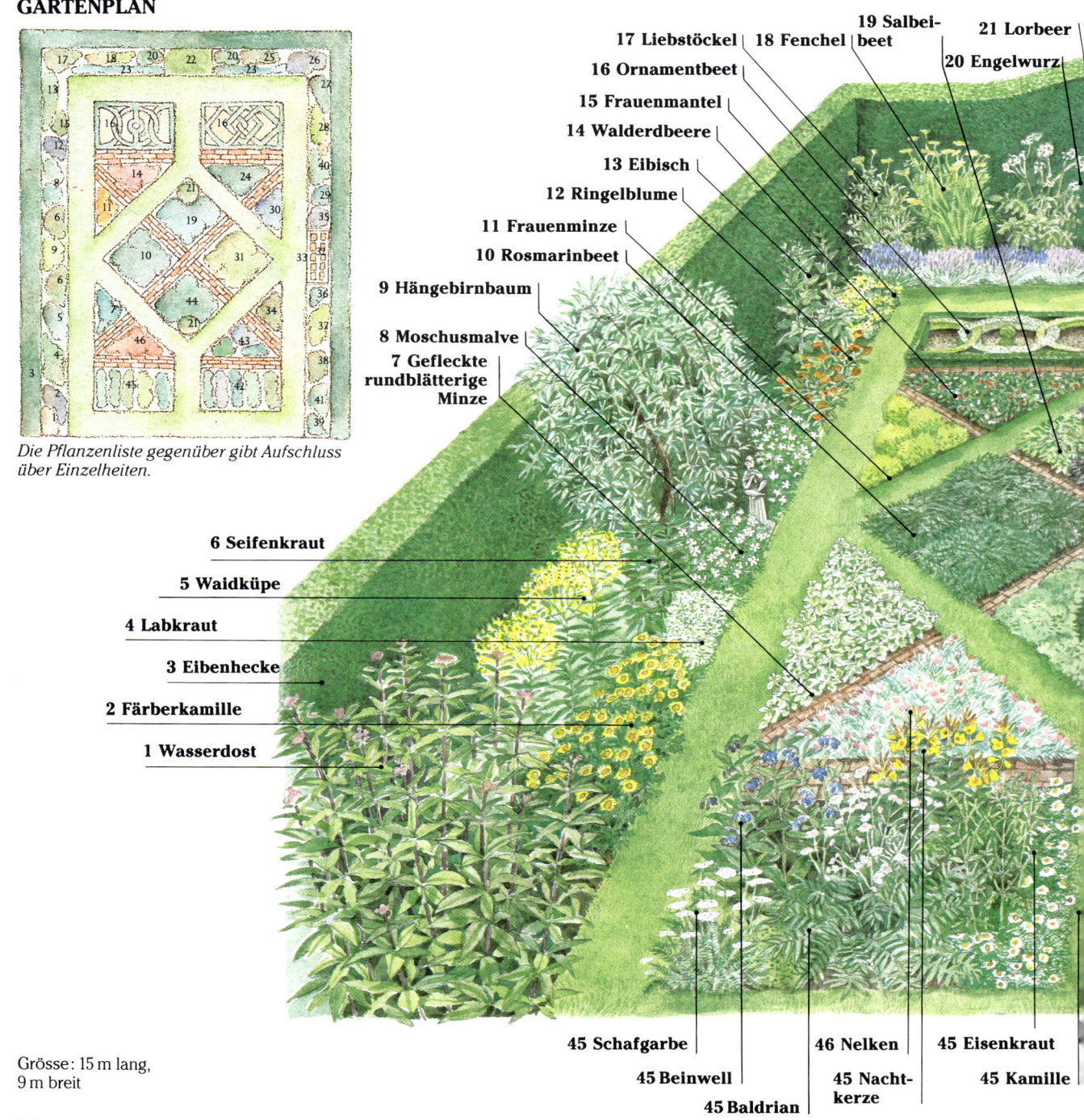

Die Pflanzenliste gegenüber gibt Aufschluss über Einzelheiten.

17 Liebstöckel
16 Ornamentbeet
15 Frauenmantel
14 Walderdbeere
13 Eibisch
12 Ringelblume
11 Frauenminze
10 Rosmarinbeet
9 Hängebirnbaum
8 Moschusmalve
7 Gefleckte rundblätterige Minze

18 Fenchel
19 Salbeibeet
20 Engelwurz
21 Lorbeer

6 Seifenkraut
5 Waidküpe
4 Labkraut
3 Eibenhecke
2 Färberkamille
1 Wasserdost

45 Schafgarbe
45 Beinwell
45 Baldrian
46 Nelken
45 Nachtkerze
45 Eisenkraut
45 Kamille

Grösse: 15 m lang, 9 m breit

Pflanzenliste

1 Wasserdost *Eupatorium purpureum* Majestätische Pflanze mit rosa angehauchten Blüten.
2 Färberkamille *Anthemis tinctoria* Liefert gelben Farbstoff.
3 Eibenhecke *Taxus baccata* Gibt Schutz und einen immergrünen Hintergrund.
4 Labkraut *Galium verum* Bringt Massen winziger gelber Blüten hervor.
5 Waidküpe *Isatis tinctoria* Ergibt tiefblauen Farbstoff.
6 Seifenkraut *Saponaria officinalis* Reinigt delikate Gewebe.

7 Gefleckte rundblätterige Minze *Mentha suaveolens* 'Variegata' Hübsche Blätter, angenehmer Duft.
8 Moschusmalve *Malva moschata* Mit weissen oder hellrosa Blüten, schwacher Duft.
9 Hängebirnbaum *Pyrus salicifolia* «Pendula» Hübsche, hängende Zweige mit Silberblättern.
10 Rosmarin *Rosmarinus officinalis* Sammlung von Spezies.
11 Frauenminze *Tanacetum parthenium* «Aureum» Aromatisch, mit gänseblumenähnlichen Blüten.
12 Ringelblume *Calendula officinalis* Leuchtend orangefarbige Blüten, die in Küche und bei Kosmetik verwendet werden.
13 Eibisch *Althaea officinalis* Macht die Haut weich.
14 Walderdbeere *Fragaria vesca* Gibt essbare Früchte.
15 Frauenmantel *Alchemilla vulgaris* Grosse, runde Blätter, in Kosmetik verwendet.
16 Ornamentbeet mit ineinandergewebten Reihen von Heiligenkraut (Nr. 43), umgeben von **Buchshecke** *Buxus sempervirens* «Sulfruticosa».
17 Liebstöckel *Levisticum officinale* Dekorative Pflanze mit stark würzigem Geschmack.
18 Fenchel *Foeniculum vulgare* Hübsche, gefiederte Pflanze.
19 Salbei *Salvia* Sammlung von Varietäten.
20 Engelwurz *Angelica archangelica* Wächst zu monumentaler Höhe empor.
21 Lorbeer *Laurus nobilis* Zu einer Laubkugel geformt.
22 Rasenkamille *Chamaemelum nobile* «Treneague» Ein süss duftender Teppich.

23 Lavendel *Lavandula* Verschiedene Varietäten, nach Höhe und Farbe gewählt.
24 Strohblume *Helichrysum angustifolium* Würzig, silberne Blätter.
25 Fenchel *Foeniculum vulgare* Mit bronzefarbenem Laub.
26 Echter Alant *Inula helenium* Stattlich, mit gelber Blüte und enormen Blättern.
27 Sauerampfer *Rumex acetosa* Glänzendes Blattwerk; Blütentürme.
28 Winterzwiebel *Allium fistulosum* Liefert im Winter Blätter zum Würzen.
29 Günsel *Ajuga reptans* Hübsche Blüten.
30 Schwertlilie *Iris florentina* Prächtige Pflanze mit duftender Wurzel.
31 Thymian *Thymus* Eine Sammlung verschiedenfarbiger Arten.
32 Fingerwinde *Akebia quinata* Duftende Kletterpflanze, zu einer Laube gezogen.
33 Waldmeister *Galium odoratum* An Platz, wo sein süsser Duft zur Geltung kommt.
34 Bergamotte *Monarda didyma* Aromatisch und attraktiv.
35 Madonnenlilie *Lilium candidum* Exotische Blüten.
36 Süssdolde *Myrrhis odorata* Frischer Samen essbar.
37 Zitronenmelisse *Melissa officinalis* Starker Zitronenduft.
38 Fingerhut *Digitalis purpurea* Blütenähren verleihen dem Hintergrund Farbe.
39 Rhabarber *Rheum officinale* Grosse, dekorative Blätter.
40 Alpenkräuter in Schale.
41 Katzenminze *Nepeta mussinii* Dekorative, rote Blüten.
42 Salatkräuterbeet mit **Basilikum** *Ocimum basilicum* «Dark Opal», **Koriander** *Coriandrum sativum*, **Petersilie** *Petroselinum crispum*, **Schnittlauch** *Allium schoenoprasum*, **Portulak** *Portulaca oleraea*
43 Grün- und silberblättrige Heiligenkräuter *Santolina virens, S. chamaecyparicus* und *S.c.* «Lemon Queen»
44 Majoran *Origanum* Sammlung von Varietäten.
45 Heilkräuter: Kamille *Matricaria recutita*, **Eisenkraut** *Verbena officinalis*, **Nachtkerze** *Oenothera biennis*, **Baldrian** *Valeriana officinalis*, **Beinwell** *Symphytum officinale*, **Schafgarbe** *Achillea millefolium*
46 Nelken, Cultivars von *Dianthus*.

22 Rasenkamille
23 Lavendel
24 Strohblume
25 Fenchel
26 Echter Alant
27 Sauerampfer
28 Winterzwiebel
29 Günsel
30 Schwertlilie
31 Thymianbeet
32 Fingerwinde
33 Waldmeister
34 Bergamotte
35 Madonnenlilie
36 Süssdolde
37 Zitronenmelisse
38 Fingerhut

42 Koriander
42 Basilikum
44 Majoranbeet
42 Schnittlauch
42 Petersilie
43 Heiligenkräuter
41 Katzenminze
42 Portulak
40 Schale mit Alpenkräutern
39 Rhabarber

Schwerpunkte
Gartenbank, von Laube überdacht.
Backstein- und Wiesenwege durchqueren den Garten.
Steinerne Statue von Pan.

Höfe und Balkone

Die Städte wachsen immer weiter, Raum wird knapper, und immer mehr Leute wohnen in Hochhäusern, weit weg von der Erde und ihrer beruhigenden Pflanzenwelt. Wer einen Balkon, eine Terrasse oder einen Hof hat, kann sich ein privates Draussen schaffen, wo er träumen und aromatische Kräuter ziehen kann.

Um aus so beschränktem Raum das Beste herauszuholen, pflanzt man dreidimensional, wie im untenstehenden Schema gezeigt. Man verwendet Tröge, Fässer, Waschbecken und Töpfe auf dem Boden; Gestelle mit Töpfen an der Wand; hängende Körbe und Gitterwerk, mit Pflanzen bewachsen, um Höhe, Schatten und Schutz zu schaffen. Zwischen Backsteinen und Steinfliesen oder in Mauerritzen lässt sich kriechender Thymian setzen; Behälter können so

gruppiert werden, dass sie sich ergänzen. An grösseren Wandflächen kann man enge Reihen von Lehmtöpfen befestigen, so dass sich ein senkrechter Garten ergibt. Das ist praktisch und sieht hübsch aus, wenn man kleine Küchenkräuter und hängende Pflanzen hineinsetzt, besonders, wenn ein paar bunt blühende Arten dabei sind wie die wilden Erdbeeren, die Kapuzinerkresse und der Schnittlauch, die wir hier zeigen.

In geschützten Lagen, die nur einige Stunden Sonne bekommen, wähle man Kräuter, die Halbschatten gerne mögen: Engelwurz, Bergamotte, Günsel, Kerbel, Beinwell, Fingerhut, Lungenkraut, Minzen, Petersilie, Süssdolde und Veilchen. Versuchen Sie es mit Lorbeer, Wiesenknöterich, Muskatellersalbei, Frauenmantel, Liebstöckel, Eibisch, Gartenraute,

1 Wisterie — **2 Jasmin** — **3 Lorbeer** — **4 Basilikum** — **5 Kletterrose mit Petersilie am Fuss** — **7 Walderdbeere** — **7 Chinesischer Schnittlauch** — **7 Kapuzinerkresse** — **6 Zitronenkraut**

13 Engelwurz — **12 Kapuzinerkresse** — **11 Liegender Rosmarin** — **10 Schale mit Koriander, Estragon und Majoran** — **9 Rotblätterige Rebe mit Kerbel am Fuss** — **8 Waldmeister** — **7 Thymian** — **7 Ringelblume**

Pflanzenliste

1 Wisteria *Wisteria sinensis* Duftende lila Blüten im Frühling.
2 Jasmin *Jasminum officinalis* Schneller Kletterer mit duftenden rosa Blüten.
3 Lorbeer *Laurus nobilis* zu einem sauberen Baum geschnitten.
4 Basilikum *Ocimum basilicum* Verschiedene Varietäten, worunter Opal und kleinblättriger Basilikum. Diese sind in kleine Töpfe auf dem Fenstersims gepflanzt, für leichten Zugang.

5 Behälter mit **Kletterrose** *Rosa «Mme Alfred Carrière»*
6 Hoher Topf mit duftendem **Zitronenkraut** *Aloysia triphylla*.
7 Tontöpfewand, oben: **Kapuzinerkresse** *Tropaeolum majus;* 2. Reihe: **Walderdbeere** *Fragaria vesca;* 3. Reihe: **Chinesischer Schnittlauch** *Allium tuberosum,* Salatkräuter wie **Melde** *Atriplex hortensis* und **Portulak** *Portulaca oleracea;* 4. Reihe: **Thymian**; unterste

Reihe: **Ringelblume** *Calendula officinalis* und verschiedene **Minzen** *Mentha.*
8 Topf mit wohlriechendem **Waldmeister** *Galium odoratum*
9 Behälter mit wohlschmeckendem **Kerbel** *Anthriscus cerefolium* und einer rotblätterigen **Rebe** *Vitis vinifera,* die Früchte tragen kann.
10 Küchenkräuter in altem Porzellan-Spülstein neben der Tür: **Koriander** *Coriandrum sativum,* **Estragon** *Artemisia*

dracunculus und **Majoran** *Origanum onites*
11 Liegender Rosmarin *Rosmarinus officinalis* «Prostratus» Attraktive hängende Form für Topfhaltung.
12 Kapuzinerkresse *Tropaeolum majus* Schöne, bunte, essbare Blüten quellen über den Behälterrand hinaus.
13 Engelwurz *Angelica archangelica* Kann hoch werden, braucht grossen Topf für ihre Wurzeln.

Wiesenknopf, Sauerampfer, Gänsefingerkraut und Schafgarbe. Weisse Fliesen oder weisse Mauern helfen, indem sie das Licht verstärken.

Haben Sie einen Dachgarten oder einen hochliegenden Balkon, so bedenken Sie Tragfähigkeit und Windschutz. Bei starkem Wind sollten Sie vor allem an Schutzwände denken. Alles muss gut befestigt werden, auch auf der Erde sollte eine Schicht Kies liegen, damit sie nicht weggeweht wird. Weichblätterige Kräuter, wie Zitronenkraut und Engelwurz, werden von starkem Wind zerfetzt; schmalblätterige Immergrüne, wie Rosmarin und Lavendel, eignen sich für eine solche Lage besser, doch auch sie können im Wind knorrig und struppig werden.

Sorgfältiges Plazieren von bepflanzten Töpfen kann die scharfen Ecken von Höfen und Balkonen entschärfen. Verstellen Sie häufig die Behälter, sei es, um Abwechslung im Anblick zu schaffen oder um ihnen das Maximum an Sonnenlicht zu spenden.

Für Kräuter in Behältern ist das Leben oft eine Abfolge von Überfluss und Hungersnot. Wenn sie gegossen werden, sind sie nass, aber wenn in der heissen Sonne die Erde austrocknet, können sich ihre Wurzeln nirgendwohin ausstrecken, um Feuchtigkeit zu suchen. Die Sonne brennt vielleicht mehrere Stunden auf sie herunter und verschwindet dann hinter einem Gebäude, und die Temperatur sinkt drastisch. Denken Sie an alle diese Faktoren (s. Seite 264) bei der Wahl der Kräuter und Standorte in Ihrem Hof oder auf Ihrem Balkon.

Büschel kleiner kriechender Kräuter *(oben) verleihen einem mit Backsteinen gepflasterten Flecken Farbe und Weichheit.*

Eine stattliche Steinurne *(links) mit zitronenduftenden Pelargonien bildet einen Schwerpunkt in diesem Hofgarten.*

Eine Sammlung von Töpfen *(unten) mit Petersilie, Kapuzinerkresse, Geranien, Salbei, Rosmarin, Pelargonien und Thymian verrät einen ordnungsliebenden Gärtner mit wohlüberlegten Prioritäten.*

Ein Kräutergarten im Haus

Im Haus gezogene Kräuter verleihen den Zimmern frischen Duft, und da man sie immer zur Hand hat, verwendet man sie auch mehr. Die Kräuter ihrerseits geniessen eine längere Wachstumszeit und Schutz vor schlechtem Wetter.

«Grüne Daumen» ergeben sich aus genauer Beobachtung der Pflanzen und einem Gefühl für deren Bedürfnisse. Kräuter brauchen Sonne oder Licht, Wasser, Luftfeuchtigkeit und Schutz vor Luftzügen und Temperaturextremen. Die meisten Kräuter sehen besser aus und befinden sich wohler in Gruppen. Giessen ist leichter, und die Pflanzen schätzen das Miniklima, das durch die Gruppierung entsteht.

Ein Fenstersims ist der geeignetste Platz, besonders wenn genügend Licht vorhanden ist, um auch die umgebenden Wände mit Gestellen oder Töpfen zu versehen. Unser Wohnungsgarten nützt die Lichtquelle voll aus, mit einem hängenden Korb zuoberst, Kletterpflanzen und Töpfen auf seitlichen Regalen und einem Trog voll Kräutern unten.

Denken Sie daran, dass Kräuter verschiedene Räume verschönern können: ein beschnittener Lorbeer oder eine Myrte in einer sonnigen Eingangshalle; Pfefferminz in der feuchten Luft des Badezimmers; das Heilkraut Aloe vera beim Arzneikasten; duftende Geranien, Ananassalbei und Zitronenkraut für Wohlgeruch im Wohnzimmer; beruhigender Lavendel im Schlafzimmer; Hängekörbe mit liegendem Salbei und hängender Katzenminze im Treppenhaus, und ein Gitter, an dem sich Töpfe mit Küchenkräutern befestigen lassen, an einer sonnigen Küchenwand.

Ein Fenstergarten
Kräuter, die um ein Fenster herum gruppiert sind, geniessen ein Maximum an Licht und Feuchtigkeit. Drehen Sie wenn nötig die Töpfe, um gleichmässiges Wachstum zu erzielen.

16 Kapuzinerkresse

1 Hängekorb mit liegendem Salbei und kriechender Poleiminze

2 Goldhopfen

3 Borretsch

4 Sauerampfer

5 Basilikum

6 Estragon

7 Lungenkraut

8 GoldMajoran

9 Petersilie

15 Lorbeer

14 Rosmarin

13 Schnittlauch

12 Wiesenknopf

11 Kriechender Zitronenthymian

10 Grüne Minze

Pflanzenliste

1 Hängekorb mit **liegendem Salbei** *Salvia officinalis* «Prostratus», der im Sommer blau blüht, und **kriechender Poleiminze** *Mentha pulegium*, die im Hochsommer fliederfarbene Blüten hat.

2 Goldhopfen *Humulus lupulus* «Aureus», um den Fensterrahmen gezogen.

3 Borretsch *Borago officinalis* Blüten zum Garnieren von Essen und Drinks verwenden.

4 Sauerampfer *Rumex acetosa* Die saftigen Blätter lassen sich wie Spinat verwenden.

5 Basilikum *Ocimum basilicum* Eignet sich ausgezeichnet als Hauspflanze. Blüten abkneifen, um mehr Blätter zu erzielen.

6 Estragon *Artemisia dracunculus* Schmackhafte Blätter.

7 Lungenkraut *Pulmonaria officinalis* Rosa und blaue Blüten im Frühling.

8 Gold-Majoran *Origanum vulgare* «Aureum» Hübsche Blätter mit gutem Geschmack.

9 Petersilie *Petroselinum crispum* Zwei Stöcke pflanzen, damit stets ein Vorrat da ist.

10 Grüne Minze *Mentha spicata* Erfrischender Geschmack in Tee und Garnituren. Blüten abkneifen, um mehr Blätter zu haben.

11 Kriechender Zitronenthymian *Thymus x citriodorus* «Aureus» Aromatische Blätter.

12 Wiesenknopf *Poterium sanguisorba* Gut in Salaten.

13 Schnittlauch *Allium schoenoprasum* Schneiden Sie die hübschen Blumen ab, um mehr Kraut zu bekommen.

14 Rosmarin *Rosmarinus officinalis* Blaue Blüten im Frühling.

15 Lorbeer *Laurus nobilis* Zu einer Kugel geschnitten.

16 Kapuzinerkresse *Tropaeolum majus* An einem Draht rund ums Fenster gezogen.

Thematische Gärten

Der Reiz der Kräuter beruht oft auf ihren vielfachen praktischen und historischen Zusammenhängen. In Geschichten, Mythen und Legenden kommen sie häufig vor. Je mehr man über Kräuter herausfindet, desto mehr möchte man wissen. Die zunehmenden Kenntnisse verstärken die Freude am Kräutergarten. Sie helfen bei der Anlegung eines thematischen Kräutergartens.

Für einen thematischen Garten wählt man ausschliesslich Pflanzen, die einem besonderen Interesse entsprechen. Sie wollen vielleicht einzig Küchenkräuter ziehen oder kosmetische Kräuter, Heilkräuter, Färbekräuter. Wenn Sie sich gerne vergegenwärtigen, wie die Menschen früher gelebt haben, können Sie einen römischen Küchengarten anlegen (S. 34) oder den Garten einer Hausherrin der Tudor-Zeit mit kosmetischen und aromatischen Kräutern in geometrischen Mustern.

Wie auf den folgenden Seiten gezeigt, kann man ein Beet oder einen ganzen Garten auf die Verwendung der Kräuter abstimmen oder den Stil und die Interessen fremder Kulturen nachahmen, wie bei der chinesischen und der persischen Anlage, die wir später beschreiben.

Kräuter eignen sich ausgezeichnet für Gemeinschaftsgärten anstelle der häufigeren Schmuckpflanzen. Ein Schulgarten liesse sich aufgrund einer geschichtlichen Epoche planen; ein Kirchgarten könnte biblischen Kräutern gewidmet sein oder solchen, die mit der Jungfrau Maria in Verbindung stehen. In solchen Gärten sollten klare Schrifttafeln angebracht und die Wege breit und sicher sein.

Ein Bauern-Kräutergarten *(oben) mit Kräutern und Gemüsen, die sowohl hübsch als auch nützlich sind.*
Ein Garten mit chinesischen Heilkräutern *(unten) und einer Statue von Li Shizhen, einem chinesischen Arzt, der 1578 nach 27jähriger Forschungsreise durch China ein praktisches Kompendium von Heilkräutern schrieb. Sein Buch nennt 1173 Pflanzen und 11 000 Rezepte und wurde ins Japanische, Englische, Lateinische, Französische und Deutsche übersetzt.*

Ein aromatischer Kräutergarten

Ein Garten, der auf Duft ausgerichtet ist, entzückt seinen Schöpfer und die Besucher stets aufs neue. Der aromatische Kräutergarten enthält wohlriechende Pflanzen aller Arten und Grössen – von Rosen und duftenden Kletterpflanzen bis zu winzigen Kriechkräutern. Sanft duftende, krautige Pflanzen lassen sich neben aromatischen Kräutern wie Salbei, Rosmarin, Minze und Thymian setzen.

Eine duftende Ecke kann in fast jedem Garten oder Balkon geschaffen werden, wenn man drei wichtige Grundsätze beachtet. Erstens soll man sich mehrere Ebenen vorstellen: zu Füssen, in Hand- und Nasenhöhe und über dem Kopf (mittels Gittern, Lauben, Hängekörben). Zweitens plane man eine Form von Einfriedung als Windschutz, Duftbewahrer und Stifter angenehmer Einsamkeit. Drittens sehe man eine Sitzgelegenheit vor, auf der sich ruhen und geniessen lässt und von der aus man die vielen Bienen, Schmetterlinge und Vögel, die sicher kommen werden, beobachten kann.

Der gegenüber gezeigte Plan hat alle diese Elemente: aromatische Pflanzen auf verschiedenen Ebenen von Fuss bis Kopf, eine von Gitterwerk und Zaunrosen umschlossene Zuflucht und eine bequeme Gartenbank, deren Armlehnen und Sitzfläche als Pflanzstätte für kriechenden Thymian, Kamille, Myrte und Zitronenkraut dienen können. Wenn Sie auf die Bank zugehen, zerdrückt Ihr Fuss die niedrigen Kräuter im Weg, so dass sie ihren Duft freigeben.

Die Anlage basiert auf einer Serie von Halbkreisen, die meisten symmetrisch angeordnet, wobei die gleichen Kräuter auf beiden Seiten vorkommen. Die formelle Kreisform der Anlage umgrenzt die Fläche und erhöht das Gefühl, einen friedlichen, privaten Garten zu betreten.

GARTENPLAN

Pflanzenliste

1 Schottische Zaunrose *Rosa eglanteria* Eine Kletterrose mit rosa Blüten und nach Äpfeln duftenden Blättern.
2 Kletterrose *Rosa* «Mme Alfred Carrière» Schöne, duftende, rosa Blüten.
3 Petersilie *Petroselinum crispum* Bietet frische grüne Blätter zum Knabbern. Liebt den Schatten grösserer Pflanzen.
4 Waldgeissblatt *Lonicera periclymenum* «Belgica» Frühblühend und süss duftend, vor allem am Abend.
5 Waldmeister *Galium odoratum* Weisse, sternähnliche Blüten und aromatische Blätter, wenn getrocknet.
6 Zitronenkraut *Aloysia triphylla* Nach Zitronen duftende Blätter und rosa Blüten.
7 Pfefferminze *Mentha piperita* «Citrata» Hübsch und aromatisch.
8 Fingerwinde *Akebia quinata* Halb-Immergrün mit duftenden, dunkelroten Blüten.
9 Weisser Jasmin *Jasminum officinale* Süss duftende Blüten.
10 Veilchen *Viola odorata* Vorfrühlingsblume.
11 Rasenkamille *Chamaemelum nobile* «Treneague» Hellgrüne Blätter mit herrlichem Apfelduft.
12 Goldhopfen *Humulus lupulus* «Aureus» Schönes, goldenes Laub.
13 Grüner, goldener und silberner kriechender Thymian *Thymus praecox* «Coccineus», *T.p.* «Doone valley». *T.p.* «Silver Lemon Queen» Alle haben schön gefärbte Blätter und Blüten.

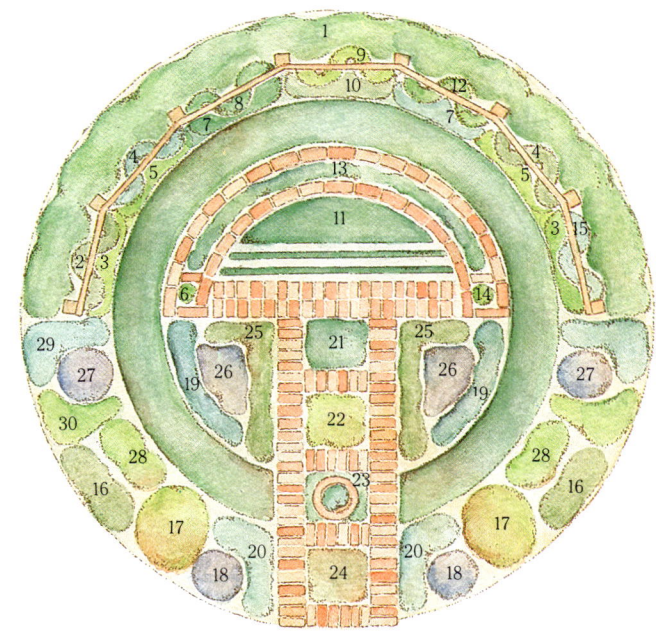

14 Myrte *Myrtus communis* «Tarentina» Würziger Orangenduft.
15 Kletterrose *Rosa* «New Dawn» hat ständig duftende Blüten.
16 Madonnenlilie *Lilium candidum* Wächserne, weisse Blüten mit Honigduft.
17 Muskatellersalbei *Salvia sclarea* Kräftig schmeckende, grosse Blätter.
18 Rosmarin *Rosmarinus officinalis* «Miss Jessup's Upright» Hellblaue Blüte im Frühling.
19 Federnelke *Dianthus plumarius* Duftende, hübsche Blüten und silberblaue Blätter.

20 Katzenminze *Nepeta mussinii* Stark schmeckende Blätter und hübsche lila Blüten.
21 Korsische Minze *Mentha requienii* Winzige, nach Pfefferminz duftende Blättchen bilden eine erfrischende Fussmatte.
22 Thymian mit Kieferduft *Thymus caespititius (T. azoricus)* Frischer Duft und winzige rosa Blüten, hier als Matte.
23 Kriechender Zitronenthymian *Thymus praecox* «Citriodorus» Zitronenduft; rosa blühende Fussmatte.
24 Kümmelthymian *Thymus herba-barona* Rosa-violette Blüten.

25 Lavendel *Lavandula angustifolia* «Hidcote» Violette Blüte, hübsche Silberblätter.
26 Bergamotte *Monarda didyma* Tiefrote Blüte, Duft von Kölnisch Wasser.
27 Moschusmalve *Malva moschata* Schwacher Moschusgeruch, kleine rosa und weisse Blüten.
28 Gefleckte Zitronenmelisse *Melissa officinalis* «Variegata» Goldgefleckte Blätter mit Zitronenduft.
29 Nachtviole *Hesperis matronalis* Süss duftende, violette und weisse Blüten. Der Duft wird abends nach Sonnenuntergang viel stärker.
30 Seifenkraut *Saponaria officinalis* Weiche rosa Sommerblüte mit Himbeerduft.

Einrichtungen
Bank aus Holzlatten, auf Backsteine gestellt (S. 262). Im Rücken eine halbrunde Wand, mit Pflanzfläche für Thymian. Der Sitz ist mit Kamille bepflanzt, daneben Kräuter, die man speziell behandeln muss, um ihren Duft wahrzunehmen.
Backsteinweg aus alten Boden-Backsteinen oder Platten (S. 261). Der Weg wurde mit Pflanzflächen für kriechende Duftkräuter geplant.
Gitter mit süss duftenden Kletterpflanzen als Windschutz.
Schmuckurne, mit Wasser gefüllt, um darauf duftende Blumenköpfe treiben zu lassen.

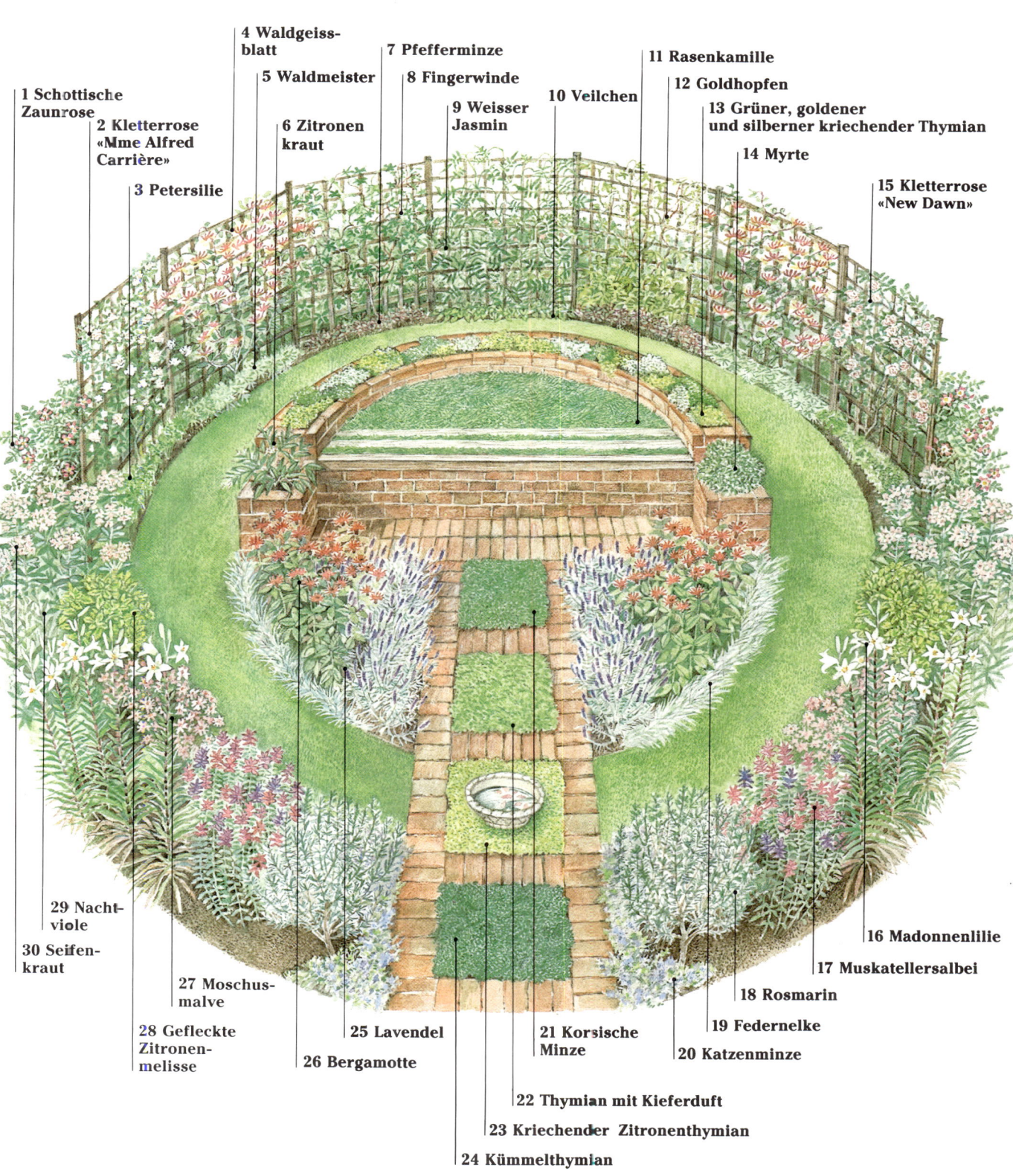

4 Waldgeiss-
blatt

7 Pfefferminze

5 Waldmeister

8 Fingerwinde

11 Rasenkamille

1 Schottische
Zaunrose

12 Goldhopfen

9 Weisser
Jasmin

2 Kletterrose
«Mme Alfred
Carrière»

10 Veilchen

6 Zitronen
kraut

13 Grüner, goldener
und silberner kriechender Thymian

3 Petersilie

14 Myrte

15 Kletterrose
«New Dawn»

29 Nacht-
viole

30 Seifen-
kraut

16 Madonnenlilie

17 Muskatellersalbei

27 Moschus-
malve

18 Rosmarin

28 Gefleckte
Zitronen-
melisse

25 Lavendel

21 Korsische
Minze

19 Federnelke

20 Katzenminze

26 Bergamotte

22 Thymian mit Kieferduft

23 Kriechender Zitronenthymian

24 Kümmelthymian

Durchmesser total: 8 m

27

Ein Kräutergarten für Kinder

Kräuter zu ziehen, ist lehrreich und macht Spass. Samen streuen und aufs Aufgehen warten, ist spannend; dann erscheinen Blätter und Blüten, Insekten kommen zu Besuch, man erntet und verwertet die Pflanzenteile zu verschiedenen Zwecken. All dies zeigt den Kindern, wie nützlich Pflanzen sein können.

Die meisten Kräuter sind leicht zu ziehen, und man kann deshalb Pflanzen wählen, die Kindern Spass machen. Für Kinder im Vorschulalter bereitet man einen kleinen, sonnigen Fleck vor und hilft ihnen, Senf und Kresse zu säen. Sie werden zuschauen können, wie der Samen keimt, und später können sie Blätter abzupfen und essen.

Der unten gezeigte Garten enthält Pflanzen mit hocharomatischen Blättern, die sich zerdrücken und

beschnuppern lassen, Pflanzen mit essbaren Blättern und Samen, Pflanzen, die Bienen und Schmetterlinge anziehen, und Pflanzen mit auffallenden Samenköpfen, mit denen man spielen kann. Mit den Jahren werden die Kinder eigene weitere Interessen entwikkeln.

Vernünftig ist es, wenn man einen Garten für Kinder möglichst einfach plant, aber als ich meine Schar fragte, wünschten alle vier ein Labyrinth. Wir einigten uns auf den nachstehenden Kompromiss, der mit seinen aus der Mitte heraus gewundenen, untereinander verbundenen Wegen ideal ist für Fangspiele.

SCHLÜSSELLINIE

Durchmesser total: 8 m

1 Fenchel
2 Fingerhut
3 Ringelblume
4 Kissenprimel
5 Kamille
6 Grüne Minze
7 Engelwurz
8 Süssdolde
9 Veilchen
10 Königske
11 Kriechende Poleiminze
12 Gänseblümchen
13 Lavendel
14 Hauswurz
15 Sonnenblume
16 Petersilie
17 Kriechender Thymian
18 Zitronenmelisse
19 Sommerportulak

Pflanzenliste

1 Fenchel *Foeniculum vulgare* Essbare Blätter und Samen.
2 Fingerhut *Digitalis purpurea* Blüten, die Bienen anziehen. Vergewissern Sie sich, dass Ihr Kind zuverlässig genug ist, nichts von dieser Pflanze zu essen.
3 Ringelblume *Calendula officinalis* Bunte Blüten mit essbaren Blättern für kleine Köche.
4 Kissenprimel *Primula vulgaris* Blüht früh.

5 Kamille *Chamaemelum nobile* Bodendeckendes Kraut mit Blüten, die einen milden Schlaftrunk liefern.
6 Grüne Minze *Mentha spicata* Minzige Blätter zum Knabbern.
7 Engelwurz *Angelica archangelica* Blätter wirken beruhigend bei Reisekrankheit.
8 Süssdolde *Myrrhis odorata* Essbare grüne Samen.
9 Veilchen *Viola odorata*

10 Königskerze *Verbascum tapsus*
11 Kriechende Poleiminze *Mentha pulegium* Nach Minze schmeckende Blätter, begehbar.
12 Gänseblümchen *Bellis perennis* Für Kränzchen.
13 Lavendel *Lavandula angustifolia* Duftende Blüten.
14 Hauswurz *Sempervivum tectorum* Lindert Schnitte und Stiche.

15 Sonnenblume *Helianthus annuus* Man kann ihr beim Wachsen zusehen. Essbarer Samen.
16 Petersilie *Petroselinum crispum* Essbare Blätter.
17 Kriechender Thymian *Thymus praecox* Wohlriechend, verträgt Kinderfüsse.
18 Zitronenmelisse *Melissa officinalis* «Variegata» Erfrischende Blätter.
19 Sommer-Portulak *Portulaca oleracea* Instant Snacks.

Ein Garten fürs Mondlicht

Gärten werden gewöhnlich so angelegt, dass sie bei Tageslicht gefallen. Aber viele Pflanzen sehen im Mondlicht ganz verzaubert aus. Unsere Augen sehen anders bei Mondlicht; die meisten Farben verschwinden, Blau wird Weiss, und Weiss und Hellblau bekommen etwas Fluoreszierendes. Ein Garten oder ein Beet, bei Mondlicht betrachtet, sollten Pflanzen dieser Farben enthalten. Die Wirkung verstärkt sich, wenn man weisse Steine, Statuen, Garteneinrichtungen dazustellt, die das Mondlicht reflektieren.

Das nachstehende Bild wurde in meinem Garten bei Vollmond aufgenommen, im Mai. Dies gilt als besondere Nacht in der Zeit, da alles wächst und sich erneuert. Ich setzte mich auf die Holzbank in meinem Kräutergarten und wartete, bis sich meine Augen an das Dunkel gewöhnt hatten. Zuerst war der Mond hinter Wolken versteckt, dann kam er langsam hervor, und der Garten war verwandelt. Einen Schaumteppich aus weissen Pünktchen erkannte ich als Vergissmeinnicht, ein silbern geschwungenes Band als Strohblumen, leuchtendes Laub als Hängebirnbaum und eine irisierende Decke als Kirschblüten. Beifuss, Lavendel, Silberthymian und Taubnesseln zeigten ihre Silberblätter, und deutlich erkennbar waren die weissen Blüten von Gänseblümchen, Süssdolde, Kerbel, Kümmel, Beinwell und Salbei.

Alle Silbertöne leuchteten im Mondlicht kräftiger. Der Duft unsichtbarer wilder Mauerblumen und Narzissen lag über dem Garten und machte die Verzauberung vollkommen.

Ein Garten im Mondlicht
Im Licht des Vollmondes verzaubert sich ein Garten voll Kräuter.

Pflanzenliste

1 Kirschbaum *Prunus avium* Ganz bedeckt von duftenden, blassrosa Blüten.
2 Hängebirnbaum *Pyrus salicifolia* Anmutig hängende Silberzweige.
3 Nachtviole *Hesperis matronalis* Süss duftende, weisse Blüten.
4 Vergissmeinnicht *Myosotis sylvatica* Massen hellblauer und weisser Blüten.
5 Thymian *Thymus* Verschiedene Varietäten.
6 Süssdolde *Myrrhis odorata* Massen flacher, weisser Blütenköpfe.
7 Rosmarin *Rosmarinus officinalis* Ein Busch mit hellblauen Blüten, im Mondlicht leuchtend.
8 Nachtkerze *Oenothera biennis* Hochragend im Licht.

Einrichtung

Eine steinerne Urne mit Wasser und schwimmenden Kirschblüten.
Eine steinerne Statue von Pan.

SCHLÜSSELLINIE

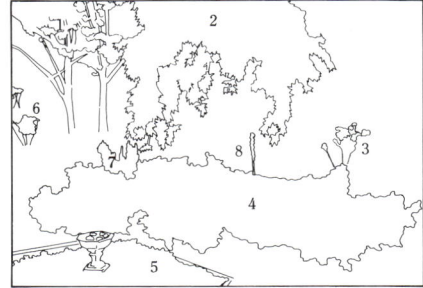

Küchenkräutergarten

Manche Kräuter kann man getrocknet, aber mit vollem Aroma, kaufen (Lorbeer, Salbei, Rosmarin und Thymian), und im Sommer werden auch frisch geschnittene Kräuter angeboten. Aber nur wer sie selber zieht, kann sicher sein, den ersten scharfen Geschmack von Kerbel, Basilikum, Liebstöckel und anderen Kräutern zu erfahren, die heute neu entdeckt werden.

Ein oder zwei Töpfe mit den nützlichsten Kräutern – Petersilie und Schnittlauch – sind praktisch neben der Küchentür, aber die anderen Küchenkräuter brauchen nicht in unmittelbarer Reichweite zu liegen. Ein paar Schritte im Kräutergarten tragen zum Vergnügen des Kochens bei, und der Anblick anderer frischer Kräuter macht Mut, neue Kombinationen zu versuchen.

Die meisten Küchenkräuter lieben die Sonne, durchlässigen Boden und Windschutz. Ausserdem braucht man einen wetterbeständigen Weg, von dem aus man alle Pflanzen erreichen kann, und für nächtliche Pirschgänge eine Aussenlampe oder eine Taschenlampe in der Küche.

Bei der Auswahl der Kräuter berücksichtigen Sie, wie oft Sie sie wahrscheinlich brauchen werden. Von immergrünen Kräutern und von den grossen Perennierenden dürfte je ein Exemplar für die meisten Haushalte genügen. Mögen Sie besonders Salatkräuter und Gemüse, so brauchen Sie mehr als eine Pflanze und sollten dafür einen Fleck von 30 cm im Quadrat oder von etwa 1,2 m Länge reservieren.

Ein ordentlicher Gartenplan erleichtert das Ernten. Die Wagenrad- und die Sternform, die wir hier zeigen, sind sowohl hübsch als auch praktisch. Der Plan für einen Potager ist komplizierter.

ZWEI EINFACHE IDEEN

Beide Pläne gestatten Ausweitungen bei wachsendem Interesse. Backsteine trennen die Beete, gewähren Zugang und grenzen die Kräuterfelder voneinander ab.

Wagenrad *Mit dem Zentrum anfangen, äussere Ringe nach Bedarf anfügen.*

Stern *Ein Sechseck bildet den Kern und wird zum Stern durch die sechs Spitzen.*

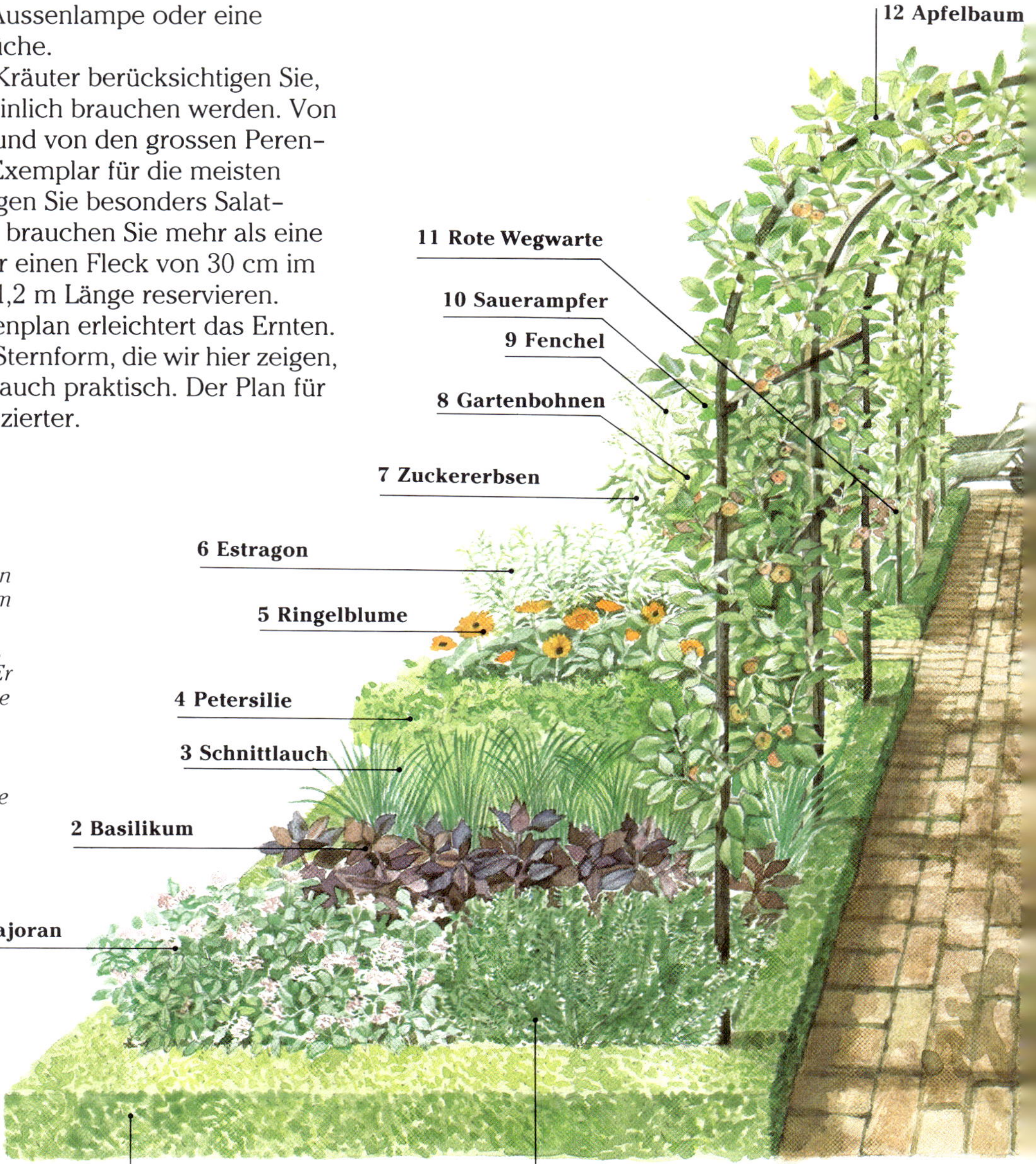

Ein Potager (Gemüsegarten)
Hier folgen wir dem herkömmlichen französischen Konzept eines Potager, in dem Kräuter, Gemüse und Obst zusammen angebaut werden, wodurch Platz gespart wird. Er enthält sorgfältig ausgewählte Gemüse, Salatpflanzen und Kräuter, dazu Spalierobstbäume, die über dem Weg Bogen bilden. Getrennte Beete erlauben eine Rotation der Ernte, und jedes Beet ist mit dem üblichen Zwergbux eingefasst.

12 Apfelbaum

11 Rote Wegwarte

10 Sauerampfer

9 Fenchel

8 Gartenbohnen

7 Zuckererbsen

6 Estragon

5 Ringelblume

4 Petersilie

3 Schnittlauch

2 Basilikum

1 Kompakter Majoran

Grösse 5 m im Quadrat

25 Zwergbuchs

24 Thymianbüsche

Pflanzenliste

1 Kompakter Majoran *Origanum vulgare* «Compactum» Zwergpflanze mit gut entwikkelten Blättern

2 Basilikum *Ocimum basilicum* «Dark opal» Purpurrote Blätter und etwas würzigerer Geschmack als gewöhnliches Basilikum.

3 Schnittlauch *Allium schoenoprasum* Würzige Blätter und hübsche, ebenfalls essbare Blüten.

4 Petersilie *Petroselinum crispum* Glänzend grüne Blätter, unentbehrlich in jedem Küchengarten.

5 Ringelblume *Calendula officinalis* Bringt Farbe in jeden Garten, hübsch als Garnitur.

6 Estragon *Artemisia dracunculus* Zarter Geschmack.

7 Zuckererbsen *Pisum sativum* var. *macrocarpon* Bringt zart schmeckende Schoten hervor, die man ganz essen kann.

8 Gartenbohnen *Phaseolus vulgaris* Orangefarbene Blüten, essbare Schoten.

9 Fenchel *Foeniculum vulgare* «Dulce» Dicke süsse Stengel.

10 Sauerampfer *Rumex acetosa* Saftige Blätter und rotgrüne Blüte.

11 Mangold *Beta vulgaris* Hellrote Stengel und Blätter.

12 Zwei Birnbäume *Pyrus communis* und zwei **Apfelbäume** *Malus domestica* Als Spalier an Bögen, die einen Weg überdecken.

13 Artischocken *Cynara scolymus* Herrliche distelähnliche Blüten, fein schmeckendes Gemüse.

14 Rotkohl *Brassica oleracea* «Ruby Red» Schnell wachsend, schöne, essbare Blätter.

15 Lauch *Allium porrum* Leicht zu ziehen, wertvolles Wintergemüse.

16 Chinakohl *Brassica pekinensis* Gut in Salaten und als Gemüse.

17 Salbei *Salvia officinalis* Zieht Bienen an und wird in- und ausserhalb der Küche vielfach verwendet.

18 Dill *Anethum graveolens* Gute Würze.

19 Koriander *Coriandrum sativum* Blätter und Samen wertvoll.

20 Kerbel *Anthriscus cerefolium* Köstliches Küchenkraut.

21 Wiesenknopf *Eruca vesicaria* Würzige Blätter zu Salaten.

22 Kopfsalat *Lactuca sativa* «Lollo» Hübsche, rotgeränderte Blätter.

23 Rote Wegwarte *Cichorium intybus* Attraktive, rote Blätter.

24 Thymian *Thymus vulgaris, T. x citriodorus, T. herbabarona* Eine Sammlung buschiger Thymiane mit verschiedenem Geschmack.

25 Zwergbuchs *Buxus sempervirens* «Suffruticosa» Eine 15 cm hohe Hecke umgibt jedes Beet.

Einrichtung
Steinplattenweg aus wetterfesten Platten, gewährt Zugang zu allen Beeten.

GARTENPLAN

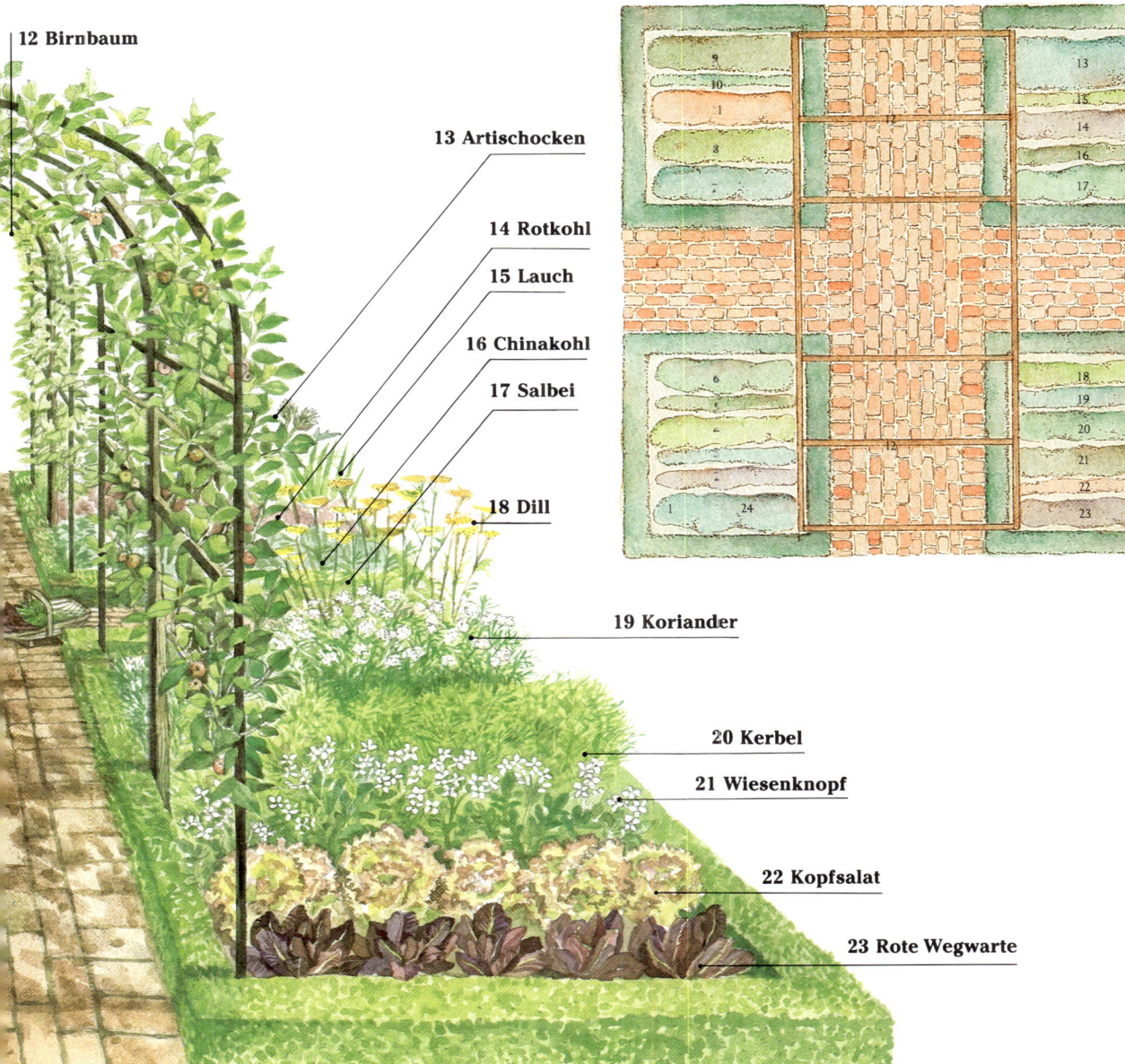

12 Birnbaum

13 Artischocken

14 Rotkohl

15 Lauch

16 Chinakohl

17 Salbei

18 Dill

19 Koriander

20 Kerbel

21 Wiesenknopf

22 Kopfsalat

23 Rote Wegwarte

Ein chinesischer Kräutergarten

Die Chinesen beherrschen seit jeher die Kunst, in kleinen Höfen Gärten anzulegen. Sie schaffen Abgeschiedenheit, Heiterkeit und eine geheimnisvolle Atmosphäre, indem sie den Raum in noch kleinere Flächen aufteilen durch Bambuswände, Mondtore (kreisrunde Öffnungen in Mauern) und geschickten Umgang mit Struktur, Licht und Schatten.

Zwar kennt man in China keine Hauskräutergärten, aber Heilkräuter werden seit mehr als 4000 Jahren hochgeschätzt und werden in botanischen Gärten angebaut. In Kunming, der Stadt des ewigen Frühlings, besuchen Botaniker immer wieder die Yunnan-Berge, um Kräuter zu sammeln, die dann in einem staatlichen Garten mit Steinen, Wasser und schattigen Pergolen zur Schau gestellt werden.

Der unten gezeigte Garten basiert auf einem kleinen Hof beim Theaterpavillon des Sommerpalasts in Beijing. Die Bepflanzung ist einfach; jedes Beet enthält nur eine Art, aber alles ist so berechnet, dass jede Jahreszeit etwas bietet. Da ist Bambus, einer der «drei Winterfreunde», Pfingstrosen für den Frühling, Mohn für den Sommer und Chrysanthemen für den Herbst. Alle sind auch Heilkräuter. Ich habe westlichen Vorstellungen ein wenig nachgegeben, indem ich ein paar chinesische Küchenkräuter dazwischensetzte.

Der geschwungene obere Rand der Umgebungsmauer gibt Leichtigkeit, und die weisse Mauer liefert den Hintergrund für die anmutigen Schatten des Bambus. Das Mondtor umrahmt die Aussicht und stellt einen markanten Eingang dar.

1 Glyzine 2 Heiliger Bambus 3 Rosen 4 Aprikosenbaum 5 Safrankrokus 6 Weisse Pfingstrose 7 Schwarzer Bambus

14 Schlafmohn 13 Koriander 12 Chinakohl 11 Lotusblüte 10 Chinesischer Schnittlauch 9 Ginseng 8 Chrysantheme

Pflanzenliste

1 Glyzine *Wisteria floribunda* Duftende Blüten im Frühsommer. Gallen werden medizinisch verwertet.

2 Heiliger Bambus *Nandina domestica* Für Heilzwecke.

3 Rosen *Rosa chinensis* «Old Bush China» Stets Büschel von blassrosa Blüten.

4 Aprikosenbaum *Prunus armeniaca* Blüten im Frühjahr, Samen medizinisch verwendet.

5 Safrankrokus *Crocus sativus* Purpurfarbene Blüten im Herbst.

6 Pfingstrose *Paeonia lactiflora* Herrliche weisse Blüten, Wurzel medizinisch verwertet.

7 Schwarzer Bambus *Phyllostachys nigra* Wurzeln medizinisch verwendet.

8 Chrysantheme *Chrysanthemum morifolium* Weisse, gelbe oder rosa Blüten medizinisch verwendet.

9 Ginseng *Panax ginseng* Braucht 3–7 Jahre zur Reife. Rosa Blüten im Spätsommer. Wurzel als Tonikum und Elixier.

10 Chinesischer Schnittlauch *Allium tuberosum* Milder Knoblauchgeschmack.

11 Lotusblüte *Nelumbo nucifera* Schwimmt in glasiertem Topf. Schönes Aroma und Blüten.

12 Chinakohl *Brassica chinensis* Wohlschmeckende Blätter.

13 Koriander *Coriandrum sativum* Aromatischer Samen.

14 Schlafmohn *Papaver somniferum* Prächtige Blüte ab Mittsommer.

Ein Paradiesgarten

Ein eingehegter Garten der Freude, ein Paradies-garten, enthält in seinen Achsen Wasserkanäle, wohl-riechende Bäume, Früchte, duftende Kräuter und bunte Blumen. Er wurde vor 4000 Jahren in Ägypten als künstliche Oase entwickelt und von den Persern und indischen Moguln zur Vollkommenheit gebracht. Die Grundidee, geometrische Wege und rechteckige Beete, wurde in den Klostergärten Europas wieder aufgenommen.

Der nachstehende Plan folgt der persischen Tradi-tion mit tiefblau gekachelten flachen Teichen und

dekorativen Wegplatten. Den Schwerpunkt bildet ein offener Pavillon, in traditionellem Stil reich mit Mosaikfliesen verziert, um den Eindruck einer mit funkelnden Edelsteinen besetzten Zuflucht zu erwecken. Bunt blühende Kräuter verstärken den Farbenteppich.

Obschon die Blütezeit in sehr heissen Gegenden kurz ist, sorgen die aromatischen immergrünen Bäume und Kräuter, die immerblühenden Rosen, die Schmuckfliesen und die blauen Wasserläufe das ganze Jahr für Freude, Farbe und Schatten.

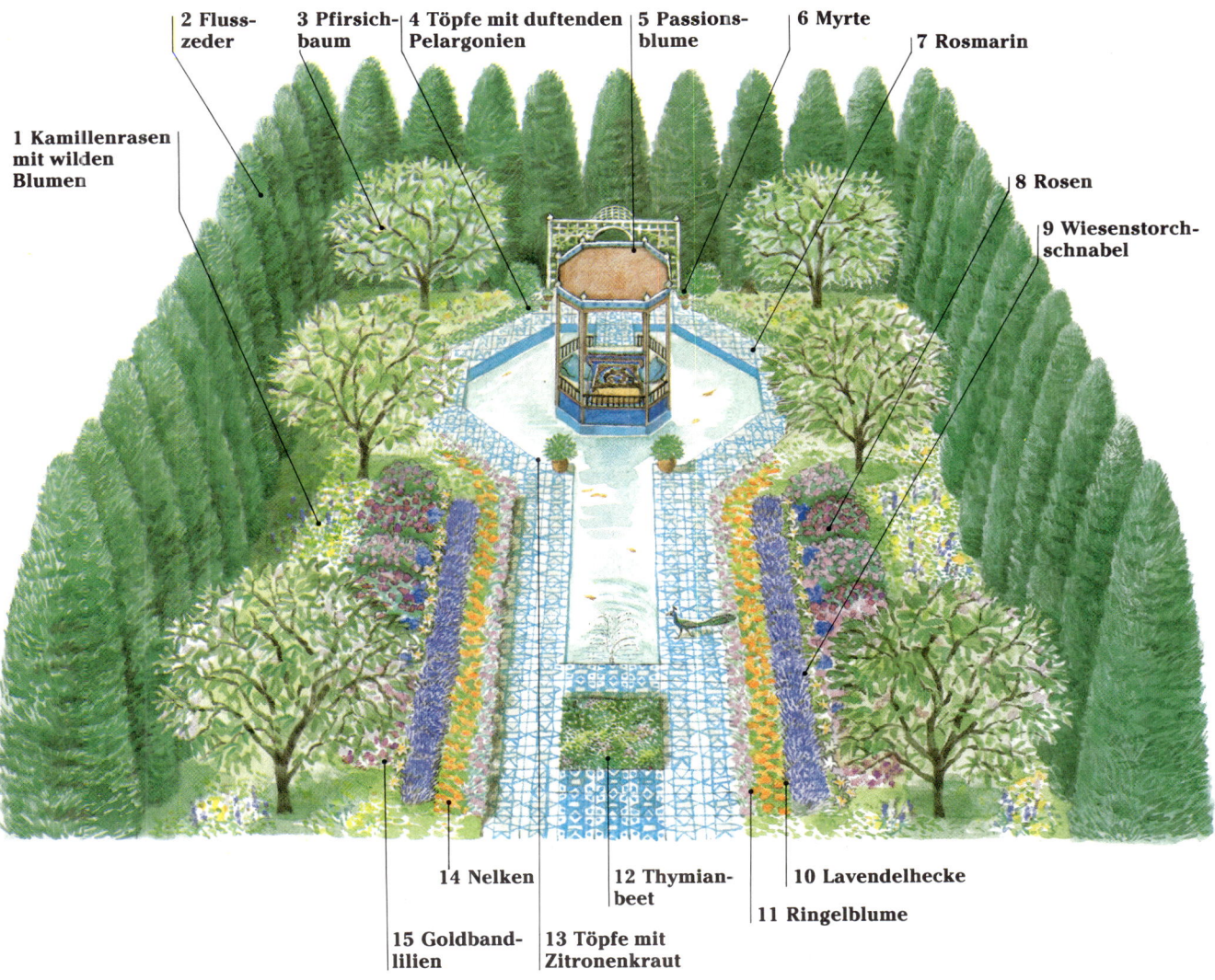

2 Fluss-zeder · **3 Pfirsich-baum** · **4 Töpfe mit duftenden Pelargonien** · **5 Passions-blume** · **6 Myrte** · **7 Rosmarin** · **1 Kamillenrasen mit wilden Blumen** · **8 Rosen** · **9 Wiesenstorch-schnabel** · **14 Nelken** · **12 Thymian-beet** · **10 Lavendelhecke** · **11 Ringelblume** · **15 Goldband-lilien** · **13 Töpfe mit Zitronenkraut**

Pflanzenliste

1 Kamillenrasen *Chamae-melum nobile* Nach Apfel duftender Rasen, mit bunten Blumen bepflanzt.
2 Flusszeder *Calocedrus decurrens* Eine Hecke aus hohen Bäumen gibt Schutz und Schatten.
3 Pfirsichbäume *Prunus persica* Blüht und liefert erfri-schende Früchte.
4 Töpfe mit duftenden Pelar-gonien *Pelargonium graveolens*

und andere Arten. Die Töpfe sind so gestellt, dass sie Duft verströmen, wenn man sie streift.
5 Passionsblume *Passiflora caerulea* Auffallende Blüte.
6 Myrte *Myrtus communis* «Tarentina» Niedriger duftender Busch.
7 Rosmarin *Rosmarinus offici-nalis* «Prostratus» Eine Rabatte niedrig wachsenden Rosmarins.
8 Rosen *Rosa foetida* mit leuch-tend roten Blüten, *Rosa damas-cena* mit dunkelrosa Blüten.

9 Wiesenstorchschnabel *Geranium pratens* Bei den Rosen gepflanzt, um deren Farbe zur Geltung zu bringen.
10 Lavendelhecke *Lavandula dentata* Zu niedriger Hecke gestutzt.
11 Ringelblume *Calendula officinalis* Ein Beet voll orange-farbener Blumen.
12 Thymian *Thymus* Ein Beet mit verschiedenen Varietäten.
13 Töpfe mit Zitronenkraut *Aloysia triphylla* Frischer Duft.

14 Nelken *Dianthus*-Sorten Eine Rabatte duftender Feder-nelken.
15 Goldbandlilien *Lilium auratum* Prächtige, duftende Blüten.

Einrichtungen
Weg, mit Schmuckfliesen gepflastert.
Wasserlauf, tiefblau gekachelt, um Tiefe vorzutäuschen.
Pavillon, spendet Schatten und Farbe.

Ideen für thematische Gärten

Je mehr Sie sich mit Kräutern befassen, desto mehr Möglichkeiten finden Sie, wie Sie sie auswählen und zur Geltung bringen können. Von praktischen Erwägungen abgesehen, sind Gärten mit historischer Themasetzung stets interessant zu planen, haben doch Kräuter in alten Kulturen und in der neueren Geschichte eine faszinierende Rolle gespielt.

Archäologen glauben, schon vor über 50 000 Jahren seien gewisse Pflanzen zum Würzen von Speisen benutzt worden. Sicher ist, dass in der Steinzeit, vor 9000 Jahren, die Menschen entdeckt hatten, wie sie aus Flachs, Oliven, Sesamsamen und Rizinuspflanzen Öl gewinnen konnten. Wer sich für die Geschichte der Pflanzenverwendung interessiert, wird einen Kräutergarten aus einer speziellen Epoche höchst lohnend finden, besonders wenn auch seine Anlage der Zeit entspricht. Hier einige Anregungen.

EIN RÖMISCHER KRÄUTERGARTEN

Ein römischer Kräutergarten würde gut zu einem sonnigen Hof mit Terracotta-Töpfen, erhabenen, mit Zwerghecken umgebenen Beeten, einer reblaubumrankten Pergola und einer passenden Statue passen.

Hier einige der in der römischen Küche verwendeten Kräuter:

Marienblatt, Anis, Basilikum, Lorbeer, Kapern, Kümmel, Katzenminze, Selleriesamen, Koriander, Römischer Kümmel, Dill, Echter Alant, Knoblauch, Ysop, Senf, Myrte, Origano, Petersilie, Poleiminze, Pfeffer, Gartenraute, Distel, Safran, Wiesenknopf, Bohnenkraut, Winterzwiebel, Wermut.

EIN KLÖSTERLICHER KRÄUTERGARTEN FÜR DIE HERSTELLUNG VON LIKÖREN

Getreu dem Ideal der Selbstversorgung schufen die Mönche eine Reihe geistiger Getränke, deren Geschmack von einem Kräuterabsud oder von der Destillierung von Kräutern herrührte. Früher wurden solche Liköre – Balsam, Creme oder Elixier genannt – als Arzneien, Stärkungsmittel und Liebestränke gebraucht. Ihr Geschmack und ihre verdauungsanregende Wirkung machen sie heute zu beliebten Getränken nach reichlichem Essen.

Die Rezepte der Mönche waren streng gehütete Geheimnisse: Am geheimsten ist die Zusammensetzung von Benedictine, 1510 geschaffen, gefolgt von Chartreuse, 1607. Jedes der folgenden Kräuter ist aber eine gute Likörwürze:

Engelwurz, Anis, Balsam, Kümmel, Koriander, Echter Alant, Fenchel, Ysop, Minze, Ehrenpreis, Süssdolde, Kalmuswurzel, Waldmeister, Gänsefingerkraut, Thymian, Veilchen, Wermut.

EIN MEDIZINISCHER KRÄUTERGARTEN

Hunderte von Pflanzen wurden seit jeher in den verschiedensten Kulturen angewendet. Manche gelten heute als hochgiftig, die Heilwirkung anderer wird eben erst wissenschaftlich erhärtet. Abgesehen von ihrer vielfältigen Nützlichkeit sind Heilpflanzen oft sehr dekorative Pflanzen, die einen Garten interessant machen, ob man sie anwendet oder nicht.

Eine herkömmliche Idee ist es, Pflanzen, die ähnliche Krankheiten behandeln, zusammen in Beete zu setzen, wie in den Medizinalgärten mittelalterlicher Klöster. Man kann ein Beet anlegen für Husten, Erkältungen, Halsentzündungen, ein Beet für Schlaflosigkeit, ein Beet zur Verdauungsförderung und eins für Stärkungsmittel. Hat man mehrere Kräuter zur Auswahl, so sieht man schnell, welche Pflanzen reif sind für die Ernte. Lesen Sie das Kapitel über Kräutermedizin, S. 238–250, ehe Sie Kräuter anwenden, oder bauen Sie die Kräuter einfach wegen ihres hübschen Aussehens an. Sehen Sie eine Sitzgelegenheit vor, denn das Ruhen in einem Kräutergarten trägt entscheidend zur Rekonvaleszenz bei.

Ein Beet mit Heilkräutern bildet einen anziehenden Winkel.

EIN ASTROLOGISCHER KRÄUTERGARTEN

Die Rhythmen der Natur haben den Menschen seit jeher gefesselt; viele Beobachter haben die Bewegungen von Mond und Sternen in verschiedene Systeme einzuordnen versucht. In seinem Kräuterbuch hat Culpeper 1645 jedes Kraut einem bestimmten Himmelskörper zugeordnet. Für einen astrologischen Garten würden sich zwei verschränkte Dreiecke eignen, die innerhalb einer Kreislinie einen sechszackigen Stern bilden.

KRÄUTER UND TIERKREISZEICHEN

Widder Schlüsselblume, Knoblauch, Hopfen, Senf
Stier Huflattich, Liebstöckel, Minze, Thymian
Zwillinge Kümmel, Dill, Lavendel, Petersilie, Eisenkraut
Krebs Odermennig, Balsam, Gänseblümchen, Jasmin
Löwe Lorbeer, Borretsch, Kamille, Ringelblume, Mohn
Jungfrau Fenchel, Bohnenkraut, Eberraute, Baldrian
Waage Poleiminze, Kissenprimel, Veilchen, Schafgarbe
Skorpion Basilikum, Estragon, Wermut
Schütze Frauenminze, Hauswurz, Malve
Steinbock Beinwell, Sauerampfer, Salomonssiegel
Wassermann Holunder, Erdrauch, Königskerze
Fische Lungenkraut, Mädesüss, Hagebutte

INDIANERKRÄUTER

Die Forschung hat ergeben, dass die Indianerstämme Nordamerikas über 600 einheimische Pflanzen zu Nahrungs-, Heil- und Schmuckzwecken verwendeten. Die Northern Cree in meinem Staat Alberta benutzten Heidemyrte, um Stachelschweinstacheln zu färben, Schachtelhalm, um Pfeilspitzen zu polieren, Bärentraube, deren Blätter geräuchert und Beeren für Halsketten und Rasseln verwendet wurden, Lupine, um Weihrauch herzustellen, Minze, um getrocknetes Fleisch zu würzen und von Fallen den Menschengeruch wegzunehmen, Torfmoos, das Wegwerfwindeln liefert, und Heckenrosen zum Essen und Heilen. Alle diese Pflanzen würden sich für einen Waldschlag oder eine Naturgartenecke eignen.

LITERARISCHE KRÄUTERGÄRTEN

Die Bibel und die Werke von Chaucer und Shakespeare erwähnen Kräuter häufig. Vor allem Shakespeare schrieb mit dem Vergnügen des Kenners von über 80 Kräutern und Wildblumen. Er kannte ihren Gebrauch und ihre Symbolik. Der Plan für einen Shakespeare-Garten sollte formell elisabethanisch sein, mit gestutzten niedrigen Hecken aus immergrünen Sträuchern und einer von duftenden, hübschen Kräutern überwachsenen Laube. Folgende Pflanzen kommen bei Shakespeare vor und bieten reiche Auswahl:

Balsam, Lorbeer, Borretsch, Buchs, Klee, Akelei, Schlüsselblume, Osterglocke, Gänseblümchen, Erdrauch, Glockenblume, Wiesenschaumkraut, Rittersporn, Lavendel, Senf, Myrte, Narzisse, Stiefmütterchen, Nelken, Mohn, Kissenprimel, Moschusrose, Zaunrose, Rosmarin, Gartenraute, Wiesenknopf, Erdbeeren, Thymian, Veilchen, Winterbergminze, Geissblatt, Wermut und Schafgarbe.

Ein kreisrundes Beet mit einem von einer duftenden Hecke umgebenen Brunnen im Shakespeare-Kräutergarten, Washington Cathedral.

EIN HEXEN–KRÄUTERGARTEN

Hexerei übt auf viele Leute grosse Anziehungskraft aus, und glücklicherweise leben wir in einer Zeit, da wir mit unbeschwerter Neugier entdecken können, wie früher starke und giftige Pflanzen angewendet wurden. Die Tatsache, dass bis zu 6 Millionen Frauen bei Hexenverfolgungen ermordet wurden, stellt eine hässliche Narbe in der menschlichen Geschichte dar, die vom Kampf der Kirche um Macht zeugt.

Man glaubte an gute und böse Hexen, und auch ihre Kräuter dienten dem Angriff oder der Verteidigung. Die neun angelsächsischen Amulettkräuter trug man zur Abwehr des Bösen: Kamille, Kerbel, Holzapfel, Fenchel, Beifuss, Nessel, Wegerich, Esparsette, Brunnenkresse. Engelwurz galt als das mächtigste Mittel gegen Zauberei und Vergiftungen. Klee, ob drei- oder vierblättrig, galt als Schutzkraut, es konnte sogar Männer vom Kriegsdienst befreien. Dill, Knoblauch, Hauswurz und Beifuss sollten Menschen vor Zauber, dem Teufel und Blitzschlag schützen.

EIN GARTEN FÜR BIENEN

Damit möglichst viel Nektar und Blütenstaub produziert wird, sollte ein Garten für Bienen in voller Sonne liegen, und die Kräuter sollten in Gruppen von fünf oder mehr gesetzt werden. Stellen Sie ein Gitter oder sonst einen Windschutz auf, falls der Garten nicht geschützt liegt. Eine Hecke aus Stechpalme und Efeu hält den Wind auf und liefert Nektarblüten im Frühjahr und Herbst. Klee, Linden und Obstbäume, Raps, Esparsete, Senf, Ackersenf, Weidenröschen und Löwenzahn sind die für Bienen wichtigsten Nektarpflanzen. Die folgenden Pflanzen liefern fast das ganze Jahr Nektar und sind in der Reihenfolge ihrer Blütezeiten aufgezählt:

Winterling, Krokus, Taubnessel, Vergissmeinnicht, Rosmarin, Katzenminze, Himmelsleiter, Borretsch, Honigklee, Bohnenkraut, Winterbergminze, Thymian, Gemeiner Natternkopf, Lauchgewächse, Kamille, Alkannawurzel, Anis, Ysop, Wegwarte, Flachs, Salbei, Sellerie, Fenchel, Mohn, Distel, Karde, Baldrian, Eisenkraut, Waidküpe, Basilikum, Ringelblume, Weisser Andorn, Moschusmalve, Majoran, Königskerze, Goldrute, Minze, Sonnenblume.

Obwohl es Brauch ist, in einem Kräutergarten einen Bienenkorb aufzustellen, kann man nicht damit rechnen, dass er von Bienen benutzt wird: Bienen beachten Pflanzen innerhalb von 15 m vom Bienenkorb nicht, weil sie diesen Radius für ihre Reinigungsflüge benutzen.

EIN MEDITATIONSGARTEN

Der nächste Kräutergarten, den ich machen möchte, würde der Betrachtung dienen. Dazu eignet sich jeder private Kräutergarten, aber ich möchte ein Muster planen, das den Geist zu bestimmten Ideen führt. Er hätte die Form eines achtzackigen Sterns oder eines Achtecks, dessen eine Seite der Eingang wäre. Jeder der verbleibenden sieben Abschnitte wäre einer anderen Idee gewidmet: einem Tag der Woche, einer Farbe des Spektrums und vielleicht einem Dufttyp. Die Mitte wäre überdacht, als trockener Zufluchtsort.

KRÄUTER-INDEX

Inspiriert durch die Kräuterbücher von John Gerard und Nicholas Culpeper, die vor über 300 Jahren erschienen sind, bilden die hier folgenden Seiten einen zeitgenössischen Führer durch über 100 der heute nützlichsten, interessanten und leicht zu ziehenden Kräuter.

Die Kräuter sind in der alphabetischen Reihenfolge ihrer botanischen Namen aufgeführt. Pflanzen, deren Einteilung in letzter Zeit verändert wurde, ist der ältere Name in Klammern beigefügt. Der Familienname steht in Kursivschrift nach dem deutschen Namen.

Jedes Kraut wurde fotografiert und genau beschrieben, um die Bestimmung zu erleichtern. Wo eine Anzahl von Arten oder Varietäten vorhanden ist, zeigt eine Auswahl die Breite des Angebots an.

Im einzelnen wird für jedes Kraut die Lebensspanne und Höhe sowie die für den Anbau erforderlichen Umstände angegeben. Fachausdrücke wurden soweit wie möglich vermieden.

Zu jedem Kraut wird eine grosse Menge historischer und praktischer Information gegeben: Anbaumethoden, Ratschläge für die Ernte und die Konservierung; Vorschläge für die Anwendung. Vier Abschnitte zeigen und beschreiben Pflanzen, die meist nicht als Kräuter betrachtet werden. Dazu vergleiche man auch den Kräuterkatalog, Seiten 271–278.

Achtung: Ehe Sie medizinische Präparate herstellen, lesen Sie die Seiten 238–250. Wenn Sie einer Pflanze nicht ganz sicher sind, verwenden Sie sie nicht. Nehmen Sie nie etwas im Übermass ein, und holen Sie, falls Sie Zweifel haben, den Rat eines qualifizierten Kräuterarztes ein.

Achillea millefolium

Gemeine Schafgarbe

Compositae

Diese unscheinbare Pflanze birgt grosse Kräfte. Ein einziges kleines Blatt beschleunigt die Verrottung eines Schubkarrens voll rohen Komposts. Wurzelausscheidungen der Schafgarbe lassen Nachbarpflanzen widerstandsfähig gegen Krankheit werden. Heilwirkungen anderer Kräuter werden durch Schafgarbe verstärkt. Auch Schafgarbe selbst wirkt heilend. Der Name *Achillea* soll auf die Schlacht um Troja zurückgehen, als Achilles von der blutstillenden Wirkung der Pflanze erfuhr und damit viele seiner Krieger behandelte.

Schafgarbenstengel galten lange als heilig. Druiden sagten damit das Wetter voraus. In China schaute man mit Schafgarbe in die Zukunft, mit Hilfe des *I-ching* (Buch der Wandlungen, Schafgarbenorakel).

Samen
Klein, graubraun, flach, tropfenförmig.

Blüte
Kleine, mattweisse oder rosafarbene, flache Büschel mit kräftigem Duft erscheinen von Sommer bis Herbst.

Getrocknete Blätter
Verströmen milden, salbeiartigen Duft, gut für Gesundheits- und Schönheitstee.

Getrocknete Stengel
50 gerade Stengel von gleicher Länge werden von Meistern des I-ching geworfen, ehe sie diesen altorientalischen Zukunftsführer befragen.

Stengel
Hohl, gefurcht, verzweigt sich oben. Grün.

Blatt
Schmal, aromatisch, fedrig, tief zerteilt und dunkelgraugrün. Reich an Vitaminen und Mineralien.

Lebensspanne
Winterhart, krautig, perennierend

Höhe
30–100 cm

ANBAU

Standort Sonnig. Verträgt leichten Schatten.

Boden Mässig fett und feucht.

Vermehrung Durch Aussaat oder Teilen wuchernder Wurzeln im Frühjahr oder Herbst.

Pflege Ausdünnen oder 30 cm auseinander setzen.

Ernte Blätter und Blüten im Spätsommer ernten.

Aufbewahrung Blätter und Blüten trocknen.

VERWENDUNG

Dekoration
• *Blüte* Getrocknete Blumenköpfe.

Küche
• *Blatt* Die leicht bitteren, pfeffrigen jungen Blätter fein hacken und zu Salat oder Weichkäse geben. Für Garnituren.

Haushalt
• *Ganze Pflanze* Verhilft Nachbarpflanzen zu grösserem Widerstand gegen Krankheit und verstärkt ihren Duft und Geschmack.
• *Blatt* Man kann mit einem einzigen, feingehackten Blatt die Verrottung eines Schubkarrens voll Komposts beschleunigen.

Kosmetik
• *Blüte* Aufgebrühte frische Blüten ergeben ein Gesichtsdampfbad und eine tonische Lotion. Tee als Grundlage für Gesichtspackung gegen fette Haut verwenden oder in Entspannungsbad.
• *Blatt* Frische Blätter auf Rasierschnitte pressen.

Gesundheit
• *Blatt* Frisches Blatt kauen gegen Zahnweh. Als Tee gegen Verdauungsstörungen und Menstruationsschwierigkeiten. Bewirkt schwitzen, reinigt den Körper, heilt Erkältungen. Absud gut für Wunden, rauhe Haut und Ausschläge. Als Mundwasser bei entzündetem Zahnfleisch.

Achtung: *Häufiger Gebrauch von Schafgarbe kann die Lichtempfindlichkeit der Haut steigern.*

Alchemilla vulgaris

Frauenmantel *Rosaceae*

Der Name Alchemilla kommt vom arabischen *alkemelych* (Alchimie), heisst also ungefähr «kleiner Zauberer». Dies, weil das Kraut hohen therapeutischen Ruf geniesst, und wegen der Tautropfen, die sich in seinen umhüllenden Blättern sammeln. Die kristallenen Tautropfen inspirierten Dichter und Alchimisten seit jeher und gehörten zu vielerlei mystischen Tränken. Das mächtige Kraut wurde von der christlichen Kirche annektiert, sie nannte es «Unserer lieben Frauen Mantel». Er reguliert Perioden, erleichtert die Menopause und kann Entzündungen der weiblichen Organe heilen.

A. *vulgaris* ist ein Sammelname für 21 Arten, die ähnliche Heilkräfte haben.

Getrocknete Blätter
Für ein kosmetisches Adstringens und zur Blutstillung.

Lebensspanne
Winterfest, krautig, perennierend

Höhe
15–50 cm

Blüte
Lose Büschel kleiner, grünlichgelber Blüten, im Sommer.

Blatt
Weich, blaugrau, fast kreisrund, mit 7–11 runden, gezähnten Lappen, durch tiefe Falten verbunden.

A. Alpina
Alpen-Frauenmantel
Kleine, gelbgrüne Büschel im Spätsommer. Silberumrandete Blätter mit weisser Unterseite H: 15 cm.

Stengel
Haarig, leicht abgeflacht, gefurcht, verzweigt und grün, neigt sich meist gegen aussen, wenn die Blüten erscheinen.

Junge Pflanze
Eine Masse faseriger Wurzeln bilden einen kurzen, dunklen Wurzelstock. Blattstengel steigen direkt daraus auf.

ANBAU
Standort Vollsonnig, teils schattig.
Boden Feuchter, alkalischer Lehm.
Vermehrung Säen oder im Herbst bzw. Frühling teilen.
Pflege Ausdünnen oder 60 cm auseinander setzen.
Ernte Grosse Blätter nach Bedarf pflücken. Am besten sind sie während der Blüte.
Aufbewahrung Blätter trocknen.

VERWENDUNG
Dekoration
• *Ganze Pflanze* Hübsch in hängendem Korb.
• *Blüten und Blätter* In Blumensträussen.

Küche
• *Blatt* Junge, zartbitter schmeckende Blätter zerreissen und zu Kräutersalaten geben.

Haushalt
• *Blatt* Aussieden zu grüner Wollfarbe.

Kosmetik
• *Blatt* Getrocknete Blätter zu einem Adstringens und als Gesichtsdampfbad gegen unreine Haut aufgiessen. Tee als kalte Kompresse auf entzündete Augen und als Tonikum gegen grosse Poren und Akne. In Cremes, um trockene, rauhe Haut weich zu machen. Sommersprossen mit dem Saft der Blätter aufhellen.

Gesundheit
• *Ganze Pflanze* (nur Grünes) Als Tee aufgiessen, zu trinken während der Schwangerschaft, nach Geburten, damit die Gebärmutter sich zusammenzieht und um die Menstruation zu regeln. Über 40jährige sollten jeden Monat den Tee während 10 Tagen trinken, um Menopause-Schwierigkeiten zu vermeiden. Mundspülung nach Zahnziehen. Gut gegen Durchfall.
• *Blatt* Gekocht für eine Kompresse zur Heilung von Wunden und Mildern von Entzündungen. A. alpina hat dieselben Eigenschaften, kann aber stärker sein.

***Allium* species**

Alliums *Liliaceae*

Zu den berühmtesten und verbreitetsten Küchen-gewürzpflanzen gehört Allium, der Lauch bzw. die Zwiebel. Wie hoch geschätzt, ergibt sich aus dem lateinischen Namen *unio*, «grosse Perle», und dem chinesischen Namen «Juwel unter den Gemüsen». Allium hat wunderbare gesundheitsfördernde Eigenschaften. Je stärker sein Duft, desto wirk-samer seine Heilkraft. Pyramidenerbauer und römi-sche Soldaten auf langen Märschen erhielten Knoblauch zu essen, der sogar vor schwarzer Magie schützen soll, wie wir aus Vampirfilmen wissen. Heute ist Knoblauch eine der häufigsten Würzen in vielen Küchen.

Schnittlauch wurde in China vor 4000 Jahren erwähnt. Marco Polo kostete davon und erzählte im Westen von seinem Wohlgeschmack. Er wurde da

rasch unentbehrlich. Chinesischer Schnittlauch hat einen Knoblauchgeschmack. Die Chinesen kennen mehrere Arten, eine wegen ihrer Blätter, eine andere, «Zartstange», wegen ihrer langstieligen Blütenknospen, die schwimmend gebacken oder als Garnitur verwendet werden, und eine zum Blan-chieren. Letztere werden in Töpfen oder Stroh-«Zelten» gezogen und ergeben gelbe, süssschmek-kende Bündel. Blanchierter Schnittlauch wird auf Zügen und an der Strasse verkauft: kleine, finger-lange Stücke mit Reis und Schweinefleischstück-chen oft in vorgefertigten Behältnissen mit Reis-stäbchen.

Eine andere wichtige Alliumart in China und Japan ist die Winterzwiebel, die das ganze Jahr hindurch zwiebelduftende Blätter liefert.

A. schoenoprasum
Schnittlauch
Zylindrische Blätter, milder Zwiebelgeschmack. Runde, lila Blütenköpfe im Hochsommer.

Samen
Schwarz, facettiert und tropfenförmig, 3 mm lang, mit mil-dem Zwiebelgeschmack.

Getrocknete Blätter
Behalten Farbe nur bei niedriger Tempe-ratur. Am besten zum Kochen.

A. fistulosum
Winterzwiebel
Weisse Blüte im Sommer und würzige immer-grüne Blätter.

Samen
Schwarz, facettiert und tropfenförmig, um ein weniges grösser als Schnittlauchsamen.

Blätter
Verschiedene Grösse je nach Alter der Pflanze, Bodenfruchtbarkeit und Samenherkunft.

A. tuberosum
Chinesischer Schnitt-lauch
Weisse, sternförmige, süss duftende Blüte im Spätsommer, flache, grüne Blätter, milder Knoblauchgeschmack und knollige Wurzeln.

Lebensspanne
Winterfest, peren-nierend

Höhe
20–100 cm

A. cepa
Ausdauernde Zwiebel
«Ever-ready»
produziert das ganze
Jahr scharf schmeckende
«Frühlings»–Zwiebeln.
Blüht selten.

A. c. var. proliferum
Catawissazwiebel
Kleine Zwiebeln
für Pickles, auf
Stengelspitzen
wachsend. Muss evtl.
durch Stäbe ge-
stützt werden.

A. sativum
Knoblauch
Weisse Blüte und
flache, solide
Blätter. Essbare
Zwiebel.

A. scorodoprasum
Schlangen-
knoblauch
Mild nach
Knoblauch
schmeckende
Zwiebel. Aus
lila Blüten
entstehen ess-
bare Luft-
zwiebeln.

Knoblauchzehen
Starkwürzige
Zwiebelsegmente.

Ein Beet mit blühendem Schnittlauch.

ANBAU

Standort Sonnig, erträgt Halbschatten.
Boden Feucht, gut dräniert, auch magerer Boden.
Vermehrung Durch Ableger oder Zwiebelteilung im Herbst
oder Frühling; Knoblauchzehen 4 cm tief setzen, Samen im
Frühjahr säen.
Pflege 23 cm auseinander setzen oder ausdünnen, Knoblauch
mit 15 cm Abstand. Jährlich düngen (Schnittlauch, wenn er
geerntet wird, monatlich). Blüten entfernen. Büsche alle
3–4 Jahre teilen und neu setzen. Im Herbst eintopfen und ins
Haus nehmen.
Ernte Schnittlauch: Blätter schneiden, 5 cm stehenlassen.
Blüten abnehmen, wenn sie sich öffnen. – Knoblauch: Knollen
im Spätsommer ausgraben.
Aufbewahrung Schnittlauch in geschlossenem Plastiksack
7 Tage im Kühlschrank oder in Eiswürfeln tieffrieren. Man kann
ihn trocknen.
Knoblauchöl herstellen. Knoblauch- und Schnittlauch-Essig.

VERWENDUNG

Dekoration
• *Ganze Pflanze* Catawissazwiebel: Als ungewöhnliche
Neuheit.

Küche
• *Blüte* Schnittlauch: Blättchen auf Salat streuen.
• *Blatt* Schnittlauch: In Salat, Suppen, Sandwiches und als
Garnitur. Butter oder Streichkäse damit machen (1 Stunde
stehenlassen, damit Geschmack einzieht).
• *Zwiebel* Knoblauch: Sparsam verwenden; eine Zehe in
Salatschüssel oder Fonduecaquelon reiben. Petersilie oder
Kardamomsamen kauen hilft gegen Knoblauchatem. –
Catawissazwiebel und Winterzwiebel: In Weinessig einlegen.

Haushalt
• *Ganze Pflanze* Schnittlauch: Als Abschreckung ziehen für
Blattläuse, Apfelschorf und Mehltau. – Knoblauch: Unter
Pfirsichbäume setzen, damit Blätter nicht einrollen und bei
Rosen für stärkeren Duft.
• *Blatt* Schnittlauch: Aufguss gegen Blattläuse, Apfelschorf
und Mehltau anwenden. – Knoblauch: Gegen Kartoffelfäule
frischgemachten Aufguss sprühen.

Gesundheit
• *Ganze Pflanze* Alle Alliums enthalten etwas Eisen und
Vitamine und sind ein mildes Antibiotikum. – Schnittlauch: Auf
Essen streuen, stimuliert den Appetit und hilft der Verdauung. –
Knoblauch: Als Antibiotikum verwenden, zum Blutreinigen,
gegen hohen Blutdruck und Katarrh. Als Schutz gegen Erkäl-
tungen, Würmer, Dysenterie und typhusartige Erkrankungen.

Aloe vera (A. barbadensis)

Echte Aloe *Liliaceae*

Eines von Kleopatras Schönheitsgeheimnissen soll Aloe vera gewesen sein. Noch heute geben Kosmetiker sie Gesichts- und Handcremen, Sonnenölen und Shampoos bei. Aloe vera hat auch die Aufmerksamkeit vieler Regierungen auf sich gezogen, weil sie Strahlungsschäden heile, und man sagt, die Regierung der USA horte das Kraut, um es im Fall eines nuklearen Unglücks zu verwenden. Es ist der frische Saft dieser Pflanze, der Haut heilt und Verbrennungen lindert; alter Saft hingegen verliert seine Wirkungskraft rasch.

Eine schöne violette Farbe wird aus Aloe-vera-Pflanzen von der Insel Socotra im Indischen Ozean gewonnen; man glaubt, dies sei der Grund gewesen, weswegen Alexander der Grosse diese Insel im 4. Jh. v. Chr. erobert habe. Etwa 1400 Jahre später berichteten mohammedanische Händler, das Kraut komme noch immer nur auf dieser Insel vor. Heute kennt man Standorte in Afrika, China, Indien und Zentralamerika.

ANBAU

Standort Vollsonnig oder leicht schattig, frostfrei.

Boden Kiesig, gut dräniert.

Vermehrung Im Frühjahr bei 21 °C säen. Ausleger im Sommer entfernen, 2 Tage trocknen und dann in 2 Teilen Kompost zu 1 Teil hartem Sand setzen.

Pflege Mindesttemperatur 5 °C. Aloe vera eignet sich sehr gut als Hauspflanze.

Ernte Blätter nach Bedarf schneiden. Am besten von wenigstens 2 Jahre alten Pflanzen.

Aufbewahrung Bis jetzt keine Methode bekannt, obschon ein Produkt «Aloe vera Gel» bekannt ist. Es enthält 99,9 Prozent Aloe vera und wird in dunklen Gläsern verkauft, die gekühlt aufzubewahren sind.

VERWENDUNG

Dekoration
• *Ganze Pflanze* (A. variegata) Als schmückende Topfpflanze im Haus.

Haushalt
• *Blatt* Socotrine aloes wird auf der Insel Socotra aus *Aloe perryi* gewonnen und liefert eine prächtige violette Farbe.

Kosmetik
• *Blatt* Saft der Blätter für eine beruhigende und heilende Feuchtigkeitscreme verwenden, besonders gut für trockene Haut. In Shampoos mischen gegen trockene oder juckende Kopfhaut. In Sonnenlotionen, da es kühlt und heilt.

Gesundheit
• *Blatt* Saft aus frischen Blättern pressen oder sie zerschneiden und als Umschlag verwenden bei sich schälender Haut, Dermatitis, Ekzemen und Verbrennungen. Bei kleinen Verbrennungen ein Stück Blatt abreissen und den Saft auf die Wunde pressen. Bei grossen Verbrennungen ein Blatt spalten und auseinanderziehen, den Saft gegen die Verletzung drücken und eine leichte Bandage anlegen. Nach Bedarf erneuern.

Achtung: Bei schweren Verbrennungen stets den Arzt aufsuchen.

Blatt
Lang, sehr fleischig, sich zuspitzend, blassgrün, oft mit dornigen Zähnen am Rand.

Blätter aufspalten
In jedem Blatt ist ein durchsichtiger, zähflüssiger Saft enthalten, der Verbrennungen sofort lindert und versiegelt, so dass die Heilung rasch erfolgt.

Pflanzen-Unterteil
Ohne Stiel. Produziert gelegentlich einen Blütenstiel mit Ähren schmaler, trompetenförmiger, gelber oder orangefarbener Blüten und Auslegern für die Vermehrung.

Wurzel
Stark, hellbraun, faserig.

Lebensspanne
Nicht winterfest, immergrün, perennierend

Höhe
30 cm

Aloysia triphylla (Lippia citriodora)

Zitronenkraut *Verbenaceae*

Die unmittelbare Anziehung des Zitronenkrauts liegt in seinen Blättern, die einen reinen, scharfen, zitronigen Duft ausströmen, der einen jedesmal neu überrascht und erfreut. Trotzdem ist mit dieser Pflanze kaum Geschichte oder Legende verbunden. Sie stammt aus Südamerika und wurde im 17. Jahrhundert von den Spaniern nach Europa gebracht, die sie für Parfum verwendeten. Zitronenkraut ist nicht winterfest, aber strohbedeckt, beschnitten und tief eingewurzelt sollte es einigen Frost überstehen können. Neues Wachstum kann sehr spät erscheinen, deshalb keine Pflanze vor dem Spätsommer wegwerfen.

Samen
Klein, dunkelbraun und tropfenförmig.

Getrocknete Blätter
Behalten ihren starken, frischen Zitronenduft 2–3 Jahre. Ausgezeichnet für Dufttöpfe und –sachets.

Lebensspanne
Beschränkt winterfester Strauch

Höhe
60–120 cm in gemässigtem Klima. bis 4,5 m anderswo

Blüte
Winzig, weiss und blass-violett, lose Büschel an der Spitze des Stengels im Spätsommer.

Junge Pflanze

Blatt
Lang, spitz, von rauher Struktur mit starker Mittelader und Zitronenduft. Sitzen je zu dritt am Stengel.

Stengel
gefurcht, rund, grün; im 2. Jahr rot und holzig.

ANBAU

Standort Vollsonnig: Braucht Windschutz und fast frostfreien Standort.
Boden Leicht, durchlässig, alkalisch. Magerer Boden bringt stärkere Pflanzen hervor, die überwintern können.
Vermehrung Im Frühjahr säen. Weichholzstecklinge spät im Frühjahr schneiden.
Pflege 1 m auseinandersetzen oder ausdünnen. Hängende Zweige beschneiden, damit Neues wächst. Zitronenkraut kann im Winter im Haus gepflegt werden, verliert aber unter Umständen seine Blätter. Im Frühjahr mit Beschneiden und Besprühen mit warmem Wasser wiederbeleben.
Ernte Blätter nach Bedarf pflücken.
Aufbewahren Blätter trocknen. Mit frischen Blättern Öl und Essig würzen.

VERWENDUNG
Küche
• *Blatt* Als Kräutertee aufgiessen. Feingehackte junge Blätter für Drinks, Fruchtpudding, Kleingebäck, Apfelgelee, Kuchen. In Fingerschalen legen.

Kosmetik
• *Blatt* In Mandelöl aufweichen für eine Massage; interessante Mischungen mit Lavendel oder Rosmarin. Dieses Öl in Lotionen und Cremes verwenden. Gegen geschwollene Augen Tee aufgiessen und abkühlen lassen; Watte hineintauchen und 15 Minuten auf die Augen legen. Aufgiessen und in ein Bad geben. Blumenessig herstellen, um die Haut weich zu machen und zu erfrischen.

Aroma
• *Blatt* In Duftschalen, Leinensäckchen, Sofakissen und Kräuterkissen verwenden. Kerzen parfümieren, indem man die Blätter 45 Minuten in geschmolzenem Kerzenwachs bei 82 °C einweicht. Ätherisches Öl in Parfüm brauchen.

Gesundheit
• *Blatt* Ergibt milden Beruhigungstee bei bronchialer und nasaler Verstopfung, reduziert Verdauungsstörungen, Blähungen, Magenkrämpfe, Brechreiz und Herzklopfen.

Achtung: *Längerer Gebrauch grösserer Mengen Blätter kann zu Magenbeschwerden führen.*

Althaea officinalis

Eibisch *Malvaceae*

Aus Eibischwurzel wurden früher Süssigkeiten in der Art von türkischem Honig hergestellt. Pulverisiert quillt sie im Wasser auf und wurde mit Zucker zu einer süssen Paste erhitzt.

Eibisch ist eine der über 1000 Arten der Familie *Malvaceae*. Alle enthalten einen heilsamen Schleim. *Althaea* geht auf das griechische *altho*, heilen, zurück. Der aus China stammende Eibisch wurde von den Ägyptern und Syriern gegessen und von Pythagoras, Plato und Vergil erwähnt. Die Römer liebten ihn in Gerstensuppe und in einer Spanferkelfüllung, und klassische Kräuterfachkundige lobten seine milde, verdauungsfördernde Wirkung.

Samen
Hellbraun, scheibenförmig.

Blüte
Rosa oder weiss, 4 cm breit, mit dunkelroten Staubgefässen. Spätsommer bis Frühherbst.

Getrocknete Blätter
Sie enthalten Schleim. Als Tee aufgegossen, trinkt man sie gegen innere Entzündungen oder verwendet sie als Augenkompressen.

Blatt
Gross, samtig, gezähnt, tropfenförmig, graugrün, schleimhaltig.

Lebensspanne
Winterfest, krautig, perennierend

Höhe
2 m

Getrocknete Wurzel
Enthält hochgeschätzten, weichmachenden Schleim.

Stengel
Samtig, rund, hellgrün.

Wurzel
Dick, lang, gelbbraun, spitz zulaufend, mit weissem, faserigem Fleisch. Um Schleim zu erhalten, die Wurzeln mindestens zweijähriger Pflanzen 8 Stunden in Wasser einlegen.

ANBAU
Standort Vollsonnig.
Boden Feucht, mässig fruchtbar.
Vermehrung Säen im Frühjahr oder Wurzelstock zerteilen.
Pflege Auf 30 cm Abstand ausdünnen oder auseinander setzen, im 2. Jahr wiederum ausdünnen auf 60 cm. Nicht geeignet als Hauspflanze.
Ernte Samen ernten, wenn reif. Blätter nach Bedarf pflücken. Wurzeln im Herbst ausgraben.
Aufbewahrung Samen und Blätter trocknen. Wurzeln schaben und trocknen oder zu Sirup kochen (Seite 242).

VERWENDUNG
Dekoration
• *Blatt* In Blumensträussen.

Küche
• *Samen* Frische Samen allein oder wie Nüsse auf Salat gestreut essen.
• *Blüte* In Salate.
• *Blatt* Junge Blätter zu Salaten. Öl und Essig beifügen. Als Gemüse dämpfen.
• *Wurzel* Weichkochen, dann bakken.

Kosmetik
• *Blatt und Wurzel* Blätter sieden oder Flüssigkeit von eingelegter Wurzel warm oder kalt als beruhigenden Schleim für trockene Hände, Sonnenbrand und trockenes Haar verwenden, dann auch in Gesichtsdampfbädern, Masken und Lotionen. Als Augenkompresse, um die Haut rund um die Augen weich zu machen.

Gesundheit
• *Wurzel* Als Tee aufgiessen gegen Husten, Durchfall und Schlaflosigkeit. Zu Brandsalben geben. Als Umschlag bei Entzündungen. Wird in Persien verwendet, um Entzündungen bei zahnenden Kindern zu lindern und um das Wachstum verspäteter Zähne anzuregen. Wurzel sieden, mehliges Nebenprodukt auf der Wasseroberfläche abschöpfen und als milde Seife für Problemhaut, einschliesslich Psoriasis, verwenden.

Anethum graveolens

Dill *Umbelliferae*

«Weh euch, Schriftgelehrte und Pharisäer, ihr Heuchler, die ihr den Zehnten gebt von Minze, Dill und Kümmel und lasst das wichtigste im Gesetz beiseite» (Matthäus 23, 23). Dieses Bibelwort zeigt, dass Kräuter als genügend stabile Währung galten, um damit Steuern zu zahlen. Schon viel früher nannten die Ägypter Dill als beruhigende Medizin, und die Griechen wussten, dass Dill den Schluckauf heilt. Im Mittelalter wurde Dill als Mittel gegen Zauberei gepriesen. Man gab es auch in Wein, um die Leidenschaft zu erhöhen. Siedler brachten Dill nach Nordamerika, wo man den Kindern während langer Predigten Dillsamen zu kauen gab, damit sie ruhig blieben.

Samen
Aromatisch, eher flach, oval mit braunem geripptem Zentrum und bräunlichen Flügeln; enthält Kieselsäure, Kalzium, Phosphor und andere wertvolle Mineralsalze.

Getrocknete Blätter
Diese behalten wenig Geschmack, deshalb beim Kochen reichlich verwenden und erst in letzter Minute beigeben.

Blüte
Winzig, hocharomatisch, gelb. In flachen Büscheln, 20 cm breit, zusammengefasst. Im Hochsommer.

Blatt
Aromatisch, gefiedert, fadenähnlich, blaugrau.

Stengel
Hohl, gefurcht, verzweigt, blaugrau; gewöhnlich ein Hauptstengel pro Pflanze.

Lebensspanne
Winterfest, einjährig

Höhe
60 cm–1,5 m

ANBAU

Standort Vollsonnig, windgeschützt.
Boden Reich und gut dräniert.
Vermehrung An Ort und Stelle säen, von Frühjahr bis Mittsommer. Nicht neben Fenchel pflanzen, da sie sich gegenseitig befruchten. Selbstversamend. Samen 3–10 Jahre keimfähig.
Pflege Auf 23–30 cm ausdünnen. Kann im Haus gezogen werden.
Ernte Blätter jung pflücken. Blühende Spitzen ernten, kurz bevor sich Früchte bilden. Um Samen zu ernten, abwarten, bis der Blütenkopf braun wird, und die ganze Pflanze über einem Tuch aufhängen.
Aufbewahrung Blätter trocknen oder tiefgefrieren. Reifen Samen trocknen. Dillessig machen mit blühenden Köpfen oder Samen.

VERWENDUNG

Küche
• *Samen* Ganz oder gemahlen in Suppen, Fischgerichten, Pickles, Kohl, Apfelkuchen, Dillbutter, Kuchen und Brot (Seite 164). Samen als Digestiv nach fettem Essen servieren.
• *Blühende Spitzen* Einen Blütenkopf pro Glas zu Essiggurken und -blumenkohl (Seite 188): Der Geschmack wird stärker sein als von Dillblättern und frischer als Samen.
• *Blatt* Fein geschnitten an Suppen, Kartoffelsalat, Weichkäse, Eier, Lachs und gegrilltem Fleisch, und als milde Garnitur. Mit neuen Kartoffeln sieden.

Kosmetik
• *Samen* Zerquetschen und zu Stärkungsbad für Fingernägel aufgiessen. Kauen, um Atem frisch zu halten.

Gesundheit
• *Samen* In salzfreier Diät verwenden, da reich an Mineralsalzen. Dillwasser machen gegen Verdauungsstörungen, Blähungen, Schluckauf, Magenkrämpfe, Schlaflosigkeit und Kolik: 13 g zerquetschten Samen in 225 ml siedendem Wasser ziehen lassen. Abseihen. 1 EL Erwachsenen und 1 TL Kindern geben. Als Tee aufgiessen, um bei stillenden Müttern die Milchproduktion anzuregen.

Angelica archangelica

Engelwurz *Umbelliferae*

Eine alte und hocharomatische Pflanze, wird Engelwurz im Volks-
glauben nordeuropäischer Länder als Allheilmittel gepriesen. Ihr
Name wird damit erklärt, dass sie, nach dem alten Kalender, um den
Michaelstag herum, im Mai, erblüht. Erzengel Michael soll in einer
Vision verkündet haben, das Kraut wehre Böses ab.

Engelwurz liebt Feuchtigkeit und wächst in feuchten Wiesen und
an Bachrändern. Ihre grossen, tropisch erscheinenden Blätter
verleihen dem Garten ein üppiges Aussehen.

Samen
*Lederfarben, 6 mm lang
reift reichlich im
Spätsommer
des dritten Jahres.*

Getrocknete Blätter
*Unerlässlich für alle
Kräutertees.*

Kandierte Stengel
*Zum Kandieren frische,
junge, grüne, bleistift-
dicke Stengel wählen.*

Blatt
*Gross, glänzend,
zerteilt, leuchtend grün.*

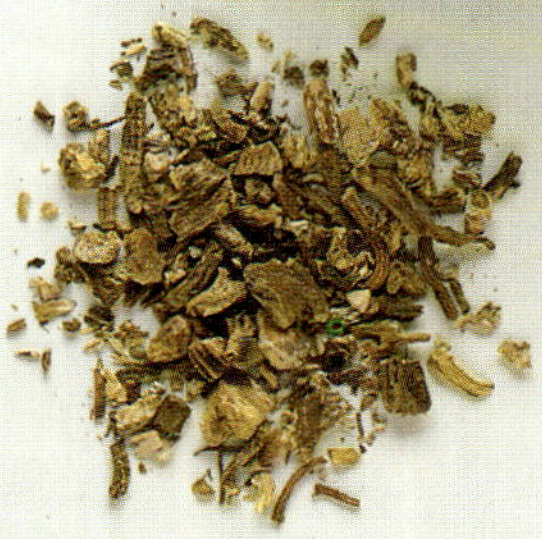

Getrocknete Wurzeln
*Das Aroma der Engelwurz
bleibt in der Wurzel
am längsten erhalten.*

Stengel
*Dick, hohl,
gefurcht.*

Lebensspanne
*Dreijährig, winterhart,
lebt bis zu vier Jahren,
wenn Blütenspitzen
sofort entfernt werden.*

Höhe
1–3 m

Wurzel
*Dicke, gefurchte,
aromatische Pfahl-
wurzel, meist mit zwei
bis drei grösseren
Seitentrieben.*

ANBAU

Standort Halbschatten. Bei voll-
sonniger Lage mulchen.
Boden Tief und feucht.
Vermehrung Sich selbst versamen
lassen oder frisch im Frühherbst säen.
Vorsicht beim Einkauf von Samen; er
ist höchstens drei Monate lebensfähig.
Pflege Setzlinge im Frühjahr umset-
zen, ehe sie Pfahlwurzeln gemacht
haben. Lassen Sie einen Quadratmeter
Raum zwischen den Pflanzen.
Ernte Stengel zum Kandieren vor
dem Hochsommer schneiden.
Blätter vor der Blüte abnehmen. Reifen
Samen im Spätsommer einsammeln.
Wurzel im ersten Herbst ausgraben.
Aufbewahrung Getrocknete Blätter
und Wurzel. Kandierte Stengel.

VERWENDUNG

Dekoration
• *Blüte* Getrocknete Blütendolden
ergeben prächtige Wintersträusse.
• *Blatt* Die langstieligen Blätter sehen
schön aus in einer Vase.

Küche
• *Samen* Mit Stengeln vermischt in
Drinks, z. B. Gin, Wermut und Char-
treuse.
• *Blatt* Mit sauren Früchten kochen,
um den Zuckerbedarf zu vermindern.
Frisch zerhackte Blätter in Minzen-
sauce und Mayonnaise mischen (siehe
S. 182).
• *Stengel* Kandieren für dekorative
Zwecke.

Kosmetik
• *Blatt* Entspannendes Bad bereiten.

Aroma
• *Samen* In Wärmepfanne verbrannt,
parfümiert er ein Zimmer.
• *Blatt* In Duftschalen verwenden.
• *Wurzel* Im Frühjahr oben ein-
schneiden, dann tritt aromatische zähe
Flüssigkeit aus. Als Fixativ in Dufttopf.

Gesundheit
• *Blatt* Tee aus frischen oder
getrockneten Blättern erleichtert bei
Erkältungen und Blähungen. Zerstos-
sene Blätter verbessern im Auto die
Luft und beugen Reisekrankheit vor.

Anthriscus cerefolium

Gartenkerbel *Umbelliferae*

Früher wurde der bescheidene Gartenkerbel kaum beachtet.
Aber jetzt wird er immer beliebter wegen seines besonders zarten
Geschmacks, der an Petersilie und ein wenig an Myrrhe erinnert.
Er gehört zu den klassischen *fines herbes,* ist aus der französischen
Küche nicht wegzudenken und verfeinert jede Mahlzeit mit frischem
Grün.

Der anmutige Kerbelbusch bleibt schmackhafter an leicht schattigem Standort. In einem mondbeschienenen Kräutergarten sehen
seine winzigen weissen Blüten, von Frühling bis Spätsommer, wie
Feenstaub aus.

Samen
*Dunkel, schmal, 6 mm lang,
Spaltfrucht.*

Getrocknete Blätter
*Kerbel verliert an Geschmack beim
Trocknen. Wenn möglich für stets
frische Ernte
sorgen.*

Blüte
*Dolden winziger weisser Blüten
im Spätsommer, bei über-
winterten Setzlingen schon
im Frühjahr.*

Stengel
*Schlank, hohl,
leicht gefurcht,
verzweigt.*

Blatt
*Spitzenartig,
farnähnlich, hell-
grün, im Spät-
sommer rötlich
angehaucht.*

Lebensspanne
Winterfest, zweijährig

Höhe
25–38 cm

ANBAU

Standort Leichter Schatten im Som-
mer (am besten unter laubabwerfender
Pflanze, so dass im Herbst gesetzter
Kerbel volle Wintersonne geniesst).
Bei Hitze bildet sich rasch Samen.
Boden Leicht, gut drainiert.
Vermehrung Reifer Samen keimt
schnell, er kann sechs bis acht Wochen
nach dem Einsammeln verwendet
werden. Für stets frischen Kerbel jeden
Monat aussäen ausser im Winter. Auf
den Boden streuen, leicht anpressen.
Selbstversamender Kerbel liefert eine
Frühsommer- und eine Spätsommer-
ernte.
Pflege Setzlinge auf 15–23 cm ausdünnen, nicht umsetzen. Obwohl Kerbel winterfest ist, sollte man das Blattwerk im Winter mit Glocken schützen.
Kerbel eignet sich als Hauspflanze,
wenn er leichten Schatten und genügend Feuchtigkeit hat.
Ernte Blätter vor der Blüte abnehmen, wenn die Pflanze 10 cm hoch ist.
Aufbewahrung Blätter tiefgefrieren
oder trocknen. Gute Würze für Essig.

VERWENDUNG

Küche
• *Blatt* Reichlich in Salaten verwenden, in Suppen, Saucen, Gemüse,
Hühnergerichten, mit Weissfisch,
in Eierspeisen. Frischgehackten Kerbel erst am Schluss beigeben, damit
Geschmack erhalten bleibt.
In kleinen Mengen verstärkt Kerbel
den Geschmack anderer Kräuter.
• *Stengel* Hacken und roh in Salat
geben. In Suppen und Eintopfgerichten
kochen.

Kosmetik
• *Blatt* Als Tee oder Gesichtsmaske
reinigt und strafft er die Haut und verhindert Runzeln.

Gesundheit
• *Blatt* Roh essen, da es Vitamin C,
Carotin und Magnesium enthält. Ker-
beltee regt die Verdauung und den Blutkreislauf an, hilft bei Leberleiden und
chronischem Katarrh. Wird traditionell
als Stärkungsmittel nach der Fasten-
zeit, am Gründonnerstag, gegessen.

Apium graveolens

Wilde Sellerie *Umbelliferae*

Mit wilder Sellerie wurden bei den Zeus zu Ehren abgehaltenen Nemeischen Spielen im alten Griechenland die Sieger gekrönt. Später wurde der Sohn des Königs von Nemea von einer Schlange getötet, die sich in wilder Sellerie versteckt hatte, und so wurde das Kraut für Totenkränze verwendet. Die Griechen brauchten es auch als Heilkraut, die Römer in der Küche: Stengel wurden mit Pfeffer, Liebstöckel, Origano, Zwiebeln und Wein püriert; Blätter wurden mit Datteln und Pinienkernen in Füllungen für Spanferkel gegeben. Im 19. Jahrhundert baute die amerikanische Sekte der Shakers wilde Sellerie für Heilzwecke an.

Blüte
*Kleine, grünlich-creme-
farbene Büschel im
Spätsommer des
zweiten Jahres.*

Samen
*Winzig, braun,
oval, aromatisch.*

Getrocknete Blätter
*Etwas stärker im
Geschmack
als Gartensellerie;
nützlich in Suppen, Brühen,
Füllungen und Stews.*

Blatt
*Aromatischer,
schwachgezähnter,
glänzend hellgrüner
Fächer, bildet im
ersten Jahr eine auf-
rechte Rosette, steht
im zweiten Jahr
dunkelgrün am Stengel.*

Lebensspanne
Winterfest, zweijährig

Höhe
30 cm–1 m

Stengel
*Facettiert, gefurcht,
verzweigt und grün;
blühender Stengel
wächst im zweiten Jahr.*

ANBAU

Standort Sonnig, am Mittag Schatten. Windgeschützt.
Boden Reich, feucht, gut dräniert.
Vermehrung Im Vorfrühling in warme Beete säen, im Spätfrühling direkt draussen. Keimt langsam.
Pflege Auf 40 cm ausdünnen oder auseinander setzen. Wilde Sellerie eignet sich nicht fürs Hausinnere.
Ernte Blätter nach Bedarf, Samen, wenn reif.
Aufbewahrung Samen trocknen. Blätter trocknen oder tiefgefrieren oder in Essig einlegen.

VERWENDUNG

Küche
• **Samen** Als Zugabe zu Selleriesalz mahlen. Zu Suppe, Curry, Eintopfgericht und Pickles. Bei salzfreier Diät als Salzersatz verwenden.
• **Blatt** Sparsam zu Salaten, Weichkäse, Geflügelfüllungen. Als Garnitur verwenden. Eine Handvoll feingeschnittener Blätter in Milch zum Pochieren von Fisch und Schalentieren. In dicke Gemüsesuppen und Stews während der letzten drei Minuten des Kochens, damit Geschmack und Nährwert erhalten bleiben.

Gesundheit
• **Samen** Absud beruhigt Nerven, fördert Ruhe, hilft gegen Blähungen und gewisse Nierenstörungen.
• **Blatt** Reich an Vitaminen, Mineralien und anderen Nährstoffen. Wilde Sellerie soll ein Hormon enthalten, das wie Insulin wirkt, und gilt deshalb als geeignete Würze für Zuckerkranke. Als Tee aufgegossen wirkt es als Tonikum und Appetitanreger und lindert Verdauungsstörungen und Koliken.
• **Blatt und Stengel** Saft als Urinstimulans trinken.

Armoracia rusticana

Meerrettich *Cruciferae*

Ursprünglich wurde Meerrettich vor allem als Heilkraut angebaut. Jetzt wird es als Würze betrachtet. Ende des 16. Jahrhunderts begannen die Deutschen und die Dänen, ihn in Fischsauce zu verwenden. Etwa 1640 übernahmen die Engländer diesen Brauch. Dort wird heutzutage Meerrettichsauce hauptsächlich zu Roastbeef gereicht. Seine Schärfe wirkt oft dramatisch und hat schon Schnupfen mit einem Atemzug kuriert – sein ätherisches Öl wird beim Schaben der Wurzel frei. Das Öl verflüchtigt sich rasch, so dass Meerrettich in gekochten Gerichten nicht zur Geltung kommt.

Blatt
Gross, elliptisch, zugespitzt, bogen-förmige Ränder, glänzend grün, stark duftend, wenn verletzt.

Getrocknete Blätter
Ergeben gelben Farbstoff. Können zur Desinfektion von Hautwunden verwendet werden.

Stengel
Dick, tief gefurcht und rund.

Wurzel
Lang, wuchernd und gelb mit scharf schmeckendem weissem Fleisch. Frische Wurzeln enthalten Kalzium, Natrium, Magnesium und Vitamin C und haben antibiotische Eigenschaften, die Lebensmittel konservieren und die Eingeweide schützen.

Lebensspanne
Winterfest, perennierend

Höhe
60 cm–1m

ANBAU

Standort Offen, sonnig.
Boden Bevorzugt leichten, gut bear-beiteten, reichen und feuchten Boden.
Vermehrung Samen säen, Wurzeln zerteilen oder Wurzelteile im Frühling nehmen. Die Wurzeln sollten 13 mm dick sein. In 15 cm lange Stücke schneiden und senkrecht 5 cm tief ein-pflanzen.
Pflege Auf 30 cm ausdünnen. Nicht im Haus ziehen.
Ernte Wurzeln nach Bedarf ausgra-ben. Blätter jung pflücken.
Aufbewahrung Wurzeln in Sand vergraben oder schaben und trocknen; oder ganze gewaschene Wurzeln in Essig einlegen. Blätter trocknen.

VERWENDUNG

Küche
• *Blatt* Junge Blätter zu Salaten.
• *Wurzel* Meerrettichsauce zu Roastbeef, geräuchertem oder öligem Fisch. In Kohlsalat, Tunken, zu roten Beten (Randen), Schmierkäse, Mayon-naise; in Avocadofüllung.

Haushalt
• *Ganze Pflanze* Zu Kartoffeln set-zen, die dadurch widerstandsfähiger werden gegen Krankheit.
• *Wurzel* Aufgiessen, vierfach ver-dünnen und auf Apfelbäume sprühen gegen Grindfäule.
• *Blatt* Fein in Hundefutter schneiden als Wurmmittel.

Kosmetik
• *Wurzel* In Scheiben schneiden und in Milch einlegen, ergibt ein Hautver-schönerungsmittel. Saft ausdrücken, mit weissem Essig mischen, wirkt gegen Sommersprossen.

Gesundheit
• *Wurzel* Geschabte Wurzel im Essen fördert die Verdauung, beseitigt Schleim und Abbauprodukte. Als Sirup gegen Bronchitis und Husten. Als Umschlag auf Frostbeulen, steife Mus-keln, gegen Gicht und Rheumatismus.

Achtung: *Bei Schwangerschaft oder Nierenstörungen grosse Dosen ver-meiden.*

Artemisia species

Gattung Artemisia *Compositae*

Artemisia war Schwester und Gattin des griechisch/persischen Königs Mausolus und herrschte nach seinem Tod 353 v. Chr. Zu seinen Ehren baute sie ein prachtvolles Grab, Mausoleum genannt, das eins der sieben Weltwunder war. Sie war auch eine berühmte Pflanzenkennerin und Gesundheitsforscherin, und die Gattung Artemisia, die etwa 200 meist aromatische Pflanzen umfasst, wurde nach ihr benannt.

Die Heilkräfte der Artemisias wurden in Gegenden entdeckt, die halbtrocken waren und ein gemässigtes Klima genossen. Im altgriechischen Text des Dioskorides wird Wermut als wurmvertreibend erwähnt. Indianer von New Mexico bis British Columbia benützen Pflanzen der Art, um Bronchitis und Erkältungen zu heilen. Die Chinesen stecken heute noch ein eingerolltes Wermutblatt in die Nase, um Nasenbluten zu stoppen. Viele Artemisias sind auch hübsch anzusehen. Ihre silbernen Blätter sehen herrlich aus im Mondlicht, und sie bereichern jeden Trockenblumenstrauss.

Beifuss ist zwar weniger aromatisch und hübsch anzusehen als andere Artemisias, aber er spielt eine grosse Rolle in der magischen Überlieferung Europas, Asiens und Chinas.

Blatt
Aromatisch, stark gezähnt und graugrün, mit feinen, seidenen Härchen bedeckt.

Samen
Winzig, maulwurfsgrau, tropfenförmig, enthalten in leicht abgeflachten, grauen, zylindrischen Früchten.

Getrocknete Blätter
Sie behalten ihr Aroma. Blätter und blühende Spitzen werden in Haushalt und Heilkunde verwendet.

Lebensspanne
Die meisten sind winterfest und laubwechselnd

Höhe
60–120 cm

Stengel
Aromatisch, flaumig, gefurcht, graugrün.

A. absinthium
Wermut
Nach Gartenraute das bitterste Kraut. «Lambrooke Silver» hat mehr silberne Blätter; «Faith Ravens» stärker zerteilte.

Blatt
Aromatisch, fadenartig, graugrün, halb immergrün.

Getrocknete Blätter
Ergeben ein süssduftendes Insektenvertreibungsmittel. In Duftschalen.

A. abrotanum
Eberraute
Die süsseste der perennierenden Artemisias, mit leichtem Zitronenduft, der an Gärten der Kindheit erinnert.

Stengel
Wenn jung, leicht gefurcht und grün; alt ist er glatt, hölzern, hellbraun.

Blatt
Gezähnt, mittelgrün, mit dichter, watteartiger silberner Unterseite.

Stengel
Leicht behaart, gefurcht, rötlich, krautig.

A. vulgaris
Beifuss

ANDERE ARTEN

A. pontica
Römischer Wermut
Sich ausbreitender
Wurzelstock, stark
duftende, gefiederte
silberne Blätter.
Wird Wermut beigegeben.

A. lanata
(A. pedemontana)
Büschelig, 10 cm
hoch, bildet Matten.
Immergrüne Büschel
mit seidenen, feingeschnittenen Silberblättern.

A. arborescens
Ziemlich winterfest, mit feingeschnittenem,
büscheligem, halb
immergrünem seidenem Laub. Höhe
105 cm.

A. campestris sp. borealis
(A. canadensis)
Zarte silberne, wie
gesponnen wirkende
Blätter, halb immergrün.
Schwacher Duft.

A. ludoviciana
«Silver King»
Krautig; sich
ausbreitender
Wurzelstock;
weidenähnliche,
stark silberne
Blätter.

A. lactiflora
Weisser Beifuss
Krautige Form mit
Garben duftender,
cremeweisser Blüten
im Spätsommer.
Tief zerteilte mittelgrüne Blätter, 15 cm lang.
Höhe 1,5 m.

Ein Beet voll hohem silbergrünem Wermut.

ANBAU
Standort Vollsonnig.
Boden Leicht, trocken, durchlässig.
A. lactiflora gedeiht jedoch auch in feuchtem Boden und erträgt etwas Schatten.
Vermehrung Säen, wenn Samen erhältlich. Mit Halbhartholz-Stecklingen im Spätsommer.
Pflege Buschige Artemisias 45–100 cm auseinander setzen oder ausdünnen. Wermut nicht in die Nähe von Fenchel, Salbei, Kümmel, Anis und anderen Küchenkräutern setzen, denn der Regen wäscht aus den Blättern ein wachstumshemmendes Gift aus. Für Winterschutz alle Arten ausser Eberraute im Herbst zurückstutzen. Eberraute im Sommer beschneiden. Artemisias eignen sich nicht fürs Hausinnere.
Ernte: Blütenspitzen und Blätter von Mitte Sommer bis Spätsommer für medizinische Zwecke pflücken.
Aufbewahrung Blätter und blühende Spitzen trocknen.

VERWENDUNG
Dekoration
• *Blatt* Eberraute: Ergibt eine schöne Hecke. – Wermut: Kann für eine schnellwachsende vorläufige Hecke gepflanzt werden. Silberblätter pflücken für Bouquets und Kränze.

Küche
• *Blatt* Eberraute: In Gänsefüllung.

Haushalt
• *Blatt* Pulverisieren oder aufgiessen zu einem Mottenvertreibungsmittel. Blätter zwischen Zwiebel- und Karottenreihen legen, um Zwiebel- und Karottenfliegen zu vertreiben. Zu einem starken Desinfectans aufgiessen; Aufguss verdünnen, um für ältere Pflanzen ein wirksames Insektizid herzustellen. Eberraute oder Wermut bei Hühnerhäusern pflanzen als Schutz gegen Läuse, bei Kohl als Schutz gegen Kohlfliegen und bei Obstbäumen als Abschreckung für Schädlinge. Blätter in Kornspeicher hängen, um Käfer zu verjagen.
• *Stengel* Zu gelber Farbe sieden.

Gesundheit
• *Blatt* Eberraute: Als tonischer Tee.
Wermut: Getrocknete Blätter (moxa) werden zu kleinen Kegeln für die Anwendung in der Moxibustion verwendet (chinesische Methode, Blätter auf der Haut schwelen zu lassen, um tiefe Hitze zu erzielen): lindert Rheumatismus.
Aromatische Arten als Desinfectantien und Antiseptica verwenden.

Artemisia dracunculus

Estragon *Compositae*

Die Verwandtschaft mit Drachen ist dieses wichtigen Küchenkrauts würdig – *dracunculus* bedeutet «kleiner Drache». Sein feuriger Geschmack oder seine schlangengleichen Wurzeln mögen dem Kraut diesen Namen beschert haben. Man glaubte, «Drachen»-Kräuter heilten die Bisse giftiger Tiere. Heutzutage wird Estragon hauptsächlich in der Küche verwendet. Es verbessert auch den Atem und verhilft zum Schlaf; nach Ibnal Baithar, einem arabischen Botaniker aus dem 13. Jahrhundert, kaut man es vor dem Einnehmen von Medizin, um die Geschmacksnerven einzulullen. Es gibt zwei Arten von Estragon: französischen, der den für französische Gerichte unerlässlichen feinen Geschmack hat, aber Winterschutz braucht, und russischen, der in jedem Klima gedeiht, aber etwas derber schmeckt. Französischer sollte, um seine Feinheit zu bewahren, jedes dritte Jahr geteilt und neu gepflanzt werden; der Geschmack des russischen wird besser, je länger er am gleichen Ort wächst.

ANBAU
Standort Sonnig und windgeschützt.
Boden Reich, leicht und trocken.
Vermehrung Wurzeln im Frühjahr teilen. Stecklinge im Sommer nehmen. Russischer Estragon: Im Frühjahr säen.
Pflege Auf 30–45 cm Abstand ausdünnen oder verpflanzen. Im Herbst zurückschneiden. Im Winter mit Stroh oder ähnlichem Mulch bedecken. Estragon kann im Haus gezogen werden.
Ernte Blätter jederzeit schneiden. Haupternte im Spätsommer. Schneidet man Zweige, so lässt man mindestens einen Drittel stehen, damit sie wieder wachsen, ausser am Ende der Saison.
Aufbewahrung Blätter einfrieren oder rasch bei 27 °C trocknen. Blätter in Öl oder Essig einlegen.

VERWENDUNG
Küche
• *Blatt* Sparsam anwenden, um warmen, subtilen, sehr erwünschten Geschmack zu erzielen, der andere Zutaten rasch durchdringt (Seite 165). Estragon ist eins der wichtigen *fines herbes*, zusammen mit Kerbel und Petersilie. Man macht Estragonessig und Essigmischungen für Sauce béarnaise, tartare und hollandaise. Zerzupfte Blätter in Avocado- Füllung geben, in Mayonnaise zu Fisch, in Salatsaucen, leichte Suppen, Tomaten, Omeletten und Rührei. Kräuterbutter machen für Gemüse, Steaks, Koteletten und grillierten Fisch. Estragon auf Brathähnchen reiben oder in Hähnchenfüllungen mischen. Zu Konserven, Pickles und Senf geben. In Eiswürfel einfrieren, ergibt interessanten Geschmack in kalten Getränken. Russischer Estragon: Von Persern für gegrilltes Fleisch verwendet.

Gesundheit
• *Blatt* Estragonblätter sind reich an Jod, Mineralsalzen, Vitamin A und C. Als Appetitanreger, Verdauungsförderer und Tonikum aufgiessen. Früher wurde er gegen Skorbut eingesetzt.
• *Wurzel* Soll Zahnschmerzen lindern.

Blüte
Kann kleine, kugelige, grünweisse Blüten tragen. Nur russischer Estragon trägt in gemäs-sigtem Klima Samen.

Getrocknete Blätter
Sie behalten etwas Geschmack bei sorgfältigem Trocknen, aber oft setzt sich Heuduft durch.

A. dracunculoides
Russischer Estragon
Bitterer Geschmack, nicht so fein wie französischer. Schmalere und blassere Blätter.

A. dracunculus
Französischer Estragon

Stengel
Gefurcht, rund, verzweigt, hellgrün. An der Basis braun und brüchig.

Blatt
Glänzend, lang, schmal und grün. Öldrüsen an der Unterseite spenden einen bittersüssen, warmen, pfeffrigen Geschmack mit einem Hauch von Anis.

Lebensspanne
Perennierend, erträgt einige Grade Frost

Höhe
60 cm–1 m

Wurzel
Hellbraun, brüchig, fleischig, sich ausbreitender Wurzelstock mit Haarwurzeln.

Borago officinalis

Borretsch *Boraginaceae*

Alle historischen Beschreibungen des Borretschs betonen seine Fähigkeit, Männer und Frauen glücklich und fröhlich zu machen, das Herz zu beruhigen, Traurigkeit zu verscheuchen und Mut zu verleihen.

Die Blüten haben ein schönes, reines Blau, das die alten Meister oft wählten, um den Mantel der Madonna zu malen. Blüten wurden auf prächtige mittelalterliche Wandbehänge gestickt und auf die Schärpen von Turnierkämpfern. Sie wurden in Kräuter- und Stundenbüchern in die Verzierungen der Seitenränder einbezogen. Sie schwammen auf dem Abschiedstrunk, der Kreuzfahrern kredenzt wurde. Die edlen Eigenschaften des Borretschs beruhen vielleicht auf seinem hohen Gehalt an Kalzium, Kalium und Mineralsalzen. Die neuere Forschung hat Anhaltspunkte, dass Borretsch auf die Nebennierendrüsen wirkt, wo die Tapferkeit anfängt.

ANBAU
Standort Offen und sonnig.
Boden Leicht und trocken, gut drainiert.
Vermehrung An Standort oder einzeln in Töpfe säen: im Frühjahr für Sommerblüten, im Herbst für Frühlingsblüten. Versamt sich reichlich in leichtem Boden.
Pflege Mit 30 cm Abstand setzen. Zwischen Rosen und Sommerpflaumen setzen, sieht sauber aus. Kleine Pflanzen lassen sich im Haus ziehen.
Ernte Blüten und Blätter abnehmen.
Aufbewahrung Blüten trocknen, in Eiswürfeln einfrieren, kandieren.

VERWENDUNG
Dekoration
• *Blüten* Zu Halskette zusammenbinden. In Sommer-Arrangements verwenden.
• *Junge Blätter* Kalten Drinks beigeben wegen ihres Gurkengeschmacks und ihrer kühlenden Wirkung. Fein zerhackt in Salat, Joghurt, Weichkäse, Pickles und Sandwiches. Als oder mit Spinat kochen. In Raviolifüllungen geben.

Haushalt
• *Blüte* Lockt Bienen in den Garten.
• *Ganze Pflanze* Zu Erdbeeren pflanzen, ergibt gegenseitige Wachstumsförderung. Kann, wenn neben Tomaten, die Tomatenschwärmerraupe vertreiben. Beim Verbrennen sendet der Kaliumnitrat-Gehalt Funken und leise Explosionslaute aus, wie Feuerwerk.

Kosmetik
• *Blatt* In Gesichtspackung gegen trockene Haut. Mit Gerste und Kleie in einen Badebeutel, reinigt die Haut und macht sie weich.

Gesundheit
• *Blatt* In salzfreier Diät wegen seines hohen Gehalts an Mineralsalzen. Als Umschlag zur Linderung von Entzündungen und Quetschungen.
• *Samen* Soll Gammalinolsäure enthalten (s. Nachtkerze S. 102).

Samen
Ziemlich gross, schwarzbraun, dreikantig und rautenförmig, bleibt oft bis zu acht Jahren keimfähig.

Blüte
Himmelblau (manchmal rosa, selten weiss), fünfblätterig, sterngleich mit auffälligen schwarzen Staubfädenspitzen, die in Büscheln vom Stengelende herunternicken.

Blatt
Dunkelgraugrün, oval, zugespitzt, mit stacheligen weissen Härchen besetzt. Saft schmeckt nach Gurke.

Stengel
Kräftig, hohl, rund, verzweigt, mit stacheligem weissem Haar. Saft schmeckt nach Gurke.

Blütenköpfe
Die schwarzen Staubfäden sanft ergreifen und den Blütenkopf von den Kelchblättern lösen.

Lebensspanne
Winterfest, einjährig

Höhe
30–75 cm

Blüten- und Blätterpracht

In den letzten zweihundert Jahren sind viele Kräuter, vor allem Heilkräuter, in Vergessenheit geraten, wurden aber in einzelnen Gärten noch
gezogen. Dies mag wegen nostalgischer Erinnerungen oder aus traditionellen Gründen geschehen sein, aber wahrscheinlich waren die Kräuter
hübsche und anspruchslose Gartenpflanzen. Man vergass ihre besonderen Kräuter-Eigenschaften, und nun sind viele Leute überrascht von
den nützlichen Aspekten ihrer oft liebsten Gartenblumen. Wir dürfen
froh sein, dass der Anbau dieser Pflanzen fortgesetzt wurde, denn
manchmal wird eine Entdeckung gemacht, und ein bisher vergessenes
Kraut sollte plötzlich lieferbar sein. So geschah es mit der Frauenminze.
Als die Migräneforschung deren scherzmildernde Wirkung feststellte,
gab es ein paar Gärtner, die Setzlinge für den Anbau in grossem Mass-
stab abgeben konnten.

Myosotis sylvatica
Vergissmeinnicht
(unten)
Hübsche Pflanze mit
Massen winziger blauer
Blüten, als Front einer
Rabatte. (s. S. 58)

Vinca major
«Variegata» Immergrün
(links)
Nützlicher Bodenbedecker
mit weissen, rosa, aber üblicherweise
blauen Blüten.
Heilkraut. (s. S. 59)

Cheiranthus cheiri
Goldlack *(unten)*
Die süssduftenden
Blüten können Duft-
schalen beigegeben
werden. Früher als
Heilkraut für Muskeln
verwendet.

Convallaria majalis
Maiglöckchen *(rechts)*
Die duftenden, giftigen
Blüten legt
man in
Duftschalen.
(s. S. 57)

Ajuga reptans
Günsel *(unten)*
Guter Bodenbedecker.
Es gibt Varietäten
mit rotweiss-
gefleckten
Blättern.
(s. S. 56)

*Buxus
sempervirens*
**«Suffruticosa»
Zwergbuchs** *(links)*
Ideale Einfassungs-
pflanze. Früher
als Heilkraut
verwendet.
(s. S. 273)

*Bellis
perennis*
Gänseblümchen
(links unten)
Kann in Salate
gegeben werden.
(s. S. 273)

Hedera helix
Efeu *(rechts)*
Es gibt viele verschiedene, hübsche
Blattformen. Die alten
Griechen glaubten, Efeu
beuge Vergiftungen
vor. Heute wird
er kosmetisch
genutzt.

Aquilegia vulgaris
Akelei *(rechts)*
Der Inbegriff eines
Bauerngartens. Seine
Blüten, Blätter,
Samen und Wurzeln
galten früher als
heilkräftig. (s. S. 56)

Cardamine pratensis
Wiesenschaumkraut
(unten)
Die Blüten enthalten
Nahrung für
Schmetterlinge.

Lamium maculatum
Taubnessel *(unten)*
Hübscher Bodendecker mit weissen,
rosa, pfirsichfarbenen oder
lila Blüten und ge-
fleckten oder
silbernen Blättern.
(s. S. 58)

Pulmonaria officinalis
Lungenkraut *(unten)*
Man fand früher, die
dekorativen gesprenkelten
Blätter glichen Lungen, und
setzte sie daher gegen
Lungenkrankheiten ein.
(s. S. 59)

Blüten- und Blätterpracht

Ajuga reptans
Günsel *Labiatae*

Aquilegia vulgaris
Akelei *Ranunculaceae*

Eine langsam wachsende, perennierende Pflanze, die hauptsächlich wegen ihres dekorativen Laubs gezogen wird. Die ovalen Blätter sind dunkelgrün mit einem purpurnen Hauch; es gibt auch mehrfarbige und gefleckte Sorten. Sie trägt blaue röhrenähnliche Blüten an kurzen Ähren vom Spätfrühling an durch den ganzen Sommer. Es gibt solche mit rosa und sogar weissen Blüten. Günsel ist ein ausgezeichneter Bodenbedecker und wird 10 bis 15 cm hoch. Er braucht Halbschatten und eignet sich deshalb für Standorte unter höheren Blütenbüschen, bei Hecken oder Gitterwerk.

ANBAU
Samen im Herbst oder Frühling in feuchten, fruchtbaren Boden säen. Zur Vermehrung Ausleger abschneiden und im Herbst oder Frühling 30 cm auseinander setzen, damit er sich ausbreiten kann.

VERWENDUNG
Eine dankbare Gartenpflanze, da sie kräftig wächst und hübsche Blumen und Blätter hervorbringt. Früher war Günsel ein beliebtes Heilkraut. Man verwendete ihn u. a. in Salben gegen Quetschungen, und eine Lotion aus Günsel, Honig und Alaun sollte gegen Mundwunden helfen. Von einem Aufguss aus getrockneten Blättern glaubt man, er senke den Blutdruck und stille innere Blutungen. Auch wird ihm eine milde narkotische Wirkung zugeschrieben.

Diese zierliche und elegante, perennierende Rabattenpflanze wird seit mehr als 300 Jahren in Gärten gehegt. Sie wird 60 cm bis 1 m hoch. Ein schlanker, aufrechter Stengel trägt eine lockere Ansammlung nickender, trichterförmiger Blüten im Spätfrühling und Frühsommer. Alte Akeleien haben blaue, rosa oder weisse Blüten, aber es gibt auch Kultursorten in den verschiedensten augenfälligen Farben. Jedes der fünf Blütenblätter hat einen auffälligen Sporn wie eine Adlerkralle. Daher der botanische Namen *aquilegia* – lateinisch *aquila* bedeutet Adler. Im Frühling zeigen die graugrünen, farnähnlichen Blätter einen Hauch von Rosa. Weisse Akeleien gedeihen an sonnigen Plätzen, doch Halbschatten behagt der Art besser.

ANBAU
Samen im Frühling 30 cm auseinander säen oder Pflanzengruppen im Herbst oder Frühling teilen. Der Boden sollte fruchtbar und ziemlich alkalisch sein. Bei trockenem Wetter reichlich giessen; Stengel nach der Blüte abschneiden.

VERWENDUNG
Heutzutage verdankt die Akelei ihren Platz im Kräutergarten lediglich ihrer Schönheit und Anmut. Früher wurde sie für ein adstringierendes Gesichtswasser verwendet, doch weiss man heute, dass sie leicht giftig ist, und braucht sie nicht mehr.

Cardamine pratensis
Wiesenschaumkraut   *Cruciferae*

Convallaria majalis
Maiglöckchen   *Liliaceae*

Einst fand man es häufig in feuchten Wiesen, doch heute ist es seltener, da die meisten Wiesen dräniert sind. Die schlanken Blütenstengel können bis zu 40 cm hoch werden, tragen dunkelgrüne ovale Blätter und gleichen der Bitterkresse, mit der Wiesenschaumkraut verwandt ist. Die Blüten sind so blass rosa oder lila, dass sie auf den ersten Blick als weiss erscheinen. Es gibt eine gefüllte Sorte, die länger blüht. Wiesenschaumkraut sollte in den Schatten eines Baumes, einer Mauer oder eines Zauns in feuchten Boden gepflanzt werden.

ANBAU
Im Herbst in feuchten Boden säen, gut einwässern. Vermehren, indem man vom untersten Teil des Stengels ein Blatt wegnimmt und auf feuchten Kompost legt, wo es bald Wurzel schlagen wird. Pflanzengruppen im Frühling oder Herbst teilen.

VERWENDUNG
Wiesenschaumkraut wächst üppig in feuchten, schattigen Gartenbereichen. Im 18. Jahrhundert empfahl man es gegen Skorbut; es enthält Vitamin C. Es hilft auch, Atemwege zu klären, und wird deshalb in Hustenmedizin verwendet. Die Blätter schmecken ähnlich wie Brunnenkresse und bereichern angenehm einen Frühlingssalat.

Winterfest und perennierend, wächst das Maiglöckchen aus kriechenden, horizontalen Wurzelstöcken und ist im Kräutergarten eine wichtige Pflanze sowohl wegen seines süssen Dufts als auch wegen der kleinen, weissen, glockenförmigen Blüten, die im Spätfrühjahr erscheinen. Die Blüten werden an einem schlanken, gebogenen, 15–20 cm langen Stengel getragen und zwischen einem Paar grosser, lanzettförmiger und mittelgrüner Blätter. Maiglöckchen gedeihen gut in feuchtem Boden im gesprenkelten Schatten von Laubbäumen.

ANBAU
Pflanzengruppen im Frühherbst teilen, dann 15 cm auseinander setzen in gutdränierten Boden mit viel Kompost. Die Stelle, an der die Blätter aus dem Wurzelstock wachsen, sollte knapp unter die Erdoberfläche kommen.

VERWENDUNG
Da die Pflanze bei guten Bedingungen sich rasch ausbreitet, bedecken ihre Blätter den Boden dicht bis zum Winter. Die Blumen gehörten früher zum Brautbukett. Ein Aufguss aus der ganzen Pflanze wirkt harntreibend und verlangsamt den Herzschlag. Man hält es für ein weniger gefährliches, aber auch schwächeres Herzmittel als Fingerhut. Es sollte trotzdem nur unter ärztlicher Aufsicht gebraucht werden.

Blüten- und Blätterpracht

Lamium maculatum und Spezies
Taubnessel   *Labiatae*

Myosotis sylvatica
Vergissmeinnicht   *Boraginaceae*

Sie heisst so, weil sie stark der Brennessel gleicht, mit der die Taubnessel jedoch keineswegs verwandt ist; auch brennen die Blätter nicht. Selbst ehe ihre Büschel röhrenförmiger, weisser, gelber, rosa oder dunkelroter Blüten erscheinen, lässt sie sich von der Brennessel durch ihren kantigeren, hohlen Stengel unterscheiden. Die Blätter sind an der Basis herzförmig, und die der rotblühenden Taubnesseln sind rot angehaucht, manchmal mit einem unregelmässigen weissen Streifen. Die Pflanze ist ein wichtiger Nektarlieferant für Bienen, besonders die weisse Taubnessel, die in manchen Gegenden sogar im Winter blüht.

ANBAU
Taubnesseln wachsen gut in feuchtem Boden. Weisse und rote Taubnesseln im Frühling, gelbe im Herbst säen, nur knapp mit Erde bedecken. Gelbe Taubnesseln kann man auch im Vorfrühling teilen. Weisse und rote Arten lieben Sonne, die gelbe verträgt auch tiefen Schatten. Nicht in Rabatten pflanzen; sie neigen zu starker Ausbreitung. Nach der Blüte zurückschneiden, um dichtes Laub zu erzielen.

VERWENDUNG
Eine anpassungsfähige Pflanze, die in wilden Gartenbereichen langblühende Bodenbedeckung liefert. Man glaubte lange, sie habe adstringierende Eigenschaften. Ein Blütenabsud wurde zuweilen als Blutreiniger verordnet. Zerdrückte Blätter sollten blutstillend wirken, ein Tee aus getrockneten Blättern schweisstreibend. Die Blätter wurden da und dort in Suppe oder als Gemüse gegessen, in Frankreich und in Schweden.

Eine Pflanze für Einfassungen und Steingärten, liefert Vergissmeinnicht einen dichten Teppich blauer, duftender Blumen von der Mitte des Frühlings bis zu seinem Ende. Es hat längliche, sich verengende, mittelgrüne Blätter unter Zweigen kleiner, tellerförmiger Blüten. Leicht zu ziehen, gedeiht Vergissmeinnicht im Schatten anderer Frühlingsblumen wie Tulpen oder Goldlack. *Myosotis sylvatica*, eine kurzlebige perennierende Pflanze, kann 30 cm hoch werden, und ein ganzes Beet davon sieht herrlich aus, besonders im Mondlicht.

ANBAU
Im Spätfrühling säen. Im Herbst 10 cm auseinander setzen. Boden stets feucht halten.

VERWENDUNG
Steht jeder Frühlingsrabatte wohl an mit seinen lebhaftblauen Blüten und seinem zarten Duft. Myosotis wird in einem homöopathischen Rezept bei Atemproblemen angewandt, besonders in Europa, wo es manchmal zu einem Sirup für Lungenbeschwerden verarbeitet wird. Man glaubte früher, Vergissmeinnichtsaft härte Stahl. Überreicht ein Mann einer Frau einen Vergissmeinnicht-Strauss, so kommt das einer Liebeserklärung gleich.

Pulmonaria officinalis

Lungenkraut   *Boraginaceae*

Vinca major

Immergrün   *Apocynaceae*

Lungenkraut ist winterfest, krautig und perennierend; man zieht es oft wegen seiner schmucken ovalen, weissgesprenkelten Blätter. Es wird etwa 30 cm hoch und trägt im späteren Frühling Büschel trichterförmiger Blüten. Wenn sie sich entfalten, werden die rosa Blüten purpurviolett. Eine traditionelle Bauerngartenblume, gedeiht Lungenkraut im Schatten von Bäumen und Sträuchern.

ANBAU

Kann im Frühling auf jeden Boden gesät werden, aber man erzielt bessere Pflanzen, wenn man im Spätherbst oder Winter Wurzeln zerteilt und an schattigem Ort einpflanzt. Bei Trockenheit häufig giessen und die Stengel im Herbst zurückschneiden.

VERWENDUNG

Die Blätter dieser sich rasch ausbreitenden Pflanze liefern für schattige Gartenbereiche ideale Bodenbedeckung. Der Name erklärt sich daraus, dass die Blätter Lungen ähnlich sind, und man hat lange geglaubt, Lungenkraut helfe bei Lungenbeschwerden. Brusthusten, Keuchen und Atemlosigkeit können mit einem Aufguss aus getrockneten Blättern gemildert werden. Manchmal wird es auch gegen Durchfall verordnet.

Immergrün, sich ausbreitend, perennierend, mit grossen, glänzenden, ovalen Blättern, die paarweise am Stengel stehen. Vom Frühling bis zum Sommer trägt die Pflanze röhrenförmige, violettblaue Blüten, die flach ausgebreitete Kronen bilden. Manchmal gibt es im Herbst wieder Blüten. Die Pflanze verbreitet sich durch lange, kriechende, wurzeltreibende Stengel; sie kann deshalb eine Rabatte überwuchern. Der botanische Name *vinca* kommt vom lateinischen *vincire*, binden; in abfallendem Gelände befestigen diese Wurzeln die Erde ausgezeichnet.

ANBAU

Immergrün wächst in jeder Art von Boden, wenn er gut dräniert ist. 15 cm lange Stengelstücke schneiden und im Frühherbst oder Vorfrühling an halbschattiger Lage pflanzen. Oder irgendwann im Herbst oder Winter teilen und neu einpflanzen.

VERWENDUNG

Hübsche ganzjährige Bodenbedeckung in halbschattigen Gartenbereichen; dazu blüht es bis zu zweimal im Jahr. Immergrün war früher eine wichtige Zutat zu Zauber- und Liebestränken; man schrieb ihm die Macht zu, böse Geister zu vertreiben. Wurde es um die betroffenen Körperteile gebunden, sollte es Krämpfe lösen. Wegen seiner adstringierenden und tonischen Eigenschaften hielt man es auch für blutstillend, und eine Salbe aus zerdrückten Blättern und Schmalz sollte Hautentzündungen heilen. Heutzutage brauchen Kräuterkundige das Immergrün hauptsächlich bei der Behandlung der Zuckerkrankheit.

Spezies *Brassica*

Senf *Cruciferae*

Senf kennt man seit prähistorischen Zeiten. Er wurde stets auf vielerlei Arten verwendet. Der Römer Plinius zählt im 1. Jh. n. Chr. 40 Heilmittel auf, in denen Senf enthalten ist. Die Römer servierten Senf auch zu jedem möglichen Gericht. Seine Blätter wachsen so schnell, dass man sagte, Salat wachse heran, währenddem das Fleisch briet. Man schrieb ihm aphrodisische Wirkung zu und gab ihn deshalb Liebestränken bei. Schwarzer Senfsamen hat den schärfsten Geschmack, brauner ist am leichtesten zu ernten und weisser konserviert am besten.

Blüte
*Gelb, vierblättrig,
in kleinen Büscheln.
Im Hochsommer.
Leichter Senfgeschmack.*

Samen (Brauner Senf)
*Klein, mittel- bis
dunkelbraun, bitter,
kugelig, in aufrechten,
glatten Schoten. Der
Geschmack zeigt sich
erst, wenn zermahlen
und mit Flüssigkeit
gemischt. Brauner
Senf ist weniger scharf
als schwarzer.*

Samen (Weisser Senf)
*Cremeweisse kugelige
Samen, bitter schmeckend,
in waagrechten, behaarten
Schoten. Leicht behaarte,
hellgrüne Blätter.
Höhe: 30–45 cm.*

Stengel
*Glatt, rund,
hart, verzweigt
und mittelgrün.*

**B. juncea
Brauner Senf**
Höhe: 60 cm–1 m

Blatt
*Oval, zugespitzt,
dunkelgrün mit
mittelgrüner Unter-
seite und scharfem
Geschmack. Die
untersten Blätter
sind gezähnt.*

Lebensspanne
Winterfest, einjährig

Höhe
30 cm–2,4 m

ANBAU

Standort Sonnig. Im Sommer verhindert leichter Schatten vorzeitiges In-Samen-Schiessen.
Boden Fruchtbar, gut dräniert.
Vermehrung Im Frühjahr säen für Samenernte; alle drei Wochen für Salatblätter.
Pflege 15 cm auseinander setzen für Samenernte. Salat braucht nicht ausgedünnt zu werden. Kann im Haus gezogen werden.
Ernte Blumen schneiden, wenn sie aufgehen. Samenschoten im Spätsommer, ehe sie aufspringen. Salatblätter 8–10 Tage nach dem Säen schneiden.
Aufbewahrung Samen in Schoten trocknen oder in Essig einlegen. Blätter trocknen.

VERWENDUNG

Küche
• *Samen* Schwarzer oder brauner Senf: Zu Senfsauce verarbeiten: gemahlene Senfkörner in kaltes Wasser geben, um die Enzyme zu aktivieren; Paste zehn Minuten stehen lassen vor dem Gebrauch. – Weisser Senf: In Pickles als Konservierungsmittel und in Mayonnaise als Emulsionsmittel.
• *Blatt* Junge Blätter in Salate mischen.

Haushalt
• *Samen* Kochtöpfe deodorieren: ein paar zerdrückte Senfkörner hineingeben, mit etwas Wasser hin- und herschwenken und gut ausspülen.

Kosmetik
• *Samen* Zum Deodorieren Senfpulver in die Hände reiben, nach 2 Minuten abspülen.

Gesundheit
• *Samen* 1 EL zerdrückte Körner in warmem Wasser rufen Erbrechen hervor. Umschläge aus Senfpulver ziehen Blut in die Haut oder Lungen und lindern Schmerzen und Entzündung bei Rheuma, Arthritis, Blutandrang in den Lungen und Frostbeulen. In Fussbäder, um Füsse zu wärmen und zu deodorieren und um Erkältungen zu lindern.

Achtung: *Senfkörner können zarte Haut reizen.*

Calendula officinalis

Ringelblume *Compositae*

Vielfältig verwendbar wie kaum ein anderes Kraut, ist die Ringelblume beliebt als fröhliche Bauerngartenblume. Sie wird in kosmeti-
scher und kulinarischen Rezepten aufgeführt, kann als Färbepflanze
benutzt werden und hat viele heilende Eigenschaften.

Diese widerstandsfähige Sommerblume scheint dauernd zu
blühen, und in ihrem botanischen Namen kommt der Glaube zum
Ausdruck, sie blühe stets am Ersten des Monats (lateinisch
calendae). Die alten Ägypter schätzten sie, weil sie Jugend verleihe.
Hindus schmückten mit ihr Tempelaltäre, und Perser und Griechen
schmückten und würzten Gerichte mit ihren goldenen Blütenblättern.
In Europa würzt sie seit langem Suppen und Stews und färbt Butter
und Käse.

Sie ist ein milderndes Antiseptikum und ein ausgezeichnetes Haut-
heilmittel, besonders für rissige Haut und Lippen. Im amerikanischen
Bürgerkrieg behandelten die Ärzte auf dem Schlachtfeld offene
Wunden mit Ringelblumenblättern.

ANBAU
Standort Sonnig.
Boden Feiner Lehm, verträgt aber fast
alle Böden ausser nassen.
Vermehrung Im Frühjahr an Ort
säen oder einzeln in Töpfe.
Pflege 30–45 cm auseinander setzen.
Ernte Blüten, wenn offen, Blätter
jung.
Aufbewahrung Blütenblätter bei
schwacher Temperatur trocknen,
damit Farbe erhalten bleibt, oder in Öl
einlegen.

VERWENDUNG
Dekoration
• *Blüte* Trocknen und in Duftschale
geben.
Küche
• *Blüte* Reichlich Blütenblätter ver-
wenden, um Reis, Fisch, Fleischsup-
pen, Schmierkäse, Joghurt, Butter,
Omeletten, Milchspeisen, Kuchen eine
safranartig gelbe Farbe und einen leicht
pikanten (nicht safranähnlichen)
Geschmack zu verleihen. 1 EL Blütenblätter zu Fisch und Wild. Fleischplat-
ten, Pâté, Fruchtsalat garnieren.
• *Blatt* In Salat und Stews streuen.
Haushalt
• *Blüte* Zu hellgelbem Farbstoff sieden.
Kosmetik
• *Blüte* Blütenblätter in Cremes und
Badewasser geben, um die Haut zu reinigen, zu heilen und weich zu machen.
Gesundheit
• *Blüte* Beruhigend, heilend und antiseptisch. In Salben gegen Beingeschwüre, Krampfadern, Wundliegen
und blaue Flecken. Als Tee zur Förde-
rung der Verdauung und der Gallenbil-
dung (nützlich für Alkoholiker). Als
heilende Mundspülung nach dem
Zahnziehen. Ringelblumenöl wird aus
den Blütenblättern durch Mazeration
gewonnen. Es heilt und verjüngt und
wird in vielen Hautmitteln sowie in der
Aromatherapie verwendet. Es lindert
vor allem Entzündungen, Frostbeulen,
rissige Brustwarzen vom Stillen (es ist
ungiftig für Säuglinge).

Samen
*Beige, 5 mm lang; geformt
wie ein gekrümmter
Apostroph mit buckligem
Rücken.*

Blütenblätter
*Die hellorangefarbenen
Blütenblätter enthalten am
meister aktive Ingre-
dienzen.*

**Getrocknete Blüten-
blätter**
*Behalten ihre Farbe gut und
können vielfältig verwendet
werden*

Blüte
*4–7 cm gross, golden-gelb-
orangefarbene Blütenblätter,
die von einem markanten
Zentrum aus
aus-
strahlen.*

Blatt
*Die mittelgrünen,
haarbesetzten Blätter
nahe dem Wurzelstock
sind schaufelförmig,
Stengelblätter sind
lanzenförmig.*

Lebensspanne
Winterfest, einjährig

Höhe
30–50 cm

Stengel
*Grün, saftig,
eckig, verzweigt,
mit feinen Haaren
bedeckt.*

Carum carvi

Kümmel *Umbelliferae*

Ein altehrwürdiges Kraut, das schon in steinzeitlichen Mahlzeiten-Resten, ägyptischen Gräbern und an Rastplätzen der Karawanen der Seidenstrasse gefunden wurde. Jesaja spricht in der Bibel von der Aussaat des Kümmels, und bei Shakespeare wird Fallstaff ein Gericht aus Apfel und Kümmel gereicht, der übliche Nachtisch der Elisabethaner. Kümmel war in Deutschland stets beliebt, und als Königin Viktoria den Prinzen Albert heiratete, erwachte in England das Interesse an seinem Lieblingsgewürz aufs neue.

Blüte
Dolden mit winzigen weissen Blüten, im Hochsommer.

Stengel
Schlank, gefurcht, unbehaart, verzweigt.

Samen
Zwei aromatische, 6 mm lange, schmale Samen in jeder Spaltfrucht. Reife Spaltfrüchte springen auf. Jeder Samen ist dunkelbraun, leicht gekrümmt mit hellen Streifen. Der dunkelste Kümmel aus Nordeuropa, besonders Holland, gilt als der beste.

Blatt
Fein zerteilt, gefiedert.

Wurzel
Dick, spitz zulaufend.

✹ Lebensspanne
Winterfest, zweijährig

✹ Höhe
*20 cm im ersten Jahr
60 cm im zweiten Jahr*

ANBAU
Standort Vollsonnig.
Boden Humushaltig, lehmig.
Vermehrung Im Freien im Spätfrühling oder Frühherbst säen, in flache Furchen an endgültigen Platz.
Pflege Auf 20 cm ausdünnen, wenn die Setzlinge handliche Grösse haben. Kümmel kann an sonnigem Platz in der Wohnung gezogen werden.
Ernte Junge Blätter abschneiden. Samendolden im Spätsommer ernten oder wenn die Samen braun sind. Wurzeln im Spätherbst ausgraben.
Aufbewahrung Dolden mit Kopf nach unten über offenem Gefäss aufhängen.

VERWENDUNG
Küche
• *Samen* Über fettes Fleisch, Schweine- oder Gänsebraten, ungarisches Gulasch streuen, wirkt verdauungsfördernd. Zu Kohlwasser geben, um Geruch zu binden. Als Würze für Suppen, Brot, Kuchen, Biscuits, Apfelkuchen, Bratäpfel und Käse. Mit anderen Körnern zusammen als Abschluss einer indischen Mahlzeit. Mit weissem Zucker kandieren. Die Essenz wird in Kümmellikör und Feingebäck verwendet.
• *Blatt* Zerhackte junge Blätter in Salaten und Suppen.
• *Wurzeln* Als Wurzelgemüse kochen.

Haushalt
• *Samen* Taubenzüchter glauben, zahme Tauben kommen immer wieder in ihren Schlag zurück, wenn dort gebackener Kümmelteig liegt.

Kosmetik
• *Samen* Essenz für Mundwasser und Kölnischwasser verwenden.

Gesundheit
• *Samen* Roh oder eingeweicht zerkauen, wirkt verdauungs- und appetitfördernd, hält den Atem frisch und hilft bei Blähungen. Ungefährlich für Kinder.

Cedronella canariensis (C. triphylla)

Balsamstrauch *Labiatae*

Der richtige Balsamstrauch ist ein seltenes Wüstengewächs, *Commiphora opobalsamum*, ein Geschenk der Königin von Saba an Salomon. Der Baum ist geschützt und sein Export untersagt. *Cedronella canariensis* trägt seinen Namen und möglicherweise auch seinen Duft, der seltsam «männlich» wirkt, ein wenig wie Moschus, der den Parfüms Tiefe verleiht. Auch der Baum *Populus balsamifera* wird Balsamstrauch genannt. Seine Blattknospen verströmen einen reichen Balsamduft und wurden zur Behandlung von Husten und Halsweh verwendet.

Blüte
Zweilippig, rosa, in Büscheln, von Spätsommer bis Frühherbst.

Getrocknete Blätter
Wegen ihres Moschusdufts in würzige Duftschalen geben.

Lebensspanne
Ziemlich winterfester, halbimmergrüner Strauch

Höhe
1–1,2 m

Stengel
Stachlig, kantig, gefurcht, mittelgrün, manchmal an Blattverbindungen rötlich, verholzt im zweiten Jahr.

Blatt
Dreilappig, gezähnt, oval, zugespitzt, mittelgrün mit blasser Unterseite und aromatischem Duft nach Moschus, Zitrone und Kampfer.

ANBAU
Standort Volle Sonne.
Boden Gut dräniert, mittlerer Lehm.
Vermehrung Im Frühjahr säen (Achtung, Sämlinge sehen wie Nesseln aus.)
Stecklinge im Frühherbst nehmen.
Pflege Auf 45 cm Abstand verdünnen oder auseinander setzen. Balsamstrauch eignet sich vorzüglich für Wintergärten, braucht aber einen 25 cm breiten Topf, wenn er seine volle Grösse erreichen soll.
Ernte Blätter kurz vor der Blüte pflükken oder im Herbst vor dem Zurückstutzen. *Populus balsamifera:* Knospen sammeln.
Aufbewahrung Blätter trocknen. *Populus balsamifera:* Knospen trocknen.

VERWENDUNG
Dekoration
• *Ganze Pflanze* Mit ihren lange sich haltenden rosa Blüten eine elegante Treibhauspflanze.

Aroma
• *Blatt* Aufgiessen oder mit anderen Parfüm-Ingredienzen in Alkohol mazerieren, um Moschusduft zu erzielen. Getrocknete Blätter in würzigen Duftschalen. *Populus balsamifera:* Knospen in Wasser sieden, um ihre Umhüllung zu lösen, die reichen Balsamharz enthält. Ganze Knospen in Duftschale.

Gesundheit
• *Blatt Populus balsamifera:* Knospen gelten als Stimulans und Tonikum, als antiseptisch und die Atemwege reinigend. Innerlich gebraucht, sollen sie gegen Bronchitis, Husten und Kehlkopfentzündung wirken; äusserlich, in Salben, lindern sie arthritische Schmerzen, Schnitte und Quetschungen.
• *Stengel Commiphora opobalsamum:* Dem Harz, das rein kaum erhältlich ist, wurden früher wahre Wunderkräfte zugeschrieben.

Chamaemelum nobile (Anthemis nobilis)

Römische Kamille *Compositae*

Die Ägypter weihten die Kamille der Sonne und verehrten sie mehr als alle anderen Kräuter wegen ihrer Heilkraft. Griechische Ärzte verschrieben sie gegen Fieber und Frauenleiden. Es gibt auch eine Redensart, um Beharrlichkeit trotz widriger Umstände zu bezeichnen: «Wie ein Kamillenbeet üppiger wachsend, je mehr drauf getreten wird.»

Man schätzt Kamille auch wegen ihrer apfelduftenden Blätter. In einem beliebten Gartenbuch schrieb William Lawson von «langen und breiten Wegen gleich den thessalischen Tempelhainen, mit Kies und Sand belegt, mit Sitzen und Bänken aus Kamille – all dies entzückt den Geist und heilt den Körper.» Das entspannende Aroma wurde auch geschnupft oder geraucht, um Asthma zu lindern und Schlaflosigkeit zu heilen. In Schönheitssalons wird oft Kamillentee serviert, damit die Gesichtsmuskeln sich entspannen.

Ein Beet blühender Römischer Kamillen.

Samen
Beige, schmal, winzig.

Getrocknete Blüten
Die gelbe Mitte enthält die aktiven Ingredienzen.

Getrocknete Blätter
Behalten ihren Apfelduft. In Duftschalen und Kräuterkissen.

Blüte
Duftend, kompakt, konisches, goldgelbes Zentrum mit weissen Blütenblättern, bis 25 mm breit. Im Sommer und Herbst.

C. a. var. flore-pleno
Gefüllte Kamille
Apfelduftende Blätter und gefüllte cremeweisse Blüte.

Blatt
Apfelduftend, fein geschnitten und hellgrün.

Matricaria recutita
Kamille
Einjährig. Hohe Stengel, duftende weisse Blüten mit hohlen konischen gelben Zentren, gerippte Samen. Höhe 60 cm.

C. a. «Treneague»
Nichtblühende, teppichbildende Abart mit apfelduftenden Blättern. Höhe 5 cm.

Stengel
Locker, gefurcht, rund, hellgrün.

Anthemis tinctoria
Färbekamille
Goldene Blüte mit gelbbraunem Farbstoff, den ganzen Sommer. Höhe 75 cm.

Lebensspanne
Winterfest, immergrün, perennierend

Höhe
20 cm in voller Sonne, 30 cm im Halbschatten

Wurzel
Kriechwurzeln verbreiten die Pflanze, so dass sich Matten ergeben.

ANBAU
Standort Vollsonnig.
Boden Leicht, gut dräniert.
Vermehrung Alle ausser «Treneague»: Im Frühjahr säen. Perennierende: Im Frühling oder Herbst zerteilen. Von Seitenschossen im Sommer 8 cm lange Stecklinge nehmen.
Pflege Für einen Kamillenrasen oder -sitz, 10–15 cm auseinander pflanzen. *M. recutita:* 23 cm Abstand. *A. tinctoria:* 45 cm Abstand.
Ernte Blätter jederzeit pflücken. Blüten, wenn voll geöffnet.
Aufbewahrung Blüten und Blätter trocknen.

VERWENDUNG
Haushalt
• *Ganze Pflanze* Neben einer serbelnden Pflanze ziehen, um sie zu retten. Aufgiessen und auf Sämlinge sprühen, damit sie nicht umfallen. Auf Kompost, um Verrottung zu beschleunigen.
• *Blüte A. tinctoria:* Zu starkem gelbbraunem Farbstoff sieden (S. 199).

Kosmetik
• *Blüte C. nobile, M. recutita:* Aufgiessen und als Gesichtsbad und Handbad verwenden, um Haut weich und weiss zu machen. In Augenkompressen gut gegen Entzündungen und Müdigkeitsschatten. Blüten 20 Minuten sieden und regelmässig als Spülung für helles Haar benutzen.

Aroma
• *Blüte und Blatt* In Duftschalen und Kräuterkissen.

Gesundheit
• *Blüten C. nobile, M. recutita:* Blüte als Tee aufgiessen als Tonikum und Beruhigungsmittel (gut für unruhige Kinder und gegen Alpträume). Mit Kompressen Wunden und Ekzeme behandeln. In Badewasser bei von Sonne oder Wind versengter Haut.

Chenopodium bonus-henricus

Guter Heinrich *Chenopodiaceae*

Guter Heinrich war von der Steinzeit an bis ins letzte Jahrhundert beliebt. Sein Name kommt aus dem Deutschen, er unterscheidet das Kraut vom «bösen Heinrich», das heisst dem giftigen Quecksilber.

Guter Heinrich und Weisser Gänsefuss haben beide nahrhafte Blätter. Die Samen des Weissen Gänsefusses, reich an Fett und Eiweiss, waren für die Urmenschen wertvolle Nahrung. Man hat das Kraut im Magen eines erhalten gebliebenen Eisenzeitmenschen gefunden. *Chenopodium ambrosioides* wird manchmal zur Entwurmung gebraucht, aber nur unter strenger ärztlicher Aufsicht, da grosse Dosen giftig sind. In China wird es als «duftende Tigerknochen» bezeichnet.

Blüte
Winzige gelbgrüne Blüten im Frühsommer, an 5 cm langen Ähren, wo sich Blatt und Stengel vereinen.

Samen
Gelbbraun, rauh, rund, höckrig.

Blatt
Pfeilförmig, dunkelgrün mit weisser, mehliger Unterseite.

Gescheckte Blätter
Kommen unter Setzlingen vor.

Lebensspanne
Winterfest, perennierend

Höhe
60 cm

Stengel
Gross, schlank, steif und grün.

ANBAU

Standort Liebt volle Sonne, verträgt leichten Schatten.
Boden Reicher Lehm, tief umgegraben und gut dräniert.
Vermehrung Im Frühling durch Samen, mit 6 mm Erde bedecken. Im Herbst durch Wurzelteilung.
Pflege Sämlinge 30 cm auseinander setzen oder ausdünnen. Bei Trockenheit giessen, im Sommer düngen. Nicht im Haus zu halten.
Ernte Pflanzen 1 Jahr wachsen lassen, dann nach Bedarf Blätter pflücken und Blütenähren abnehmen, wenn sie sich öffnen.
Aufbewahrung Tiefkühlen, aber nur als Bestandteil eines gekochten Gerichts.

VERWENDUNG

Küche
• *Samen* Weisser Gänsefuss: In Mehl mahlen, zu Mus kochen.
• *Blüte* Ähren dünsten und in Butter wenden wie Broccoli.
• *Blatt* Junge Blätter roh in Salat, gekocht in Eintopfgerichten, Füllungen und Suppen, und püriert in würzigen Küchlein.
• *Schosse* Auf fettem Boden Schosse, die 13 cm hoch und bleistiftdick sind, schneiden; kochen, schälen und wie Spargel essen.

Haushalt
• *Ganze Pflanze* Zur Geflügelmast.
• *Samen* Wird industriell bei der Herstellung von Chagrinleder gebraucht – ein künstlich genarbtes, oft grün gefärbtes Leder.

Gesundheit
• *Blatt* Roh oder gekocht essen als Spender von Eisen, Vitaminen und Mineralien. Umschlag und Salbe reinigt und heilt Hautverletzungen.
• *Wurzel* In Hustenmittel für Schafe verwendet.

Chrysanthemum balsamita (Tanacetum balsamita)

Marienkraut *Compositae*

Nach Gerard, dem Kräuterkundigen aus dem 16. Jahrhundert, war Marienkraut «beliebt wegen seiner süssen Blüten und Blätter». Die balsamischen Blätter und blühenden Spitzen waren auch für Brauer wichtig, da sie Bier klären und konservieren halfen und eine scharfe, minzige Bitterkeit beisteuerten. Marienblatt wurde von Siedlern nach Amerika gebracht, wo die Puritaner ein Blatt in ihrer Bibel einlegten als duftendes Buchzeichen und um die während der langen Predigten aufkommenden Hungergefühle zu stillen. Das Kraut sollte auch Geburten erleichtern.

Blüte
Kleine Köpfe unscheinbarer gelber Blüten im Spätsommer. In sonniger Lage zeigt sich manchmal ein äusserer Ring weisser Blütenblätter.

Getrocknete Blätter
Sie bewahren ihren frischen, balsamischen, minzig–zitronigen Duft und eignen sich ausgezeichnet für Tee und Duftschalen.

Junge Schosse
Sie liefern die zartesten Blätter. Blütenstengel zurückschneiden, um Wachstum zu fördern.

Wurzel
Hellbraune Kriechwurzel mit feinen Wurzelhaaren.

Blatt
Bis 30 cm lang, duftet nach grüner Minze, fein gezähnt, oval, zugespitzt, silbergrün.

Stengel
Faserig, gerippt, rund bis abgeflacht, erst hellgrün, später graubraun, erscheint an der Basis hölzern, erhebt sich aus Kriechwurzeln.

Lebensspanne
Winterfest, krautig, perennierend

Höhe
60 cm–1 m

ANBAU
Standort Vollsonnig.
Boden Reich, eher trocken, gut drainiert.
Vermehrung Wurzeln im Frühling oder Herbst teilen. Samen ist in kaltem Klima nicht keimfähig.
Pflege 60 cm auseinander pflanzen. Kleine Exemplare lassen sich im Haus ziehen.
Ernte Blätter jederzeit. Am aromatischsten, wenn die Blüten aufgehen.
Aufbewahrung Blätter trocknen.

VERWENDUNG
Küche
• *Blatt* Sparsam verwenden, da kräftiger Geschmack. Feingehackte Blätter in Rübensuppe, Salat, zu Wild, in Geflügelfüllungen und Früchtekuchen. Mit geschmolzener Butter auf Erbsen und neue Kartoffeln.

Haushalt
• *Blatt* In Leinensäckchen legen, um Insekten abzuwehren. Zu «süssem Wasser» aufgiessen und der letzten Spülung von Wäsche beigeben, um ihr Duft zu geben. Beliebtes Streukraut im Mittelalter wegen seines Dufts und der insektenvertreibenden Wirkung. *Balsamita vulgaris* «Tomentosum»: Als Insektenvertreiber in Räumen und Wäscheschränken verwenden wegen seines stärkeren Kampfergeruchs.

Kosmetik
• *Blatt* In duftende Spülung für Haar oder Haut.

Aroma
• *Blatt* Verstärkt die Düfte anderer Kräuter in Duftschalen oder Kräuterkissen.

Gesundheit
• *Blatt* Als tonischen Tee aufgiessen gegen Erkältung, Katarrh, Magenstörungen und Krämpfe und um Geburten zu erleichtern. Zerdrückte Blätter, auf Bienenstiche gelegt, lindern den Schmerz. In Salbe geben gegen Verbrennungen und Stiche.

Chrysanthemum cinerariifolium (Pyrethrum cinerariifolium)

Pyrethrum *Compositae*

Obschon viele Leute mit dem Namen Pyrethrum alle einfachen Chrysanthemen meinen, ist es nur die Blüte von *C. cinerariifolium*, die ein natürliches Insektenvertilgungsmittel enthält, Pyrethrum genannt. Da es für Säugetiere ungiftig ist und sich nicht anreichert, benützt man Pyrethrum auch, um Parasiten zu töten, die auf der Haut von Menschen und Tieren leben. Der weitgereiste Chang Yee fand noch einen nützlichen Zug: «Seltsam, dass man mit den Blättern die Finger abwischen kann, nachdem man Krebse gegessen hat, und der Geruch verschwindet. Krebse, Chrysanthemen, Wein und der Mond sind die vier Herbstfreuden unsrer Gelehrten, Künstler und Dichter.» *C. coronarium* ist in der orientalischen Küche beliebt, und *C. indicum* ist geschätzt als Tonikum und ein Teil des taoistischen Unsterblichkeitselixiers.

Blüte
Ähnlich wie Gänseblümchen, mit langen, weissen, zugespitzten Blütenblättern und flachen gelben Zentren, im Hochsommer. Riechen kräftig, wenn zerquetscht.

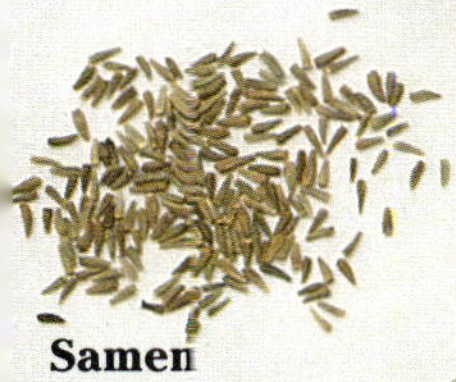

Samen
Beige, schmale, gerippte «Frucht» mit einem stumpfen Ende. Enthält einen einzigen Samen.

Stengel
Schlank, gerippt, verzweigt, graugrün. Jeder trägt als Abschluss eine einzige Blüte.

Blatt
Fein zerteilt und graugrün mit Silberrändern, hervorgebracht vom weissen Flaum auf der Unterseite. Kräftig riechend wie Gänsefingerkraut.

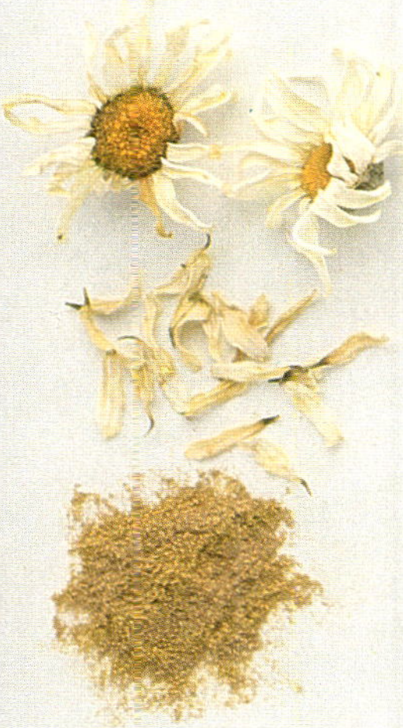

Blütenkopf
Die Blüte wird pulverisiert und als Kontaktgift gegen Insekten verwendet. Die aktiven Ingredienzien sind Pyrethrin und Cinerin.

✹ **Lebensspanne**
Winterfest, krautig perennierend

✳ **Höhe**
75 cm

ANBAU
Standort Sonnig und offen.
Boden Alkalisch, durchlässig.
Vermehrung Durch Säen im späten Frühling oder durch Wurzelteilung im Frühling.
Pflege Auf 15–30 cm Abstand setzen oder ausdünnen. Nicht im Haus ziehen.
Ernte Geöffnete Blüten sammeln.
Aufbewahrung Trocknen. Vom Licht entfernt aufbewahren, damit Insektizid erhalten bleibt.

VERWENDUNG
Dekoration
• *Blume* In langlebigen Blumenarrangements.

Küche
• *Blatt C. coronarium:* Samen dick säen, wie Kresse, und Blätter jung ernten. Roh in Salaten oder in Öl gebakken.
• *Blüte C. coronarium:* Das ist die essbare gelbe Chrysantheme der chinesischen Rezepte. Orientalischen Gerichten beifügen. – *C. leucanthemum:* Weisse Blütenblätter in Salat.

Haushalt
• *Blüte* Getrocknete und zerstossene Blüten verstreuen, um alle üblichen Schädlinge fernzuhalten: Wanzen, Küchenschaben, Fliegen, Mücken, Blattläuse, Spinnmilben und Ameisen. (Achtung, es tötet auch nützliche Insekten und Fische.) Handschuhe tragen, wenn Sie damit umgehen, wegen möglicher Allergien. Gegen Flöhe und Läuse: bestäuben, oder eine Pasta mit Wasser machen.
Die im Pulver aktiven Ingredienzien sind nicht wasserlöslich. Um einen Spray zu machen, legen Sie 110 g Pyrethrumpulver in 150 g Spiritus und verdünnen Sie mit 55 Liter Wasser. Oder kaufen Sie ein flüssiges Pyrethrum-Markenprodukt und folgen Sie der Gebrauchsanweisung. Insektizid abends auf Kräuter sprühen, damit den Pflanzen und Bienen morgens nichts mehr geschehen kann (die Lösung zersetzt sich rasch, besonders im Sonnenlicht).

Achtung: *Wird das aktive Ingrediens Pyrethrin oder Cinerin extrahiert, ist es für Mensch und Tier giftig.*

Cichorium intybus

Wegwarte *Compositae*

Der Volksmund sagt, die Wegwartenblüten seien so schön und klar blau, weil sie die verwandelten Augen eines Mädchens seien, das das verschollene Schiff seines Liebsten beweinte. Mit Ameisensäure kann man die blauen Blüten hellrot färben: Legen Sie eine Blüte auf einen Ameisenhügel und beobachten Sie die Farben.

Wegwarte wird oft in Blumenuhren verwendet, weil sie die Blüten stets zur selben Zeit öffnet und fünf Stunden später schliesst. Das hat mit den Breitengraden zu tun, aber Wegwartenblätter sind auch stets nach Norden ausgerichtet.

Getrocknete Blütenblätter
Hübsch in Duftschale.

Blüte
Klarblaue zuge-spitzte Blüten-blätter. 2–3 Blüten an jeder Blattachsel, Hochsommer bis Herbst.

Chicons (Zapfen)
Blanchierte Köpfe, in Wärme und Dunkelheit forciert.

Stengel
Hohl, gefurcht, grün, behaart; bitterer milchiger Saft.

Blatt
Mittelgrün mit behaarter Unter-seite, am Ansatz stark gezähnt; weiter oben kleinere, pfeilförmige Blätter.

Wurzel
Lange Pfahlwurzel, manchmal sich verzweigend. Bitterer milchiger Saft.

⚹ **Lebensspanne**
Winterfest, perennierend

⚹ **Höhe**
1–1,5 m

ANBAU
Standort Sonnig und offen.
Boden Leicht, mit Vorteil alkalisch. Tief umgraben für gute Verwurzelung.
Vermehrung Im Frühsommer säen.
Pflege Auf 45 cm Abstand umsetzen oder ausdünnen. Gut in sandigen Kompost eingraben, giessen. In Keller oder Garage stellen. Zapfen sind in 3–4 Wochen essreif.
Ernte Blätter jung schneiden. Wurzeln im Frühherbst, Zapfen im Winter ernten.
Aufbewahrung Wurzeln und Blätter trocknen.

VERWENDUNG
Küche
• **Blüte** In Salat. Knospen in Pickles.
• **Blatt** Sämlinge können geschnitten und roh gegessen werden.
• **Wurzel** Wenn jung, sieden und mit Sauce servieren. Als Kaffee-Ersatz: Dicke Wurzeln ausgraben, waschen, in Scheiben schneiden, bei sanfter Hitze trocknen, rösten und mahlen.
• **Zapfen** Ergibt Salat. Kann als Gemüse in Butter weichgedämpft werden.

Haushalt
• **Ganze Pflanze** Geeignet für Tierfutter, nahrhaft in Weiden.
• **Blatt** Zu blauem Farbstoff sieden.

Gesundheit
• **Blatt** Kann bei Gelbsucht und Milzstörungen verwendet werden, da es reich ist an Kalzium, Kupfer und Eisen. Ein Umschlag lindert Entzündungen.
• **Wurzel** Ein Tee aus getrockneter Wurzel wirkt als Tonikum, mildes Abführmittel und Diuretikum. Ein Absud kann schmerzende Gallensteine und Nierensteine beruhigen und Entzündungen der Leber oder der Harnwege lindern.

Coriandrum sativum

Koriander *Umbelliferae*

Seit mehr als 3000 Jahren als Gesundheits- und Küchenkraut angebaut, wird Koriander in Sanskrittexten, auf ägyptischen Papyri, in «Tausendundeine Nacht» und in der Bibel erwähnt, wo Manna mit Koriandersamen verglichen wird. Koriander wurde von den Römern nach Nordeuropa gebracht; sie pflegten ihn, zusammen mit Kümmel und Essig, in Fleisch einzureiben, um es haltbar zu machen. Die Chinesen glaubten einst, er verleihe Unsterblichkeit, und im Mittelalter galt er als Aphrodisiakum. Alle Teile des Korianders haben ein kräftiges Aroma; es gibt einen Stamm in Peru, der ihn so schätzt, dass ihr Atem danach riecht. Der Duft des milde narkotischen Samens verändert sich deutlich, wenn er zu einem süsswürzigen Geschmack heranreift, der nach ein paar Monaten am besten ist. Die Verwendung von Koriander in exotischen Gerichten verleiht ihm heute zunehmende Beliebtheit.

Samen
Klein, rund und beige, mit hellbrauner runder gerippter Samenkapsel. Aromatisch.

Blüte
Lose, flache, weisse oder schwach rosa-violette Blütenköpfe. Früh- bis Hochsommer.

Obere Blätter
Feingeschnitten, fadenähnlich, hellgrün, mit stark würzigem Duft.

Untere Blätter
Fein gezappt und breit, mit demselben starken Duft wie die oberen Blätter, aber wie aromatische Petersilie schmeckend.

Stengel
Rund, verzweigt und hellgrün, fein gefurcht.

Lebensspanne
Winterfest, einjährig

Höhe
60 cm

ANBAU
Standort Vollsonnig.
Boden Reich und leicht.
Vermehrung In mildem Klima im Herbst zur Überwinterung säen. Oder im Frühling an Standort, von Fenchel entfernt, der seine Nähe schlecht erträgt.
Pflege Auf 20 cm Abstand ausdünnen. Koriander kann im Haus gezogen werden, riecht aber unangenehm.
Ernte Junge Blätter jederzeit. Samen, wenn braun, bevor er fällt. Wurzeln im Herbst ausgraben.
Aufbewahrung Samen trocknen und ganz aufbewahren oder zu Korianderessig einlegen. Blätter tiefgefrieren oder Stengel in Wasser stellen und mit Plastiktüte bedecken.

VERWENDUNG
Küche
• *Samen* In Tomatenchutney, Ratatouille, mit Frankfurtern und in Curry, auch in Apfeltorte, Kuchen, Biscuits und Marmelade. Ganze Samen an Suppe, Sauce und Gemüse.
• *Blatt* Frische untere Blätter an Curry, Stew, Salat und Sauce; als Garnitur (S. 164).
• *Stengel* Mit Bohnen und Suppe kochen.
• *Wurzel* Frische Wurzel als Gemüse kochen. In Curry geben.

Haushalt
• *Ganze Pflanze* In die Nähe von Anis säen, der dadurch besser keimt und wächst.

Aroma
• *Samen* In Duftschale legen.

Gesundheit
• *Samen* Kauen oder als Tee aufgiessen, wirkt als Aperitif, verdauungsförderndes Tonikum und mildes Beruhigungsmittel. Ätherisches Öl in Salben für schmerzende rheumatische Gelenke und Muskeln. Verschiedenen Arzneien mit Koriander Geschmack geben.

Dianthus caryophyllus

Gartennelke *Caryophyllaceae*

Dies war für die Griechen eine göttliche Blume, sie weihten sie dem «Himmelsvater» und nannten sie *dianthus*, Blume der Blumen. Für die Römer war sie *flos Jovis*, Jupiters Blume. Kränze und Girlanden, in beiden Kulturen beliebt, wurden mit Nelken auf dem Ehrenplatz gemacht. Die Blumen der Liebe schwammen auch in den Getränken Verlobter, und in der mittelalterlichen Kunst waren sie das Symbol der Verlobung. Nelken zierten festliche Gerichte mit ihrem Duft: Blüten wurden kandiert und Blütenblätter in Suppe, Sauce, Likörs und Wein gestreut. 1699 schrieb John Evelyn, die Blütenblätter könnten in Salat gemischt werden, seien aber schmackhafter in Essig eingelegt.

D. «Inchmery» hat gefüllte Blüten.

Samen
Klein, dunkelbraun, eher flach, rund.

Blüte
Einfach oder gefüllt, weiss, rosa oder dunkelrot, mit süssem, gewürznelkenähnlichem Duft. Im Sommer.

Blatt
Lang, schmal, blaugrün.

Stengel
Glatt, rund, blaugrün, an Blattansätzen verdickt.

D. carthusianorum
Hellrosa Büschel über niedrigen Hügeln aus grasähnlichen, grünen Blättern. Höhe: 45 cm.

D. plumarius «Doris»
Eine duftende Allwoodii-Nelke. Blüte blass lachsfarben. Höhe 15–30 cm.

D. deltoides Maiden pink
Kleine karminrote Blüten über Matten dunkelgrünen Laubes. Höhe 20 cm.

Getrocknete Blumen
Können in Duftschale gelegt und beim Kochen verwendet werden. Blütenblätter zerzupfen und bitteren weissen Ansatz entfernen.

✳ Lebensspanne
Kurzlebig perennierend, übersteht Frost in gut dräniertem Boden

✳ Höhe
30 cm–1 m

ANBAU
Standort Offen und sonnig.
Boden Gut dräniert, alkalisch.
Vermehrung Säen oder Stecklinge nehmen im Frühjahr. Wurzeln teilen oder Ausleger im Spätsommer.
Pflege Auf 30 cm Abstand ausdünnen oder verpflanzen. Kann im Haus gezogen werden.
Ernte Offene Blüten abnehmen.
Aufbewahrung Trockene Blumen an die Luft hängen oder in Silika-Gel legen. In Mandelöl einlegen, ergibt süsses Öl; in Weinessig eingelegt, entsteht Blütenessig. Blütenblätter kandieren.

VERWENDUNG
Dekoration
• *Blüte* Hübsch, hält sich lange.

Küche
• *Blüte* Bitteren weissen Ansatz entfernen. Blütenblätter zu Salat, Fruchtsalat und Sandwiches. Zucker, Konfitüre, Essig und Wein Geschmack verleihen. Sirup: 25 ml siedendes Wasser auf 25 g frische Blütenblätter giessen, 12 Stunden ziehen lassen. Abseihen, 225 g Zucker dazu, verrühren und in Flasche giessen.

Haushalt
• *Blüte* Liefert Nektar für Bienen.

Aroma
• *Blüte* Getrocknet in Duftschale.

Gesundheit
• *Blüte* Blütenblätter in Wein einweichen, ergibt ein Nerventonikum.

Bemerkung zur Art
D. caryophyllus ist 60 cm hoch mit aufrechtem Stengel und rosaroten Blumen, die einen starken, würzig-süssen Duft verströmen. Man wird sie in ihrer ursprünglichen Form heute kaum mehr finden. *D. plumarius*, die Federnelke, ist die Stammpflanze der meisten «altmodischen Nelken». Die Allwoodii-Nelken sind eine Kreuzung zwischen *D. caryophyllus* und *D. plumarius*. Alle Varietäten mit Gewürznelkenduft können als Kräuter verwendet werden.

Eupatorium purpurea

Wasserdost *Compositae*

Im Spätsommer sieht der Wasserdost mit seinen dunkelroten Stengeln unter Wolken rosaroter Blüten im Kräutergarten grossartig aus. Indianer bewirkten damit fiebersenkende Schweissausbrüche. Der lateinische Name *Eupatorium* kommt von Eupator, einem persischen König aus dem 1. Jh. v. Chr., der als Kräuterkundiger berühmt war. Andere Arten, *E. cannabinum* und *E. perfoliatum*, sehen ähnlich aus und sind ebenfalls Heilkräuter.

Blüte
Rohre von rosaroten überlappenden Blütenblättern im Spätsommer.

Samen
Braun, klein, spitzig, büschelig, 3 mm lang.

Wurzel
Dick, rotbraun, mit weissem Fleisch und kleinen Wurzeln. Getrocknete Wurzel hat Heilwirkung.

Stengel
Aromatisch, dick, rund, dunkelrot, unten mit senkrechten Linien markiert.

Blatt
Bis 30 cm lang, lanzenförmig, grün, in Wirteln angeordnet. Wenn zerdrückt, duftet es schwach nach Apfelschalen.

Lebensspanne
Winterfest, krautig, perennierend

Höhe
1–2,7 m

ANBAU
Standort Halbschatten oder Sonne.
Boden Reich, alkalisch.
E. cannabinum: Liebt sumpfigen Boden.
Vermehrung Frischen Samen im Herbst säen. Pflanze im Frühling oder Herbst teilen.
Pflege Auf 1 m Abstand ausdünnen oder auseinander pflanzen. Wasserdost lässt sich nicht im Haus ziehen.
Ernte Blätter nach Bedarf. Wurzeln im Herbst ausgraben, kleine Seitenwurzeln entfernen. Samenköpfe ernten, wenn die Blütenblätter abgefallen sind.
Aufbewahrung Blätter, Wurzeln und Samenköpfe trocknen.

VERWENDUNG
Dekoration
• *Ganze Pflanze* Sieht in Umfassungen von Kräutergärten prachtvoll aus. Die stämmigen aufrechten Stengel widerstehen Stürmen gut.

Haushalt
• *Samen* Unreife und reife Samenköpfe zerdrücken und zu rotem Farbstoff sieden.
• *Blatt E. cannabinum:* Trockene Blätter sollen nach Culpeper Wespen und Fliegen vertreiben, wenn sie in einem Zimmer verbrannt werden.

Gesundheit
• *Blühende Spitzen* und Blatt *E. cannabinum:* Getrocknet, wurden sie gegen Gallenbeschwerden und als Abführmittel eingesetzt, doch heute hält man sie für zu stark giftig. (Das Kraut ist nicht verwandt mit der Cannabis-Pflanze.)
• *Wurzel* Getrocknete Wurzel wirkt in kleinen Dosen als Tinktur oder Aufguss schweisstreibend, hilft gegen Gicht und Rheuma und regt den Urinfluss an (insbesondere trägt sie zur Entfernung von Steinen in der Blase bei, die durch ein Übermass von Harnsäure gebildet werden). Der Aufguss kann als adstringierendes Tonikum und Stimulans angewendet werden.

Filipendula ulmaria (Spirea ulmaria)

Mädesüss *Rosaceae*

Mädesüss war der Königin Elizabeth I. liebstes Streukraut, und der Botaniker Gerard war der Ansicht, es übertreffe alle anderen Streukräuter, weil es die Sinne entzücke, ohne Kopfweh zu verursachen. Es wurde oft in Kirchen verstreut und in Brautkränze geflochten. Anderer Eigenschaften wegen, die wir nicht mehr kennen, war diese Pflanze – zusammen mit der Mistel, der Brunnenkresse und dem Eisenkraut – den Druiden höchst heilig. Es gibt auch eine goldgefleckte Blattform und *F. vulgaris*, das 45 cm hoch wird, aber grössere Blüten hat.

Blüte
Cremefarbene Büschel winziger Blüten mit süssem Mandelduft, im Sommer.

Samen
Hellbraun, halbmondförmig, 3 mm lang.

Getrocknete Blüten
Süsser Mandelduft, der mit der Zeit zunimmt. Für Tee und Duftschalen.

Getrocknete Blätter
Duften nach Heu und leicht nach Wintergrün.

Lebensspanne
Winterfest, perennierend

Höhe
60–120 cm

Blatt
Gerunzelt, tief gezähnt, dunkelgrün mit graugrüner Unterseite, duftet angenehm nach Wintergrün.

Stengel
Hohl, gefurcht, verzweigt, rötlich.

Wurzel
Rötlich, süss-aromatisch und kriechend.

ANBAU
Standort Sonne oder Halbschatten.
Boden Feucht, fruchtbar, alkalisch.
Vermehrung Im Frühjahr durch Säen, im Herbst durch Zerteilen.
Pflege 30 cm auseinander setzen oder ausdünnen. Ungeeignet im Haus.
Ernte Junge Blätter vor der Blüte abnehmen, Blüten ernten, wenn eben aufgegangen.
Aufbewahrung Blätter und Blüten trocknen.

VERWENDUNG
Dekoration
• *Blüten* Zu Sträussen binden.

Küche
• *Blüte* Zum Würzen von Kräuterbier und Wein. Gibt Konfitüren und Kompotten leichten Mandelgeschmack.
• *Blatt* Gibt Suppen interessanten Geschmack. Mädesüss-Bier: je 50 g Mädesüss, Rote Betonie, Himbeerblätter und Odermennig in 9 Liter Wasser 15 Minuten sieden. Abseihen und 900 g Zucker dazugeben, verrühren. Wenn fast kalt, in Flaschen füllen.

Haushalt
• *Blühende Spitzen* Über Wäsche streuen. Zu gelbgrünem Farbstoff sieden.
• *Blatt und Stengel* Zu blauem Farbstoff sieden.
• *Wurzeln* Zu schwarzem Farbstoff sieden.

Kosmetik
• *Blüte* In Regenwasser eingelegt, ergibt sie ein adstringierendes, tonisches Gesichtswasser.

Aroma
• *Blüte* Für Duftschale trocknen.
• *Blatt* Zum Verstreuen und für Duftschalen.

Gesundheit
• *Blütenknospen* Erste bekannte Quelle von Salicylsäure, aus der später Aspirin synthetisiert wurde.
• *Blüte* Als Tee trinken, um den Körper von überschüssigem Wasser zu befreien und Magenbrennen zu lindern, gegen fiebrige Erkältungen und milden Durchfall. Dient auch als mildes Beruhigungsmittel und Schmerzmittel.

Foeniculum vulgare

Fenchel *Umbelliferae*

Fenchel ist eine der ältesten Kulturpflanzen und wurde von den
Römern sehr geschätzt; Gladiatoren sollen ihn in ihr Essen gemischt
haben und Siegerkränze aus Fenchel getragen haben. Bei Banketten
nahmen römische Krieger Fenchel um der Gesundheit willen zu sich,
römische Damen assen ihn, um schlank zu bleiben. Jeder Teil der
Pflanze, von der Wurzel bis zum Samen, ist essbar. Karl der Grosse
verkündete im Jahr 812, Fenchel gehöre in jeden kaiserlichen Garten.

Blüte
*Kleine, aromatische,
flache Büschel
im Hochsommer.*

Samen
*Gekrümmt, gerippt,
aromatisch, klein
und grünbraun.*

Blatt
*Aromatisch,
fein geschnitten,
lindengrün, wird
bis zum Herbst
dunkelgrün.*

Stengel
*Rund, liniiert,
dunkelblaugrau,
saftig, wenn
jung, wird
später hohl.*

Bronzeform
*Rosa-, kupfer-
und bronzefarbene
Blätter, am
farbigsten im
Frühjahr.*

***F. v. var. dulce*
Gemüsefenchel**
Als einjährige Pflanze
anbauen, um den saftigen
zwiebelähnlichen Wurzel-
stock zu ernten, der roh
oder gekocht gegessen
wird. Höhe 75 cm–1 m.

Lebensspanne
*Winterfest, krautig,
perennierend*

Höhe
2,1 m

ANBAU
Standort Vollsonnig.
Boden Gut dränierter Lehmboden.
Vermehrung Im Spätfrühling oder
Frühsommer säen (versamt sich auch
selbst). Im Herbst teilen.
Pflege Auf 50 cm Abstand ausdünnen
oder auseinander setzen. Nicht neben
Dill pflanzen, da die Pflanzen einander
gegenseitig bestäuben, und nicht zu
Koriander, da dieser die Samenpro-
duktion des Fenchels hemmt. Samenköpfe, falls nicht benötigt, entfernen,
um Blattwachstum zu fördern. Fenchel
lässt sich nicht im Haus ziehen.
Ernte Junge Stengel und Blätter nach
Bedarf pflücken. Reifen Samen sammeln. «Knollen» im Herbst ausgraben.
Aufbewahrung Blätter tiefgefrieren
oder in Öl oder Essig einlegen. Samen
trocknen.

VERWENDUNG
Dekoration
• *Ganze Pflanze* Schön in Rabatten.

Küche
• *Samen* In Saucen, Fischgerichten
und Brot; Keime für Wintersalate.
• *Blatt* Fein über Salat und gekochtes
Gemüse schneiden. Zu Suppen, Füllun-
gen, öligem Fisch.
• *Stengel* Junge Stengel an Salat
geben.
• *Knollen* Gemüsefenchel: In Schei-
ben oder geraffelt an Salate und in
Sandwiches. Als Wurzelgemüse
kochen.

Kosmetik
• *Samen* Als Augenbad absieden
oder als Kompresse gegen Entzündungen. Kauen verbesserut den Atem.
• *Samen und Blatt* In Gesichtsdampfbädern und Vollbädern zur Tie-
fenreinigung.

Gesundheit
• *Samen* Als Tee aufgiessen zur Verdauungsförderung und gegen Verstopfung.

Achtung: *Keine allzugrossen Dosen
nehmen.*

Fragaria vesca

Walderdbeere *Rosaceae*

Für die meisten Leute ist die Erdbeere die beste Beere, die es überhaupt gibt. Sie wächst in kühlen, verborgenen Waldschlägen und wird oft mit Elfen in Verbindung gebracht. In Bayern wird manchmal ein Körbchen Erdbeeren zwischen die Hörner einer Kuh gebunden, damit die Elfen der Kuh zu reichlichem Milchfluss verhelfen.

Erdbeeren sind der Jungfrau Maria geweiht und in der Astrologie dem Planeten Venus. In Lappland werden sie mit Rentiermilch und Heidelbeeren zu einem Weihnachtspudding gekocht. Nur ein einziges Mal finden wir sie als Symbol des Unglücks: Das verhängnisvolle Taschentuch, das Othello Desdemona schenkte, war mit Erdbeeren bestickt.

ANBAU

Standort Kühl, Sonne oder Schatten, windgeschützt.
Boden Alkalisch, feucht, gut dräniert.
Vermehrung Im Frühjahr bei 18 °C säen. Im Frühjahr die aus Auslegern entstandenen Tochterpflanzen abschneiden und auf 30 cm Abstand setzen.
Pflege Kalidünger geben, sobald Früchte sich zu bilden beginnen. Kann im Haus gezogen werden.
Ernte Früchte pflücken, wenn reif. Blätter nach Bedarf abnehmen. Wurzeln im Herbst ausgraben.
Aufbewahrung Früchte tiefgefrieren oder sterilisieren. Blätter trocknen.

VERWENDUNG

Küche
• *Blatt* Mit anderen Kräutertees zusammen aufgiessen. Zerquetschte Blätter in Fleischbrühe.
• *Früchte* Frisch mit Sahne essen. In Konfitüren, Kuchen, Torten und Sirups. Als Würze in Liköre.

Kosmetik
• *Blatt* Als Adstringens für fette Haut absieden.
• *Früchte* Auf Zähne reiben, um Zahnstein und Flecken zu entfernen. Saft 5 Minuten auf den Zähnen lassen, dann mit lauwarmem Wasser und etwas Natron spülen. Zerschnittene Erdbeeren auf gewaschenes Gesicht legen gegen milden Sonnenbrand. Zerdrücken oder Saft entziehen und in Gesichtspackungen geben, um Sommersprossen aufzuhellen.

Aroma
• *Blatt* Getrocknet in Duftschale.

Gesundheit
• *Blatt* Als Tee aufgegossen gegen Blutarmut, Nervosität, Durchfall, andere Störungen des Verdauungstrakts und als Tonikum für Nieren.
• *Wurzel* Absieden als Tonikum und Diuretikum.
• *Frucht* Als Eisenspender, mildes Abführmittel und gegen rheumatische Gicht essen.

Achtung: *Erdbeeren rufen bei manchen Leuten Allergien hervor.*

Samen
Winzig, mittelbraun, glänzend, tropfenförmig.

Getrocknete Blätter
Gründlich trocknen, da beim Verwelken ein Toxin entsteht, das beim Trocknen verschwindet. Enthalten Tannin, Vitamin C und ein zitronenduftendes ätherisches Öl.

Blüte
Weisse Blütenblätter und gelbe Mitte. Vom Vorfrühling bis zum ersten Frost.

Blatt
Stark geädert, gezähnt, dreilappig und hellgrün, mit weisser filziger Unterseite; reich an Vitamin C.

Stengel
Behaart, gefurcht, rund, grün bis rötlich.

Frucht
Samenhaltige Körnchen sind über die ganze fleischigrote Frucht verteilt, im Sommer und Herbst.

Wurzel
Kurzer, holziger Wurzelstock mit zahlreichen kleinen Wurzeln. Ausleger werden vom Stengel her hervorgebracht.

Lebensspanne
Winterfest, immergrün

Höhe
25 cm, guter Bodenbedecker

Galium odoratum (Asperula odorata)

Waldmeister   *Rubiaceae*

Diese hübsche kleine Waldpflanze soll, in Wein genossen, das Herz froh stimmen. Süssduftende Girlanden aus Waldmeister zierten früher Kirchen, wurden auf Zimmerböden gestreut, in Duftschalen und zwischen Wäsche gelegt und in Matratzen gestopft und verbreiteten so im ganzen Haus Herzlichkeit. Das Kumarin der Blätter entwickelt seinen süssen Heuduft erst nach dem Trocknen, deshalb ist Waldmeister, kaum erblüht, für die traditionelle Maibowle der Deutschen unentbehrlich und bleibt es bis zu Weihnachten, da es in Kräuterkissen verwendet wird.

Lebensspanne
Winterfest, perennierend

Höhe
30 cm guter Boden-bedecker

Blüte
Blendend weiss, Thyrsen sternförmiger Blüten erscheinen im Spätfrühling.

Getrocknete Blätter
Duftet wie frisches Heu. Bindet die Düfte einer Duftschale.

Blatt
Glänzendgrün, ringförmig wie Speichen angeordnet.

Stengel
Schlank, glatt.

Wurzel
Kleiner, rotbrauner, kriechender Wurzel-stock mit haarfeinen Wurzeln.

ANBAU

Standort Halbschatten, besonders günstig unter Bäumen. Blattfarbe verblasst in heller Sonne.
Boden Feuchter, poröser Lehm.
Vermehrung Reife Samen im Spätsommer auf feuchtem, schattigem Boden. Die Vermehrung geschieht jedoch besser durch Teilen des kriechenden Wurzelstocks nach der Blüte.
Pflege Im Frühjahr auf 15–23 cm umsetzen. Waldmeister eignet sich nicht als Hauspflanze.
Ernte Blätter und Blütenstengel pflücken.
Aufbewahrung Ganze Blätter behalten, um Duft zu bewahren.

VERWENDUNG
Dekoration
• *Blütenstengel* Für Girlanden brauchen.

Küche
• *Blatt* Für ein «fröhlichmachendes Getränk» eine Handvoll frischer Waldmeisterblätter drei Stunden im Wärmeschrank trocknen. Stengel entfernen, Blätter in grosse Schale legen. Dazu Saft einer Zitrone und eine halbe Flasche weissen Rheinwein giessen, so dass Blätter bedeckt sind. 3–4 Stunden an warmen Ort stellen. 60–90 ml Zukker und anderthalb Flaschen Rheinwein dazugeben. Kalt stellen. Unmittelbar vor dem Servieren eine Flasche moussierenden Weisswein oder Champagner dazu. Stärker wird das Getränk mit etwas Brandy. Walderdbeeren darüberstreuen.

Haushalt
• *Blatt* Getrocknete Blätter unter Teppiche und zwischen die Wäsche legen, vertreibt Motten und andere Insekten.

Aroma
• *Blatt* Getrocknete Blätter in Duftschalen und Kräuterkissen.

Gesundheit
• *Blatt* Zerquetschte frische Blätter auf Wunden legen. Aus getrockneten Blättern Tee machen, der erfrischt, entspannt und gegen Magenkrämpfe wirkt.

75

Helianthus annuus

Sonnenblume *Compositae*

Diese bemerkenswerte Blume, die von den Indianern schon vor 3000 Jahren angebaut wurde, ist Helios, dem griechischen Sonnengott, geweiht. Im 15. Jahrhundert trugen aztekische Sonnenpriesterinnen Kränze aus Sonnenblumen, hielten sie in der Hand und waren mit Goldschmuck behangen, der Sonnenblumenmotive aufwies. Sonnenblumen wurden von spanischen Forschungsreisenden im 16. Jahrhundert nach Europa gebracht.

Alle Teile der Sonnenblume sind verwendbar. Das Mark zum Beispiel ist einer der leichtesten bekannten Stoffe und wird in wissenschaftlichen Laboratorien gebraucht. Die Chinesen verwenden es als Moxa (Brennkraut zum Einbrennen in die Haut) in der Akupunktur und bei der Herstellung grober Seile und feiner Seidenstoffe. Die Fähigkeit der Sonnenblume, Wasser aus dem Boden zu saugen, wurde in Holland bei der Melioration sumpfigen Landes ausgenützt.

Blüte
Gelbe Blütenblätter umgeben eine rotbraune Scheibe. Vom Sommer an bis zum ersten Frost.

Samen (Schale)
Oval, eher flach, dünn bedeckt, 13 mm lang, mit grauen, weissen und braunen Streifen.

Samen (Kern)
Hellgrau, flach, oval in Schale, reich an Vitamin B1, B2, Niacin, Eisen, Phosphor, Kalium, Schwefel, Pflanzenfett und Protein.

Blatt
Gross, rauh, gezähnt, herzförmig, mittelgrün mit drei markanten Adern.

Samenkopf
Essbare Samen bilden ein phantastisches konzentrisches Muster.

Stengel
Dick, behaart, hellgrün, reich an Pottasche. Mark wird wegen seiner Leichtigkeit hochgeschätzt. Getrocknete Stengel sind sehr hart. Gutes Brennmaterial.

Lebensspanne
Sommergewächs

Höhe
1–3 m

ANBAU
Standort Vollsonnig.
Boden Jeder gut dränierte Lehmboden.
Vermehrung Samen in ihrer Schale im Frühjahr säen. Nicht zu Kartoffeln setzen, da wachstumshinderlich.
Pflege Auf 30–45 cm Abstand ausdünnen oder verpflanzen. Nicht geeignet fürs Hausinnere.
Ernte Blätter und Blütenknospen nach Bedarf pflücken. Blütenköpfe abschneiden, wenn sie zu hängen beginnen. Aufhängen, bis Samen herausfällt. Stengel im Herbst sammeln.
Aufbewahrung Blätter und Samen trocknen.

VERWENDUNG
Dekoration
• *Ganze Pflanze* Im Garten als farbiger Windschutz oder Schwerpunkt.

Küche
• *Samen* Schälen und Kerne roh essen oder rösten: 25 g Samen samt Schalen in ½ TL Öl braun braten, abseihen und mit Salz bestreuen. Gekeimten Samen zu Salat und Sandwiches, wenn sie 6 mm lang sind; nachher werden sie bitter. Mit Sonnenblumenöl kochen.

Haushalt
• *Ganze Pflanze* Als feuchtigkeitsabsorbierende Pflanze beim Haus ziehen zur Bodenverbesserung.
• *Samen* Den Hühnern verfüttern, die dann mehr Eier legen.
• *Blüte* Zu gelbem Farbstoff sieden.
• *Blatt* Kann getrocknet geraucht werden.
• *Stengel* Aus dem fasrigen Mark Textilien und Papier machen. Verbrennen und Asche als Kalidünger verwenden.

Kosmetik
• *Samen* Das ausgepresste Öl enthält Vitamin F und andere hautfreundliche Substanzen.

Gesundheit
• *Samen* Dreimal täglich eine Handvoll oder 15 Öltropfen nehmen oder Samen 20 Minuten sieden und als Tee nehmen, gegen Husten, Dysenterie und Nierenentzündung.

Helychrysum angustifolium

Strohblume *Compositae*

Diese Pflanze aus Südeuropa erscheint erst seit kurzer Zeit auf den Kräuterlisten. Ursprünglich geschätzt wegen des auffallenden Silberglanzes ihrer immergrünen Blätter, weshalb man sie und ihre Zwergform *H. a.* var. *nana* gerne für Beeteinfassungen gebrauchte, ist es heute der ungewöhnliche, süsse Currygeschmack ihrer Blätter, der ihr vor allem bei experimentierlustigen jungen Köchen zu wachsender Beliebtheit verhilft.

Die Gattung *Helichrysum* schliesst auch *H. bracteatum* mit ein, deren ewighaltende Blüten, obwohl duftlos, oft in Duftschalen und Trockensträussen verwendet werden, weil sie so dekorativ sind.

Getrocknete Blumen
Die äusserst haltbaren Blüten behalten ihre Farben. Für Duftschalen und Arrangements.

Blüte
Winzige, senfgelbe Büschel mit süssem, mildem Curryduft, im Spätsommer.

Getrocknete Blätter
Verleihen Suppen und Eintopfgerichten einen milden Currygeschmack.

Blatt
Schmal, nadelförmig, silbergrau mit süssem Currygeschmack.

Stengel
Behaart, rund, weiss, wird im zweiten Jahr grün und verholzt.

Lebensspanne
Ziemlich winterfester immergrüner Halbstrauch

Höhe
45 cm

ANBAU
Standort Vollsonnig.
Boden Reich und gut dräniert.
Vermehrung Stecklinge im Frühling oder Herbst nehmen.
Pflege Mit 30 cm Abstand pflanzen. Im Frühling oder Frühherbst leicht zurückstutzen. In frostgefährdeten Gegenden können Strohblumen zeitweilig absterben. Schützen mit 1 cm dichten Strohschichten zwischen Drahtgeflecht. Wo die Temperatur unter –5 °C fällt, Strohblumen im Haus überwintern.
Ernte Blätter nach Bedarf pflücken, Blüten beim Öffnen.
Aufbewahrung Blätter und Blüten trocknen.

VERWENDUNG
Dekoration
• *Ganze Pflanze* Gibt Beeteinfassung dekorativen Silberglanz. *H. a.* var. *nana*: Diese ziemlich winterfeste Zwergform, 20 cm hoch, ist hübsch als Einfassung und in Pflanzenschalen.
• *Blüte H. bracteatum*: Blütenblätter trocknen, um Farbe in Duftschalen zu bringen. Ganze Blumen in Arrangements, Girlanden und Kränzen.
• *Blatt* Zweige in Girlanden und Kränzen.

Küche
• *Blatt* Zweige zu Suppen, Stews, Gemüse, Reisgerichten und Pickles wegen des milden Currygeschmacks. Zweig vor dem Servieren entfernen.

Hesperis matronalis

Nachtviole *Cruciferae*

Diese hübsche Bauerngarten-Blume findet sich in vielen Kräutergärten wegen ihres süssen Dufts und ihrer heilkräftigen Eigenschaften. Sie stammt aus Italien und wächst in Europa und Nordamerika.

Ihre dichtgeballten Blüten sind im Hochsommer ein herrlicher
Anblick. Nachtviole heisst sie, weil ihr Duft abends am stärksten ist.
Die jungen Blätter werden manchmal zum Würzen von Salat benützt,
sie sind aber bitterer als Wiesenknopf (siehe S. 135).

Blüte
*Süssduftende Blüten, violett,
lila und weiss, erscheinen im
Hochsommer.*

Samen
*Braun, schmal
und zugespitzt,
3 mm lang.*

Stengel
*Schlank, trägt
Blüten im
zweiten Jahr.*

Blatt
*Lanzettförmig,
dunkelgrün.*

ANBAU

Standort Vollsonnig oder leicht
schattig.
Boden Humusreicher Lehmboden in
Beeten oder leichter Waldboden.
Vermehrung Im Spätfrühling ins
Freie säen.
Pflege Setzlinge ausdünnen oder
umsetzen auf 45 cm, im Herbst. Nacht-
viole wird zu hoch für Blumentöpfe in
der Wohnung.
Ernte Blätter jung abnehmen zum
Essen, aber zur Blütezeit für medizini-
sche Zwecke. Blüten abschneiden,
wenn sie sich öffnen.
Aufbewahrung Blätter und Blüten
trocknen.

VERWENDUNG

Dekoration
• *Blüte* zu schönen, süssduftenden
Sommersträussen binden.

Küche
• *Blüte* In Salat streuen. Desserts
verzieren.
• *Blatt* Junge gehackte Blätter sparsam an Salat geben.

Aroma
• *Blüte* Getrocknete Blüten einer
Duftschale beifügen wegen der zarten
Farben und des süssen Duftes.

Gesundheit
• *Blatt* Getrocknete Blätter waren
früher beliebt als Skorbutmittel. Hohe
Dosen verursachen Brechreiz.

**Lebens-
spanne**
*Winterfest,
zweijährig.
Erscheint
manchmal
perennierend,
indem alte
Wurzeln
neue Triebe
aussenden.*

Höhe
1 m

Humulus lupulus

Hopfen *Cannabaceae*

Im 1. Jh. n. Chr. beschrieb der römische Schriftsteller Plinius Hopfen als beliebte Gartenpflanze und Gemüse: Im Frühling wurden auf den Märkten junge Schosse verkauft, die man wie Spargel ass. Spätestens im 8. Jahrhundert wurde die Pflanze in ganz Europa zum Brauen gebraucht wegen ihrer klärenden, geschmacklichen und konservierenden Eigenschaften. Nur in England blieben die Brauer bis zum 16. Jahrhundert bei ihren traditionellen Kräutern Gundelrebe und Marienblatt; man glaubte nämlich seltsamerweise, Hopfen stimme melancholisch.

Blatt
Gross, rauh, gezähnt, herzförmig, mittelgrün, mit 3 oder 5 Lappen.

Getrocknete Blüten
Mit reifen, unbestäubten weiblichen Blüten bitteres Bier klären, würzen und konservieren. Kann auch medizinisch verwendet werden.

Getrocknete Blätter
Zu braunem Farbstoff sieden. Werden manchmal in Hopfenkissen gestopft, um sie fülliger zu machen, aber sie haben nicht die Heilwirkung der Blüten.

Stengel
Zäh, stachelig, behaart, facettiert, grün mit rotem Anhauch.

H. l. «Aureus»
Weiche goldene Blätter, am besten in voller Sonne gepflanzt. Getrocknete Blüten und Blätter sollen dieselben Eigenschaften haben wie *H. lupulus.*

Blüte
Gelbgrüne, konische weibliche Blüten im Spätsommer. Sie reifen zu grossen blassen papierähnlichen Kugeln, die pulverige Drüsen enthalten. Männliche Blüten auf getrennten Pflanzen.

Lebensspanne
Winterfeste laubwechselnde Kletterpflanze

Höhe
7 m

ANBAU
Standort Sonnig und offen.
Boden Fruchtbar, tief bearbeitet.
Vermehrung Nur weibliche Pflanzen vermehren. Wurzeln teilen, Wurzelschösslinge im Frühling trennen, Stecklinge im Frühsommer nehmen. Nicht säen, da das Geschlecht der Pflanze 2–3 Jahre unbekannt bleibt.
Pflege Abstand 1 m; Stützen geben. Hopfen kann im Haus gezogen werden, blüht aber dort selten.
Ernte Junge Seitenschösslinge im Frühjahr schneiden. Junge Blätter nach Bedarf ernten: Reife Blüten im Frühherbst pflücken. Stengel im Spätherbst sammeln.
Aufbewahrung Blätter und Stengel trocknen. Weibliche Blüten trocknen und binnen weniger Monate verwenden, da Geschmack später unangenehm wird.

VERWENDUNG
Dekoration
• *Ganze Pflanze H. lupulus* «Aureus»: Ergibt eine vor Wind schützende Blätterwand; kann als Schwerpunkt über ein Dreibein oder einen Rahmen gezogen werden.
• *Blüten* Hübsch in getrockneten Arrangements und Girlanden.

Küche
• *Blüte* Trockene reife, weibliche Blüten zum Würzen, Klären und Konservieren von Bier.
• *Blatt* Junge Blätter blanchieren, um bitteren Geschmack zu entfernen. In Suppe geben.
• *Schoss* Junge Seitenschosse dämpfen und wie Spargel servieren.

Haushalt
• *Blatt* Zu braunem Farbstoff sieden.
• *Stengel* Zu Körben und anderem Flechtwerk verflechten.

Kosmetik
• *Blüte* Aufgiessen und in entspannendes Bad geben.

Gesundheit
• *Blüte* Mit Alkohol beträufeln und in Kissen geben, verhilft zu Schlaf. Als milden Beruhigungstee aufgiessen, gegen Verdauungsprobleme und als Antiseptikum. Blüten irgendwelchem anderen Tee beifügen und als Verdauungshilfe und Appetitförderer trinken.

Blütentragende Kräuter

Wie bei den frühblühenden Kräutern auf Seite 54 sind auch bei diesen Pflanzen die nützlichen Eigenschaften weitgehend vergessen worden, obschon sie als hübsche Gartenpflanzen weiterhin gezogen werden. Viele dieser weniger bekannten Kräuter werden jetzt wieder entdeckt. Odermennig zum Beispiel wird gegen Halsweh, Durchfall bei Kindern und Blasenkatarrh eingesetzt. Da man sich wieder für Kräuterdekorationen und Duftschalen interessiert, bekommen die duftenden Blüten von Geissblatt und Sommerjasmin erhöhten Wert; in der Kräuterkosmetik braucht man Lupinensamen in Gesichtspackungen und zur Reinigung. Alle nachstehend gezeigten Pflanzen liessen und lassen sich auf interessante Weise verwenden, und alle verleihen dem Garten schöne Farben, Formen und Duft.

Malva moschata
Moschusmalve *(links).*
Bringt den ganzen
Sommer hindurch
Massen weisse
oder rosa Blüten hervor.
Hübsches Blatt
duftet, wenn
geschnitten,
schwach nach
Moschus. (s. S. 84)

Sedum rosea
Rosenwurz *(rechts)*
Hat saftige Blätter
und trägt Büschel
gelber Blüten.
(s. S. 85)

Galega officinalis
Geissraute *(unten)*
Eine Hülsenfrucht, die
wegen ihrer zartrosa,
weissen oder lila Blüten
gezogen wird. Heilkraut.
(s. S. 276)

Scutellaria lateriflora
Helmkraut *(unten)*
Stengel mit ungewöhn-
lichen blauvioletten
Blüten. (s. S. 278)

Delphinium elatum
Rittersporn *(unten)*
Hohe Rabattenpflanze.
Hübsche blaue Blüten
für Arrangements und
Duftschalen.

Digitalis × mertonensis
Fingerhut *(rechts)*
Eine der verschiedenen
schönen Sorten des
Fingerhuts. (s. S. 82)

Echium vulgare
Natternkopf
(oben)
Dieses Kraut ist mit
Borretsch verwandt.
Seine Blüten werden
ebenfalls für Garnituren
verwendet.
(s. S. 275)

Teucrium chamaedrys
Edelgamander *(links)*
Kompaktes Immergrün,
guter Bodenbedecker.
(s. S. 85)

Paeonia officinalis
Pfingstrose *(rechts)*
Üppige Blüten. Die
duftenden Blütenblätter
eignen sich für
Duftschalen.
(s. S. 84)

Lonicera caprifolium
Geissblatt *(oben)*
Es gibt früh– und
spätblühende Sorten. (s. S. 83)

Jasmin
beesianum
Jasminum
(rechts)
Es gibt viele
Sorten. Die duftenden
Blütenblätter in
Duftschale legen.

Nigella damascena
Gretel-im-
Busch *(rechts)*
Dekorative Blüten und
Samenköpfe.

Geranium
pratense
Wiesenstorchschnabel *(oben)*
Interessante Selbstversamer,
der reife Samen wird
meterweit weggeschleudert.
Blüte zu Salaten.

Agrimonia
eupatoria
Odermennig
(links)
Ähren winziger
gelber Blüten.
Blätter haben
Heilwirkung.
(s. S. 82)

Lilium candidum
Madonnenlilie
(rechts)
Trägt exotische,
duftende Blüten.
(s. S. 83)

Lupinus polyphyllus
Lupine *(links)*
Samen wird in der Kosmetik
gebraucht,
Blüte gibt Duftschalen
Farbe. (s. S. 277)

81

Blütentragende Kräuter

Agrimonia eupatoria
Odermennig *Rosaceae*

Digitalis purpurea
Fingerhut *Scrophulariaceae*

Eine anmutige, perennierende Pflanze, die sich für sonnige Rabatten eignet. Sie trägt schlanke, sich zuspitzende Ähren kleiner sternförmiger gelber Blüten und abwechselnd kleine und grosse Paare gezähnter Blätter. Blüten erscheinen den ganzen Sommer über, duften nach Aprikosen und locken Bienen und andere Insekten an. Die Blütenähren können über 60 cm hoch werden.

ANBAU
Im Spätwinter oder Frühling säen, besser aber im Spätsommer oder Frühherbst. In gut dränierten Boden.

VERWENDUNG
Zu angelsächsischen Zeiten hielt man Odermennig für ein Universalheilmittel mit fast magischen Kräften. Sein botanischer Name kommt vom griechischen *agremone,* d. i. Pflanzen, die Augenbeschwerden heilen können. Odermennig enthält Tannin, das nicht nur Leder gerbt, sondern auch gut für Hautausschläge ist; er liefert auch einen gelben Farbstoff. Heute macht man daraus einen nach Aprikosen schmeckenden Kräutertee. Ein Odermennig-Aufguss wird oft verschrieben bei Magen-Darm-Beschwerden, Husten, Blasenkatarrh und als Gurgelwasser bei Halsweh.

Unter gewissen Bedingungen perenniert Fingerhut, aber am besten behandelt man ihn als zweijährige Pflanze. Hohe 1–1,5 m lange Ähren tragen röhrenförmige, glockenähnliche Blüten den ganzen Sommer über. Die Blüten des gemeinen *Digitalis purpurea* sind violett oder rötlich, aber es gibt Kreuzungen in vielen andern Farben. Die grossen, flaumigen, mittelgrünen Blätter haben leicht eingekerbte Ränder. Die des Gemeinen Fingerhuts sind oval, während *D.* × *mertonensis* (S. 80) lanzettförmige Blätter und üppigere auffallendere Blüten hat. Mit Sonne und Halbschatten zufrieden, kann Fingerhut einen farbigen und dramatischen Hintergrund für kleine Rabattenpflanzen bilden.

ANBAU
Samen im Frühling oder Frühsommer, ein Jahr bevor die Blüte gewünscht wird, säen. Fingerhut liebt gut dränierten, sauren Boden. Bei trockenem Wetter gut wässern. Nach der Blüte Hauptstengel abschneiden, damit die Blüten an den Seitensprossen grösser werden.

VERWENDUNG
Über 200 Jahre lang lieferte *D. purpurea* das wichtigste Medikament gegen Herzversagen. Es ist auch stark harntreibend. Obwohl die Wirkstoffe synthetisiert werden, wird die Pflanze immer noch für die Pharmazeutik angebaut.

Warnung: *Fingerhut ist giftig und sollte weder eingenommen noch im Haus verwendet werden.*

Lilium candidum

Madonnenlilie   *Liliaceae*

Lonicera caprifolium

Geissblatt   *Caprifoliaceae*

Geissblatt ist eine perennierende Schlingpflanze, die, wenn sie gestützt wird, bis zu 6 m Höhe erreichen kann. Wie die häufiger anzutreffende *Lonicera periclymenum*, findet man auch *L. caprifolium* (oben) wildwachsend. Man erkennt es an seinen hellgrünen ovalen Blättern, die manchmal quer über den Stengel treiben, statt paarweise zu wachsen. Die rosa angehauchten, cremeweissen Blüten, röhrenförmig mit aufspringenden Lippen, erscheinen paarweise vom Hochsommer bis zum Frühherbst. Nach den Blüten erscheinen giftige kleine orangefarbene Beeren. Man gab diese früher den Hühnern, und der Name «Geissblatt» deutet darauf hin, dass man glaubte, die Ziegen liebten dessen Laub besonders.

Schon in der Antike hochbeliebt, wurde die Madonnenlilie mit ihren reinen weissen Blüten in frühchristlicher Zeit der Jungfrau Maria zugeordnet. Die 8 cm langen, trompetenförmigen Blüten, die im Hochsommer erscheinen, verströmen einen starken, süssen Duft. Der aufrechte Blütenstengel wird 1–1,5 m hoch und trägt hellgrüne, lanzettfarbene Blätter. Wenn der Stengel im Herbst abstirbt, hinterlässt er eine Rosette grundständiger Blätter. Hat sie einmal in einer ihr zusagenden Lage – am besten an einem windgeschützten Sonnenhang – Fuss gefasst, wird die Madonnenlilie gedeihen, wenn man sie nicht allzu oft stört.

ANBAU
Zwiebeln im Frühherbst in alkalischen, gut dränierten Boden setzen. Anders als viele Lilien treibt die Madonnenlilie nur von der Zwiebelbasis aus Wurzeln. Es brauchen nicht mehr als 5 cm Erde darüber zu sein. Nicht austrocknen lassen. Die Madonnenlilie ist manchmal schwer anzusiedeln.

VERWENDUNG
An einem Gartenweg oder in Sichtweite einer Lieblingsbank pflanzen, um die prächtig-exotischen Blüten und den starken Duft geniessen zu können. Man glaubte früher, die Blüten wirkten gegen Epilepsie. In Alkohol eingelegt, lieferten sie eine beruhigende Lotion für Quetschungen. Die Zwiebeln, die man im Spätsommer sammelt, enthalten reichlich Schleim, der in der Kosmetik verwendet wird. Man gibt ihn auch einer Salbe gegen Hühneraugen und Verbrennungen bei. In manchen Ostländern isst man die Zwiebeln gekocht.

ANBAU
Stecklinge im Sommer von nichtblühenden Schossen nehmen und in Spezialkompost Wurzeln treiben lassen. Im Herbst oder Winter an Standort pflanzen, am besten in Halbschatten.

VERWENDUNG
Geissblatt ist äusserst widerstandsfähig und kann an den unwahrscheinlichsten Orten kräftig wachsen. Es trägt fast das ganze Jahr Laub und eignet sich deshalb zum Verdecken einer hässlichen Mauer oder dazu, einer Laube an Sommerabenden reichen Duft zu spenden. Aus den Blüten wird Parfüm gewonnen; man legt sie auch gern in Duftschalen. Als Aufguss oder Sirup helfen sie auch gegen Husten, Katarrh und Asthma. Die Pflanze ist auch harntreibend und verdauungsfördernd; sie enthält Salizylsäure, aus der Aspirin gemacht wird. Grosse Dosen verursachen Erbrechen.

Blütentragende Kräuter

Malva moschata
Moschusmalve *Malvaceae*

Paeonia officinalis
Pfingstrose *Paeoniaceae*

Eine hübsche, buschige, perennierende Rabatten-pflanze, wächst die Moschusmalve etwa 60 cm hoch. Ähren grosser Einzelblüten, rosa oder weiss, drängen sich üppig an den dicken, aufrechten Stengeln von Hochsommer bis Herbst. Selbst wenn die Pflanze nicht blüht, ist sie mehr als dekorativ mit ihren mittel-grünen Blättern, die in Bodennähe nierenförmig, am Stengel zerteilt sind. Die Blätter verströmen in warmem Wetter oder wenn man sie drückt einen Moschusduft.

ANBAU
Im Frühherbst oder Vorfrühling säen oder bewurzelte Stecklinge im Herbst oder Winter pflanzen, am besten in gutdränierten, fruchtbaren Boden. Moschusmalve braucht in den meisten Böden Stützen. Sie liebt die Sonne, gedeiht aber auch im Halbschatten. Stengel im Herbst abschneiden.

VERWENDUNG
Die Eigenschaften sind gleich wie die der üblicheren *M. sylvestris*, aber um ihrer grösseren Blüten und des subtilen Dufts willen pflanzt man mit Vorteil *M. moschata* im Kräu-tergarten. Man kann die Blätter sieden und als Gemüse essen. Sowohl Blätter wie Wurzeln wurden früher zu Salben und Hustensirup verarbeitet.

Die üppige Schönheit der Pfingstrose lässt die Schwierigkeit, sie im Kräutergarten anzusiedeln, vergessen. Jeder Blumenstengel trägt im Vorfrühling und Frühsommer mehrere Kugeln aus Blütenblättern, die bis zu 12 cm Durchmesser haben. Sie wird bis zu 60 cm hoch. Früher gab es sie nur mit einfachen, purpurroten Blüten, jetzt findet man aber auch gefüllte weisse oder rosa Sorten. Die tief eingekerbten Blätter sind mittelgrün. Die Pflanze gedeiht in offener, sonniger Lage, doch empfiehlt es sich, Morgensonne zu vermeiden.

ANBAU
Einfache Sorten lassen sich aus im Herbst gesätem Samen ziehen. Der Standort sollte tief umgegraben und mit Kompost angereichert werden. Im Frühherbst pflanzen und dabei den Stengel nicht tiefer als 2,5 cm setzen. Es dauert mindestens drei Jahre, bis die Pflanze richtig angesiedelt ist. Bei Trockenheit gut wässern, Stengel stützen. Welke Blüten abschneiden, im Herbst zurückschneiden.

VERWENDUNG
Mit der Pfingstrose sind viele alte Aberglauben verbunden. Man hielt sie für eine göttliche Pflanze, die böse Geister und Alpträume vertrieb. Die Samen wurden früher als Küchen-gewürz verwendet. Man verschrieb einen Aufguss aus pulverisierter Wurzel gegen Leber- und ähnliche Beschwerden. Man glaubte auch, die Pflanze löse Krämpfe, und verabreichte sie Wöchnerinnen sofort nach der Geburt.

Sedum rosea
Rosenwurz *Crassulaceae*

Eine perennierende Alpen- oder Steinpflanze mit eiförmigen, silbergrünen, saftigen Blättern, die sich eng um den dicken Stengel schmiegen. Die sternförmigen gelben Blütenköpfe locken Bienen und Schmetterlinge an. Die dicken Wurzeln geben, wenn getrocknet, einen Rosenduft ab. Mit manchen Sedums kann man Trockenmauern verkleiden, aber Rosenwurz, die 30 cm hoch wird, eignet sich besser für eine sonnige Rabatte.

ANBAU
Stengelstecklinge im Spätsommer nehmen und in Kompost stecken, oder im Frühjahr Wurzel teilen und an sonnigen Standort in gutdränierten, sandigen Boden setzen. Welke Blüten im Frühling abnehmen.

VERWENDUNG
Zähe, zuverlässige Pflanze, die im Sommer Farbe in den Garten bringt. In Kräuterbüchern des 16. Jahrhunderts wird erwährt, aus der Wurzel gewinne man «das Rosenwasser des armen Mannes». Rosenwurz wird heute wenig verwendet, nur in Grönland isst man die Blätter das ganze Jahr hindurch als Salat.

Teucrium chamaedrys
Gamander *Labiatae*

Diese kleine, buschige, perennierende Pflanze mit ihren sich ausbreitenden Kriechwurzeln trägt vom Hochsommer bis zum Frühherbst röhrenförmige purpurfarbene bis rosa Blüten an kurzen Ähren. Die glänzenden, immergrünen Blätter sind eingekerbt und gleichen Eichenblättern. Das Wort *chamaedrys* bedeutet denn auch «Bodeneiche». Reibt man die Blätter, so geben sie einen angenehm würzigen Duft ab. Die Pflanze eignet sich für einen Steingarten, siedelt sich auch in den Ritzen einer Trockenmauer an und wird oft in Ruinen wildwachsend angetroffen. Sie wird 10–20 cm hoch und liebt gut dränierten Boden an sonniger Lage.

ANBAU
Für eine Mauerverkleidung im Frühsommer im Freien in Saatschalen säen, leicht mit Erde bedecken. Sämlinge in die Mauer setzen. Für einen Steingarten Wurzeln im Herbst teilen. Stecklinge im Spätfrühling nehmen.

VERWENDUNG
Gamander wird seit jeher in ornamentalen Gärten verwendet. Das ganze Kraut wurde im Hochsommer geerntet und getrocknet. Ein Absud von Gamander war ein berühmtes Mittel gegen Gicht und andere Gliederschmerzen wie Rheuma. Man hielt ihn auch für harntreibend und stimulierend; er wurde gegen Husten und Asthma verwendet. Er war ein beliebtes Streukraut.

Hyssopus officinalis

Ysop *Labiatae*

Das griechische *hyssopos* leitet sich wahrscheinlich vom hebräischen *ezob*, Heiliges Kraut, ab, denn mit ihm wurden Tempel gereinigt und Leprakranke behandelt. Die biblische Pflanze war vielleicht nicht unser Ysop, sondern eine Form von Bohnenkraut oder Origano. Die neueste Forschung allerdings denkt wieder an Ysop, weil der Schimmel, aus dem man Penicillin gewinnt, auf seinen Blättern wächst. So wäre ein antibiotischer Schutz vorhanden gewesen, wenn Aussätzige in Ysop gebadet wurden.

Plinius erwähnt im 1. Jahrhundert einen Wein namens *hyssopites*. Möglicherweise führten die Benediktiner deswegen im 10. Jahrhundert Ysop in Mitteleuropa ein, um damit Likör zu würzen.

ANBAU
Standort Vollsonnig.
Boden Leicht, durchlässig, alkalisch.
Vermehrung Im Frühjahr Wurzeln teilen. Von Frühling bis Herbst Stecklinge nehmen. Art: Im Frühling säen.
Pflege 60 cm (für Hecken 30 cm) auseinander setzen oder ausdünnen. In Gegenden mit mildem Winter nach der Blüte auf 5 cm zurückstutzen, sonst im Frühling. Ysop kann im Haus gezogen werden.
Ernte Blüten und blühende Spitzen sofort nach dem Öffnen. Blätter nach Belieben.
Aufbewahrung Junge Blätter und blühende Spitzen trocknen.

VERWENDUNG
Dekoration
• *Ganze Pflanze* Für Hecken, an Borten.

Küche
• *Blüte* In Salate geben.
• *Blatt* Nur kleine Mengen verwenden. Hilft bei der Verdauung fetten Fischs und Fleisches. In die Haut von Wildbret reiben, zu Kaninchenpastete, Nieren- und Hammeleintopf, fetter Pâté, Gemüsesuppe und Hülsenfrüchten. Mit Preiselbeeren in Fruchtsalat. ¼ TL unter die Kruste von Pfirsich- und Aprikosenkuchen geben.

Haushalt
• *Ganze Pflanze* Zu Kohlköpfen setzen, um Kohlweisslinge wegzulokken. Zu Reben pflanzen, erhöht den Ertrag.

Aroma
• *Blüte und Blatt* In Duftschale legen.

Gesundheit
• *Blühende Spitzen* Tee aufgiessen für Kehlkopf- und Lungenbeschwerden, Bronchialkatarrh, Appetitmangel und schlechte Verdauung. Ätherisches Öl in der Aromatherapie gegen Quetschungen.
• *Blatt* Umschläge zur Heilung von Wunden und Quetschungen.

Achtung: *Bei Schwangerschaft keinen Ysop verwenden.*

Samen
Braun, flach, tropfenförmig, 3 mm lang, evtl. weisse Spitze.

Getrocknete Blätter
Sparsam beim Kochen verwendet, auch medizinisch und kosmetisch.

Purpurrote Form

Weisse Form
Findet sich manchmal im Samen blaublühenden Ysops.

Blüte
Tiefblaue Lippenblüten, in Büscheln an den Blattachseln auf einer Seite der Stengel stehend, im Spätsommer. Bienen und Schmetterlinge lieben sie.

Stengel
Gedrungen, verzweigt, grün. Verholzt ab 2. Jahr.

Blatt
Schmal, 6–25 mm lang, aromatisch, leicht behaart, spitzig, dunkelgrün.

Rosa Form

Lebensspanne
Winterfester immergrüner Halbstrauch

Höhe
45–120 cm

H.o. «Aristatus»
Kompakt, mit tief blauvioletten Blüten im Spätsommer. Schmale aromatische Blätter.

Compositae

...chöne Helena von Troja sei dabeigewesen, Alant zu ...s sie entführte; der botanische Namen erinnert ...ln enthalten eine süsse, stärkeähnliche Substanz, ...e die Beliebtheit des Alant als kandierte Süssigkeit erklärt. Wie der römische Schriftsteller Plinius berichtet, liess die Kaiserin Julia Augusta keinen Tag vergehen, ohne von den kandierten Wurzeln zu essen, die die Verdauung förderten und fröhlich stimmten. Im Mittelalter verkauften Apotheker die kandierten Wurzeln in flachen rosafarbenen Zuckerkuchen, an denen man saugte, um Asthma und Verdauungsstörungen zu beheben und den Atem zu versüssen.

ANBAU
Standort Liebt Sonne.
Boden Feucht und fruchtbar.
Vermehrung Im Frühling säen oder die Pflanze im Frühling oder Herbst teilen.
Pflege Auf 1–1,2 m Abstand ausdünnen oder auseinander pflanzen. Alant braucht manchmal Stützen; er kann unordentlich werden. Im Spätsommer stutzen. Nicht geeignet fürs Hausinnere.
Ernte Im zweiten oder dritten Jahr die Wurzeln im Herbst ausgraben.
Aufbewahrung Wurzel in Scheiben schneiden und trocknen.

VERWENDUNG
Dekoration
• *Ganze Pflanze* Prächtige Gartenpflanze.
• *Samen* Samtene Samenköpfe für Winter-Arrangements verwenden.

Küche
• *Wurzel* Getrocknete Stücke essen oder als Gemüse kochen. Achtung, der Geschmack ist scharf und bitter. Als Süssigkeit kandieren. Alant war bei den Römern beliebt, es sollte den Appetit fördern und fettes Essen verdauen helfen. In neueren Zeiten zum Würzen von Absinth gebraucht.

Haushalt
• *Wurzel* Über Glut verbrennen, um ein Zimmer zu parfümieren.

Kosmetik
• *Wurzel* Absud gegen Akne.

Gesundheit
• *Wurzel* Aussieden als allgemeines Tonikum, als Schleimlösemittel bei Bronchitis und Husten und als Verdauungsförderer. In Wein oder Portwein einlegen als Stärkungsmittel. Kandieren und essen gegen Verdauungsbeschwerden, Asthma und Husten.

Samen
Mittelbraun, torpedoförmig, 4 mm lang, mit Büscheln kurzer Haare an einem Ende.

Getrocknete Blütenblätter
Die struppigen, gänseblümchenähnlichen gelben Blüten trocknen und die Blütenblätter als Farbtupfer in Duftschale geben.

Blatt
Bis 45 cm lang, zugespitzt, grob gezähnt und grün, mit flaumiger grauer Unterseite.

Lebensspanne
Winterhart, krautig, perennierend

Höhe
1,5–2,4 m

Stengel
Dick, behaart, gefurcht, rund und grün, mit weissem schwammigem Mark.

Wurzel
Dick, dunkelbraun, knollig, aromatisch mit weissem essbarem Fleisch, das an Bananen erinnert.

Getrocknete Wurzel
Duftet nach Veilchen und wird medizinisch verwendet.

Lavandula angustifolia (L. officinalis oder L. spica)

Lavendel *Labiatae*

Ruhe und Reinheit wohnen im einzigartigen Duft des Lavendels. Sein frischer, sauberer Geruch liess ihn zum Lieblings-Badezusatz der Griechen und Römer werden; sein Name kommt vom lateinischen *lavare*, waschen.

Es war ein beliebtes Streukraut, weil es Insekten vertrieb und weil sein Duft so lange anhielt; auch destilliert wurde es reichlich gegen Haushaltgerüche und den Gestank der Strassen verwendet. Weil die Handschuhmacher von Grasse, die für die Herstellung ihrer Produkte reichlich Lavendelöl benutzten, selten die Pest bekamen, trugen andere Leute Lavendel auf sich, um die Krankheit abzuwehren.

Lavendel wird seit langem in der Medizin verwendet. Der Botaniker Gerard zum Beispiel verschrieb ihn, um die Schläfen von Leuten mit «leichter Migräne oder Schwimmen des Kopfes» einzureiben.

Seine Heilkräfte werden heute hauptsächlich in Form von ätherischen Ölen benutzt. Es wird destilliert aus den glänzenden Öldrüsen, die zwischen den winzigen, Blüten, Blätter und Stengel bedeckenden Haaren liegen. Das beste Öl wird von *L. angustifolia* und *L. stoechas* gewonnen. *L. latifolia* ergibt «Ähren»-Öl, das für die Parfümierung billigerer Produkte benutzt wird, und von *L. intermedia* kommt «Lavendin», ein Öl mittlerer Qualität.

Getrocknete Blüten *Sie bringen einen süssen, reinen, lange anhaltenden Duft hervor.*

Samen *Vier glatte, dunkelbraune Nüsschen in jeder Frucht.*

Blüte *Klein, stark duftend, lavendelblau. An 5–15 cm langen Ähren im Sommer.*

L. angustifolia «Loddon Pink» Mit blasser rosa Blüte, mischt sich hübsch mit andern Arten.

L.a. «Hidcote» Kompakt mit dunkelroten Blüten und kleinen silbernen Blättern. Langsam wachsend.

L.a. «Nana Alba» Weisse Blütenähren, 4–5 cm lang, mit dichtem silbergrauem Blattwerk. Höhe: 30 cm.

Stiel *Gedrungen, grün, verholzt im 2. Jahr.*

L.a. «Twickle Purple» Kompakt mit langen, weichen, dunkelroten Ähren und breiten, graugrünen Blättern.

L.a. «Vera Dutch Lavendel» Dunkelrote Blüten mit Blättern, die schlanker, silberner und dichter sind als bei anderen Arten.

L.a. «Folgate» Kompakt mit reichlichen violettblauen Blüten und schmalen graugrünen Blättern.

L.a. «Munstead» Alte Sorte mit lavendelblauen Blumen und grünlichen Blättern. Höhe 30–45 cm.

Lebensspanne *Winterfester, immergrüner Strauch*

Höhe *45–100 cm*

Blatt *Schmal, duftend, graugrün, 2–5 cm lang.*

ANDERE ARTEN

L. stoechas var. *pedunculata*
Ziemlich winter-fest, magentarote Blüten mit pur-purroten Trag-blättern über graugrünen Blättern.

L. lanata
Ziemlich winter-fest. Hellrote Blüten und weisse, wollene Blätter mit balsamischem Lavendelduft.

L.l. «Sawyer's hybrid»
Winterfeste neue Form mit Silber-blättern, grossen Blütenähren und kräftiger als die Spezies.

L. stoechas Schopflavendel
Ziemlich winter-fest, purpurne Blüten mit purpurnen Deck-blättern dar-über und graugrünen Blättern.

L. dentata
Ziemlich winter-hart, duftende Lavendelblüten im Winter. Fein gezähnte grüne Blätter.

ANBAU

Standort Sonnig und offen, zur Vermeidung von Pilzkrank-heiten.

Boden Durchlässig, sandig, kalkig.

Vermehrung Im Sommer oder Frühjahr 10–20 cm lange Stecklinge schneiden oder Pflanze teilen oder Ableger machen.

Pflege 45–60 cm auseinander setzen oder ausdünnen; 30 cm Abstand für Hecken. Welke Blütenstengel entfernen; Hecken und wuchernde Pflanzen im Spätherbst oder Frühling schnei-den.

Ernte Blühende Spitzen, wenn Blüten sich öffnen. Blätter jederzeit.

Aufbewahrung Blühende Spitzen auf offene Tablette legen oder in kleinen Bündeln aufhängen.

VERWENDUNG

Dekoration
• *Ganze Pflanze* Eignet sich für Hecken.
• *Blüte* Allein oder mit anderen Blüten in getrockneten Bün-deln aufhängen. Einzelne Zweige in Blumensträusschen und Kränze.

Küche
• *Blüte* Zum Würzen von Konfitüre, für Lavendelessig (s. S. 188). Wenig Lavendel mit Würzkräutern zusammen in Eintöpfe. Blüten kandieren.

Haushalt
• *Blüte* Getrocknete Blüten in Sachets und Bündeln in Schränke und Schubladen legen, duftet gut und vertreibt Mot-ten. Frische Blüten, auf die Haut gerieben oder an Kleider geheftet, vertreiben Fliegen.
• *Stengel* Getrocknet wie Weihrauch benutzen oder zum Feueranzünden verwenden.

Kosmetik
• *Blüte* Tonikum herstellen für heikle und empfindliche Haut, um Zellerneuerung zu beschleunigen und als Antiseptikum gegen Akne. In Seife mischen. Öl für Massage gegen Mus-kelschmerzen, Flüssigkeitsspeicherung und Zellulitis.

Aroma
• *Blüte* In Duftschalen, Kräuterkissen, Leinenbeuteln. Ein paar Tropfen Essenz in letztes Spülwasser für Wäsche oder Haar.

Gesundheit
• *Blüte* Zu Tee aufgiessen, lindert Kopfweh, beruhigt Nerven, hilft bei Blähungen, Ohnmacht, Schwindel, schlechtem Atem. Reine Essenz als Antiseptikum, mildes Beruhigungs- und Schmerzmittel, besonders bei Insektenstichen und kleinen (abgekühlten) Verbrennungen. Sechs Tropfen im Badewasser beruhigen aufgeregte Kinder. Ein Tropfen auf die Schläfe hilft gegen Kopfweh. Mit Massageöl in der Aromatherapie verwen-den gegen Halsentzündung, Hautverletzungen, Entzündung, rheumatische Schmerzen, Angstzustände, Schlaflosigkeit und Depression.

Laurus nobilis

Lorbeer *Lauraceae*

Der Lorbeerbaum war Apollo, dem griechischen Gott der Wahrsagung, der Dichtung und der Heilung geheiligt. Seine Prophezeiungen
wurden durch seine Priesterinnen in Delphi vermittelt, die, ehe sie
das Orakel verkündeten, ein Lorbeerblatt assen. Lorbeerblätter, in
grösseren Mengen genossen, haben eine leicht narkotische Wirkung;
vielleicht führten sie einen Trancezustand herbei.

Apollos Tempel in Delphi hatte ein ganz aus Lorbeerblättern
errichtetes Dach, das gegen Krankheit, Zauberei und Blitzschlag
schützte. Girlanden aus Lorbeerblättern erschienen später als
Schmuck in der Architektur. Ein Lorbeerkranz zeichnete Dichter und
Athleten aus; für die Römer wurde Lorbeer zum Symbol von Weisheit
und Ruhm.

Lorbeer war auch Apollos Sohn, Äskulap, dem griechischen Gott
der Heilkunst, geweiht und wurde viele hundert Jahre gegen Krankheit, vor allem gegen Pest, angewendet.

ANBAU

Standort Volle Sonne, windge-
schützt.
Boden Reich, feucht, gut dräniert.
Vermehrung 10 cm lange Stecklinge
nehmen oder Ausleger machen, im
Spätsommer. Stecklinge in geheiztes
Treibbeet setzen, für hohe Feuchtigkeit
sorgen.
Pflege 1,2 m in frostfreier Lage aus-
einander setzen, für die ersten zwei
Jahre. Man kann Lorbeer in Behältern
ziehen, muss sie aber bei weniger als
–15 °C ins Haus nehmen.
Ernte Blätter nach Bedarf pflücken.
Aufbewahrung Blätter trocknen.
Essig damit würzen.

VERWENDUNG

Dekoration
• *Ganze Pflanze* Zu Formstrauch
schneiden (s. S. 159).
• *Blatt* Kränze flechten (s. S. 159).

Küche
• *Blatt* In Bouquet garni binden für
Eintopfgerichte, Suppen und Saucen.
Zu Marinaden, Bouillon, Kartoffel-
suppe, Füllungen, Pâté, Curry, Wild und
pochiertem Fisch. Blatt vor dem Servieren herausnehmen. In Vorratsglas
mit Reis geben.

Haushalt
• *Ganze Pflanze* Als Streukraut.
• *Blatt* In Mehlkasten und zu
getrockneten Feigen legen als Schutz
vor Rüsselkäfern.

Kosmetik
• *Blatt* Absud ins Badewasser lindert
Gliederschmerzen.

Aroma
• *Zweig* Aufhängen, macht Luft
frisch.
• *Blatt* In Duftschale zerkrümeln.

Gesundheit
• *Blatt* Hilft als Tee gegen Verdauungsbeschwerden und regt den Appetit
an. Ätherisches Öl, gemischt mit anderen, bei Verrenkungen und gegen
Gelenkrheumatismus einmassieren.

Achtung: *Alle Lorbeerarten ausser
Laurus nobilis sind giftig.*

**Getrocknete
Blätter**
*Für besten Geschmack
wenige Tage
nach dem Pflücken
verwenden.*

Blatt
*Duftend, ledrig,
gespitzt, oval,
glänzend dunkel-
grün, mit oliv-
grüner Unterseite
und bitterem
Geschmack.*

L. n. «Aurea»
Goldfarbene Blätter.
Als junge Pflanze
etwas winterfester
als die Art.

L. n. «Angustifolia»
Die schmalen
Blätter wurden
gezüchtet, um
Lorbeer weniger
windanfällig zu
machen, was
nicht gelang.

L. nobilis

Stengel
*Solid, rund,
tief rotbraun,
wird verholzt
und grau.*

Lebensspanne
*Immergrüner Baum.
Wenn ausgewachsen,
sind Wurzeln winterfest,
aber Blätter sterben
in kaltem Wind ab.*

Höhe
7 m

Levisticum officinale

Liebstöckel *Umbelliferae*

Liebstöckel ist eine stattliche Pflanze mit sehr starkem Geschmack. Man pflegte seine Blätter in Schuhe zu legen, um den müden Reisenden zu erfrischen, und in den Gasthöfen war es Bestandteil eines beliebten Herzstärkungsmittels, zusammen mit Gänsefingerkraut und einer Schafgarbenart namens *Achillea ligustica*. Heute wird zuweilen frischer Liebstöckelsamen in Brandy eingelegt, der mit Zucker gesüsst und zur Beruhigung des Magens getrunken wird. Liebstöckel gibt Gerichten einen sehr würzigen Geschmack; man braucht es anfangs am besten sparsam.

Samen
Braun, gefurcht, halbmondförmig, aromatisch, 6 mm lang.

Getrocknete Blätter
Starker Geschmack nach Hefe und Sellerie, als Brühe und Würze ausgezeichnet.

Getrocknete Wurzel
Behält ihr Aroma, wird medizinisch angewendet.

Blüte
Winzig, blass grüngelb, in Büscheln von Hochsommer bis Herbst.

Blatt
Gross, aromatisch, gezähnt, tief zerteilt, glänzend dunkelgrün an langem Stengel. Die obersten Blätter sind kleiner und ohne Stiel.

Stengel
Hohl, steif, rund, oben verzweigt, grünlich-rot.

Lebensspanne
Winterfest, krautig, perennierend

Höhe
2,1 m

Wurzel
Dick, graubraun, aromatisch, verzweigt, mit weissem Fleisch.

ANBAU
Standort Sonnig oder Halbschatten.
Boden Reich, feucht, gut dräniert.
Vermehrung Frische reife Samen im Spätsommer säen (versamt sich leicht selber). Wurzelstücke mit Knospen im Frühling oder Herbst nehmen.
Pflege 60 cm auseinander setzen oder ausdünnen. 2–3 Wochen Stroh um die Stengel binden, um blanchiertes zartes Gemüse zu erzielen. Nicht geeignet fürs Hausinnere.
Ernte Blätter nach Bedarf abnehmen, aber junge Blätter in der Mitte stehenlassen. Junge blanchierte Stengel im Frühling ernten. Zwei- und dreijährige Wurzeln ausgraben, bevor die Pflanze blüht. Samen reif ernten.
Aufbewahrung Blätter tiefgefrieren oder trocknen. Samen und Wurzeln trocknen.

VERWENDUNG
Dekoration
• *Blatt und Stengel* Frische Blätter und Stengel in hohe durchsichtige Vase.

Küche
• *Samen* Zu Likörs und Stärkungsmitteln geben. Zerdrücken und in Brot und Kuchen geben. Auf Salat, Reis oder Kartoffelbrei streuen.
• *Blatt* Liebstöckelsuppe kochen (S. 166). Frische oder getrocknete Blätter zu Brühe, Eintopfgerichten, Käse; frische junge Blätter zu Salat. Blatt über Hühnchen reiben und Salatschale damit ausreiben. Würzigen Tee trinken.
• *Stengel und Blattstiel* Weichdünsten und mit weisser Sauce servieren. In Eintopfgerichte und Suppen schneiden.
• *Wurzel* Schälen, dann kochen oder marinieren.

Gesundheit
• *Samen, Blatt und Stengel* Aufguss eines jeden hilft gegen Wasserspeicherung, bei der Beseitigung von Abbauprodukten und Rheumatismus. Schwangere und Nierenleidende sollten diesen Tee nicht nehmen.

Marrubium vulgare

Weisser Andorn *Labiatae*

Jahrtausendelang wurde Weisser Andorn als Hustenmittel hoch geschätzt. Ägyptische Priester kannten seine Heilwirkung und nannten ihn «Horussamen», «Stierenblut» oder «Sternenauge». Auch der griechische Arzt Hippokrates und andere nach ihm legten dem Kraut grossen Wert bei als Heilmittel für viele Krankheiten. Man glaubte auch, es helfe gegen Zauberei.

Der botanische Namen des Weissen Andorns kommt vom hebräischen *marrob,* bitterer Saft.

✳ Lebensspanne
Winterfest, perennierend

✳ Höhe
45 cm

Samen
Glänzend, dunkelbraun, tropfenförmig, 2 mm lang.

Blüte
Kleine, weisse Büschel vom Hochsommer bis zum Herbst, ab 2. Jahr.

Getrocknete Blätter
Als Gesundheitstee gegen Kongestion von Brust, Nase und Nebenhöhlen.

Stengel
Flaumig, kantig, verzweigt und weiss.

Blatt
Gekraust, herzförmig, grün, mit weiss-wollener, an der Spitze stärkster Bedeckung; Frucht duftend, aber mit bitterem Geschmack, enthält Vitamin C.

ANBAU
Standort Vollsonnig.
Boden Eher trocken, alkalisch.
Vermehrung Im Frühling zerteilen. Im Spätfrühling säen. Stecklinge im Spätsommer nehmen.
Pflege Auf 30 cm Abstand ausdünnen oder verpflanzen. Vor starker Winternässe schützen. Im Frühjahr stutzen. Lässt sich im Haus ziehen.
Ernte Blätter und blühende Spitzen zur Blütezeit abschneiden oder nach Bedarf.
Aufbewahrung Blätter und blühende Spitzen trocknen oder zu Sirup verarbeiten.

VERWENDUNG
Dekoration
• *Blüte* In Trockensträussen verwenden.

Haushalt
• *Blüte* Zieht Bienen an.
• *Blatt* Aufgiessen, Bäume gegen Raupenbefall besprühen. In frischer Milch ziehen lassen und in Teller aufstellen als Fliegenvernichtungsmittel.

Gesundheit
• *Blatt* Beim ersten Anzeichen einer Erkältung neun kleine Blätter fein zerhacken, mit 1 TL Honig mischen und langsam essen, um Halsweh und Husten zu lindern. Wenn nötig wiederholen. Andorn-Hustentabletten lutschen, um Schleim zu lösen. Herstellung der Hustentabletten: 100 g frische Andornblätter, ½ TL zerdrückten Anis, 3 zerdrückte Kardamomsamen in 570 ml Wasser, 20 Minuten sanft kochen lassen. Durch Filter abseihen. Über schwacher Hitze 350 g weissen Zucker und 350 g braunen Zucker in der Flüssigkeit auflösen. Dann auf mittlerer Hitze sieden, bis der Sirup hart zu werden beginnt, wenn man Probetropfen in kaltes Wasser gibt. Auf geöltes Blech leeren. Zerschneiden, wenn etwas abgekühlt. In Wachspapier aufbewahren. Kalten Aufguss trinken gegen Verdauungsbeschwerden und Magenbrennen und gegen Würmer.

Melilotus officinalis

Honigklee *Leguminosae*

Honigklee wächst in Europa, Asien und Nordamerika und war früher ein beliebtes Streukraut und Futtermittel, bis er vom gewöhnlichen Klee verdrängt wurde.

M. alba, mit weissen Blüten, kommt vom Mittelmeer und schmückt die Landstrassen im Norden von Alberta. Dort nennt man ihn kanadischen Süssklee und schätzt ihn wegen seines Honigs. Bei Greyerz in der Schweiz sammelt man eine Form, die blaue Blüten hat (*M. caerulea*), um den Käse damit zu würzen.

Samen
Kleine braune, eiförmige Schoten, runzlig, mit je 1 Samen.

Getrocknete Blüten
Geben einer Duftschale Farbe und etwas Duft.

Getrocknete Blätter
Der Trocknungs- prozess entwickelt in den Blättern Cumarin – einer lang anhaltenden Duft frisch gemähten Heus.

Lebensspanne
Winterfest, zweijährig. Benimmt sich wie einjährige Pflanze, wenn früh im Frühling gesät.

Höhe
*M. officinalis 1,2 m
M. alba 2,1 m*

Blüte
Gelb, honigduftend, wickenähnlich, im Sommer und Herbst.

Stengel
Hohl, gefurcht, rund, ver- zweigt und grün – manchmal rot.

Blatt
Ungleichmässig gezähnt, mittelgrün mit hellerer Unter- seite. Leicht aroma- tisch. Blätter je zu dritt angeordnet.

ANBAU

Standort Sonnig oder Halbschatten.
Boden Gut dräniert.
Vermehrung Im Frühjahr oder Spät- sommer säen. Versamt sich selbst in leichten Böden.
Pflege 45 cm auseinader setzen oder ausdünnen. Nicht geeignet im Haus.
Ernte Blätter und Blüten jederzeit.
Aufbewahrung Blätter und Blüten trocknen.

VERWENDUNG

Küche
• *Blatt* Getrocknete Blätter in Stär- kungsmitteln verwenden; kleine Men- gen zu Würsten, Schweinefleisch- Marinaden und Kaninchenfüllungen geben. Würzt Bier und Käse originell. Wird in Glarner Schabzieger, einem grünen Käse, und im Greyerzerkäse verwendet.

Haushalt
• *Blüte* Zieht Bienen in den Garten.
• *Blatt* Getrocknete Blätter zwischen Kleider streuen, wehrt Motten ab.

Kosmetik
• *Blüte* Zu Badewasser für ein ent- spannendes Bad. «The Fairfax Still- room», ein altes englisches Doktor- buch, empfiehlt gegen Melancholie fol- gendes Bad: je 3 Handvoll Malve und Mauerkraut, je 1 Handvoll Kamillen- und Honigkleeblüten und 1 Unze (25 g) Selleriesamen. In 9 Gallonen (41 Liter) Wasser so lange sieden, bis noch 3 Gallonen (14 Liter) übrig sind, dann einen Quart (1,15 Liter) frische Milch hineingeben und körperwarm oder etwas wärmer baden.

Aroma
• *Blatt* In Duftschalen.

Gesundheit
• *Ganze Pflanze* Wird getrocknet verwendet als mildes Antiseptikum in Salben und zur Vorbeugung von Thrombose. Als Tee gegen Verdau- ungsstörungen und Kopfweh.
• *Blüte* Als verdünnter Aufguss in Lotion oder Augenwasser.
• *Blatt* Frische Blätter als Umschlag für schmerzende Gelenke und Schnitt- verletzungen.

Mentha species

Minzen *Labiatae*

In der antiken Mythologie war Minthe eine von Pluto geliebte Nymphe. Als seine Frau eifersüchtig wurde, verwandelte er die Geliebte in dieses duftende Kraut. Minze wurde seither hochgeschätzt; in der Bibel nehmen die Pharisäer den Zehnten in Minze, Dill und Kümmel entgegen. Hebräer legten Tempelböden damit aus, und später wurde dasselbe in italienischen Kirchen gemacht, wo das Kraut *Erba Santa Maria* heisst.

Minze war ein Symbol der Gastfreundschaft; Ovid beschreibt, wie Philemon und Baucis ihren Tisch mit Minze abrieben, ehe sie die Gäste bedienten. Die Römer würzten auch Wein und Sauce mit Minze.

Aber als den Frauen das Weintrinken bei Todesstrafe verboten wurde, pflegten heimliche Trinkerinnen ihren Atem mit einer Paste aus Minze und Honig zu verbessern. In Japan liebte man den erfrischenden, stärkenden Minzenduft so sehr, dass die Japaner Dosen voller Blätter bei sich trugen.

Viele Varietäten der Minze waren in Europa schon im 9. Jahrhundert heimisch. Ein Mönch schrieb damals, es seien so viele, dass er lieber die Funken eines Vulkans zählen würde. Es gibt mehr als 600 Varietäten, und es entstehen ständig noch mehr; am besten ist es deshalb, eine Sorte mit der Nase anstatt anhand ihres Namens auszuwählen.

Samen
Dunkelbraun, rundlich, klein.

Getrocknete Blätter
Behalten ihren Geschmack in Tee, beim Kochen und bei Heilanwendungen.

Stengel
Kantig, grün, oben verzweigt

Blatt
Oval, zugespitzt, aromatisch, gekraust mit tiefen Adern.

**M. requienii
Kriechende Minze**
Winzige, nach Pfefferminz duftende, hellgrüne Blätter und kleine Blüten.
Höhe: 25 mm.

**M. spicata
Grüne Rossminze**
Dicht belaubt mit gezähnten, hellgrünen Blättern mit klarem Minzengeschmack.
Höhe: 60 cm.

**M.s. «Variegata»
Ananasmin...**
Weissgeränderte Blätt... mit mildem Duft wie Run... blätterige Minze. Hält si... länger in den Winter hine... als andere Minze...
Höhe: 40 c...

**M. × gentilis
«Variegata»
Ingwerminze**
Glattes goldgeflecktes Blatt, schwach würzig. Stutzen, um mehr goldenes Laub zu erhalten.
Höhe: 40 cm.

M. raripila rubra
Spitzige dunkelgrüne Blätter mit starkem Geschmack nach Grüner Minze, rote Stengel. Blüht im Spätsommer.
Höhe: 60 cm.

**M. suaveolens
Rundblätterige Minz...**
Behaarte, apfelduftend... hellgrüne Blätter.

⚘ **Lebensspanne**
Winterfest, krautig, perennierend

✳ **Höhe**
*25 cm – 1 m.
Die kleinen Arten sind gute Bodenbedecker.*

**M. spicata «Crispii»
Krauseminze**
Gekrauste, tiefgrüne Blätter mit kräftigem Apfelduft.
Höhe: 40 cm.

ANDERE ARTEN UND VARIETÄTEN

*Eine genaue Namengebung ist
schwierig, da sich Minzen
so leicht kreuzen*

M. pul. «Upright»
Aufrechte Poleiminze
Glatte, hellgrüne
Blätter mit starkem
Pfefferminzduft.
Höhe: 30 cm.

M. pulegium
**Kriechende
Poleiminze**
Hellgrüne, nach
Pfefferminz
duftende Blätter,
lockere Stengel, die
bei Berührung mit der
Erde Wurzeln schlagen.
Höhe 15 cm.

M. × aquatica
«Citrata»
Zitronenminze
Glatte, zitronen-
duftende mittel-
grüne Blätter.
Höhe 40 cm.

M. × villosa
«Alopecuroides»
Grosse, runde, behaarte
mittelgrüne Blätter,
Duft wie Rundblätterige
und Grüne Minze. Rosa
Blüte. Höhe: 1 m.

M. × p. «Crispa»
**Krausblättrige
schwarze Pfefferminze**
Lebhaftgrüne Blätter
mit starkem Pfeffer-
minzduft, dunkelrote
Stengel. Höhe: 75 cm.

M. piperita
«Citrada»
**Kölnisch-Wasser-
Minze**
Glatte, nach
Bergamotte
duftende,
rötlich
angehauchte,
dunkelgrüne Blätter,
dunkelrote Stengel.
Höhe: 45 cm.

*Die lila Blüten von M. spicata erscheinen im Hoch- bis
Spätsommer.*

ANBAU
Standort Halbschatten oder Sonne.
Boden Feucht, gut dräniert, alkalisch, nährstoffreich.
Vermehrung Wurzel- oder Stengelstecklinge nehmen oder
Pflanze teilen, im Frühjahr und Herbst. Im Sommer Stecklinge
zur Wurzelbildung ins Wasser stellen. Poleiminze: im Frühjahr
säen.
Pflege Auf Abstand 30 cm ausdünnen oder verpflanzen, in
grosse Töpfe oder Plastiksäcke, um eindringende Wurzeln
abzuhalten. Alle Blütenstengel entfernen, um Kreuzungen zu
vermeiden. Tritt Rost auf, Pflanze ausgraben und verbrennen.
Minze kann im Haus gezogen werden.
Ernte Blätter vor der Blüte abnehmen.
Aufbewahrung Trocknen, tiefgefrieren oder in Öl oder Essig
einlegen.

VERWENDUNG
Dekoration
• *Blatt* In Kräuterbouquets und Sträussen für Kranke.

Küche
• *Blatt* Einzelne oder gemischte Minzen als erfrischenden Tee
aufgiessen. Grüne Minze und Pfefferminze: In Minzensauce,
Essig, Sirup und mit Schokolade in Dessert (Seite 165). Als Garnitur kandieren. – Grüne Minze und Rundblätterige Minze: Frische Blätter zu neuen Kartoffeln, Erbsen, Fruchtsalat, Drinks,
Punsch. – Poleiminze: Sparsam in Suppen und Füllungen.

Haushalt
• *Ganze Pflanze* Grüne Minze und Pfefferminz: Neben Rosen
setzen, um Blattläuse zu vertreiben.
• *Blatt* Frische oder getrocknete Blätter, um Lebensmittel verstreut, vertreiben Mäuse. Grüne Minze: Auf neuem Bienenstock
verreiben, um Bienen anzulocken. Blattöl übertönt Tabakge-
ruch. – Poleiminze: In Schränke und Betten streuen zur
Abschreckung von Ameisen und Flöhen.

Kosmetik
• Grüne Minze: Starker Absud gegen rissige Hände. Zu Badewasser als Stärkung geben. – Kölnisch-Wasser-Minze: Ergibt
ein erfrischendes Bad.

Aroma
• *Blatt* In Duftschalen und Kräuterkissen.

Gesundheit
• *Blatt* Grüne Minze: Tropfen des ätherischen Öls einatmen
zur Erleichterung bei schweren Erkältungen. – Pfefferminz: Als
Tee zur Verdauungsförderung, bei Erkältungen und Influenza.
Kalten Tee schluckweise gegen Schluckauf und Blähungen trin-
ken. – Grüne Minze und Pfefferminz: Blätter in Öl mazerieren,
einmassieren gegen Migräne, Gesichtsneuralgie, Rheuma und
Muskelschmerzen.

Achtung: *Schwangere und Nierenleidende sollten Poleiminze nicht in grossen Dosen nehmen.*

Melissa officinalis

Zitronenmelisse *Labiatae*

Sie war dem Tempel der Diana geweiht und wurde von den Griechen als Heilkraut verwendet. In Südeuropa hiess sie «Herzenswonne», und der Schweizer Arzt Paracelsus nannte sie «Lebenselixier». Er glaubte, das Kraut könne einen Menschen zum Leben erwecken. Ähnlich verkündet das London Dispensary 1696 «Zitronenmelisse, jeden Morgen eingenommen, erneuert die Jugend, kräftigt das Gehirn und belebt Dahinsiechende.» John Hussey, von Sydenham in England, wurde 116 Jahre alt, nachdem er 50 Jahre lang zum Frühstück Zitronenmelissentee mit Honig getrunken hatte. Seine Fähigkeit, Melancholie aufzuhellen, wurde jahrhundertelang gepriesen, und auch heute benützt man das Kraut in der Aromatherapie gegen Depression.

ANBAU
Standort Volle Sonne, mittags geschützt.
Boden In jedem feuchten Boden.
Vermehrung Im Frühjahr säen, keimt langsam. Pflanze teilen oder Stecklinge im Frühjahr oder Herbst nehmen.
Pflege Auf 60 cm Abstand ausdünnen oder verpflanzen. Kleine Pflanzen lassen sich im Haus ziehen.
Ernte Blätter jederzeit, aber vorsichtig, um sie nicht zu zerdrücken. Der Geschmack ist am besten, wenn sich die Blüten öffnen.
Aufbewahrung Blätter trocknen. Frische Blätter zu Essig geben.

VERWENDUNG
Dekoration
• *Blatt* In Sträusse für Kranke binden.

Küche
• *Blatt* Frische Blätter fein zerhackt in Salat, weisse Saucen zu Fisch, Mayonnaise, Sauerkraut, Salzheringen, Geflügel und Schweinefleisch. Zu Fruchtsalat, Gelees, Pudding, Fruchtsaft und Wein. Für Melissentee frische Blätter aufgiessen oder sie in Schwarztee geben. Zu Gewürzessig, zum Beispiel Zitronenmelisse mit Estragon.

Haushalt
• *Blatt* Bei Bienenkörben und in Obstgärten pflanzen, um befruchtende Bienen anzulocken. An Bienenkörben verreiben, bevor ein neues Bienenvolk einzieht. Saft mit Möbelpolitur mischen. Als Streukraut brauchen.

Kosmetik
• *Blatt* Aufgiessen als Gesichtsdampfbad oder als Spülung für fettes Haar. In Badewasser streuen.

Aroma
• *Blatt* In Duftschalen und Kräuterkissen.

Gesundheit
• *Blatt* Frische Blätter direkt auf Insektenstiche und Wunden legen oder in Umschlag. Als Tee zur Linderung von Bronchialkatarrh, fiebrigen Erkältungen, Kopfweh sowie als Beruhigungsmittel.

Samen
Glänzend dunkelbraun mit weissen Spitzen, tropfenförmig, 1 mm lang.

Getrocknete Blätter
Das Trocknen vermindert den Geschmack und die Heilkraft.

M. o. var. *Variegata* Gefleckte Zitronenmelisse
Goldgefleckte Blätter mit Zitronenduft. Im Halbschatten pflanzen, da heisse Sonne die Blätter versengt, so dass blasse Flecken entstehen. Höhe: 30 cm.

Blüte
Klein, zweilippig, hellgelb in Büscheln, werden beim Reifen weiss und später hellblau. Vom Sommer bis Herbst.

Blatt
Zitronenduftend, behaart, stark geädert, gezähnt, oval, hellgrün. Blätter werden gelb und scharfriechend, wenn in voller Sonne und trockenem Boden.

Lebensspanne
Winterfest, krautig, perennierend

Höhe
1m

Stengel
Behaart, kantig, verzweigt, hellgrün mit gelegentlichen Rotflecken.

Monarda didyma

Monarde *Labiatae*

Diese nordamerikanische Pflanze wurde als Garten- und Teepflanze in Europa beliebt, nachdem Siedler Samen gesandt hatten. Der Name *Monarda* ehrt den spanischen Botaniker Dr. Nicholas Monardes von Sevilla, der 1569 ein Buch über die Flora Amerikas schrieb. Der Duft der Blätter erinnert an die kleine, bittere italienische Bergamot-Orange, *Citrus bergamia*, aus der für Aromatherapie, Parfüm und Kosmetika ein ätherisches Öl gewonnen wird. Die Oswego-Indianer gossen das Kraut zu Tee auf, und es wurde in England nach der Boston Tea Party 1773 zu einem beliebten Tee-Ersatz. Mehrere indianische Stämme verwenden wilde Monarde gegen Erkältungen und Bronchialerkrankungen, und da sie das wirksame Antiseptikum Thymol enthält, sollte man hier weiterforschen.

M. d. «Blue Stocking»
Violettblaue Blüte. Blätter etwas weniger aromatisch als bei der Spezies.

Getrocknete Blüten
Halten die Farbe gut. In Duftschalen und Tee

Getrocknete Blätter
Sorgfältig trocknen und für Duftschalen und Tee verwenden.

Blüte
Zottige Köpfe bestehen aus gedrängten Büscheln röhrenförmiger roter Blüten. Im Spätsommer.

M. fistulosa Wilde Monarde
Lavendelblaue Blüten, hier als Knospen.

Blatt
Gezähnt, oval, zugespitzt, dunkelgrün und rot gerändert, vor allem junge Blätter verströmen Duft nach Kölnisch Wasser.

M. d. «Croftway Pink»
Weiche rosa Blüten.

Stengel
Behaart, hart, gefurcht, verzweigt und bei den Blattstielansätzen rot angehaucht.

Lebensspanne
Winterfest, krautig, perennierend

Höhe
60 cm–1 m

ANBAU
Standort Sonne, in heissem Klima Halbschatten. Mit Vorteil im Frühling mulchen.
Boden Reich, leicht und feucht.
Vermehrung Teilen oder Wurzelstecklinge im Frühling, Stengelstecklinge im Sommer nehmen. Spezies: Im Frühjahr säen.
Pflege Auf 45 cm Abstand ausdünnen oder verpflanzen. Alle drei Jahre teilen und totes Zentrum wegwerfen. Monarden lassen sich nicht im Haus ziehen.
Ernte Blätter im Frühling oder Sommer abnehmen, wenn sich Blüten bilden. Blüten nehmen, wenn offen.
Aufbewahrung Blätter und Blüten trocknen.

VERWENDUNG
Dekoration
• *Blüte* Frisch und getrocknet in Sträussen.

Küche
• *Blüte* Über Salate streuen.
• *Blatt* Aufgiessen oder in Emailtopf zehn Minuten simmern, als Tee. Frische Blätter, in Schwarztee gegeben, verleihen ihm einen Earl-Grey-Geschmack. In Weinbowlen und Limonaden. Sparsam in Salaten, Füllungen, Schweinefleisch. Für Konfitüren, Gelees und Würzmilch: 1 Tasse siedender Milch über 1 EL getrocknete oder 3 EL gehackte Blätter giessen, 5–7 Minuten ziehen lassen, abseihen und servieren.

Haushalt
• *Blüte* Zieht Hummeln an (Bienen können den Nektar nicht erreichen, wenn nicht schon andere Insekten Löcher gemacht haben).

Kosmetik
• *Blühende Spitze* Wilde Monarde: Wird von Omaha- und Ponca-Indianern zu Haaröl gesotten.

Aroma
• *Blüte und Blatt* In Dufttöpfen.

Gesundheit
• *Blatt* Hilft als Tee gegen Brechreiz, Blähungen, Menstruationsschmerzen und Schlaflosigkeit. Dampf einatmen gegen Bronchialkatarrh und Halsweh.

Myrrhis odorata

Süssdolde *Umbelliferae*

Die hübschen farnähnlichen Blätter der Süssdolde erscheinen als erste im Frühjahr und verschwinden als letzte im Herbst. Sie duften nach Myrrhe, Moos und Wald und ein klein wenig nach Anis. Der botanische Name dieser Pflanze enthält das griechische Wort für Parfüm.

Besonders schön sind auch die Büschel grosser, aufrechtstehender Samen oder eher Früchte, die sich im Frühsommer zeigen. Sie schmecken köstlich nussig, haben einen unverwechselbaren Duft, schmecken roh ausgezeichnet und können zu einer aromatischen Möbelpolitur verarbeitet werden.

Eine ähnliche nordamerikanische Pflanze, *Osmorhiza longistylis*, blüht im Frühsommer und hat eine süsse, nach Anisett schmeckende Wurzel.

ANBAU

Standort Leichter Schatten. Verträgt Sonne.
Boden Humusreich.
Vermehrung Im Herbst ins Freie säen. Die Samen benötigen mehrere kalte Wintermonate, ehe sie keimen.
Pflege Im Frühjahr auf 60 cm umsetzen.
Ernte Junge Blätter jederzeit abnehmen. Unreifen Samen grün ernten, reife dunkelbraun. Wurzeln im Herbst ausgraben.
Aufbewahrung Unreifen Samen trocknen oder in Essig einlegen. Wurzeln säubern und schälen, dann in Wein oder Brandy einlegen.

VERWENDUNG

Küche
• *Samen* Grüne Samen in Fruchtsalate; sie sind süss und nussähnlich. In Eiscreme. Braune Samen ganz in gekochte Gerichte wie Apfelkuchen, sonst zerquetscht. Wird zum Würzen von Chartreuse verwendet.
• *Blatt* Fein zerhacken und in Salatsauce und Omeletten geben. An Suppen und Stews und zu siedendem Kohlwasser. Mit sauren Früchten wie Rhabarber, Stachelbeeren, Johannisbeeren kochen – mildert ihre Säure und spart Zucker. In Schlagsahne zum Süssen und zum Mindern des fettigen Geschmacks.
• *Wurzel* Schälen, zerhacken und roh in Salatsauce. Als Wurzelgemüse kochen und mit Butter servieren. Oder abkühlen lassen und in Salat mischen.

Haushalt
• *Samen* Zu Möbelpolitur zerquetschen.

Gesundheit
• *Ganze Pflanze* Gilt als «gesundes» Tonikum (besonders Wurzeln in Brandy), mildes Antiseptikum und Verdauungshilfe.
• *Blatt* Wertvoller Süssstofflieferant, besonders für Zuckerkranke.
• *Wurzel* Eingelegt, erwähnen alte Kräuterbücher sie geheimnisvoll als wertvolles Stärkungsmittel für Mädchen zwischen 15 und 18 Jahren. Gekochte Wurzel wurde gegen Altersschwäche empfohlen.

Getrocknete Blätter
Behalten etwas Duft, werden manchmal medizinisch verwendet, auch als Schmuck für Briefpapier und Kerzen.

Reifer Samen
Dunkelbraun, glänzend, gefurcht, 19 mm lang.

Blüte
Kleine weisse Blüten im Spätfrühling. Eine der ersten Nektarblüten für Bienen.

Unreifer Samen
Grün, gefurcht, 19 mm lang. Im Spätfrühjahr. Roh essen.

Blatt
Bis 45 cm lang, Unterseite flaumig, Oberseite grün. Manchmal weiss markiert.

Stengel
Hohl, gefurcht, flaumige Oberfläche, verzweigt.

Wurzel
Dicke braune Pfahlwurzel, manchmal verzweigt, mit weissem, aromatischem Fleisch.

Lebensspanne
Winterfest, krautig, perennierend.

Höhe
1 m

Myrtus communis

Myrte *Myrtaceae*

In der griechischen Legende war Myrrha eine Lieblingspriesterin der Aphrodite, die sie, um sie vor einem allzu stürmischen Verehrer zu schützen, zu diesem duftenden Immergrün verwandelte. Aphrodite trug einen Myrtenkranz, als Paris sie mit dem goldenen Apfel zur Schönsten erkor, und dieses Kraut wurde rund um all ihre Tempel gesetzt. Als Kraut der Liebesgöttin wird Myrte oft in Brautkränze gewunden, und die Römer verwendeten es reichlich an ihren Festen, Hochzeiten und Feiern. Eine arabische Geschichte erzählt, Adam habe, als er aus dem Paradies vertrieben wurde, einen Myrtenzweig aus der Laube, in der er Eva seine Liebe erklärte, mitgebracht. 1640 schrieb der Apotheker John Parkinson: «Wir pflegen Myrte mit grosser Sorgfalt wegen ihrer Schönheit, ihres süssen Duftes und ihrer Seltenheit.»

Knospe
Bitteren grünen Teil entfernen, Rest auf Fruchtsalat.

Getrocknete Blüten
In Duftschalen.

Getrocknete Blätter
Lange haltbar und aromatisch, in Duftschalen und Kräuterkissen.

Lebensspanne
Ziemlich winterfester immergrüner Strauch

Höhe
2,4–3 m

Stengel
Aromatisch, gefurcht, rund und rötlich, wird beige und hölzern im 2. Jahr.

Blüte
Süssduftende, reinweisse Blüten mit goldenen Staubfäden. Von Hochsommer bis Herbst

Blatt
Glänzend, ledern, dunkelgrün mit Mittelfalte und süssem, würzigem, orangenähnlichem Duft.

***M. c.* «Tarentina»** ist eine kompakte Form.

ANBAU

Standort Vollsonnig, windgeschützt.
Boden Gut dränierter Boden oder Kompost.
Vermehrung Stengelstecklinge im Hoch- oder Spätsommer nehmen.
Pflege In grosse Töpfe verpflanzen. Im Haus oder draussen halten. Mindesttemperatur 5 °C.
Ernte Knospen, Blüten und reife Beeren pflücken. Blätter haben den süssesten Duft, wenn die Myrte blüht.
Aufbewahrung Knospen, Blüten und Beeren trocknen. Blätter trocknen oder (für kosmetische Zwecke) in Öl einlegen oder in Essig.

VERWENDUNG

Dekoration
• *Zweig* In Kränzen verwenden.

Küche
• *Zweig* Junge Zweige während der letzten zehn Minuten des Kochens unter Schweinebraten legen oder auf gegrilltes Lammfleisch.
• *Blüte* Grünen Teil entfernen, zu Fruchtsalat. Pulverisierte Knospen als Gewürz verwenden.
• *Blatt* Nach dem Kochen in Schweinebraten stopfen, ergibt delikaten Geschmack.
• *Beere* Mahlen und als Gewürz verwenden, schmeckt milde nach Wacholderbeeren.

Haushalt
• *Zweig* Antiseptisches Streukraut.

Kosmetik
• *Blüte und Blatt* Pulverisieren und in Salben gegen Hautflecken geben. Als süsses Wasser destillieren oder aufgiessen.
• *Beere* Absieden als Spülung für dunkles Haar.

Aroma
• *Blüte und Blatt* In Duftschalen.

Gesundheit
• *Blatt* Als kräftiges Antiseptikum und Adstringens aufgiessen. Als Tee gegen Psoriasis und Sinusitis; als Intimdusche gegen Ausfluss. In Kompressen auf Prellungen und Hämorrhoiden.

Nepeta cataria

Katzenminze *Labiatae*

Nepeta soll von der römischen Stadt Nepete abgeleitet sein, wo Katzenminze angebaut wurde, als sie noch mehr geschätzt wurde als heute. Sie war bekannt als Würzkraut und Heilkraut, und in schwierigen Zeiten wurden die milde halluzinogenen getrockneten Blätter geraucht, um das Leben leichter zu machen.

In Rabatten gepflanzt, kann Katzenminze hübsch aussehen: Ihre Spiralen von lavendelblauen oder weissen Blüten ziehen die Bienen an. Oft wird sie aber von Katzen beschädigt, die sich in deren Mitte legen und sich in Ekstase gegen die Blätter reiben. Die kleinere Katzenminze, *N. mussinii*, wird von Katzen weniger beachtet. Sie ist kompakt, mit Massen lavendelblauer Blüten, und wird gewöhnlich vor Lavendel und Rosen gepflanzt.

ANBAU

Standort Sonnig oder Halbschatten.
Boden Gut dräniert.
Vermehrung Säen oder ganze Pflanzen zerteilen, im Frühjahr. Weichholzstecklinge im Spätfrühling nehmen.
Pflege Auf 30 cm Abstand ausdünnen oder auseinander setzen. Im Herbst zurückschneiden. Der Geruch verletzter Blätter oder Wurzeln zieht unweigerlich Katzen an, welche die Pflanze belästigen. Pflanzen, die aus Samen am endgültigen Standort gewachsen sind, sind so weniger in Gefahr, beschädigt zu werden, als umgesetzte, die man schützen muss.
N. mussinii gedeiht auch im Haus.
Ernte Blätter und blühende Spitzen jung ernten.
Aufbewahrung Ganze Pflanze trocknen.

VERWENDUNG

Dekoration
• *Ganze Pflanze* *N. mussinii:* Ergibt schöne Pflanzen für Einfassungen.

Küche
• *Blatt* Zum Würzen auf Fleisch reiben.
• *Schosse* Wenn jung, in Salate.

Haushalt
• *Ganze Pflanze* Zieht Bienen an.
• *Blatt* Trocknen und in Stoff«mäuse» für Katzen stopfen. Katzenminze stösst Ratten ab. Zu Gemüse setzen, um Erdflöhe zu vertreiben.

Gesundheit
• *Blatt und blühende Spitze* Enthalten Vitamin C. Als Aufguss gegen Erkältungen und Fieber (Katzenminze macht schläfrig und ist schweisstreibend, ohne die Körpertemperatur zu erhöhen; gegen Unruhe und Kolik bei Kindern, bei Kopfweh und Magenverstimmung, als mildes Beruhigungsmittel. Aufguss äusserlich anwenden bei irritierter Kopfhaut. Blätter und blühende Spitzen zerquetschen und als Umschlag bei Quetschungen verwenden.

Samen
Klein, tiefbraun, oval, eher flach, mit weissen Tupfen an einem Ende. Samen sind 5 Jahre lebensfähig.

Getrocknete Blätter
Entwickeln scharfen balsamähnlichen Duft. Für Tee und Aufgüsse.

Stengel
Hoch, behaart, gefurcht, kantig, verzweigt. Hat starken Duft.

N. mussinii Katzenminze
Hübsche Rabattenblume mit schwach duftenden, 15 cm langen Ähren lavendelblauer Blüten vom Spätfrühling bis Frühherbst. Höhe: 30–45 cm.

Blatt
Grob gezähnt, herzförmig, graugrün mit flaumiger Unterseite. Blätter wachsen in gegenständigen Paaren und haben durchdringenden minzenähnlichen Duft, den Katzen lieben.

Lebensspanne
Winterfest, krautig, perennierend

Höhe
45–100 cm

Ocimum basilicum

Basilikum *Labiatae*

Dieses wichtige Küchenkraut mit seinem warmwürzigen Geschmack lässt Köche poetisch werden. Basilikum stammt aus Indien und wird dort als Pflanze verehrt, die mit Göttlichkeit getränkt ist, weswegen Inder vor Gericht bei diesem Kraut schwören. Nach Christi Auferstehung fand man, dass rund um sein Grab Basilikum wuchs; es gibt griechisch-orthodoxe Kirchen, die mit dem Kraut Weihwasser herstellen und Basilikumtöpfe unter die Altäre stellen.

Es gibt viele Varietäten von Basilikum, zum Beispiel Buschbasilikum in Südamerika. In Haiti gehört es zur heidnischen Liebesgöttin Erzulie und verleiht starken Schutz. Im ländlichen Mexiko wird es zuweilen in der Tasche getragen, wo es Geld anziehen oder einen untreuen Liebhaber zurückholen soll.

Samen
Dunkelbraun, facettiert, tropfenförmig, 1 mm lang.

Getrocknete Blätter
Pulverisieren und in Duftschalen und Dufthalsketten verwenden.

O. b. «Purpurascens»
Krause dunkelrote Blätter mit gutem mittelstarkem Geschmack. Blassrosa Blüten.

Blüte
Kleine, duftende weissliche Blüten, je 6 in runden Büscheln. Im Spätsommer.

O. b. «Citriodorum» Zitronenbasilikum
Nach Zitronen duftende grüne Blätter, weisse Blüten. Höhe: 30 cm.

Blatt
Gross, gezähnt, oval, zugespitzt und hellgrün, mit einem warmen und doch frischen, starken, gewürznelkenähnlichen Duft.

O. b. «Minimum»
Kompakt. Winzige grüne Blätter mit gutem mittelstarkem Geschmack. Bei schlechten Bedingungen die widerstandsfähigste Varietät. Höhe: 20 cm.

Stengel
Behaart, fein gefurcht, verzweigt, hellgrün, an der Basis rötlich.

Lebensspanne
Sommergewächs, in subtropischem Klima perennierend

Höhe
45 cm

ANBAU
Standort Warme Sonne. Vor Wind, Frost und sengender Hitze schützen.
Boden Gut dräniert und feucht.
Vermehrung Dünn an geheiztem Ort säen. Ist die Frostgefahr vorbei, in Töpfe oder an Ort und Stelle säen.
Pflege Sämlinge nicht überwässern, da sie gerne umfallen. Auf 20 cm Abstand ausdünnen, nicht verpflanzen. Stets am Mittag, nie am Abend wässern. In heissem Wetter Blätter abspritzen. Basilikum eignet sich ausgezeichnet als Topfpflanze im Haus.
Ernte Blätter jung pflücken. Spitzen abnehmen, wenn sich Blüten öffnen.
Aufbewahrung Blätter einfrieren (erst beidseitig mit Olivenöl bepinseln) oder trocknen. Ganze Blätter in Olivenöl mit Salz einlegen oder sie in trockenem Salz einlegen. Blätter in Öl oder Essig einlegen.

VERWENDUNG
Küche
• *Blatt* Mit Öl zerstossen oder mit Fingern zerreissen, nicht hacken. Ganz am Schluss gekochten Speisen beifügen. Über Salat und Tomatenscheiben streuen. Der starke, reiche Geschmack von Basilikum geht gut mit Knoblauch zusammen. Wird in Pesto-Sauce und vielen Mittelmeergerichten verwendet, auch in Kräuteressig. Weiteres S. 164.

Haushalt
• *Ganze Pflanze* Töpfe auf Fenstersimsen vertreiben Fliegen.

Kosmetik
• *Blühende Spitzen und Blatt* Frischen Aufguss in ein stärkendes Bad.

Gesundheit
• *Blatt* Ein paar Blätter, mehrere Stunden in Wein gelegt, ergeben ein Tonikum. Tee fördert die Verdauung. Basilikum wird in der Aromatherapie vielfach verwendet. Einen Tropfen ätherisches Öl auf den Ärmel geben und inhalieren, um geistiger Müdigkeit abzuhelfen.

Oenothera biennis

Nachtkerze *Onagraceae*

Eine Pflanze für den mondbeschienenen Garten: Die hellgelben Blüten der Nachtkerze haken ihre Hüllen erst in der Abenddämmerung aus und entfalten ihre Blüten dem Mond entgegen, die Nacht mit zartem, süssem Duft und geheimnisvoll erscheinendem phosphoreszierendem Licht begrüssend. Je mehr das Jahr fortschreitet, desto länger bleiben die Blüten oft auch tagsüber offen.

Obschon sie wahrscheinlich schon in Klöstern des 19. Jahrhunderts gezogen wurde, dachte Gregor Mendel, der österreichische Mönch, nicht an die Nachtkerze, als er Pflanzen für seine berühmten Vererbungsexperimente suchte. Aber heute züchten sie Genetiker, um die Prinzipien der Vererbung zu demonstrieren. Auch die medizinische Forschung sucht Wege, den Samen, der die seltene Gamma-Linolsäure enthält, zu nutzen: gegen prämenstruelle Spannung, Schwierigkeiten bei der Menopause, Psoriasis, Thrombose, Muskelsklerose und andere Degenerationskrankheiten. Vielleicht kommt eine Zeit, da wir ganze Felder dieser herrlichen hellgelben Blumen sehen.

Lebensspanne
Winterfest, zweijährig

Höhe
1–2 m

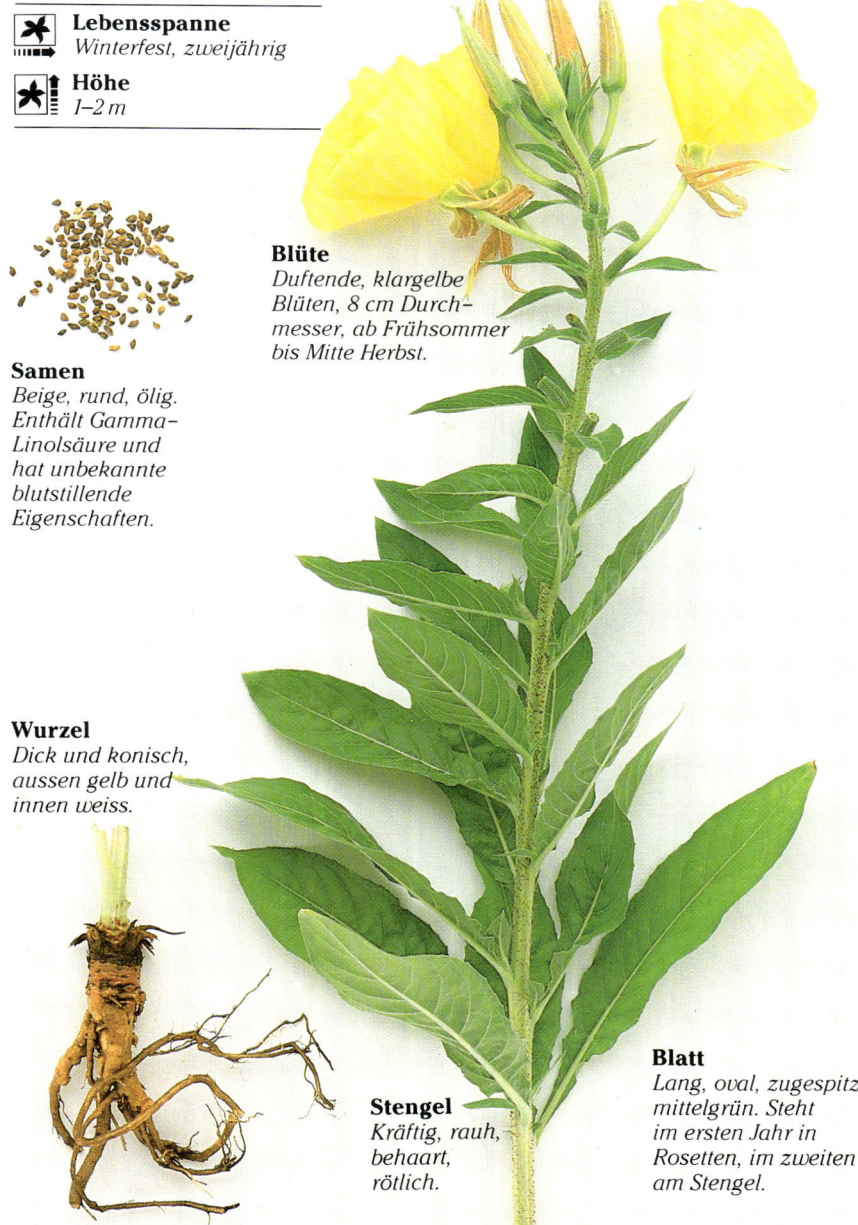

Samen
Beige, rund, ölig. Enthält Gamma-Linolsäure und hat unbekannte blutstillende Eigenschaften.

Blüte
Duftende, klargelbe Blüten, 8 cm Durchmesser, ab Frühsommer bis Mitte Herbst.

Wurzel
Dick und konisch, aussen gelb und innen weiss.

Stengel
Kräftig, rauh, behaart, rötlich.

Blatt
Lang, oval, zugespitzt, mittelgrün. Steht im ersten Jahr in Rosetten, im zweiten am Stengel.

ANBAU

Standort Sonnig und offen.
Boden Gut dräniert.
Vermehrung Im Frühling bis Frühsommer säen. In leichtem Boden selbstversamend.
Pflege Im Herbst 30 cm auseinader setzen. Nicht geeignet fürs Hausinnere.
Ernte Samen sammeln, wenn reif. Blätter und «Rinde» des Stengels ernten, wenn die Blütenstengel ausgewachsen sind.
Aufbewahrung Samen und Blätter trocknen.

VERWENDUNG

Dekoration
• *Ganze Pflanze* Lange Blütezeit. Schön in jedem Garten.

Küche
• *Wurzel* Sieden, schmeckt wie süsser Kürbis. In Pickles, in Salaten oder als Aperitif.

Kosmetik
• *Blatt und Stengel* Aufgiessen, um ein adstringierendes Gesichtsdampfbad herzustellen. Zu Handcreme als Weichmacher.

Gesundheit
• *Samen* Nachtkerzenkapseln einnehmen gegen prämenstruelle Spannung, Menopause-Schwierigkeiten und Psoriasis. Die Gamma-Linolsäure setzt das Niveau des Cholesterins und den Blutdruck herab. Scheint auch Thromboserisiko zu mindern sowie die Symptome von Muskelsklerose und anderen degenerativen Krankheiten.
• *Blatt und Stengel* «Rinde» und Blätter zu Hustentee aufgiessen. Die Forschung sucht jetzt auch Behandlung für Arthritis deformans, gutartige Brusttumore, Hyperaktivität, Schizophrenie, Alkoholismus, Anorexie, Parkinsonsche Krankheit und bestimmte Formen der Unfruchtbarkeit.

Onopordum acanthium

Eselsdistel *Compositae*

Man weiss, wie gerne Esel Disteln mögen. Auch der botanische Namen dieser Pflanze leitet sich vom griechischen *onos*, Esel, her.

   O. acanthium soll die echte schottische Distel sein, das Symbol Schottlands. Der Distelorden, der schottische Ritterwürden verlieh, wurde von König James 1540 gegründet.

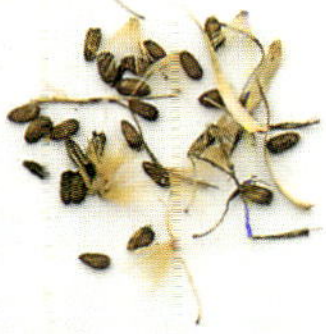

Samen
Dunkelbraun, oval, facettiert, 6 mm lang.

Getrocknete Blätter
Wurden einst zu Heilzwecken verwendet. Mit Flaum stopfte man Kissen.

Blüte
Violettrote, büschelige Blüten, 5 cm breit. Im zweiten Sommer.

Pflanze im 1. Jahr
Büschel silberner Blätter erscheinen im ersten Jahr, hohe Blütenstengel wachsen im zweiten.

Stengel
Stachliger geflügelter Stengel von dreieckigem Querschnitt, mit feinem Flaum bedeckt.

Wurzel
Dunkelbraune Pfahlwurzel mit beigen Seitenschossen mit weissem, adstringierendem Fleisch.

Blatt
Lang, schmal, gezähnt, stachlig grün mit weissem Flaum.

Lebensspanne
Winterfest, zweijährig

Höhe
2,7 m

ANBAU

Standort Volle Sonne oder Halbschatten.

Boden Verträgt jeden Boden, gelangt aber nur in reichem Lehmboden zu voller Höhe.

Vermehrung Im Spätherbst an Standort oder in Töpfe säen. Versät sich selbst in warmem Klima. Eselsdistel kann im Vorfrühling unter Glas angezogen werden.

Pflege Auf 75 cm Abstand ausdünnen oder verpflanzen. Nicht geeignet fürs Hausinnere.

Ernte Blüten, Blätter und Stengel nach Bedarf pflücken. Samen sammeln und Wurzeln ausgraben im Herbst des zweiten Jahres.

Aufbewahrung Blätter trocknen.

VERWENDUNG

Dekoration
• *Ganze Pflanze* Sieht im Garten eindrucksvoll aus.
• *Blüte* Beliebt in Dekorationen.

Küche
• *Samen* Wurde früher für Koch- und Lampenöl ausgepresst.
• *Blüte* Die grosse Scheibe mit den Blütchen wie Artischocken zubereiten: Blüten- und zähe Deckblätter entfernen und sieden oder dämpfen.
• *Stengel* Blanchieren und schälen. Roh mit Öl und Essig essen oder dämpfen und wie Spargel servieren.

Gesundheit
• *Blatt* Der Saft galt als heilsam für Krebs und Hautgeschwüre. Gerard, der sich auf Plinius stützte, erklärte 1597, er helfe bei steifem Hals.
• *Wurzel* Absud kann Schleimabsonderung vermindern.

Species *Origanum*

Majoran und Origano *Labiatae*

Die Griechen haben uns die Legenden und den Namen dieses altehrwürdigen Küchenkrauts geliefert: *oros ganos*, Bergwonne. Wer in Griechenland war, wo Origano (Wilder Majoran) die Hügel bedeckt und die Sommerluft mit Duft schwängert, wird den Namen billigen. Der süsse, würzige Duft des Majorans soll von Aphrodite als Symbol der Freude geschaffen worden sein. Brautpaare wurden mit Majoran bekränzt und Pflanzen auf Gräber gesetzt, um dem Geist Verstorbener Ruhe zu verleihen. Aristoteles berichtet, Schildkröten, die eine Schlange verschluckt hätten, ässen als Gegengift sofort Origano; man wandte es deshalb auch gegen Vergiftungen an. Die Griechen liebten seinen Duft nach dem Bad; Majoranöl wurde in Stirn und

Haar massiert. Und schon im alten Ägypten kannte man Origanos Fähigkeit zu heilen, zu desinfizieren und zu konservieren.

Majoran wurde im Mittelalter nach Europa gebracht; die Damen wünschten es, um es in Sträusse zu binden, in Kräuterkissen zu legen und süsses Waschwasser herzustellen. Seine Blätter wurden auch auf schweren Eichenmöbeln und –böden zerrieben als duftendes Bohnerwachs. Bei schwülem Wetter stellten Milchmädchen Majoran neben Kessel mit frischer Milch, im seltsamen Glauben, sie bleibe so eher süss. Möglicherweise tranken sie nachher Majorantee, der Menschen empfohlen wurde, die allzuviel seufzten.

Samen
Dunkelbraun, tropfen-förmig und winzig.

Getrocknete Blätter
Behalten den Geschmack gut, können beim Kochen verwendet werden.

Blatt
Oval, zugespitzt, mittel- bis dunkelgrün.

Stengel
Aufrecht bis locker, behaart, rund und grün, rot gesprenkelt.

Wurzeln
Waagrechte Stengel verwurzeln, wenn sie den Boden berühren.

***O. Majorana*
Majoran**
Ziemlich winterfeste, süsswürzige hellgrüne Blätter und weisse oder rötliche Blüten, die Samenbüschel hervorbringen.

***O. vulgare*
Wilder Majoran**
Breitet sich locker aus. Dunkelgrüne Blätter mit pfeffrigem Geschmack (enthält das wirksame Antisepticum Thymol), weisse oder rosa Blüte. Höhe: 60 cm.

O. onites
Mittelgrüne saftigwürzige Blätter und weisse oder rosa Blüten.

Lebensspanne
Winterfest, krautig oder strauchig, perennierend

Höhe
15–60 cm

ANDERE ARTEN UND VARIETÄTEN

**O. v. «Variegata»
Goldgefleckter
Majoran**
Mild würzig
schmeckende
Blätter, grün,
in der Sonne gold-
gesprenkelt. Blass-
rosa und weisse
Blüten.

O. o. «Crinkle leaf»
Krause, würzig-
schmeckende goldene
Blätter, werden von
praller Sonne ver-
sengt. Blüht selten.
Kompakte Form.

**O. v. «Compakt pink
flowered»**
Starkduftende, würzig
schmeckende, dunkel-
grüne Blätter.
Kompakte dunkel-
rosa Blütenköpfe.

**O. heracleoticum
Wintermajoran**
Ziemlich winter-
fest. Süsswürzige
aromatische Blätter,
rosa Blüten.
Höhe: 23 cm.

**O. v. «Aureum»
Goldener Majoran**
Milde, würzig-
schmeckende, goldene
Blätter, die von
praller Sonne
versengt werden.

ANBAU
Standort Vollsonnig. Gefleckten Arten: Brauchen mittags Schatten.
Boden Gut dräniert, eher trocken, alkalisch, nährstoffreich. Anders als die meisten Kräuter derselben Familie bekommt Majoran intensiveren Geschmack in reichem Boden.
Vermehrung Im Frühjahr säen (keimt manchmal langsam). Winterfeste Perennierende: Im Frühling oder Herbst teilen. Wurzel- oder Stengelstecklinge von Spätfrühling bis Hochsommer.
Pflege Auf 30–45 cm Abstand ausdünnen oder verpflanzen. Majoran um zwei Drittel zurückstutzen, bevor er für den Winter abstirbt. Wenn Standort nicht zu windig ist, Samenköpfe für Vögel belassen. Majoran kann im Haus gezogen werden.
Ernte Junge Blätter jederzeit. Sollen sie konserviert werden, knapp vor der Blüte pflücken.
Aufbewahrung Blätter einfrieren oder trocknen. In Öl oder Essig einlegen. Blühende Spitzen trocknen.

VERWENDUNG
Küche
• **Blatt** Majoran: Als aromatischen Tee aufgiessen. Fein hakken für Salat und Buttersaucen zu Fisch. Fleischgerichten erst am Schluss des Kochvorgangs beigeben. – *O. onites*, Origano: Mit Chilipfeffer und Knoblauch mischen. Auf Pizza, Tomaten, Eier und Käse. Frischen Schellfisch mit Majoran und Paniermehl füllen. In Röstfleisch reiben. Wird oft in Bouquet garni gegeben (s. auch S. 165).
• **Stengel** Auf Grillgut gelegt, verleihen sie dem Essen einen schwachen Majorangeschmack.

Haushalt
• **Blüte** Lockt Bienen und Schmetterlinge an.
• **Blatt** Majoran: Pulverisierte Blätter oder starken Absud in Möbelpolitur mischen.

Kosmetik
• **Blatt** Origano: Aufguss für beruhigendes Bad. Starker Aufguss als Kräftigungsmittel für Haar.

Aroma
• **Blatt** Majoran: In Duftschalen und Kräuterkissen.

Gesundheit
• **Blühende Spitzen** Majoran: Als Tee aufgiessen gegen Erkältungen, Kopfweh, einfache Magen-Darm-Beschwerden und nervöse Störungen. Absud oder ätherisches Öl in Badewasser, Salben oder Umschläge gegen rheumatische Schmerzen und Spannungen. Ein paar Tropfen ätherisches Öl aufs Kopfkissen geben, um Schlaf herbeizuführen. – Origano: Als Tee aufgiessen gegen Husten, Magen- und Gallenbeschwerden, nervöses Kopfweh und Reizbarkeit, allgemeine Erschöpfung und schmerzhafte Menstruation. Als Sedativ trinken, um Seekrankheit vorzubeugen. Äusserlich anwenden als antiseptischen Umschlag bei Schwellungen, Rheumatismus und steifem Hals.
• **Blatt** Origano: Kauen oder, um Zahnschmerzen kurzfristig abzuhelfen, einen Tropfen ätherisches Öl auf Zahn geben.

Species *Papaver*

Mohn *Papaveraceae*

Um 3000 v. Chr. verehrten die Sumerer den Mohn als Kultpflanze. Man nannte ihn Helfer der Kornfelder. Heute liefert er uns prachtvolle Gartenpflanzen, Öl, essbaren Samen und Opium.

Die analytische Zerlegung des Schlafmohns gehört in den Zusammenhang des Übergangs von der religiös-magischen Verwendung der Pflanzen zum wissenschaftlichen Gebrauch. Sie illustriert auch die Gefahr des Zerlegens von Pflanzen in ihre chemischen Bestandteile. Schlafmohn gab uns Morphium und Kodein, unsere wichtigsten Schmerzmittel, und auch Heroin, das süchtig macht und viel menschliches Leid verursacht hat. In vielen Ländern ist der Anbau streng kontrolliert.

Ornamentaler Doppelmohn.

Samen
Winzig, blau-grau, nieren-förmig, von weissblühendem Mohn cremefarben und kleiner, Geschmack gleich.

Blüte
Weiss, rosa, rot, dunkelrot im Spätsommer. Es gibt auch gefüllte Blüten (s. unten)

**P. somniferum
Schlafmohn**

Samenkapsel
Zwiebelförmig, abgeflacht, unbehaart. Wird hölzern.

**P. rhoeas
Ackermohn**
Langer, schlanker Stengel mit einzelner tief-roter Blüte mit schwarzer Mitte. Reife Samenkapseln haben an der Spitze einen Ring von Poren.

Blatt
Glatt, tief ein-gekerbt, asymme-trisch, blass graugrün. Oberste Blätter umklammern den Stengel.

Stengel
Hoch, leicht behaart, steif und manchmal verzweigt.

Lebensspanne
Winterfest, einjährig

Höhe
75–120 cm

ANBAU
Standort Vollsonnig.
Erde Gut dräniert und bearbeitet.
Vermehrung Im Frühjahr oder Herbst an Standort säen, Samen nur in die Erde pressen. Ackermohn braucht Kälte vor dem Keimen. Selbstversamend.
Pflege Auf 30 cm ausdünnen.
Ernte Samen sammeln, wenn Kapsel reif ist.
Aufbewahrung Samenkapseln trocknen, dann Samen herausschütteln.

VERWENDUNG
Dekoration
• *Ganze Pflanze* Ackermohn: Eine «Mohnpuppe» machen, das heisst, die Blütenblätter nach unten biegen und am Stengel festbinden, als Arme getrockneten Stengel durch den Kapselkopf stecken.
• *Samen* Getrocknete Samenkapseln in Wintersträusse.

Küche
• *Samen* Auf Brot, Kuchen und Biscuits streuen, ergibt angenehm nussigen Geschmack. Zu Currypulver. Erste Kaltpressung ergibt ein Kochöl.

Haushalt
• *Samen* als Vogelfutter. Aus der zweiten Pressung werden Künstlerfarben gemacht.
• *Blüte* Ackermohn: Blütenblätter zum Färben von Arzneien und Wein.

Gesundheit
• *Samen* Schlafmohn: Latex aus unreifer Kapsel früher als Schmerzmittel, gegen Durchfall und Husten verwendet, heute Hauptquelle von Morphium, noch nicht synthetisiert. Das Morphiumderivat Heroin ist ein starkes Gift.

Achtung: *Alle Teile reifen Schlafmohns, ausser reifem Samen, sind gefährlich und sollten nur durch ärztlich geschulte Leute angewendet werden.*

Species *Pelargonium*

Duftende Geranien

Geraniaceae

Die meisten Pelargonien stammen vom Kap der Guten Hoffnung in Südafrika, und obwohl sie 1632 nach England gebracht wurden, blieben sie verhältnismässig unbekannt, bis die französische Parfüm-Industrie 1847 ihre aromatischen Möglichkeiten entdeckte. Aus dem Blatt der Rosenpelargonie, *P. graveolens*, destillierten die Franzosen ein entzückend leichtes Rosenparfüm mit frischer grüner Note. Sie ist beliebt in der Kosmetik und wichtig in der Aromatherapie. Unglücklicherweise lässt sich die Essenz leicht fälschen, so dass man sie nur bei seriösen Händlern kaufen sollte.

Getrocknete Blätter
Behalten den Duft gut, wie auch an der Pflanze verwelkte Blätter.

P. graveolens ×
tomentosum
Duft nach Rosen und Pfefferminz.

P. quercifolium
«Eichen»-Blätter duften nach Weihrauch.

P. crispum «Prince of Orange»
Orangenduft.

P. radens
Duft nach Rose und Zitrone.

P. × fragrans
Duft nach Kiefern und Muskatnuss.

Blüte
Duftend, rosa oder weiss. Im Sommer und Herbst

Samenkopf
Storchenschnabelförmig, mit kleinen schwarzen Samen.

P. odoratissimum
Duft nach Äpfeln.

P. capitatum
Duft nach Rosen.

Stengel
Behaart, rund, grün, verholzend.

Blatt
Nach Rosen duftend, behaart, mittelgrün, mit 5–7 Lappen.

✹ **Lebensspanne**
Nicht winterfest, immergrün, perennierend

✳ **Höhe**
30 cm – 1 m

ANBAU
Standort Sonnig, gut durchlüftet.
Boden Gut dränierter Topfkompost.
Vermehrung Im Vorfrühling säen. Stengelstecklinge von überwinterten Pflanzen im Frühling nehmen oder im Spätsommer. Wurzelbildung oft besser in Sand.
Pflege Pelargonien in Töpfen ziehen, damit sie im Winter ins Haus genommen werden können. In Einzeltöpfe ausdünnen oder verpflanzen. Wachstumsspitzen abkneifen, wenn die Pflanzen 15 cm hoch sind. Ein Drittel des Laubwerks abschneiden, bevor die Pflanzen ins Haus zurückkehren.
Ernte Blätter knapp vor der Blüte pflücken.
Aufbewahrung Blätter trocknen.

VERWENDUNG
Küche
• *Blüte* In Salat streuen.
• *Blatt* Fein hacken oder in Flüssigkeit ziehen lassen und dann Blätter entfernen und verwenden zum Würzen von Saucen, Puddings, Gelees, Semmeln, Wassereis, Butter, Konfitüren, Zucker, Sirup und Essig. Kandieren als Kuchengarnitur. Blätter unter Bratäpfel oder Kuchen legen (S. 186). Als Tee aufgiessen oder zu einer Weinbowle geben. Mit Rosen- und Pfefferminzduft: Zu Leberpâté. – Mit Fichten- und Muskatnussduft: In Brunnenkressesuppe und Käseschnitten. – Mit Apfelduft: Mit Fisch in Most kochen.

Kosmetik
• *Blatt* Ätherisches Öl zu Parfüms und Gesichtscremes geben (gegen Talg in öliger, trockener und entzündeter Haut). Aufgiessen als mildes Adstringens zur Belebung der Blutzirkulation im Gesicht. In Badewasser geben.

Aroma
• *Blatt* In Dufttöpfen und Kopfkissen verwenden.

Gesundheit
• *Blatt* Ätherisches Öl in Aromatherapie-Massagen verwenden gegen prämenstruelle Spannungen, Wasserverhaltung, Ekzeme, Herpes und trockene Haut. Zu Massageöl geben als Tonikum für das Nervensystem.

Petroselinum crispum

Petersilie *Umbelliferae*

Von den Griechen hochgeschätzt, wurde Petersilie dazu ausersehen, Sieger bei den isthmischen Spielen zu bekränzen und Gräber zu schmücken, da sie Archemoros, dem Todesboten, zugeordnet war. Obwohl die Griechen Petersilie als Heilkraut brauchten und Homer berichtet, dass Pferde damit gefüttert wurden, scheinen doch die Römer als erste das Kraut gegessen zu haben. Sie verzehrten grosse Mengen von Petersilie und hängten ihren Gästen Girlanden davon um, um Vergiftungen vorzubeugen und starke Gerüche zu mildern.

Es gibt viele ausgezeichnete Petersiliensorten, zum Beispiel Knollenpetersilie *(P. c.* «Tuberosum»). Diese hat glatte Blätter und eine grosse, essbare, gutschmeckende Wurzel. Alle Petersilien sind reich an Vitaminen, Mineralien und antiseptischem Chlorophyll, sind also gesund und ausserdem hübsch als Garnitur. Stellen Sie täglich eine Schüssel Petersilie auf und geniessen Sie den Geschmack, der als «der Inbegriff allen Grünzeugs» beschrieben worden ist.

Samen
Klein, graubraun, sichelförmig mit cremeweissen Kanten, enthält Apiol, das giftig sein kann.

Blatt
Fein geschnitten, gekraust mit gezähnten Rändern, leuchtend grün, mit frischem Geschmack; reich an Vitaminen A, B und C, Eisensalzen, Kalzium, Magnesium und Chlorophyll.

Getrocknete Blätter
Bleiben am geschmackvollsten, wenn rasch getrocknet. Zum Kochen brauchen. Mit Stengel gesotten, entsteht ein gelbgrüner Farbstoff.

P. crispum
Krause Petersilie

P. c.
«Neapolitanum» Italienische oder Französische Petersilie
Glatte, zerteilte, dunkelgrüne Blätter mit stärkerem und derberem Geschmack als die Spezies und grossen, essbaren, saftigen Stengeln. Höhe 60 cm.

Wurzel
Dünn, gelbbraun, glatt. Pfahlwurzel mit winzigen Haarwurzeln. Hat stärksten Petersiliengeschmack.

Stengel
Massiv, kantig, halbrund, verzweigt, mittelgrün. Hat stärkeren Geschmack als Blätter.

Lebensspanne
Winterfest, zweijährig

Höhe
38 cm

ANBAU

Standort Sonne oder Halbschatten.
Boden Reich, feucht, gut bearbeitet.
Vermehrung Vom Frühling bis Spätsommer säen. Um das Keimen zu beschleunigen, Samen über Nacht in warmes Wasser legen und vor dem Säen in Saatschalen oder draussen siedendes Wasser in die Rillen giessen, dann 21° C Wärme halten. Selbstversamend.
Pflege Auf 23 cm Abstand ausdünnen oder verpflanzen. Bei kaltem Wetter schützen. Gedeiht gut im Haus.
Ernte Blätter im ersten Jahr pflücken. Samen einsammeln, wenn reif. Wurzeln im Herbst des 2. Jahres ausgraben.
Aufbewahrung Blätter trocknen oder einfrieren. Wurzeln trocknen oder blanchieren und einfrieren.

VERWENDUNG
Küche
• *Blatt* Roh zu Salat. Feingehackt über Sandwiches, Eierspeisen, Gemüsesuppen, Fisch und gesottene Kartoffeln streuen. Zu Mayonnaise und anderen klassischen Saucen geben. Gekocht verstärkt Petersilie andere Geschmäcke, sollte aber erst am Schluss beigefügt werden (Seite 165). In Bouquet garni verwenden. In Suppen geben. Knollenpetersilie: Als Gemüse kochen. Roh in Salate raffeln.

Haushalt
• *Ganze Pflanze* Zu Rosen setzen, verbessert deren Gesundheit und Duft.

Kosmetik
• *Blatt* Aufgiessen als Haartonikum. Zu Gesichtsdampfbädern und Lotion gegen trockene Haut und Sommersprossen. Aufguss ergibt beruhigendes Augenbad.

Gesundheit
• *Blatt* Roh kauen, um Atem zu verbessern und gesündere Haut zu erlangen. Als verdauungsförderndes Tonikum aufgiessen. In Umschlag als antiseptischer Verband für Verstauchungen, Wunden und Insektenbisse.
• *Wurzel* Absud gegen Nierenbeschwerden und als mildes Abführmittel. Saft gegen Schwellungen einreiben.

Pimpinella anisum

Anis *Umbelliferae*

Diese graziöse, federnähnliche einjährige Pflanze ist seit Jahrhunderten angebaut worden. Etwa 1500 v. Chr. zogen die Ägypter grosse Mengen davon, um aus Blättern und Samen Nahrung, Getränke und Medizinen zu gewinnen. Die Römer bepflanzten die toskanischen Felder mit Anis und erfanden einen speziell gewürzten Kuchen, *mustaceus* genannt, als Abschluss von Festmählern. Er enthielt Anis, Römischen Kümmel und andere verdauungsfördernde Kräuter und soll ein Vorläufer der würzigen Hochzeitskuchen gewesen sein. Das Edikt Karls des Grossen im 9. Jahrhundert, jedes Kraut, das vom Kloster St. Gallen gezogen würde, hätte auch in seinen Ländereien angebaut zu sein, verbreitete Anis durch ganz Europa. In England wurde es so wertvoll, dass Steuern darauf erhoben wurden. Frühe Pioniere brachten den Samen nach Nordamerika, wo Shakers es in ihren Heilkraut-Gärten zogen.

Blüte
Klein, sternförmig, weiss, in Büscheln. Im Spätsommer.

Samen
Aromatisch, hell graugrün, gerippt, länglich, eiförmig und zugespitzt. Braucht sonnigen Sommer, um ganz zu reifen.

Stengel
Gerippt, rund, verzweigt, mittelgrün.

Blatt
Aromatisch, gezähnt, rund, gelappt wenn bodennah, fein gefiederte obere Blätter.

Lebensspanne
Ziemlich winterfest, einjährig

Höhe
30–45 cm aufsteigend oder niederliegend

ANBAU

Standort Sonnig und windgeschützt.
Boden Gut dräniert und alkalisch.
Vermehrung Im Spätfrühling an Standort säen. Samen verliert Keimfähigkeit nach zwei Jahren.
Pflege Auf 20 cm Abstand ausdünnen. Nicht verpflanzen. Kann im Haus gezogen werden.
Ernte Untere Blätter nach Bedarf abnehmen. Blüten sammeln, wenn sie sich öffnen. Für Samen die Pflanze bodennah abschneiden, wenn die Früchte an den Spitzen graugrün werden. Stengel und Wurzeln im Herbst ernten.
Aufbewahrung Samen trocknen, indem man die Pflanze aufhängt, bis sie reif ist (S. 270).

VERWENDUNG

Küche
• *Samen* Ganz oder zerdrückt in Brot, Kuchen, Apfeltorte, Apfelsauce, Cremes und Süssigkeiten. Zu Weichkäse, Pickles, Curry und Kochwasser für Schalentiere. Nach dem Essen leicht angerösteten Samen kauen, um den Atem und die Verdauung zu verbessern. In vielen Likörs enthalten.
• *Blüte* In Fruchtsalat mischen.
• *Blatt* An Fruchtsalat geben mit Feigen, Datteln und Kastanien.
• *Stengel und Wurzel* In Suppe. Ergibt leichten Lakritzengeschmack.

Haushalt
• *Samen* Als Köder in Mäusefalle.

Kosmetik
• *Samen* Gemahlen in Gesichtspackung. Anisöl wird in Parfüms, Zahnpasta, Seife und Mundwasser verwendet.

Aroma
• *Samen* Zerdrückt in Duftschale.

Gesundheit
• *Samen* Als beruhigendes Antiseptikum aufgiessen gegen Erkältungen, Husten und Bronchialbeschwerden, gegen Koliken bei Babies, gegen Brechreiz und als Drüsenstimulans stillender Mütter, um den Milchfluss zu erhöhen.

Bäume

Man denkt zwar selten an Bäume, wenn es um Kräuter geht. Bäume haben aber Saft, Rinde, Blätter, Beeren und Nüsse mit oft kräuterähnlichen Eigenschaften. Sie haben stets die Grundbedürfnisse des Menschen – Brennstoff, Nahrung, Baumaterial, Möbel – erfüllt und uns Färbestoffe, Heilmittel, Salat- und Likörzutaten, Haushaltartikel und Aromastoffe geschenkt. Jeder Monat hat seinen nützlichen Baum. Die Druiden schufen einen Mondkalender mit dreizehn Monaten, mit einem besonders geehrten Baum für jeden Monat; zur Sommersonnenwende gehörte die Eiche. Bäume werden hoch und erstrecken sich tief in die Erde, und so geben sie uns geistige Kraft als Symbol der Weisheit und Stärke. Sie können einem grossen Kräutergarten einen geistigen Rahmen verleihen.

Prunus dulcis**
Mandelbaum** *(oben)*
Mandelöl wird in Kosmetika und in der Aromatherapie verwendet. (s. S. 274)

Sambucus nigra**
Schwarzer
Holunder** *(links)*
Blüten und Früchte dienen als Nahrung, Getränke, Heilmittel, Kosmetika, Insektenabwehrmittel und Farbstoffe. (s. S. 115)

Ginkgo biloba**
Ginkgo** *(oben)*
Samen und Blätter werden in der chinesischen Medizin verwendet. (s. S. 273)

Ilex aquifolium**
Stechpalme**
(rechts)
Die Blätter wurden als medizinisches Tonikum verwendet. Die Beeren sind giftig. (s. S. 273)

Betula pendula**
Silberbirke** *(rechts)*
Birkenblätter sind antiseptisch; alle Teile des Baums sind nützlich. (s. S. 112)

***Crataegus
monogyna*****
Weissdorn** *(links)*
Die reifen Früchte sind ein ausgezeichnetes Stärkungsmittel für Herz und Blutkreislauf. (s. S. 112)

Tilia cordata
Winterlinde
(rechts)
Lindenblütentee
ist ein beliebtes
Mittel gegen
nervöse
Spannungen.
(s. S. 115)

Picea abies
Rotfichte *(oben)*
Liefert medizinisch
verwendbares Pech
und Harz. Aus Nadel-
spitzen machte man
Bier. (s. S. 114)

Quercus robur
Eiche *(oben)*
Aus Eichenrinde
werden Farbstoff und
Tannin gewonnen.
Jahrhundertelang
hochgeschätzt.
(s. S. 274)

Cytisus
scoparius
Besenginster
(unten)
Hübsch blühender
Baum mit vielen
nützlichen Eigen-
schaften. Liefert
Farbstoff und faserige
Rinde. (s. S. 113)

Juglans regia
Walnussbaum *(oben)*
Trägt essbare Nüsse
und hat andere
nützliche Eigen-
schaften. (s. S. 113)

Populus balsamifera
«Aurora»
Balsampappel *(links)*
Diese gefleckte Form
liefert wie alle ihrer
Spezies duftende
Knospen (s. S. 274)

Juniperus
communis
Wacholder *(oben)*
Beeren werden zum
Würzen gebraucht.
Sie sind anti-
septisch. (s. S. 114)

Bäume

Betula pendula
Silberbirke   *Betulaceae*

Crataegus monogyna
Weissdorn   *Rosaceae*

Die Silberbirke, elegant und graziös mit ihrer silbernen Rinde und mittelgrünen ovalen Blättern, duftet köstlich nach einem Regenguss. Sie wird 6–9 m hoch, hat einen Umfang von 2,5–3,5 m und trägt im Frühling männliche und weibliche Kätzchen. Einst wurde ihr weiches Holz für den Dach- und Bootsbau verwendet, und die Rinde diente als Schreibpapier.

ANBAU
Im Vorfrühling in Kistchen säen. Nach zwei bis drei Jahren im Herbst oder Winter an endgültigen Standort setzen. Die Silberbirke gedeiht an jeder Lage und in jedem Boden, braucht aber genügend Platz für ihre sich weit ausbreitenden Oberflächenwurzeln.

VERWENDUNG
Aus Birkenzweigen fertigt man starke, wirksame Besen; ihr Gebrauch in der Sauna ist traditionell. Aus dem Saft kann man Wein und Essig machen. Birkentee, aus Blättern aufgegossen, wurde früher gegen Rheumatismus und Gicht empfohlen. Aus der Rinde gewonnenes Öl wird beim Ledergerben verwendet und in Medizinalseifen für Ekzeme und dgl.

Zäh, dornig, perennierend wächst der Weissdorn, wo er sich einmal angesiedelt hat, sehr rasch. Er verträgt Halbschatten, ist aber am zufriedensten an offener, sonniger Lage, wo er bis 9 m hoch und 4,5–6 m breit werden kann. Seine dunkelgrünen Blätter sind gelappt und gezähnt. Im Spätfrühling trägt er schöne, süssduftende weisse Blüten, gefolgt von glänzendroten Beeren vom Spätsommer bis Spätherbst. Die Tradition verbindet den Baum mit dem Christentum. Christus trug eine Dornenkrone. Die Legende will, dass Joseph von Arimathia, als er im Jahr 60 nach Britannien kam, bei Glastonbury seinen Stab in die Erde steckte, allwo er Wurzel schlug und zweimal im Jahr blühte, im Frühjahr und zu Weihnachten.

ANBAU
Reifen Samen im Spätwinter oder Vorfrühling draussen säen oder junge Büsche zwischen Herbst und Frühling setzen. Mit Baumhüllen vor Frost schützen. Um eine Hecke zu erzielen, junge Pflanzen mit 30–40 cm Abstand pflanzen und zwischen Hochsommer und Frühling beschneiden.

VERWENDUNG
Weissdorn bildet gute, dicke Hecken oder einen schönen Baum im Rasen. Verbrennt man ihn, gibt er sehr viel Hitze ab. Heute werden Blüten und vor allem Beeren in Herzstärkemitteln verwendet. Ein Likör lässt sich aus den Beeren mit Brandy herstellen.

Cytisus scoparius
Besenginster *Leguminosae*

Juglans regia
Walnussbaum *Juglandaceae*

Als heraldischer Schmuck der mittelalterlichen Herren der Bretagne und der Plantagenets von England verwendet, wuchs Besenginster früher überall wild. Ein laubwechselnder, perennierender Strauch, 2,5 m hoch und breit, hat er lange, aufrechtstehende Zweige, die selbst im Winter glänzend grün bleiben. Im Spätfrühling und Frühsommer bedecken sich die Zweige mit Massen gelber, duftender Blüten, gefolgt von schwarzen Samenschoten. Die pollenreichen Blüten locken Bienen an. Es gibt Kreuzungen in verschiedenen Farben, von Weiss bis Rot.

ANBAU
Obschon sehr anpassungsfähig, mag Besenginster am liebsten volle Sonne und einen gut dränierten, leicht sauren Boden. Säen, sobald Samen reif ist, und Sämlinge im Herbst an endgültigen Standort versetzen. Besenginster kann man auch durch Ausleger vermehren. Nach der Blüte schneiden, damit die Pflanze unten nicht zu mager wird.

VERWENDUNG
Der farbige und nützliche Besenginster bindet die Erde an einer steilen Böschung und bietet andern Sträuchern Schutz, bis sie festen Fuss gefasst haben. Sein deutscher Name rührt daher, dass man aus seinen zähen, biegsamen Zweigen Besen zu machen pflegte. Das Tannin in seiner Rinde wurde früher zum Ledergerben verwendet, und aus den Samen braute man Ersatzkaffee. Ehe man für die Bierbrauerei Hopfen entdeckte, brauchte man die jungen grünen Spitzen, um das Bier bitter zu machen, und Besenginster-Knospen wurden gerne genascht; in Essig eingelegt glichen sie Kapern. In angelsächsischen Zeiten schrieb man der Pflanze Heilkraft zu; sie sollte Nieren- und Blasenbeschwerden kurieren. Heute ist sie in einer Anzahl von Pharmazeutika, u. a. harntreibenden Mitteln, enthalten. Leicht narkotisch und bei Überdosis gefährlich, eignet sich Besenginster nicht zum Hausgebrauch.

Dieser prächtige, winterfeste, laubwechselnde Baum mit seinem mächtigen Stamm und grossen, ausladenden Zweigen kann 30 m hoch werden. Im Spätfrühling trägt er sowohl männliche als auch weibliche Blüten: die unscheinbaren, winzigen grünen weiblichen Blüten in kleinen Büscheln und die gelbgrünen männlichen Blüten als Kätzchen. Die glänzenden grünen ovalen Blätter haben einen starken Duft. Walnussbäume werden wegen ihres Holzes und ihrer Nüsse kultiviert.

ANBAU
Im Mittel- bis Spätherbst in Pflanzbeete säen und zwei bis drei Jahre dort belassen, dann im Herbst oder Winter an endgültigen Standort setzen. Offene Lage mit fruchtbarem, gut dräniertem Boden, geschützt vor Frühlingsfrost. Ab Samen gezüchtete Bäume tragen nach ungefähr 15 Jahren essbare Nüsse.

VERWENDUNG
Grüne, unreife Walnüsse lassen sich in Essig einlegen, in Sirup konservieren oder zu Likör verarbeiten. Reife Nüsse gibt man in Kuchen, Füllungen und Saucen. Sie sind für gewisse Salate und für verschiedene Arten von Salatöl unentbehrlich. Die grünen Hüllen der Nüsse kann man zu gelbem Farbstoff sieden, und aus den Blättern und den äusseren Schalen gewinnt man ein braunes Haarfärbmittel. Ein Aufguss aus den getrockneten Blättern kann gegen Hautbeschwerden wie Ekzem und Herpes nützen, und ein Aufguss aus pulverisierter Rinde wirkt abführend.

Bäume

Juniperus communis
Wacholder *Cupressaceae*

Dieser niedrige, stachlige Busch, zwischen 1,2 und 3 m hoch, ist ein langsam wachsendes, immergrünes Nadelholz. Er hat silbergrüne, spitzige Nadeln und trägt kleine gelbe Blüten vom Spätfrühling bis zum frühen Sommer. Wacholder wird wegen seiner Beeren angebaut, die bis zu drei Jahre brauchen, um zu reifen. Zuerst sind sie grün, später silbrigrot. Die leicht harzigen, süssschmeckenden Beeren finden sich nur an weiblichen Büschen; ein und dieselbe Pflanze kann Beeren verschiedensten Reifegrades tragen. Der Geschmack ist stärker, je weiter südlich der Baum wächst. Es gibt viele Schmucksorten von Wacholder.

ANBAU
Eignet sich für exponierte, sonnige Lage, verträgt aber alkalischen Boden. Samen aus reifen Beeren im Frühherbst in kalten Frühbeetkasten säen. Die Sämlinge ein oder zwei Jahre lang im Freien in Pflanzenreihen wachsen lassen, dann an definitiven Standort setzen. Es braucht sowohl männliche als auch weibliche Pflanzen, damit Beeren entstehen. Um ganz sicher zu sein über das Geschlecht der Pflanzen, arbeitet man besser mit Stecklingen, die man im Spätsommer bis Frühherbst nimmt.

VERWENDUNG
Wacholderbeeren geben dem Gin seinen charakteristischen Geschmack, werden aber auch zum Würzen anderer Getränke und von Bier gebraucht. Zerdrückte Beeren werden Marinaden für Wild und Geflügelfüllungen beigegeben (S. 165). Ein Aufguss aus den Beeren soll harntreibend wirken und Blasenkatarrh mildern. Er beruhigt auch schmerzende Muskeln. Wacholderbeeren sollten von Schwangeren und Nierenleidenden nicht gegessen werden.

Picea abies
Rotfichte *Pinaceae*

Millionen von Leuten als Weihnachtsbaum vertraut, kann die Rotfichte 15 m hoch und 6 m breit werden. Ihre immergrünen, nadelartigen Blätter wachsen nur an der Oberseite der Zweige. Wenn der Baum etwa 40 Jahre alt ist, beginnt er 15 cm lange zylindrische Zapfen hervorzubringen, die abwärts hängen. Wie viele Koniferen wird die Rotfichte wegen ihres leichten, aber starken Holzes angebaut.

ANBAU
Samen im Vorfrühling in Töpfe säen. Im folgenden Frühling in Pflanzenbeete setzen. Zwei bis drei Jahre später im Winter an endgültigen Standort setzen. Windgeschützte Lage mit feuchtem saurem Boden wählen.

VERWENDUNG
Terpentinöl, Kolophonium und Teeröl werden alle aus dem Harz der Fichte und ihrer Verwandten gewonnen. Blätter und Zweige, mit Hefe und Zucker vergoren, ergeben Sprossenbier.

Sambucus nigra
Schwarzer Holunder   *Caprifoliaceae*

Als perennierender, laubwechselnder, grosser Strauch
oder schmaler Baum mit ovalen, gesägten Blättern,
wird Holunder etwa 5 m hoch und breit. Seine sich
ausbreitenden Zweige tragen im Spätfrühling und
Frühsommer flache, doldenähnliche Blütenköpfe mit
kleinen. sternförmigen, cremeweissen Blüten. Im
Herbst sind daraus geneigte Büschel rotschwarzer,
saftiger Beeren geworden. Als häufig vorkommende
Wildpflanze, erscheint Holunder in der Folklore vieler
Länder; alte Legenden schreiben ihm Zauberkräfte zu.

ANBAU
Reife Beeren 2,5 cm tief im Freien in einen Topf stecken.
Sämlinge, wenn sie gross genug sind, an endgültigen
Standort im Halbschatten pflanzen. Oder 30 cm lange
Stecklinge im Mittel- oder Spätherbst in Pflanzbeet setzen
und im folgenden Winter hinaus pflanzen. Im Winter stark
zurückschneiden. Holunder verträgt fast jeden Boden;
S. nigra eignet sich gut für sehr kalkreiche Standorte.

VERWENDUNG
Dieser wichtige und wertvolle Baum wurde früher «das
Apothekerkästchen der Bauern» genannt und wird höchst
vielfältig verwendet. Ein Tee aus den Blüten kann Erkältungen behandeln. Holunderwasser ist gut für Gesichtshaut
und Augen. Die Blüten werden auch in Salben gegen
Verbrennungen verwendet, und eine Salbe aus Blättern hilft
bei Quetschungen und Verstauchungen. Die Beeren sind
reich an Vitamin C und sind oft ein wichtiger Bestandteil von
Konfitüren und Herzstärkemitteln. Seit Jahrhunderten
macht man Wein aus Beeren und Blüten (S. 193).

Tilia cordata
Winterlinde   *Tiliaceae*

Die kleinblätterige Winterlinde ist ein schnellwach-
sender, winterfester, laubwechselnder Baum, der 11 m
hoch werden kann. Seine herzförmigen Blätter sind
glänzend dunkelgrün und haben gesägte Ränder. Die
Büschel gelblicher, stark duftender Blüten, die im
Hochsommer erscheinen, haben einen süssen,
Bienen anlockenden Nektar. Die Blätter beherbergen
oft Blattläuse, die «Blatthonig» produzieren, eine
klebrige Masse, die ebenfalls Bienen anzieht, aber
später als unangenehmer Rückstand abtropft.

ANBAU
Samen im Vorfrühling in kaltes Beet säen. Im Herbst in
Pflanzbeete setzen. Nach wenigstens vier Jahren an endgültigen Standort setzen, in Sonne oder Halbschatten auf gut
dräniertem Boden.

VERWENDUNG
Lindenblütentee ist sehr beliebt in Europa, wo er als
verdauungsförderndes, beruhigendes Tonikum getrunken
wird. Mit den Blüten würzt man auch Süssigkeiten und
Likör. Lindenblüten werden in Schönheitsprodukten zur
Beruhigung der Haut verwendet. Obwohl nicht besonders
dauerhaft, verwendet man das weisse, feinkörnige Linden-
holz gerne für komplizierte Schnitzereien. Übrigens sollte
man sehr alte Blüten nicht mehr verwenden, da sie etwas
giftig werden können.

Poterium sanguisorba (Sanguisorba minor)

Kleiner Wiesenknopf

Rosaceae

Die zierlichen, dekorativen Blätter dieses erfrischenden Krautes lassen an eine einjährige Pflanze denken; sie ist aber winterfest. Ihre Blätter überstehen oft milde Winter, wenn aber nicht, so erscheinen sie unter den ersten Frühlingspflanzen. Kleiner Wiesenknopf wurde von Pilgern nach New England gebracht; man sagte, er mache das Herz froh und den Wein anmutig. Junge Blätter schmecken wie etwas scharfe Gurke. Die grünen Blütenkugeln sind mit winzigen roten Pünktchen durchsetzt, von denen man vergeblich eine Explosion von Farben erwartet. Francis Bacon empfahl, man solle diese hübsche Blume mit wildem Thymian und Wasserminze in Reihen setzen; wenn man sie zertrete, entströme ihr ein herrlicher Duft.

Samen
3 mm lang. Beige, gefurcht, oval.

Blüte
Winzige grüne Blüten, durchsetzt mit roten Pünktchen, bilden 13 mm breite Kugeln. Früh- bis Hochsommer. Sie enthalten keinen Nektar und werden windbestäubt.

Blatt
Rosetten kräftiger, spitzenartiger, anmutiger, fein gezähnter Blätter. Übersteht milde Winter.

Lebensspanne
Winterfest, krautig, perennierend

Höhe
20–75 cm

Stengel
Gefurcht, zu Blütenstengeln verzweigt.

ANBAU
Standort Sonne oder leicht schattig.
Boden Kalkhaltig.
Vermehrung Im Frühjahr oder Herbst säen. Lässt man ihn blühen, so versamt Wiesenknopf sich selbst.
Pflege Setzlinge, wenn sie gross genug sind, in 30 cm Abstand einpflanzen. Blühende Stengel und alte Blätter regelmässig abschneiden, damit sich viele zarte junge Blätter bilden.
Ernte Zarte junge Blätter pflücken, wann immer benötigt.
Aufbewahrung Blätter trocknen.

VERWENDUNG
Dekoration
• *Ganze Pflanze* Als Einfassung von Kräutergärten.

Küche
• *Blatt* Der nussige, etwas scharfe Gurkengeschmack ist gut in Garnituren, Salaten, Kräuterbutter, Weichkäse oder über Gemüse gestreut. Von Anfang an Kasserollen und cremigen Suppen beifügen. Mit anderen Kräutern, vor allem Rosmarin und Estragon, kombinieren. Sauce für Weissfisch: je 2 EL zerhackten Wiesenknopf und Estragon zu 100 g geschmolzener Butter geben und 10 Min. leicht kochen lassen. Als Würze in Essig, Salatsaucen. Wirkt kühlend in Sommergetränken und Punsch.

Haushalt
• *Blatt* Kerzen aussen etwas anschmelzen und getrocknete Blätter anpressen.

Kosmetik
• *Blatt* Einweichen und Gesichtslotion herstellen gegen Sonnenbrand und unreine Haut.

Gesundheit
• *Ganze Pflanze* Als Aufguss versuchen gegen Hämorrhoiden oder Durchfall.
• *Blatt* Frische Blätter, welche Vitamin C enthalten, auf Essen streuen; fördert die Verdauung. Als Tonikum oder milden Blasentee anwenden.

Primula veris   Primula vulgaris

Schlüsselblume und Kissenprimel *Primulaceae*

Diese zwei Frühlingsblumen stimmen immer fröhlich. Am beliebtesten ist die Kissenprimel, und sie erscheint auch als erste.

Die frohgemut nickende Schlüsselblume verströmt einen einzigartigen milchigen Duft. In manchen Gegenden ist sie fast bis zur Ausrottung gesammelt worden, vor allem, um den betörenden Schlüsselblumenwein herzustellen. Sie steht unter Schutz.

Kissenprimel

Blüte
Hellgelbe, herzförmige Blütenblätter mit dunkelgelber Mitte. Eine Blume pro Stengel; mehrblumige sind Hybriden.

Blatt
Gerunzelt, länglich, gelbgrün.

Primula vulgaris
Kissenprimel

Samen
Dunkelbraun, facettiert, 1 mm lang.

Getrocknete Blüten
Ergeben milden Beruhigungstee.

Wurzel
Hellbauner aromatischer Wurzelstock mit kleinen blassgelben Wurzeln.

Getrocknete Blätter
Zuweilen in Gesundheitstee verwendet.

Primula veris
Schlüsselblume

Blüte
Goldene Blütenblätter mit orangefarbenem Fleck an der Basis. Im Frühling.

Samen
Dunkelbraun, polyedrisch 1 mm lang.

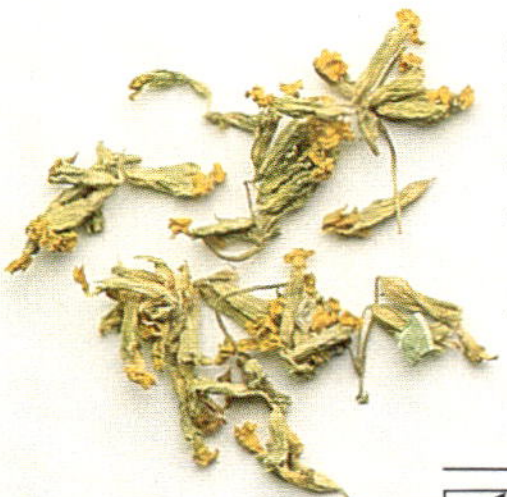

Getrocknete Blüten
Behalten die Farbe. Für Trockensträusse und Dufttöpfe.

Stengel
Kräftig, rund, trägt 1–30 Blüten.

Blatt
Blaugrün, leicht gerunzelt, bildet Rosetten.

Lebensspanne
Winterfest krautig perennierend

Höhe
Schlüsselblume 13–23 cm Kissenprimel 8–15 cm

Getrocknete Blätter
Als Arznei verwenden.

ANBAU

Standort Halbschatten oder Sonne. Die Schlüsselblume liebt kalkigen, die Kissenprimel eher feuchten Boden.

Vermehrung Grosse Pflanzen im Herbst teilen. Im Herbst gepflückter, noch leicht saftiger Samen keimt schneller. Reifer, trockener Samen braucht erst Kälte, dann Wärme, um aufzuwachsen. Im Herbst unter Glas säen.

Pflege Im folgenden Herbst auseinandersetzen, Abstand 15 cm. Kissenprimel eignet sich nicht fürs Haus, im Gegensatz zur Schlüsselblume.

Ernte Blätter und frisch erblühte Blumen pflücken. Wurzeln im Herbst sammeln.

Aufbewahrung Blüten kandieren. Blätter und Wurzeln trocknen.

VERWENDUNG

Dekoration
• *Blüten* In Frühlingssträusschen binden.

Küche
• *Blüte* Schlüsselblume: Für Konfitüre und Wein oder Pickles verwenden. Kissenprimel: Roh in Salat essen. Für Garnituren kandieren.
• *Blatt* Schlüsselblume: In Salaten und Fleischfüllung. Kissenprimel: Als Gemüse kochen.

Kosmetik
• *Blume* Ergibt, in destilliertem Wasser eingeweicht, eine Lotion gegen Flecken und Runzeln.

Aroma
• *Blüte und Wurzeln* Getrocknete Blüten und pulverisierte Wurzeln in Dufttöpfe legen.

Gesundheit
• *Ganze Pflanze* Kissenprimel: Aufguss aus frischen Pflanzen als Hustenmittel und Beruhigungstee.
• *Blüte* Frisch oder getrocknet als Tee ein Beruhigungsmittel und gegen Kopfweh.
• *Blatt* Schlüsselblume: Nützlich in Wundsalben. Kissenprimel: Für Gesundheitstee.
• *Wurzel* Schlüsselblume: Als Tee aufgiessen gegen nervöse Kopfschmerzen.

Rosmarinus officinalis

Rosmarin *Labiatae*

Viele lieben Rosmarin, den «Meertau», so sehr, dass sie sich einen sommerlichen Kräutergarten ohne ihn nicht vorstellen können. Er wird seit Urzeiten als Gewürz und als Heilkraut verwendet. Er soll das Gedächtnis stärken und wurde daher ein Treuesymbol für Liebende. Es gab Brautkränze aus Rosmarin, reich vergoldet und mit bunten Bändern umwunden. Spanier verehren Rosmarin, weil die Jungfrau Maria auf der Flucht nach Ägypten unter einem Rosmarinbusch Zuflucht fand. Sie breitete ihren Mantel darüber, und die weissen Blüten wurden blau.

Früher wurde der harzreiche Rosmarin zur Luftreinigung in Krankenzimmern verbrannt, und in Gerichtshöfen verstreute man Zweiglein zum Schutz vor «Gefängnisfieber». In Pestzeiten trug man es in hohlen Spazierstockgriffen und in Säcklein um den Hals; man atmete es ein, wenn man an zweifelhafte Orte gehen musste. In manchen Mittelmeerdörfern wird Wäsche zum Trocknen über Rosmarinbüsche ausgelegt, damit die Sonne das mottenvertreibende Aroma herauszieht.

Rosmarin bildet auch gute Gartenhecken. Zu Shakespeares Zeiten zog man ihn als Formstrauch; er wurde zu Kugeln oder Kegeln gestutzt.

Ausser dem Gemeinen Rosmarin gibt es verschiedene Varietäten, darunter eine kräftige, aufrecht wachsende neue Sorte namens «Sawyer's Selection» mit grossen lila Blüten, die in drei Jahren bis zu 2,5 m hoch wird.

Samen
Gelbbraun, ölig, klein.

Blatt
Harzig, ledrig, nadelförmig, dunkelgrün.

Lebensspanne
Winterfest, immergrün, perennierend

Höhe
1–2 m; eine neue Sorte erreicht 2,5 m.

Getrocknete Blätter
Sie behalten ihren Geschmack lange und sind leicht aufzubewahren.

Getrocknete Stengel
Von Blättern befreit, können sie mit Holz oder zum Grillieren verbrannt werden, für guten Geruch.

Stengel
sperrig, verholzt ab 2. Jahr.

WEITERE SORTEN

R. o. «Prostratus»
Zarte, liegende
Art mit hell-
blauen Blüten
und feineren
Blättern.

R.o. «Severn Sea»
halbliegende,
ziemlich winterfeste
Kulturrasse, mittel-
blaue Blüten,
feine Blätter an
geschwungenen
Zweigen.

*Gemeiner Rosmarin trägt blassblaue, orchideenähnliche
Blüten im Frühsommer.*

R. o. «Albus»
Winterfest. Weisse
Blüten, manchmal
lavendelfarbig
geädert.

**R. o. «Suffolk
Blue»**
Winterfest.
Glänzende,
himmelblaue
Blüten.

R.o. «Majorca Pink»
Ziemlich winterfest,
klare, rosa
Blüten, hell-
grüne Blätter.

**R. o. «Miss Jessup's
Upright»**
Winterfest, weisse
Blüten, wächst
glatt und gerade;
geeignet für Hecken.

ANBAU

Standort Sonnig, vor Zug geschützt. In kalten oder unge-
schützten Gärten Rosmarin in grossen Topf setzen und diesen
in den Boden versenken; im Winter ins Treibhaus oder an son-
nigen Platz in der Wohnung stellen.
Boden Muss gut dräniert sein. Auf kalkigem Boden bleibt der
Busch kleiner, duftet aber stärker. Zusätzliche Kalkgaben in
Form von Eierschalen oder Holzasche.
Vermehrung Im Frühjahr unter Wärme, im Sommer im
Freien. Keimt ungleich, braucht wenigstens 21 °C. Ratsamer ist
Vermehrung durch Setzlinge oder Ableger.
Pflege Bei genügender Grösse auf Abstände von 60–90 cm
umsetzen. Rosmarin lässt sich an sonniger Lage in Containern
im Haus ziehen.
Ernte Kleine Mengen durchs Jahr hindurch pflücken. Haupt-
ernte vor der Blüte.
Aufbewahrung Schosse und Zweige trocknen, dann Blätter
abstreifen. Das Aroma ist am stärksten, wenn die Blätter erst
kurz vor Gebrauch zerquetscht werden.

VERWENDUNG

Dekoration
• *Zweige* Ergeben ein duftendes «Gerüst» für Kränze und Girlanden.

Küche
• *Blüte* Frische Blüten in Salat streuen. Kandieren für Garnituren. Mit Zucker zerstossen, mit Sahne vermischen und zu
Fruchtpüree geben.
• *Blatt* Sparsam zu vielen Fleischgerichten verwenden, vor
allem Lamm- und Schweinefleisch. Zu Bratkartoffeln. In Kräuterbutter für Gemüse.

Haushalt
• *Zweig* Frische Zweige kühlen die Zimmerluft.
• *Blatt* Eine Handvoll Rosmarin in einem halben Liter Wasser
zehn Minuten sieden; das ergibt ein Desinfektionsmittel für die
Reinigung von Toiletten.
• *Stengel* Beim Grillieren als Spiesschen verwenden.

Kosmetik
• *Blüte* Essenz in «Ungarwasser» (siehe S. 223) verwenden.
• *Blatt* Ins Badewasser gestreut, regt es den Blutkreislauf an.
Gesichts-Dampfbäder machen. Eignet sich als Spülmittel für
dunkles Haar.

Aroma
• *Blatt* In Dufttöpfe legen. Zweige zwischen Wäsche stecken.
• *Stengel* Über Grillfeuer streuen, um Insekten abzuwehren.

Gesundheit
• *Blatt* Regt den Blutkreislauf an. Wirkt schmerzstillend,
indem die Blutzufuhr an der Auflagestelle erhöht wird. Fördert
Verdauung von Fett. Gut für schmerzende Gelenke und rheumatische Beschwerden. Ergibt ein antiseptisches Mundwasser.

Species *Rosa*

Rosen *Rosaceae*

Duft und Schönheit machen die Rose zur unumstrittenen Königin. Ihr Anbau verbreitete sich von Persien aus; sie brachte Künstlern, Kriegern und Liebenden in jedem Land Inspiration. Kleopatra verführte Antonius knietief in Rosen, und römische Bankette wurden mit Girlanden aus Rosenblättern behängt.

Dieses Engelsgeschenk war auch wegen seiner sanften Heilkraft geschätzt. Rosenessenz ist einer der ungefährlichsten Heilstoffe, die man kennt, und der delikate Geschmack von Rosenwasser verbessert jede Küche. Der Rosenwein stammt aus dem antiken Persien, und die süsse Geleefrucht wird mit Rosenwasser gemacht. Rosenblätter wurden früher für Konfitüre, Essig, Kuchen und als Garnitur geschätzt. Und nun sind wir dabei, die unendlich vielen Möglichkeiten der Rose neu zu entdecken und zu geniessen.

Damaszenerrosen in Blüte.

Hagebutten
Früchte der Heckenrose, besonders reich an Vitamin C.

R. gallica «Versicolor» Rosamundi Hübsch gestreifte Blütenblätter.

Getrocknete Blütenblätter und Knospen
Blütenblätter gleich nach dem Öffnen pflücken als Hauptbestandteil in Duftschalen und –kissen.

R. damascena Damaszenerrose

Blüte
Rosa, stark duftend, halbgefüllt, im Sommer. Liefert Rosenöl und Rosenwasser.

Blatt
Elliptisch mit feingezähnten Rändern, 5–7 mittelgrüne Blätter pro Stiel.

Stengel
Grün und dick, bedeckt mit kleinen Dornen.

R. g. «Officinalis»

R. canina Heckenrose
Starke, gebogene, stachlige Stiele, mittelgrüne Blätter, rosa oder weisse duftende Blüten und hellrote Hagebutten.

R. eglanteria (R. rubiginosa) Weinrose
Kleine, rosa, duftende einfache Blüten mit apfelduftenden Blättchen, sehr dornig, gebogene Stengel und hellrote Früchte

Duftende alte Rosen
Rose «Charles de Mills» und Blütenblätter von «Maiden's Blush», «Mme Isaac Pereire», «Alba Maxima», «Old Blush China».

⚹ Lebensspanne
Winterfester Strauch

⚹ Höhe
1,2–2,4 m

ANBAU

Standort Sonne oder Halbschatten, offen. Nicht zuviel Wind.
Boden Gut dränierter Lehm.
Vermehrung Stecklinge im Herbst schneiden. Spezies säen.
Pflege Von Herbst bis Frühjahr ausdünnen oder auseinander setzen. Im Sommer verblühte Rosen schneiden. Im Frühling leicht beschneiden.
Ernte Knospen, wenn reif, Blütenblätter gleich nach dem Öffnen, Früchte, wenn reif.
Aufbewahrung Blütenblätter und Knospen trocknen. Blütenblätter kandieren. Früchte trocknen.

VERWENDUNG

Dekoration
• *Blüte* In Sträussen.

Küche
• *Blüte* Duftende Blätter verwenden, deren bitterer, weisser Ansatz entfernt ist. In Salate, Apfel- oder Kirschenkuchen. Sirup, Essig, Sorbets und Süssigkeiten herstellen (Seite 183). Als Garnitur kandieren. Süssigkeiten und Drinks mit Rosenwasser verfeinern.
• *Frucht* Haare entfernen, dann in Tee, Wein, Sirup und Konfitüre verwenden. Pürieren, süssen und mit Zitronensaft zu einer Sauce zu Lammfleisch.

Kosmetik
• *Blüte* Rosenwasser als antiseptisches Tonikum zur Beruhigung trockener, entzündeter, reifer und empfindlicher Haut. Rosenöl als Parfüm.

Aroma
• *Blüte* Blätter in Duftschale.

Gesundheit
• *Blüte* Öl, mit anderen vermischt, bei Massage zur Belebung der Blutzirkulation, zur Blutreinigung und Kräftigung der Haargefässe.
• *Blatt* Als tonisierenden und adstringierenden Tee aufgiessen. Bei Bindehautentzündungen Augen mit Rosenwasser besprengen.
• *Hagebutte* Enthält Vitamine B, E, K, besonders aber C. Als Tee oder Sirup einnehmen.

Rumex acetosa

Sauerampfer *Polygonaceae*

Reichlich blühender Sauerampfer, der sich auf saurem Boden über Gras erhebt, gibt einer Heuwiese zur Erntezeit einen rötlichen Hauch. An einem heissen Sommertag assen die Heuer oft von den saftigen Blättern, um ihren Durst zu stillen. Die meisten Sauerampferblätter hinterlassen einen scharfen, säuerlichen Geschmack, der in vielen Gerichten zur Geltung kommt. Römischer Ampfer *(R. scutatus)* schmeckt etwas milder nach Zitrone; die Franzosen ziehen ihn für Sauerampfersuppe vor.

Samen
Klein, tiefbraun, glänzend, spitzig, mit drei geschwungenen Facetten.

**R. scutatus
Römischer Ampfer**
Silberne Flecken auf hellgrünen Blättern, «angenehmer säuerlich» als Breitblatt-Sauerampfer.

Blüte
Spiralige rötlich-grüne Ähren im Sommer. Abnehmen, um weitere Ernte junger, saftiger Blätter zu sichern.

R. acetosa
Frische saftiggrüne Blätter, fast geschmacklos im Frühling; Säure entwickelt sich mit der Zeit.

Blatt
Lanzettförmig mit breitem Ansatz, enthält Kalium und Vitamine A, B1, C.

Lebensspanne
Winterfest, perennierend

Höhe
*R. acetosa 60–120 cm
R. scutatus 15–45 cm*

Stengel
Saftig, gefurcht und rötlich.

ANBAU

Standort *R. acetosa:* Sonne oder Halbschatten. *R. scutatus:* Vollsonnig, geschützt.
Boden *R. acetosa:* Feucht, eisenhaltig. *R. scutatus:* Durchlässig.
Vermehrung Säen im Frühjahr. Wurzeln zerteilen im Herbst.
Pflege Sämlinge auf 30 cm ausdünnen oder auseinander setzen. Vor Schnecken schützen. Alle 5 Jahre teilen und neu pflanzen. Im Haus in Töpfen.
Ernte Für Küche Blätter jung abnehmen. Für die Ernte im Winter Sauerampfer mit Glasglocken bedecken.
Aufbewahrung Getrocknet wenig Geschmack. Am besten in fertigen Gerichten tiefgefroren.

VERWENDUNG

Küche
• **Blatt** Rohe, junge Blätter essen (besonders *R. scutatus*), in Salaten (weniger Essig oder Zitrone in die Sauce geben) und in Sauerampfersuppe. Kochen wie Spinat, Wasser einmal wechseln, um Säure zu reduzieren. Zum Würzen von Gemüsesuppen, Omeletten, Lamm- und Rindfleisch und in Saucen zu Fisch, Geflügel und Schweinefleisch.

Für eine grüne Sauce je eine Handvoll Sauerampfer und Kopfsalatblätter mit einer halben Handvoll Brunnenkresse waschen. In etwas Wasser mit einer ganzen Zwiebel zart kochen. Zwiebel entfernen. 1 EL Olivenöl mit 1 EL Weinessig, Pfeffer und Salz mischen und in die Sauerampfermischung rühren, bis sie cremig ist.

Haushalt
• **Blatt** Zur Entfernung von Rost-, Schimmel- und Tintenflecken von Wäsche, Korbwaren und Silber.

Gesundheit
• **Blatt** Als Tee aufgegossen gegen Nieren- und Leberbeschwerden. Hilft bei Mundgeschwüren, Furunkeln und eitrigen Wunden.

Achtung: *Grössere Dosen können die Nieren schädigen.*

Ruta graveolens

Gartenraute *Rutaceae*

Sowohl Leonardo da Vinci als auch Michelangelo erklärten, ihr Augenlicht und ihre schöpferische Vision seien dank der metaphysischen Kräfte der Gartenraute verbessert worden. Man pflegte vor der Messe das Weihwasser mit Rautenzweigen zu bestreuen, und sie war ein wichtiges Streukraut und Antipestmittel. Diebe, die Pestopfer beraubten, schützten sich mit dem «Essig der vier Diebe», in dem Gartenraute enthalten war. Sie war auch ein Bestandteil des griechischen *mithridate*, einem Mittel gegen alle Arten von Gift.

R.g. «Jackman's Blue» hat kompaktes, metallischblaues Laub.

ANBAU

Standort Vollsonnig. Erträgt Halbschatten.

Boden Gut dräniert, alkalisch, nicht oder wenig fruchtbar, um beste Pflanzen zu erzielen.

Vermehrung Im Frühjahr teilen. Stengelstecklinge im Spätsommer nehmen. Nur Species: Im Frühjahr säen, keimt langsam.

Pflege Auf 45 cm Abstand ausdünnen oder verpflanzen. Im Spätfrühling stutzen. In strengen Wintern schützen. Gartenraute lässt sich im Haus ziehen.

Ernte Junge Blätter knapp vor der Blüte pflücken. Samen sammeln.

Aufbewahrung Blätter und Samen trocknen.

VERWENDUNG

Dekoration
• *Ganze Pflanze* R.g. «Jackman's Blue»: Als niedrige Hecke pflanzen.
• *Blatt* In kleine Blumensträusse.

Küche
• *Samen* Mit Liebstöckel und Minze in Marinade für Rebhuhn.
• *Blatt* Schmeckt bitter, aber sehr kleine Mengen verleihen Schmierkäse, Eier- und Fischgerichten einen ungewöhnlichen, moschusartigen Geschmack. Ergibt mit Pflaumen und Wein eine köstliche Fleischsauce.

Kosmetik
• *Blatt* Aufguss als Bad für müde Augen.

Gesundheit
• *Blatt* Aufguss fördert die Menstruation, den Appetit, treibt Schweiss und aktiviert den Gallenfluss. In Kompressen für Wunden und Hautgeschwüre. Als Tonikum trinken wegen des Gehalts an Eisen und Mineralsalzen. Frische Blätter werden in homöopathischer Tinktur gegen Rheumatismus, Arthritis und Neuralgie verwendet.

Achtung: *Gartenraute sollte nur unter strenger ärztlicher Aufsicht eingenommen werden, nie in der Schwangerschaft. Manchmal führt sie zu Hautreizungen.*

Samen
Schwarz, sichelförmig, in der römischen Küche im 1. Jh. n. Chr. verwendet.

Blüte
Gekräuselt, schuhförmig, grünlichgelb, im Spätsommer.

Getrocknete Blätter
Enthalten wirksamen Keim- und Insektentöter. Zerdrücken und verstreuen, um Insekten abzuwehren.

R. g. «Variegata»
Helle cremeweisse Spritzer auf Blattspitzen. Im Frühling stutzen, um neues geflecktes Laub zu erhalten. Wird evtl. wieder einfarbig grün.

Blatt
Klein, rund, gelappt, blaugrün, hat Öldrüsen.

Wurzel
Cremefarben, verzweigt, faserig, soll den Blutgefässen im menschlichen Auge entsprechen.

Stengel
Rund, kreidig blaugrün, verholzt im 2. Jahr. Der Saft kann Hautausschlag hervorrufen.

Lebensspanne
Winterfester, immergrüner Halbstrauch

Höhe
60 cm

Santolina chamaecyparissus (S. incana)

Heiligenkraut *Compositae*

Santolina ist mit dem Gänseblümchen verwandt. Die ganze Pflanze ist hocharomatisch und wurde am Mittelmeer seit Jahrhunderten zur Lufterfrischung gebraucht. Man schätzt sie, weil sie Insekten vertreibt, und im Mittelalter wurde sie als Heilkraut verwendet. Sie wurde wahrscheinlich im 16. Jahrhundert von französischen Gärtnern nach England gebracht, weil sie in ornamentalen Gärten sauberere Formen ergibt als Grasnelke, Gamander, Majoran und Thymian. In drei Farben erhältlich, ist sie auch heute noch zum Einfassen und für Hecken beliebt.

Ein Beet blühende Santolina chamaecyparissus.

S. rosmarinifolia
Gelbe Blüte und kleine, rosmarinähnliche, weidengrüne Blätter, die süsser und weniger durchdringend duften als *S. c.*

Blüte
Hellgelbe Knopfblüten, eine pro Stiel, vom Hochbis zum Spätsommer.

Blatt
Stark duftend, fein zerteilt, silbergrau, immergrün, wächst zu niedrigen Hügelchen.

S. virens (S. viridis)
Hellgelbe Knopfblüten und fadenartige, stark duftende, lebhaft grüne Blätter

Santolina chamaecyparissus

S. c. «Lemon Queen»
Cremeweisse Knopfblüte (alle andern Kulturformen gelb) und weidengrünes Blattwerk mit etwas frischerem Duft.

Stengel
Weich, rund, weiss befilzt. Grünlichbraun und hölzern im zweiten Jahr.

Lebensspanne
Winterfester, immergrüner Halbstrauch

Höhe
30–60 cm

S. neapolitana
Hellgelbe Knopfblumen, silbergraue Blätter, die länger und gefiederter und fruchtduftender sind als *S. c.*
Höhe: 75 cm.

ANBAU
Standort Vollsonnig.
Boden Gut dräniert, wenn möglich sandig. Bei zu fettem Boden wächst Santolina weich und weniger silbern.
Vermehrung 5–8 cm lange Stecklinge im Frühling oder von Mittsommer bis Herbst nehmen (bei Frostwetter schützen).
Pflege 45–60 cm, für Hecken 30–38 cm auseinander setzen. Im Frühjahr oder im Sommer stutzen, in kaltem Klima nie im Herbst. Fällt die Temperatur auf −15 °C, mit Stroh, Reisig oder Farn zwischen zwei Schichten Gitterdraht schützen, 13 cm dick. Santolina kann im Haus gezogen werden.
Ernte Blühende Stengel im Spätsommer ernten, Blätter jederzeit.
Aufbewahrung Blühende Stengel und Blätter trocknen.

VERWENDUNG
Dekoration
• *Ganze Pflanze* Für Hecken, Einfassungen, ornamentale Gärten. Muster machen mit den drei verfügbaren Farben.
• *Blüte* Trocknen für Dekorationen.

Haushalt
• *Zweig* Um Motten und andere Insekten zu vertreiben, in Schubladen und unter Teppiche legen, in Toiletten aufhängen und zwischen Bücher legen.

Aroma
• *Blatt* In Duftschalen.

Gesundheit
• *Blüte und Blatt* Mit einem Absud glaubte man Eingeweidewürmer loszuwerden und den Fluss der Menstruation sanft anzuregen. Tee wurde getrunken zur Nierenreinigung und gegen Gelbsucht. Sich mit Absud waschen, um Grind und Schorf zu heilen.
• *Blatt* Zu Kräutertabak mit Kamille und Huflattich.

123

Salvia officinalis

Salbei *Labiatae*

«Der Wunsch des Salbeis ist, den Menschen unsterblich zu machen», verkündet ein Text des späten Mittelalters. Salbei wurde in der ganzen Geschichte und auf vielen Erdteilen wegen seiner lebensverlängernden Eigenschaften gerühmt. «Wie kann jemand alt werden, der Salbei im Garten hat?» lautet ein altes, in China, Persien und Teilen Europas vielzitiertes Sprichwort. Die Chinesen schätzten ihn im 17. Jahrhundert so hoch, dass sie holländischen Händlern für eine Kiste Salbei drei Kisten Schwarztee boten.

Der Name *Salvia,* von lateinisch *salvere,* gesund sein, heilen, retten, widerspiegelt diesen hohen Ruf. Für die Römer war es ein heiliges Kraut, das feierlich gesammelt wurde. Einer wurde ernannt, der Brot und Wein opferte, eine weisse Tunika trug und mit sauberen Füssen barfuss ging. Die Römer verboten den Gebrauch von eisernem Werkzeug, was vernünftig war, denn Eisensalze vertragen sich nicht mit Salbei.

Diese wirksame Heilpflanze ist auch ein kräftiges Küchenkraut, das oft am besten allein gebraucht wird. Ein grosser Koch schrieb: «In der Oper des Kochens ist Salbei eine schnell beleidigte und launische Primadonna. Sie hat die Bühne am liebsten für sich selbst.» Wertvoll ist Salbei als Verdauungshilfe nach dem Genuss würziger oder süsser, fettiger Speisen.

Schliesslich ist Salbei auch ein schöner aromatischer Strauch, von Bienen geliebt, aber als blühende Gartenpflanze oft unterschätzt.

Getrocknete Blätter
Hocharomatisch, pikant.

Blüte
Tiefkehlig, zweilippig, meist blaulila. Weisse und rosa Formen sind seltener.

Blatt
Paarweise angeordnet, oft mit gelben Flecken auf alten Blättern. Dick, flaumig, mit starker Äderung auf der Unterseite.

Samen
Dunkelbraun, eiförmig, winzig, bildet sich in Früchten am Grund jeder Blüte.

 Lebensspanne
Winterfester, immergrüner Strauch

 Höhe
30–75 cm

Stengel
Kantig, grün mit feinem Haar, ab 2. Jahr verholzend.

ANDERE VARIETÄTEN

S. lavandulifolia
Leicht balsamischer
Duft, gut für Tee.

S.o. «Tricolor»
Ziemlich winter-
fest. Blätter
grün gesprenkelt
mit weissen
Rändern.
Milder Geschmack.

S.o. «Purpurea variegata»
Starker
Geschmack,
für Gesund-
heitstee.

S.o. prostratus Kriechender Salbei
Stärkster
balsamischer
Geschmack. Behält
blaue Blattfarbe
den ganzen Sommer.

S.o. «Icterina»
Milder als
Echter Salbei.

S. sclarea
Zweijährig.
Breit gefaltete Blätter,
lange blühende lila Blüten.

S.o. «Purpurea»
Starkwürziges
Blatt.
Als Tee gegen
Halsweh.

S. elegans (S. rutilans)
Ziemlich winterfest.
Rote Blüte im Spät-
sommer. Blätter
schmecken nach
Ananas.

S.o. «Broad Leaf»
Blüht selten in
kühlem Klima. Gut für
Küche und medizinsche
Zwecke.

Ein Beet mit verschiedenen Salbeiarten. Im Vordergrund roter Salbei.

ANBAU
Standort Voll sonnig.
Boden Leicht, trocken, alkalisch, gut dräniert.
Vermehrung Echten Salbei säen. Alle Sorten lassen sich leicht aus Stecklingen ziehen; sie bilden Wurzeln während vier Wochen im Sommer.
Pflege Nach der Blüte zurückstutzen, verholzte Pflanzen alle vier bis fünf Jahre ersetzen. Abstand 45–60 cm. Oft stutzen, um Pflanze buschig zu halten. Vergilbende Blätter können bedeuten, dass die Wurzeln mehr Platz brauchen. Kleine grüne Raupen essen die Blätter; von Hand ablesen oder befallene Blätter abschneiden und verbrennen. Eignet sich fürs Haus an sonnigem Platz.
Ernte Blätter knapp vor der Blüte pflücken.
Aufbewahrung Blätter langsam trocknen, um Geschmack zu erhalten und Schimmel zu vermeiden.

VERWENDUNG
Dekoration
• *Blatt* Schön in Kränzen.

Küche
• *Blatt* Mit Zwiebeln als Geflügelfüllung. Mit fettem Fleisch wie Schweinefleisch, Ente und Wurst kochen. Mit anderen starken Geschmäcken kombinieren: um zarte Leber wickeln und in Butter braten; in Käse geben. Ganze Blätter in Brühteig tauchen und braten (S. 177). Salbeiessig und Salbeibutter machen.
• *Blüte* Auf Salat streuen. Zu leichtem, balsamischem Tee aufgiessen.

Haushalt
• *Blatt* Getrocknete Blätter in der Wäsche vertreiben Insekten. Auf Glut verbrennen oder in Wasser sieden, um ein Zimmer zu desinfizieren. Salbeirauch entfernt den Geruch von Tieren und Essen.

Kosmetik
• In Gesichtsdampfbädern und adstringierender Reinigungslotion, als Spülung, um graues Haar zu kräftigen und dunkler zu machen. Über Zähne reiben, um sie weiss zu machen. Als Mundwasser brauchen.

Gesundheit
• *Blatt* Fördert Verdauung, ist antiseptisch, wirkt gegen Pilze und enthält Östrogen. Hilft Durchfall bekämpfen. Ein Salbeisandwich oder Salbeitee nach dem Essen tut der Verdauung gut. Salbeitee und Salbeiwein sind Nerven- und Blut-Tonika. Tee vermindert Schwitzen, beruhigt Husten und Erkältungen, hilft bei unregelmässiger Menstruation und in der Menopause. Bier aus Muskatellersalbei war einst berühmt für seine berauschende Wirkung.

Achtung: *Salbei sollte nicht längere Zeit in grossen Dosen eingenommen werden.*

Saponaria officinalis

Seifenkraut *Caryophyllaceae*

Es lohnt sich, nach Seifenkraut zu suchen, denn es gibt ein liebliches Gartenkraut ab. Es sondert einen seifigen Saft ab, der sich ausgezeichnet zum Waschen und zur Wiederbelebung feiner Gewebe eignet und wird zu diesem Zweck in Museen verwendet. Es verströmt auch einen köstlichen Duft nach Himbeer–Sorbet mit einem Hauch von Gewürznelke, was zeigt, dass es mit der Nelkenfamilie verwandt ist.

Im Mittleren Osten wurde Seifenkraut sowohl zum Reinigen als auch als Heilkraut für Hautprobleme wie Ekzeme, Akne und von Geschlechtskrankheiten verursachte Hauterkrankungen verwendet. Wegen dieser Eigenschaften wurde Seifenkraut im 19. Jahrhundert in den Kräuterfarmen der amerikanischen Shakers gezogen.

Blüte
Einfache blass-rosa Blüten, 2,5 cm breit, mit süssem Fruchtduft. Im Spätsommer.

Getrocknete Blätter
Enthalten weniger Saponin als frische; zum Putzen verwenden.

Stengel
Kräftig, zylindrisch, hellgrün, an der Basis tiefrot; enthält Saponin.

Blatt
Oval, zugespitzt, hellgrün mit drei parallelen Adern; Saft enthält Saponin, eine schäumende Substanz.

Lebensspanne
Winterfest, krautig, perennierend

Höhe
45 cm–1 m

Wurzel
Faserige Würzelchen wachsen an rosa-braunen Ausläufern, 6–13 mm dick. Diese enthalten am meisten Saponin.

ANBAU
Standort Vollsonnig oder Halbschatten.
Boden Fruchtbar und feucht.
Vermehrung Im Frühjahr säen. Im Spätherbst oder Vorfrühling Pflanzen teilen oder Stücke der unterirdischen Ausläufer nehmen. Versamt sich selbst.
Pflege Auf 60 cm Abstand ausdünnen oder verpflanzen. Stengel mit zweigartigen Stecken stützen. Nach der Blüte zurückschneiden, um zweite Blüte zu erzielen. Die Stärke des Dufts hängt vom Standort ab. Nicht neben Fischteichen pflanzen, da die Ausscheidungen der Wurzeln Fische vergiften können. Nicht fürs Haus geeignet.
Ernte Blüten, Blätter, Stengel und Wurzel im Herbst oder nach Bedarf.
Aufbewahrung Blüten und Blätter trocknen. Wurzeln in Scheiben schneiden und an der Sonne trocknen.

VERWENDUNG
Küche
• *Blüte* Auf grünen Salat und Fruchtsalat streuen.

Haushalt
• *Blatt, Stengel und Wurzel* Mit Regenwasser oder weichem Wasser bedecken (kein chemisch behandeltes Leitungswasser) und 30 Minuten sieden, dann seifige Flüssigkeit zum Wäschewaschen benutzen. Gibt heiklem altem Gewebe neues Leben.

Kosmetik
• *Blatt, Stengel und Wurzel* In weichem Wasser kochen, abseihen und zur Haarwäsche oder für empfindliche Haut benutzen (S. 225).

Aroma
• *Blüte* Mit einem Strauss Seifenkraut ein Zimmer parfümieren. Getrocknet in Duftschale, obwohl wenig Duft erhalten bleibt.

Gesundheit
• *Wurzel* Absieden und bei Akne und Psoriasis verwenden.

Achtung: *Seifenkrautwurzel ist giftig und sollte nicht eingenommen werden.*

Satureja montana (Satureia montana)

Winterbohnenkraut

Labiatae

Bohnenkraut ist mit seinem pfefferigen Geschmack eines der ältesten Gewürzkräuter; man schätzte es als antiseptisches, für den ganzen Verdauungstrakt wohltätiges Kraut. Es ist auch anregend und war als Aphrodisiakum gefragt – vielleicht heisst es deshalb *Satureia*, von Satyr. Vergil beschrieb in seinem Gedicht über das Landleben Bohnenkraut als hocharomatisch und wertvoll, wenn neben Bienenkörbe gesetzt. Die Römer gaben Bohnenkraut in Saucen und Essig, den sie reichlich als Würze benützten. Sie brachten das Kraut auch nach Nordeuropa, wo es ein geschätztes desinfizierendes Streukraut wurde. Später wurde es von frühen Siedlern nach Nordamerika gebracht.

Winterbohnenkraut trägt im Sommer winzige rosa bis weisse Blüten.

Samen
Glänzend, mittelbraun, länglich-kugelförmig, längs geteilt mit winziger Spitze.

Getrocknete blühende Spitzen
Enthalten ein Antiseptikum, das die Verdauung fördert. Blätter zum Kochen zerkrümeln.

Blatt
Klein, schmal, zugespitzt, dunkelgrün, mit einer charakteristischen, drüsenbesetzten, aromatischen Mittelader in Falz.

**S. repandra
Kriechendes Winterbohnenkraut**
In Steingärten Teppich starkwürziger grüner Blätter, im Spätsommer mit winzigen weissen Blüten besetzt.

**S. hortensis
Sommerbohnenkraut**
Sommergewächs. Weniger, etwas grössere und rundere Blätter als Winterbohnenkraut; blasslila bis weisse Blüten im Spätsommer. Höhe: 45 cm.

Stengel
Behaart, kantig, verzweigt, grün, später rotbraun. Verholzt im 2. Jahr.

Wurzel
Dunkelbraun, dicht, faserig.

✳ **Lebensspanne**
Winterfester immergrüner Halbstrauch

✳ **Höhe**
38 cm

ANBAU

Standort Vollsonnig.
Boden Gut dräniert und alkalisch. – Sommerbohnenkraut: Lehmboden.
Vermehrung Im Frühherbst oder Spätfrühling säen. Samen leicht in den Boden pressen. Pflanze im Frühling oder Herbst teilen. Stengelstecklinge im Sommer nehmen. – Sommerbohnenkraut: Im Frühling säen.
Pflege Auf 45 cm Abstand ausdünnen oder verpflanzen. Im Spätfrühling stutzen. Winterbohnenkraut braucht manchmal Schutz im Winter. Kann im Haus gezogen werden. – Sommerbohnenkraut: Auf 23 cm Abstand ausdünnen oder verpflanzen. Stutzen, um vor Verholzen zu bewahren.
Ernte Blätter pflücken, wenn sich Blütenknospen gebildet haben. Blühende Spitzen im Spätsommer sammeln.
Aufbewahrung Blätter trocknen. Aufgiessen zu Bohnenkrautessig und Bohnenkrautöl.

VERWENDUNG

Dekoration
• *Ganze Pflanze* Nützliche Einfassungspflanze.

Küche
• *Blatt* Mit Bohnen kochen. Das pfefferige Winterbohnenkraut ist nützlich für salzfreie Diät (s. S. 164).

Haushalt
• *Zweig und Blatt* Auf Feuer legen als aromatisches Desinfektans.

Gesundheit
• *Blühende Spitzen* Als Tee aufgiessen; stimuliert Appetit, lindert Verdauungsbeschwerden und Blähungen. Auch als Gurgelwasser benützen. In Wein einlegen als Tonikum, gut nach Fieber.
• *Blatt* Zerdrücken und zur Schmerzlinderung auf Insekten- und Wespenstiche legen.

Kosmetik
• *Blühende Spitzen* Als Adstringens und Antiseptikum verwenden in Gesichtsdämpfen oder Bädern gegen fettige Haut.

Sempervivum tectorum

Hauswurz *Crassulaceae*

Nach der Legende ein Geschenk Jupiters zum Schutz vor Blitz, Donner, Feuer und Zauberei; Hauswurz wurde deshalb stets als eine Art Feuerversicherung fürs Heim betrachtet. Sein Ursprung ist nicht bekannt; schon im 4. Jh. v. Chr. berichtete der griechische Botaniker Theophrastus von seiner Anwesenheit auf Mauern und Dachziegeln. Die Römer pflanzten Hauswurz in Töpfen in ihren Höfen, und Karl der Grosse befahl, eine Pflanze habe auf jedem Dach zu wachsen.

In der Blumensprache steht Hauswurz für Lebhaftigkeit und Fleiss. Sie ist auch eines der ältesten Kräuter für Erste Hilfe mit ähnlichen, wenn auch nicht so starken Heilkräften wie Aloe vera. Der Vorteil der Hauswurz ist, dass sie einige Grade Winterfrost ertragen kann.

Ableger
Hauswurz bringt kleine Rosetten hervor, die Wurzeln treiben und selbständige Pflanzen werden. Manchmal erscheinen im Hochsommer Büschel von 3 cm langen, rosa Blüten auf einem aufrechten, runden Stengel, der mit schuppengleichen Blättern besetzt ist. Die Rosette, die den Stengel hervorbrachte, stirbt dann ab.

Ausläufer
Glatte, rote Wurzel, die sich zu den Ablegern erstreckt.

Wurzel
Faserig, hängt an Oberflächen, besonders an Dächern.

Blatt
Fleischig, mittel-grün, formt 5–15 cm breite Rosetten mit stachligen braunen Spitzen.

Aufgeschnittenes Blatt
Enthält saftigen Schleim, der heilen und lindern kann.

 Lebensspanne
Winterfeste, immergrüne, perennierende Sukkulente

 Höhe
5–8 cm; blühender Stengel 20 cm

ANBAU

Standort Sonnig, meist auf Dächern und Vordächern.
Boden Trocken, gut dräniert, dünn. Gut geeignet sind Steingärten.
Vermehrung Im Frühjahr Ableger und Blattstecklinge nehmen (Blatt an der Basis, mit einem Auge vom Stengel, abschneiden). Säen im Frühling.
Pflege Auf 23 cm Abstand ausdünnen oder auseinander setzen. Wächst im Haus.
Ernte Die dicksten Blätter pflücken.
Aufbewahrung Saft extrahieren und einfrieren.

VERWENDUNG

Küche
• *Blatt* In Holland gibt man es zu Salat.

Kosmetik
• *Blatt* Frische Blätter in Bad oder Gesichtsdampfbad einlegen, um die Haut zu heilen und zu nähren. Saft (aus zerschnittenem, frischem Blatt) oder Absud auf Warzen und andere Hautunreinheiten legen.

Gesundheit
• *Blatt* Mildert kleine Verletzungen. Entweder frische Blätter aufschneiden, so dass ihr saftiges Inneres hervorkommt, und direkt auf die Haut pressen oder zerquetschen und als Umschlag verwenden. Gut bei kleineren Verbrennungen, Wespen- und Nesselstichen, juckender, brennender Haut und Warzen. Um die Haut um Hühneraugen herum weich zu machen, Blätter ein paar Stunden umbinden, dann Fuss in heissem Wasser einweichen und versuchen, das Hühnerauge zu entfernen. Wenn nötig wiederholen.
Frisch zerquetschte Blätter können bei Scheidenzysten und Hygromen nützlich sein. Hygrome sind Schleimgeschwülste, die an Knie, Ferse, Zehe oder Handgelenk nach einem Schock wie etwa einem Fall erscheinen können. Nach mehrfacher Anwendung erscheinen Furchen in der Zyste, die das Aufbrechen ankündigen.
Als Tee trinken bei septischer Angina, Bronchitis und Mundkrankheiten.

Sium sisarum

Zuckerwurzel *Umbelliferae*

Diese chinesische Topfpflanze, die wegen ihrer aromatischen essbaren Wurzel gezüchtet wurde, brachten Händler der Alten Welt nach Rom, und Kaiser Tiberius schätzte sie so hoch, dass er sie anstelle von Tribut entgegennahm. Im 16. Jahrhundert wurde Zuckerwurzel nach Nordeuropa gebracht als «das köstlichste aller Wurzelgemüse». Perennierend und sich schnell vermehrend, wurde sie für Bauern zur wertvollen Ernte.

Blüte
Kleine Büschel winziger, duftender, weisser fünfblättriger Blüten, wohlriechend am Abend von Hoch- bis Spätsommer.

Samen
Braun, gefurcht, halbmondförmig, 3 mm lang.

Blatt
1–5 Paare schmaler, spitziger, feingezähnter, mittelgrüner Blätter und ein Abschlussblatt. Ältere Blätter sind runder. Manche werden im Herbst rot.

Stiel
Stämmig, hohl, gefurcht, rund, verzweigt, hellgrün; gegen die Basis hin rot.

Lebensspanne
Winterfest, krautig, perennierend

Höhe
60–120 cm in den beiden ersten Jahren. Ausgewachsene Pflanzen können 2 m erreichen.

Wurzel
Haarähnliche Wurzeln und zahlreiche hellbraune, längliche Knollen, 10–13 cm lang, mit weissem Fleisch und angenehm aromatischem Duft und Geschmack.

ANBAU

Standort Vollsonne oder Halbschatten.

Boden Fett, gut dräniert, alkalisch, lehmig. Gedeiht aber auch in anderen Böden.

Vermehrung Im Frühjahr säen oder Stengelbasis zerteilen, etwa 3 Knollen pro Stück belassen. Jedes Stück 8 cm tief eingraben. Abstand 30 cm.

Pflege Sämlinge auf 30 cm ausdünnen oder auseinandersetzen. Im Sommer feuchthalten und mit flüssigem Beinwelldünger (S. 131) oder verdünntem Flüssigdünner nähren. Nicht geeignet für Zucht im Haus.

Ernte Junge Schosse im Frühjahr pflücken. Wurzeln nach Bedarf oder im Herbst ausgraben, an der Stengelbasis abschneiden.

Aufbewahren Die knolligen Wurzeln in Sand legen oder leicht schrubben, 1 Minute blanchieren, abkühlen und einfrieren.

VERWENDUNG

Dekoration
• *Ganze Pflanze* Elegantes Blattwerk als Hintergrund eines Kräuter- oder Blumenbeets.

Küche
• *Schoss* Junge Schosse leicht dämpfen oder in Öl braten.
• *Wurzel* Leicht schrubben, dämpfen oder sieden und mit Butter, Gewürzen oder weisser Sauce servieren, oder gekochte Wurzel pürieren und mit Butter und Muskatnuss servieren. In Scheiben zu Fleischkugeln und neuen Kartoffeln. Ganze Wurzel in Essig einlegen und mit Salat oder kaltem Fleisch servieren.

Gesundheit
• *Schoss* Von frischen, jungen Schossen sagt Culpeper, sie seien «gesunde Nahrung, reinigen den Körper, erleichtern die Verdauung, treiben Harn».
• *Wurzel* Sieden und essen; nach Culpeper wirkt sie «öffnend und reinigend, fördert die Harnbildung, befreit die Blase von Schleim, hilft bei Gelbsucht und Leberstörungen».

Smyrnium olusatrum

Gelbdolde *Umbelliferae*

Diese aromatische Pflanze wird oft mit Liebstöckel oder Engelwurz verwechselt, aber ihr hellgrün glänzendes Blatt ist abgerundet und nicht eingekerbt wie bei den andern. Der lateinische Name dieses Krauts war im Mittelalter *Petroselinum alexandrinum*, Petersilie aus Alexandria; sie stammt also aus dem Mittelmeerraum, eine der vielen Nutzpflanzen, die die Römer nach Nordeuropa gebracht haben.

Obschon seit zwei Jahrhunderten als Heilkraut aufgeführt, spielt es eine grössere geschichtliche Rolle als Küchenkraut. Seine Blätter, Wurzeln, Spitzen, Stengel und Blütenknospen sind alle in mittelalterlichen Rezepten genannt. Die getrockneten Blätter gehörten zu den Kräutern, die man auf langen Seereisen zur Verhütung von Skorbut mitführte.

Samen
In jeder Frucht zwei 6 mm lange, fast halbkugelförmige Samen, gefurcht, schwarz und aromatisch.

Blüte
Grünlichgelbe, nektarreiche Blüten, Früh– bis Hochsommer.

Getrocknete Blätter
Es bleibt wenig Geschmack erhalten. Zum Kochen oder zur Verhütung von Skorbut.

Blatt
Glänzend, gesägt, hellgrün. Die unteren Blätter können 30 cm lang werden.

Lebensspanne
Winterfest, zweijährig, manchmal perennierend

Höhe
1–1,5 m

Wurzel
Oben dick, dann zu drei oder vier Hauptwurzeln verzweigt.

Stengel
Massiv, gefurcht.

ANBAU

Standort Sonnig oder halbschattig. Wächst wild an Meeresküsten.
Boden Wächst in jeder Art von Boden.
Aussaat Reifen Samen im Spätsommer oder darauffolgenden Frühling an definitiven Standort säen. Gelbdolde versamt sich auch leicht selbst.
Pflege Setzlinge auf 60–75 cm ausdünnen. Im Frühling des zweiten Jahres drei bis vier Wochen mit Erde oder Stroh zudecken, damit sie gebleicht und süsser werden. Gelbdolde kann nicht im Haus gezogen werden.
Ernte Blätter im Sommer abnehmen, Stengel schneiden, wenn jung oder gebleicht. Wurzeln im Spätsommer des zweiten Jahres ausgraben.
Aufbewahrung Nur Blätter trocknen, die vor der Blüte abgenommen wurden.

VERWENDUNG

Dekoration
• *Samen* Getrocknete Dolden für Wintersträusse verwenden.

Küche
• *Samen* Mahlen und wie Pfeffer gebrauchen.
• *Blüte* Knospen in Salat streuen, Blüten in Fett backen.
• *Blatt* Rohe junge Blätter in Salat essen oder in Stews geben. Gut mit Fisch. In «Fastensuppe» mit Wasserkresse und Nesseln.
• *Stengel* Junge Stengel kochen, dämpfen oder dünsten. Sie schmecken wie Spargel. Mit weisser Sauce.
• *Wurzel* Oberen Teil weich sieden, schmeckt wie Pastinakwurzeln. Zu Süssigkeit kandieren.

Aroma
• *Samen* Grob mahlen und in Duftschale legen.

Gesundheit
• *Wurzel* Ein Absud davon regt den Appetit an.

Symphytum officinale

Beinwell *Boraginaceae*

Kein Kraut gilt als so wundertätig wie Beinwell. Seine Blätter enthalten eine eindrucksvolle Liste gesunder Substanzen, zum Beispiel Kalzium, Kalium, Phosphor, Vitamin A, C und vor allem B_{12}, jedoch nicht in genügender Menge, um unsern täglichen Bedarf zu decken. Beinwellblätter enthalten mehr Protein als jede andere bekannte Pflanze. Je nach Klima kann man zwei- bis fünfmal im Jahr ernten. Beinwell bildet mindestens 3 m lange Pfahlwurzeln und transportiert so Feuchtigkeit und wertvolle Mineralien in die oberen Regionen.

Blatt und Wurzel enthalten Allantoin, ein Protein, das die Zellteilung fördert. Bemerkenswerte Heilungen werden dieser Pflanze zugeschrieben, von hartnäckigen Beingeschwüren bis zu Knochenbrüchen.

S. o. × uplandicum, eine rostresistente Kreuzung

ANBAU

Standort Vollsonnig. Standort gut überlegen, da schwer auszumerzen.
Boden Stickstoffreich, pH-neutral.
Anpflanzung Mittels Wurzeltrieben jederzeit ausser mitten im Winter.
Pflege Auf 60 cm Abstand umsetzen. Der Nährstoffgehalt wird grösser, wenn jede Pflanze im Frühling und Spätsommer einen Eimer frischen Mist erhält.
Ernte Blätter im Hochsommer, Wurzeln im Spätherbst oder Winter.
Aufbewahrung Wurzeln säubern, fein zerhacken und trocknen. Blätter trocknen oder zu hautheilendem Beinwell-«Öl» verarbeiten (s. unten).

VERWENDUNG

Küche
• *Blatt* Junge Blätter in Salat. Wie Spinat kochen oder in Fett ausbacken.
• *Stengel* Blanchieren und wie Spargel kochen.

Haushalt
• *Blatt* 4 Wochen in Wasser einlegen, ergibt idealen Dünger für Tomaten und Kartoffeln. Blätter abnehmen, 48 Stunden welken lassen und als Mulch verwenden. Frische Blätter sieden, gibt goldfarbenen Textilfarbstoff.

Kosmetik
• *Blatt und Wurzel* Einweichen und in Badewasser und Lotionen geben, macht weiche, gesunde Haut.

Gesundheit
• *Blatt* «Öl» für äusserliche Anwendung. Saubere, trockene Blätter in 25 mm breite Vierecke schneiden. In dunklen Topf geben. Mit Schraubverschluss verschliessen. 2 Jahre stehen lassen, nicht öffnen. Dann das «Öl» in kleinere Gefässe umgiessen. Bei Ekzemen und anderen Hautentzündungen anwenden. Umschläge aus frischen Blättern helfen bei rauher Haut, schmerzenden Gelenken, offenen Wunden, Verbrennungen, Schnittwunden, Verstauchungen.
• *Blatt und Wurzel* Als Tee gegen Magengeschwüre und Husten.

Blüte
Blau-lila Glocken in nickenden, spiralig an der Hauptachse angeordneten Wickeln, ab Spätfrühling.

Blatt
Ovaler Ansatz, dann spitz zulaufend; zäh, dickrippig, dunkelgrün.

Andere Arten
*Im Uhrzeigersinn von oben: **S. grandiflorum** mattrote Blüte, guter Bodenbedecker. **S. officinale** weisse und rosa Blüten. **S. asperum** hellblaue Blüte.*

Getrocknete Blätter
Geeignet für Gesundheitstee.

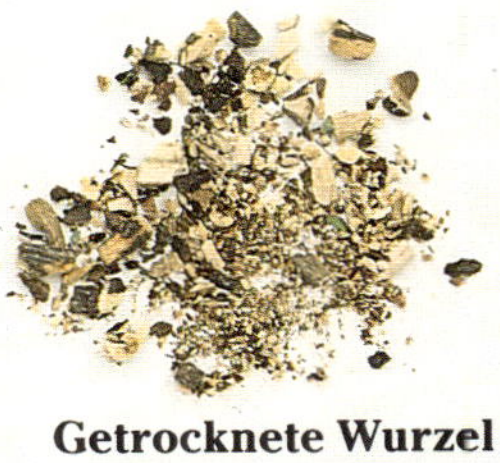

Stengel
Gedrungen, rauh, haarig, oben verzweigt.

Lebensspanne
Winterfest, krautig, perennierend

Höhe
1–1,2 m

Wurzel
Schwarzbraun, dick, spitz zulaufend, durchbohrend.

Getrocknete Wurzel
Für medizinische Zwecke.

Salatkräuter

Seit man in der Küche wieder abenteuerlustiger geworden ist, hat man auch die Salatkräuter neu entdeckt, die uns eine Palette von Geschmäcken, Farben und Strukturen schenken, wie man sie seit dem 16. Jahrhundert nicht mehr erlebt hat: Damals konnte ein Salat über 50 verschiedene Blätter, Knospen, Samen, Blüten, blanchierte Stengel und in Essig eingelegte Wurzeln enthalten.

Als Hauptbestandteil des Salats verwendet man am besten mildschmeckende Blätter wie Kopfsalat, blanchierte Zichorie, Sommerportulak und Vogelmiere. Scharfschmeckende Blätter wie Sauerampfer oder Kapuzinerkresse und geschmacksintensive wie Basilikum sollten zerpflückt und in kleinen Mengen als Würze gebraucht werden. Blüten sehen besonders hübsch aus, aber achten Sie auf die Harmonie der Farben. Fügen Sie in kleinen Mengen andere Küchenkräuter hinzu: Koriander, Zitronenmelisse, Petersilie, Kerbel, Fenchelstengel, blätter und knollen, Thymian, Liebstöckel, Estragon und Sonnenblumenkerne oder gekeimtes Griechisch Heu.

Allium schoenoprasum
Schnittlauchblüten *(unten)*
Schnittlauchblütenblätter im Salat verleihen ihm einen milden Zwiebelgeschmack. Milder Knoblauchgeschmack ergibt sich mit den weissen sternförmigen Blüten von chinesischem Schnittlauch. (s. S. 40)

Lactuca sativa «Lollo»
Kopfsalat *(links)*
Saftige, knackige Blätter, grün und rot. Dekorativ mit Pâté oder rund um einen Salat. (s. S. 135)

Echium vulgare
Natternkopf *(rechts)*
Kleine blaue, manchmal rosa Blüten mit süssem Nektar, mildschmeckend. (s. S. 275)

Lactuca sativa «Salad bowl»
Roter Kopfsalat *(rechts)*
Eine «herzlose» Pflanze, praktisch, weil man nur die Anzahl Blätter zu schneiden braucht, die man benötigt. (s. S. 135)

Trapaeolum majus «Variegata»
Gefleckte Kapuzinerkresse *(rechts)*
Blätter verleihen Salaten und Sandwiches rassigen Geschmack. Blüten und Knospen schmecken milder. (s. S. 137)

Stellaria media
Vogelmiere *(unten)*
Zarte Blätter, fast das ganze Jahr verfügbar. (s. S. 278)

Brassica japonica «Mizuna» *(rechts)*
Geschnittene Blätter sehen hübsch aus, Stengel schmeckt mild und frisch. Kann das ganze Jahr über gesät und geerntet werden.

Rosa species
Rosenblätter *(oben)*
Blütenblätter gleich welcher Duftrose verwenden. Bitteren weissen Blattansatz entfernen. (s. S. 120)

Portulaca oleracea
Sommerportulak
(rechts)
Das perfekte Salat-
kraut. Die knackigen,
saftigen Blätter
schmecken nach Nüssen.
(s. S. 137)

Calendula officinalis
Ringelblumenblätter
(rechts)
Das zauberhafteste
Salatkraut: milder
Geschmack, herrlich
anzusehen, wenn vom
Salatöl glänzend
(s. S. 61)

Borago officinalis
Borretschblüten *(oben)*
Schöne, sternförmige blaue
Blüten. Zum Abnehmen die
schwarzen Samenfäden
ergreifen und die Blüte sanft von
den Kelchblättern lösen.
(s. S. 53)

Alliaria petiolata
Knoblauchskraut *(oben)*
Wilde, nach Knoblauch
schmeckende Pflanze.
Zarte, junge, makellose
Blätter wählen und fein hacken.
(s. S. 134)

Geranium pratense
Wiesenstorchschnabel
(oben)
Mildschmeckende, blaue
oder rotgeädert-blaue
Blüten den ganzen Sommer.

Bellis perennis
Gänseblümchen
(oben)
Blüten und junge Blätter
können in Salate gegeben
werden. Nur Blütenblätter
oder auch ganz kleine Blüten.
(s. S. 275)

Montia perfoliata
Kubaspinat *(rechts)*
Fast das ganze Jahr
verfügbar.
Hier werden Blätter des
2. Stadiums gezeigt;
frühe Blätter sind
schmal. (s. S. 136)

epidium sativum
artenkresse
(rechts)
st man gewöhnlich
s Keimling. Lässt
an Kresse aber
achsen, wird sie
ne hübsche,
charfschmeckende
alatpflanze.
. S. 136)

Atriplex hortensis
Gartenmelde *(rechts)*
Zarte, junge, rote oder
goldene Blätter, pflücken als
ziemlich milden Salatzusatz. (s. S. 134)

Eruca vesicaria
Senfkohl *(oben)*
Junge Blätter haben scharfwürzigen
Geschmack, ältere Blätter werden bitter.
Auch Blüten können zum Salat gegeben
werden. (s. S. 135)

Viola ×
Wittrockiana
Stiefmütterchen
(rechts)
Farbenfrohe
Salatzutat.

Cichorium endivia
Endivie *(rechts)*
Leicht zu ziehende
Salatpflanze mit
bitterem Geschmack,
ausser wenn blanchiert
oder jung gepflückt.

Brassica napus
Raps *(rechts)*
Junge Blätter haben
einen senfigen Kohlge-
schmack.
Am besten als Sämlinge.

Salatkräuter

Alliaria petiolata (Sisymbrium alliaria)
Knoblauchskraut   *Cruciferae*

Atriplex hortensis
Gartenmelde   *Chenopodiaceae*

Frühblühende, perennierende oder zweijährige
Pflanze, die wild bei Hecken wächst. Sie wird 60 cm–
1 m hoch und ist von Büscheln kleiner weisser Blüten
gekrönt. Die breiten, annähernd herzförmigen, tief
eingekerbten Blätter verströmen, wenn sie zerdrückt
werden, einen starken Knoblauchgeruch.

ANBAU
Wird selten angebaut. Die Leute nahmen die Blätter der
Wildpflanze nach Bedarf ab. Samen sind bei Wildpflanzen-
Spezialisten erhältlich.

VERWENDUNG
Die Blätter sind eine würzige Beilage zu Fleisch- oder Käse-
sandwiches. Fein gehackt würzen sie Salate. Man kann sie
backen oder für Saucen kochen, doch verlieren sie dann
etwas Geschmack. Der Saft der Blätter soll harntreibend
sein.

Diese hohe, aufrechte, winterfeste einjährige Pflanze
wurde einst häufig als Spinatersatz angebaut. Sie wird
über 1,5 m hoch. Die grossen Blätter sind gekerbt.
Ausser grünen gibt es auch goldene und rote Sorten.
Eine Reihe von Melden ergibt eine kurzlebige Hecke.

ANBAU
Samen in 60 cm voneinander entfernten Reihen in reichen
Boden säen, im Spätfrühling oder Frühsommer. Gut giessen
für schnelles Wachstum. Blütenköpfe bis auf wenige
abschneiden, die sich dann selbst versamen.

VERWENDUNG
Heute wird Melde nicht mehr medizinisch verwendet, aber
früher kannte jede Hausfrau ihre Heilkräfte. Man verschrieb
sie gegen Halsweh, Gicht und Gelbsucht. Obwohl sie als
nicht so gut wie Spinat gilt, wird sie heute in Frankreich
vermehrt angebaut und in Suppen verwendet. Die verschiedenen Sorten, vor allem die rote, machen sie zu einer dekorativen Salatzutat. Junge Blätter kann man roh essen, ältere
Blätter muss man kochen.

Eruca vesicaria (E. sativa)
Senfkohl   *Cruciferae*

Ein leicht zu ziehendes Salatkraut, das sich auch wild auf Ödlandflächen findet. Die Garten-Art wird 60 cm–1 m hoch und trägt im Spätfrühling und Frühsommer kleine cremiggelbe Blüten. Die zugespitzten, lanzettförmigen Blätter sind unten am Stengel tief eingekerbt; zerdrückt man sie, verströmen sie einen charakteristischen Duft. Sie schmecken pfeffrig.

ANBAU
Samen in Reihen säen auf reichen, feuchten Boden an leicht beschattetem Standort, vom Vorfrühling bis zum Frühsommer. Raschwachsend; die zarten Blätter sollten nach 6–8 Wochen pflückreif sein und sollten vor der Blüte geerntet werden.

VERWENDUNG
Früher in Hustensirup verwendet, wird Senfkohl heute nur noch als essbares Kraut gebraucht. Die alten Römer schätzten den Geschmack der Blätter und Samen. In Salat verleihen die Blätter einen kräftigen, würzigen Geschmack, der milder ist, je früher die Blätter geerntet werden. Man kann sie auch Saucen beigeben oder als Gemüse kochen. Mit den Blüten kann man Salat dekorieren. In der Blumensprache bedeutet Senfkohl Betrug.

Lactuca sativa
Kopfsalat   *Compositae*

Als bekanntestes und am allgemeinsten verwendetes Salatkraut kann Kopfsalat jetzt in allen möglichen Formen, Strukturen und Farben und zu jeder Jahreszeit gezogen werden. Eines der hübschesten und verlässlichsten ist «Lollo» (oben). Mit seinen reizenden, rot gekräuselten Blättern ist dieser Rosettentyp gegen Ungeziefer und Krankheiten fast völlig resistent. Andere hübsche Sorten sind der rote «Salad bowl» und der nach jedem Schneiden neu wachsende «Saladisi».

ANBAU
Kopfsalat braucht leichten, gut dränierten, fruchtbaren Boden, der Feuchtigkeit zurückhält. Um stets welchen zu haben, sät man am besten wenig und oft an offener Lage, bei kühlem Wetter. So früh als möglich auf 25 cm Abstand ausdünnen.

VERWENDUNG
Die alten Griechen und Römer wussten um die schlaf- und gesundheitsfördernden Kräfte. In der griechischen Mythologie soll Aphrodite den toten Adonis auf ein Bett von Salatblättern gelegt haben. Der Saft dient als kühlende Lotion bei Sonnenbrand. Kopfsalat wird meist roh als Salat gegessen, kann aber auch gedämpft und zu Suppe gekocht werden.

Salatkräuter

Lepidium sativum
Gartenkresse   _Cruciferae_

Kann im Haus auf Saatschalen gezogen werden,
wobei die Sämlinge gegessen werden. Im Freien wird
Gartenkresse bis zu 45 cm hoch und trägt im Frühsommer die für Kreuzblütler typischen kleinen
weissen Blüten. Man baut sie wegen ihrer schmalen,
lanzettförmigen Blätter an, die bissig-pfeffrig
schmecken.

ANBAU
Häufig in leichte, gut dränierte Erde säen, jederzeit
zwischen Vorfrühling und Frühherbst. Gut giessen, junge
Blätter abnehmen, ehe sie bei heissem Wetter zäh werden.

VERWENDUNG
Auch dieses Kraut war im alten Rom beliebt. Es wächst
nach jeder Ernte wieder nach und verleiht Salaten, Garnituren und Saucen einen pikanten Geschmack. Die Blätter
werden schärfer, je älter die Pflanze ist. Sie enthält ein
natürliches Antibiotikum, wird aber in der Medizin nicht
verwendet.

Montia perfoliata
Kubaspinat   _Portulaceae_

Auch als _Claytonia_ bekannt, verdient dieses widerstandsfähige Sommergewächs mehr Beachtung als
Salatkraut. Man kann es im Winter mehrmals ernten,
was nützlich ist, wenn die Bedingungen für Spinat
nicht mehr genügen. Im Frühjahr wächst es äusserst
rasch und trägt kleine weisse Blüten auf langen Stengeln. Die frühen Blätter sind schmal; spätere Blätter,
ebenso saftig zu essen, sind runder und wickeln sich
um den Stengel.

ANBAU
Für den Wintergebrauch im Spätsommer sehr dünn in
Reihen säen. Jeder Boden eignet sich, aber in strengen
Wintern muss die Pflanze geschützt werden. Wenn sie im
Sommer Samen trägt und abstirbt, lassen Sie ein paar
Exemplare stehen, damit sie sich versamen, und
verpflanzen Sie die Sämlinge im selben Herbst oder, für den
Sommergebrauch, im folgenden Frühling.

VERWENDUNG
Ein mehrfach erntbares Kraut, das im Winter und für
Vorfrühlingssalate wegen seiner kühlen Fülle unentbehrlich
ist. Stengel, Blätter und Blüten sind essbar; die Blätter
können auch wie Spinat gekocht werden.

Portulaca oleracea
Sommerportulak   *Portulaceae*

Seit Hunderten von Jahren in Indien und im Mittleren
Osten angebaut, war Portulak im 16. Jahrhundert sehr
beliebt. Es gibt viele Sorten dieses ziemlich winterfesten Sommergewächses, das 15 cm hoch wird mit
runden, fleischigen, grünen und manchmal goldenen
Blättern und rötlichen Stengeln. Im Hochsommer trägt
er kurzlebige kleine gelbe Blüten.

ANBAU
Im Sommer jeden Monat säen, um stets davon zu haben.
Braucht windgeschützte, sonnige Lage und leichten, gut
dränierten Boden. In 30 cm voneinander entfernten Reihen
säen, mit 15 cm Abstand zwischen den Pflanzen. Gut
giessen, nach sechs bis acht Wochen ernten.

VERWENDUNG
Die goldblätterige Sorte kann in einem klassischen Kräutergarten sehr hübsch aussehen. Einst glaubte man, die
Pflanze schütze vor bösen Geistern. Sie hat viel Vitamin C,
roh gegessen wirkt sie harntreibend. Die dicken Blätter und
Stengel können in Essig eingelegt werden, aber im Osten
wird die Pflanze meist gekocht. Zusammen mit Sauerampfer gehört sie zu den herkömmlichen Zutaten der französischen Soupe bonne femme. Sie gibt eine ausgezeichnete, krackige Salatpflanze ab; ihre Blätter kühlen und
passen daher gut zu scharfen Salatkräutern.

Tropaeolum majus
Kapuzinerkresse   *Tropaeolaceae*

Es gibt viele Sorten dieses bunten, winterfesten
Sommergewächses: Kletterpflanzen, rankende
Pflanzen, Bodenbedecker und kompakte Zwerg-
formen. Kapuzinerkresse hat runde, flache Blätter mit
gelbgrünen Adern und rote, gelbe oder orangefarbene, trompetenartige Blüten vom Hochsommer bis
in den Herbst.

ANBAU
Kapuzinerkresse gedeiht in voller Sonne oder im Halbschatten. Im Spätfrühling Samen einzeln, im Abstand von
20 cm, in durchlässige Erde legen. Je magerer die Erde,
desto mehr Blüten kann man erwarten.

VERWENDUNG
Blätter und Blütenknospen schmecken ähnlich wie Kresse
und würzen Salate und Sandwiches. Junge Samen sind
schärfer und werden manchmal anstelle von Meerrettich in
Sauce tartare verwendet. In Essig eingelegt, gleichen sie
Kapern. Die ganzen Blüten geben eine sensationelle
Garnitur ab. Die Blätter haben einen hohen Gehalt an
Vitamin C und sollen Erkältungen mildern. Kapuzinerkresse
zieht Schwebfliegen an, die auf Blattläuse auf den benach-
barten Pflanzen Jagd machen, und ist so eine nützliche
Begleitpflanze.

Tagetes patula

Tagetes *Compositae*

Tagetes leistet dem Gärtner unschätzbare Dienste: Sie vertreibt Fadenwürmer. Ihre Wurzelausscheidungen betäuben die Wahrnehmungsorgane der Fadenwürmer, so dass sie ihre Wirtspflanze «nicht erkennen». In Holland bestätigten kürzlich Versuche, dass Fadenwürmer von Rosen ferngehalten werden, wenn man Tagetes dazwischensetzt. Auch Tulpen- und Kartoffelzüchter schätzen Tagetes, deren Laub Insekten von Tomatenpflanzen abhält.

Die Studentenblume *(T. erecta)* hat ähnliche Eigenschaften wie *T. patula*, aber am wirksamsten von allen ist *T. minuta*, die bis 3 m hoch werden kann. Hunderte von Jahren haben südamerikanische Indianer Kartoffeln in den gleichen Feldern gezogen und den Wurmbefall durch Mitpflanzen des «heiligen Krautes» verhindert.

Blüte
Durchdringend duftend, lebhaft dunkelorange, rote oder gelbe Blüten, gefüllt oder einfach, von Anfang Sommer bis zum ersten Frost.

Samen
Wie Miniaturpinsel: cremefarbene Spitze, glänzend, flach, dunkler «Griff», 10 mm lang, mit cremeweissen «Borsten».

Getrocknete Blütenblätter
Bleiben voll farbig. Für Duftschalen oder selbstgemachtes Papier.

Blatt
Fein zerteilt, mittelgrün; zerquetschte Blätter stark duftend.

Stengel
Stämmig, hohl (an der Basis), rund und grün mit starkem Duft.

Lebensspanne
Ziemlich winterfest, einjährig

Höhe
T. patula 30 cm

Wurzel
fein und beige

ANBAU
Standort Sonnig und offen.
Boden Gut durchgearbeitet, liebt ziemlich festen Lehm, aber gedeiht auch auf trockenem und kargem Boden.
Vermehrung Im Frühjahr unter Glas säen.
Pflege *T. patula*: 30 cm auseinander setzen im späten Frühling. Stutzen verbessert das Wachstum. Kann im Haus gezogen werden. – *T. minuta*: Unter Glas anfangen, bei 15 cm Höhe 30 cm auseinander setzen.
Ernte Offene Blumen sammeln.
Aufbewahrung Blütenblätter ablösen, trocknen.

VERWENDUNG
Dekoration
• *Blüte* Schnittblumen halten sich lang. Trocknen für Duftschale.

Haushalt
• *Ganze Pflanze* Gibt Duft ab, der weisse Fliege von Tomatenpflanzen abhält.
• *Blüte* Mit Alaun zu gelbem Farbstoff für Wolle und Seide sieden.
• *Wurzel* Scheidet Stoff aus, der Fadenwürmer (Nematoden) abstösst. *T. patula* und *T. erecta* als Schutz gegen die meisten nicht zystenformenden Nematoden ziehen. Die schädlichsten, zystenbildenden Fadenwürmer befinden sich bis zu 500 zusammen in einer chemikalienresistenten Zyste. Ein Mechanismus, der die Nähe von Kartoffeln entdeckt, befreit sie. Die neue Forschung zeigt, dass Ausscheidungen von *T. minuta* diesen Mechanismus lähmen (sie töten die Würmer nicht). *T. minuta*-Wurzeln töten auch bestimmte Unkräuter rund um die Pflanze (Tagetes-Effekt). Am stärksten betroffen ist Geissfuss *(Aegopodium podagraria)*, stark auch die Zaunwinde *(Calystegia sepium)*, dann auch die Quecke *(Agropyron repens)*.

Aroma
• *Blatt* *T. tenuifolia* var. *pumila*: Wegen seines Orangendufts pflanzen. – *T. tenuifolia*: Lohnend wegen seines frischen Dufts nach Zitronenmelisse. Für Duftschale trocknen.

Tanacetum parthenium (Chrysanthemum parthenium)

Frauenminze *Compositae*

Gewisse Heilwirkungen dieses alten Krauts waren Kräuterfachkundigen, auch Culpeper, seit Jahrhunderten bekannt. Es sollte helfen gegen «Melancholie und Schmerzen und Kopfweh». Aber erst seit kurzem hat man sich der Fähigkeit der Frauenminze, Kopfweh zu besänftigen, erinnert, und nach wissenschaftlicher Analyse der Pflanze wurden mehrere neue Heilsubstanzen entdeckt. Bei Versuchen, einer Migräne vorzubeugen oder sie zu lindern, meldeten 70 Prozent der Patienten eine Verbesserung, nachdem sie mehrere Tage Frauenminzeblätter gegessen hatten. Die beste momentan erhältliche Arznei kann nur mit 50 Prozent aufwarten. Frauenminze hat die Fähigkeit, die Krämpfe der glatten Muskeln, die in vielen Arten der Migräne auftreten, langsam zu beruhigen.

Samen
Klein, beigebraun, schmal und flach.

Getrocknete Blüten
In Duftschale für Farbe, auch als Medizin in Tee und Desinfektantien und als mildes Beruhigungsmittel.

Getrocknete Blätter
Verströmen starken Duft; von anderen Kräutern entfernt lagern.

Blüte
Kleine, lose Bündel weisser, einfacher Blumen mit flachem gelbem Zentrum (die flachen Zentren unterscheiden sie von Kamillen, deren Zentren konisch sind).

Blatt
Aromatisch, zerteilt, mittel- bis gelbgrün.

Stengel
Leicht flaumig, gefurcht, rund, verzweigt und grün.

Gefüllte Sorte
Weisse Blüte, sehr fein geschnittene Blätter. Hält sich gut in Sträussen.

T.p. «Aureum»
Einfache, weisse Blüten und aromatische, goldgrüne Blätter. Hübsche Einfassungspflanze vor allem im Winter.
Höhe 30 cm.

Lebensspanne
Winterfest, immergrün

Höhe
60 cm

ANBAU
Standort Liebt sonnigen Standort.
Boden Trocken und gut dräniert.
Vermehrung Im Frühjahr oder Herbst säen (Frauenminze ist reichlich selbstversamend).
Stecklinge Im Sommer nehmen. Wurzeln im Herbst zerteilen.
Pflege Auf 30 cm Abstand ausdünnen oder verpflanzen. Frauenminze kann in kühler Luft im Haus gezogen werden.
Ernte Blätter und Blüten nach Bedarf.
Aufbewahrung Blätter und Blüten trocknen.

VERWENDUNG
Dekoration
• *Ganze Pflanze* Goldene Frauenminze das ganze Jahr ziehen wegen ihrer Farbe.
• *Blüte* Gibt Duftschalen Farbe.

Küche
• *Blatt* Wenig den Gerichten beigeben, um «Fettgeschmack» zu nehmen. Bitterer Geschmack.

Haushalt
• *Blatt* Als mildes Desinfektionsmittel absieden oder aufgiessen. Getrocknet in Sachets als Mottenschutz.

Kosmetik
• *Blatt* Wurde im 17. Jh. erstmals von Gervase Markham in einer Hautlotion gebraucht, die Sommersprossen und Unreinheiten beseitigen sollte.

Gesundheit
• *Blatt* Täglich 3–5 Blätter zwischen Brotschnitten essen, um Migränen vorzubeugen. In Versuchen stellten 70 Prozent der Patienten Nachlassen der Migräne fest, und 43 Prozent verzeichneten andere angenehme Nebenwirkungen wie ruhiger Schlaf und gemilderte Arthritis; nur 18 Prozent meldeten unangenehme Nebenwirkungen. Nicht getestet wurden goldene oder gefüllte Sorten, aber die Erfahrung lässt ahnen, dass sie ähnlich wirken. Aufgiessen und als Mundspülmittel nach dem Zahnziehen benützen sowie als mildes Abführmittel.
• *Blatt und Blüte* Zu mildem Beruhigungsmittel aufgiessen, als Appetitförderer und zur Beruhigung von Muskelkrämpfen.

Tanacetum vulgare (Chrysanthemum vulgare)

Rainfarn *Compositae*

Man glaubte, Rainfarn halte die Verwesung auf. Sein Name ist vom griechischen *athanatos,* unsterblich, abgeleitet. In gewissen alten Kulturen wurde seine stark antiseptische Wirkung ausgenützt, um Tote zu erhalten. Ein Rainfarn-Getränk wurde dem schönen jungen Ganymed eingeflösst, damit er unsterblich wurde und Zeus als Mundschenk dienen konnte.

In einem 1100 Jahre alten Plan des Klosters St. Gallen in der Schweiz figuriert Rainfarn im Arzneigarten. Karl der Grosse liebte diesen Klostergarten und befahl, dass alle dortigen Kräuter in den kaiserlichen Ländereien angebaut werden sollten. Rainfarn wurde weiterhin als Insektizid, Desinfektans und Streukraut gebraucht; an Ostern kochte man damit einen festlichen Pudding. John Evelyn schrieb 1699, junge Blätter, in Öl gebacken und heiss mit Orangensaft und Zucker genossen, seien ein ausgezeichnetes Gericht.

ANBAU

Standort Sonne oder Halbschatten.
Boden Beliebig, wenn nicht zu nass.
Vermehrung Im Frühling säen. Wurzeln im Frühling oder Herbst teilen.
Pflege Auf 60 cm–1 m Abstand ausdünnen oder verpflanzen; Rainfarn breitet sich stark aus. Nicht geeignet für Anbau im Haus.
Ernte Blätter nach Bedarf pflücken.
Blüten Sammeln, wenn offen.
Aufbewahrung Blätter und Blüten trocknen. Von anderen Kräutern fernhalten.

VERWENDUNG

Dekoration
• *Blüte* Zu «immerwährender» Blume trocknen.

Küche
• *Blatt* Mit Rhabarber dämpfen. Auf Fleisch reiben, ergibt rosmarinähnlichen Geschmack.

Haushalt
• *Ganze Pflanze* Neben Obstbäumen pflanzen, hält Insekten fern.
• *Blüte* Zu goldgelbem Farbstoff sieden.
• *Blatt* Im Haus aufhängen, um Insekten zu vertreiben. Fleisch hineinwickeln, damit es hält. Getrocknete Zweige unter Teppiche legen. Verstreuen, um Ameisen und Mäuse fernzuhalten. Zu gelbgrünem Farbstoff für Wolle sieden. In Komposthaufen geben wegen seines Kaliumgehalts.

Schönheit
• *Blüte und Blatt* In anregenden und adstringierenden Bädern; in Gesichtsdampfbädern für ältere und fahle Haut. Bei empfindlicher Haut nicht anwenden.

Gesundheit
• *Blüte und Blatt* Aufgiessen und damit Prellungen, Rheumatismus und Verstauchungen lindern. Vorsicht, Rainfarn kann die Haut reizen.

Achtung: *Mit Mass verwenden, kann giftig wirken. Nicht während der Schwangerschaft verwenden.*

Blüte
Dichte, flache, gelbe Blütenbüschel. Spätsommer bis Herbst.

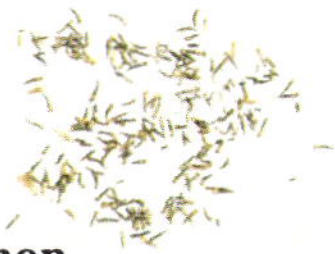

Samen
Winzig, grünlichweiss, gefurcht, länglich.

Getrocknete Blüten
Behalten die Farbe gut. Für Duftschalen, Kränze und Girlanden.

Stengel
Gefurcht, rund, rötlich-grün.

Blatt
Aromatisch, tief eingekerbt, gezähnt und dunkelgrün, reich an Kalium.

Lebensspanne
Winterfest, krautig perennierend

Höhe
1,5 m

T. v. var. crispum
Krausblätteriger Rainfarn
Dekorative, farnähnliche Blätter. Weniger aromatisch und kompakter als die Spezies. Höhe: 60 cm.

Trigonella foenum-graecum

Griechisch Heu *Leguminosae*

Griechisch Heu wird in letzter Zeit zunehmend medizinisch verwendet und kommerziell angebaut. Es enthält nicht nur Schleim, sondern auch Diosgenin, das man zur Synthese oraler Schwangerschaftsverhütungsmittel und für Geschlechtshormon-Behandlungen benötigt. Seine Blätter enthalten Cumarin, das dem getrockneten Kraut einen süssen Heuduft verleiht, weswegen es manchmal benutzt wird, um minderwertigem Heu den Duft besserer Qualität zu geben. *Foenum-graecum* ist eine wohlbekannte Futterpflanze.

Archäologen haben herausgefunden, dass die Ägypter Griechisch Heu als Lebensmittel, als Heilmittel und zum Einbalsamieren verwendeten. Auch die Griechen und Römer genossen den Samen als Nahrung und Heilkraut. In Indien ist der würzige Samen seit jeher Bestandteil von Curry.

Samen
Gelbbraun, kieselsteinförmig, 5 mm lang, durch tiefe Furche ungleich geteilt; duftet nach Ahornsirup mit einem Hauch Sellerie.

Blüte
Gelbweiss, erbsenblütenähnlich, im Hochsommer. Jede reift zu langer, schmaler Schote heran, die 10–20 Samen enthält.

Getrocknete Blätter
Man findet sie oft in gemischtem Heu. Gut in «Wiesen»-Duftschalen

Blatt
Leicht gezähnt und mittelgrün mit drei ovalen Blättchen. Jung schmecken sie nach Feuerbohnen.

Stengel
Leicht behaart, rund, hellgrün, wenig verzweigt, meist aufrecht, machmal liegerd.

Lebensspanne
Sommergewächs

Höhe
30–60 cm, aufrecht oder liegend

ANBAU
Standort Vollsonnig.
Boden Fruchtbar, gut dräniert, alkalisch.
Vermehrung Im Frühjahr dick in Reihen von 23 cm Abstand säen für die Haupternte. Dünn den Sommer hindurch für junge Salatblätter.
Pflege Auf 10 cm Abstand ausdünnen; schwierig zu verpflanzen. Kleine Pflanzen lassen sich im Haus ziehen.
Ernte Junge Blätter nach Bedarf. Ganze Pflanze im Herbst abschneiden. Samen sammeln, wenn reif.
Aufbewahrung Blätter und Samen trocknen.

VERWENDUNG
Küche
• *Samen* Als Gewürz in Curry und Chutney. Vor dem Mahlen vorsichtig anrösten, um Geschmack zu verstärken (bei Überhitzung wird Samen rot und bitter). Keimen lassen und als Wintersalatkraut verwenden (in 4–6 Tagen bereit). Je mehr die Keime wachsen, desto schwächer wird der Currygeschmack.
• *Blatt* Die Blätter gekeimter Samen in Salat geben. Wenn Griechisch Heu 20 cm hoch ist, roh essen oder mit oder ohne Curry als Gemüse kochen.

Kosmetik
• *Samen* Enthält bis zu 30 Prozent Schleim, Protein, Lezithin, Vitamine und andere wertvolle Aufbaustoffe. Aufgiessen und für Gesichtswäsche verwenden. Pulverisieren und mit Öl mischen gegen rissige Lippen oder als Haarbodenmassage für glänzendes Haar. Samen einweichen, bis er klebrig ist und zu Handlotionen geben.

Gesundheit
• *Samen* Grob mahlen, aufgiessen und als Stärkungstee trinken, um die Verdauung zu fördern und den Milchfluss zu steigern, gegen Husten, Blähungen und Durchfall. Breiigen Umschlag aus zerdrücktem Samen und heisser Milch machen gegen Entzündungen, Geschwüre, geschwollene Drüsen, Gicht und Quetschungen. Griechisch Heu soll fiebersenkend wirken.

Thymus species

Thymian *Labiatae*

Von Vergil bis Kipling preisen Dichter den Thymian. Er duftet besonders kräftig auf den warmen, sonnigen Hügeln am Mittelmeer. Für die Griechen stand Thymian für Grazie und Eleganz. Nach dem Bad rieben sie sich mit Thymianöl ein.

Thymus kommt vom griechischen Wort *thymon*, «Mut», und es gibt viele Überlieferungen, die Thymian mit dieser Eigenschaft in Verbindung bringen. Römische Soldaten pflegten in Thymianwasser zu baden, um sich zu stärken. Im Mittelalter stickten europäische Damen Thymianzweiglein auf Tüchlein, die sie den fahrenden Rittern mitgaben. Ein Suppenrezept aus dem Jahr 1663 erwähnt Bier und Thymian gegen Schüchternheit. Schottische Hochländer tranken Tee aus wildem Thymian, um Mut und Kraft zu erlangen und gegen Alpträume.

Die antiseptischen und konservierenden Kräfte des Thymians waren den Ägyptern wohlbekannt; sie brauchten das Kraut zum Einbalsamieren. Es ist noch heute Bestandteil von Balsamierungsflüssigkeiten. Es konserviert anatomische und botanische Sammelstücke und schützt Papier vor Schimmel. Richter hielten Sträusse mit Thymian in den Händen, und vornehme Leute trugen ihn auf sich, um sich vor Krankheit und schlechten Gerüchen zu schützen. Thymian ist das erste Kraut, das im Mittelalter in einem heiligen Kräuterspruch genannt wird, und er kommt in einem reizenden Rezept von 1600 vor, das einen befähigen soll, die Feen zu sehen.

THYMIAN MIT THYMIANDUFT

T. pulegioides
Buschiger Strauch mit lila-rosa Blüten und stark würzigen Blättern, die grösser und runder sind als beim Gartenthymian.

T. richardii (T. nitidus)
Sauberer Busch mit blasslila Blüten und schmalen, hellgrünen Blättern Höhe: 15 cm (Ähnlich *T. carnosus*, hat weisse Blüten.)

Blüte
Blasslila Blüten in der ersten Sommerhälfte.

Blatt
Aromatisch, oval, zugespitzt, mittelgrün, fein behaart.

T.p.a. «Snowdrift» («Albus»)
Kriechend, mit weissen Blüten und kleinen, schwach duftenden hellgrünen Blättern.

Samen
Winzig, kugelförmig, braun, glänzend.

T.v. «Silver Posie»
Strauch mit blassrosa bis lila Blüten und grünen, silberggeränderten Blättern. Höhe: 38 cm.

T.p.a. «Coccineus»
Kriechend, mit roten Blüten und schwach duftenden kleinen Blättern. Höhe: 8 cm.

T. vulgaris Gartenthymian

Stengel
Kantig, grünbraun, verholzt im zweiten Jahr.

Wurzel
Fein, graubraun, bildet dichtes Geflecht.

Getrocknete Blätter
Sind würziger als frische im Sommer.

T.p.a. «Aureus»
Kriechend. Dunkelrote Blumen mit goldenen Blättern, die bei Mangel an Sonnenlicht verblassen. Höhe: 10 cm.

T. praecox arcticus (T. serpyllum) Feldthymian
Sehr widerstandsfähig, kriechend, mit lila Blüten und mild duftenden Blättern. Höhe: 8 cm.

T. pseudolanuginosus (T. lanuginosus)
Kriechend, mit blassrosa Blüten und wolligen grauen Blättern. Höhe: 8 cm.

T.p.a. «Minus»
Kriechend, mit rosa Blüten und winzigen mittelgrünen Blättern. Höhe: 5 cm.

T. doerfleri
Kriecher mit lila Blumen und grauen Blättern, schmaler und stärker gedrängt als bei *T. pseudolanuginosus*. Höhe: 8 cm.

Lebensspanne
Immergrüner Strauch

Höhe
*8–38 cm
Kriechende Sorten sind gute Bodenbedecker.*

ANDERS DUFTENDE THYMIANSORTEN

T. caespititius (T. azoricus)
Kriechend, mit rosa Blüten und schmalen grünen Blättern mit Fichtenduft. Höhe: 5 cm.

T. herba-barona
Liegender Halbstrauch mit rosa Blüten, gebogenen Zweigen und dunkelgrünen Blättern mit Kümmelduft. Höhe: 10 cm.

T.v. «Fragrantissimus»
Strauch mit blasslila Blüten und süssen, fruchtigen, blaugrauen Blättern. Höhe: 38 cm

T. pallasianus (T. odoratissimus)
Strauch mit blass rosa Blüten, langen, lockeren Zweigen und Blättern mit Zitrusduft. Höhe: 20 cm.

T.p.a. «Doone Valley»
Kriechend, mit blasslila Blüten und nach Zitrone duftenden, hellgrünen Blättern mit Goldflecken. Höhe: 8 cm.

T.p.a. «Aureus»
Kriechend, mit rosa Blumen und goldener Blättern mit Zitronenduft. Höhe: 8 cm.

T. × citriodorus
Strauch mit blasslila Blüten und hellgrünen, nach Zitrone duftenden Blättern. Höhe: 30 cm.

T.p.a. Lemon Curd
Kriechend, mit rosa Blüten, langen, drahtigen Zweigen und schmalen, süss nach Zitrone duftenden Blättern. Höhe: 5 cm.

T.p.a. «Citriodorus»
Kriechend, mit rosa Blüten und grossen, stark nach Zitrone duftenden grünen Blättern. Höhe: 15 cm.

T. × citriodorus «Silver Lemon Queen»
Strauch mit hellrosa Blüten und zitronigen, silbergefleckten Blättern. Höhe: 30 cm.

ANBAU

Standort Volle Sonne.
Boden Leicht, gut dräniert, am besten alkalisch.
Vermehrung 5–8 cm lange Stengelstecklinge mit einem «Absatz» jederzeit ausser im Winter nehmen. Wurzeln teilen oder im Frühling oder Herbst Ausleger machen. Nur Spezies: Im Frühjahr säen.
Pflege Auf 23–38 cm ausdünnen oder verpflanzen. Im Sommer häufig stutzen. In sehr kalten Gegenden Thymian im Winter schützen. Lässt sich im Haus ziehen.
Ernte Blätter im Sommer während der Blütezeit pflücken.
Aufbewahrung Blätter trocknen. Thymianessig und -öl machen.

VERWENDUNG

Dekoration
• **Ganze Pflanze** Sträucher eignen sich für niedrige Hecken, Kriechpflanzen für Bodenbedeckung.
• **Blüte und Blatt** In Sommersträusse einbinden.

Küche
• **Blatt** Gewöhnlicher Thymian: Mit Petersilie und Lorbeer zu einem Bouquet garni vereinen. An Fleischbrühe, Marinaden, Füllungen, Saucen und Suppen. Sparsam verwenden, da frischer Thymian äusserst kräftig schmeckt. Hilft bei der Verdauung fetter Speisen. Passt zu langsam in Rotwein gekochten Gerichten, besonders Geflügel, Schalentiere und Wild. Würzt den Benedictine-Likör. – Nach Zitronen duftender Thymian: Zu Geflügel, Fisch, scharfem Gemüse, Fruchtsalat und Konfitüre. – *T. herba-barona:* Als Würze für Rindfleisch.

Haushalt
• **Blüte** Bienen lieben Thymian. Thymianhonig gilt als besonders fein.
• **Blatt** Ein starker Absud ergibt gutes Desinfektionsmittel. Ätherisches Öl mit Alkohol mischen, dann auf Papier und gepresste Pflanzen spritzen, um Schimmel zu verhüten.

Kosmetik
• **Blatt** Mit Absud Blutkreislauf anregen: in Bad, für Gesichtsdampfbäder und als Salbe gegen Hautflecken verwenden. Mit Rosmarin zusammen aufgiessen als Haarspülung, verhütet Schuppen. Ätherisches Öl als Antiseptikum in Zahnpasten und Mundspülwassern verwenden.

Aroma
• **Blatt** In Duftschale legen.

Gesundheit
• **Blatt** Feldthymian: Er hat die stärksten Heilkräfte, obwohl jede Art von Thymian solche besitzt. Als Tee aufgiessen, ergibt verdauungsförderndes Tonikum und hilft gegen Katzenjammer. Gegen spastischen Husten und Halsweh mit Honig süssen. Thymianöl gegen Kopfweh einmassieren. Ätherisches Öl in antiseptischem Airspray verwenden. Hilft oft auch gegen Schlaflosigkeit, schlechte Zirkulation in den Kapillargefässen, Muskelschmerzen; er regt die Bildung weisser Blutkörperchen an.

Valeriana officinalis

Baldrian *Valerianaceae*

Dieses altehrwürdige Kraut, dessen Namen vom lateinischen *valere*, gesund sein, stammt, ist seit langem in der ganzen Welt bekannt. Nordische, persische und chinesische Kräutersachkundige benutzten diese Wurzel, und die ihr verwandte *V. sylvatica* fand sich im Medizinbeutel kanadischer Indianerkrieger als Antiseptikum für Wunden. Frische Baldrianwurzel riecht wie altes Leder, aber getrocknete eher wie abgestandener Schweiss. Der alte Name, *V. phu*, könnte auf diesen Geruch zurückgehen. Man braucht das Kraut aber auch heute, um Parfum mit einem Moschuston zu versehen. Katzen und Ratten sind vom Geruch angezogen, und der Rattenfänger von Hameln soll das Kraut mit sich getragen haben, um die Ratten anzulocken; er habe nur zum Schein gepfiffen. Baldrian kam im Ersten und Zweiten Weltkrieg wieder zu Ruhm, da man damit Bombenneurosen und nervöse Überlastung behandelte.

Samen
Hellbraun, flach, tropfenförmig, 2 mm lang.

Blüte
Winzig, mit seltsamem Duft, erscheint in blassen lila-rosa Büscheln im Hochsommer.

Blatt
Schmal, gezähnt, dunkelgrün; strömt scharfen Geruch wie Meerrettich aus.

Junge Pflanze
Leicht brechende, glänzende hellgrüne Stengel, Blätter noch nicht zu Blättchen zerteilt.

Stengel
Rund, grün mit tiefen Furchen, die ihn von anderen Baldriansorten unterscheiden.

Wurzel
Kurzer Wurzelstock mit blassen faserigen Wurzeln und Auslegern vom 2. Jahr an.

Lebensspanne
Winterfest, krautig, perennierend

Höhe
60 cm–1,5 m

ANBAU
Standort Vollsonnig oder im Halbschatten. Mag kühle Wurzeln und warmes Blattwerk.
Boden Am liebsten feuchter Lehm.
Vermehrung Im Frühjahr säen. Samen in die Erde pressen, aber nicht zudecken. Wurzeln im Frühling oder Herbst zerteilen.
Pflege 60 cm auseinander setzen oder ausdünnen. Kann im Haus gezogen werden.
Ernte Ganze Wurzel im zweiten Jahr im Spätherbst ausgraben. Blasse Fasern entfernen, bis essbarer Wurzelstock übrigbleibt.
Aufbewahrung Wurzelstock in Scheiben schneiden und trocknen.

VERWENDUNG
Dekoration
• *Ganze Pflanze* Als Einfassung.

Küche
• *Wurzel* In Suppen und Stews.

Haushalt
• *Ganze Pflanze* Fördert Wachstum nahestehender Gemüse. Wurzel aufgiessen und auf die Erde sprühen, um Regenwürmer anzuziehen.
• *Blatt* Mineralreiche Blätter rohem Kompost beifügen.
• *Wurzel* Zieht Katzen, Ungeziefer und Regenwürmer an. Wird in Rattenfallen verwendet.

Kosmetik
• *Wurzel* Absud als Gesichtsspülung verwenden, für ein beruhigendes Bad und in Lotion gegen Akne und Hautausschläge.

Gesundheit
• *Wurzel* Wirkt als Beruhigungsmittel auf das Zentralnervensystem. 1 TL getrocknete Wurzel zerquetschen und in kaltem Wasser 12–24 Stunden einweichen. Als Sedativ für milde Schlaflosigkeit trinken, ferner bei jähem Kummer, Kopfweh, Bauchkrämpfen und nervöser Erschöpfung.

Achtung: *Nach 2–3 Wochen mit der Baldrian-Einnahme aufhören. Dann, wenn nötig, wieder anfangen.*

Verbascum thapsus

Königskerze *Scrophulariaceae*

Schon in der Antike ein Zauberkraut: Odysseus erhielt es als Schutz gegen die Zauberin Circe, die seine Kameraden in Schweine verwandelte. Diese hohe, imposante Pflanze hat viele deutsche Namen auf sich vereint, darunter Fackelblume, Himmelskerze, Wollblume, Wetterblume. Die weichen, feinen Haare auf Stengel und Blättern der Königskerze ergeben ausgezeichnetes Anzündmaterial. Sie schützen auch die Pflanze vor Feuchtigkeitsverlust, kriechenden Insekten und weidenden Tieren, da der Flaum die Schleimhäute reizt. Diese klug konstruierte Pflanze lässt den Regen von den grösseren Blättern auf die kleineren und von da auf die Wurzeln fallen.

Samen
Winzig, braun, facetiert und leicht giftig; viele in jeder Kapsel.

Getrocknete Blüten
Sie verströmen einen honigartigen Duft. Farbe erhalten für beste Verwendung.

Getrocknete Blätter
Lassen sich als Zündmaterial und in Kräutertabak verwenden.

Stengel
Stämmig, flaumig, rund, faserig, mit weissem Mark.

Blatt
Gross, wollig und im ersten Jahr in Rosetten, ab 2. Jahr dem Stengel entlang wachsend.

Blüte
Hellgelbe, stiellose Blüten öffnen sich ohne System vom Hochsommer bis zum Frühherbst.

Lebensspanne
Winterfest, zweijährig

Höhe
2,1 m

ANBAU

Standort Sonnig, geschützt.
Boden Gut dräniert, kalkig oder mager.
Vermehrung Im Frühjahr oder Sommer säen. Selbstversamend in leichtem Boden.
Pflege Auf 60 cm Abstand auseinander setzen oder ausdünnen. Königskerzen brauchen Stützen an exponierten Lagen oder in reichem, feuchtem Boden. Nicht geeignet fürs Hausinnere.
Ernte Blüten sammeln, wenn sie sich öffnen, und Blätter im ersten Jahr.
Aufbewahrung Grüne Teile von Blüten entfernen, dann langsam, ohne künstliche Hitze, trocknen. Blätter trocknen.

VERWENDUNG

Dekoration
• *Blühende Spitzen* In Arrangements verwenden.

Küche
• *Blüte* Zum Würzen von Likörs.

Haushalt
• *Blüte* Königskerze-Pollen und -Nektar ziehen Bienen in den Garten.
• *Blatt* Die Römer wickelten Feigen in die Blätter, damit sie nicht schlecht wurden. Flaum von den Blättern als Zündmaterial verwenden.
• *Stengel* Trocknen und in Talg tränken, ergibt langbrennende, schillernde Fackel.

Kosmetik
• *Blüte* In Creme oder Gesichtsdampfbad verwenden, um Haut weichzumachen. Ein starker Aufguss hellt das Haar auf.

Gesundheit
• *Blüte* In heissem Wasser einweichen, bis das Wasser gelb ist, dann gegen hartnäckigen Husten, verstopfte Atemwege und Heiserkeit trinken.
• *Blatt* In homöopathischen Produkten gegen Migräne und Ohrenweh. Als Hustentee aufgiessen und durch feinen Musselin abseihen, da Flaum und Pollen im Mund jucken können.

Achtung: *In kleinen Dosen einnehmen, da alle Teile der Königskerze ausser der Blüte leicht giftig sind.*

Verbena officinalis

Eisenkraut *Verbenaceae*

Es ist seltsam, dass ein so unauffälliges Kraut wie Eisenkraut so vielen Kulturen als heilig galt. In Ägypten glaubte man, es sei aus den Tränen der Göttin Isis entstanden, und griechische Priester trugen seine Wurzel in ihren Gewändern. Weil es der Venus geweiht war, bereitete man damit Liebestränke zu. Die chinesischen Namen «Drachenzähnegras» und «Eisengras» deuten auf verborgene Kräfte.

Verbena war das römische Wort für Altarpflanzen, die der Reinigung des Geistes dienten. Auch die Druiden wuschen ihre Altäre mit Eisenkraut-Tee und gaben es zu ihrem Läuterungswasser, das ihnen zu Visionen verhalf. Für die Magie, die mystischen Weisen Persiens, war es das Kraut der Wahrsagung. Die Angelsachsen verehrten Eisenkraut als mächtigen Beschützer; es ist in der Heiligen Salbe enthalten, die gegen Krankheitsdämonen schützt.

Blüte
Kleine, röhrenförmige, blasslila Blüten an Ähren. Ab Mittsommer.

Getrocknete Blätter
Innerlich angewendet gegen Depressionen, äusserlich zur Behandlung von Wunden.

Stengel
Leicht behaart, gefurcht, kantig, ganz oben verzweigt, dunkelgrün.

Blatt
Glänzend, leicht behaart, geädert, gezähnt, schmal mit lappigen Enden und dunkelgrün. Gleicht einem langen Eichenblatt.

Lebensspanne
Winterfest, krautig, perennierend

Höhe
60 cm–1 m

ANBAU
Standort Sonne oder Halbschatten.
Boden Fruchtbarer, gut dränierter Lehmboden.
Vermehrung Im Frühling bei 18–21 °C säen. Keimt unregelmässig, kann 3–4 Wochen brauchen.
Pflege Auf 30 cm Abstand ausdünnen oder verpflanzen. Kann im Haus gezogen werden.
Ernte Blätter nach Bedarf, ganze Pflanze, wenn blühend.
Aufbewahrung Blätter oder ganze Pflanze trocknen.

VERWENDUNG
Küche
• **Blatt** Wegen seines Rufs als Liebeskraut wurde Eisenkraut in Gerichten und Likören verwendet.

Kosmetik
• **Blatt** Aus Tee aufgiessen und in Kompresse für müde Augen oder entzündete Augenlider verwenden. Als Augenbad absieden. Die Viktorianer betrachteten Eisenkraut als ausgezeichneten Haarfestiger, besonders, wenn mit Rosmarin gemischt: Tee in die Kopfhaut massieren und damit Haar spülen. Eisenkraut wurde verwendet in einem der ersten kommerziellen Haar-Tonika.

Gesundheit
• **Ganze Pflanze** Als Tee aufgiessen zur Verdauungsförderung, als beruhigenden Schlaftrunk nach nervöser Erschöpfung, zum Entgiften und um den Urinfluss zu fördern, als Antikoagulans, zum Waschen von Quetschungen und zur Kühlung einer fiebrigen Stirn. Chinesische Kräuterärzte verwendeten einen Absud, um die Menstruation in Gang zu bringen, bei Leberstörungen und Infektionen der Harnwege.
• **Blatt** Als Gurgelwasser gegen Halsweh aufgiessen. Ein Umschlag aus getrockneten Blättern behandelt Wunden.

Achtung: *Mit Vorsicht anwenden.*

Viola odorata

März-Veilchen *Violaceae*

Ein reizender Frühlingsbote, ist diese bescheidene Pflanze das Veilchen mit dem stärksten Duft. Es wird seit langem angebaut wegen seines Wohlgeruchs und seiner Farbe und verwendet für Kosmetika, Getränke, Süssigkeiten und Sirup. Sein betörender Duft erinnert an hohe Gefühle, und so wurde es Venus heilig und mit anderen Liebesblumen im letzten Bild der berühmten Einhorn-Gobelins, die man in The Cloisters in New York sehen kann, eingewoben.

Die Griechen erwählten das Veilchen zu ihrem Fruchtbarkeitssymbol; die Römer liebten Veilchenwein; für Napoleon wurde die Pflanze zum Symbol der kaiserlichen Napoleonischen Partei. Es war eines der beliebtesten Parfüms der Viktorianer, und die letzte Kaiserwitwe Chinas importierte flaschenweise «Violetta Regia» aus Berlin. Verehrte Dichter von Homer bis Shakespeare und alle Kräutersachverständigen erwähnen diese bezaubernde Blume mit Liebe. Man hielt sie für kühl, feucht und trostreich.

ANBAU
Standort Halbschatten. Liebt Morgen- oder Abendsonne.
Boden Humusreich und feucht.
Vermehrung Leicht zu bewerkstelligen mit Ausläufern. Versamt sich unzuverlässig, da viele frühblühende Blumen keine Bestäubung erhalten.
Pflege Umsetzen im Frühfrühling, auf 10–13 cm Abstand. Wohlriechende Veilchen sind ungeeignet als Hauspflanzen.
Ernte Blätter im frühen Frühling pflücken. Blüten ernten wenn soeben geöffnet. Wurzeln im Herbst.
Aufbewahrung Blätter, Blüten und Wurzeln trocknen. Blüten kandieren.

VERWENDUNG
Dekoration
• *Blüte* In Buketts einbinden.

Küche
• *Blüte* Mit kandierten Blüten Kuchen, Puddings und Eiscreme schmücken. Roh in Salaten essen oder Sirup machen: an 50 g frische Blüten 75 ml siedendes Wasser giessen. Bedecken, 24 Stunden ziehen lassen. Absieben. 75 g Zucker beigeben und wärmen, bis er vergangen ist. (Die Farbe bleibt, solange das Wasser nicht zum Kochen kommt.) Abkühlen, abfüllen.

Kosmetik
• *Blüte* Ein Absud ergibt ein Augen- oder Mundwasser.
• *Blatt* In Gesichtsdampfbädern verwenden.

Aroma
• *Blüte* In Duftschalen, Blumenwasser, Parfüms.

Gesundheit
• *Blüte* Frisch oder getrocknet in Tee oder als Sirup ein mildes Abführmittel. Hilft bei Husten und Bronchitis. Beruhigt die Nerven, Kopfweh, Schlaflosigkeit.
• *Blatt* Absud oder Tee mit getrockneten Blättern lindert Katarrh und Bronchitis. Frische Blätter in einem Umschlag helfen bei Prellungen.
• *Wurzel* Ein Absud oder Tee aus getrockneten Wurzeln soll gegen Katarrh und Bronchitis wirken.

Blüte
Duftend, violett oder weiss, vom Spätwinter bis ins Frühjahr. Enthält Nektar für frühe Schmetterlinge

Samen
Hellbraun, hart, rund, klein.

Getrocknete Blätter
Culpeper schreibt, Veilchentee sei wirksam gegen Jähzorn.

Blatt
Herzförmig, mittel- bis dunkelgrün.

Kandierte Blütenblätter
Wohlschmeckend allein oder als Kuchendekoration.

Ausläufer
Horizontale Ausläufer bilden alle 8–13 cm Wurzeln.

Wurzel
Gelblichbrauner, knotiger Wurzelstock mit haarfeinen Wurzeln.

Lebensspanne
Winterfest, perennierend

Höhe
10–15 cm, guter Bodenbedecker

VERWENDUNG DER KRÄUTER

Jahrhundertelang betrachtete man Kräuter als
unentbehrlich im Alltag. Sie waren wichtig für die
Ernährung, wurden zu Haushaltprodukten und
Schönheitsmitteln verarbeitet und lieferten fast alle
Arzneien. Als künstliche und chemische Produkte in
den Vordergrund traten, nahm der Gebrauch von
Kräutern ab. Nun aber, da sich da und dort Bedenken
gegen diese Produkte erhoben haben, erleben die
Kräuter eine Renaissance. Sie sind billig, leicht
anzubauen und zu verwenden, gefährden die Umwelt
nicht und können im allgemeinen viel weniger
Schaden anrichten als viele der synthetischen
Bestandteile kommerzieller Lebensmittel,
Haushaltprodukte und Pharmazeutika.
Die folgenden Kapitel bieten eine Fülle praktischen
Kräuterwissens und sollen den Leser zu eigenen
Einfällen anregen, was mit Kräutern anzufangen ist.
Nehmen Sie sie ins Haus, damit sie Ihr Heim
schmücken und mit Duft erfüllen. Geniessen Sie ihren
köstlichen Geschmack in verlockenden
Kochrezepten. Verwenden Sie sie zum Reinigen, zum
Färben. Geben Sie sie Schönheitsmitteln bei, um die
Haut weich, das Haar leuchtend, die Augen glänzend
und die Zähne weiss zu machen. Nehmen Sie bei
therapeutischen Massagen ihre aromatischen Öle in
sich auf und nützen Sie die Heilkräfte bei der
Verwendung der grossen Zahl einfacher Hausmittel
aus.

*Eine Auswahl farbenfroher und aromatischer Kräuter, zur
Weiterverwendung geschnitten.*

KRÄUTER

ALS SCHMUCK

Eine der grössten Freuden, die das Ziehen von Kräutern bringen kann, ist die vielfältige Weise, in der man sie im Haus zur Geltung bringen und ihren Duft geniessen kann. Ob frisch oder getrocknet, lassen sie sich in prächtige Arrangements einfügen, zu farbenfrohen Sträussen oder dekorativen Kränzen und Girlanden binden, die das Haus verschönern oder als Geschenke dienen können.

Frisch geschnittene Kräuter direkt aus dem Garten sehen am besten aus in natürlichen, zwanglosen Arrangements. Eine Masse blühender Sommerkräuter und -blätter in einer einfachen Vase sieht grossartig aus. Um die Wirkung zu erhöhen, stellt man süssduftende Kräuter in die Nähe eines Fensters oder an einen Ort, an dem man sie im Vorbeigehen streift, damit ihr Duft den Raum durchzieht.

Einfache, zum Trocknen aufgehängte Kräuterbündel sehen attraktiv aus; sollen sie allerdings zum Aufbewahren getrocknet werden, brauchen sie einen warmen, trockenen und dunklen Ort. Sind sie trocken, kann man sie in Bündeln an die Wand, an Balken und Gestelle hängen, rund um ein Fenster oder an die Innenseite der Tür heften. Besonders dekorativ sind sie von Leitern herunterhängend oder von Gartenrechen oder von einem Drahtnetz unter einer hohen Decke – überall, wo sie den Blick auf sich ziehen und ihr Duft sich verbreiten kann. Binden Sie Eberraute, Lavendel und andere mottenvertreibende Kräuter mit Bandschleifen zu kleinen Bündeln und hängen Sie sie in den Kleiderkasten. Stellen Sie Gruppen getrockneter Blüten in Körben, Tontöpfen, Holztrögen und anderen passenden, natürlichen Behältern aus.

Auch Kräuter, die man im Haus zieht, können dekorativ wirken. Immergrüne Sträucher wie Rosmarin, Lorbeer und Myrte können zu Miniatur-Formsträuchern gestutzt werden, und an Weihnachten oder zu anderen Festen kann man ihnen mit farbigen Schleifen und kleinen Anhängern Farbe verleihen.

Die folgenden Seiten zeigen eine Anzahl herrlicher Kräuter-Arrangements, die Ihre Kreativität anregen sollen. Machen Sie einem Freund Vergnügen mit einem Kräutersträusschen, das hübsch aussieht und gut duftet und das eine Botschaft in der Blumensprache überbringt (S. 154). Machen Sie für ein Fest einen Kranz, vielleicht praktischerweise aus Küchenkräutern für die Küche, aus süssduftenden Kräutern fürs Schlafzimmer und aus hübschen, farbigen Kräutern für den Wohnzimmerbereich (S. 156). Verwenden Sie Kräuter in Girlanden, wo das zarte Blattwerk, die Blüten und der Duft zur Geltung kommen (S. 158). Benutzen Sie getrocknete Kräuter, um Duft und Farbe des Sommers in den Winter hinüberzuretten. Stellen Sie Arrangements von Küchenkräutern auf den Esstisch, damit sich Gäste mit den schmackhaften Blättern und Blüten selbst bedienen können oder ihr Appetit durch den frischen Duft angeregt wird (Seite 162).

Küchenschmuck
Getrocknete Sommerkräuter in einem Thymiankörbchen neben Flaschen mit Kräuterölen und –essig, in einer Küchenecke, ziehen das Auge auf sich.

KRÄUTER FÜR DEKORATIONEN

Folgende frische Pflanzen verleihen einem Kräuter-Arrangement interessante Form und Duft.

Mit einem Sternchen (*) bezeichnete Kräuter sind auch getrocknet schön in Wintersträussen.

Blüten

Akelei	Frauenmantel	Maiglöckchen	Ringelblume
*Alant	Geissblatt	Majoran	Rosmarin
Baldrian	Gretel-im-Busch	Minzen	*Rittersporn
Betonie	Jasmin	Mohn	*Schafgarbe
Borretsch	Kamille	*Monarde	Schlüsselblume
Dill	*Kardendistel	Nelken	Steinklee
*Engelwurz	*Lauch	Pfingstrose	Thymian
Fingerhut	*Lavendel	Primeln	Veilchen
Flachs	Mädesüss	Pyrethrum	Vergissmeinnicht

Laub

Basilikum	*Heiligenkraut	Minzen	Rosmarin
*Beifuss	Königskerze	Myrrhe	*Salbei
(alle Arten)	*Lorbeer	Pelargonie	*Thymian
Eukalyptus	Lungenkraut	Petersilie	Wiesenknopf
Fenchel	Majoran		

Samenköpfe

*Engelwurz	*Gretel-im-Busch	*Lauch	*Sauerampfer
Fenchel	Guter Heinrich	Liebstöckel	Sonnenblume
*Gelbdclde	*Hopfen	*Mohn	*Süssdolde

Arrangements aus frischen Kräutern

Man hält Kräuter oft für unscheinbare Pflanzen, die einem Arrangement beizugeben sich nicht lohnt. Sie haben aber alle möglichen Blatt- und Blütenformen und dazu ihren frischen Duft.

Wie die Illustrationen dieser Seiten zeigen, gibt es Kräuterblüten mit reichen, satten Farben und interessanten Formen. Andere sind zart und laden zu näherer Betrachtung ein. Verwenden Sie diese als Höhe- und Schwerpunkte in Ihren Arrangements.

Blätter können gefiedert, üppig, gefleckt, strukturiert, weich oder glänzend sein. Manche – zum Beispiel die Beifussarten – haben zartes Laub aus silbergrauen Blättern. Fenchel steuert gefiederte grüne oder bronzefarbene Blätter bei. Manche Basilikum- und Salbeiarten haben dunkelrote Blätter, und es gibt eine Anzahl von Kräutern mit gelbgeflecktem Laub, zum Beispiel einige der hocharomatischen Minzen sowie manche Varietäten von Majoran, Pelargonie, Zitronenmelisse und goldenem Lorbeer.

Farbige Sommerschale (gegenüber)

Das duftende Arrangement aus Sommerblüten enthält rosa Geissblatt, stachlige rote Monarde, blaue Borretschsternchen, weisse doppelblütige Frauenminze und Frauenmantelzweige; weiteres Blattwerk stammt von Rosmarin und Minzen. Die einfache Vase und die Umgebung lenken die Aufmerksamkeit auf die bunten Farben und die delikaten Blattformen der Kräuter.

Eine lockere, leichte Präsentation (unten)

Schaumige Zweige von Frauenmantel- und Mädesüssblüten, weisse Deutzien, Ähren von Sauerampferknospen und federgleiche Fenchelblätter lassen dieses Arrangement leicht und luftig erscheinen. Die grauen Blätter des «Silver King»–Beifusses liefern Glanzlichter. Ein hängender Efeuzweig verlängert das Arrangement.

Kräuter–Sträusschen

Duftende Sträusschen voll aromatischer Kräuter und Blumen waren im 16. Jahrhundert ein beliebtes Accessoire; man trug sie durch die Strassen, um sich vor unangenehmen Gerüchen und vor allem vor den vielen schweren Krankheiten zu schützen.

Diese Sträusschen wurden immer mehr Träger der Blumensprache: Jede Pflanze war Symbol für eine Eigenschaft. Aufgrund dieser Tradition lassen sich bezaubernde und einzigartige Geschenke herstellen.

Bevor Sie ein solches Sträusschen binden, bedenken Sie die Botschaft, die es vermitteln soll, und lesen Sie die Pflanzen nach ihrem Symbolgehalt und Aussehen aus. Beginnen Sie mit einer Blüte in der Mitte und winden Sie kontrastierende Blumen und Blätter darum herum. Binden Sie fortlaufend die Stengel mit Floristenband fest, denn das Sträusschen muss fest bleiben. Schichtenweise aufbauen, dann den Rand mit einem grossblätterigen Kraut. In Wasser bleiben die Sträusschen eine Woche frisch; man kann sie trocknen, indem man sie in einen warmen dunklen Schrank hängt.

Die Blumensprache

Hier ein paar Beispiele, was Gartenpflanzen bedeuten: Odermennig (Dankbarkeit), Lorbeer (edle Gesinnung), Besenginster (Demut), Lavendel (Glück), Maiglöckchen (wiederkehrendes Glück), Gretel im Busch (Ratlosigkeit), Orangenblüte (Reinheit), Stiefmütterchen (Gedanken), Petersilie (Festlichkeit), Mohn (Trost), Kissenprimel (frühe Jugend), Gartenraute (Reue), Basilikum (gute Wünsche), Wermut (Abwesenheit).

Geburtstagssträusschen

Eine hübsche Zusammenstellung; im Zentrum Gänseblümchen (Unschuld), umgeben von Beifuss (Glück), Thymian (Mut), Engelwurz (Eingebung), Eberraute (Scherzhaftigkeit), Majoran (Erröten), rosa Gartenwicken (zarte Freuden). Die runden Blätter und blühenden Spitzen des Frauenmantels (Schutz) bilden die Umrandung.

Frauenmantel · Engelwurz · Gänseblümchen · Gartenwicken · Thymian · Eberraute · Beifuss · Majoran

Rose · Vergissmeinnicht · Efeu · Majoran · Myrte · Rosmarin · Salbei · Minzenblätter · Lindenblüten

Ein Sträusschen für die Braut

Um eine blassrosa «New Dawn»-Rose (rein und schön) herum sind Minzenzweige angeordnet (Tugend) sowie Salbei (Häuslichkeit), Vergissmeinnicht (wahre Liebe), Sauerampfer (Zuneigung), goldener Thymian (Mut), Myrte (Liebe), Lindenblüte (eheliche Liebe), Rosmarin (Erinnerung). Der Rand besteht aus geflecktem Efeu (eheliche Treue).

154

Sauerampfer

Holunder

Rosen

Ein Sträusschen für Mutter
*Hier bildet eine Gruppe rosa-
roter Rosen (Liebe und Schönheit) ein Sträusschen innerhalb
des Sträusschens. Dazu kommt
Baldrian (Entgegenkommen),
Engelwurz (Eingebung), Sauerampfer (Zuneigung), Holunder
(Mitgefühl), Rosmarin (Erinnerung), Pfefferminz (Wärme)
und ein gefiederter Kragen aus
Engelwurz-Blättern.*

Engelwurz

Baldrian

Rosmarin

**Minzen-
blätter**

Majoran

Silberblatt

Thymian

Baldrian

Walderdbeeren

**Engelwurz-
blätter**

Ein Sträusschen für Kranke
*Soll einen Kranken mit süssen Düften und einer mitfüh-
lenden Botschaft aufheitern. Das Mittelstück ist eine
dunkelrote Geranienblüte (Trost), umgeben von Zitronenmelisse (Sympathie), Kamille (Energie in widrigen
Umständen), Thymian (Mut), Ysop (Reinlichkeit),
Minze (Wärme), Fenchel (Kraft), Frauenmantel (Schutz).*

Ysop **Kamille** **Geranien** **Thymian**

**Frauen-
mantel**

**Zitronen-
melisse**

**Rosen-
knospen**

Bandgras

Ein Sträusschen für ein Baby
*Ein sehr kleines Sträusschen grüsst
die Ankunft eines Babys mit
folgender Botschaft: blassrosa
Rosenknospen (rein und schön),
gefleckte Minzenblätter (Reinheit),
blühender Thymian (Mut), Majoran
(Erröten), Silberblatt (Aufrichtig-
keit), Walderdbeeren (Vollkommenheit), Baldrian (Entgegenkommen).*

Eukalyptus

Fenchel

Kränze und Hängedekorationen

Eine der ältesten und hübschesten Arten, Kräuter zur Geltung zu bringen, ist, sie in Kränze zu winden. Ein Kranz, der an einer Wand oder Tür hängt, verschönert jeden Raum mit Duft und Farbe. Es gibt darunter langlebige, und sie lassen sich auf vielerlei Weise gestalten.

Die Unterlage kann man selbst machen oder in einem Blumengeschäft kaufen. Man verwendet gewöhnlichen oder moosbedeckten Draht, ein Bastgeflecht oder ineinandergewundene Rebzweige. Darauf befestigt man mit Draht Büschel von Kräutern. Wegen Farbe und Duft sind besonders Lorbeer, Thymian, Salbei, Lavendel, Rosmarin, Bohnenkraut und Beifuss dankbar. Frische Kräuter sind leichter zu handhaben als getrocknete; man bindet sie zum Kranz und hängt diesen an einen dunklen, luftigen Ort zum Trocknen. Hübsch ist es, wenn man farbige Blumen mittrocknet, zum Beispiel Schafgarbe, Heiligenkraut, Rosen, Monarde oder Rittersporn. Oder man kann den Kranz einem Thema widmen wie die unten beschriebene Hängedekoration, die auf Küchenkräutern wie Salbei, Majoran, Petersilie, Minze und Rosmarin beruht. Erweitern Sie das Repertoire, indem Sie Jahreszeitkränze machen für Frühling, Sommer, Herbst und Winter und Festkränze für Hochzeiten, Geburtstage und Weihnachten. Der Möglichkeiten sind viele, und alle lohnen sich.

Ein frischer Sommerkranz
Dieser Kranz, zwanglos und voll interessanter Details, spiegelt die Üppigkeit eines Sommergartens wider. Die Grundlage ist ein Reif aus Floristenschaum, in ein rundes Plastikbecken gelegt und mit Wasser getränkt. Madonnalilien bilden die duftenden Schwerpunkte, zusammen mit roten Monarden, blauem Borretsch, hellrosa Wiesenknöterich, dunkelrosa Blütchen von Bartnelke und Betonie, weisser, gänseblümchenähnlicher Frauenminze, gelbem Fingerhut, dunkelroter Brunelle und duftigweissem Mädesüss. Zwischen die Blumen sind unreife grüne Kirschen und Haselnüsse gesteckt.

Grüne Minze

Knoblauch

Goldener Majoran

Madonnalilien

Monarde

Französicher Estragon

Petersilie

Currypflanze

Eine Hängedekoration für die Küche
Bündel von Küchenkräutern schmücken eine Schleife aus geflochtenem Bast. So lassen sich in der Küche bequem Kräuter trocknen, und das Ganze sieht ausserdem gut aus. Büschel exotischer Gewürze geben dem Gehänge eine besondere Note und verstärken seinen Duft. Der Koch kann wählen aus Bohnenkraut, Knoblauch, Minze, Strohblume, Petersilie, Ysopblüten, Lorbeer, Thymian, Wacholder, Vanilleschoten und Chili-Pfefferschoten. Jedes Büschel ist mi Draht umwunden und an der Grundlage befestigt. Jedes dieser Kräuter, ob allein oder mit andern verwendet, ergibt einen köstlichen und praktischen Küchenkranz

Borretsch

Frauenminze

Mädesüss

Lorbeer

**Vanille-
schoten**

**Rosen-
knospen**

Ingwerminze

Ysopblüten

Lorbeerblätter

Rosmarin

**Chili-
Pfefferschoten**

Salbei

Zimt

Thymian

Wacholder

Ein Festkranz

*Einfach zu machen, wie die nebenste-
hende Anweisung zeigt. Dieser prachtvolle
Kranz ist reich mit Lorbeer bestückt, und
winzige rote Rosenknospen sorgen
zusammen mit dem roten Seidenband für
Kontrastfarbe.*

1 Eine Grundlage aus Draht mit Torfmoos bedecken. Eine Handvoll nach der
andern in den Rahmen drücken. Mit einer
Drahtrolle umwinden. Wenn der Rahmen
ganz bedeckt ist, Draht abschneiden und
das Endstück ins Moos stecken.

2 Kleine Lorbeerzweige auf gleiche
Länge schneiden. In überlappenden
Gruppen – alle in gleiche Richtung
weisend – auf den Rahmen legen und mit
Draht befestigen, bis der Rahmen
verschwunden ist.

3 Kleine Bündel von Rosenknospen
(oder Beeren) zusammenheften: kleine
Drahtstücke etwa in der Mitte um die
Stengel legen und das Drahtende
benutzen, um die Büschel zu befestigen.

157

Girlanden

Nur schon hängende Büschel getrockneter Kräuter bieten einen hübschen Anblick. In kleine Sträusse geordnet und mit Draht zu einem dicken Strang aus Blättern, Samenköpfen und Blüten zusammengebunden, können sie grossartig aussehen. Eine Kräutergirlande wie die unten gezeigte macht jede Art von Raum festlich. Verwendet man getrocknete Kräuter, hält sich die nie verleidende Girlande lange. Über einen Spiegel, ein Bild, um ein Fenster drapieren oder über eine Türe, Gestellen oder Balken entlang.

Wählen Sie selbst die zum Fest passenden Kräuter, sei es nun eine Hochzeit, eine Taufe, ein Jahreszeitenfest oder eine andere Feier. Wählen sie Pflanzen mit Farbe, zierlichem Aussehen und Duft. Legen Sie das Werkzeug – dünnen Rollendraht, Schere, Schnurstücke – bereit und legen Sie die Girlande aus, ehe Sie beginnen. Wenn Sie einmal angefangen haben, wird es schwierig, die Lage einander überdeckender Büschel zu verändern. Versuchen Sie mehrere Kombinationen von Farbe, Struktur und Formen. Haben Sie sich für ein Schema entschlossen, legen Sie die Kräuter in Büscheln in Reichweite und befestigen Sie sie mit Draht. Am Schluss schmücken Sie das Gebilde mit Bändern und anderen passenden Ornamenten.

Frauenmantel

Thymian

Pfirsichfarbene Rosen

Blauer Lavendel

Süsse Sommergirlande
Zartfarben und hocharomatisch, gibt diese prächtige Girlande aus getrockneten Sommerkräutern einen wunderschönen Schmuck ab. Sie verströmt Thymian-, Lavendel- und Eukalyptusduft. Die zu Schleifen gebundenen Satinbänder verleihen Weichheit und verbinden durch ihre Farbe alle Teile des Arrangements.

Eukalyptusblätter

Blauer Rittersporn

Gretel-im-Busch-Samenköpfe

EINE GIRLANDE MACHEN

Schnur auf nötige Länge schneiden und an einem Ende Schlinge knüpfen. Ein Stück dünnen Draht nehmen und ein Ende an der Schnur befestigen, indem man es ein paarmal darum herum windet. Ein kleines Büschel Kräuter so auf die Schnur legen, dass die Schlinge verdeckt wird. Mit Draht festbinden.

2 Hand so umdrehen, dass das erste Büschel unter die Schnur zu liegen kommt. Zweites Büschel so legen, dass es die Stengel des ersten bedeckt und ebenso die Schnurschlinge. Mit Draht umwinden, nach jeder Drehung eng anziehen.

3 Dauernd Hand drehen und die Büschel so legen, dass sie stets die Stengel des vorherigen und die Schnur bedecken. So verfahren, bis das Ende der Schnur erreicht ist. Mit dem Drahtrest Schlinge zum Aufhängen formen. Mit Bändern schmücken.

Kräuterkörbchen

Körbchen sind reizende und passende Behälter für Arrangements von getrockneten Kräutern, besonders weil auch sie aus pflanzlichem Material hergestellt sind. Die Struktur der Stengel- oder Zweiggeflechte spiegelt diejenige mancher getrockneter Kräuter wider, und die natürliche Farbe der Körbchen bringt die Farben der Kräuter zur Geltung. Es gibt auch Körbchen aus aromatischen Lavendel- und Thymianstengeln. Oder man bindet, um der grösseren Wirkung willen, aromatische Stengel auf den Rand oder an den Griff des Körbchens.

Um getrocknete Kräuter in einem Korb zu arrangieren, braucht man eine Basis, die die Stengel am Ort hält, wie gegenüber gezeigt. Kräuter wegen ihrer Farbe, Formen und Strukturen so auswählen, dass sie Kontraste bilden oder subtil ineinander übergehen. Griffe, Henkel und dgl. ins Arrangement mit einbeziehen und ihm so mehr Höhe oder Form verleihen.

Rosa Monarde

Beifuss «Silver King»

Schnittlauchblüten

Rosa Rittersporn

Blauer Lavendel

Thymian

Zweiblütige Frauenminze

Rosa Lavend

Ein zierlicher Kräuterkorb
Aromatische Blüten in zarten Schattierungen von rosa, lila, lavendelfarben und weiss sind in diesem Thymiankorb reizend angeordnet. Der Griff ist mit Lavendel und Frauenminze geschmückt.

Gelbdolden-Samenkopf

Kardendistel

Rote Monarde

Alant

Fenchel

Rainfarn

Ein Korb voll Farbe und Kontraste
Dieses prächtige Arrangement überquillt von starkfarbigen Blüten, zarten Blütchen und malerischen Samenköpfen.

Schafgarbe

Blauer Lavendel

Rote Rosen

EIN KRÄUTER-ARRANGEMENT IM KORB MACHEN

Ein Stück Floristenschaum in den Korb drücken. Mit Draht befestigen und mit scharfem Messer so in Form schneiden, dass er etwas über den Korbrand vorsteht.

2 Den Schaum locker mit kleinen Blumen und Blättern wie Beifuss, Thymian, Lavendel und Steinklee bedecken. Raum für die Hauptpflanzen lassen.

3 Dem Arrangement Höhe, Struktur und Festigkeit verleihen, indem man grosse Samenköpfe und Blumen wie Distel, Gelbdolde, Alant, Fenchel und Monarde beigibt.

161

Tischdekorationen

Mit frischen Kräutern lassen sich Tische am schönsten dekorieren. Ihr Duft weckt die Sinne, und ihre Blüten und Blätter bringen Farbe und können zum Essen gegeben werden. Bei einem einfachen Abendessen könnte man einen Zweig Petersilie, Minze, Majoran oder Thymian neben jedes Gedeck legen; das sieht schön aus, und man kann sich damit zwischen den Gängen den Gaumen erfrischen, den Appetit anregen oder die Verdauung fördern.

Der unten gezeigte Tisch ist reich geschmückt für eine besondere Einladung. Frische Garniturkräuter stehen in befeuchtetem, kegelförmigem Floristenschaum. Für Farbe und Gechmack ausgewählt, umfassen sie Minze, Petersilie, Basilikum, Fenchel, roten Salbei, Strohblume, Rosmarin und Zitronenmelisse, an der man sich übrigens sehr gut nach Fisch oder Meeresfrüchten die Finger abwischen kann. Eine duftende Girlande aus Lavendel- und Thymiansträussen verbindet die Kräutersträusse und umgibt den kostbaren Kandelaber in der Tischmitte. Die Wirkung ist visuell und aromatisch einmalig.

Ein mit Kräutern geschmückter Tisch
Ein Sträusschen frischer Kräuter steht in Reichweite jedes Gedecks. Von Strauss zu Strauss führt eine zarte Girlande aus Lavendel und Thymian, die jedesmal Duft verströmt, wenn sie berührt wird. Der Kandelaber in der Mitte ist mit getrockneter goldener Schafgarbe bedeckt und mit einem bunten Strauss süssduftender Gartenblumen geschmückt.

KRÄUTER

IN DER KÜCHE

Man hat Kräuter schon die Seele der Küche und die Glorie der Köche genannt. Kunstgerecht verwendet, können sie ein gewöhnliches Essen zu einem genussreichen Erlebnis würziger, erfrischender Geschmäcke verwandeln. Die aromatischen Blätter von Rosmarin und Thymian durchtränken gekochte Gerichte aufs feinste: Dill-, Fenchel- und Anissamen geben Fisch, Salat und Gemüsen einen angenehmen Beigeschmack, und das herzhafte Aroma von Sellerie und Liebstöckel lässt Suppen und Eintöpfe zu vollschmeckenden Gerichten werden.

Viele Kräuter sind verdauungsfördernd. Engelwurz, Anis, Melisse, Basilikum, Kümmel, Koriander, Dill, Fenchel, Minze, Rosmarin und Salbei wurden seit eher als Mittel gegen Blähungen eingenommen. Bei den Römern war es Tradition, am Ende eines reichen Festmahls kleine Aniskuchen zu reichen. In Indien serviert man häufig zum Abschluss eines fetten Essens geröstete Samen.

Mit Kräutern wurden auch Lebensmittel konserviert. Im Mittelalter wickelte man Fleisch in Gänseingerkraut, um Fliegen fernzuhalten und auch zum Würzen. Auf langen Seereisen wurde in die Frischwasserbehälter Poleiminze gegeben, damit das Wasser wohlschmeckend blieb. Früher gab es viel mehr essbare Kräuter und Anwendungsarten als heute. Ein Salat für König Heinrich VIII. enthielt über 50 Blätter, Knospen, Blüten und Wurzeln. Thomas Tusser gab im 16. Jahrhundert eine Anleitung für Bauerngärten heraus, in der der Anbau von nicht weniger als 70 Salat- und Küchenkräutern empfohlen

wurde. Nach der industriellen Revolution und der anschliessenden Landflucht verloren die Küchenkräuter an Bedeutung. Heutzutage, da wieder hohes Interesse an der Kochkunst besteht, werden Kräuter erneut entdeckt.

Den meisten Obst- und Gemüsebauern liegt mehr daran, ihre Produkte leicht verpackbar und für die Gestelle der Supermärkte haltbar zu machen, als an ihrem Geschmack. Das lässt sich mit Würzen aus Kräutern korrigieren. Sie beleben jedes Gericht, jeden Bissen, jedes Getränk. Sie können dem täglichen Essen auch mehr Nährwert verleihen.

Verwendung und Aufbewahrung von Kräutern
In den nachfolgenden Rezepten werden hauptsächlich frische Kräuter verwendet. Als Richtlinie kann man aufstellen, dass 1 Teelöffel (5 ml) getrockneter Kräuter etwa 1 Esslöffel (15 ml) frischer Kräuter entsprechen. Frisch geschnittene Kräuter legen Sie in einem Plastikbeutel zuunterst in Ihren Kühlschrank. Stellen Sie sie nicht in einem Glas Wasser an die Sonne; sie werden vor Ihren Augen verwelken. Getrocknete Kräuter sollen in dunklen, luftdicht verschlossenen Gläsern aufbewahrt werden. Versuchen Sie, den Geschmack von Kräutern in Öl oder Essig zu bewahren und sie dann für Salate zu verwenden (siehe S. 188). Konservieren Sie sie in Butter oder Gelees.

Die folgenden Seiten bringen eine Auswahl nützlicher Küchenkräuter mit Angaben über ihre Eigenschaften und Eignung zu bestimmten Lebensmitteln.

Beliebte Küchenkräuter

BASILIKUM

Unentbehrlich für die Mittelmeerküche. Das frische Blatt schmeckt würzig-nelkenähnlich und herrlich auf frischen Tomaten mit etwas Salatöl sowie in heissen Tomatengerichten. Basilikum bereichert Reissalate und passt gut zu Zucchini, Kürbis, Bohnen und Pilzen. Es ist kräftig genug, um sogar gegen Knoblauch aufzukommen, was die klassische Pesto-Sauce ergibt. Basilikum wird durch Kochen stärker im Geschmack. Die frischen Blätter bewahren ihr Aroma in Öl oder Essig eingelegt (siehe S. 188).
Erbsen- und Basilikumsuppe *S. 166*
Basilikum-Omelette *S. 176*

BOHNENKRAUT UND WINTER-BERGMINZE

Diese beiden schmecken ähnlich wie Thymian; Winter-Bergminze ist etwas milder. Mit frischen oder gedörrten Bohnen, mit Linsen, in weisser Sauce zu Bohnengerichten. Mit Petersilie und Schnittlauch vermischt zu Entenbraten. Fein gehackte frische Kräuter in Suppen und Saucen. Als Essigwürze (S. 188).
Gerösteter Engelbarsch mit Bohnenkraut *S. 167*

DILL

Er hat ein unverwechselbares würziges, grünes Aroma. Ganze Samen zu Kartoffelsalat, Pickles, Bohnensuppe, Lachsgerichten und Apfeltorten. Gemahlen als Beigabe zu Kräuterbutter, Mayonnaise und Senf. Die Blätter eignen sich für Fisch, Schmelzkäse und Gurke.
Kartoffelsalat mit Dill und Schnittlauch *S. 182*
Essiggurken *S. 188*

DUFTENDE GERANIEN (PELARGONIEN)

Die Blätter duftender Geranien würzen Tee und Drinks (S. 191), Kuchen, Pudding, Früchte und Sorbets. Versuchen Sie sie auch in pikanten Gerichten.
Süsser Reis mit Rosengeranie *S. 183*
Süsser Kräuter-Sorbet *S. 185*
Biscuitkuchen mit duftenden Geranienblättern *S. 186*

ENGELWURZ

Sein starker, klarer Geschmack prädestiniert Engelwurz zum Kandieren. Verdünnen Sie Engelwurzsirup zu erfrischenden Sommergetränken, würzen Sie Eiscremes und Fruchsalate damit. Kochen Sie die Blätter zusammen mit den säuerlichen Früchten, um Säure und Zuckerbedarf herabzusetzen.
Sandwich mit Engelwurz und Minze *S. 182*
Kandierte Engelwurz *S. 190*
Joghurt-Drink mit Engelwurz, Minze und Süssdolde *S. 191*

ESTRAGON

Ein aristokratisches Kraut mit würzigem Geschmack und versteckter Schärfe; eins der klassischen fines herbes mit Kerbel und Petersilie. Unerlässlich für Sauce béarnaise und Sauce hollandaise, Suppen, Fischgerichte und zarte Gemüse. Besonders gut mit Brathuhn und in Eiergerichten.
Brathuhn mit Estragon *S. 172*
Mit Estragon gefüllte Pilze *S. 177*
Estragon-Essig *S. 188*

FENCHEL

Mit seinem anisähnlichen Geschmack ist Fenchel eine ausgezeichnete Verdauungshilfe. Zarte Stiele in Salate hacken. Blätter in fette Fische wie Makrelen stopfen oder fein gehackt auf Salat und gekochtes Gemüse streuen. Samen in Saucen, Brot, pikante Biscuits, Wasser beim Pochieren von Fisch.
Fenchelsuppe *S. 166*
Fenchelkuchen *S. 176*
Fenchel mit Roquefort-Sauce *S. 178*
Fenchelsalat mit Orangen *S. 180*

KERBEL

Kerbel gehört zu den klassischen fines herbes, die in der französischen Küche oft verwendet werden. Er eignet sich überall, wo Petersilie am Platz ist. Frische Blätter fein in Omeletten, Salate, Salatsaucen schneiden, vor dem Braten auf ein Huhn legen. Erst am Ende des Kochprozesses beigeben. Konservieren in Öl und Essig (siehe S. 188).

KNOBLAUCH

Starkes Gewürz für alle pikanten Gerichte. Mit einer Zehe die Salatschüssel ausreiben, um dem Salat ein zartes Knoblaucharoma zu geben. Eine oder zwei Zehen zu Füllungen und Marinaden. Knoblauchessig und -öl herstellen (S. 188). Mit Butter zerquetschen und in Stangenbrot backen oder auf gegrilltes Fleisch oder Fisch geben. Vor dem Braten feingeschnittene Knoblauchscheiben in die Fischspalten schieben.
Schweinskoteletts, mit Wacholder und Knoblauch mariniert *S. 173*
Mittelmeer-Gemüse *S. 177*
Pikante Auberginen *S. 178*
Aioli (Knoblauchmayonnaise) *S. 182*

KORIANDER

Blätter und reife Samen schmecken deutlich verschieden. Die Samen haben ein warmes Aroma und sind für Tomatenchutney und Curry unentbehrlich. Ausgezeichnete Würze für Gemüse, Suppen, Saucen und Biscuits. Die erdig schmeckenden Blätter passen ausgezeichnet zu Salat, Gemüse und Geflügel.
Linsen- und Koriandersuppe *S. 166*
Persisches Hühnchen mit Kräutern *S. 170*
Mittelmeer-Gemüse *S. 177*
Warmer Salat *S. 180*

LIEBSTÖCKEL

Blätter und Stengel schmecken nach Fleisch. Vorsichtig anwenden. Auf frischen Blättern kann man pikante Pâtés servieren. Junge Blätter und blanchierte Stengel sind gut als Gemüse gekocht, mit weisser Sauce.
Liebstöckelsuppe *S. 166*
Gefüllte Liebstöckel- und Rebblätter *S. 172*
Liebstöckel- und Linsenroulade *S. 174*
Liebstöckel-Körnerbrot *S. 185*

LORBEER

Lorbeer schmeckt getrocknet besser als frisch. Verbinden Sie ihn mit Petersilie und Thymian zu einem Bouquet garni. Legen Sie ein bis zwei Blätter in Marinaden, Bouillon, Pâtés, Füllungen und Curries. Wenn Sie Fisch pochieren, fügen Sie dem Wasser ein Lorbeerblatt bei. In ein Glas Reis gelegt, gibt ein Lorbeerblatt seinen Geschmack an den Reis ab. Lorbeer zu Beginn des Kochens beigeben und nachher entfernen.
Wildsuppe mit Lorbeer *S. 166*
Kalbsschnitzel mit Lorbeer *S. 170*
Mariniertes Wildfilet *S. 170*

MINZEN

Mit ihrem reinen, starken Aroma helfen die Minzen verdauen. Man kann sie einzeln oder zusammen verwenden. Ausgezeichnet in Minzensauce, Sirup, Essig und Tee. Zu neuen Kartoffeln, Tunken mit Knoblauch und Käse, Joghurtsaucen und Getränken. Blätter kandieren und als süsse Garnitur gebrauchen.
Persisches Huhn mit Kräutern *S. 170*
Salat aus Melonen, Tomaten und Minzen *S. 180*
Sandwich mit Engelwurz und Minze *S. 182*
Minzen- und Schokolade-Eiscreme *S. 183*
Süsser Kräutersorbet *S. 183*
Joghurt-Drink mit Himbeeren und Minze *S. 183*
Minzenjulep *S. 192*

ORIGANO UND MAJORAN

Majoran hat einen deutlich pikanten Geschmack, Origano ist etwas stärker. Beide lassen sich gut trocknen. Majoran eignet sich für dicke Gemüsesuppen, Pasta, Fisch, Wild, Rindfleisch, Huhn, Würste und Hackbraten. Es verfeinert auch Tomaten, Zucchini, Kartoffeln und Peperoni. Auch in Omeletten und Käsegerichten. Origano ist gut für Pizza. Man kann es wie Majoran verwenden, aber sparsamer.

Käsekuchen mit Origano *S. 174*
Tomaten mit Origano *S. 178*

PETERSILIE

Ihr milder Geschmack und ihre glänzendgrünen Blätter machen Petersilie zum nützlichsten und beliebtesten Küchenkraut. Zu einem Bouquet garni binden mit Lorbeer und Thymian. Gekocht verstärkt sie das Aroma anderer Lebensmittel und Kräuter. Um sie zur Geltung zu bringen, verwenden Sie sie reichlich und samt den würzigeren Stielen. Zu mild schmeckenden Gerichten. Erst am Schluss beifügen. In Salat, Sandwiches, Suppen, Saucen, Mayonnaise und Eierspeisen. Ganze Zweige, kurz überbacken, zu Fisch.

Sardinen in Wein mit Petersilie *S. 167*
Kräuter-Hamburger *S. 173*
Grüne Kräuteromelette *S. 174*
Mittelmeer-Gemüse *S. 177*
Grüne Mayonnaise *S. 182*
Petersilien- und Schnittlauchbutter *S. 190*

ROSMARIN

Das aromatische, harzige Blatt hilft Fett verdauen. Es wird auf Lamm- und Schweinsbraten gestreut, zu Koteletts, Wurstfleisch, Pâtés und Füllungen verwendet. Getrocknete Blätter zerreiben, frische fein hacken oder vor dem Servieren entfernen, da sie zäh sein können. Beim Brotbacken einen ganzen Zweig mit in den Ofen legen. Zweige in Öl oder Essig geben. Blätter in heissem Wasser aufweichen und zu weingeränkten Orangen hinzufügen.

Rosmarin-Kebabs *S. 172*
Süsser Kräuter-Sorbet *S. 185*
Rosmarin-Käsefinger *S. 185*
Süsse Rosmarinschnitten *S. 186*

SAFRAN

Safran ist das teuerste aller Gewürze, da die Ernte des Blütenstaubs viel Arbeit erfordert. Zum Glück braucht es nur eine Prise, um ein grosses Gericht zu färben und zu würzen. Guter Safran sollte weniger als ein Jahr alt sein und glänzend orange aussehen. Er duftet stark und hat einen kräftigen, warmbitteren Geschmack. Wenn Sie Staubfäden verwenden, zerdrücken Sie soviel wie benötigt und lassen Sie sie in heisser Milch oder in Flüssigkeit aus dem Rezept ziehen. Brauchen Sie das leichter verderbliche Pulver, weichen Sie es in Flüssigkeit ein oder geben Sie es zum Backmehl.

Muscheln in Safran *S. 168*
Paella *S. 167*
Safran-Fruchtbrot *S. 186*

SALBEI

Salbei ist ein würziges, kräftiges Kraut, das stark gewürztes Essen ergänzt und Fett verdauen hilft. Er eignet sich für Käse und Käsecremetunken. Blätter zu Zwiebelsuppe, gedämpften Tomaten, Omeletten, Kräuterbrötchen und Brot. Versuchen Sie Salbei-Gelee, -Butter und -Essig (S. 188, 190). Zum Trocknen nur erstklassigen Salbei verwenden, sonst entsteht ein unangenehm muffiger Geschmack.

Haselnuss- und Salbei-Pâté *S. 174*
Lauch- und Salbei-Krustade *S. 176*
Kräuterblätter-Küchlein *S. 177*
Salbei- und Haferkuchen *S. 185*

SAUERAMPFER

Ein Blatt mit starkem, zitronenähnlichem Geschmack, geeignet, milde Gerichte und Saucen zu beleben. Sauerampfersuppe ist klassisch, und Sauerampfer wird oft wie Spinat gekocht und serviert.

Schweinefleisch- und Sauerampfer-Terrine *S. 172*
Sauerampfer- und Pastinak-Mousse *S. 178*

SCHNITTLAUCH

Frisch geschnittener Schnittlauch erhebt viele gewöhnliche Gerichte in hohe Ränge. Streuen Sie ihn auf Suppen, Salat, Hühnchen, Kartoffeln, gekochtes Gemüse und Eierspeisen. Mischen Sie gehackten Schnittlauch mit Butter und garnieren Sie damit gegrilltes Fleisch und Fisch. Statt Zwiebeln in Hamburgern verwendet, verleiht er Milde. Mit Butter mischen (S. 190), in Sahne, Käse, Joghurt mischen, zu Pellkartoffeln. Am Schluss des Kochvorgangs beifügen. Schnittlauch lässt sich gut tiefkühlen, aber schlecht trocknen.

Barsch mit Ingwer und Schnittlauch *S. 167*
Kartoffelsalat mit Dill und Schnittlauch *S. 182*
Käsekugeln *S. 182*
Käsebrot mit Schnittlauch *S. 186*

SÜSSDOLDE

Milder Geschmack, erinnert schwach an Anis. Auf Früchtekuchen streuen, solange er heiss ist; in Konfitüren verwenden, um Säure und Zuckerbedarf herabzusetzen. Frische gehackte Blätter in Salaten, Avocado-Füllungen, kalten Drinks und in Punsch. Grüne, unreife Samen an Fruchtsalat. Wurzel sieden, in Scheiben schneiden und kalt mit Salatöl servieren. Gehackte Wurzel zu schwimmend Gebackenem.

Gebackene Makrele mit Süssdolde *S. 167*

THYMIAN

Gewöhnlicher Thymian wird zusammen mit Petersilie und Lorbeer zu Bouquet garni gebunden. Er hat eine lange kulinarische Geschichte. Er stimuliert den Appetit und hilft Fett verdauen. Nützlich mit Fleisch, Schalentieren, Wild und Geflügel. Frischer Thymian ist sehr kräftig und soll sparsam verwendet werden. Versuchen Sie Zitronenthymian mit Fisch und Geflügel.

Fasanen-Schmorbraten mit Thymian *S. 170*
Kaninchen mit Senf und Thymian *S. 170*
Seezunge im Teig mit Thymian *S. 168*

WACHOLDER

Die zerdrückten Beeren des Wacholderbaums haben ein harziges Aroma, das für Pâtés, Marinaden und für Füllungen in Schweinefleisch und Wildbret geschätzt wird. Beliebt sind sie auch in Sauerkraut, Saucen, Schinken und Kohl.

Sautierte Lammnieren mit Wacholder *S. 173*
Schweinskoteletts, mit Wacholder und Knoblauch mariniert *S. 173*
Kohl mit Wacholderbeeren *S. 177*
Heisse Birnen mit Wacholder *S. 183*

ZITRONENMELISSE

Verwenden Sie die wunderbar nach Zitrone duftenden Blätter frisch in Salaten, in einem angenehmen Kräutertee oder um Schwarztee Zitronengeschmack zu verleihen. Reichlich in weisser Sauce für Fisch; ein Hühnchen vor dem Braten damit bedecken. Feingehackte Blätter verleihen Sauerkraut, Mayonnaise, Saucen und Füllungen sowie auch Fruchtsalaten und Puddings zitronige Süsse. In Eiswürfel einfrieren und mit Drinks servieren (S. 192)

Würzige Kebabs mit Zitronenmelisse *S. 172*
Zitronenmelisse-Käsekuchen *S. 185*
Süsses Kräutersorbet *S. 185*

Suppen

Wildsuppe mit Lorbeer

1 Liter Bouillon	1 mittelgrosse Zwiebel, geviertelt
1 Fasan, Rebhuhn, Taube oder	4 Lorbeerblätter
anderer Wildvogel	Saft einer Zitrone
Vorderbeine eines Hasen oder	Salz, schwarzer Pfeffer
Kaninchens	50 ml Portwein
1 mittelgrosse Karotte	

für 4–6 Personen

1 Bouillon, Vogelrumpf, Kaninchenfleisch, Karotte, Zwiebel und Lorbeer in einen Topf geben. Aufsieden, zudecken und eine Stunde leise kochen lassen, bis das Fleisch zart ist.

2 Abseihen; Karotte, Zwiebel und Fleischstücke herausnehmen.

3 Fleisch, Karotte, Zwiebel und Bouillon im Mixer pürieren. Wieder in sauberen Topf mit Zitronensaft, Gewürzen und Portwein; nochmals erhitzen. Mit Brot-Croûtons servieren.

Karotten- und Kerbelsuppe

50 g Butter	1 Liter Hühnerbouillon
275 g gehackte Karotten	Salz, schwarzer Pfeffer
50 g Weissmehl	100 ml gehackter Kerbel

GARNITUR
Sahne oder Joghurt   Kerbelzweige

für 4–6 Personen

1 Butter in Pfanne schmelzen und Karotten fünf Minuten sanft anbraten. Mehl, nachher Bouillon und Gewürze hineinrühren. Aufsieden, zudecken, 30 Minuten ziehen lassen.

2 Etwas abgekühlte Suppe im Mixer pürieren. Wieder in die Pfanne geben mit dem gehackten Kerbel, langsam wieder zum Sieden bringen. Heiss oder kalt servieren mit einer Garnitur aus Sahne und Kerbelzweiglein.

Fenchelsuppe

25 g Butter	½ Liter Milch
4 in Scheiben geschnittene	1 Lorbeerblatt
Fenchelknollen	Salz, schwarzer Pfeffer
1 grosse gehackte Zwiebel	2 Eigelb
1 Liter Gemüsebouillon	150 ml Sahne

GARNITUR
Fenchelblätter

für 8 Personen

1 Butter in grosser Pfanne schmelzen. Fenchel und Zwiebel weich, aber nicht braun braten.

2 Bouillon, Milch, Lorbeerblatt und Gewürze dazugeben. Aufsieden, 30 Minuten leise kochen lassen.

3 Lorbeerblatt entfernen, Suppe durch Metallsieb abseihen.

4 Eigelb und Sahne in einer Schüssel vermengen. Eine halbe Tasse der gesiebten Suppe dazuschlagen. Die Mischung in die Suppe giessen und nochmals erhitzen, aber nicht sieden lassen, sonst gerinnt sie. Mit gehackten Fenchelblättern garnieren.

Erbsen- und Basilikumsuppe

1 El Pflanzenöl	1 EL Gemüsebouillon-Konzen-
1 grosse gehackte Zwiebel	trat
1 Knoblauchzehe, zerdrückt	1 grosse gewürfelte Kartoffel
225 g halbe Erbsen, über Nacht	2,3 Liter Wasser
eingelegt	3 EL Basilikumblätter
1 El Tomatenpüree	Salz, schwarzer Pfeffer
100 ml Sahne	

GARNITUR
100 ml Sahne   8 Basilikumblätter

für 8 Personen

1 Öl in grosser Pfanne erhitzen, Zwiebel und Knoblauch 5 Minuten braten. Die abgeseihten halben Erbsen, Tomatenpüree, Bouillonkonzentrat, Kartoffel und Wasser dazugeben.

2 Aufsieden, Basilikumblätter und Gewürze dazu, zudecken, 40 Minuten leise kochen lassen, bis die Erbsen weich sind.

3 Etwas abgekühlte Suppe im Mixer pürieren, dann im Topf nochmals erhitzen. Garnieren mit einer Schleife Sahne und einem Basilikumblatt.

Linsen- und Koriandersuppe

1 EL Pflanzenöl	Salz, schwarzer Pfeffer
1 grosse gehackte Zwiebel	1 EL zerstossener Koriander-
110 g halbe rote Linsen	samen
½ Liter Tomatensaft	1 EL gehackter Koriander
¼ Liter Wasser	

für 4 Personen

1 Öl in einer Pfanne erhitzen, Zwiebel 5 Minuten anbraten. Linsen dazugeben und ein paar Minuten sautieren.

2 Tomatensaft, Wasser, Gewürze und zerstossenen Koriander hineinrühren. Aufsieden, zudecken und 20 Minuten ziehen lassen. Sehr heiss, mit Koriander bestreut, servieren.

Liebstöckelsuppe

Für eine scharfe, säuerliche Suppe nehmen Sie statt Liebstöckel Sauerampfer.

25 g Butter	25 g Mehl
2 mittelgrosse feingeschnittene	½ Liter Hühner- oder Gemüse-
Zwiebeln	bouillon
4 EL feingehackte Liebstöckel-	225 ml Milch
blätter	Salz, schwarzer Pfeffer

für 4 Personen

1 Butter in Pfanne schmelzen, Zwiebeln 5 Minuten vorsichtig anbraten, bis sie weich sind. Liebstöckel dazu, Mehl hineinrühren, 1 Minute ständig rühren.

2 Nach und nach Bouillon hineingeben, zudecken, 15 Minuten ziehen lassen. Milch und Gewürze hinein. Langsam wieder erhitzen, nicht sieden, sonst gerinnt die Suppe.

SUPPENKRÄUTER

Allgemein: Kerbel, Knoblauch, Wacholder, Melisse, Liebstöckel, Majoran, Minze, Zwiebel, Petersilie, Rosmarin, Bohnenkraut, Sellerie, Sauerampfer, Estragon, Thymian

Minestrone: Basilikum, Rosmarin, Thymian

Erbsen: Basilikum, Borretsch, Dill, Majoran, Minze, Petersilie, Rosmarin, Bohnenkraut, Thymian

Kartoffeln: Lorbeer, Kümmel, Petersilie

Tomaten: Basilikum, Dill, Majoran, Oregano, Estragon, Thymian

Fisch

Gerösteter Engelbarsch mit Bohnenkraut

700 g Engelbarsch	Salz, schwarzer Pfeffer
geriebene Schale und Saft einer	eine gute Handvoll Bohnenkraut
Zitrone	(oder Rosmarin)
225 ml Olivenöl	

für 4 Personen

1 Engelbarsch entgräten und in 1-cm-Würfel schneiden. Würfel in tiefe Schüssel legen.

2 Zitronenschale und -saft, Olivenöl und Gewürze in einer Schale mischen. Bohnenkraut zu kleinen Zweigen zerpflücken und hineingeben.

3 Diese Marinade über den Fisch giessen und 6 Stunden oder über Nacht im Kühlschrank ziehen lassen.

4 Fischwürfel auf vier Bratspiesschen aufziehen. Auf Holzkohle oder in einem Grill 5–10 Minuten braten. Häufig drehen und mit Marinade begiessen. Auf weissem Reis mit grünem Salat servieren.

Sardinen in Wein mit Petersilie

3 EL Olivenöl	4 EL gehackte Petersilie
16 geputzte Sardinen	1 EL Zitronensaft
2 zerdrückte Knoblauchzehen	150 ml Weisswein

für 4 Personen

1 Öl in tiefer Bratpfanne erhitzen, Sardinen, Knoblauch, Petersilie, Zitronensaft und Wein dazu.

2 Bei schwacher Hitze 5–6 Minuten kochen. Heiss mit Pariserbrot oder kalt als Vorspeise.

Gebackene Makrele mit Zitronenmelisse

Auch Fenchelblätter eignen sich für dieses Rezept

50 g Butter	225 ml feingehackte Zitronenme-
225 g Zwiebeln in dünnen	lisse
Scheiben	4 Makrelen, jede ca. 225 g schwer
1 zerdrückte Knoblauchzehe	oder zwei grössere Fische,
50 g frische geschabte Ingwer-	geputzt
wurzel	

für 4 Personen

1 Ofen auf 180 °C vorheizen.

2 Butter in Pfanne schmelzen, Zwiebel 5 Minuten sanft sautieren. Knoblauch, Ingwer und Zitronenmelisse dazu, braten bis weich, aber noch feucht.

3 Beide Seiten der Makrelen tief einschneiden, mit schrägen Schnitten von Kopf bis Schwanz.

4 Die Mischung aus Zwiebel und Zitronenmelisse auf die Fische verteilen und mit dem Löffel in die Schnitte füllen.

5 Fische auf Backblech legen, 15 Minuten – grössere Fische 25 Minuten – backen.

6 Sie können, wenn Sie wollen, den Fisch noch knusprig grillieren, auf Holzkohle oder unterm Grill, jede Seite 2 Minuten.

Barsch mit Ingwer und Schnittlauch

900 g Barsch	1 EL geschabte frische Ingwer-
Salz	wurzel
1 EL Sojasauce	4 EL gehackter Schnittlauch
1 TL Sesamöl	

für 6 Personen

1 Fisch in einen Topf mit siedendem, ihn bedeckendem Salzwasser legen. 5 Minuten ziehen lassen. Fisch abtropfen lassen und auf Servierschüssel arrangieren.

2 Soyasauce, Öl und Ingwer vermengen und über den Fisch giessen. Mit gehacktem Schnittlauch bestreuen. Mit weissem Reis oder neuen Kartoffeln.

Paella

Alle Schalentiere können für dieses Gericht verwendet werden. Traditionell sind Tintenfische oder Muscheln.

4 EL Olivenöl	4 junge Tintenfischchen ohne
4 Hühnerbeine oder andere	Tintensäcke und Augen
kleine Stücke Hühnerfleisch,	225 g ungeschälte Garnelen oder
jedes ca. 75 g	8 grosse Mittelmeergarnelen
50 g rote Pfefferschoten, in kleine	450 g Muscheln, geputzt
Streifen geschnitten	¼ TL Safran, in 2 EL heissem
2 grosse Tomaten, enthäutet und	Wasser aufgelöst
gehackt	1 Liter Wasser
350 g Rundkornreis	

für 4 Personen

1 Öl in grosser Paella-Pfanne oder schwerer Bratpfanne erhitzen. Huhn sorgfältig goldbraun braten und aus der Pfanne nehmen.

2 Pfeffer und Tomaten in die Pfanne geben und ein paar Minuten braten. Nach und nach Reis, Tintenfische, Garnelen, Muscheln, Safran und schliesslich Wasser beifügen unter dauerndem Rühren. Hühnerfleisch wieder in die Pfanne tun; alles zum Sieden bringen.

3 Zudecken, bei schwacher Hitze kochen lassen, bis das Wasser aufgesaugt und der Reis luftig ist. Wenn das Wasser verdunstet ist, ehe noch der Reis weich ist, mehr Wasser zugeben. Ist der Reis gar, jedoch noch Wasser übrig, stark sieden, bis der Reis trocken ist. Jedes Reiskorn sollte getrennt bleiben; man rühre also nur im Notfall mit der Gabel. Aus der Pfanne servieren, mit knackigem grünem Salat.

KRÄUTER FÜR FISCH

Allgemein: Gelbdolde, Basilikum, Lorbeer, Kümmel, Kerbel, Schnittlauch, Dill, Fenchel, Zitronenmelisse, Thymian, Liebstöckel, Majoran, Minze, Petersilie
Gebacken, grilliert: wie oben, Bohnenkraut, Estragon
Fette Fische: Fenchel, Dill
Lachs: Dillsamen, Rosmarin
Meeresfrüchte: Basilikum, Lorbeer, Kerbel, Schnittlauch, Dill, Fenchelsamen, Majoran, Rosmarin, Estragon, Thymian
Suppen: Lorbeer, Liebstöckel, Salbei (sparsam!), Bohnenkraut, Estragon, Thymian

Mit Kerbel gefüllte Forelle

50 g Butter	Saft und Schale einer Zitrone
75 g feingehackte Zwiebel	1 Tasse gehackter Kerbel
110 g Paniermehl	Salz und Pfeffer
75 g feingehackte Pilze	4 Forellen, jede ca. 225 g, oder 1 grosser Fisch, 1–2 kg, ausgenommen und geputzt

Für vier Personen

1 Ofen auf 180 °C vorheizen.

2 Butter schmelzen, Zwiebel golden, aber nicht braun sautieren.

3 Paniermehl, Pilze, Zitronenschale und -saft, Kerbel und Gewürze in grosser Schüssel vermengen. Zuletzt die gebratene Zwiebel dazu.

4 Füllung auf die Forellen verteilen und in die Leibeshöhlen löffeln. Auf jeden Fisch ein Stückchen Butter legen, dann in leicht gefettetes Küchenpergament legen. 15 Minuten backen.

5 Fisch aus dem Ofen nehmen und auf jeder Seite 5 Minuten grillieren.

Seezunge im Teig, mit Thymian

4 Seezungenfilets	150 ml trockener Weisswein
25 g Butter	225 g Blätterteig
Gewürze	1 geschlagenes Ei

Füllung

25 g Butter	75 g Rosinen
1 mittlere Zwiebel, feingehackt	1 EL gehackter Thymian
50 g Pilze, feingehackt	1 geschlagenes Ei
110 g Paniermehl	Gewürze

Für 4 Personen

1 Ofen auf 170 °C vorheizen.

2 Seezungenfilets in ofenfeste Schüssel legen, Butterflocken draufgeben, würzen, mit Wein begiessen. Etwa 15 Minuten sanft backen. Abseihen, Fischsäfte behalten.

3 Butter schmelzen, Zwiebel sautieren. Pilze dazu, ein paar Minuten lang weich braten.

4 Zwiebel und Pilze mit dem Rest der Füllung vermengen, beiseite stellen.

5 Ofen auf 190 °C heizen.

6 Blätterteig in 4 Portionen teilen. Jeden Teil zur Grösse eines kleinen Tellers ausrollen. Ein Seezungenfilet mit einem Viertel der Füllung auf jedes Teigstück legen. Einrollen, die Teigränder mit Ei bepinseln und zusammenkleben.

7 Mit Ei glasieren und ca. 20 Minuten goldbraun backen. Köstlich mit Thymian-Rahmsauce.

Gravlax

900 g frischer Salm	Schwarzer Pfeffer
75 ml Zucker	75 ml Dillblätter
75 ml Meersalz	

Sauce

2 EL französischer Senf	Salz, schwarzer Pfeffer
1 EL Honig	6 EL Olivenöl
1 Eigelb	2 EL gehackte Dillblätter
2 EL Weissweinessig	

Für 6 Personen

1 Salm der Länge nach entzweischneiden, alle Gräten entfernen.

2 Zucker, Salz und Pfeffer miteinander vermengen, Mischung über den Fisch reiben.

3 Eine Schicht Dill in eine Schüssel legen und einen halben Salm, mit der Haut nach unten, darauflegen. Hierauf kommt eine weitere Schicht Dill und die zweite Salmhälfte mit der Haut nach oben. Mit Dill und dem Rest der Zuckermischung bedecken.

4 Schüssel mit Klebefolie und beschwertem Teller bedecken. An kühlem Ort 24 Stunden stehenlassen.

5 Sauce: Alle Ingredienzen ausser Öl und Dill in eine Schüssel geben und mit Schneebesen schlagen. Langsam Öl hineinschlagen, zuletzt den gehackten Dill.

6 Die Marinade vom Salm abkratzen. Fleisch von der Haut, quer zur Richtung der Fasern, abschneiden. Mit der Sauce und einer Garnitur aus Zitrone und Dillblättern servieren.

Miesmuscheln mit Safran

2 kg Miesmuscheln	25 g Butter
1 EL Olivenöl	25 g Mehl
1 EL Hafer	150 ml Milch
2 kleine Zwiebeln in Scheiben	¼ TL Safran, in 1 EL heissem Wasser
2 EL feingehackte Petersilie	
55 ml trockener Weisswein	50 g Paniermehl

Für 4–6 Personen

1 Muscheln etwa 2 Stunden lang in kaltem Wasser einlegen, mitsamt den Haferflocken. Alle Muscheln sorgfältig unter laufendem Wasser reinigen, Bärte entfernen.

2 Öl in grosser Bratpfanne erhitzen und Zwiebel weich dünsten. Petersilie, Muscheln und Wein dazu. Pfanne bedecken und Muscheln dämpfen, bis sie sich öffnen (ca. 5 Minuten), hin und wieder umrühren. Geöffnete Muscheln aus der Pfanne nehmen.

3 Ofen auf 200 °C vorheizen.

4 Butter in Pfanne schmelzen, Kochflüssigkeit von den Muscheln sowie Safranaufguss hinein. Gut glattrühren und vom Feuer nehmen.

5 Gekochte Muscheln in die Sauce rühren, dann in ofenfeste Schüssel geben. Mit Paniermehl bestreuen und ca. 10 Minuten backen. Mit Knoblauchbrot servieren.

Im Uhrzeigersinn von oben: Mit Kerbel gefüllte Forelle; Seezunge im Teig mit Thymian; Miesmuscheln mit Safran; Gravlax.

Fleisch

Fasanen-Schmorbraten mit Thymian

Dieses schmackhafte Gericht kann mit jeder Art von Wild zubereitet werden; es variieren nur die Kochzeiten.

2 EL Pflanzenöl	110 g Champignons
1 Fasan	1 mittelgrosse Zwiebel, dick
50 g Streifenspeck, zu 5-cm-	geschnitten
Stücken geschnitten	6 grosse Thymianzweige
225 g Karotten, in 5 cm lange	2 EL Mehl
Stücke geschnitten	275 ml Rotwein
110 g Sellerie, auf 5 cm zuge-	275 ml Wasser
schnitten	Salz, schwarzer Pfeffer

für 4 Personen

1 Ofen auf 180 °C vorheizen.

2 Öl in einer dickbödigen Kasserolle erhitzen und den Fasan rundherum scharf anbraten. Herausnehmen und beiseite legen.

3 Speck in die Kasserolle geben und hellbraun braten. Karotten, Sellerie, Pilze, Zwiebel und drei Thymianzweige hineingeben und braun sautieren.

4 Mehl hineinrühren, dann Rotwein und Wasser dazu. Gut verrühren, sanft zum Sieden bringen. Fasan hinzufügen sowie Rest des Thymians; Salz und Pfeffer nach Geschmack.

5 Zudecken und 1½ Stunden schmoren lassen. Den gekochten Fasan auf eine Servierschüssel legen, die Sauce in eine Sauciere abseihen.

Kaninchen mit Senf und Thymian

Senf und Thymian bilden, so gebacken, eine herrliche Kruste. Das Rezept geht auch für Hühnchen; statt Thymian verwendet man dann Petersilie, Bohnenkraut oder Schnittlauch.

2 EL Senfpulver	evtl. Salz und Pfeffer
2 EL Mehl	ca. 90 ml Wasser
1 EL gehackter Thymian	1 zerlegtes Kaninchen

für 4 Personen

1 Ofen auf 180 °C vorheizen.

2 Senfpulver, Mehl und Thymian in einer Schale vermengen. Evtl. salzen, pfeffern. Langsam Wasser beifügen, bis ein glatter Teig entsteht.

3 Die Paste über alle Oberflächen des Kaninchenfleisches pinseln.

4 Fleisch auf gefettetem Backblech 1 bis 1½ Stunden braten. Heiss oder kalt servieren.

KRÄUTER FÜR WILD UND GEFLÜGEL

Wildbret: Lorbeer, Wacholder, Liebstöckelsamen, Majoran, Rosmarin, Salbei, Bohnenkraut
Kaninchen/Hase: Basilikum, Lorbeer, Liebstöckelsamen, Majoran, Rosmarin, Salbei
Ente: Lorbeer, Majoran, Rosmarin, Salbei, Estragon
Gans: Fenchel, Majoran, Salbei
Truthahn: Majoran, Petersilie, Salbei, Estragon, Thymian

Mariniertes Wildfilet

MARINADE	
225 ml Weinessig	1 Zweig Thymian
225 ml Rotwein	1 Zweig Petersilie
3 EL Olivenöl	6 Estragonblätter
3 Lorbeerblätter	1 EL Wacholderbeeren
	1 kleine Zwiebel, gehackt
4 Wildfilets	1 EL Mehl
25 g Butter	2 EL Brandy

für 4 Personen

1 Alle Marinadezutaten 5 Minuten zusammen sieden. Abkühlen lassen.

2 Filets in tiefe, ofenfeste Schüssel legen. Marinade darübergiessen, 24 Stunden einwirken lassen, hin und wieder Fleisch wenden.

3 Aus der Marinade nehmen und in Butter ca. 10 Minuten braten. Warm halten.

4 Mehl in die Butter rühren, dann allmählich etwa die Hälfte der Marinademischung und den Brandy. Über Filets giessen, servieren.

Kalbsschnitzel mit Lorbeer

25 g Butter	4 getrocknete Lorbeerblätter
1 kleine Zwiebel, feingehackt	225 ml trockener Weisswein
4 Kalbsschnitzel zu ca. 110 g	150 ml Sahne
	Salz, schwarzer Pfeffer

für 4 Personen

1 Butter in grosser Bratpfanne schmelzen, Zwiebel ca. 5 Minuten weich dünsten.

2 Kalbsschnitzel dazugeben, über ihnen Lorbeerblätter zerdrücken. Schnitzel wenden und Wein dazugiessen. Ungedeckt ca. 5 Minuten kochen. Sahne dazugeben, gut rühren. Nach Geschmack würzen. Auf Reis servieren.

Persisches Hühnchen mit Kräutern

110 g Butter	¼ Tasse gehackte Minze
2 mittelgrosse Zwiebeln in	¼ Tasse gehackter Koriander
Scheiben	50 g Walnüsse, gehackt
1 Suppenhuhn	175 ml Orangensaft
425 ml Hühnerbrühe	geschabte Rinde von 2 Orangen
Salz, schwarzer Pfeffer	evtl. 2 geschlagene Eier
1 Tasse gehackte Petersilie	
1 Tasse gehackter Schnittlauch	

für 4 Personen

1 25 g Butter in grosser Bratpfanne schmelzen und Zwiebeln golden braten.

2 Huhn in die Pfanne geben samt Hühnerbrühe und Gewürzen. Zudecken, 1 Stunde simmern.

3 Restliche Butter in einer Pfanne schmelzen und Petersili Schnittlauch, Minze und Koriander kurz darin kochen als Würze für die Butter. Zum Huhn geben, hierauf Walnüsse Orangensaft und -rinde. 30 Minuten leise kochen.

4 Wenn Sie wollen, die geschlagenen Eier kurz vor dem Servieren dazugeben. Mit Nudeln oder Reis.

Im Uhrzeigersinn von oben: Würzige Kebabs mit Zitronenmelis (S. 172); Rosmarin-Kebabs (S. 172); Gefüllte Liebstöckel- und Rebblätter (S. 172); Schweinefleisch- und Sauerampfer-Terrin (S. 172); Persisches Hühnchen mit Kräutern.

Brathuhn mit Estragon

Statt Estragon können auch Petersilie, Schnittlauch, Thymian oder Kerbel verwendet werden.

8 Hühnerschenkel oder -beine, je 75 g
50 g Butter

2 EL gehackter Estragon
Salz, schwarzer Pfeffer

für 4 Personen

1 Ofen auf 190 °C vorheizen.

2 Lösen Sie mit scharfem Messer die Knochen aus dem Fleisch, drehen Sie dabei etwas die Knochen.

3 Butter etwas weich werden lassen, mit Holzkelle zu Paste verarbeiten, Estragon und Gewürze hineinmischen.

4 Die Kräuterbutter zwischen das Hühnerfleisch verteilen, jede Höhlung reichlich füllend. Offene Enden jedes Huhnstücks mit Cocktailstäbchen verschliessen.

5 Stücke in ofenfeste Schüssel legen und mit Folie bedecken. 40 Minuten braten, für die letzten 10 Minuten Folie entfernen. Statt im Backofen kann man das Hühnerfleisch auch auf Holzkohle fertig kochen.

Würzige Kebabs mit Zitronenmelisse

1 Zehe Knoblauch
1 Hammelkeule ca. 1,5 kg, entbeint und in 2,5-cm-Würfel geschnitten

1 grosse Zwiebel in Stücken
2 gute Handvoll Zitronenmelisseblätter

MARINADE

50 ml Weinessig
1 EL gemahlener Koriander
1 EL gemahlener Kümmel
½ TL gemahlener Turmerik

1 EL Rohzucker
1 EL Mangochutney
2 Lorbeerblätter
evtl. 2 Chilischoten
Salz, schwarzer Pfeffer

für 6 Personen

1 Eine tiefe Schüssel mit der halbierten Knoblauchzehe ausreiben. Hammelstücke zuunterst legen. Mit einer Schicht Zwiebeln bedecken, darüber die Zitronenmelisse legen.

2 Für die Marinade Essig, Koriander, Kümmel, Chili, Turmerik, Rohzucker, Chutney und Lorbeerblätter zusammen 5 Minuten sieden. Erkalten lassen, über das Fleisch giessen, würzen. Bedecken und nachtsüber im Kühlschrank stehen lassen.

3 Hammelfleisch abtropfen lassen, ebenso Zwiebelstücke, und beides auf Metallspiesschen aufziehen. Auf Holzkohle braten oder grillieren, 15–20 Minuten, bis braun; öfters mit der Marinade begiessen. Lorbeerblätter vor dem Servieren entfernen. Mit heissem Knoblauchbrot oder auf einem Reisbett, zusammen mit grünem Salat, servieren.

Rosmarinkebabs
Zu einer Marinade für 450 g Lamm- oder Schweinefleischwürfel mischt man 4 EL Olivenöl mit dem Saft von 2 Zitronen, der geschabten Rinde einer Zitrone, einer zerdrückten Knoblauchzehe und 4 Zweigen Rosmarin. Fleisch mindestens 4 Stunden marinieren, auf Spiesse oder verholzte Rosmarinstengel aufziehen, abwechselnd mit roten und grünen Peperonistücken und Zwiebeln. Begiessen Sie während des Grillens das Fleisch mit der Marinade.

Schweinefleisch- und Sauerampfer-Terrine

700 g mageres Schweinefleisch
110 g frisches Paniermehl
1 mittelgrosse Zwiebel

2 Knoblauchzehen
Salz, schwarzer Pfeffer
ca. 60 Sauerampferblätter, gewaschen und abgetropft

für 8 Personen

1 Fleisch hacken, mit Paniermehl, Zwiebeln und Knoblauch gründlich vermischen; nach Geschmack würzen.

2 Ofen auf 190 °C vorheizen.

3 1-kg-Kastenform gut einfetten. ⅓ des Fleischs auf den Boden streichen. Hierauf kommt eine Schicht Sauerampferblätter, dann ⅓ Fleisch, dann wieder Blätter, zum Schluss das restliche Fleisch.

4 Mit Folie bedecken, Form auf ein halb mit Wasser gefülltes Backblech stellen, 1½ Stunden backen.

5 In der Form erkalten lassen, in Scheiben schneiden und mit heissem Toast servieren.

Gefüllte Liebstöckel- und Rebblätter

ca. 8 Liebstöckelstengel
1 EL Olivenöl
1 kleine Zwiebel, feingehackt
50 g Pinienkerne
25 g Rosinen

1 EL gehackter Rosmarin
Salz, schwarzer Pfeffer
225 g mageres gehacktes Lammfleisch
8 Rebblätter

für 4 Personen

1 Liebstöckelblätter so nahe wie möglich an den Gruppen kleiner Blätter abschneiden und in eine grosse, ofenfeste Schüssel legen. Mit siedendem Wasser bedecken, 10 Minuten belassen, dann unter kaltem Wasser spülen. Zum Erkalten beiseite legen.

2 Ofen auf 200 °C vorheizen.

3 Öl in grosser Bratpfanne erhitzen, Zwiebel weich sautieren. Pinienkerne, Rosinen, Rosmarin und Gewürze beifügen. Vom Herd nehmen, erkalten lassen.

4 Lammfleisch mit der kühlen Zwiebelmischung vermengen.

5 Rebblätter auslegen, auf jedes 2–3 Liebstöckelblätter geben.

6 Auf jedes Blatt kommt ca. 1 EL der Lammfüllung. Dann werden sie gerollt und in eine gefettete ofenfeste Schüssel gelegt. Zudecken, ca. 30 Minuten braten.

KRÄUTER ZU FLEISCH

Rind: Basilikum, Kümmelsamen, Kerbel, Liebstöckelsamen, Majoran (Schmorbraten), Minze, Oregano, Petersilie, Rosmarin, Salbei, Bohnenkraut, Estragon, Thymian.
Lamm: Basilikum, Kerbel, Kümmel, Dill, Melisse, Liebstöckelsamen, Majoran, Petersilie, Rosmarin, Thymian.
Schwein: Kerbel, Koriander, Fenchel, Liebstöckelsamen, Majoran, Rosmarin, Salbei, Bohnenkraut, Thymian
Leber: Basilikum, Dill, Majoran, Salbei, Estragon
Schinken: Wacholderbeeren, Liebstöckel, Majoran, Minze, Senf, Oregano, Petersilie, Rosmarin, Bohnenkraut

Gebratene Lammnieren mit Wacholder

8 Lammnieren	1 TL Tomatenpüree
2 EL Pflanzenöl	2 EL trockener Sherry
110 g Champignons	275 ml Fleischbrühe
6 zerdrückte Wacholderbeeren	1 getrocknetes Lorbeerblatt
2 EL Mehl	Salz, schwarzer Pfeffer

für 4 Personen

1 Nieren mit scharfem Messer enthäuten, längs entzweischneiden, Kern entfernen.

2 Öl in grosser Bratpfanne erhitzen, Nieren und Pilze 2–3 Minuten sorgfältig dünsten. Wacholderbeeren dazu, nochmals 2–3 Minuten dünsten. Pilze und Nieren herausnehmen, Wacholderbeeren in Pfanne lassen.

3 Mehl in den Fleischsaft einrühren; Tomatenpüree, Sherry, Fleischbrühe, Lorbeerblatt und Gewürze dazu. Unter ständigem Rühren erhitzen.

4 Sauce sieben und mit Wasser auf 570 ml ergänzen.

5 Sauce zu den Pilzen und Nieren in die Pfanne geben. Wacholderbeeren aus dem Sieb lesen und zum Gericht geben. 20 Minuten simmern, ohne Deckel. Gelegentlich rühren.

Gebackener Schinken mit Ringelblumen-Glasur

Im 17. Jahrhundert waren für Schinken- und Fleischglasuren Ringelblumenblätter und Veilchen üblich.

2,25 kg Räucherschinken

GLASUR

50 g Rohzucker	Salz, schwarzer Pfeffer
½ TL Senfpulver	3 EL Paniermehl
4 EL Milch	
1 Tasse Ringelblumenblätter	

für 12 Personen

1 Räucherschinken 24 Stunden in kaltem Wasser einlegen. Wasser wenigstens zwei- bis dreimal wechseln, Schinken zudecken.

2 Ofen auf 180 °C vorheizen. Schinken in Bratform legen mit ca. 225 ml Wasser. Braten, pro Pfund 45 Minuten. In der Hälfte der Bratzeit wenden

3 Den Schinken 30 Minuten stehenlassen. Folie entfernen, Rinde noch warm abschneiden.

4 Fett mit rautenförmigen Schnitten versehen, Schinken in die Bratform zurückgeben, diesmal ohne Wasser.

5 Glasurzutaten miteinander vermengen und über den Schinken streichen. Ofen auf 200 °C aufheizen und nochmals 10 Minuten braten.

Schweinskoteletts, mit Wacholder und Knoblauch mariniert

2 EL Olivenöl	4 Schweinskoteletts, 2 cm dick,
6 zerdrückte Wacholderbeeren	ca. 225 g schwer
2 zerdrückte Knoblauchzehen	25 g Mehl
Salz, schwarzer Pfeffer	275 ml herber Most

für 4 Personen

1 Öl, Wacholderbeeren, Knoblauch und Gewürze in einer Schale mischen.

2 Koteletts in flache Schüssel legen, mit der Marinade überall bedecken. Zudecken, wenigstens drei Stunden stehenlassen, besser über Nacht.

3 Koteletts abtropfen lassen, Marinade behalten

4 Grosse Bratpfanne erwärmen, Marinade hineingeben. Wenn sie heiss ist, Koteletts dazu, bei mässiger Hitze jede Seite 10 Minuten braten. Testen, ob sie durchgebraten sind: ein scharfes Messer nahe am Knochen ins dickste Fleisch stossen, es darf nichts mehr rosa sein. Koteletts aus der Pfanne nehmen.

5 Bratpfanne auf der Platte lassen, Mehl in die Säfte rühren. Most hinzugiessen, aufsieden. Koteletts wieder in die Sauce geben, nochmals erwärmen, servieren.

Kräuter-Hamburger

450 g mageres Hackfleisch vom Rind	schwarzer Pfeffer
	5 ml Sojasauce
1 leicht geschlagenes Ei	1 grosse gehackte Zwiebel
2 EL gleiche Teile Basilikum,	2 EL Butter
süsser Majoran, Thymian oder	¼ Tasse Paniermehl
Sellerieblätter	
½ TL Salz	

für 4 Personen

1 Fleisch, Ei, Kräuter, Salz, Pfeffer und Sojasauce in grosser Schüssel miteinander vermengen.

2 Zwiebel in der Butter golden braten, zur obigen Mischung geben. Genügend Paniermehl hinzufügen, um die Masse zusammenzuhalten.

3 Zu abgeflachten Kugeln formen und auf Holzkohle oder unterm Grill garbraten (ca. 5 Minuten jede Seite). Auf Körnerbrot servieren mit knusprigem Salat, frischen Tomaten und Mayonnaise.

KRÄUTER FÜR KASSEROLLENGERICHTE

Borretsch, Lorbeer, Schnittlauch, Koriandersamen, Dillsamen, Fenchel, Knoblauch, Guter Heinrich, Zitronenmelisse, Liebstöckel, Majoran, Minze, Oregano, Petersilie, Salbei, Bohnenkraut, Sellerie, Thymian

KRÄUTER FÜR MARINADEN

Basilikum, Lorbeer, Koriandersamen und -blätter, Kümmel, Dill, Fenchel, Knoblauch, Wacholderbeeren, Zitronenmelisse, Liebstöckel, Minze, Zwiebelkraut und -knollen, Petersilienstengel, Rosmarin, Estragon.

Pikante Hauptgerichte

Haselnuss- und Salbeipâté

150 g Haselnüsse
50 g Sesamsamen
225 g Schmelzkäse
2 zerdrückte Knoblauchzehen
⅓ TL Salz

1 TL schwarzer Pfeffer
1 EL gehackter Salbei
2 EL Olivenöl
4 EL Milch

für 4–6 Personen

1 Ofen auf 180 °C vorheizen.

2 Haselnüsse und Sesamkörner auf getrennte Backbleche legen. 5–10 Minuten im Ofen leicht anrösten. Wenn die Nüsse abgekühlt sind, Häute abreiben.

3 Nüsse und Sesam zusammen vermahlen, bis sie wie feines Paniermehl aussehen. Wird ein körnigeres Pâté gewünscht, Nüsse und Körner zur Hälfte grob und zur Hälfte fein mahlen.

4 Schmelzkäse, Knoblauch, Salbei, Salz, Pfeffer und Öl in einer Schüssel zusammen schlagen.

5 Nüsse- und Körnermischung gut miteinander vermengen. Milch dazu, bis die Masse feucht ist, ja sogar eher nass, da die Nüsse Flüssigkeit aufsaugen.

6 Gekühlt in Auflaufförmchen oder auf Salatportionen mit Toast servieren.

Käsekuchen mit Oregano

TEIG
225 g Mehl
Prise Salz

110 g Butter in Stücken

FÜLLUNG
225 g Quark
1 EL gehackte Zwiebeln
50 g geriebener Parmesan
2 Eier
schwarzer Pfeffer
2 EL gehackte Petersilie
1 EL Olivenöl
1 zerdrückte Knoblauchzehe

2 EL gehackter Oregano
200 g Tomatenpüree
50 g schwarze Oliven, entsteint und geschnitten
110 g Mozzarella, dünn geschei-belt
1 grosse grüne Paprika, ohne Samen und geschnitten
etwas geschlagenes Ei

für 6 Personen

1 Für den Teig Mehl und Salz in eine Schüssel sieben. Butter hineinreiben, bis die Masse wie feines Paniermehl aussieht. Wasser dazu, bis zu einem Teig gebunden.

2 Hälfte des Teigs ausrollen und in gefettete tiefe, feuerfeste Schüssel legen.

3 Ofen auf 200 °C vorheizen.

4 Als Füllung Quark, Zwiebel, Parmesan, Eier, reichlich schwarzen Pfeffer und Petersilie miteinander vermengen.

5 Öl in kleiner Pfanne erhitzen, Knoblauch und Oregano darin dünsten, Tomatenpüree und Oliven hineinrühren.

6 Die halbe Quarkmasse auf den Teig geben, darüber die Mozarellaschnittchen, dann die halbe Tomatenmasse und eine halbe Paprika. Dann wieder Teig und wieder Füllung.

7 Mit dem verbleibenden Teig einen Deckel machen. Kanten zusammendrücken. Deckel mit geschlagenem Ei bepinseln. 4 Einschnitte mit Messer machen, da der Kuchen aufgeht. 30–40 Minuten backen.

Grüne Kräuteromelette

6–8 Eier
2 Lauchstengel, gewaschen und zerhackt
4 gehackte Schalotten
100 g Spinat, gewaschen und gehackt
3 EL gehackte Petersilie

3 EL gehackte Kräuter z. B. Estragon, Koriander, Schnittlauch, Kerbel, Dill
1 EL gehackte Walnüsse
Salz, schwarzer Pfeffer

für 4 Personen

1 Ofen auf 180 °C vorheizen.

2 Eier in grosser Schüssel schlagen. Gemüse, Kräuter und Nüsse gründlich dazumischen, nach Belieben würzen.

3 Grosse ofenfeste Schüssel einbuttern, Masse hineingiessen. Bedecken, 30 Minuten backen. Hierauf 15 Minuten unbedeckt backen, bis die Oberfläche golden ist. Heiss oder kalt servieren.

Liebstöckel- und Linsenroulade

Liebstöckel kann durch Spinat, Sauerampfer oder sonst ein Blattgemüse ersetzt werden.

50 g gehackter Speck
175 g halbierte rote Linsen
1 kleine Zwiebel, fein gehackt
275 ml Wasser
1 EL Tomatenpüree

110 g Liebstöckelblätter
50 g Margarine
50 g Mehl
275 ml Milch
2 Eier
Salz, schwarzer Pfeffer
25 g Paniermehl

für 6 Personen

1 Speck, Linsen und Zwiebel in einer Pfanne mit Wasser bedecken. Ohne Deckel 15 Minuten simmern. Tomatenpüree dazu, nochmals 15 Minuten leise kochen, bis die Masse die Flüssigkeit aufgesaugt hat und dick ist.

2 Liebstöckelblätter in einen Topf geben, ganz leicht gesalzen, ohne Wasser. Zugedeckt 5 Minuten kochen.

3 Ofen auf 200 °C vorheizen.

4 Margarine in einer Pfanne schmelzen, Mehl beifügen, 2–3 Minuten kochen und dabei glattrühren. Nach und nach Milch dazu, 2 Minuten simmern, zu glatter Sauce rühren. Vom Feuer nehmen, Eigelb beifügen.

5 Gekochten Liebstöckel pürieren und zur Sauce geben. Nach Geschmack würzen.

6 Eiweiss steif schlagen und unter die Liebstöckelmasse ziehen.

7 Eine Rouladeform einfetten, Liebstöckelmasse hineinstreichen, 25 Minuten backen, bis goldbraun aufgegangen.

8 Paniermehl auf Pergamentpapier streuen, gebackene Liebstöckelmasse darauflegen.

9 Linsenfüllung darüberstreichen, dann das Ganze einrollen wie ein Birnbrot. Nochmals 10 Minuten im Ofen backen. Heiss oder kalt servieren.

Im Uhrzeigersinn von rechts oben: Tagliatelle mit Ringelblumensauce (S. 176); Käsekuchen mit Oregano; Grüne Kräuteromelette; Gebackene Kräuterblätter (S. 177).

Tagliatelle mit Ringelblumensauce

350 ml Milch	1 Lorbeerblatt
1 grosse Zwiebel, geviertelt	110 g Butter
4 EL Ringelblumenblätter, frisch	110 g Mehl
oder getrocknet	175 g Reibkäse
2 grosse Rüben, längs in	Salz, schwarzer Pfeffer
Scheiben geschnitten	225 g Tagliatelle verde

für 4 Personen

1 Milch, Zwiebel, Ringelblumenblätter, Karotten und Lorbeerblatt in eine Pfanne geben. Zudecken, 10 Minuten simmern, bis Karotten weich sind.

2 In einen Krug absieben, Karotten- und Zwiebelstücke aufbewahren.

3 Butter in Pfanne schmelzen, 2-3 Minuten kochen und dabei Mehl hineinrühren, bis glatt. Nach und nach die gewürzte Milch hinzu, weitere 2 Minuten simmern, rühren, bis glatte Sauce entsteht.

4 Gekochte Karotten und Zwiebeln durch ein Sieb in die Sauce pressen. Quark und Gewürze unterziehen.

5 Tagliatelle in einem Topf mit siedendem Salzwasser kochen, bis sie al dente sind. Ringelblumensauce darübergiessen.

Lauch- und Salbei-Krustade

110 g frisches Paniermehl	1 EL Rosmarin, gehackt
110 g gemischte Nüsse, gehackt	1 EL Oregano
1 zerdrückte Knoblauchzehe	50 g Butter
1 EL Basilikum	110 g Reibkäse

SAUCE

50 g Butter	2 enthäutete und gehackte
1 Lauchstengel, gewaschen und	Tomaten
fein geschnitten	2 EL gehackter Salbei
25 g Mehl	Salz, Pfeffer
275 ml Milch	

für 6 Personen

1 Ofen auf 180 °C vorheizen.

2 Paniermehl, Nüsse, Knoblauch und Kräuter in Schale zusammenmischen. Butter hineinreiben, Käse dazurühren.

3 Pressen Sie diese Masse auf den Boden einer flachen Kuchenform. 20 Minuten golden backen.

4 Für die Sauce die Butter in Pfanne schmelzen und den Lauch darin ca. 10 Minuten weich dünsten. Mehl dazurühren, dann Milch hinein, 5 Minuten unter Rühren kochen. Tomaten, Salbei und Gewürze hinzu.

5 Lauchsauce über die gebackene Krustade breiten. Nochmals 20 Minuten backen.

KRÄUTER FÜR EIER UND KÄSE

Eier, allgemein: Basilikum, Kerbel, Schnittlauch, Dill, Petersilie, Estragon
Rührei/Omeletten: die obigen, Majoran, Oregano
Harkäse: Kümmel, Dillsamen, Rosmarin, Salbei
Weichkäse: Kümmel, Schnittlauch, Kerbel, Dillsamen, Fenchel, Majoran, Minze, Rosmarin, Salbei, Bohnenkraut, Thymian
Fondue: Basilikum, Knoblauch, Minze
Käseschnitten: Basilikum, Majoran, Petersilie, Estragon

Fenchelkuchen

TEIG

175 g Mehl	75 g Butter in Stücken
Prise Salz	

FÜLLUNG

2 EL Pflanzenöl	2 EL gehackte Fenchelblätter
1 grosse Zwiebel, gehackt	4 Eier
1 zerdrückte Knoblauchzehe	275 ml Sahne
1 Fenchelknolle, in Scheiben	Salz, schwarzer Pfeffer
geschnitten	
1 EL Fenchelsamen	

für 6 Personen

1 Für den Teig Mehl und Salz in eine Schale sieben. Butter hineinreiben, bis die Masse aussieht wie feines Paniermehl. Mit Wasser zu einem Teig binden. Ausrollen, flaches Kuchenblech damit belegen.

2 Ofen auf 180 °C vorheizen.

3 Für die Füllung Öl in Pfanne erwärmen und Zwiebel und Knoblauch ca. 5 Minuten weich dünsten. Herausnehmen, auf Küchenpapier abtropfen lassen.

4 Dasselbe mit dem Fenchel tun.

5 Zwiebel und Fenchel auf dem Teig verteilen. Fenchelsamen und -kraut darüberstreuen.

6 Eier mit Sahne schlagen, gut würzen, über die Füllung giessen.

7 30 Minuten backen. Heiss oder kalt servieren.

Basilikum-Omelette

TEIG

110 g Mehl	2 Eier
100 ml Bier	50 g Butter, geschmolzen
100 ml Milch	Salz

FÜLLUNG

25 g Butter	225 g Schmelzkäse
1 kleine Zwiebel, fein gehackt	2 geschlagene Eier
1 Knoblauchzehe, zerdrückt	1 EL zerpflücktes Basilikum
225 g Champignons, gehackt	Salz, schwarzer Pfeffer

GUSS

45 ml geriebener Parmesan	150 ml Sahne

1 Teig im Mixer 1 Minute vermischen, mindestens 1 Stunde stehenlassen.

2 Für die Füllung Butter in Pfanne schmelzen und Zwiebel und Knoblauch ca. 5 Minuten dünsten. Pilze beifügen, nochmals 1 Minute dünsten. Abkühlen lassen, mit den übrigen Bestandteilen der Füllung mischen. Kalt stellen.

3 Ofen auf 180 °C vorheizen.

4 Für die Omeletten etwas Butter in kleiner Pfanne schmelzen. Etwa 2 EL Teig hineingeben und Pfanne schwenken, bis Teig ausgebreitet ist. Etwa 2 Minuten braten, bis die Unterseite golden ist, dann wenden und 1 Minute die andere Seite braten. Omelettchen auf Küchentuch legen, mit dem verbleibenden Teig noch 8 Omelettchen backen.

5 Die Omeletten mit Schmelzkäse und Pilzmischung füllen. Zusammenrollen und in ofenfeste Schüssel legen. Mit Parmesan bestreuen und Rahm darübergiessen. 20 Minuten backen.

Vegetarische Begleitgerichte

Kräuterküchlein

Dafür eignet sich jedes kräftig schmeckende Kraut. Wiesenknopfblätter sind hübsch geformt und schmecken gut. Salbei, Basilikum oder Sauerampfer eignen sich gleichfalls.

20–30 Kräuterblätter je nach Grösse Öl zum schwimmend Backen

TEIG

110 g Mehl 4 EL warmes Wasser
Prise Salz 1 grosses Eiweiss
3 EL Olivenöl

für 4 Personen

1 Kräuter sorgfältig waschen und trocknen.

2 Für den Teig Mehl und Salz in Schale vermischen. Öl und Wasser dazurühren, bis die Masse sahnig ist. 1–2 Stunden an kühlem Ort stehenlassen.

3 Eiweiss steif schlagen, dann sorgfältig unter den Teig ziehen.

4 Öl erwärmen, bis ein Tropfen Teig rasch knusprig und braun wird, aber nicht verbrennt. Blätter einzeln in den Teig tauchen, mehrere aufs mal 2–3 Minuten goldbraun backen.

5 Küchlein sorgfältig herausnehmen und auf Küchenpapier abtropfen lassen. Im Ofen warm halten, bis alle Küchlein fertig sind. Sofort servieren.

Kohl mit Wacholder

700 g Weisskohl 1 zerdrückte Knoblauchzehe
1 EL Olivenöl 8 zerdrückte Wacholderbeeren
1 feingehackte Zwiebel Salz, schwarzer Pfeffer

für 4–6 Personen

1 Ofen auf 200 °C vorheizen.

2 Äusserste Blätter des Kohlkopfes entfernen, Strunk herausschneiden. Kohl fein hacken und in einem Sieb waschen. Gut abtropfen lassen.

3 Öl in feuerfester Kasserolle erhitzen und Zwiebel und Knoblauch etwa 10 Minuten weich dünsten. Wacholderbeeren hinein, dann Kohl. Gut mischen.

4 Mit gut schliessendem Deckel zudecken. Etwa 35 Minuten backen. Kohl soll gar, aber noch immer knackig sein.

Mit Estragon gefüllte Pilze

450 g grosse Pilze 2 EL Estragon, fein gehackt
175 g Paniermehl 2 Eier
2 zerdrückte Knoblauchzehen Salz, schwarzer Pfeffer
1 kleine Zwiebel, sehr fein gehackt 110 g trockenes Paniermehl
  Öl zum schwimmend Backen

für 4–6 Personen

1 Pilze sauber abreiben. Stengel entfernen, ohne die Hüte zu beschädigen. Stengel fein hacken und beiseite stellen.

2 Frisches Paniermehl in Schale geben, Knoblauch hinzu. Zwiebel, Estragon, 1 Ei, Würze und Pilzstengel dazugeben, verrühren zu weicher Füllung.

3 Masse in den Hohlraum der Pilzhüte vorsichtig hineindrücken.

4 Das verbleibende Ei schlagen und die gefüllten Pilze einzeln eintauchen.

5 Trockenes Paniermehl in Platte streuen und die mit Ei bedeckten Pilze drin rollen, so dass sie gleichmässig paniert sind.

6 1 Liter Öl in schwerem Topf erhitzen. Die Pilze in etwa vier Teiler 4 Minuten backen. Auf Küchentuch abtropfen lassen. Sofort servieren mit Kräutermayonnaise (S. 182).

Mittelmeer-Gemüse

110 ml Olivenöl 225 g Okra gerüstet
2 gehackte Knoblauchzehen 110 g Zwiebeln in Scheiben
225 g Kartoffelwürfel 1 EL Koriander
225 g Zucchini in Scheiben Saft von 1 Limone
  Saft von 1 Zitrone

GARNITUR
2 EL gehackte Petersilie

für 4 Personen

1 Öl in grosser Pfanne erhitzen und alles Gemüse samt Koriander 5 Minuten dünsten.

2 Limonen- und Zitronensaft dazu. Bedecken, 30 Minuten sanft kochen, gelegentlich umrühren, damit nichts anklebt. Mit Petersilie garnieren.

KRÄUTER ZU GEMÜSE

Artischocken: Lorbeer, Bohnenkraut, Estragon
Avocados: Dill, Majoran, Estragon
Blumenkohl: Schnittlauch, Dill, Fenchel, Rosmarin
Erbsen: Basilikum, Kerbel, Majoran, Minze, Oregano, Petersilie, Rosmarin, Bohnenkraut, Salbei
Grüne Bohnen: Dill, Majoran, Minze, Oregano, Rosmarin, Salbei, Bohnenkraut, Thymian
Karotten: Kerbel, Petersilie
Kartoffeln: Basilikum, Lorbeer, Schnittlauch, Dill, Liebstöckel, Majoran, Minze, Oregano, Petersilie, Rosmarin, Bohnenkraut, Thymian
Knollensellerie: Kerbel, Petersilie, Estragon
Kohl: Kümmel, Boretsch, Dillsamen, Majoran, Minze, Oregano, Petersilie, Salbei, Bohnenkraut, Kerbel, Thymian

Kürbis: Basilikum, Dill, Majoran, Rosmarin, Estragon
Linsen: Knoblauch, Minze, Petersilie, Sauerampfer
Pilze: Basilikum, Dill, Zitronenmelisse, Majoran, Petersilie
Rosenkohl: Dill, Salbei, Bohnenkraut
Sauerkraut: Dill, Fenchelsamen, Liebstöckel, Bohnenkraut, Estragon, Thymian
Spargel: Kerbel, Schnittlauch, Dill, Melisse, Estragon
Spinat: Boretsch, Kerbel, Majoran, Minze, Rosmarin für Suppe, Salbei, Sauerampfer, Estragon
Tomaten: Basilikum, Lorbeer, Kerbel, chinesischer Schnittlauch, Schnittlauch, Dillsamen, Knoblauch, Majoran, Minze, Oregano, Petersilie, Salbei, Bohnenkraut, Estragon
Zwiebeln: Basilikum, Majoran in Suppe, Oregano, Salbei, Estragon, Thymian

Würzige Auberginen

2 grosse Auberginen	4 zerdrückte Knoblauchzehen
1 EL Olivenöl	1 TL gemahlener Koriander
1 TL Kümmelsamen	1 TL Kardamom
1 TL Fenchelsamen	275 ml Wasser
450 g Tomaten, geschält und gehackt	Salz, schwarzer Pfeffer
2,5 cm frischer Ingwer, geschabt	

GARNITUR
frische Korianderblätter

für 4 Personen

1 Auberginen sauber reiben, Stengel entfernen, fingergrosse Stücke schneiden. In Öl etwa 5 Minuten backen und auf Küchenpapier abtropfen lassen.

2 Kümmel und Fenchelsamen etwa 2 Minuten braten, bis sie etwas dunkler sind, dauernd umrühren. Tomaten, Ingwer, Knoblauch, Koriander und Kardamom samt Wasser hineingeben. 20 Minuten simmern, bis dicke Sauce entstanden ist.

3 Auberginen in die Pfanne geben, aufheizen unter sorgfältigem Wenden. Mit Korianderblättern garnieren.

Runde Artischocken an Sauce Ravigote

4 Artischocken

SAUCE

gemischter Strauss von Petersilie, Estragon, Brunnenkresse, Kerbel, etwas Schnittlauch	2 Essiggurken, fein gehackt
	4 EL Olivenöl
	1 EL Estragon
1 EL Kapern	Essig
	wenig Zitronensaft

für 4 Personen

1 Artischocken waschen und in Salzwasser einlegen. Stengel beim Boden abschneiden.

2 Artischocken in grossen Topf mit siedendem Wasser geben, ca. 30 Minuten simmern, bis sie zart sind. Artischocken herausnehmen und mit Kopf nach unten abtropfen lassen.

3 Für die Sauce alle Kräuter fein hacken. Kapern und Essiggurken beifügen, dann Öl, Essig und Zitronensaft.

4 Sauce in Schälchen verteilen, in welche die Gäste die Artischockenblätter eintauchen können.

Oregano-Tomaten

4 grosse Tomaten	1 Knoblauchzehe, zerdrückt
50 g Butter	schwarzer Pfeffer
1 EL gehackter Oregano oder	Prise Salz
1½ TL getrockneter	2 EL geriebener Parmesan

für 4 Personen

1 Tomaten waagrecht zu Hälften schneiden und in flache feuerfeste Schüssel legen.

2 Butter mit Oregano, Knoblauch, Pfeffer, Salz und Parmesan in einer Schüssel schlagend vermischen. Masse über die Schnittfläche jeder Tomate verteilen.

3 Tomaten unter mittelheissem Grill ca. 5 Minuten braten, bis Füllung anfängt, sich zu bräunen.

Sauerampfer- und Pastinak-Mousse

450 g Pastinake, geschält und in grosse Stücke geschnitten	275 ml Milch
	1 Ei
ca. 36 Sauerampferblätter	15 ml gehackter Schnittlauch
50 g Butter	Salz, schwarzer Pfeffer
50 g Mehl	

für 6 Personen

1 Pastinake in Topf legen, zudecken, 20 Minuten simmern, bis sie zart sind.

2 Ofen auf 190 °C vorheizen.

3 Jedes Sauerampferblatt durch ganz kurzes Eintauchen in siedendes Wasser blanchieren. Mit je 6 Blättern Boden und Wände von 6 kleinen feuerfesten Schalen belegen.

4 Gekochte Pastinake abtropfen lassen und zu glattem Püree verarbeiten.

5 Butter in einer Pfanne schmelzen, Mehl dazu. 2 Minuten kochen und dabei glattrühren. Nach und nach Milch hinzufügen, 2 Minuten simmern, bis eine glatte, dicke Sauce entsteht.

6 Eigelb in die Sauce schlagen. Eiweiss in einer Schüssel schlagen, bis weiche Spitzen entstehen.

7 Sauce und Pastinake mischen. Schnittlauch und Gewürze hinzufügen. Schalen in tiefe, halb mit Wasser gefüllte Kuchenform stellen.

8 Mischung über die 6 kleinen, mit Blättern ausgelegten Schalen verteilen. Schalen in tiefe, halb mit Wasser gefüllte Backform stellen.

9 50 Minuten backen, bis golden und flauschig. Stürzen, heiss servieren.

Fenchel mit Roquefortsauce

4 Fenchelknollen

SAUCE

25 g Butter	75 g Roquefortkäse, gerieben
25 g Mehl	schwarzer Pfeffer
275 ml Milch- und Fenchelbrühe	1 EL Joghurt

GARNITUR

1 EL gehackte Petersilie	1 EL gehackte Fenchelblätter

für 4 Personen

1 Fenchelknollen senkrecht halbieren, in Pfanne legen und mit Wasser bedecken. 15–20 Minuten sanft kochen lassen, bis sie zart sind. Abtropfen lassen, 150 ml der Kochflüssigkeit aufbewahren.

2 Für die Sauce die Butter schmelzen, 2 Minuten kochen und dabei Mehl einrühren, allmählich Milch und Fenchelbrühe hineinarbeiten, 2 Minuten simmern, stets rühren, bis glatte Sauce entsteht.

3 Reibkäse hinein; schwarzer Pfeffer nach Belieben. Joghurt dazu, ein paar Minuten leise kochen, unter stetem Umrühren.

4 Fenchel in Servierschüssel geben, Roquefortsauce darübergiessen. Mit Petersilie und Fenchel garnieren.

Im Uhrzeigersinn von oben: Runde Artischocken an Sauce Ravigote, Oreganotomaten, Fenchel mit Roquefortsauce, Sauerampfer- und Pastinak-Mousse.

Salate und Snacks

Salatkräuter lassen sich in drei Gruppen einteilen. In der ersten Gruppe sind die knusprigen, mild schmeckenden Kräuter, die in jeder Menge verwendet werden können. Dazu gehören Kopfsalat, Chicorée und blanchierte Blätter von Löwenzahn und Portulak. Dann gibt es würzende Kräuter – unten aufgezählt –, Essigkräuter und -knospen. Von diesen stets nur wenig nehmen, da sie scharf sein können. Die dritte Gruppe umfasst Kräuterblüten, die subtiler schmecken und eher um ihrer Schönheit als um ihres Geschmacks willen verwendet werden. Seien Sie wählerisch; ein Durcheinander aus vielen Blüten wirkt weniger als eine oder zwei. Bleiben Sie bei einer Farbe, z. B. blaue Boretsch- und Salbeiblüten oder goldene Ringelblumenblüten und Zitronenmelisse.

Melonen-, Tomaten- und Minzensalat

Statt Minze zur Abwechslung Zitronenmelisse oder frische Basilikumblätter nehmen.

225 g Kantalupe-Melone	1 Tasse feingehackte Minze
225 g feste Tomaten, in feine Scheiben geschnitten	275 ml Joghurt
175 g Gurke, geschält und geraffelt	Salz, schwarzer Pfeffer

GARNITUR
Minzenblätter

für 4 Personen

1 Melonenfleisch mit Kugelschneider zu Kugeln schneiden. Oder auch zu Würfeln.

2 Melone, Tomaten und Gurke in grosser Salatschüssel miteinander mischen.

3 Minze in Joghurt rühren, diesen dann als Sauce über den Salat giessen. Nach Geschmack würzen, fertigen Salat mit Minzenblättern garnieren.

Fenchelsalat mit Orange

1 Fenchelknolle, dünn geschnitten	1 Bündel Brunnenkresse gehackte Fenchelblätter
1 Kopfsalat	

SAUCE

110 ml Olivenöl	1 TL Fenchelsamen
Saft von 1 grossen Orange	Salz, schwarzer Pfeffer
1 TL französischer Senf	

für 6 Personen

1 Sauce zuerst machen. Alle Zutaten in Glas mit Schraubverschluss geben und gut schütteln. Wenigstens 30 Minuten stehenlassen.

2 Fenchel, Kopfsalat und Brunnenkresse in Salatschüssel legen. Fenchelblätter darüber streuen.

3 Sauce schütteln, kurz vor dem Servieren über den Salat giessen.

Scharfer Salat

2 Zwiebeln	geriebene Schale und Saft von
2 Radieschen	1 grossen Zitrone
2 grosse Karotten	1–2 Chilies, gehackt (mit oder
1 grosse Tomate, gehackt	ohne Samen)
1 kleiner Kopfsalat, in Stücke zerpflückt	Salz, schwarzer Pfeffer
Bündel Koriander, gehackt	

für 4–6 Personen

1 Zwiebeln schaben, ebenso Radieschen und Karotten, und in Salatschale legen.

2 Die übrigen Zutaten dazugeben, mischen. Nach Belieben Zitronensaft dazu.

Kräutersalat mit Veilchen

1 Kolben Chicorée	1 EL gehackte Petersilie
1 EL feingehackte Sellerie	1 EL gehackter Kerbel
1 EL feingehackte zarte Fenchelstengel (wenn nötig geschält)	2 feingehackte Oliven
	Salatsauce nach Belieben
	ca. 30 Veilchen-Blütenblätter

für 4 Personen

1 Chicoréeblätter auseinandernehmen und in Salatschüssel legen. Übrige Salatzutaten samt Kräutern dazugeben und gut vermischen.

2 Salatsauce dazu, mischen, Veilchenblätter auf das Ganze streuen.

Süsser Anissalat

3 rote Äpfel	2 Scheiben geschnittene Bananen
3 EL Zitronen- oder Orangensaft	110 g Walnüsse, grob gehackt
1 TL Zucker	110 ml Mayonnaise
175 g Anisstengel, gewürfelt	Kopfsalatblätter

GARNITUR
Petersilie

für 4 Personen

1 Äpfel entkernen und würfeln, Haut daranlassen. Etwas Apfelwürfel für Garnitur beiseite legen.

2 Zitronensaft und Zucker in Schüssel mischen, dann Äpfel hineingeben.

3 Anisstengel, Bananen und Nüsse hinein, hierauf Mayonnaise, kühl stellen.

4 Salat in einer mit Salatblättern ausgelegten Schüssel servieren, mit einigen Apfelwürfeln und Petersilie dekorieren.

SALATKRÄUTER

Allgemein: Gelbdolde, Engelwurz, Basilikum, Wiesenknöterich, Boretschblätter, Kümmel, Kerbel, Chicorée, Schnittlauch, Korianderblätter, Dill, Fenchel, Melisse, Liebstöckel, Majoran, Minze, Senfkörner, Kapuzinerkresseblätter, Petersilie, Portulak, Wiesenknopf, Bohnenkraut, Sellerie, Sauerampfer, Süssdolde, Estragon, Thymian, Brunnenkresse

Blumenbeigaben: Borretsch, Ringelblume, Kapuzinerkresse, Schlüsselblume, Rosenblätter, Nachtviole, Veilchen

---

Im Uhrzeigersinn von oben: Blumen- und Blättersalate; scharfer Salat; Melonen-, Tomaten- und Minzensalat; Sandwiches mit Kräuteraufstrich (S. 182); Fenchelsalat mit Orange.

Kartoffelsalat mit Dill und Schnittlauch

4 mittelgrosse Kartoffeln	1 EL gehackte Petersilie
1 EL gehackte Zwiebel	3 EL Mayonnaise
1 Blütendolde von Dill	1 EL Sahne oder Joghurt
fein gehackt oder 1 TL Dillsamen	Salz, schwarzer Pfeffer

für 4 Personen

1 Kartoffeln in der Schale weich sieden. Abkühlen, schälen, in Scheiben schneiden.

2 Zwiebel, Petersilie, Schnittlauch und Dill darüberstreuen.

3 Mayonnaise und Sahne miteinander vermischen, mit Salz und Pfeffer würzen. Zu den Kartoffeln giessen, sanft rühren. Ein paar Stunden stehenlassen, damit sich die Geschmäcke mischen.

Käsekugeln

225 g Schmelzkäse	Schnittlauch, Petersilie,
1 Tasse feingehackte Kräuter:	Rosmarin, Salbei, Thymian

Käse zu zwetschgengrossen Kugeln formen und in den gehackten Kräutern herumrollen. Mit Salat, auf heissem Gemüse oder als Brotaufstrich.

Kräutervinaigrette

Eine der einfachst zu machenden Salatsaucen, unendlich variierbar. Wählen Sie zur Abwechslung Kräuter aus der Liste aus. Mit Kräuteröl oder -essig wird die Vinaigrette pikanter.

3 EL Olivenöl	3 EL frische gehackte Kräuter
1 EL Weinessig	(Basilikum, Kerbel, Schnittlauch,
¼ TL Senf	Dillsamen, Zitronenmelisse,
Salz, schwarzer Pfeffer	Majoran, Rosmarin, Wiesen-
1 zerdrückte Knoblauchzehe	knopf, Estragon, Thymian)

ergibt ca. 80 ml

Alle Zutaten in Glas mit Schraubverschluss durcheinanderschütteln.

Grüne Mayonnaise

Dazu eignen sich folgende Kräuter einzeln oder miteinander kombiniert: Knoblauch, Zitronenmelisse, Liebstöckel, Wiesenknopf, Estragon, Thymian

1 Eigelb	2 EL gehackte Petersilie
275 ml Olivenöl	1 EL ausgewählte Kräuter
1 EL Weinessig	

ergibt 275 ml

1 Eigelb etwa eine Minute schlagen, dann mit tropfenweiser Ölbeigabe anfangen.

2 Wenn mehr als die Hälfte des Öls verbraucht ist und die Masse dick zu werden beginnt, Essig hineinschlagen.

3 Mehr Öl tropfenweise dazugeben, bis Sauce wieder dick wird, dann langsam den Rest hineingiessen. (Wenn die Sauce nicht dick wird oder gerinnt, ein neues Eigelb in eine saubere Schale legen und die missratene Mischung langsam dazurühren.)

4 Die gehackten Kräuter hineinrühren.

Aioli (Knoblauchmayonnaise)

1 Eigelb	Salz, schwarzer Pfeffer
275 ml Olivenöl	4 Knoblauchzehen
1 EL Weinessig	

ergibt 275 ml

1 Mayonnaise wie zuvor beschrieben machen.

2 Knoblauch in einem Mörser zerquetschen und in die Mayonnaise mischen.

Sauce tartare

1 Tasse Mayonnaise (siehe oben)	3 Schalotten oder Zwiebeln, fein
2 EL gehackte grüne Kräuter	gehackt
(Kerbel, Schnittlauch, Petersilie,	½ TL Senf
Estragon)	1 EL Kapern, gehackt

ergibt 275 ml

Alle Zutaten miteinander vermischen.

Meerrettichsauce

2 EL Weinessig	½ TL schwarzer Pfeffer
1 TL Zucker	4 EL feingeschabter Meerrettich
½ TL Salz	3 EL Sahne
1 TL Senf	

1 Essig in Emailtopf erhitzen. Zucker, Salz, Senf und Pfeffer beigeben und bei schwacher Hitze 2 Minuten verrühren.

2 Meerrettich dazugeben, noch 2 Minuten warm halten. Abkühlen lassen, Sahne hineinmischen. Kalt servieren.

KRÄUTERAUFSTRICHE

Sie ergeben mit Biscuits, Brot oder rohem Gemüse herrliche Snacks.

Mayonnaise mit gleich viel gehackten Kräutern mischen, z. B. Kerbel, Schnittlauch, Koriander, Dill, Fenchel, Kapuzinerkresse-Blütenblättern, Petersilie, Estragon. Besonders beliebt ist folgende Variante:

Sandwich mit Engelwurz und Minze

Die gewählte Minzenart sollte deutlich nach Grüner Minze schmecken.

1 gute Handvoll frischer junger	1–2 EL Mayonnaise
Engelwurzblätter	4 Scheiben Vollkorn- oder
1 gute Handvoll frischer Minzen-	Roggenbrot
blätter	

für 2 Personen

1 Blätter durch eine Kräutermühle treiben oder von Hand sehr fein hacken. Miteinander mischen.

2 Brot toasten und mit Mayonnaise bestreichen.

3 Eine dicke Schicht der Kräutermischung darauf legen. Mit gerösteter Brotschnitte bedecken, servieren.

Desserts

Stachelbeeren- und Holunderblütencreme

450 g frische gewaschene Stachelbeeren	175 g Zucker
125 ml Wasser	50 g Butter
5 Holunderblütendolden oder 1 TL Orangenblütenwasser	3 geschlagene Eier Schlagsahne

GARNITUR
Borretschblüten

für 4 Personen

1 Stachelbeeren und Holunderblüten im Wasser weich kochen. Blüten herausnehmen, Früchte pürieren.

2 Masse in Pfanne zurückgeben. Zucker hinein, erhitzen, bis er geschmolzen ist (jetzt können wir die Mischung abseihen, in Flaschen giessen und im Kühlschrank aufbewahren als herrlich schmeckenden Sirup mit Muskatellergeschmack; auf Fruchtsalat oder mit Sodawasser als Sommergetränk zu verwenden.)

3 Für die Creme die Butter hineinrühren, bis sie geschmolzen ist. Etwas abkühlen, langsam die geschlagenen Eier dazu, stets rühren, nie zum Sieden kommen lassen.

4 In Dessertgläser löffeln, Schlagrahm darüber, mit Borretschblüten garnieren.

Rosenblätter-Schichttorte

225 ml lose gehäufte Blütenblätter von Duftrosen. Weissen Ansatz entfernen	2 EL Mincemeat (zerhackte Mischung aus Äpfeln, Rosinen, Zucker, Hammelfett, Rum)
4 zerdrückte Bananen	4 EL Rosenblattkonfitüre (siehe S. 190)
ca. 110 g gehackte Datteln (gleich viel wie Bananen)	Saft von 2 Orangen etwas Schlagrahm

GARNITUR
kandierte Rosenblätter   Süssdoldensamen

für 4 Personen

1 Eine Schüssel mit rosa und roten Rosenblättern auslegen.

2 Bananen, Datteln und Mincemeat miteinander vermischen, auf die Blütenblätter legen, so dass die Rosenblätter am Rand hervorstehen. Darauf eine Schicht Rosenblattkonfitüre.

3 Vor dem Servieren Orangensaft darübergiessen, eine Schicht Schlagrahm darüberstreichen, mit kandierten Rosenblättern und Süssdoldensamen bestreuen.

Heisse Birnen mit Wacholder

4 feste Birnen	50 g dunkelbrauner Zucker
150 ml Rotwein	4 zerdrückte Wacholderbeeren
150 ml frischer Orangensaft	

für 4 Personen

1 Entweder ganze Birnen schälen und Kerngehäuse drin lassen oder schälen, entkernen und in Viertel schneiden.

2 Rotwein, Orangensaft, braunen Zucker und Wacholderbeeren in Pfanne mischen und bis kurz vor Siedepunkt erhitzen.

3 Birnen hinein, ungedeckt 15 Minuten (bei geviertelten Birnen) oder 25 Minuten (bei ganzen) simmern. Hin und wieder wenden und begiessen.

Süsser Reis mit Rosenpelargonien

110 g Rundkornreis	25 g getrocknete Kokosnuss
800 ml Milch	50 g Mandelflocken
8 duftende Pelargonienblätter	50 g Weinbeeren
	50 g weicher brauner Zucker

für 6 Personen

1 Reis und Milch in Topf vermischen. 4 Pelargonienblätter dazu. Bedecken, 30 Minuten sehr sanft simmern.

2 Vom Feuer nehmen, Blätter entfernen. Ofen auf 190 °C vorheizen.

3 Kokosnuss, Weinbeeren, Mandeln und Zucker gut mit der Masse vermischen.

4 Alles in ofenfeste Schüssel geben. Mit den 4 verbleibenden Pelargonienblättern schmücken. 45 Minuten backen.

Minzen- und Schokoladen-Eiscreme

225 ml Minzenblätter, am besten Grüne Minze	75 g Schokolade
	2 Eier
50 g Puderzucker	275 ml fette Sahne

GARNITUR
Minzenblätter   25 g Schokolade

für 6 Personen

1 Minzenblätter mit 25 g Zucker vermischen und so fein wie möglich hacken.

2 1 Schüssel über einen Topf siedendes Wasser setzen, 50 g der Schokolade schmelzen. Vom Feuer nehmen. Eigelb hinein, cremig schlagen, erkalten lassen.

3 Sahne schlagen, dann unter die gehackte Minze ziehen. Diese Mischung in Tiefkühlbehälter einfrieren.

4 Wenn die Eiscreme am Rand gefriert, 2 Minuten schlagen. Wieder ins Tiefkühlfach, dann alle 45 Minuten schlagen, bis fast durchgefroren.

5 Eiweiss schlagen. Unter den verbleibenden Zucker ziehen und dann sorgfältig mit der gefrorenen Creme vermischen. Eiscreme zurück in den Tiefkühler stellen, bis sie durchgefroren ist.

6 Mit in Schokolade getauchten (auf Pergamentpapier erkalteten) Minzenblättern garnieren.

KRÄUTER FÜR SÜSSSPEISEN

Allgemein: Engelwurz, Anis, Bergamotte, Holunderblüte, Zitronenmelisse, Zitronenkraut, Ananassalbei, Rosmarin, Safran, Süssdoldenblätter und grüne Samen
Puddings: Lorbeer, Zitronenthymian, Minze, Rosenblätter
Fruchtsalate: Anis, Zitronenmelisse, Minze, Rosmarin, Süssdoldenblätter, grüne Samen
Fruchtkompotte: Dill, Minze zu Birnen; Anis, Kümmel, Koriander, Dill mit Äpfeln; Bohnenkraut mit Quitten; Engelwurz, Süssdolde mit säuerlichen Früchten

Käsekuchen mit Zitronenmelisse

TEIG
110 g Mehl   50 g Margarine, in Stücke
Prise Salz   geschnitten

FÜLLUNG
50 g Margarine   2 Eier, geschlagen
2 EL Honig   6 EL sehr fein gehackte Zitronen-
350 g Schmelzkäse   melisse

für 6 Personen

1 Ofen auf 200 °C erwärmen.

2 Für den Teig Mehl und Salz in eine Schüssel sieben. Margarine hineinreiben, bis die Mischung wie feines Paniermehl aussieht. Genug Wasser dazugeben, damit ein weicher Teig entsteht. Auf Kuchenblech 15 Minuten ohne Füllung backen.

3 Für die Füllung die Margarine cremig rühren, zusammen mit Honig und Schmelzkäse. Eier hineinschlagen, Zitronenmelisse vorsichtig darunterziehen. Ofentemperatur auf 180 °C senken.

4 Füllung auf den Teigboden giessen, 45 Minuten backen, bis die Füllung golden und gesetzt ist. Mit Schlagsahne oder Joghurt servieren.

Süsser Kräutersorbet

75 g Puderzucker   Saft von 1 Zitrone
275 ml Wasser   1 Eiweiss
¼ Tasse grüne Minze (oder Zitronenmelisse, duftende Geranie oder Rosmarin)

GARNITUR
Minzenblätter

für 4 Personen

1 Zucker in einen Topf geben, Wasser dazu. Zum Sieden bringen, rühren, bis Zucker vergangen ist.

2 Kräuterblätter hacken, in die Pfanne geben. Zudecken, vom Feuer nehmen. 20–30 Minuten ziehen lassen. Geschmack prüfen. Wenn zu schwach, nochmals aufsieden und 15 Minuten ziehen lassen.

3 Flüssigkeit abseihen und Zitronensaft hineingeben. In Eiswürfelform giessen und 2–3 Stunden gefrieren lassen.

4 Wenn das Sorbet halb gefroren ist, Eiweiss steif schlagen, unter die Mischung ziehen, wieder weitere 3–4 Stunden ins Tiefkühlfach stellen.

5 Sorbet in einzelnen Schalen servieren und jede Portion mit zusätzlichen Kräuterblättern garnieren.

Brot, Kuchen und Biscuits

Liebstöckel-Körnerbrot

Statt Liebstöckel eignen sich auch Mohn- oder Gelbdoldensamen

15 g frische Hefe   350 g Weissmehl
½ TL Zucker   1 EL Pflanzenöl
425 ml warmes Wasser   1 mittlere Zwiebel, geschabt
2 TL Salz   1 EL Liebstöckelsamen
350 g Vollkornmehl

ergibt etwa 14 Semmeln oder ein 450-g-Brot

1 Hefe, Zucker und warmes Wasser in einer Schüssel vermischen. An warmen Ort stellen, bis die Mischung schäumt.

2 Beide Mehlsorten, Salz und Öl in einer Schüssel vermischen. Hefe und Zwiebel dazu: kneten, bis der Teig weich ist.

3 10 Minuten leicht auf mehliger Oberfläche kneten, bis der Teig glatt und elastisch ist. Teig in Schüssel legen, mit feuchtem Tuch bedecken, zum Aufgehen an warmen Ort stellen (in 1½ Stunden etwa ums Doppelte).

4 Teig auf mehlige Fläche stürzen, ca. 5 Minuten kneten. Zu Brötchen oder Broten formen, auf gefettetes Backblech legen.

5 Teig mit etwas Wasser einstreichen und mit Liebstöckelsamen bestreuen. 20 Minuten stehenlassen.

6 Ofen auf 230 °C erhitzen.

7 10 Minuten backen, dann Ofentemperatur auf 200 °C ermässigen und 5–20 Minuten weiterbacken. Zum Abkühlen auf Drahtgitter legen.

Rosmarin-Käsefinger

50 g Butter   1 EL gehackter Rosmarin
150 g Haferflocken   Prise Cayennepfeffer
175 g Cheddarkäse, geschabt   Salz
1 geschlagenes Ei

ergibt 12 Schnitten

1 Ofen auf 180 °C erhitzen.

2 Butter in Pfanne schmelzen. Die übrigen Zutaten in eine Schüssel geben und mit der Butter vermischen.

3 Die Masse auf gefettetes Backblech breiten. 30–40 Minuten backen. Zu «Fingern» schneiden.

Haferkuchen mit Salbei

25 g Schweinefett   1,25 ml getrockneter Salbei
90 ml siedendes Wasser   ¼ TL Natriumbikarbonat
225 g mittelfeines Hafermehl   Prise Salz

ergibt 8 Schnitten

1 Ofen auf 350 °C vorheizen.

2 Schweinefett und Wasser in kleinen Topf geben und erhitzen, bis das Fett geschmolzen ist. Erkalten lassen.

3 Hafermehl, Salbei, Natriumbikarbonat und Salz zusammen in eine Schüssel geben. Die erkaltete Flüssigkeit hineinrühren und zu einem weichen Teig mischen, wenn nötig noch etwas Wasser dazu.

4 Teig zu einem runden Fladen von ca. 20 cm Durchmesser formen; auf ungefettetes Blech legen.

5 Etwa 40 Minuten backen. In 8 Schnitten schneiden, dann etwas abkühlen lassen und nachher auf Drahtgitter legen.

Im Uhrzeigersinn von oben Mitte: Süsser Kräutersorbet; Heisse Birnen mit Wacholder (S. 183); Käsekuchen mit Zitronenmelisse; Minzen- und Schokolade-Eiscreme (S. 183).

Käsebrot mit Schnittlauch

15 g frische Hefe	Prise Salz
oder 25 g Trockenhefe	350 ml Wasser, auf Körpertem-
und 1 TL Zucker	peratur erwärmt
50 ml Wasser	50 g Butter
450 g Mehl	250 g Reibkäse
110 g Vollkornmehl	3 EL gehackter Schnittlauch
	1 Ei

ergibt ein Brot von 900 g

1 Hefe in Tasse geben, 50 ml Wasser hineinrühren. Bei Trockenhefe Zucker beigeben. An warmem Platz stehenlassen, bis die Masse schaumig ist.

2 Beide Mehlsorten und Salz in grosse Schüssel füllen. Hefemischung in die Mitte giessen, mit Messer gut vermischen, etwas warmes Wasser hinzufügen. Restliches Wasser hinein, Teig 2 Minuten kneten.

3 Teig zu einer Kugel formen und mit Mehl bestäuben. Mit feuchtem Tuch bedecken, an warmem Ort aufs Doppelte aufgehen lassen (1½–2 Stunden).

4 Teig leicht kneten, zu Viereck formen und Butterflocken daraufgeben. 3fach zusammenlegen und wieder auf ursprüngliche Grösse ausrollen. Mit Käse und Schnittlauch bestreuen, 2,5 cm breiten Rand freilassen. Einrollen wie ein Birnbrot.

5 In gefettete Kuchenform legen, oben mit scharfem Messer einkerben. An warmem Ort 30 Minuten aufgehen lassen.

6 Ofen auf 220 °C vorheizen.

7 Laib mit geschlagenem Eigelb bestreichen. 35–40 Minuten backen. Am besten warm essen.

Süsse Rosmarinschnitten

2 Eier	225 g Rosinen und kandierte
150 g weicher brauner Zucker	Früchte wie Engelwurz, Kirschen,
¼ TL Vanille-Essenz	Ananas
150 g Mehl	175 g gehackte Pekannüsse oder
1 TL Backpulver	Sonnenblumenkerne
Prise Salz	
1 EL frische oder 2 TL getrock-	
nete Rosmarinblätter	

ergibt 24 Schnitten

1 Ofen auf 190 °C vorheizen.

2 Eier in einer Schale schlagen, nach und nach Zucker und Vanille-Essenz beigeben, gut vermischen.

3 Mehl hineinsieben, sowie Backpulver und Salz. Rosmarinblätter dazu, dann Früchte und Nüsse.

4 Masse auf gefettetem und gemehltem Backblech gleichmässig verteilen.

5 30 Minuten backen. Noch heiss vom Blech nehmen. Erkalten lassen, in Vierecke schneiden.

Safran-Fruchtkuchen

225 ml gewärmte Milch	450 g Mehl
25 g Frischhefe	110 g Butter
1 TL Zucker	50 g Puderzucker
¼ TL Safran	175 g Weinbeeren
150 ml siedendes Wasser	110 g gehacktes Orangeat/
	Zitronat
	1 TL getrockneter Thymian

für 10 Personen

1 Milch in Schüssel geben, Hefe und 1 TL Zucker darin auflösen. 10 Minuten an warmem Ort stehenlassen, bis die Milch schäumt.

2 Safran im siedenden Wasser aufbrühen, dann erkalten lassen.

3 Mehl in grosse Schüssel füllen. Butter hineinreiben. Restlichen Zucker, Weinbeeren, Orangeat/Zitronat, Thymian hineingeben und gut vermischen.

4 Hefeflüssigkeit und Safranflüssigkeit zum Mehl geben (Safran sieben, falls Staubfäden verwendet). Glattrühren mit hölzerner Kelle; es soll wie ein sehr dicker Teig aussehen.

5 Teig in gefettete runde Kuchenform füllen. Mit feuchtem Tuch bedecken und 1 Stunde an warmem Ort stehenlassen, bis die Mischung den Rand der Form erreicht hat.

6 Ofen auf 190 °C vorheizen.

7 Brot 1 Stunde backen. In der Form erkalten lassen. In Scheiben mit Butter servieren.

Biscuitkuchen mit duftender Pelargonie

20 duftende Pelargonienblätter	4 geschlagene Eier
225 g Butter	225 g Hefebackpulver, gesiebt
225 g Puderzucker	

GARNITUR

Duftende Pelargonienblätter	Staubzucker

für 6 Personen

1 Backformen fetten und mit Pergamentpapier auslegen. Pelargonienblätter dekorativ aufs Papier verteilen.

2 Ofen auf 190 °C vorheizen.

3 Butter und Zucker in einer Schüssel schaumig schlagen. Nach und nach geschlagene Eier beifügen, gut schlagend. Mehl unter die Masse ziehen.

4 Masse in die vorbereiteten Formen füllen. In 20–25 Minuten goldgelb backen.

5 Aus Formen stürzen, auf Drahtgittern erkalten lassen. Blätter und Papier entfernen.

6 Biscuits mit Füllung versehen: Gelee aus duftender Pelargonie und Schlagrahm schmecken ausgezeichnet. Ein paar Pelargonienblätter auf die Biscuits legen, dann mit Staubzucker bepudern. Blätter vor dem Essen sorgfältig entfernen.

KRÄUTER FÜR BROT

Anis, Kümmel, Schnittlauch, Dill, Fenchel, Mohnsamen, Rosmarin, Thymian

Im Uhrzeigersinn von Mitte oben: Safran-Fruchtkuchen; Käsebrot mit Schnittlauch; Kräuterbutter (S. 190); süsse Rosmarinschnitten; Käsekugeln (S. 182); Biscuitkuchen mit duftender Pelargonie.

Öl, Essig, Eingemachtes

KRÄUTERÖL

Um Kräuteröl herzustellen, ein helles Glas locker mit frischgepflückten Kräutern füllen und mit kaltem Distel- oder Sonnenblumenöl bedecken (man kann jedes Öl benutzen, vermeidet aber am besten diejenigen mit starkem Eigengeschmack). Mit Musselin bedecken und auf ein besonntes Fenstersims stellen. 2 Wochen ziehen lassen, täglich umrühren. Durch Musselin abseihen, den Geschmack kontrollieren. Ist es stark genug, in Flasche abfüllen, beschriften. Sollte es stärker sein, den Vorgang mit frischen Kräutern wiederholen. Kräuteröl eignet sich für Salatsauce, Marinade, zum Fleischanbraten und zum Weichmachen von Gemüse.

Für süsses Öl Mandelöl mit duftenden Blüten verwenden.

KRÄUTER FÜR ÖL

Pikant: Basilikum, Knoblauch, Fenchel, Majoran, Minze, Rosmarin, Estragon, Thymian, Bohnenkraut
Süss: Gartennelken, Lavendel, Zitronenkraut, Rosenblätter

KRÄUTERESSIG

Mit Most oder Weinessig herstellen. Frisch gepflückte Kräuter etwas zerquetschen, lose in sauberen Krug füllen. Erwärmten, jedoch nicht heissen Essig dazugeben, bis bedeckt, und mit säurebeständigem Deckel verschliessen. In besonntes Fenster stellen, zwei Wochen täglich schütteln. Geschmack prüfen; wenn nicht stark genug, Essig abseihen und mit frischen Kräutern ansetzen. So aufbewahren oder durch doppelten Musselin abseihen und in Flaschen geben. Frischen Zweig hineingeben zur Kennzeichnung und Verschönerung. In Salatsaucen, Marinaden und Saucen verwenden.

Estragonessig

Wie oben vorgehen, aber dem ziehenden Essig und Estragon 1 zerschnittene Knoblauchzehe beifügen. Nach einem Tag Knoblauch herausnehmen und 2 Gewürznelken hineingeben für die nächsten 2 Wochen. Abseihen, in Flaschen abfüllen.

Blütenessig

Er wird nach der gleichen Methode hergestellt und mit Fruchtsalat und gewissen Kosmetika verwendet. Kräuter aus der untenstehenden Liste wählen und Stengel sowie allfällige weisse oder grüne Blattansätze entfernen.

KRÄUTER ZU ESSIG

Basilikum, Lorbeer, Kerbel, Dillblätter, Fenchel, Knoblauch, Minze, Rosmarin, Bohnenkraut, Estragon, Thymian.

BLÜTEN ZU ESSIG

Gartennelken, Klee, Holunder, Lavendel, Kapuzinerkresse, Schlüsselblumen, Rosenblätter, Rosmarinblüten, Thymianblüten, Veilchen.

Gemischter Kräuteressig

Mit Fantasie und Geschick lassen sich mit der obigen Methode viele interessante Geschmackssorten erzeugen. Zum Beispiel:
1 Teil Estragon mit 2 Teilen Zitronenmelisse
1 Teil Basilikum zu 2 Teilen Wiesenknopf
je 1 Teil Estragon, Basilikum und Schnittlauch, dazu je 2 Teile Zitronenthymian und Wiesenknopf und 1 Knoblauchzehe
je 1 Teil zerdrückter Anissamen, Kümmel, Sellerie, Koriander, Dill, Wiesenknopf und 1 Knoblauchzehe

Blumenessig:
wie pikanten Essig herstellen, z. B. mit
1 Teil Lavendelblüten mit 1 Teil Zitronenkraut
1 Teil Lavendelblüten mit 3 Teilen Rosenblätter
je 1 Teil Gartennelken und Rosmarin mit je 2 Teilen Rosenblätter und Holunderblüten

Meerrettich in Essig

Grössere Wurzeln waschen, schälen, in Mixer zerhacken oder schaben und lose in kleine Behälter füllen. Mit gesalzenem Essig (1 TL Salz auf 275 ml Essig) bedecken. Verschliessen, einen Monat ruhen lassen.

Gelbdoldenknospen in Essig

Junge, trockene Knospen pflücken, lose in kleinen Behälter aus Steingut füllen. Mit siedendem Weissweinessig bedecken, verschliessen. Vor Verwendung 2 Wochen stehenlassen. Dasselbe mit unreifem Samen von Süssdolde oder getrockneten Holunderblüten, die beim Aufgehen gepflückt wurden, versuchen.

Dieses Rezept lässt sich anpassen, um sauersüsse Pickles aus Blüten wie Rosenknospen, Veilchen, Rosmarinblüten und Schlüsselblumen herzustellen. Die obige Methode befolgen, aber über jede Schicht Zucker streuen.

Kapuzinerkressesamen in Essig

lassen sich statt Kapern verwenden. Kapuzinerkressesamen an trockenem Tag pflücken, solange sie noch grün sind. In Salzwasser (110 g Salz auf 1 Liter Wasser) legen, 24 Stunden belassen. Samen herausnehmen und trocknen, in kleine Gefässe füllen. Mit weissem Weinessig, Salz und Kräutern wie Estragon, Muskatblüte, Muskat, Schalotten, Knoblauch, Pfefferkörnern und Meerrettich einen sehr würzigen Essig brauen. Heissen Essig in die Behälter giessen, Verschliessen, ca. 1 Monat stehenlassen. Nach dem Öffnen rasch verbrauchen.

Essiggurken

ca. 1 kg 8–12 cm lange Gurken	7 EL grobes Salz
2 Knoblauchzehen	6 Pfefferkörner
2 Dillblütendolden mit Blättern	225 ml weisser Weinessig
	750 ml Wasser

ergibt 1 Liter

1 Gurken schrubben, über Nacht in kaltes Salzwasser einlegen. Abtropfen lassen.

2 1 Knoblauchzehe und 1 Dillblütendolde in jeden sterilisierten Behälter.

3 Gurken entweder ganz lassen oder längs in Viertel schneiden. In die Behälter legen.

4 Salz, Pfeffer, Essig und Wasser in einem Topf aufsieden. Über Gurken giessen. Verschliessen, beschriften, datieren. An kühlem Ort lagern. Erst nach 6 Wochen verwenden. Einmal geöffnet, im Kühlschrank aufbewahren.

Von links nach rechts: Pikantes Kräutergelee (S. 190); Rosenblätterkonfitüre (S. 190); Estragonessig; Thymianöl; Basilikumöl; Essiggurken.

KRÄUTERBUTTER

Kräuterbutter ist eine herrliche Möglichkeit, Snacks und Mahlzeiten mit dem Geschmack frischer Kräuter zu bereichern. Auf Sandwiches und Toast streichen, den pikanten Geschmack von gegrilltem Fleisch und Fisch und von Gemüse damit verstärken.

Versuchen Sie die unten angegebene Mischung oder erfinden Sie eine eigene. Wählen Sie dafür würzige Kräuter wie Kerbel, Schnittlauch, Knoblauch, Petersilie, Rosmarin, Salbei, Wiesenknopf, Estragon und Thymian.

Petersilien- und Schnittlauchbutter

2 EL gehackte Petersilie	225 g Butter, leicht erweicht,
1 EL gehackter Schnittlauch	Saft von 1 Zitrone
	Salz, schwarzer Pfeffer

1 Kräuter in die Butter schlagen, Zitronensaft und Würze beifügen. Glatt rühren.

2 Vor dem Servieren kalt stellen. An kühlem Ort aufbewahren. Ein Eiswürfeltablett liefert handliche Portionen.

GELEES

Der Geschmack aromatischster Kräuter lässt sich in Gelees einfangen, die man zu kaltem Fleisch, Pâté, Wild, Braten, Salat und Sandwich reicht und mit denen man sogar Suppen und Gemüse garnieren kann. Als Basis nehme man Apfel- oder Holzapfelgelee.

Pikantes Kräutergelee

2 kg herbe Kochäpfel oder Holz-	275 ml Weinessig
äpfel, grob gehackt	4 frische Kräuterzweige
1 Liter Wasser	350 g Zucker pro 570 ml Saft

ergibt ca. 1,8 kg

1 Kochäpfel mit Wasser und Essig in grossem Topf kochen. Frische Kräuter dazu, simmern. Sieden, bis Äpfel weich sind. Über Nacht durch ein Seihtuch laufen lassen.

2 Saft messen, wieder in Pfanne giessen, Zucker dazu. Zucker durch Rühren auflösen, sieden, bis die Masse fest zu werden beginnt. 10 Minuten erkalten lassen.

3 In saubere, sterilisierte Gläser giessen und eventuell als Dekoration ein paar Blätter hineingeben. Verschliessen, beschriften, datieren. In kühlem, dunklem Schrank aufbewahren.

Süsses Gelee

Wie oben kochen, aber Essig weglassen und 1 Liter Wasser verwenden.

KRÄUTER FÜR GELEE

Pikant: Basilikum, Minze, Rosmarin, Salbei, Bohnenkraut, Thymian
Süss: Bergamotte, Ringelblume, Lavendelblüten, Zitronenmelisse, Zitronenkraut, duftende Geranienblätter, Veilchen

---

Rosenblätterkonfitüre

250 g stark duftende rote oder	450 g Puderzucker
rosa Rosenblätter	Saft von 2 Zitronen
570 ml Wasser	1 EL Rosenwasser

ergibt etwa 2 Gläser zu 450 g

1 Den bitteren weissen Ansatz jedes Rosenblatts entfernen. Blätter spülen und abtropfen lassen.

2 Wasser in grosser, schwerer Pfanne zum Sieden bringen. Temperatur zurücknehmen, simmern. Rosenblätter hineingeben. (Die Flüssigkeit steigt stark, deshalb den Topf nur halb füllen.) 5 Minuten sanft simmern, bis die Blätter weich sind.

3 Zucker und Zitronensaft beigeben. Weitere 30 Minuten simmern, bis der Zucker aufgelöst ist und der Saft dick zu werden beginnt. Rosenwasser dazu.

4 Nochmals kräftig aufkochen. Wenn die Blasen eher zu Schaum geworden sind, prüfen, ob richtige Festigkeit erreicht ist. Dazu die Pfanne vom Feuer nehmen und einen Löffel voll Konfitüre auf kalten Teller legen. Erkalten lassen und die Oberfläche schieben: wenn Falten entstehen, ist die Konfitüre fertig.

5 Leicht abkühlen lassen, dann in sterilisierte Gläser giessen, beschriften und verschliessen.

KANDIERTE BLUMEN UND FRÜCHTE

Kandierte Blumen und Früchte erlauben wunderbare Dekorationen von Kuchen, Desserts und Sommergetränken. Die Methode ist zeitraubend, aber entspannend. Blätter oder Blüten an einem sonnigen, trockenen Tag pflücken. Stenge und weisse Blütenblätter-Ansätze entfernen und beginnen.

Ein Eiweiss leicht schlagen, bis es zu schäumen beginnt. Jede Blüte und jedes Blatt in das Eiweiss tauchen, dann in einem Teller voll Puderzucker wenden. Wenn um und um gezuckert, auf Pergamentpapier auf ein Drahtgitter legen.

Ein zweites Pergamentpapier darüberlegen. In einen luftigen Trockenschrank oder kaum warmen Ofen mit geöffneter Tür stellen. Wenn trocken, in luftdichter Dose aufbewahren.

Blüten zum Kandieren

Boretsch, Schlüsselblume, Lavendel, Flieder, Nelken, Rosenblätter, Rosmarin, Salbei

Blätter zum Kandieren

Bergamotte, Zitronenmelisse, Zitronenkraut, Minze

Kandierte Engelwurz

450 g Engelwurzstengel	275 ml Wasser
450 g Zucker	

1 Stengel waschen und in 8 cm lange Stücke schneiden. In etwas Wasser weich sieden.

2 Abtropfen lassen, äussere Haut entfernen und in flache Schüssel legen. Zucker darüberstreuen, zudecken und 2 Tage stehenlassen.

3 In einen Topf mit Wasser geben. Aufsieden, stets umrührend. Simmern, bis aller Sirup aufgesaugt ist. Abtropfen und erkalten lassen.

4 Stengel mit Zucker überziehen. Auf Kuchengitter legen und gründlich trocknen lassen. In luftdichten Dosen aufbewahren.

Kräuterdrinks

KRÄUTERTEE

Tee aus aromatischen, mit heissem Wasser übergossenen Blättern, Blüten oder Wurzeln ist eines der ältesten und verbreitetsten Getränke. Die meisten Kräutertees werden hergestellt, indem man die Blätter oder Blüten in einen warmen Teetopf gibt, heisses Wasser darübergiesst und 3–4 Minuten ziehen lässt. Man kann aber auch 1 TL getrocknete oder 3 TL frische Kräuter in eine Tasse siedendes Wasser legen. Samen und Wurzeln werden unmittelbar vor der Verwendung gemahlen und dann abgekocht; man simmert 1 EL Wurzeln oder Samen in 450 ml siedendem Wasser, bis nur noch die Hälfte des Wassers übriggeblieben ist. Das dauert je nach Kraut 5–20 Minuten.

Viele Leute empfinden Kräutertee als fade im Vergleich zu Kaffee und Schwarztee, aber es gibt Zwischenlösungen. Schwarztee mit Kräutern mischen oder ein paar Stachelbeeren-, Erdbeer- oder Frauenmantelblätter dazugeben, die alle viel Tannin enthalten.

Beginnen Sie mit Kräutern, die stark und Ihnen vertraut sind: Anis, Kamille, Zitronenkraut, Lindenblüten, Minze, Hagebutten und Salbei sind sehr erfrischend.

Schwarzteemischung

Kräuter in 450 ml Wasser 5 Minuten ziehen lassen; vor dem Trinken absieben.

«Earl Grey» mit Kräutern

1 TL Schwarztee	3 TL junge, frische Bergamotteblätter

Geranientee

1 TL Schwarztee	(andere Möglichkeit:
1 Zimtstengel	3 Gewürznelken mit
3 Apfelgeranienblätter	Rosengeranienblättern.)

Hibiskus

Angenehm zitroniger Geschmack bei schöner bernsteingelber bis rubinroter Farbe. Auch als Eistee erfrischend.

1 TL Schwarztee	1 TL Hibiskusblüten

JOGHURT

Nahrhaft, leichtverdaulich und erfrischend zu trinken. Pikant oder süss.

Stachelbeeren- und Minzen-Joghurtgetränk

225 ml Joghurt	75 g Stachelbeeren
100 ml Mineralwasser	oder 1 EL Stachelbeerensirup
	1 TL Minzensirup

GARNITUR
2 Minzenzweige

für 2 Personen

1 Alle Zutaten im Mixer pürieren.

2 Getränk in zwei Gläser giessen und jedes mit einem Minzenzweiglein schmücken. Kalt servieren.

Joghurtdrink mit Engelwurz, Minze und Süssdolde

450 ml Joghurt	4 mittelgrosse Süssdoldenblätter
225 ml Mineralwasser	1 TL Minzensirup
1 mittelgrosses Engelwurzblatt	

GARNITUR
4 Minzenzweiglein

für 4 Personen

1 Alle Zutaten im Mixer pürieren.

2 Getränk in 4 Gläser füllen, jedes mit Minzenzweig schmücken. Kalt servieren.

SIRUP

Kräuter- und Früchtesirups sind ein bequemer Weg, saisonbedingte Ernten das ganze Jahr zur Verfügung zu haben. Man verdünnt sie für Getränke, giesst sie über Eiscreme oder Pudding und macht damit Gelees und Sorbets.

Grüne Minze, Zitronenkraut, Rosenblätter, Apfel-, Zitronen- oder Rosengeranie, Holunderblüten, Hagebutten und alle weichen Früchte und Beeren eignen sich. Hagebutten und Früchte über Nacht im Seihtuch lassen, um den Saft zu sammeln.

Pfefferminz-Sirup

1 Liter locker eingefüllte	evtl. grüne Lebensmittelfarbe
Pfefferminzblätter	
Zucker	

1 Blätter im Topf, knapp mit Wasser bedeckt, 30 Minuten simmern.

2 1 Stunde durch Seihtuch absieben.

3 Zu je 570 ml Flüssigkeit 350 g Zucker geben. 15 Minuten simmern. Evtl. Lebensmittelfarbe dazu.

4 In Flaschen füllen, beschriften und datieren oder in handlichen Portionen einfrieren.

Stärkungsmittel mit Zitronenkraut und Limone

10 Zitronenkrautblätter	25 g Zucker
Saft von 1 Zitrone	570 ml Wasser
50 ml Limonensaft	

GARNITUR
Zitronenkrautblätter   Limonenscheiben
Zitronenscheiben

ergibt etwa 570 ml

1 Zitronenkrautblätter entweder fein hacken oder im Mörser zerstossen.

2 Alle Zutaten in Pfanne erhitzen, bis der Zucker aufgelöst ist; rühren. 2–3 Stunden oder über Nacht in Kühlschrank stellen.

3 Getränk absieben und mit Eiswürfeln in hohen Gläsern servieren, dekoriert mit Zitronenkrautblättern, Zitronen- und Limonenscheiben.

KRÄUTER UND ALKOHOL

Seit jeher wurden Kräuter benutzt, um den Geschmack alkoholischer Getränke zu verfeinern. Viele höchst exotische und beliebte Liköre verdanken ihren Charakter Kräuterzusätzen. Manche werden in Klöstern hergestellt nach streng geheimgehaltenen Rezepten. Wir wissen aber, dass Benedictine und Chartreuse eine riesige Skala von Kräutern enthalten, dass Crème de menthe mit Pfefferminz gemacht wird und Kümmel – eben mit Kümmel. Stellen Sie selbst Likör her, indem Sie eine Handvoll frischer Kräuterblätter in 570 ml Brandy oder Kirsch einlegen (siehe S. 193).

Auch viele Aperitifs enthalten Kräuter; mit Anis macht man Pernod, Wermut heisst so nach dem Wermutskraut, eine ganze Anzahl bitterer Kräuter geben Campari den Charakter.

Kräuter garnieren Drinks und Cocktails. Frieren Sie Boretsch- oder Minzenblätter in Eiswürfeln ein, die Sie in Sommergetränke geben.

KRÄUTER IN WEINBOWLEN

Engelwurzblätter (verleihen Muskatellergeschmack), Bergamottenblätter und -blüten, Boretschblätter und -blüten, Muskatellersalbeiblätter, Zitronenmelisse- und Zitronenkrautblätter, alle Arten Minzenblätter, Rosmarinblätter, Wiesenknopfblätter

Von links nach rechts: Freundschaftsbecher, Kräutertee (S. 191), Geranientee (S. 191), Stachelbeeren- und Minzenjoghurtgetränk (S. 191, Rheinweinbowle (S. 193), Bierbowle (S. 193), Joghurtdrink mit Engelwurz, Minze und Süssdolde (S. 191).

Minzenjuleps

150 ml Wasser	Saft von 1 Zitrone
4 EL gehackte Minzenblätter	275 ml Sprudel
2 EL Zucker	100 ml Whisky
	Minzenzweige

1 Wasser sieden, über Minze giessen. Zucker verrühren, bis er aufgelöst ist. Erkalten lassen.

2 Zitronensaft hinzu, dann abseihen. Sprudel und Whisky unmittelbar vor dem Servieren hineingeben. Jedes Glas mit einem Minzenzweig verzieren.

Freundschaftsbecher

2 Zitronen	800 ml Wasser
6 Zweige Zitronenmelisse	½ Flasche Dessertwein
6 Zweige und Blüten von	150 ml Cognac
Boretsch oder Gemeinem	1 Flasche Champagner oder
Natternkopf	moussierender Weisswein
110 g Zucker	

GARNITUR
In Eiswürfel eingefrorene Boretschblätter

1 Die äussere Schale einer Zitrone abschälen. Zitronen schälen und dünn schneiden.

2 Zitronenmelisse, Boretsch, Zitronenscheiben, Zitronenschalenstreifchen und Zucker in ein Glas geben. Wasser, Wein und Cognac hineingeben. Zudecken, 1 Stunde kalt stellen.

3 Champagner kalt stellen, unmittelbar vor dem Servieren dazugiessen. Mit Boretschblüten-Eiswürfeln garnieren.

Vierblumenlikör

1 Liter Brandy, Wodka, Kirsch oder Eau de vie	225 g rosa Nelkenblätter
2,5 cm Zimtstengel	225 g Orangenblüten oder
2 Gewürznelken	75 g getrocknete Orangenblüten
225 g duftende Rosenblätter, weisser Ansatz entfernt	225 g Veilchenblüten Zucker nach Geschmack

ergibt 1 Liter

1 Alkohol, Gewürze und Blüten in grosses Glas mit gutem Verschluss oder Korken legen. An sonnigen oder warmen Ort stellen, 1 Monat ziehen lassen.

2 Durch Kaffeefilter seihen, Zucker hineinrühren, bis er vergangen ist. In starkes Glas oder Steinguttopf abfüllen.

Rheinweinbowle

1 Flasche Rheinwein	fein geschabte Schale von 1 Zitrone
2 7-dl-Flaschen Sprudel	fein geschabte Schale
1 Likörglas Brandy	von 1 Orange
½ Likörglas Curaçao oder Benedictine	12 Blätter von jungem Wiesenknopf
	etwas Ringelblumenblätter

1 Rheinwein und Sprudel 1 Stunde kalt stellen.

2 Brandy, Likör, Zitronen- und Orangenschale und Wiesenknopfblätter in Krug legen. Rheinwein und Sprudel dazu. Mit Ringelblumenblättern bestreuen. Sofort servieren.

Bierbowle

Dünn geschnittene Schale von 1 Zitrone	Saft von 2 Zitronen
einige Minzenblätter	1 EL Puderzucker
Prise gemahlene Muskatnuss	zerdrücktes Eis
2 EL Wodka	275 ml Sprudel
150 ml Wasser	800 ml Lagerbier

ergibt etwa 1 Liter

1 Zitronenschale, Minze, Muskat und Wodka in ein Glas geben, 20 Minuten ziehen lassen.

2 Wasser, Zitronensaft und Zucker dazu. Abseihen, Eis, Sprudel und Lagerbier hineingeben.

Holunderfizz

Holunderblüten müssen an einem trockenen, sonnigen Tag gepflückt werden, da der Wirkstoff zur Hauptsache im Blütenstaub ist.

2,5 Liter Wasser	Schale von 1 Zitrone
700 g Zucker	2 EL Most oder Weinessig
Saft und dünn geschnittene	12 Holunderblütendolden

1 Wasser aufsieden. In sterilisierten Behälter giessen. Zucker hineinrühren, bis er vergangen ist.

2 Wenn abgekühlt, Zitronensaft und -schale, Essig und Holunderblüten hineingeben. Mit mehreren Schichten Musselin bedecken, 24 Stunden stehenlassen.

3 Durch Musselin in starke Gläser giessen. Nach 2 Wochen ist der Drink fertig. Kühl servieren.

KRÄUTER

IM HAUSHALT

In vergangenen Zeiten spielten Kräuter im Haushalt eine zentrale Rolle. Man brauchte sie, um Speisen zu würzen und um Lebensmittel zu konservieren, man machte daraus Medizin für Menschen und Haustiere, man legte sie zwischen das Stroh der Hausdächer, bestreute den Boden damit, reinigte, polierte und desinfizierte mit ihnen Haushaltsgeräte und frischte muffige Luft auf.

Jedes Volk nutzte die bei ihm wachsenden Kräuter mit schöpferischer Fantasie; manche tun es immer noch. Die Chinesen benutzen Bambus als Nahrung, Medizin, Kleidung, Papier, Musikinstrumente und die interessante Bambusfrau – ein geflochtener Zylinder, der in heissen Sommernächten hilft, wenn der Schläfer ihn in den Armen hat und die kühlen Luftzüge spürt, die durch ihn hindurchwehen. Ein anderes Beispiel: Nordamerikanische Indianer machen aus Birkenrinde Kanus, Körbe, Dokumente, Schnee-schuhe, Medizin, Sirup, Tee und – da sie Verwesung verhindert – konservieren sie Fleisch damit und balsamieren ihre Toten ein.

Der Destillationsraum zur Tudorzeit
Im England der Tudorzeit beschäftigte man sich so häufig mit dem Zubereiten und Konservieren von Kräutern, dass eigens dafür ein Destillationsraum reserviert wurde. Hier befand sich eine kleine Bren-nerei, die Spiritus für medizinische Zwecke und Blumenwasser, zum Beispiel Lavendelwasser, zur Parfümierung der Wäsche herstellte. Kräuter wurden getrocknet und in Kleider gesteckt, in Truhen gelegt zum Schutz und besseren Duft der Wäsche oder in Wachs gegeben, um eine wohlriechende Möbelpolitur zu erhalten. Wurzeln und Samen der Engelwurz

wurden getrocknet und dann auf einer flachen Blech-schüssel verbrannt, um ein Zimmer zu desinfizieren. Blätter und Beeren wurden gesammelt, um gespon-nene Wolle zu färben.

Die geschätztesten Rezepte wurden von Mutter zu Tochter weitergegeben in Form eines «Rezeptbuchs für den Haushalt». Neue Anwendungen waren trotzdem stets beliebt.

Was die Hausfrau wohl am liebsten tat, war das Mischen von Kräutern, Blüten und Gewürzen zu Duft-schalen. Sie konnte in ihren warmen, privaten Destil-lationsraum entfliehen, wo es süss und würzig roch, und die Blätter und Blüten zusammentragen, die sie den Sommer hindurch getrocknet hatte, und sich dabei an den Tag und die Umstände erinnern, da sie sie gepflückt hatte. Dann mass und mischte sie, bis ihr Duft und Aussehen gefielen.

Moderne Anwendungen
Es ist nicht nur historisches Interesse oder Nostalgie, die uns Heutigen die Verwendung von Kräutern nahe-legt. Kräuterfarben sind in ihrer Subtilität noch immer unerreicht, und aromatische Pflanzen enthalten anti-septische Öle, die für die Reinigung nützlich sind.

Aber überdies vermag der frische Duft von Kräutern unsere Gedanken jenseits blosser Nützlichkeitserwä-gungen zu tragen. Leintücher zu falten, die nach Lavendel duften, oder Möbel zu polieren mit Majoran-wachs wird aus einer lästigen Arbeit zum Vergnügen. Es mag uns an die Jahreszeiten erinnern oder uns mit der Vergangenheit verbinden. Was immer der Grund, Botaniker verkünden von alters her, dass der frische, süsse Duft unseren Geist erhebt, und die moderne Forschung bestätigt dies.

Haushaltprodukte aus Kräutern

KRÄUTER GEGEN UNGEZIEFER

Kräuter können eine ausgezeichnete abschreckende Wirkung auf Insekten und Mäuse haben. Im Gegensatz zu chemischen Produkten sind sie gefahrlos, was besonders in der Küche und anderen Räumen, in denen Lebensmittel aufbewahrt werden, wichtig ist.

Ameisen Um Ameisen zu vertreiben, legt man Zweige von Poleiminze, Gartenraute oder Rainfarn auf Gestelle oder in Schränke. Hin und wieder rührt man in den Blättern, damit sie stärker duften. Ameisen werden hierbei nicht getötet, nur vertrieben.

Fliegen Viele Kräuter wirken fliegenabwehrend, zum Beispiel Lavendel, Holunder und Minze, Beifuss, Pfefferminze, Poleiminze, Gartenraute und Eberraute (siehe auch S. 210). Verwenden Sie sie in Arrangements, Kränzen oder Duftschalen. Hängen Sie Stücke klebriger Alantwurzel in die Nähe von Türen und Fenstern.

Flöhe und Läuse Um Flöhe und Läuse zu vernichten, verbrennen Sie Flohkraut, Beifuss oder Wermut in einer Feuerstelle über sterbender Glut. Der Rauch sollte das Zimmer erfüllen, doch atmen Sie ihn möglichst nicht ein.

Mäuse Minze und Rainfarn in Ihrem Lebensmittelschrank halten Mäuse fern.

Konservierende Wickel Wickeln Sie getrocknete Nesselblätter um eingelagerte Äpfel und Birnen, um Wurzelgemüse und feuchten Käse, um sie frisch- und Ungeziefer fernzuhalten. Die Blätter erhalten die Haut der Gemüse und Früchte zwei bis drei Monate lang glatt und feucht. Feigen halten sich in Königskerzenblättern.

Streukräuter Im Mittelalter wurden oft Kräuter auf den Boden gestreut, um Flöhe, Läuse, Motten und andere unliebsame Insekten zu vertreiben. Sie übertönten auch schlechte Gerüche und lieferten im Winter Schutz vor der Kälte, im Sommer vor Hitze. Wir können das heute nicht mehr so machen, aber Kräuterzweige lassen sich unter Türmatten und Teppiche legen. Hier eine Auswahl:

Basilikum, Eberraute, Fenchel, Fichte, Gamander, Gänseblümchen, Hopfen, Kamille, Kalmus, Mädesüss, Majoran, Marienblatt, Melisse, Minze, Poleiminze, Rainfarn, Rose, Rosmarin, Salbei, Schlüsselblume, Thuja, Thymian, Waldmeister, Winterbohnenkraut, Veilchen,

Wespen Getrocknetes Blatt von *Eupatoria cannabinum* verbrennen; vertreibt Wespen.

Rüsselkäfer Ein paar Lorbeerblätter in Mehl, Reis und getrockneten Hülsenfrüchten halten Rüsselkäfer fern.

PUTZEN

Kräuterprodukte können Polieren und Putzen zur aromatischen Freude machen. Sie sind auch haut- und umweltfreundlicher als viele chemische Reinigungsmittel.

Zitronen-Desinfiziermittel 6 Tropfen Zitronenessenz mit 1 TL Isopropylalkohol mischen, dazu 2 Liter lauwarmes Wasser (heisses Wasser lässt die Essenz zu rasch verdunsten). Man kann auch die Essenz von Thymian, Orange, Bergamotte, Wacholder, Gewürznelke, Lavendel, Niaouli, Pfefferminz, Rosmarin, Sandelholz oder Eukalyptus verwenden (in der Reihenfolge ihrer Stärke aufgezählt).

Rosmarin-Desinfiziermittel Ein paar Blätter und kleine Stengel 30 Minuten in Wasser simmern; je weniger Wasser, desto höher die Konzentration. Abseihen und für Spülsteine und Badezimmer verwenden oder um Zimmer zu parfümieren. Gegen Fettflecken Geschirrspülmittel hinzufügen. Nicht verbrauchte Flüssigkeit bleibt bis zu 1 Woche gut im Kühlschrank. Desinfektantien lassen sich auch mit den Blättern und blühenden Stengeln von Eukalyptus, Wacholder, Lavendel, Salbei, Thymian und mit den Wurzeln der Engelwurz herstellen.

Topfreiniger Die Vorläufer der Drahtwolle, nämlich die Schachtelhalmstengel (*Equisetum arvense* oder *E. hyemale*) haben eine feinsandige Oberfläche aus Kieselerde-Kristallen, womit man Töpfe und Pfannen reinigen kann. Eine Handvoll trockener, entblätterter Stengel über die Oberfläche reiben, dann spülen, um allfällige grüne Flecken zu entfernen.

Metallpolitur Einen starken Schachtelhalm-Aufguss machen (25 g pro 570 ml Wasser). Mindestens zwei Stunden ziehen lassen, dann im gleichen Wasser 15 Minuten simmern und abseihen. Über Metall- oder Zinngegenstände giessen, 5 Minuten stehen lassen. Die Metallsachen herausnehmen, langsam trocknen lassen, dann mit weichem Tuch glänzendreiben. Ist der Gegenstand zu gross, um eingelegt zu werden, mit einem mit der Flüssigkeit getränkten Tuch abwischen, trocknen lassen, dann polieren.

Majoran-Möbelwachs

110 g Bienenwachs	15 g Olivenölseife
570 ml Terpentin	Majoranessenz (falls gewünscht)
350 ml starker Majoran-Aufguss	

1 Bienenwachs in Terpentin raffeln und zergehen lassen, was ein paar Tage dauern kann. Oder beides vorsichtig über flammenloser Hitze wärmen, bis das Wachs schmilzt. Terpentin entzündet sich leicht, so dass man das Gefäss am besten über siedendem Wasser wärmt.

2 In anderem Topf den Aufguss bis zum Sieden bringen und die geraffelte Seife hineinrühren, bis sie geschmolzen ist.

3 Beide Mischungen kühl werden lassen, dann langsam miteinander vermengen, bis eine dicke Creme entsteht. Ein paar Tropfen Essenz hineinrühren. In weithalsigen Behälter giessen und beschriften.
Statt Majoran lassen sich Blätter von Pfeifenstrauch, Zitronenmelisse, Zitronenkraut, Rosmarin oder die Blüten von Lavendel verwenden.

Süssdolden-Politur Aromatische, frische, weiche Süssdoldensamen in Mörser zerstossen. Eine Handvoll in Tuch geben und damit Holz polieren.

Färben mit Kräutern

Pflanzliche Farbstoffe sind so farbenreich und so subtil wie keine anderen; oft haben sie auch ein eigenes Aroma. Man stellt sie her, indem man frische oder getrocknete Färberpflanzen in Wasser siedet; dann legt man das Gewebe in ein Farbbad (S. 198). Wolle und Seide nehmen die Farben am besten an; mit einem komplizierteren Vorgehen lassen sich auch ungebleichte Baumwolle oder Leinen färben; von den Kunstfasern eignet sich nur Kunstseide. Das weisse Vlies, die gesponnene Wolle, das Seidentuch und der Seidenfaden, die wir hier zeigen, sind mit lichtechten und waschfesten Kräuterfarben gefärbt worden. Jedes Bündel lag im gleichen Farbbad und zeigt, welch verschiedene Nuancen sich mit den verschiedenen Materialien erzielen lassen.

Nessel
Dunkelgraugrüne Töne auf Wolle und cremige auf Seide, von einem Farbbad von Nesseln mit Alaunbeize.

Melde
Sanfte Blautöne, erzielt mit einem doppeltstarken Bad mit Meldenblättern.

Holunderblätter
Gelbgrüne Töne, erzielt durch ein Farbbad mit Holunderblättern, mit einer Beize aus Kupfer und Essigsäure.

Melde
Tiefes Blau, erzielt mit einem Bad mit Meldenblättern, von vierfacher Stärke.

Holunderblätter
Graugrüne Schattierungen. Bad wie oben, aber doppelt so stark, mit einer Prise Eisen, 30 Minuten vor Ende des Färbevorgangs beigefügt.

Brombeer-
schosse
Hafermehlfarbe
aus einem Bad mit
Brombeerschossen
mit einer Beize aus
Alaun und Reinem
Weinstein.

Alkannawurzel
Rosabraune Töne
aus einem Bad von
Alkannawurzel mit
Essigsäure.

Gelbe Reseda
Reiche, grüngelbe Töne
aus einem Bad mit
Gelber Reseda, mit einer
Beize aus Kupfer und
Essigsäure.

Zwiebelhäute
Reiche Braunfarben
aus einem Bad mit
roten Zwiebel-
häuten. Beize:
Kupfer und Essig-
säure.

Kamille
Glänzend goldgelb,
aus einem Bad von
Färberkamillenblüten.
Beize: Alaun und
Reiner Weinstein.

Färberröte-
Wurzel
Tiefes Rostrot aus
einem Bad mit
Färberröte-Wurzeln.
Beize: Alaun und
Reiner Weinstein.

Kräuterfarbstoffe herstellen

Keine zwei Kräuterfarbbäder können je identisch sein: Die Farbe hängt von der verwendeten Pflanzenart ab, davon, wieviel Sonne die Pflanze beim Wachsen bekam, von den Chemikalien im Wasser, dem verwendeten Topf (Eisen, Kupfer und Aluminium können die Farbe verändern), von der Beize (siehe rechts) und der Dauer des Eintauchens. Diese Ungewissheit steht einem kommerziellen Gebrauch von Kräuterfarben in grösserem Umfang entgegen. Aber für den Heimgebrauch ist gerade sie interessant.

Man nimmt dasselbe Gewicht an Kräutern wie das Gewicht der zu färbenden Wolle. Bei Seide braucht man das doppelte Gewicht.

ZUM SELBERFÄRBEN BRAUCHT MAN

Glasstab oder Holzdübel	Wanne aus Chromstahl oder
Mörser	fehlerlosem Email, als
Kissenbezug/Musselinsack	Färbebad
Gummihandschuhe	Thermometer
Spültrog oder Eimer	Wasser, weich oder gefiltert
Waage	oder Regenwasser

VORGEHEN

Mit Kräutern zu färben ist zeitraubend, aber faszinierend. Das Gewebe muss vorbereitet werden, was Reinigen und Beizen bedeutet, und die Farbstoffe müssen den Kräutern entzogen werden. Vermeiden Sie es, Wolle und Seide plötzlichen Temperaturwechseln zu unterwerfen. Wenn Sie zum Beispiel Wolle aus einem heissen Bad heben, legen Sie sie nicht auf eine kalte Fläche. Wolle stets sanft behandeln. Um Wolle, gleichgültig in welchem Stadium, zum Aufheben zu trocknen, legen Sie sie in einen Musselinsack und schwingen sie mit halber Geschwindigkeit aus, dann trocknen Sie sie fern von direkter Hitze. Trocknen Sie Wolle nach dem Reinigen, so müssen Sie sie eine Stunde vor dem Beizen nochmals in 5 Liter Wasser von 50 °C legen, mit einem Tropfen Geschirrspülmittel.

Reinigen

Wolle mehrere Stunden oder über Nacht in 20 Liter Wasser von 50 °C legen mit 1 EL Geschirrspülmittel, um Öl zu entfernen. Die Wolle sanft drücken, herausnehmen, wiederholen. Schliesslich in warmem Wasser mit 50 ml Essig spülen. Für Seide gleich vorgehen, aber Wasser auf 90 °C erwärmen.

Beizen

Beize in etwas heissem Wasser auflösen, dann 20 Liter 50 °C warmes Wasser hineinrühren. Nasse Wolle eintauchen. Eine Stunde brauchen, um zum Siedepunkt zu bringen und eine weitere Stunde bei 82–93 °C simmern. Seide bei 60 °C eintauchen und 24 Stunden ziehen lassen. Dann spülen und sofort ins Färbebad legen.

BEIZEN

Die Farbe wird durch die Beize beeinflusst. Beizen «fixieren» die Farbe. Unten sind einige häufige Beizen aufgeführt, die in Drogerien erhältlich sind. Die empfohlenen Mengen eignen sich für 450 g trockene Wolle.

● **Alaun** (Kalium-Aluminium-Sulfat); 25 g. Oft kombiniert mit Reinem Weinstein (Weinsäure); 20 g. Alaun liefert glänzende, klare Farben.

● **Eisen** (Eisensulfat) stumpft Farben ab und vertieft sie. Man nennt Eisen «verdüsternd». Erst Alaun verwenden, Wolle ins Bad geben, 45 Minuten simmern, Wolle herausheben, Eisen hinein, Wolle wieder dazu, nochmals 30 Minuten simmern.

● **Kupfer** (Kupfersulphat) 15 g mit 275 ml Essig gibt Farben einen blaugrünen Hauch, Kupfer ist giftig, deshalb Vorsicht!

● **Kaliumdichromat und Zinn** Kaliumdichromat gibt der Farbe Tiefe und Haltbarkeit, und Zinn hellt sie auf. Beide sind giftig und mit Vorsicht zu behandeln.

Färbebad

Pflanzenmaterial hacken oder zerdrücken. Lose in Musselinsack legen und in 20 Liter weichem, lauwarmem Wasser über Nacht einlegen. Dann bei 82–93 °C 1–3 Stunden simmern, bis die gewünschte Farbe erreicht ist. Kräuter herausnehmen, Flüssigkeit auf Handwärme abkühlen lassen, dann Wolle sorgfältig hineingeben. In einer Stunde wieder bis zum Simmern kommen lassen und dann nochmals 1 Stunde simmern. Bis zu Handwärme abkühlen lassen, dann Wolle oder Seide herausnehmen und erst in warmem, dann in lauem und schliesslich in kaltem Wasser spülen. Seide über Nacht erkalten lassen, dann spülen. Zum Trocknen aufhängen.

Färbebad mit Melde oder Indigo

(für 250 g Wolle)

1 kg frische Blätter hacken und 7 Minuten in 10 Liter Wasser sieden. Abseihen, Blätter ausdrücken und fortwerfen. Flüssigkeit abkühlen und ein paar Tropfen flüssigen Ammoniak dazugeben. Luft hineinbringen, mit Quirl oder von einem Eimer in den anderen giessen – 10 bis 15 Minuten, bis der Schaum blassblau wird. Auf Handwärme erhitzen. 1 TL Natriumdithionit (Drogerie) über die Oberfläche streuen, um Sauerstoff zu entfernen; nicht umrühren. Die Farbe ist jetzt gelb. 30 Minuten auf Zimmertemperatur abkühlen lassen.

Wolle in Wasser mit einer Prise Natriumdithionit netzen, dann sehr vorsichtig, damit keine Luft dazukommt, ins Färbebad gleiten lassen. 20 Minuten ziehen lassen. Sorgsam herausnehmen, Tropfen mit Tuch abfangen, sonst oxidieren sie das Wasser. Ausschütteln, 10–15 Minuten aufhängen und zuschauen, wie die Wolle blau wird. Noch mehr Natriumdithionit dazu, 3- bis 6mal wiederholen. Schliesslich bei gleicher Temperatur in Seifenwasser waschen dann spülen und trocknen.

FÄRBEN MIT KRÄUTERN

Die untenstehende Tabelle gibt an, mit welchen Kräutern man färben kann und welche Teile davon zu verwenden sind («ganze Pflanze» bedeutet alle oberirdischen Teile), dann auch, welche Beizen für bestimmte Farbtöne nötig sind.

DEUTSCHER NAME	BOTANISCHER NAME	VERWENDETER PFLANZENTEIL	BEIZE	FARBTON
Adlerfarn	*Pteridium aquilinum*	junge Schosse	Alaun	gelbgrün
Alkannawurzel	*Anchusa officinalis*	Wurzel	Essigsäure	weiches Braunrosa
Bärentraube	*Arctostaphylos uva-ursi*	getrocknete Blätter	Alaun	violettgrau
Bärentraube	*Arctostaphylos uva-ursi*	getrocknete Blätter	Eisen	kohlschwarz
Beinwell	*Symphytum officinale*	frische grüne Pflanze	Alaun	gelb
Bingelkraut	*Mercurialis perennis*	obere Teile	Alaun	graugelb
Blutkraut	*Sanguinaria canadensis*	Wurzel	Alaun	rotorange
Brombeere	*Rubus* species	junge Schosse	Alaun	cremigfahl
Eibe	*Taxus baccata*	Kernholzschnitzel	Alaun	orangebraun
Färberdistel	*Carthamus tinctoria*	Blüten	Alaun	gelb, gelbbraun
Färberginster	*Genista tinctoria*	blühende Spitzen	Alaun	gelb
Färberkamille	*Anthemis tinctoria*	Blüte	Alaun und reiner Weinstein	leuchtendgelb
Färberkamille	*Anthemis tinctorius*	Blüten	Kupfer, Essigsäure	olivgrün
Färberröte	*Rubia tinctorum*	Wurzeln	Alaun, reiner Weinstein	tief tomatenrot
Gelbwurz	*Curcuma domestica*	pulverisierte Wurzel	Alaun	goldorange
Heidekraut	*Calluna vulgaris*	frische Zweige	Alaun, Prise Eisen	grün
Holunder	*Sambucus nigra*	Blätter	Alaun und reiner Weinstein	grüngelb
Holunder	*Sambucus nigra*	Blätter	Kupfer, Essigsäure	olivgrün (mit Prise Eisen graugrün)
Holunder	*Sambucus nigra*	Beeren	Alaun, Salz	purpurrot
Huflattich	*Tussilago farfara*	ganze Pflanze	Alaun	grüngelb
Johanniskraut	*Hypericum perforatum*	Blüten	Alaun	beige
Labkraut	*Galium verum*	Wurzeln	Alaun	korallenrot
Liguster	*Ligustrum vulgare*	Blätter, junge Schosse	Alaun	stark gelb
Liguster	*Ligustrum vulgare*	reife Beeren	Alaun	graugrün
Mädesüss	*Filipendula ulmaria*	Wurzeln	Alaun	schwarz
Melde	*Isotis tinctoria*	Blätter	Natriumdithionit, Ammoniak	blau
Nessel	*Urtica dioica*	ganze Pflanze	Alaun, reiner Weinstein, Prise Eisen	grünlichgrau
Nessel	*Urtica dioica*	ganze Pflanze	Kupfer	sanft graugrün
Odermennig	*Agrimonia eupatoria*	blühende Spitzen	Alaun	buttergelb
Petersilie	*Petroselinum crispum*	frische Blätter, Stengel	Alaun	cremeweiss
Rainfarn	*Tanacetum vulgare*	blühende Spitzen	Alaun	senfgelb
Reseda, Gelbe	*Reseda luteola*	ganze Pflanze	Alaun	zitronengelb
Reseda, Gelbe	*Reseda luteola*	ganze Pflanze	Kupfer, Essigsäure	grüngelb
Ringelblume	*Calendula officinalis*	Blütenblätter	Alaun, reiner Weingeist	blassgelb
Sauerampfer	*Rumex acetosa*	ganze Pflanze	Alaun	graugelb
Sauerampfer	*Rumex acetosa*	Wurzeln	Alaun	weich rosa
Schachtelhalm	*Equisetum arvense*	frische nichtblühende Stengel	Alaun	cremig gelb
Wacholder	*Juniperus communis*	frische zerdrückte Beeren	Alaun	kräftig gelb
Wacholder	*Juniperus communis*	getrocknete zerdrückte Beeren	Alaun, reiner Weingeist, Kupfer	olivgrüngrau
Walnuss	*Juglans regia*	Blätter	keine Beize	cremigfahl
Walnuss	*Juglans regia*	grüne Hülsen & Schalen	keine Beize	hell- bis dunkelbraun
Zwiebel	*Allium cepa*	Häute	Alaun, reiner Weingeist	orange
Zwiebel	*Allium cepa*	Häute	Kupfer, Essigsäure	messingfarben, auf Seide rehbraun

Kräuterpapier

Man kann Papier mit Kräutern parfümieren und dekorieren; man kann Kräuter in Papierfasern einweben lassen, man kann sogar Papier nur aus Kräutern machen.

Das Rohmaterial des Papiers ist pflanzliche Zellulose, und Kräuter wie Nesseln, Kamille, Löwenzahn und Fenchel haben alle faseriges Mark. Um aus Kräutern Papier zu machen, braucht man allerdings Zeit, Platz und Hingabe. Einfacher ist es, bestehendes Papier zu verwenden, indem man in die Masse Kräuterblätter und -blüten mischt, wie S. 202 beschrieben. Unten einige Beispiele.

Jedes Platt Kräuterpapier wird seinen eigenen Charakter haben, keins ist wie das andere. Selbst die Oberflächen sind verschieden: die eine glatt und die andere strukturiert. Man kann endlos experimentieren. Benützen Sie solches Papier, um Zeichnungen oder Fotos darauf zu montieren, als Unterlage für gepresste Kräuter und Blumencollagen, oder für Kohle- oder Bleistiftzeichnungen und Aquarelle.

Sie können Ihren Briefen eine besondere Note geben, wenn Sie ihnen Lavendelduft verleihen oder in die Schreibpapierschachtel ein Kräutersachet legen. Noch raffinierter ist parfümierte Tinte (s. S. 203).

Kräutermischungspapier
Voll Farbe und Duft. Schön, um Schubladen damit auszulegen.

Löwenzahnpapier
Blätter und Blütenblätter des Löwenzahns schaffen subtile Flecken von Grau, Grün und Gelb.

Kornblumenpapier
Kornblumenblütchen, am Schluss der Papierherstellung beigefügt, runden das Produkt zierlich ab.

Lavendelpapier
*Eine Schachtel Briefpapier
mit Lavendel- oder anderen
süssduftenden Samen parfümieren.*

**Sonnenblumen-
stengelpapier**
*Die blassgoldenen
Fasern
getrockneter Sonnen-
blumenstengel sind
in die Papier-
masse ein-
gebettet.*

Duftende Tinte
*Gewöhnliche Tinte parfü-
mieren mit einem Absud
aus Lavendel, Rosmarin
oder Zitronenkraut.*

Farnpapier
*Getrocknete Farnblätter
verleihen zartem Papier
eine erdnahe Note.*

Zwiebelhautpapier
*Zerdrückte Zwiebelschalen
ergeben delikate Schattierungen von Lila und
Burgunderrot.*

Blütenblätterpapier
*Zarte Blütenblätter von
Lavendel, Rose und anderen
Gartenblumen ergeben Farb-
tupfer.*

Hopfenrankenpapier
*Ein fein strukturiertes
Papier mit silbergrauen
Flecken.*

Kräuterpapier und Kräutertinte

Die Chinesen erfanden das Papier um 105 n. Chr.; sie verwendeten dabei Flachs und Baumrinde. Heute wird Papier immer noch aus den Zellulosefasern von Pflanzen gemacht. Ausgezeichnet eignen sich Flachs, Stroh, Nesseln und Binsen. Nützlich sind auch Bambus, Besenginster, Kerbel, Königskerze, Sonnenblume und die meisten Getreidepflanzen.

MAN BRAUCHT DAZU

Zum Herstellen von Papierbrei

10-Liter-Eimer	Holzlöffel
Mörser oder Holzhammer	Metallsieb
10-Liter-Topf aus rostfreiem	Sack aus starkem Nylonnetz
Stahl oder galvanisiert	Mixer
Gummihandschuhe	

Zum Herstellen des Papiers

Holzrahmen, A5 oder A4, mit	1 zusätzlicher Rahmen
wasserdichten Ecken und	gleicher Grösse, ohne Netz
starkem, straff über den Rahmen	Grosse Plastikschüssel
gespanntem Nylonnetz	Zeitungen

Zubereitung des Pflanzenbreis

10 Liter frische Kräuter   2 EL Ätznatron
1 Liter Wasser

1 10 Liter Kräuter sammeln und sie in Stücke von 2,5–5 cm Seitenlänge schneiden oder zerreissen. Dicke Stücke in Mörser oder mit Holzhammer zerstossen.

2 1 Liter kaltes Wasser in Chromstahlpfanne geben und mit Holzlöffel Ätznatron hineinrühren. Dämpfe nicht einatmen, Gummihandschuhe tragen und Spritzer sofort mit kaltem Wasser wegspülen. Kräuter hineingeben, wenn nötig mit warmem Wasser bedecken, gut verrühren. 1½ Stunden simmern oder bis die Masse weich geworden ist.

3 Pflanzen gründlich spülen, bis keine Spur des Ätznatrons mehr vorhanden ist. Durch Metallsieb abseihen.

4 Die (jetzt viel kleinere) Masse in ein Netz fassen und in Wasser spülen, mehrere Minuten lang die Fasern immer wieder ausdrücken.

5 2½ EL Masse mit ¾ Wasser 20 Sekunden im Mixer pürieren. Je feiner die Masse, desto feiner wird auch das Papier. Diese Masse kann so, wie sie ist, verwendet werden oder man fügt sie aufbereitetem Altpapier hinzu.

6 Schreibpapier muss speziell behandelt werden, um Tinte anzunehmen. Man mischt ⅕ TL Kaltwasserstärke mit etwas Wasser und gibt das Gemisch in die Masse.

Aufbereitetes Altpapier

Man kann aus Altpapier neues machen, das man mit Kräutern schmückt oder mit Pflanzenmasse vermischt. Am besten ist saugfähiges Papier wie Zeitungen, Tapeten, Löschpapier oder Computer-Kopierpapier. Kleine Papierstücke über Nacht in warmem Wasser einweichen. 2½ EL Papier mit ¾ Liter Wasser 15 Sekunden im Mixer pürieren. Stärke dazu wie oben unter «6».

Papier machen

Masse (Altpapier, aus Kräutern oder gemischt)
nach Belieben
Blüten, Blütenblätter, Stengel, Essenz

1 Schüssel mit Masse bis knapp unter den Rand füllen.

2 Leeren Rahmen auf einen Netzrahmen legen, zusammenpressen und senkrecht in die Schüssel eintauchen. Unter Wasser in horizontale Lage bringen. Langsam herausheben, stets waagrecht haltend.

3 Auf Zeitungen legen zum Abtropfen. Oberen leeren Rahmen entfernen, Blütenblätter oder Blätter zur Dekoration über unteren Rahmen streuen, Masse trocknen lassen.

4 Wenn ganz trocken, Blatt mit Spachtel vom Rahmen lösen. Rahmen reinigen und wie zuvor neu verwenden.

Duftendes Papier

Man kann Papier parfümieren, indem man es zusammen mit duftenden Kräutern in engem Raum lagert. Man legt zum Beispiel Lavendelbüschel oder Säckchen mit Lieblingskräutern in eine Schreibpapierschachtel. Tapeten nehmen leicht Duft auf, und man kann mit ihnen Schubladen auslegen. Dünne Musselinesäckchen mit einer Kräutermischung und ein paar Tropfen ätherischem Öl zwischen Lagen von Schubladenpapier legen, dieses zusammenrollen und mit Klarsichtfolie versiegeln, 6 Wochen so belassen.

Papierschmuck

Man kann Borretschblüten pressen oder Gänseblümchen, Vergissmeinnicht, Schlüsselblume oder Veilchen, Blätter von Frauenmantel, Kerbel, Pelargonie oder Wiesenknopf, Zweige von Zitronenthymian, Rosmarin oder Myrte. Sie werden zwischen Löschpapier oder Druckseiten in ein schweres Buch gelegt. Wenn sie trocken sind, mit wenig Latex-Kleber auf Schreibpapier, Grusskarten und Geschenke kleben.

TINTE MACHEN

Schwarze Tinte macht man aus dunklen Pigmenten, die Tannin enthalten, damit sie nicht verblasst. Man findet solche in Eichen-Galläpfeln (die von Wespenlarven stammen) und in der Rinde von Schlehdorn, Erle und Hartriegel. Rote Tinte lässt sich aus Blütenblättern des wilden Mohns machen. Man kann Tinte auch mit duftenden Kräateraufgüssen parfümieren.

Duftende Eichengallen-Tinte

250 g zerdrückte Eichengalläpfel	1 paar Tropfen Myrrhentinktur
2,25 Liter siedendes Wasser oder	45 g Gummiarabikum
Kräuterabsud	80 g Eisensulfat
ein paar Tropfen Essenz	

1 Die Galläpfel 24 Stunden in Wasser einlegen. Abseihen.

2 Essenz zur Myrrhentinktur tropfen, dann Gummiarabikum dazu.

3 Dies mit Eisensulfat in den Galläpfel-Aufguss rühren. Abfüllen, beschriften.

Rote Tinte

225 ml Blütenblätter von wildem Mohn knapp mit siedendem Wasser bedecken. Über Nacht ziehen lassen. 15 % Isopropylalkohol dazu als Konservierungsmittel. Abseihen und in Flaschen füllen.

Duftende Tinte

Mit starkduftenden Kräutern parfümiert, riecht Tinte besser.

25 g trockene aromatische Blüten oder Blätter (Lavendelblüten, Zitronenkraut, Rosengeranie, Rosmarin oder Myrtenblätter)	100 ml Wasser 1 kleine Flasche Tinte

1 Kräuter ins Wasser legen, zum Sieden bringen und 30–45 Minuten zugedeckt simmern. Aufpassen, dass das Wasser nicht völlig verdampft. Absieden, bis noch etwa 4 EL starkduftende, dunkle Flüssigkeit übrig ist.

2 Abseihen, kalt werden lassen und mit der Tinte vermischen.

Spielzeug und allerlei Kleinigkeiten

Kinder und Erwachsene werden duftende Perlen und ungewöhnliche parfümierte Spielsachen gleichermassen lieben. Sie sind lustig zu machen und sind schöne Geschenke für jedes Alter.

Duftende Perlen

(ergibt 75 erbsengrosse Kügelchen)
Fertige Perlen bemalen oder mit Lebensmittelfarben dekorativer machen.

je 1½ EL Veilchenwurzel, Kalmus und Basilikum	3 Tropfen Sandelholzessenz
je 1 EL Benzoe, Zimt und Muskatblüte	3 Tropfen Zedernholzessenz
½ TL gemahlene Gewürznelke	3 Tropfen Süssdoldenessenz
½ Muskatnuss, gerieben	1 TL Tragantpulver
	3–4 EL dreifachstarkes Rosenwasser

1 Die trockenen Kräuter und Gewürze miteinander vermengen, Öle sanft einrühren.

2 Tragantpulver mit 3 EL des Rosenwassers vermischen und in die erste Mischung rühren, bis ein Teig entsteht. Falls nötig mehr Rosenwasser dazugeben.

3 Hände mit Rosenwasser befeuchten und Teig zu Kügelchen rollen. Um ihren Duft zu erhöhen, die Nadel, mit der die Perlen durchbohrt werden, zuerst in Essenz tauchen. Perlen auf starken, geölten Faden aufziehen. Langsam trocknen. Mit Lebensmittelfarbe oder Tinte bemalen.

Rosenperlen

Feingehackte Blütenblätter von roten und rosa Duftrosen in Pfanne legen – eine rostige Pfanne ergibt eine tiefrote Farbe. Knapp mit Wasser bedecken, 1 Stunde heiss, aber nicht siedend halten. 24 Stunden erkalten lassen. Viermal wiederholen. Hände mit Rosenwasser befeuchten. Masse zu Kügelchen rollen, dabei stark pressen. Hierauf in gemahlenen Gewürzen – Zimt, Gewürznelke, Muskatnuss – rollen. Mit Flicknadel auf dickem Faden aufreihen und an warmem Ort trocknen lassen. Rosenkränze wurden ursprünglich mit 165 Perlen aus Rosenblütenblättern gemacht.

Kräuterteig-Spielsachen

1 Teil Mehl, ½ Teil Salz, ½ Teil starker Kräuteraufguss. Mindestens 5 Minuten kneten, bis glatter, elastischer Teig entsteht. Auf Fettpapier den Teig zu einer Puppe mit flachem Rücken formen (Ausstechförmchen oder Schablone nehmen, falls nötig). Haar für die Puppe machen, indem man Teig durch ein Sieb drückt, und eine Schürze mit Tasche oder verschränkte Hände formen, in die man getrocknete Kräuter legen kann. Wenn Teigstücke zusammengesetzt werden, stets beide Enden benetzen, bevor man sie aneinanderdrückt. Bei 160 °C 1 Stunde im Ofen backen. Abkühlen lassen. Mit Decklack oder dicken Acrylfarben bestreichen. Gründlich trocknen und lackieren. Essenz darübertröpfeln lassen.

Man kann auch ein Körbchen machen aus dem Teig, hinten flach und vorne mit gewölbtem Gitterwerk. Der Henkel wird zu einem Zopf geflochten. Hinten einen Draht als Aufhänger einfügen. Backen und wie oben beschrieben behandeln. Aufhängen, mit trockenen Kräutern füllen.

Apfelgrossmütterchen

Das mag zwar ein befremdender Einfall sein, aber Kinder haben grossen Spass daran. Einen festen Kochapfel schälen. Ein Gesicht hineinschnitzen und über Nacht in Salzwasser legen (5 % Salz nach Volumen). Herausnehmen, abtropfen lassen, auf Holzstab montieren. Als Augen Gewürznelken hineindrücken. Kopftuch umbinden. Dazu eine Schürze mit Taschen, die verschiedene Gewürze enthalten, wie Kardamom, Koriander, Muskatnuss. Das Apfelgesicht trocknet langsam aus, bekommt Runzeln und «altert».

Lavendel-Mobile

Das ist eine reizende Idee für ein Kinderschlafzimmer. Eine kleine Puppe machen aus Stoff, den Körper mit Lavendel ausstopfen, dann ein paar Stoffschafe machen und diese mit aromatischen Kräutern füllen. Einen Drahtring machen und mit Nylonfäden die Puppe und die Schafe auf verschiedene Höhen hängen. Die Bewegung des Mobile wird den beruhigenden Duft der Kräuter im Zimmer verbreiten.

Spielzeug

Aromatisches Spielzeug und Kräuterkissen in Tierform entzücken Kinder und trösten sie bei Nacht oder wenn sie krank sind.

Duftschalen

Eine traditionelle Möglichkeit, das Wesen eines sommerlichen Kräutergartens einzufangen und ins Haus zu bringen, besteht darin, ein Potpourri zu machen, nämlich eine Mischung aus duftenden und farbigen Blumen, die in Schalen aufgestellt wird.

Potpourri heissen heute viele aromatische Mischungen, aber der Name kommt aus dem Französischen und bedeutet «fauler Topf», eine feuchte Mischung aus eingeweichten Blumen und Blättern. Diese ältere, «feuchte» Methode ergibt ein haltbareres Parfüm, ist aber schwieriger herzustellen und weniger hübsch anzuschauen. Die trockene Methode ist einfacher und kann für Duftschalen, Potpourrikugeln und Kräuterkissen angewendet werden.

Die Bestandteile werden nach vier Gesichtspunkten ausgewählt: Blüten für Duft oder Farbe; aromatische Blätter; Gewürze und Zitrusschalen; und Fixative, die der Mischung Dauer verleihen. Viele Kräuter sind in Form ätherischer Öle erhältlich, die die modernen Mischungen verbessern, aber sie sind sparsam zu gebrauchen, sonst übertönen sie zartere Düfte.

Die gemächliche Arbeit an der Mischung, die Konzentration auf Duft und Farbe, machen ebensoviel Freude wie das fertige Produkt. Wenn Sie nach und nach Ihre Kräuter besser kennen, können Sie hier ein paar Blüten und da ein paar Blätter beiseitelegen und langsam einen aromatischen Vorrat anlegen. Wollen Sie dann eine Mischung herstellen, mustern Sie Ihre Aromen und überlegen Sie sich, wie ein jedes mit den andern harmoniert.

Die Rezepte auf Seite 204 geben Anregungen, aber am meisten lernt man aus der Erfahrung.

Getrocknete Orangenschale

Nelkenpfeffer

Gelbes Tulpen- blütenblatt

Rosmarin

Gewürznelke

Veilchenwurzel

Ätherisches Öl

Lavendel

Grundbestandteile eines Potpourris
Gewürze und Schale von Zitrusfrüchten bereichern das Ganze. Veilchenwurzel fixiert den Duft, und ein paar Tropfen ätherisches Öl verstärken die Intensität.

Ein süssduftendes Mittel gegen Insekten
Eine praktische Mischung; enthält Polei- minze gegen Ameisen und Flöhe; Lavendel, Rainfarn und Minze gegen Fliegen, Eberraute, Beifuss und Heiliger kraut gegen Kleidermotten und gelbe Tulpenblütenblätter als Farbtupfer.

Sternanis

Gewürz- nelke

Lorbeerblatt

Zimt

Bärentrauben- blätter

Ein Küchen-Potpourri
Interessante Mischung nützlicher Küchenkräuter und -gewürze

Wacholderbeeren

Bauerngarten-Potpourri
Alle Farben eines Bauerngartens finden sich in dieser Mischung aus Rosenknospen, Rittersporn, Gretel-im-Busch, Gänseblümchen, Lavendel, Pelargonien und Strohblumen.

Strohblume

Gretel-im-Busch

Hopfen

Blauer Rittersporn

Rosa Rosenblatt

Ringelblumen-Blütenblatt

Rosenknospe

Strohblume

Zitronenkraut

Elisabethanisches Potpourri
Eine vornehme Mischung aus königsblauem Rittersporn, Malve und Lavendel mit Zitronenkraut, Bärentraubenblättern und Spänen von Rosenholz.

Rittersporn

Blaue Malve

Bärentraubenblatt

Zitronenkraut

Ein beruhigendes Potpourri
Diese Mischung von Rosenblättern und Ringelblumen-Blütenblättern mit beruhigendem Lavendel, Mädesüss, Engelwurz und Zitronenkraut schafft eine Atmosphäre der Ruhe.

Potpourri-Kugeln
Eine Polystyren-Kugel auf einen Zahnstocher oder eine starke Nadel stecken, Kugel mit weissem Leim bestreichen und im Potpourri herumrollen, bis die ganze Oberfläche bedeckt ist.

Rosenknospenkugel
Rosenknospen gleicher Grösse mit Draht zu einer Kugel zusammenheften. Oder an kurzen Drähten befestigte Knospen in Polystyren-Kugel stecken.

205

Duftschalen

ZUTATEN

Um selbst eine Duftschale zusammenzustellen, wählen Sie Kräuter aus jeder der unten angeführten Gruppen. Die Mengen entnehmen Sie den Rezepten.

Blüten für Duft

Blüten herrschen normalerweise in jeder Mischung vor, besonders Rosenblütenblätter und Lavendel, weil sie am ausdauerndsten sind. Für Duft suchen Sie makellose, ganze Blüten aus, die Sie knapp vor dem Aufgehen pflücken. Trocknen, indem Sie sie so flach wie möglich auf ein Stück Musselin legen, damit die Luft zirkulieren kann. Bei grossblütigen Rosen, dicken Lilienblüten und Hyazinthen löst man die Blütenblätter ab. Kleine Rosenknospen sehen getrocknet entzückend aus, haben aber wenig Duft. Wählen Sie aus:

Akazie, Besenginster, Falscher Jasmin, Flieder, Freesie, Geissblatt, Goldlack, Holunder, Hyazinthe, Jasmin, Lavendel, Levkoje, Lindenblüten, Madonnenlilie, Mädesüss, Maiglöckchen, Mexikanische Orangenblüten, Moschusmalve, Nachtviole, Narzisse, Nelke, Reseda, Rose, Tabak, Veilchen.

Blüten für Farbe

Wählen Sie aus den folgenden Kräutern, um der Duftschale eine Mischung besonderer Farben zu geben:

Boretsch, Frauenminze, Fingerhut, Gänseblümchen, Gänsefingerkraut, Kornblume, Natternkopf, Ringelblume, Rittersporn, Salbei, Tulpenblütenblätter, Vergissmeinnicht, Wegwarte, Zitronenminze, Zinnien – und beliebig viele Strohblumen.

Weidekätzchen und Myrtenknospen können der Mischung mehr Struktur geben.

Aromatische Blätter

Sie sind in einer Duftschalenmischung am zweitwichtigsten, und da ihr Duft meist stärker ist als der von Blüten, achten Sie darauf, dass sie zusammenpassen. Blätter als Ganzes trocknen und dann in der Mischung zerbrechen oder zerdrücken, damit Duft entströmt. Zur Wahl stehen:

Alkannawurzel, Balsampappelknopsen, Balsamstrauch, Basilikum, Eberraute, Estragon, Lorbeer, Majoran, Minze, Myrte, Patschuli, Duftende Pelargonie, Rosmarin, Salbei, schottische Zaunrose, Süssdolde, Steinklee, Thymian, Walderdbeere, Waldmeister, Zitronenkraut, Zitronenmelisse.

Gewürze, Zitrusfruchtschalen, Wurzeln und Holzschnitzel

Diese haben ein starkes Aroma und sollen sparsam verwendet werden, etwa 1 EL pro Liter Blüten und Blätter. Ausgewählte Gewürze gibt man etwa in denselben Mengen bei. Am besten zerstösst man ganze Gewürze in einem Mörser oder einer Pfeffermühle; Muskatnuss ist zu raspeln. Zitrusfrüchte schält man sehr dünn mit einem Spezialmesser oder einer Raffel; alles Weisse weglassen. In Veilchenwurzel-Pulver tauchen, um Duft zu verstärken. Langsam trocknen, dann zerdrücken oder zerhacken. Wurzeln sollten gereinigt, sorgfältig geschält, in Scheiben geschnitten und langsam getrocknet werden. Dann hacken, zerdrücken oder pulverisieren. Zur Wahl stehen:

Alant, Anis, Baldrian, Dillsamen, Engelwurz (Wurzel), Gelbdolde (Samen), Gewürznelken, Kalmus, Kardamom, Koriander, Kuskusgras, Ingwer, Muskatnuss, Nelkenpfeffer, Schlüsselblume, Sternanis, Vanilleschoten, Wacholder, Zimt, Zitrusschalen und Schnitzel von Kassie, Sandelholz oder Zedernholz.

Fixative

Man kann sie in Pulverform kaufen; sie dienen dazu, die Düfte festzuhalten. Die meisten haben ein eigenes Aroma, das somit auch in die Duftgleichung einzubeziehen ist. Das beliebteste pflanzliche Fixativ ist Veilchenwurzel, deren Duft die übrigen wenig beeinflusst; 1 EL per 225 ml Blüten und Blätter. Benzoe riecht süss nach Vanille; man verwendet etwa 15 g auf 1–1½ Liter Blüten und Blätter. Die Tonkabohne der *Dipteryx odorata* riecht auch stark nach Vanille; man verwendet ein bis zwei Bohnen pro Rezept.

Manche Düfte wirken als Fixativ, zum Beispiel Chypre, Sandelholz, Kalmuswurzel, Weihrauch und Myrrhe; man nehme 15 g auf 1 Liter Duftmischung.

Ätherisches Öl

Viele der oben erwähnten Pflanzen sind als ätherisches Öl erhältlich (S. 228–237). Damit kann der Duft verstärkt und vertieft werden, besonders in einer älteren Duftschale, die nicht mehr stark riecht. Aber man hüte sich, mehr als ein paar Tropfen in eine Schale zu geben, sonst riecht man nichts anderes mehr.

METHODEN

Feuchte Duftschalen

In alten Rezepten macht man sie aus starkduftenden Zentifolien- oder Damaszenerrosen. Man trocknet sie bis sie lederig sind und nur noch das halbe Volumen haben; das braucht etwa zwei Tage trockenes Wetter. Dann die Blätter schichtweise mit jodfreiem Meersalz – halb feinem, halb grobem – belegen; ca. 225 ml Meersalz auf 700 ml Rosenblätter. Die Blätterschichten sollen ca. 1 cm stark sein. Wenn die Schale zu zwei Dritteln gefüllt ist, an dunklem, trockenem, luftigem Ort 10 Tage stehenlassen, bis die Blätter «zusammengebacken» sind. Falls sich Schaum bildet, täglich umrühren und weitere 10 Tage stehenlassen.

Die «zusammengebackenen» Rosenblätter zu kleinen Stücken zerbrechen, mit den anderen Zutaten vermischen und in luftdichtem Behälter sechs Wochen «gären» lassen. Täglich umrühren. In hübschen, undurchsichtigen Behälter mit Deckel umfüllen; zudecken, wenn nicht gebraucht. Feuchte Duftmischungen behalten ihren Geruch während mehrerer Jahre.

rockene Duftschalen

ählen Sie ein Thema, zum Beispiel «Wald» oder
itrusfrüchte», und legen Sie papiertrockene Blätter
d Blüten zusammen. Vermischen Sie sie vorsichtig,
rmengen Sie dann Fixativ und Gewürze und
ischen Sie sie von Hand dazu. Falls gewünscht,
rengen Sie ein paar Tropfen Essenz darüber, jeden
opfen sanft hineinrührend. Verschliessen und an
armem, trockenem, dunklem Platz sechs Wochen
ehenlassen.

Die Mischung in offenen Schalen zur Schau stellen.
der Behälter wählen, dessen Farben mit der Kräu-
rmischung harmonisieren, oder Dosen aus weissem
as, in denen man die Schichten von Lavendel und
se sehen kann. Ein Deckel verlängert die Duftzeit.

EZEPTE

Traditionelle Mischung aus Rosen und Gewürzen
(feuchte Methode)

iter «vergorene» Rosenblüten-blätter
1 EL zerdrückte Lorbeerblätter
L zerstossene Orangenschale
100 ml Veilchenwurzelpulver

2 EL gemahlene Muskatblüten
2 EL gemahlener Nelkenpfeffer
1 EL gemahlene Gewürznelken
1 geriebene Muskatnuss
1 zerdrückter Zimtstengel
225 ml getrocknete Rosen-knospen

Duftschale «Rondeletia»
(feuchte Methode)

s Rezept beruht auf einem Parfüm des 19. Jahrhunderts

iter «vergorene» Rosenblüten-blätter
1 Liter Lavendelblüten
2 EL Gewürznelken

40 g zerdrückte Tonkabohnen
7 Tropfen Bergamottenöl
3 Tropfen Muskatellersalbeiöl

Küchen-Duftschale
(trockene Methode)

e Zutat zur Hälfte zerstossen (für Duft) und zur anderen
Hälfte ganz lassen (für Struktur und Gebrauch)

450 ml Majoran
100 ml blühende Spitzen von Zitronenthymian
100 ml Basilikum
2 EL Bärentraubenblätter
20 Lorbeerblätter

2 EL Myrtenblätter
2 EL Orangenschale
20 Kardamomsamen
20 Sternanis-Schoten
20 Wacholderbeeren
2 EL Gewürznelken
2 Zimtstengel

Zitrus-Duftschale
(trockene Methode)

450 ml Zitronenkraut
225 ml Zitronenthymian
225 ml Grüne Minze
5 ml gefleckte rundblätterige Minze
225 ml junge Zitronenminze-blätter
100 ml Basilikum
0 ml Pelargonie (Zitrone und Pfefferminz)

100 ml Pfefferminz
100 ml Marienblattblätter
100 ml Thymian (mit Kiefernduft)
100 ml Ringelblumenblütenblätter
20 zerdrückte Wacholderbeeren
50 ml Zitronenschale
je 2 Tropfen Zitronen-, Orangen-und Bergamottenöl

Beruhigende Duftschale
(trockene Methode)

450 ml Zitronenkraut
450 ml Rosenblütenblätter
225 ml Lavendelblüten
225 ml Ringelblumenblüten-blätter

225 ml Mädesüss-Blütchen
225 ml Kamillenblüten
25 g Engelwurz-Wurzel
4 EL Veilchenwurzel

Bauerngarten-Duftschale
(trockene Methode)

450 ml Rosenblütenblätter
225 ml Rosenknospen
450 ml Lavendel
225 ml Blüten von Falschem Jasmin
225 ml Blätter duftender Pelargonien
225 ml Zitronenminzenblätter

225 ml Nelken
225 ml Ritterspornblüten
50 ml Gänseblümchen
8 Samenkapseln von Gretchen-im-Busch oder Hopfenblüten
8 Strohblumen
5 EL Veilchenwurzel

Elisabethanische Duftschale
(trockene Methode)

450 ml Zitronenkraut
450 ml Lavendelblüten
225 ml Bärentraubenblätter
225 ml Myrtenblätter
225 ml Rittersporn

100 ml Veilchen
100 ml blaue Malvenblüten
100 ml zerdrückte Rosenwurz
25 g Rosenholz
4 EL Veilchenwurzel
1 EL Benzoe

Flieg-fort-Duftschale
(trockene Methode)

Süssduftendes Insektenvertreibungs-Mittel

450 ml Lavendelblüten
225 ml Rosmarin
225 ml Eberraute
100 ml Grüne Minze
100 ml Heiligenkraut
50 ml Poleiminze

50 ml Gänsefingerkraut
50 ml Wermut
50 ml Zedernholzschnipsel
10 gelbe Tulpen
3 EL Veilchenwurzel

Waldgeruch-Mischung
(trockene Methode)

450 ml Walderdbeerenblätter
225 ml Kiefernnadeln
100 ml Veilchen
100 ml Rosmarin
50 ml Zedernholzschnitzel

50 ml Patschuli
50 ml Rosenholz
2 EL Veilchenwurzel
3 Tropfen Zypressenöl
2 Tropfen Kiefernöl
25 g Eichenmoos

Familienchronik
(trockene Methode)

Fangen Sie mit einer einfachen Mischung aus Rosenblütenblättern, Lavendelblüten, Rosmarinblättern, Nelkenpfeffer
und Veilchenwurzel an. Wann immer ein Fest mit Blumen
verbunden ist, trocknen Sie die Blütenblätter und legen Sie
sie in die Duftschale. Wird der Duft schwächer, so kann
man ihn mit ätherischen Ölen wieder wachrufen. Die Kräutermischung wandelt sich mit der Geschichte Ihrer Familie,
und jedes Blütenblatt könnte eine Geschichte erzählen.

Kräuterduft im Schlafzimmer

Entdecken Sie erfrischende neue Wege, Kräuter im Schlafzimmer zu verwenden. All die hübschen Dinge, die wir hier zeigen, verströmen verschiedene Kräuterdüfte. Ein wohlriechendes Beutelchen kann unter Ihr Kopfkissen geschoben werden, so dass Ihnen beim sich Drehen ein beruhigender Hauch Zitronenminze entgegenweht. Eine Wäscheschublade lässt sich mit einer süssen Rosenmischung parfümieren. Ein Kleiderbügel gibt das reine, frische Aroma von Zitronenmelisse ab. Mehr Ideen auf den folgenden Seiten.

Klassische Duftschale
Zahllose Möglichkeiten des Mischens macht die Zusammenstellung einer Duftschale spannend. Eine klassische Rosenmischung duftet berauschend.

Farbige Mischung
Mit ein paar lebhaft gefärbten Blüten wird die Mischung dekorativer.

Lavendelbündel
Mit hübschen Bänder umwundene Lavendel bündel sind ein entzü kendes Geschenke un lassen sich leicht in Schubladen und Schränke stecken. Ma benutzt frischgeschn tenen Lavendel und pastellfarbene Bände

Kräuterkissen
Sie sind besonders angenehm für Bettlägerige und lassen sich mit einer inneren Musselinhülle leicht herstellen. Diese enthält die Kräuter, der äussere Kissenbezug kann gewaschen werden. Ein Schlafkissen könnte die betäubend duftenden Blüten goldenen Hopfens enthalten.

Landduft-Mischung
Sie enthält Lavendel, Zitronenminze, Rosenblütenblätter, Falschen Jasmin und Kölnisch-Wasser-Minze. Eine nach Heu duftende Mischung lässt sich aus Steinklee, Labkraut und Waldmeister herstellen.

Lavendelsäckchen

Winzige, gefällige handgemachte Lavendelsäckchen verströmen geruhsamen Duft. Man kann sie aus Stoff und Spitzenresten nähen oder zu einem duftenden Kleiderbügel passend herstellen. Verschiedene Formen sind denkbar, die man mit getrocknetem Lavendel oder anderen Kräutermischungen füllt.

Duftender Kleiderbügel

Der geblümte Stoff dieses Kleiderbügels umhüllt, enthält eine Mischung getrockneter Kräuter, die mit Musselinstreifen am Bügel befestigt sind. Rosen- und Lavendelmischungen eignen sich dafür, oder, wenn der Bügel für einen Mann bestimmt ist, eine minzige Zitrusmischung aus Grüner Minze, Alkannawurzel, Zitronenkraut und nach Kiefern duftendem Thymian.

Duftkugel

us Orange, Gewürznelken nd Band zum Aufhängen.

Duftschachtel

Der altmodische Duft von Lavendel kann für eine neue Idee eingesetzt werden. Eine hübsche, mit Stoff bespannte Schachtel für Taschentücher oder Souvenirs enthält ein Geheimnis: Lavendelkissen am Deckel und auf dem Boden.

209

Kräuterduft im Heim

WOHNZIMMER

Frische, duftende Blumen und Kräuter sind eines der einfachsten Mittel, einen Raum mit Duft zu füllen. Andere Möglichkeiten sind im folgenden beschrieben. Alle beruhen auf einfachen Ideen, die jahrhundertealt sind und jetzt wieder neu entdeckt werden.

Kräuterschmuck Üppige Büschel frischer Kräuter in Vasen oder Girlanden kühlen und parfümieren einen Raum (S. 150–162). Lufterfrischende Kräuter sind u. a.:

Alkannawurzel; Basilikum, Gamander, Heiligenkraut, Lavendel, Myrte, Thymian, Waldmeister, Wermut, Ysop, Zitronenkraut, Zitronenmelisse.

Ätherische Öle Ein paar Tropfen Lavendelöl auf eine Schüssel fast siedenden Wassers träufeln und in Wohnzimmer stellen. Oder einen Schwamm mit siedendem Wasser tränken und ein paar Tropfen eines ätherischen Öls daraufgeben, den Schwamm auf einem Teller ins Zimmer stellen und zweimal täglich mit siedendem Wasser befeuchten. Zweimal in der Woche ein paar Tropfen Öl hinzufügen (siehe auch S. 235).

Wärmepfanne In schwerer Pfanne bei schwacher Hitze Kräuter und Gewürze verbrennen, für Duft und Räucherwirkung. Es eignen sich Engelwurz-Samen, getrocknete Engelwurz-Wurzel, Alkannawurzel, Alantwurzel, Rosenwurz, Veilchenwurzel und Gewürznelken und vermischte Gewürze. Wenn die trockenen Zutaten zu schwelen beginnen, Pfanne vom Feuer nehmen und umhertragen, um die Luft zu erfrischen.

Duftwasser 100 ml dreifachstarkes Rosenwasser mit 1 EL gemahlenem Nelkenpfeffer oder Gewürznelken vermischen. Eine Woche reifen lassen, dann ein paar Tropfen auf einen heissen Topf oder ein Cheminéefeuer träufeln, um den Raum zu parfümieren.

Duftendes Holz Wenn Sie Kräuter wie Lavendel und Rosmarin stutzen, legen Sie die Abfälle in einen Krug beim Kamin, um sie übers Feuer zu streuen und das Zimmer zu parfümieren. Bei besonderen Anlässen duftendes Holz verbrennen, zum Beispiel Apfelbaum, Birnbaum, Fichte, Flieder, Kirschbaum, Lärche, Wacholder, Zeder, Zypresse.

Lavendel-Räucherwerk Getrocknete Lavendelstengel in einer Lösung aus 1 EL Salpeter und 225 ml warmem Wasser 30 Minuten einlegen. Trocknen lassen, dann anzünden: die Räucherstäbchen verströmen langsam schwelenden Duft.

Duftschalen Versuchen Sie die auf Seite 207 gegebenen Rezepte. Stellen Sie die Kräutermischungen in hübschen Schalen umher, so dass man in Versuchung kommt, sie zu berühren, wobei sie Duft verströmen.

Lavendel-Entspanner Einen Teller Lavendel neben das Telefon stellen; der Duft wirkt entspannend.

Kräuterkissen Zwei rechteckige Musselinsäcke mit Ihrer liebsten Kräutermischung füllen. So überziehen, dass sie zu Ihrem Sofa oder Sessel passen. Die beiden Säcke mit Bändern verbinden und über den Sofarücken hängen, so dass Duft entströmt, sobald sich jemand daranlehnt. Säcke hin und wieder umgekehrt hängen.

Duftende Bücher Säcklein mit Lavendel, Eberraute, Heiligenkraut oder Wermut mit Zimt oder Gewürznelken auf die Bücherregale legen. Sie vertreiben auch Ungeziefer.

Duftende Kerzen Am besten kauft man eine fertige Ausrüstung zum Kerzenmachen. Ehe man es in die Form giesst, gibt man Stücke getrockneter Alkannawurzel, Gamander, Lavendelblüte, Minze, Myrte, Rosmarin, Zimtpulver, Zitronenminze und Zitronenthymian oder ein paar Tropfen Essenz in das geschmolzene Wachs.

Als Dekoration aromatische Blätter auf die Kerze legen. Die Kerze am Docht halten, zum Weichmachen ein paar Sekunden lang in heisses Wasser tauchen, dann mit sanftem Druck über die getrockneten Kräuterblätter rollen. Oder Blätter um den Rand der Form legen. Wiesenknopf ist ein hübsches Blatt hiefür.

Um Kräuterwachs herzustellen, die Blätter von Gagel *(Myrica gale)* oder die blassgrauen Früchtchen des Lorbeerbaums 15 Minuten sieden, um ihr Wachs herauszulösen. Abschöpfen, wieder schmelzen und abseihen. Dieses Wachs brennt mit milder Würze.

KRÄUTER IN DER KÜCHE

Mit Kräutern lässt sich in der Küche die Luft erfrischen; sie übertönen Kochdünste. Dekorative Gehänge machen (Seite 156–157) und die unten als fliegenabwehrend bezeichneten Kräuter einbeziehen.

Küchen-Duftschale Versuchen Sie das Rezept auf Seite 207 oder die folgende Mischung, um Küchengerüche und Fliegen zu bannen. 4 Teile Zitronenkraut, 2 Teile Minze, 2 Teile Lorbeerblätter, 1 Teil Blätter und Blüten von Rainfarn, 1 Teil Liebstöckel, ein paar zerdrückte Gewürznelken und Veilchenwurzel. Berühren Sie jedesmal beim Vorbeigehen die Blätter.

Flieg-fort-Sträusschen Sträusschen aus Beifuss, Gartenraute, Kamille, *Nicandra physaloides*, Pfefferminze, Rainfarn, Wasserdost und Wermut sollten Fliegen fernhalten.

Ofenhandschuhe Rosmarin, Thymian oder Gewürze ins Futter von Ofenhandschuhen nähen. Wenn sie warm werden, duften sie.

Teehauben Taschen an eine Teehaube nähen und sie mit Zitronenkraut, Rosenblütenblättern oder Jasmin füllen. Die Wärme des Teekrugs macht sie duften.

Duftender Backofen Wann immer Sie backen, legen Sie einen Zweig Rosmarin oder sonst ein würziges Kraut in den Backofen, damit die Küche duftet.

RÄUTER IM SCHLAFZIMMER

ftende Kräuter können den Schlaf fördern, die Luft
d Ihre Kleider erfrischen und sind besonders beliebt
Krankenzimmern.

räuterkissen Eine kleine Tasche aus Musselin
er Baumwolle mit Ihrer Lieblings-Kräutermischung
len und unter Ihr Kopfkissen legen. Wenn Sie sich
ehen, werden Ihnen beruhigende Kräuterdüfte
lafen helfen. Frische, nicht allzu süsse Kräuter
nen sich am besten für Kranke und Genesende.
pfen macht schläfrig, aber nicht jedermann mag
n Biergeruch leiden; man kann ihn mit etwas
vendel, Zitronenkraut, Minze oder Rosmarin
erdecken. Eine andere Mischung enthält 1 Teil
mille (gegen böse Träume), je 2 Teile Rosmarin
d Fichtennadeln (beide erfrischend), 2 Teile
vendel (gegen Traurigkeit) und ein wenig Majoran
eruhigend) mit zerdrücktem Anissamen oder Dill,
chenwurzel und ein paar Tropfen Bergamottenöl.

hubladensachets Man verwende Lavendel,
ronenkraut, Minze oder Rosenblütenblätter in
inen Sachets aus Seide, Spitzen oder Baumwolle
l lege sie zu Wäsche, Wollsachen, Handschuhen
d Bettzeug. Mit einer Schlinge an Kleiderbügel unter
ider und Hemden hängen. Robustere Sachen in
uhe, Stiefel und Koffer legen, damit sie stets gut
hen. Kleine Sachets in Taschen oder Säume von
bewahrten Wintermänteln stecken.

ftende Schachteln Dünne, rechteckige
endelpolster in Deckel und auf den Boden einer
nen Schachtel legen, in der Schmuck oder
venirs aufbewahrt werden.

ftende Kleiderbügel Wenn Sie Kleiderbügel
stern und mit Stoff überziehen, legen Sie Kräuter
ein.

endelbüschel Für Lavendelbündel nimmt man
einem trockenen Tag eine ungerade Zahl, 13 oder
hr Stengel und etwa 1 m lavendelblaues, 6 mm
tes Band. Strässchen machen, wobei die
enköpfe auf dieselbe Höhe kommen sollten.
m Band freilassen und die Stengel knapp unter
Köpfen zusammenbinden. Jeden Stengel
sichtig umbiegen, bis die Blütenköpfe ganz von
Stengeln bedeckt sind. Das nichtgebrauchte Stück
d unter und über jeden Stengel flechten, rund um
Büschel, bis die Blütenköpfe mit Band bedeckt
. Schleife binden, vorstehende Stengel und
dreste abschneiden.

tkugeln Gewürznelken in die Haut einer Orange
ken; wenn nötig Haut zuerst mit Nadel
echen. Entweder die ganze Orange mit
ürznelken bedecken – zwischen den Nelken sollte
er etwas Platz sein, da die Orange beim Trocknen
umpft – oder Muster rund um die Orange stecken.
ertige Orange in einer Mischung aus
chenwurzel und Gewürzen – Zimt oder

Nelkenpfeffer rollen. Duftkugel mit einem Band
aufhängen. Sie sollte mehr als ein Jahr lang duften.
Man kann Duftkugeln auch mit Äpfeln machen, sie
sind aber stossempfindlicher und schrumpfen stärker
als Orangen. Ein grosser, fester Kochapfel eignet sich
am besten. Ein Duft aus Gewürznelke und Most
entwickelt sich mit der Zeit.

KLEIDER UND HAUSHALTWÄSCHE

Duftende Bettwäsche und wohlriechende Kleider
geben Ihrem Leben einen Hauch von Luxus, ohne
allzuviel Zeit oder Geld zu kosten.

Süsse Spülwasser Einen starken Aufguss von
aromatischen Blättern oder Blüten machen, indem
man sie zugedeckt 15 Minuten lang leise kochen lässt.
Abseihen, die Flüssigkeit als letzte Spülung für von
Hand gewaschene Sachen benutzen oder beim letzten
Spülgang der Waschmaschine eingeben.

Man kann einzelne Kräuter oder Mischungen
verwenden; Rosmarin mit Lavendel ist sehr erfrischend. Zur Wahl stehen:

Alkannawurzel (Blätter), Engelwurz, Kölnisch-Wasser-Minze,
Lavendel, Lorbeer, Majoran, Myrte, Nelken, Rosenblüten-
blätter, pulverisierte Rosenwurz-Wurzel, Rosmarin, Veilchen,
Zitronenkraut

Man löst einen Teelöffel voll pulverisierte Veilchenwurzel in der Flüssigkeit auf, um den Duft zu fixieren.
Man kann auch die Flüssigkeit auf Kleider träufeln,
ehe man sie plättet. Oder man fügt der letzten Spülung
ein paar Tropfen ätherisches Öl bei.

**Kräuter, die Gewebe schützen und parfü-
mieren** Kleine Säckchen mit Ihren liebsten Duft-
kräutern füllen (Seite 206-207). Oder einzelne Kräuter
in Ihre Kleider legen. In Frage kommen:

Alkanna-Zweiglein, Lavendel, Rosmarin oder Eberraute,
getrocknete Zitronenschale oder Wurzelstücke von Alant, Veilchen, Rosenwurz und Kalmus.

KRÄUTER FÜR RAUCHER

Mischungen aus Kräuterblättern und -samen wurden
seit Jahrhunderten geraucht, ehe der Tabak den Markt
eroberte.

Duftender Tabak Man kann eine aromatische
Mischung aus Anissamen, Balsam, Zimt, Gewürznelkenöl und Benzoe zu pfefferkorngrossen Bällchen
verarbeiten und einen Monat reifen lassen. In eine
Pfeife voll Tabak geben, um das Zimmer zu parfümieren.

Kräutertabak Das Interesse für Kräutertabak
wächst in dem Mass, als die Gefahren des Tabaks
bekannt werden. Die meisten Kräutertabake basieren
auf Huflattich, man kann sie in Kräuterläden kaufen.
In Frage kommen auch Arnika, Augentrost, Beifuss,
Betonie, Bitterklee, Kamille (einjährig), Lavendel,
Malve, Rosmarin, Schafgarbe und Thymian. Am
Schluss wird eine Mischung Lakritze, Salz, Salpeter
und Zucker beigefügt.

KRÄUTER

FÜR DIE SCHÖNHEIT

Alle alten Kulturen kennen die Benützung von Pflanzen für die Schönheitspflege. Vor siebentausend Jahren bemalten und salbten die frühen Niltal-Bewohner ihre Toten, um den Körper für das Jenseits zu bewahren und schöner zu machen. Die späteren Ägypter übernahmen diesen Brauch und verfeinerten ihn zu kunstvollen Methoden der Kosmetik für religiöse Rituale und Festlichkeiten.

Die alten Griechen verlegten den Schwerpunkt der Kosmetik vom Zeremoniellen zum Persönlichen. Ihr Konzept allgemeiner Gesundheit und Schönheit gleicht unseren modernen Vorstellungen. Der berühmte Arzt Hippokrates gab Richtlinien für das Studium der Haut und empfahl Ernährung, Leibesübungen, Bäder und Massage zur Verbesserung der körperlichen Gesundheit und Schönheit. Die Römer gingen noch weiter mit ihren aromatischen Ritualen und der Verweichlichung des Körpers. Citro, ein Römer des 1. Jahrhunderts nach Christus, schrieb vier Bücher über Kosmetik, mit vielen Rezepten zum Bleichen, Färben und Einfetten des Haars, zur Vermeidung von Runzeln und Körpergerüchen.

Zur Zeit der Renaissance sah man Hautpflege als nichtmedizinische Disziplin. Rezepte für Seifen, Cremes und Kräuterwasser wurden ausgetauscht und in Kräuterbüchern festgehalten, die über Generationen von Mutter zu Tochter weitergegeben wurden.

Markenprodukte für die Schönheit

Im 19. Jahrhundert wurde Kosmetik in Amerika zur organisierten Industrie. 1846 warf Mr Theron T. Pond seinen «Ponds Extrakt» auf den Markt; weitere Fabrikanten folgten ihm. Neue Anwendungen von Konservierungsmitteln und Massenproduktion schufen eine unerhörte Auswahl.

Die heutigen Markenprodukte sind oft teuer, da auch Reklame, Verpackung, Vertrieb und Experimente (die manchmal mit grausamen Tierversuchen verbunden sind) viel Geld verwendet wird. Allergien gegen chemische Konservierungsmittel, synthetische Parfüms und künstliche Farbstoffe häufen sich. Deshalb wird zunehmend nach natürlichen Mitteln verlangt, und da die Forschung die bemerkenswerte Heilwirkung von Kräutern bestätigt hat, haben viele Firmen auch ein Sortiment von Kräuterkosmetika entwickelt.

Hausgemachte Kräuterkosmetika

Wenn Sie Ihre Kosmetika selbst herstellen, wissen Sie sicher, was diese enthalten. Sie wählen jede Zutat selber und kennen ihre Frische und Reinheit. Die folgenden Rezepte verbinden heutiges Wissen mit herkömmlichen Zutaten und Methoden und schliessen das erste bekannte Gesichtcreme-Rezept von Galen, einem römischen Arzt des 2. Jahrhunderts ein. In dieser Formel wurden Öl, Wasser und Wachs verwendet, eine Verbindung, die noch heute jeder Tagescreme zugrunde liegt. Manche Präparate lassen sich so einfach und schnell herstellen wie Tee; andere müssen erhitzt und verrührt werden, aber auch das ist nicht komplizierter oder zeitraubender als das Kochen einer einfachen Sauce.

Im Masse, in dem Sie die Herstellungstechnik lernen und beobachten, wie die verschiedenen Kräuter auf Ihre Haut wirken, können Sie die Rezepte genau auf Ihre individuellen Bedürfnisse ausrichten.

NÜTZLICHE GERÄTE FÜR DIE KRÄUTERKOSMETIK

Diese Liste soll nur die Richtung angeben. Vermeiden Sie aber auf jeden Fall Aluminium, Kupfer und Teflongefässe; ihre chemischen Eigenschaften können den Präparaten schaden.

Alle Behälter und Geräte sollen makellos sauber sein. Am besten sterilisiert man sie, indem man sie auskocht oder zehn Minuten lang in einen heissen Backofen stellt. Halten Sie heisses Seifenwasser bereit, um Wachs wegwaschen zu können, ehe es hart wird. Andernfalls stellen Sie die Behälter über siedendes Wasser, um Reste zu schmelzen, und waschen Sie sie sofort.

Feuerfestes Kochgeschirr aus Glas oder Keramik (in oder über Töpfe mit siedendem Wasser passend)	Saftentzieher
	Tropfenzähler aus Glas
	Holzlöffel
Doppelkocher aus Email	Glasstäbe
Schneebesen (Draht oder elektrisch)	Spachtel
	Saubere dunkle
Messlöffel	Glasflaschen und Krüge mit
Messkrug	luftdichtem Verschluss
Glasmass 25 ml	Etiketten
Kleiner Trichter	Kugelschreiber
Nylonsieb	Notizbuch für Rezepte
Mörser	
Feinwaage	
Elektrischer Mixer	

GRUNDMETHODEN DER HERSTELLUNG

Die meisten Rezepte wenden eine der folgenden Methoden an, um den Kräutern ihre Heilstoffe zu entziehen.

Infundieren Anderthalb Handvoll frische oder 25 g getrocknete Kräuter in hitzebeständigen Topf legen. ½ Liter destilliertes Wasser aufsieden. Sofort über die Kräuter giessen, zudecken, damit nichts durch Verdampfen verlorengeht. Mindestens 30 Minuten ziehen lassen. Absieben, in Gefässe mit Schraubverschluss bis zu 3 Tage in Kühlschrank aufbewahren.

Absieden Geeignet für zähere Kräuterteile wie Wurzeln, Rinde, Stengel, Samen. 25 g Kräuter, wenn nötig klein geschnitten, in einen Topf geben. ½ Liter destilliertes Wasser hinzugeben, aufsieden, 30 Minuten ziehen lassen. Die Flüssigkeit sollte sich dann halbiert haben. Falls mehr verdampft ist, Wasser hinzugeben, bis ¼ Liter erreicht ist. Abkühlen, absieben, abfüllen. Im Kühlschrank aufbewahren und binnen weniger Tage verwenden.

Mazerieren Manche Kräuter verlieren an Heilkraft, wenn sie erhitzt werden. Man legt sie in Öl, Essig oder Alkohol ein. Einen Glaskrug mit zerquetschten frischen Kräutern auffüllen. Mit pflanzlichem Öl, Obstessig oder reinem Alkohol bedecken. Verschliessen, zwei Wochen stehen lassen, jeden Tag schütteln. Absieben, frische Kräuter daraufgeben. Wiederholen, bis die Flüssigkeit stark nach Kräutern duftet. Absieben, abfüllen, verschliessen. Haltbar.

Pulverisieren Pflanzenfasern und Samen in Mörser oder Mixer zerstossen.

ANDERE ZUTATEN ALS KRÄUTER

In jeder guten Apotheke erhältlich:

Agar-Agar Aus Meeresalgen. Geliert.

Alkohol Farbloses, geschmackloses Konservierungs- und Lösungsmittel. Am besten und am wenigsten hautreizend ist Äthylalkohol. Isopropyl ist fast so gut, riecht aber nach Medizin. Manchmal geht es auch mit Wodka.

Benzoin Konserviert, emulgiert Lanolin.

Bienenwachs Emulgiert Öl und Wasser in Cremes.

Borax Weisses, kristallines, anorganisches Pulver, mildes Antiseptikum. Emulgiert.

Buttermilch In Reformhäusern. Lindert, adstringiert.

Destilliertes Wasser Nur reines Wasser darf in der Kosmetik verwendet werden. Leitungs- und Regenwasser enthalten zu viele Unreinheiten.

Emulgierendes Wachs Emulgiert Öl und Wasser in Cremes.

Essig Reinigt die Haut und macht sie geschmeidig.

Flüssiges Paraffin Anorganisches Öl, das von der Haut nicht aufgenommen wird. Nützlich in Schutzcremes.

Fullererde Feines graues Pulver aus einzelligen Algen vom Meeresgrund. Absorbiert und ist reich an mineralischen Stoffen. Ergibt ausgezeichnete Gesichtsmaske.

Gelatine Farbloser, Geruchloser, geschmackloser Leim, reich an wasserlöslichen Proteinen, aus Tierknochen ausgesotten. Für Augensalben und nagelhärtende Lotionen. Agar-Agar ist ein pflanzlicher Ersatz.

Glycerin Dicker, farbloser, geruchloser Sirup. Mischt sich mit Wasser, löst sich in Alkohol macht die Haut weich.

Honig Macht weich, heilt, bindet andere Zutaten.

Jod Antiseptikum.

Kakaobutter Dickes Fett aus der Kakaobohne, macht Cremes weich.

Kalaminlotion Beruhigende alkalische Lotion, nützlich bei Hautproblemen.

Kaolin Reinste Form des Tons. Für Gesichtsmasken.

Kleie Als Reiniger in Gesichtsmasken und Seifen.

Lanolin Dickes, klebriges Fett aus Schafwolle. Macht die Haut weich, nährt sie.

Öle Siehe S. 236 über ätherische und pflanzliche Öle. Mandel-, Avocado-, Weizenkeim-, Rüben-, Kokos- und Nusskernöl sind besonders hautnährend. Rizinusöl mischt sich mit Wasser, eignet sich deshalb als Träger für Badeparfüms.

Olivenölseife Reine weisse Seife ohne Farb- oder Parfümzugabe. Gute Basis für selbstgemachte Seife.

Ölsäure Eine emulgierende Flüssigkeit, die geschiedene Cremes retten kann.

Weizenkleie Siehe Kleie.

Vitaminkapseln Einfache Möglichkeit, Hautcremes Vitamine beizufügen.

Zinkoxid Weisses Pulver, aus Zink gewonnen. Hat milde antiseptische und adstringierende Eigenschaften. Gewöhnlich als Salbe erhältlich.

Die eigene Haut kennenlernen

Um zu verstehen, wie Kräuter Ihrer Haut gut tun können, sollten Sie wissen, warum Hautprobleme entstehen. Ernährung und Lebensgewohnheiten wirken stark auf das Aussehen Ihrer Haut ein. Die Oberfläche muss feucht und rein gehalten werden, damit der Wind sie nicht austrocknet und sie vor Sonne und Luftverschmutzung geschützt ist. Die wichtigste Abwehrmassnahme ist eine ausgewogene Ernährung und das Vermeiden aller genannten Faktoren; die zweitwichtigste ist, Ihre Haut sorgfältig zu reinigen und zu nähren.

Hauttypen

Um Ihre Haut richtig zu pflegen, sollten Sie als erstes Ihren Hauttyp feststellen. Testen Sie sie, indem sie Ihr Gesicht gründlich reinigen, gut spülen und mit einem Tuch trocknen. Warten Sie zwei Stunden oder über Nacht und drücken Sie dann ein Seidenpapier gegen Ihr Gesicht. Erweist es sich als fettig, so haben Sie fettige Haut; wenn nur bestimmte Stellen fettig sind (gewöhnlich von Stirn, Nase und Kinn), ist Ihre Haut ein Mischtyp. Bleibt das Seidenpapier ohne Spuren, ist Ihre Haut entweder trocken oder normal. Dies entscheiden Sie, indem Sie Ihr Gesicht mit Seife und Wasser waschen. Fühlt sich die Haut nachher elastisch und glatt an, so ist sie normal; wenn sie sich gespannt anfühlt, ist sie trocken.

Normale Haut ist weich, glatt, elastisch und leuchtend. Warum sie normal genannt wird, wo sie doch am seltensten ist, ist unerfindlich. Sie braucht nur die einfachste Pflege.

Trockene Haut fühlt sich gespannt und trocken an und glänzt nicht. Alle Hauttypen werden im Alter trockener und empfindlicher. Solcher Haut muss früh Feuchtigkeit zugeführt werden. Sie braucht milde Reinigungsmittel und sanfte Behandlung.

Fettige Haut glänzt deutlich und ist elastisch. Ihre Poren sind geöffnet, oft sieht sie grob und fahl aus. Fettige Haut ist weniger sonnenempfindlich; sie bleibt im Alter länger elastisch. Sie braucht gründliche Reinigung; ihre Oberfläche zieht Schmutz magnetisch an und wird leicht fleckig. Die Reinigung muss aber sanft geschehen, sonst werden die Talgdrüsen zu vermehrter Ölproduktion angeregt.

Mischtyp ist die häufigste Hautart. Hier sind die Poren auf Stirn, Nase und Kinn meist grösser als im übrigen Gesicht. Das ergibt ein fettiges «T», während der Rest des Gesichts trocken ist. Man behandelt sie am besten als zwei verschiedene Hautarten, mit verschiedenen Methoden je nach Zone.

Hautcremes und –lotionen

Alle Hautcremes beruhen auf einer Verbindung geschmolzener Wachse, Öle und Duftessenzen, die von gleicher Temperatur sein müssen. Die Wachse werden zusammen bei mässiger Hitze geschmolzen, die Öle werden in die Wachse eingerührt, dann werden die Duftstoffe langsam in die Mischung getröpfelt, und das Ganze wird gerührt, bis es kühl ist. Es ist, als rührte man eine Mayonnaise an, nur leichter – es dauert zehn Minuten.

Die Mengen der Zutaten machen die Konsistenz einer Creme aus, sie lassen sich leicht anpassen. Eine Creme erhält mehr Festigkeit durch Beigabe von Bienenwachs, mehr Weichheit durch Öl. Wasser macht sie leichter und luftiger, doch wächst dabei die Gefahr des Scheidens. Fügt man Kräuter wie Eibisch oder Hauslauch hinzu, die eine Art von Klebstoff enthalten (in Wurzeln, Stengel oder Blättern), so wird die Creme schwammiger. Ein paar Tropfen Essenz verleihen ihr Duft und bessere Wirkung. Rosenwasser, Geranium und Lavendel eignen sich für alle Hautarten.

Bis Sie ein Rezept gut kennen, nehmen Sie für Ihre Cremes am besten Töpfe mit weiter Öffnung. Was Sie in eine Flasche giessen, wird nach ein paar Stunden vielleicht zu dick zum Ausgiessen. Wenn das geschieht, erwärmen Sie das Ganze nochmals sorgfältig. Beschriften Sie sofort jedes Produkt und versehen Sie es mit Datum. Führen Sie Buch über jedes Rezept und seinen Erfolg. Bei verderblichen Zutaten stellen Sie die Creme in den Kühlschrank und verwenden Sie sie binnen weniger Wochen. Damit keine Bakterien in Ihr Produkt gelangen können, reinigen Sie vor der Arbeit gründlich die Hände oder verwenden Sie einen kleinen Spachtel.

ALLERGIE

Es gibt keine Kosmetika, die Allergien mit Sicherheit ausschliessen, denn jede Zutat kann bei irgend jemandem eine Allergie auslösen. Ein wichtiger Vorteil hausgemachter Kosmetika besteht darin, dass Sie im Fall einer Allergie alle Zutaten kennen und das Allergen rasch finden können. Sie testen das, indem Sie einen Tropfen der jeweiligen Substanz auf die innere Gaze eines Wundpflasters auftragen und dieses innen an Ihrem Arm zwischen Handgelenk und Ellbogen befestigen. 24 Stunden so belassen, bis dann zeigt sich eine Reaktion oder nicht.

Manche Essenzen reizen empfindliche Haut, besonders im Gesicht. Aufpassen muss man bei Bergamotte, Geranium, Grüner Minze, Lorbeer, Neroli, Pfefferminze, Poleiminze und Salbei.

Bei hochempfindlicher Haut können folgende Zutaten allergische Reaktionen hervorrufen:

Efeu	Lanolin	Odermennig
Glyzerin	Liebstöckel	Poleiminze
Gurke	Lindenblüte	Schlüsselblume
Henna	Mandeln	Veilchenblätter
Kakaobutter	Nesseln	

REINIGUNGSCREMES
Sie entfernen Schmutz und Makeup besser als Wasser und Seife. Wenn Verunreinigungen in den Hautritzen liegenbleiben, altert die Haut schneller und sieht stumpf und leblos aus. In die Haut einmassieren und dann mit Watte oder Tissues entfernen. Nicht an der Haut ziehen, sondern sanft aufwärts und quer übers Gesicht streichen.

Reinigungscreme aus Glyzerin und Rosenwasser *(für trockene und normale Haut)*

Die meisten Cremerezepte folgen diesem Schema. Wachse werden in einer Schale geschmolzen und Öle in einer zweiten erwärmt. Alle Zutaten sollten beim Mischen ungefähr gleich warm sein, sonst kann die Mischung flocken. Statt Rosenwasser kann man andere geeignete Kräuteraufgüsse verwenden.

4 EL (60 ml) Lanolin	3 EL (45 ml) Rosenwasser
50 ml Mandelöl	1 EL (5 ml) Zinkoxid-
1 EL (15 ml) Glyzerin	salbe
⅛ TL (0,65 ml) Borax	6 Tropfen Rosenessenz

1 Lanolin schmelzen, Mandelöl und Glyzerin langsam erwärmen. Öl-Glyzerin-Mischung vorsichtig ins Lanolin giessen, ständig umrühren.

2 Borax im gewärmten Rosenwasser auflösen und nach und nach der Öl-Lanolin-Mischung beigeben, ständig rühren. Kühl werden lassen.

3 Wenn kühl und cremig, Zinkoxid und Rosenöl hineinschlagen. In vorbereitete Töpfchen löffeln, beschriften.

PFLANZEN; GEEIGNET FÜR CREMES UND LOTIONEN

Viele Pflanzen und Kräuter eignen sich zur Schönheitspflege. Die hier aufgeführten sind besonders wirkungsvoll in Hautcremes. Beachten Sie die Anweisungen auf S. 213. Verwenden Sie etwa halb so viel trockene Kräuter wie frische. Viele dieser Kräuter nützen auch in Gesichtspackungen, im Bad, bei der Haarpflege und sind an den entsprechenden Stellen aufgeführt.

Aloe vera Der Saft der Blätter lindert und heilt.

Avocado Ausgezeichnete Hautnahrung mit hohem Gehalt an Vitamin E und A.

Beinwell Heilendes und linderndes Kraut. Enthält Allantoin, ein zellwachstumsförderndes Protein. Gut gegen rauhe und aufgeschürfte Haut.

Boretsch Gut für trockene, empfindliche Haut.

Brunnenkresse Ausgedrückter Saft gegen Hautflecken.

Eibisch Heilt und erweicht trockene Haut, rauhe Hände, Sonnenbrand.

Efeu Gegen Sonnenbrand. Hilft auch, aufgestaute Flüssigkeit und Toxine im Kampf gegen Zellulitis auszuschwemmen.

Essenzen Ausgezeichnete Zugaben zu Cremes und Lotionen. Siehe S. 236.

Fenchel Reinigt und mildert. Zerquetschte Samen in Gesichtspackungen geben.

Frauenmantel Heilkraut gegen trockene, empfindliche Haut und rauhe Hände. Adstringiert grosse Poren.

Gurke Reinigt und kräftigt. Mildert und heilt.

Hamamelis Mildert, adstringiert. Destillierte Hamamelis in Apotheken.

Hauslauch Heilendes, weichmachendes Kraut, besonders gegen trockene, empfindliche Haut.

Holunderblüte Gutes Tonikum für alle Hauttypen, vor allem ältere oder fahle Haut. Soll die Haut weich machen, Runzeln glätten, Sommersprossen bleichen, Sonnenbrand mildern.

Kamille Sanftes, beruhigendes Kraut, macht Haut weich und hell.

Lavendel Heilsam, sanft reinigend, Tonikum für alle Hauttypen.

Lindenblüten Beruhigt die Haut und macht sie weich.

Löwenzahn Enthält Weichmacher. Nützlich in Reinigungslotionen für trockene, ältere und fahle Haut.

Lupinensamen Reinigt fettige Haut und schliesst die Poren.

Nesseln Reinigt in der Tiefe, besonders gut für fettige Haut.

Orangenblüten Ausgezeichnetes Hauttonikum. Gut für trockene Haut und geplatzte Äderchen. Stimuliert den Zellenaustausch.

Petersilie Stärkt trockene, empfindliche und unreine Haut.

Pfefferminz Regt an, adstringiert und reinigt den Teint.

Ringelblume Heilendes Kraut für rauhe, beschädigte und unreine Haut.

Rose Mildernd, sanft reinigend. Verfeinert und erweicht die Haut.

Rosmarin Kräftiges Tonikum, wirkt antiseptisch, regt den Blutkreislauf an, reinigt in der Tiefe.

Salbei Reinigt, stimuliert, zieht Poren zusammen.

Schafgarbe Heilend, reinigend, adstringierend.

Thymian Regt an, reinigt sanft und antiseptisch.

Veilchen Besänftigt, adstringiert.

Zitrone Besänftigt die Haut und macht sie weich.

Kamillen-Reinigungsmilch
(für trockene und empfindliche Haut)

Statt Kamille können auch Holunderblüten, Veilchen oder Lindenblüten verwendet werden.

150 ml sahnige Milch	2 EL Kamillenblüten, frisch oder getrocknet

1 Zusammen in einer Doppelpfanne 30 Minuten lang erwärmen. Milch nicht sieden, keine Haut entstehen lassen.

2 Zwei Stunden ziehen lassen, dann absieben. Kühl lagern, binnen einer Woche aufbrauchen. Mit Watte auftragen und mit Tissues abwischen.

Orangenblüten-Reinigungsmilch
(für trockene und normale Haut)

Neroli-Essenz (aus Orangenblüten) regt das Abstossen alter Hautzellen und die Bildung neuer an.

25 ml Soyaöl	25 ml Orangenblütenwasser
25 ml Mandelöl	⅛ EL Borax
25 g Kakaobutter	5 Tropfen Neroli-Essenz
1 EL Bienenwachs	

1 Öle vermischen, wärmen. Kakaobutter schmelzen und zu Ölen geben. Bienenwachs schmelzen und nach und nach in die Ölmischung schlagen.

2 Orangenblütenwasser wärmen, Borax darin auflösen. Dies in die Hauptmischung schlagen. Dick und kühl werden lassen.

3 Bei Beginn des Dickwerdens Essenz hineinrühren. Nach Abkühlen in vorbereitete Töpfchen geben, beschriften.

Gurken- und Schafgarben-Reiniger
(für fettige Haut)

Gurke reinigt aktiv; Schafgarbe reinigt und adstringiert.

1 TL Emulsionswachs	6 EL Schafgarbenaufguss
4 EL Soyaöl	5 Tropfen Myrrhentinktur
¼ Gurke, verflüssigt und gesiebt (2 EL Saft)	

1 Wachs bei schwacher Hitze schmelzen. Soyaöl wärmen und langsam, aber kräftig in das Wachs schlagen.

2 Gurkensaft zusammen mit Schafgarbenaufguss erwärmen, dann zu Öl und Wachs geben. Von der Flamme nehmen und schlagen, bis die Mischung kühl ist. Dann erst Myrrhe dazugeben. In Töpfchen löffeln, beschriften.

Buttermilch- und Fenchel-Reinigungsmilch
(für fettige Haut)

Fenchel reinigt fettige Haut in der Tiefe.

150 ml Buttermilch	2 EL zerquetschter Fenchelsamen

1 Milch und Fenchelsamen in Doppeltopf 30 Minuten lang vorsichtig erwärmen.

2 Zwei Stunden ziehen lassen. Absieben, in Flasche füllen, kühl lagern, binnen einer Woche aufbrauchen.

Zitronen-Reinigungscreme
(für fettige Haut)

Zitrone gilt als Reiniger für fettige Haut, als Runzelnglätter und als mildes Antiseptikum

1 EL Bienenwachs	1 EL Zitronensaft, gesiebt
1½ EL Vaseline	⅛ TL Borax
3 EL Paraffinöl	6 Tropfen Zitronenessenz
15 ml Hamamelis	

1 Schmelzen Sie Bienenwachs und Vaseline zusammen auf schwacher Hitze. Erwärmen sie das Paraffinöl und fügen Sie es langsam schlagend der Wachsmischung bei, während 3 bis 5 Minuten.

2 Hamamelis zum Zitronensaft geben. Sanft erwärmen, dann Borax darin auflösen. Vorsichtig in die Wachsmischung schlagen, bis sie sahnig und kühl ist.

3 Zitronenessenz in die kühle Mischung rühren. In saubere Töpfchen löffeln, beschriften.

TONISIEREN

Tonika sind sehr wichtig, um jede Spur von Reinigungscreme zu entfernen. Sie ziehen ausserdem die Poren zusammen und verleihen der Haut ein reines, frisches Gefühl. Man kann sie auch tagsüber für eine schnelle Reinigung verwenden.

Holunderblütenwasser, Lavendelwasser, Orangenblütenwasser und Rosenwasser sind vier klassische Tonika, die auch heute noch für alle Hauttypen verwendet werden. Man kann sie als haltbare Destillate kaufen (synthetische Produkte vermeiden!) oder selbst einen starken Aufguss herstellen, der kühl gelagert und binnen dreier Tage verwendet werden muss.

Rosenwasser-Tonikum
(für trockene Haut)

Die beruhigenden Eigenschaften der Rose machen dies zu einem guten Tonikum für trockene, empfindliche und ältere Haut.

160 ml Rosenwasser	140 ml Hamamelis
6 Tropfen Glyzerin	

Alle Zutaten in Flasche vermischen. Vor Gebrauch gut schütteln.

Salbei-Adstringens
(für fettige Haut)

4 EL getrockneter Salbei	¼ EL Borax
4 EL Äthylalkohol	3 EL Hamamelis
(oder 6 EL Wodka)	10 Tropfen Glyzerin

1 Salbei zwei Wochen in den Alkohol einlegen, dann absieben.

2 Borax in Hamamelis auflösen und beides in den Alkohol rühren. Glyzerin beifügen, in gut verschliessbare Flasche einfüllen. Vor Gebrauch schütteln.

Im Uhrzeigersinn von oben: Leichte Rosenbefeuchtigungscreme, Efeucreme gegen Zellulitis, Orangenblüte-Reinigungscreme, Beinwell- und Ringelblumencreme, Avocado- und Brennessel-befeuchter, Zitronenreinigungscreme.

FEUCHTIGKEITSCREMES

Ist die Haut gereinigt und gekräftigt, braucht sie eine Feuchtigkeitsschutzschicht. Die Hauptaufgabe einer Feuchtigkeitscreme ist es, die natürliche Feuchtigkeit der Haut zu erhalten. Sie schützt auch vor Schmutz und Austrocknung. Manche Cremes verleihen der Aussenhaut zusätzliche Feuchtigkeit. Es ist erwiesen, dass regelmässiges Einmassieren von Feuchtigkeitscremes in die Haut die Zellerneuerung fördert.

Leichte Rosen–Feuchtigkeitscreme

(für alle Hauttypen)

Eine angenehme, leichte Creme, tagsüber zu verwenden.

1 TL Bienenwachs	3 EL Rosenwasser, erwärmt
1 TL Lanolin	6 Tropfen Rosen- oder Rosen-
1 EL Mandelöl	Geranien-Essenz, falls
½ TL Weizenkeimöl	gewünscht ein paar Tropfen roter
¼ TL Borax	Lebensmittelfarbe

1 Bienenwachs und Lanolin unter ständigem Rühren zusammen schmelzen.

2 Öl vorsichtig erwärmen und allmählich ins Wachs schlagen. Borax im Rosenwasser auflösen und langsam der Öl-Wachs-Mischung beigeben, ständig rühren, bis die Masse abgekühlt ist. Rosenessenz hineingeben, wenn die Creme dick zu werden beginnt.

3 In Töpfe löffeln und beschriften.

Gehaltvolle Feuchtigkeitscreme

(für trockene Haut)

Besonders wirksam, wenn vor dem Bad angewendet. Der Dampf hilft der Haut, Öle und Feuchtigkeit der Creme zu absorbieren.

2 EL Bienenwachs	½ TL Glyzerin
2 EL Emulsionswachs	4 EL Rosenwasser
1 EL Lanolin	¼ TL Borax
2½ TL Avocadoöl	6 Tropfen Neroli-Essenz
½ TL Weizenkeimöl	evtl. ein paar Tropfen Lebensmittelfarbe

1 Bienenwachs, Emulsionswachs und Lanolin in Doppeltopf zusammenschmelzen. Avocado-, Weizenkeimöl und Glyzerin erwärmen und langsam ins Wachs schlagen, bis es sahnig ist. Vom Feuer nehmen.

2 Rosenwasser wärmen und Borax darin auflösen. Rosenwasser in die Creme tröpfeln lassen, ständig schlagen. Dann rühren, bis die Creme kühl und dick wird. Neroli-Essenz beifügen, wenn die Creme abgekühlt ist.

3 In Töpfchen löffeln und beschriften.

Feuchtigkeitscreme aus Avocado und Nesseln

(für fettige Haut)

1 TL Bienenwachs	⅛ TL Borax
2 TL Emulsionswachs	2 EL starker Nesselaufguss, warm
8 TL Haselnussöl	4 Tropfen Zedernholzessenz
4 TL Avocadoöl	

1 Die Wachse zusammenschmelzen. Die Öle erwärmen und nach und nach in die Wachsmischung schlagen.

2 Borax im warmen Nesselaufguss auflösen. Langsam in die Wachsmischung schlagen.

2 Abkühlen lassen, Essenz beigeben. In Töpfchen löffeln und beschriften.

Beinwell- und Ringelblumencreme

(Nährcreme für alle Hauttypen)

Besonders gut für rauhe, trockene Haut, da diese Kräuter nähren und heilen. Auch als ausgezeichnete Handcreme für rauhe, rissige Hände. Beinwell enthält eine Substanz, die die Zellerneuerung fördert.

1 EL Bienenwachs	¼ EL Borax
1 EL Lanolin	2 EL Aufguss von Beinwell-
1 EL Kakaobutter	blättern
1½ EL Ringelblumenöl	6 Tropfen Petit grain
1 EL Glyzerin	

1 Bienenwachs schmelzen. Lanolin und Kakaobutter schmelzen und langsam ins Bienenwachs einführen.

2 Ringelblumenöl und Glyzerin wärmen und vorsichtig in die Wachsmischung rühren.

3 Borax im warmen Beinwellaufguss auflösen und dies dann der Hauptmischung unter ständigem Rühren beimischen. Rühren, bis die Masse dick und kühl ist, dann Essenz hineinmischen.

Efeucreme gegen Zellulitis

Manche Ärzte und Wissenschaftler sagen, es gebe keine Krankheit «Zellulitis». Viele Frauen schauen ihre Haut an und sind anderer Meinung. Wie auch immer, gegen «Orangenhaut» an Schenkeln und Gesäss sollte man geziel etwas tun. An Zellulitisstellen einreiben.

2 TL Bienenwachs	4 EL doppeltstarker Efeu-Absud
1 TL Emulsionswachs	je 8 Tropfen Oregano-, Fenchel-
3 TL Mandelöl	und Rosmarinessenz
1 TL Avocadoöl	

1 Wachse im Doppeltopf schmelzen. Öl erwärmen und gut im Wachs verrühren.

2 Efeu-Absud hineinschlagen, Mischung kühl werden lassen, dann Essenzen hineinrühren.

3 In Töpfchen löffeln und beschriften.

SONNENLOTIONEN AUS KRÄUTERN

Kräuter-Sonnenmittel eignen sich besonders für schnell braunwerdende Haut. Hausgemachte Mittel können jedoch den verstärkten Schutz, den helle Haut und kleine Kinder vor Bestrahlung durch sehr heisse Sonne benötigen, nicht geben.

Sesam-Sonnenlotion

Bergamotte steigert die Fähigkeit der Haut, Melamin zu produzieren, die Substanz, die die Haut dunkel werden lässt. Die Laboratorien der Parfümfabriken empfehlen neuerdings aber höchstens 2% Bergamotte; höhere Dosen können schädlich sein.

1 EL Lanolin	1 EL Obstessig
4 EL Sesamöl	2 Tropfen Bergamott-
6 EL Rosenwasser	essenz

1 Lanolin schmelzen. Öl wärmen, dann beides nach und nach vermischen.

2 Rosenwasser und Essig beigeben, kräftig schlagen.

3 Abkühlen lassen, dann Bergamottöl dazugeben. In Flasche abfüllen und beschriften.

Lavendel-Sonnenbrandöl

Lavendelöl heilt und beruhigt. Die Dosis kann zur Schmerzlinderung um ein paar Tropfen Lavendelöl erhöht werden. Bei starkem Sonnenbrand Arzt aufsuchen.

6 EL Olivenöl	½ TL Jod
3 EL Obstessig	10 Tropfen Lavendelöl

Alles miteinander vermischen und in Flasche füllen. Zur Linderung des Sonnenbrands sehr vorsichtig auftragen.

Kräuterbäder

Reinigung ist das erste und wichtigste Anliegen der äusseren Hautpflege. Dafür ist ein aromatisches Kräuterbad eine der angenehmsten und heilsamsten Methoden. Man kann Kräuter zur Anregung des Blutkreislaufes benützen oder zur Entspannung und Beruhigung der Muskeln, um den Körper für eine friedliche Nachtruhe vorzubereiten (siehe S. 220). Sie können die Behandlung unreiner Haut unterstützen oder ganz einfach durch ihren Duft erfreuen. Halten Sie die Wassertemperatur ungefähr auf Körperwärme. Ist es zu heiss, so schwitzt die Haut und nimmt keine Kräuterheilkräfte auf. Entspannen Sie sich etwa zehn Minuten lang im Kräuterbad.

Es wäre zwar romantisch, duftende Blätter und Kräuter direkt ins Wasser zu streuen. Aber ratsam ist es nicht – Sie steigen aus dem Wasser wie ein Sumpfgeschöpf, vollgeklebt mit Pflanzenteilen.

Kräuterbad-Beutel

Am einfachsten gibt man Kräuter ins Bad, indem man drei oder vier Kräuterteebeutel vom Hahn her hineinhängt oder ein Tee-Ei voll Kräuter ins Wasser legt. Man kann auch eine Handvoll Kräuter auf ein viereckiges Stück Musselin legen und die Ecken gut zusammenbinden und dann an einer langen Schlinge über den Heisswasserhahn hängen, so dass das Wasser durch das Päcklein läuft. Ein wiederverwendbarer Beutel besteht aus 10×8 cm grossen Musselinstücken, zusammengenäht und mit Zugschnur versehen. Füllen Sie die Kräuter Ihrer Wahl, frisch oder getrocknet, hinein und hängen Sie die Tasche an den Heisswasserhahn. Die Schlinge soll lange genug sein, um den Beutel im Wasser hängen zu lassen, damit er dauernd seine Kräfte abgibt. Nehmen Sie ein einziges Kraut oder mischen Sie bis zu vier ins selbe Bad. Um den Körper zu schrubben, fügen Sie etwas feine Weizenkleie zu den Kräutern im Beutel hinzu. Scheuern Sie

sich gegen Ende der Badezeit. Kräuterbadbeutel sind mehrfach verwendbar. Trocknen Sie sie gründlich nach jedem Bad und werfen Sie sie erst weg, wenn sie kaum mehr duften.

Kräuterbad-Aufgüsse

Sie können Kräuter-Heilkräfte auch nützen, indem Sie 250 g getrocknete oder eine grosse Handvoll frische Kräuter mit ½ Liter kochendem Wasser übergiessen. Mindestens 10 Minuten lang ziehen lassen, dann absieben und ins Bad giessen. Siehe Aufstellung S. 220.

Essigbäder für weiche Haut

Ein Essigbad mildert Juckreiz und Muskelschmerz und macht die Haut weich. Bereichern Sie Ihr Bad mit einer Tasse voll der folgenden Mischung: ½ Liter Obstessig und eine Handvoll frischer Badekräuter langsam zum Sieden bringen, über Nacht ziehen lassen. Absieben, in Flaschen füllen.

Hautfreundliche Milchbäder

In ein Musselin-Säckchen geben Sie 3 EL Trockenmilch (nicht entrahmt, da so nicht wirksam), 50 g getrocknete oder 100 g frische Holunderblüten, Kamille oder frische Lindenblüten. Man kann auch frische Blüten in ¼ Liter kalter Milch zwei Stunden lang ziehen lassen und ins Bad giessen.

Heilende Ölbäder

Wenn Sie in Ihr Bad 5–10 Tropfen Essenz geben, umhüllt Sie deren Duft, und Sie fühlen ihre wohltuenden Kräfte. Wählen Sie aus der Liste S. 236. Tropfen Sie die Essenz auf handwarmes Wasser und verteilen Sie sie sorgfältig. Keine Essenzen unter dem heissen Wasserstrahl plazieren, sonst verdunsten sie.

Die Badetemperatur ist wichtig. Ein entspannendes, beruhigendes Bad sollte knapp unter der Körperwärme liegen. Für ein anregendes Bad sollten 29 °C nicht überschritten werden. Ein allzu kühles Bad (kühler als die Raumtemperatur) lässt die Öle schlecht verdunsten. Ein sehr heisses Bad schwächt, sogar mit beruhigenden Kräutern, und lässt Ihre Haut altern.

● Für trockene Haut fügen Sie den Essenzen einen EL Mandelöl bei.
● Zur leichteren Auflösung mischen Sie die Essenz mit einem EL Milch.
● Für ein Schaumbad geben Sie die Essenz zu einem EL milder Flüssigseife oder Baby-Shampoo.

Kräutersauna
Kräuter, die reich sind an ätherischen Ölen, gelangen in der Hitze einer Sauna zu voller Entfaltung. Streuen Sie Basilikum, Eukalyptus, Fichte, Lavendel, Rosmarin, Rosenblätter, Salbei, Thymian oder Zitronenkraut in den Wasserkessel.

HEILSAME BADEKRÄUTER	
Entspannung	
Kamille	Lindenblüten
Hopfen	Löwenzahn
Jasmin	Mädesüss
Anregung	
Basilikum	Minze
Efeu	Poleiminze
Eukalyptus	Rosmarin
Fenchel	Salbei
Fichte	Thymian
Gänsefingerkraut	Zitronenkraut
Lavendel	Zitronenmelisse
Lorbeer	
Heilung	
Beinwell	Hauslauch
Frauenmantel	Ringelblume
Grüne Minze	Schafgarbe
Frühlingserneuerung	
Brombeerblätter	Löwenzahn
Gänseblümchen	Nesseln

Gesichts-Dampfbäder

Ein Gesichts-Dampfbad reinigt gründlich und kostet wenig. Die Hitze erzeugt Schweiss, der Gifte ausschwemmt, und regt den Blutkreislauf an. Der Dampf macht die Haut weich und öffnet die Poren, so dass die Haut die heilsamen Kräfte der Kräuter aufnehmen kann.

Normaler Haut tut ein Gesichts-Dampfbad pro Woche gut, fettiger zwei bis drei in der Woche, trockener Haut höchstens eins alle vierzehn Tage. Verzichten Sie auf Dampfbäder, wenn Sie geplatzte Äderchen, eine Hautkrankheit, Asthma, andere Atembeschwerden oder Herzprobleme haben.

Für ein Gesichts-Dampfbad nimmt man zwei Handvoll frische oder 3 EL getrocknete Kräuter. Binden Sie Ihr Haar zurück, schminken Sie sich ab und reinigen Sie das Gesicht wie gewohnt. Legen Sie die Kräuter in eine Schale und giessen Sie 1½ Liter siedendes Wasser darüber. Rühren Sie kurz mit hölzerner Kelle. Halten Sie Ihr Gesicht in 30 cm Entfernung (45 cm bei empfindlicher Haut) und bilden Sie mit einem Frottiertuch ein Zelt über sich und die Schale. Schiessen Sie die Augen und bleiben Sie 10–15 Minuten in dieser Stellung.

Spülen Sie mit lauem oder kühlem Wasser, ein paar Minuten später spritzen Sie das Gesicht mit kaltem Wasser oder Hamamelis ab. Verdünnter Kräuteressig oder ein Aufguss aus Holunderblüten, Pfefferminz, Salbei oder Schafgarbe, mit Watte aufgetragen, schliesst die Poren. Vermeiden Sie starke Temperaturschwankungen und gehen Sie etwa eine Stunde lang nicht ins Freie.

KRÄUTER FÜR GESICHTSDAMPFBÄDER	
(Blätter verwenden, ausser wenn anders angegeben)	
Gegen unreine Haut	
Fenchel	
Nesseln	Lindenblüten
Zur Anregung des Blutkreislaufs und für Tiefenreinigung	
Nesseln	Rosmarin
Zur Beruhigung und sanften Reinigung	
Grüne Minze	Rosenblätter
Kamille	Rundblättrige Minze
Kerbel	Thymian
Lavendel	Zitronenmelisse
Zur Heilung	
Beinwell	Fenchel
(Wurzeln und Blätter)	
Für fettige Haut	
Geraniumblätter	Lupinensamen, zerquetscht
Ringelblumen-Blüten	Salbei
Schachtelhalm	Schafgarbe
Für trockene, empfindliche Haut	
Boretsch	Kornblume
Frauenmantel	Petersilie
Hamamelis	Sauerampfer
(Wurzeln und Blätter)	März-Veilchen
Hauslauch	Kleiner Wiesenknopf
Für ältere und fahle Haut	
Gänsefingerkraut	Löwenzahn
(Blüten und Blätter)	Roter Klee
Holunderblüten	(Blüten und Blätter)

Lavendelwasser, Rosenwasser, Kräuterbadbeutel, Gesichtsmaske, Essigbad, aromatisches Badeöl und Gesichtsmaske.

Gesichtspackungen

Eine Gesichtspackung oder -maske zieht Unreinheiten auf die Hautoberfläche und spannt die Haut an. Sie ist doppelt wirksam gleich nach einem Dampfbad, ehe die Poren geschlossen sind. Mischung auf leicht feuchte Haut auftragen, dann mit hochgelegten Beinen ruhen (damit die Schwerkraft das Blut ins Gesicht schickt). Kühlende Augenkissen aus Gurke oder mit Kräuterlösung getränkte Wattebäusche auflegen. Maske 20–30 Minuten belassen, dann mit warmem Wasser abwaschen. Zum Schluss porenschliessenden Aufguss wie Holunderblütenwasser auftragen, danach ein Feuchtigkeitsmittel.

Machen Sie keine Gesichtsmasken unmittelbar vor einem Fest; die Zugkraft der Maske, besonders wenn sie auf Kleie oder Ton beruht, kann die Haut röten.

Grüne Kräutermaske

Jedes der für Gesichtsdampfbäder empfohlenen Kräuter eignet sich auch für eine grüne Maske. Zwei Handvoll frische Blätter oder 3 EL getrocknete (über Nacht in gekochtem Wasser aufgeweicht), dazu 2 EL destilliertes oder Mineralwasser, mit hoher Geschwindigkeit einige Sekunden lang verflüssigen.

Diese Mischung ist ziemlich nass, aber im Bad oder auf einem Frottiertuch liegend, können Sie sie verwenden. Verdickt wird sie mit Fullererde oder gemahlenen Mandeln.

Pastöse Gesichtsmasken

Hafermehl, gemahlene Mandeln oder Fullererde bilden einzeln oder kombiniert die Grundlage einer pastösen Gesichtsmaske. Jedes vermag der Haut Unreinheiten zu entziehen.

Zu 2 EL der Grundmasse 2–3 EL eines starken Kräuteraufgusses oder den Saft von Kräutern, mit einem Entsafter gewonnen, hinzugeben.

KRÄUTER FÜR GESICHTSPACKUNGEN

Für normale Haut Fenchel, Frauenmantel, Lindenblüten, Minze, Nesseln, Wachholderbeeren.

Für trockene und empfindliche Haut Beinwell, zerquetschten Flachssamen, Hamamelis, Hauslauch, Quittensamen (enthalten weichmachenden Schleim).

Für fettige Haut Salbei, Schafgarbe; 2 EL zerstossene Fenchel- oder Lupinensamen verfeinern Poren.

ANDERE ZUTATEN FÜR GESICHTSMASKEN

● Milchprodukte machen weich und hellen auf. Ersetzen Sie 1 EL des Kräuterautgusses durch 1 EL sahnige Milch, bei trockener Haut saure Sahne, bei fettiger Haut Joghurt oder Buttermilch

● 1 TL Honig hat heilende Wirkungen.

● Ein paar Tropfen Zitronensaft oder Essig helfen der Haut, ihren Säuremantel wieder herzustellen.

● Eier sind ein ausgezeichnetes Bindemittel. Für trockene Haut 1 Eigelb zugeben, für fettige ein geschlagenes Eiweiss.

● Zerquetschte Gurken, Erdbeeren, Tomaten, Zitronensaft und Grapefruitsaft sind sehr gute Adstringentien. Avocado und reife Pfirsiche verleihen Feuchtigkeit.

Maske zur Reinigung tiefer Poren

1 TL Bienenwachs	50 ml Rosenwasser
1 EL Lanolin	1 EL Fullererde

Eventuell dazu
1 TL Perltang oder zerstossenen Quitten- oder Flachssamen

1 Wachs und Lanolin unter ständigem Rühren auf schwacher Hitze zusammenschmelzen.

2 Vom Feuer nehmen, Rosenwasser beifügen, rühren, bis es kühl wird.

3 Fullererde (und evtl. andere Zutaten) hineinmischen und rühren, bis ein glatter Brei entstanden ist.

Kräuterseifen

Seife von Grund auf selber herzustellen, bedingt den Gebrauch von Ätznatron, ist also gefährlich. Viel besser benützt man als Grundstoff reine Olivenölseife.

Waschkugeln mit Zitronen und Rosmarin

Dieses Rezept basiert auf einer Seifenherstellungsmethode aus dem 16. Jahrhundert. Zitrone reinigt und kräftigt, und Rosmarin wirkt adstringierend auf alle Hauttypen.

150 g Olivenölseife, zerrieben	1 TL getrocknete, pulverisierte
3 EL Zitronensaft	Zitronenschale
4 EL Ringelblumenaufguss	6 Tropfen Zitronenessenz
1 EL pulverisierte Rosmarinblätter	4 Tropfen Rosmarinessenz
	1 TL Ringelblütenwasser zum
	Befeuchten der Hände

1 Die gemahlene Seife, den Zitronensaft und den Ringelblumenaufguss in einen emaillierten Topf geben und sanft erhitzen, bis die Seife geschmolzen ist. Ständig mit Holzlöffel rühren.

2 Abkühlen lassen, mit den Händen kneten, bis eine glatte Paste entstanden ist. Rosmarinblätter, Zitronenrinde und Öle beifügen.

3 10 Minuten stehen lassen, bis die Mischung trockener und formbar geworden ist. Etwa sechs pflaumengrosse Kugeln drehen. Zwei Stunden an warmem Ort liegenlassen, bedeckt mit Klarsichtfolie, damit keine Risse entstehen. Folie entfernen, Hände mit Ringelblütenwasser befeuchten und die Kugeln glätten, bis sie glänzen.

4 Wieder mit Klarsichtfolie bedecken und an warmen Ort für vollständiges Trocknen stellen (etwa 24 Stunden). In Seidenpapier einwickeln und an trockenem, warmem Ort vor dem Gebrauch einen Monat lang aufbewahren.

Lavendel- und Hafermehlseife

Dank seiner heilenden und beruhigenden Eigenschaften hilft Lavendel bei vielen Hautproblemen, besonders bei Akne. Das körnige Hafermehl beseitigt tote Hautzellen. Weisser wird die Seife, wenn man statt Lavendel dreifach konzentriertes Rosenwasser verwendet und dazu Lavendelöl oder Rosenöl gibt.

150 g Olivenölseife, zerrieben
350 ml Lavendelaufguss

25 g Hafermehl
1 paar Tropfen Lavendelöl

1 Seifenflocken und Lavendelaufguss in emaillierten Topf geben und sanft erwärmen, bis die Seife geschmolzen ist. Hie und da umrühren.

2 Vom Feuer nehmen, etwas abkühlen lassen, Hafermehl hineinrühren, Lavendelöl hinzufügen.

3 In kleine geölte Formen giessen, erkalten lassen. Dauert ein paar Stunden bis zu einer Woche. Wenn kalt, aus Form nehmen, in Seidenpapier wickeln und 1 Monat in trockenem Schrank lagern.

Blütenwasser

Parfüm regt die Phantasie in einzigartiger Weise an, und aromatische Blätter und Blüten, in höchster Reife an einem Sommertag gepflückt und in Blütenwasser eingefangen, wecken das ganze Jahr über schöne Erinnerungen.

Mit Wasser aufgegossene Kräuter sind nicht haltbar, deshalb braucht man Alkohol oder Öl, um den Duft zu bewahren. Alkohol ergibt stärkeres Parfüm. Blütenwasser lässt sich aus einem starken Aufguss machen, zu dem man 20 Volumenprozent 90grädigen Alkohol (Äthylalkohol) gibt oder 30 Prozent 60grädigen Schnaps wie Wodka.

Ungarisch Wasser

Benannt nach der Königin Isabella von Ungarn, die mit diesem Rezept ihre Jugend und Schönheit bewahrt haben soll, so dass der König von Polen sie heiraten wollte, als sie 72 war. Das Original wurde durch Destillieren von blühenden Rosmarinspitzen, Zitronenkraut, Rosen und eventuell Salbeiblättern hergestellt.

50 ml Äthylalkohol vermischt mit folgenden Essenzen:
30 Tropfen Rosmarin
12 Tropfen Zitrone

5 Tropfen Rose
5 Tropfen Neroli
2 Tropfen Salbei
2 Tropfen Minze

In Flasche mit Schraubverschluss aufbewahren. Vor Gebrauch schütteln.

Eau de Cologne

50 ml Äthylalkohol vermischt mit folgenden Essenzen:
44 Tropfen Bergamottöl

15 Tropfen Zitrone
4 Tropfen Neroli
1 Tropfen Lavendel
1 Tropfen Rosmarin

In Flasche mit Schraubverschluss aufbewahren. Vor Gebrauch schütteln.

Blütenwasser

Geeignet als Hauttonikum, Toilettenwasser oder Parfüm

1 Tasse Lavendelblüten, Blätter von Duftrosen oder Orangenblüten

¼ Tasse Äthylalkohol bei Zimmertemperatur

1 Während 6 Tagen in Topf mit Schraubverschluss ziehen lassen, jeden Tag kräftig schütteln.

2 Absieben und in dunkle Glasflasche füllen.

Andere Methode

Wenn keine Blüten erhältlich sind, Essenzen verwenden. 25 Tropfen Essenz (üblicherweise Lavendel, Rose oder Neroli) mit 50 ml Äthylalkohol mischen (oder Isopropyl oder Wodka). In Flasche mit Schraubverschluss gut durcheinanderschütteln. Zwei Tage ziehen lassen, dann wieder schütteln. Lagerung in dunkler Flasche mit luftdichtem Schraubverschluss; so wenig Luftraum wie möglich belassen.

Rogers Lieblingswasser

Dieses Rezept wurde für einen Mann kreiert, der die herkömmlichen Männerparfüms nicht liebte. Das Basilikum darin wirkt wunderbar gegen geistige Müdigkeit.

50 ml Äthylalkohol vermischt mit folgenden Essenzen:
16 Tropfen Basilikum
20 Tropfen Bergamotte
20 Tropfen Olibanum
20 Tropfen Zitrone

20 Tropfen Petit grain
10 Tropfen Koriander
5 Tropfen Gewürznelken
5 Tropfen schwarzer Pfeffer
5 Tropfen Patschuli
1 Tropfen Salbei
3 Tropfen Benzoinöl

In Flasche mit Schraubverschluss lagern, vor Gebrauch schütteln.

Rasierwasser

Obiges Rezept, mit Hamamelis statt Äthylalkohol hergestellt, ergibt ein ausgezeichnetes Rasierwasser.

Hände

Die Haut unserer Hände wird schlechter Witterung, heissem Wasser, Spülmitteln, Polituren und Gartenerde ausgesetzt. Am besten ist es, Baumwoll- oder Gummihandschuhe zu tragen und reichlich Handcremes anzuwenden. Stellen Sie mehrere Flaschen Ihres Lieblingspräparats an alle Stellen, wo Sie die Hände waschen. Wenn Sie ungern Handschuhe tragen oder diese unbewusst immer wieder ausziehen, reiben Sie vor jeder Schmutzarbeit eine Schutzcreme ein.

Eine besonders heilsame Schutzcreme ergibt sich aus dem Rezept für Beinwell- und Ringelblumen-Nährcreme (Seite 218). Vor dem Beinwell-Aufguss 1 EL gewärmtes flüssiges Paraffin in die Wachsmischung geben. Das hier folgende Rezept ergibt eine viel stärkere Schutzcreme.

Regelmässige Handpflege mit Kräutern

Um Hände weich und glatt zu machen, legen Sie sie in einen Aufguss aus Frauenmantel, Fenchel, Beinwell, Schafgarbe oder Hamamelis. Auch Ringelblumen oder Kamillenaufguss wirken gut.

Starke Schutzcreme

4 EL Vaseline	2 Handvoll frische Holunderblüten

1 Vaselin sanft schmelzen, dann Holunderblüten dazugeben.

2 45 Minuten ziehen lassen, das Vaselin stets aufs neue erwärmen, wenn es dick wird.

3 Aufwärmen, bis verflüssigt, dann in Topf mit Schraubverschluss sieben. Abkühlen lassen, verschliessen.

Glyzerin- und Rosenwasserhandcreme
Guter täglicher Hauterweicher

4 EL Glyzerin	3 Tropfen
1 Tasse Rosenwasser	Rosenessenz
1 EL Maismehl	

1 Glyzerin, Rosenwasser und Maismehl miteinander vermischen. Das Ganze im Doppeltopf erwärmen, bis es dick wird.

2 Erkalten lassen, Rosenöl gut hineinrühren. In Flaschen mit Schraubverschluss füllen und beschriften.

Dill- und Schachtelhalm-Nagelbad

Diese beiden Kräuter enthalten Kieselsäure, welche Nägel festigt. Wärmen Sie das Bad vor dem Gebrauch und halten Sie jeden zweiten Tag Ihre Nägel 10 Minuten hinein.

2 EL gehackter Schachtelhalm	2 EL Dillsamen ¼ Liter siedendes Wasser

1 Wasser über die beiden Kräuter giessen, mindestens 1 Stunde ziehen lassen.

2 Flüssigkeit in Flasche sieben.

Frauenmantel-Handlotion

2 EL Glyzerin	10 Tropfen Zitronen-, Rosen-,
2 TL Perltang, in etwas heissem Wasser aufgeweicht	Geranien- oder Sandelholz-Essenz
4 EL Alkohol	2 EL starker Aufguss von Frauenmantel

1 Glyzerin mit dem geschmolzenen Perltang verrühren.

2 Essenz zum Alkohol geben, gut vermischen, dann die beiden Mischungen miteinander verrühren. Kräuteraufguss hinein, gut mischen.

3 In Flasche mit Schraubverschluss füllen, beschriften. Falls nötig vor Gebrauch schütteln.

Handmaske

Gönnen Sie Ihren Händen diese Maske einmal in der Woche, damit sie weiss und weich werden. 20 Minuten einwirken lassen, am besten vor dem Schlafengehen. Abwaschen, fette Feuchtigkeitscreme für die Nacht auftragen (zum Schlafen Baumwollhandschuhe anziehen). Creme am folgenden Morgen abwaschen.

2 EL feingemahlenes Hafermehl	1 TL Avocadoöl
1 EL Ringelblumenblütenblätter oder Frauenmantelaufguss	1 TL Zitronensaft
	1 TL Glyzerin

Mischen Sie die Zutaten, bis eine glatte Paste entsteht.

Füsse

Alle oben erwähnten Formen der Handpflege lassen sich auch für die Füsse anwenden. Die Maske ist besonders wirksam; denken Sie aber daran, Baumwollsocken zu tragen, wenn Sie Ihre Füsse über Nacht mit Feuchtigkeitscreme einreiben.

Kräuterfussbäder
Die üblichen Fussbäder gehören zu den wirkungsvollsten Heilmethoden.

Um müde Füsse zu erfrischen, wählen Sie zwischen Majoran, Lavendel, Lorbeer, Salbei und Thymian. Eine grosse Handvoll frischer oder ¼ Tasse getrockneter Kräuter mit 1 EL Meersalz in eine Schüssel heisses Wasser legen. Die Kräuter können lose im Wasser schwimmen.

● **Für ein wärmendes Fussbad** geben Sie zusätzlich 1 EL zerquetschten schwarzen Senfsamen ins Wasser.

● **Gegen juckende Füsse** 4 EL Obstessig zum Badewasser.

● **Gegen Fussgeruch** wenden Sie einen starken Aufguss von Salbei oder Liebstöckel an.

Kalte Füsse
1 TL Cayenne-Pfeffer mit Talkpuder oder Fullererde vermischen und auf die Füsse streuen. Wärmegefühl stellt sich sofort ein.

Haarpflege

Obschon die meisten Haareigenschaften – Farbe, Wachstumsschnelligkeit, Dicke, Lockigkeit – vererbt werden, wurden seit jeher eine Unzahl von Kräutersubstanzen verwendet, um das von der Natur Gegebene zu verschönern.

Reklameleute teilen uns in vier Haartypen ein: trocken, fettig, normal oder «Problemhaar», aber Spezialisten für Haarkrankheiten sind der Ansicht, dass jedes Haar für die betreffende Person normal sei und allfällige Probleme ganzheitlich angegangen werden müssten, indem man ihren Lebensstil in Betracht ziehe. Stark gewürztes Essen, Fett und Zucker können Haar fettig machen; synthetische Shampoos können es austrocknen. Man befürchtet auch, ständig verwendete Medizinalshampoos auf Haar und Kopfhaut könnten ungünstig wirken. Auch Stress, hormonale Veränderungen, Schlafmangel, zuviel Sonne, chemische Haarbehandlungen, Spülungen und Färbungen verursachen manchmal Haarprobleme.

KRÄUTER FÜR DIE HAARPFLEGE

Gegen trockenes Haar Klettenwurzel, Beinwell, Holunderblüten, Hamamelis, Petersilie, Salbei, Brennesseln

Gegen fettiges Haar Ringelblume, Schachtelhalm, Zitronensaft, Zitronenmelisse, Lavendel, Minzen, Rosmarin, Stabwurz, Brennesseln, Thymian

Gegen Schuppen Klettenwurzel, Kamille, Knoblauch- und Zwiebelzehen (wirksam, aber stark riechend), Labkraut, Petersilie, Rosmarin, Stabwurz, Brennesseln und Thymian

Gegen Reizungen der Kopfhaut Katzenminze (Blätter und blühende Spitzen), Kamille, Beinwell

Zur Festigung des Haares (mit Fülle und Glanz) Ringelblume, Labkraut, Schachtelhalm, Lindenblüten, Kapuzinerkresse, Petersilie, Rosmarin, Salbei, Stabwurz, Brennesseln, Brunnenkresse

Gegen Läuse Aufguss von Quassiaschnitzeln oder Kermesbeerenwurzeln oder Wachholderbeeren mit 1 EL Obstessig. Alle zwei Wochen einreiben, im ganzen dreimal.

Haarbehandlungen

Trockenes und glanzloses Haar profitiert von einer Behandlung mit warmem Öl vor dem Shamponieren.

Mit den oben aufgeführten Kräutern ein Öl herstellen, dazu Pfirsichkernöl, Mandelöl oder Sonnenblumenöl verwenden. Oder zu 2 EL Mandelöl 5 Tropfen Essenz hinzufügen. Öl erwärmen, ein wenig auf die Handfläche giessen, Hände reiben. Gut in die Kopfhaut und entlang der Haarsträhnen einmassieren. Wiederholen. Kopf mit Folie und einer Plastik-Duschhaube bedecken und in heisses Tuch (in heissem Wasser ausgewrungen) wickeln, heisse Tücher nach Bedarf erneuern. Für gute Wirkung 20 bis 30 Minuten belassen, dann mit mildem Shampoo abwaschen.

Schnellgemachtes Kräutershampoo

Eine Dosis mildes Kräutershampoo in eine Tasse giessen und 2 EL starken Absud des von Ihnen gewählten Krauts dazugeben, oder 4 Tropfen Essenz. Mischen und wie normal anwenden.

Seifenkrautshampoo

Sehr mildes Reinigungsshampoo. Wenig schäumend, aber Schaum besagt nichts über die Reinigungskraft.

2 EL pulverisiertes oder feingehacktes Seifenkraut	1 grosse Handvoll Kräuter (s. Kasten) ½ Liter siedendes Wasser

1 Wasser über das Seifenkraut und die Kräuter giessen und wenigstens 30 Minuten ziehen lassen.

2 Absieben, kühl anwenden. Eine halbe Tasse sollte für mittellanges Haar genügen.

Seifenrindenshampoo

Gut gegen fettiges Haar. 2 EL Seifenrinde (in manchen Reformhäusern erhältlich) in ½ Liter heissem Wasser 30 Minuten lang ziehen lassen.

Trockenshampoo

2 EL pulverisierte Iriswurzel   2 EL pulverisierte Pfeilwurz

Zusammenmischen. Haar in schmale Streifen teilen und Pulver auf jede Scheitelung streuen. 10 Minuten darauf lassen, damit Fett aufgesaugt wird. Dann Haar kräftig bürsten, bis es glänzt.

Kräuter-Haarspülungen

Nach dem Shamponieren anzuwenden, um das Haar glänzend zu machen. Spülung vor der Haarwäsche zubereiten, damit sie nachher abgekühlt ist.

1 EL Kraut nach Ihrer Wahl 850 ml siedendes Wasser	1 EL Obstessig (oder Zitronensaft für helles Haar)

1 Aufguss machen mit dem Kraut, ziehen lassen, bis er kühl ist. Gut sieben. Essig hinzufügen.

2 Über das Haar giessen, gleichzeitig Kopfhaut massieren, wiederholen, bis Geduld oder Arme erschöpft sind. Wenn die letzte Spülung kühl ist, legen sich alle Aussenzellen des Haares flach; es wird glatt und glänzend.

Rosenwasser-Kräftiger

Ausgezeichnet zur Reinigung und Belebung des Haares zwischen den Haarwäschen. Man kann auch Orangenblütenwasser oder Lavendelwasser dazu verwenden, letzteres gut gegen fettiges Haar.

Nehmen sie kleine Musselin- oder Gazequadrate (10 cm Seitenlänge) und streifen Sie sie über eine Bürste aus Naturborsten. Streichen Sie damit Fleck für Fleck übers Haar und entfernen Sie dabei Schmutz. Wechseln Sie die Musselintüchlein, bis sie beim Bürsten sauber bleiben. Diese Behandlung verleiht dem Haar auch einen wunderschönen Duft.

Haarfärbemittel aus Kräutern

Wählen Sie eins der im Kasten aufgeführten Kräuter. Wenn nicht anders angegeben, stellen Sie einen starken Absud her: 50 g Kräuter in 1 Liter Wasser 20 Minuten zugedeckt leise kochen lassen. Erkalten lassen, absieben, durchs Haar giessen, in Schüssel immer wieder auffangen. So oft wie möglich wiederholen. Altes Tuch benutzen, um das Haar trockenzutupfen, da etwas Farbe draufkommen kann. Diese Färbemittel wirken stärker, je öfter man die Anwendung wiederholt.

Um die Farbe zu verstärken, kann man das Spülmittel zu einer Paste verändern. Für den Absud nur 1 Tasse Wasser und 25 g Kräuter verwenden. Sieden, absieben, Kaolinpulver hinzufügen und zu glatter Paste verarbeiten. Dünne Plastikhandschuhe anziehen und Paste an Haarwurzeln auftragen, dann langsam den Haarsträhnen entlangziehen. Kopf mit kleinem heissem Tuch und einem Plastikbeutel bedecken, um die Wärme zu erhalten. 20 Minuten belassen, dann ausspülen. Wenn mehr Farbe gewünscht ist, die Paste beim nächstenmal länger drauflassen.

KRÄUTER ZUM FÄRBEN DER HAARE

Um Haar aufzuhellen

Kamille – 8 EL aufgiessen, regelmässig anwenden.
Königskerzenblüten: Absud machen.
Rhabarberwurzeln: Absud machen.
Ligusterblätter: Absud machen.
Eibisch (blau-violette Blüten): trübgelbes Haar verschönern. Als Absud.

Um Haar dunkler zu machen

Salbei: Absud machen. Auch zus. mit Rosmarinblättern.
Salbei und getrocknete Himbeerblätter: Absud machen.
Grüne äussere Schalen unreifer Baumnüsse: in Mörser zerstossen, ein Prise Salz dazu, mit Wasser bedecken, 3 Tage ziehen lassen. Dann 3 Tassen Wasser dazu und 5 Stunden leise kochen lassen, Wasser nach Bedarf hinzufügen (soll nie weniger als eine Tasse da sein). Absieben, sieden bis auf 1 Tasse Volumen.
Efeubeeren: Absud machen.

Um rötliche Tönung zu erzielen

Alkannawurzel: Absud machen.
Ringelblume: Absud machen.
Henna: Gebrauchsanweisung sorgfältig beachten, da Resultate unterschiedlich sind.
Roter Hibiskus: Absud machen.
Safran: Absud machen.

Für schwarzes Haar

Holunderblüten: Absud machen.
Gleich viel Indigoblätter und Henna: Absud machen.

Für graues Haar

Eibisch (blau-violette Blüten). Schaltet Gelbtöne aus. Als Absud.
Rote Betonie: Bringt Gelbtöne zur Geltung. Als Absud.
Salbei: Macht graues Haar dunkler und glänzender. Als Absud.

Augenpflege

Das beste Rezept für klare, glänzende Augen ist genügend Schlaf. «Genügend natürlicher Schlaf entzündet am besten das reizende Licht der Frau», schrieb eine berühmte Schönheit des 19. Jahrhunderts. Müde, gereizte Augen können im übrigen oft mit einem kühlen Kräutersaft beruhigt werden. Wenn Sie aber oft oder dauernd gereizte Augen haben, gehen Sie zum Augenarzt.

Beschäftigt man sich mit der zarten Augenregion, ist äusserste Reinlichkeit geboten. Alle Geräte und Stoffe sterilisieren und nur ganz frische Absude verwenden. Kräuter für ein Augenbad stets 20 Minuten sieden, um möglichst viele Bakterien abzutöten. Dann dreimal durch ein Kaffeefilterpapier absieben, damit keine kleinen, die Augen reizenden Partikel übrig bleiben.

Den höchsten Ruf, den Augen funkelnden Glanz zu verleihen, geniesst eine bescheidene kleine Pflanze namens *Augentrost (Euphrasia rostkoviana)*. Im Englischen heisst sie *Eyebright* (Glanzauge), im Italienischen *Luminella* (kleines Licht), im Französischen *Casselunette* (wirf die Brille fort). Sie hilft müden und schmerzenden Augen und verhindert sie bei Schnupfen oder Heuschnupfen am Tränen.

Augentrost-Augenbad

2 EL frisches oder 2 TL getrocknetes Kraut in ½ Liter Wasser 20 Minuten sieden. Abseihen, abgekühlt sofort als Augenbad anwenden.

Odermennig-Augenbad

Odermennig kommt gleich nach Augentrost als Augenglanz vermittelndes Kraut. Eine Handvoll frischer Spitzen in ½ Liter Wasser, 20 Minuten sieden. Erkalten lassen, abseihen, sofort verwenden.

Augenkompressen

Folgende Kräuterbeutel erleichtern als Kompresse arbeitsmüde Augen:

2 Tassen Kamillen- oder Hagebuttentee machen, in je zwei Teebeuteln, und 3 Minuten ziehen lassen. Teebeutel ¼ Stunde auf die Augen legen, Füsse hochlegen und ausruhen.

Augengels

Lotionen oder Gels für die zarte, dünne Haut rund um die Augen müssen leicht sein, damit bei der Anwendung nicht daran gezogen oder gezupft wird. Die Zutaten sollten nur auf die Hautoberfläche wirken. Fette, eindringende Öle können den Augen ein geschwollenes Aussehen geben.

Gel aus Augentrost oder Holunderblüten
Starken Absud von Augentrost oder Holunderblüten-wasser nach Vorschrift in Gelatine auflösen, ergibt ein beruhigendes und kühlendes Augengel.

Beruhigendes Augengel
Aus gleichen Mengen von Kamillen-, Ringelblumen- und Kornblumenblüten und Malvenblättern einen starken Absud machen.

6 EL des Absuds	1 Prise Natriumbenzoat oder
2 EL Hamamelis	Borax
¼ TL Agar-Agar	für Haltbarkeit

1 Kräuterabsud erhitzen, Hamamelis kurz vor dem Sieden beifügen. Agar-Agar und Borax hineinrühren, auflösen. Agar-Agar muss ganz aufgelöst sein, sonst wird das Gel körnig.

2 Erkalten und dick werden lassen. Wird es zu dick, ein paar Sekunden im Mixer umrühren. In Schraubflasche im Kühlschrank aufbewahren.

AUGENERFRISCHER AUS KRÄUTERN

Starken Absud des Krauts herstellen. Durchseihen, dann sterile Gazestückchen in die Lösung tauchen und beim Ruhen auf die geschlossenen Lider legen.
Fenchelsamen Hemmt Entzündungen, gibt Glanz.
Kamille, Hemmt Entzündungen, vertreibt «müdes Aussehen».
Kornblume Beruhigt, wirkt abschwellend.
Malve Macht Haut um die Augen weich.
Minze Hellt dunkle Augenringe auf.
Ringelblume Beruhigt schmerzende, entzündete Augen.
Rose Beruhigt und glättet die Haut um die Augen.
Schachtelhalm Mildert Rötungen und geschwollene Lider, hilft manchmal bei Gerstenkorn.
Wermut Lässt Augenentzündungen und -rötungen abklingen. Absud mit Watte auftragen.
Eine besonders starke Erfrischung lässt sich erzielen, indem man einen der oben erwähnten Absude zu Eiswürfeln gefriert und diese über und rund um die Augen streichen lässt.

Zähne

Viele käufliche Zahnpasten enthalten Reibstoffe, Detergentien und Süssstoffe. Hausgemachte Pasten wirken ohne schädliche Zutaten besser.

Sofortige Zahnreinigung
● Ein Salbeiblatt über Zähne und Zahnfleisch reiben für Glanz und Reinlichkeit.
● Von blühender Weide einen Zweig abbrechen, Ende zerkauen, damit eine Bürste entsteht, über Zähne und sanft über Zahnfleisch reiben.

Pfefferminz-Zahnpasta
1 TL Natriumbicarbonat oder Kohle oder pulverisierte Erdbeerwurzeln, dazu 2 Tropfen Pfefferminzessenz. Tropfenweise Wasser dazu, bis Paste entsteht. Mischen und anwenden.

Fleckenentferner
Erdbeeren: halbierte Erdbeere (am besten Wald-erdbeere) über die Zähne streichen. Zitronenschale: mit der weichen Seite die Zähne einreiben. Zitrone bleicht und hilft deshalb bei der Entfernung von Tee- und anderen braunen Flecken.

Mundwasser
Käufliche Mundwasser sind oft so stark, dass sie das natürliche Gleichgewicht der Verdauungssäfte und das Mundinnere beeinträchigen können. Bei beharr-lich schlechtem Atem den Arzt aufsuchen, da viel-leicht schlechte Verdauung schuld ist. Der Atem wird besser beim Kauen frischer Petersilie, Brei aus Nesselblättern oder Brunnenkresse, die alle einen hohen Chlorophyllgehalt haben, ein grüner Pflanzen-farbstoff, der in vielen Marken-Mundwassern enthalten ist. Zum schnellen Mundwaschen gurgelt man mit einem Aufguss aus Pfefferminz, Rosenwasser oder Lavendelwasser, oder aus Hamamelis (1 Teil Hamamelis zu 6 Teilen Wasser).

Zahnweh
Schmerzlindernd wirkt ein Tropfen Nelkenöl.

Minzen- und Rosmarinmundwasser
Beide Kräuter verbessern den Atem. Rosmarin hat antiseptische Eigenschaften. Für grössere Mengen 1 TL Myrrhentinktur beifügen zur Erhöhung der Haltbarkeit.

½ Liter destilliertes oder Mineral-wasser	1 TL Rosmarinblätter
	1 TL Anissamen
1 TL frische Minzenblätter	

1 Wasser zum Sieden bringen, Minze, Rosmarin und Anis-samen 20 Minuten darin ziehen lassen.

2 Abgekühlt durchseihen, zum Gurgeln benutzen.

Aprikosen- und Zitronen-Lippenbalsam
Ausgezeichnete, schützende und heilende Salbe, besonders für rissige Lippen

1 TL Bienenwachs	ein paar Tropfen
1 TL Aprikosenkernöl	Zitronen- oder
1 TL Ringelblumenöl	Orangenessenz

1 Bienenwachs schmelzen. Aprikosen- und Ringelblu-menöl unter ständigem Rühren dazugeben.

2 Rührend vom Feuer nehmen. Wenn etwas abgekühlt, Essenz hineingeben. In kleinem Töpfchen aufbewahren.

ESSENZEN

ÄTHERISCHE ÖLE

Ätherische Öle sind die konzentrierte Lebensessenz aromatischer Pflanzen. Sie enthalten kräftige Heilstoffe und werden viel verwendet in der Kosmetik, bei der Herstellung von Parfüms und Geschmacksstoffen und in der Aromatherapie, bei welcher der Körper durch Einmassieren, Inhalieren oder Baden mit verschiedenen ätherischen Ölen geheilt wird. Obwohl «Öle» genannt, sind sie eher wie Wasser: rasch verdunstende Flüssigkeiten.

Ätherische Öle befinden sich in winzigen Drüsen in einem oder mehreren Pflanzenteilen: in Blättern (Basilikum), in Blüten (Rosen), Früchten (Zitrone), Samen (Koriander), Rinde (Zimt) und Wurzeln (Kalmus). Hitze lässt diese Essenzen verdunsten, so dass um sie herum eine schützende Aura entsteht, die offenbar Bakterien, Pilze und Ungeziefer abwehrt und auch extreme Temperaturschwankungen ausgleicht.

Geschichtliches
Ätherische Öle haben eine lange, reiche Geschichte. In alten Kulturen im Fernen und Mittleren Osten, einschliesslich Ägypten, China und Indien, wurden sie hochgeschätzt. Ayurveda, eine aus der Zeit von 1000 v. Chr. stammende indische Heilmethode, nennt diese Öle in vielen Rezepten zur Heilung und Verjüngung.

Zahlreiche Papyri und Tempelreliefs belegen, dass die Ägypter mit ihnen Kleider und Körper parfümierten, Essen und Trinken haltbar machten und würzten, Krankheiten heilten und, am bekanntesten, einbalsamierten. Als man 1922 das Grab Tutanchamuns betrat, war der Duft von Kräuterölen noch immer wahrnehmbar.

Vor mehr als zweitausend Jahren schrieb der griechische Arzt Theophrastus ein Buch über Gerüche und ihre Heilwirkung. Er legte damit die erste Grundlage für unsere moderne Aromatherapie. Er beschrieb die Wirkung verschiedener Blütenessenzen und beobachtete, dass ein Umschlag aus aromatischen Pflanzen, auf ein Bein gelegt, duftenden Atem bewirken konnte – die Essenzen durchdrangen die Haut und gelangten in den Kreislauf.

In Arabien wurde die Technik der Destillation schon vor Jahrhunderten vervollkommnet. Diese Methode, mit der Essenzen der Pflanze im Dampf entzogen werden, ist auch heute noch die bestgeeignete, um Duft und Heilkräfte einer Pflanze zu bewahren. Im 1. Jh. n. Chr. destillierten persische Apotheker höchst exotische und ausgeklügelte Essenzen, darunter das berühmte Rosenöl. Kreuzfahrer lernten diese Techniken und brachten sie nach Europa zurück.

Seit einigen Jahrhunderten liegt das Zentrum der essenzenherstellenden Industrie in Grasse, Südfrankreich. Im 16. Jahrhundert waren parfümierte Handschuhe in Mode gewesen; die Handschuhmacher wurden ermächtigt, ihr Leder selbst zu parfümieren und Parfüms zu verkaufen, und es heisst, ihr Gebrauch von Lavendelöl habe sie vor der Cholera geschützt.

Heutzutage werden ätherische Öle enorm breit angewendet in Nahrung, Kosmetik und Medizin.

Heilkräfte
Es war ein französischer Chemiker, Professor René-Maurice Gattefosse, der die Heilkräfte ätherischer Öle für den Westen wieder entdeckte; er prägte das Wort «Aromatherapie». Während des Ersten Weltkrieges führte er bei verwundeten Soldaten Experimente mit

ätherischen Ölen durch. Zu jener Zeit war das am häufigsten verwendete Antiseptikum Karbolsäure, die sich sehr gut zum Aufwaschen der Spitalböden, weniger aber für Wunden eignete. Die von Gattefosse behandelten Soldaten hatten bös infizierte Wunden, und das verwesende Gewebe führte oft zu ernsthaften Vergiftungen. Gattefosse erhärtete, dass ätherische Öle, besonders Lavendel, besser entgiften und die Ausscheidung von Verwesungsstoffen kräftiger fördern als chemische Antiseptika. Er hatte die Kraft des Lavendels am eignen Leib erfahren, als er sich im Laboratorium die Hand verbrannte und diese sofort in eine Schale Lavendelöl tauchte. Der Schmerz liess fast augenblicklich nach, und die Haut heilte praktisch in wenigen Stunden.

Ein weiterer Vorteil antiseptischer Essenzen ist, dass sie auch bei wiederholter Anwendung gleich wirksam bleiben.

Neuere Versuche haben gezeigt, dass ätherische Öle durch den Kreislauf zu allen Organen und schliesslich zur Ausscheidung gelangen, was zwischen 30 Minuten und 12 Stunden dauern kann. Reiben Sie Ihre Fusssohle mit Knoblauch ein und riechen Sie ein paar Stunden später an Ihrem Atem. Anscheinend nimmt jedes Organ aus ätherischen Ölen die Komponente, die es braucht.

Ätherische Öle heilen sowohl direkt, weil sie so angenehm riechen, als auch indirekt. Der Geruchssinn ist unser ältester Sinn, und doch wissen wir am wenigsten darüber. Ein Duft wandert von den olfaktorischen Nerven in der Nase direkt in den Teil unseres Gehirns, der mit Intuition, Gefühlen und Kreativität zu tun hat. Wir nehmen ihn beinahe doppelt so schnell wahr wie einen Schmerz. Da der Geruchssinn so unmittelbar reagiert, dürften Substanzen, die durch Duft verabreicht werden, das chemische Gleichgewicht des Körpers beeinflussen. Aus diesem Grund interessieren sich Psychiater und Psychologen sehr für das ungefährliche stimmungsbeeinflussende Potential ätherischer Öle.

Aromatherapie

Madame Maury, Biochemikerin und Schülerin von Gattefosse, erkannte die Möglichkeiten pflanzlicher Essenzen für die Hautpflege und entwickelte die Massagetechniken und Ölzusammensetzungen, die heute normalerweise in der Aromatherapie verwendet werden.

Geschulte Aromatherapeutiker verfügen über mehrere Techniken der Diagnostik und der Behandlung. Sie sind gewöhnlich ganzheitlich eingestellt (sie berücksichtigen alle Aspekte im Leben eines Patienten, die deren Gesundheit bestimmen). Die Grundidee ist, der beste Weg zur Vermeidung von Krankheit sei die Kräftigung der körpereigenen Abwehrsysteme. Ätherische Öle werden meist durch Massage, aber auch durch Bäder und Inhalationen angewendet.

Diese Methoden sind problemlos auch zu Hause anzuwenden, wenn man die Empfehlungen bezüglich Anzahl der Tropfen genau beachtet. Die Öle sind so konzentriert, dass nur wenige Tropfen zuviel sie schädlich statt wohltätig werden lassen können.

WIE ÄTHERISCHE ÖLE HERGESTELLT UND VERKAUFT WERDEN

Das Ausziehen von Ölen ist sehr kompliziert und kostspielig. Die meisten werden entweder destilliert (mit Dampf) oder durch Enfleurage (mit Fett) gewonnen. Beide Methoden brauchen viel Zeit, Arbeit, kompliziert zu bedienende Geräte und erstklassiges Material. Riesige Mengen Pflanzenmasse werden benötigt, um winzige Mengen Öl herzustellen; man braucht etwa 115 kg Rosenblätter für 25 ml Essenz. Deshalb lohnt es sich nicht zu versuchen, ätherische Öle selbst herzustellen.

Reine und synthetische Essenzen

Es wird immer wieder versucht, ätherische Öle durch synthetische Essenzen zu ersetzen. Manche Düfte sind ganz gut gelungen, aber eben nur die Düfte. Für Lebensmittel und Kosmetika sind sie manchmal annehmbar, aber für therapeutische Zwecke taugen sie nicht. Jedes natürliche Öl hat mehrere aktive und wirkungsvolle Komponenten und kann deshalb viele Funktionen haben: Ein und dasselbe Öl kann die Haut weich machen, konservierend wirken und Insekten vertreiben. Keine synthetische Substanz vereinigt so viele Aspekte.

Einkauf ätherischer Öle

Im Masse, wie ätherische Öle beliebter werden, verkaufen immer mehr Firmen eigene Marken davon. Wenn Sie Öl einkaufen, vergewissern Sie sich, dass der Verkäufer sie auf ihre Reinheit hin prüft, dass das Bedienungspersonal die Eigenschaften und Anwendungen kennt, dass die Öle korrekt behandelt und aufbewahrt werden. Kaufen Sie nie ein Öl, das in einem sonnigen Schaufenster ausgestellt oder in klarem Glas aufbewahrt wurde. Sie müssen in luftdichten, dunklen Glasbehältern an kühlem, dunklem Ort stehen, aber nicht in einem Kühlschrank. Die ideale Aufbewahrungstemparatur ist etwa 18 °C.

Viele Läden verkaufen «Aromatherapie-Öle», eine Mischung von etwa 2% Essenz in Träger-Öl (einem gleitfähigen Pflanzenöl). Diese taugen für Massage. Sobald aber zu Essenzen Träger-Öl hinzukommt, sind sie nur noch ein paar Monate anstatt Jahre haltbar.

Ein weiteres Qualitätsindiz kann der unterschiedliche Preis sein. Beim Niederschreiben dieses Buchs waren Jasmin, Neroli und Rose 150- bis 175mal teurer als Kampfer, Süssorange und Eukalyptus, und die meisten Öle kosten etwa das zwei-, drei- und vierfache von Kampfer. Wird eine Serie von Essenzen zu lauter gleichen Preisen angeboten, seien Sie misstrauisch.

Ätherische Öle in der Massage

In der Aromatherapie ist Massage die wichtigste Methode. Essenzen werden gewählt und mit Trägeröl gemischt, wie im Kasten unten angegeben. Wenn Sie massiert werden, fällt Ihnen als erstes der Duft auf, aber bald werden Sie vieler anderer Wohltaten gewahr. Essenzen durchdringen die Haut besser als Pflanzenöle, sie brauchen 20 bis 70 Minuten, um in den Blutkreislauf zu gelangen. Die wohltuende Wirkung auf Körper und Gemüt hält jedoch sehr viel länger an.

Allgemeiner Nutzen der Aromatherapie-Massage

● Je nach gewählter Essenz und Patient kann der Duft Geist und Gemüt entweder anregen oder entspannen. Der Geruch ist unser schnellstarbeitender Sinn – ein unangenehmer Geruch kann binnen Sekunden Brechreiz verursachen. Geruch ist eng verbunden mit Gedächtnis und Gemütsbewegungen. Der Duft allein kann einer Massage schon beträchtliche Wirkung verleihen.
● Die Öle, zusammen mit der Massage, lindern Stress und Spannung durch ihre Wirkung auf Geist, Nerven und Muskeln.
● Viele Öle sind antibakteriell und tragen zur Heilung innerer Organe ebenso bei wie zur Beseitigung von Hautproblemen (siehe S. 236).
● Die Verbindung von Massage und Öl verbessert den Blutkreislauf.

● Die Verbindung von Ölen und Massage soll auch auf der Haut das Zellenwachstum fördern und deren Oberflächen durch raschere Entfernung alter Hautzellen glätten.
● Die Öle, kombiniert mit Massage, helfen die Ausscheidungsprodukte schneller durch das Lymphsystem des Körpers treiben, welches das Blut reinigt und nährt.

Einige Nutzanwendungen
Die Essenzen helfen bei einer Anzahl verbreiteter Gesundheitsprobleme. Eine weit vollständigere Tabelle finden Sie auf Seite 236.
● Mit den richtigen Ölen kann fettige oder trockene Haut normalisiert werden (fettig: Zedernholz, Wacholder, Zitrone, Ilang-Ilang; trocken: Kamille, Geranium, Muskatellersalbei, Jasmin, Lavendel, Neroli).
● Bei Akne und anderen Hautunreinheiten: Wacholder, Kamille, Zedernholz, Eukalyptus, Lavendel, Cymbopogon citratus.
● Für höhere Elastizität der Haut und stärkeres Zellwachstum: Lavendel, Kamille, Ringelblume, Weihrauch, Myrrhe.
● Zellulitis wird anscheinend durch Aromatherapie gebessert (Zypresse, Fenchel, Geranium, Wacholder).
● Bei Apathie: Jasmin oder Rosmarin.
● Gegen Depression: Kampfer, Kamille, Jasmin, Thymian, Basilikum, Bergamotte, Muskatellersalbei.

TRÄGERÖLE FÜR MASSAGE

Da Essenzen hochkonzentriert sind, benutzt man sie tropfenweise und bei Anwendung auf der Haut verbunden mit Trägerölen. Ein Trägeröl ist ein gleitfähiges Öl, das in der Aromatherapie gebraucht wird, damit die Hände glatt über die Haut streichen können. In der Aromatherapie verwendet man nur pflanzliche, meist aus Samen kaltgepresste Öle. Im Gegensatz zu Essenzen verflüchtigen sie sich nicht, werden aber, wenn offen aufbewahrt, leicht ranzig, und noch schneller, wenn sie mit Trägeröl vermischt sind.

Eine Mischung bleibt zwei bis drei Monate gut, bereiten Sie also nicht mehr zu, als Sie in dieser Zeit brauchen. In luftdichter Flasche an kühlem, dunklem Ort aufbewahren.

Ein gutes Trägeröl hat durchdringende Eigenschaften, ist 100 Prozent rein, riecht wenig oder gar nicht, weist eine gute Konsistenz für die Massage auf und hilft der Haut. Hier eine Auswahl:

Mandelöl Das beliebteste Trägeröl, da kaum riechend, proteinreich und weichmachend, nährend und lange nicht ranzigwerdend.

Aprikosen- und Pfirsichkernöle Beide haben dieselben Eigenschaften wie Mandelöl, sind aber teurer.

Traubensamenöl Sehr fein und klar, macht satinglatte Haut, ohne sich fettig anzufühlen.

Haselnussöl Dringt am leichtesten und tiefsten ein. Stimuliert den Blutkreislauf und nährt die Haut.

Jojoba-Öl Hält sich gut, macht die Haut satinglatt. Gut gegen Akne.

Olivenöl Beruhigend, gut gegen Rheumatismus und Jucken bei Hautkrankheiten. Leider kann der Duft das Aroma der Essenzen übertönen.

Sesamöl Hält sich gut, aber die reiche Farbe und der Geruch stösst manche ab. Wird in Skandinavien bei trockenen Ekzemen und Psoriasis verwendet.

Mais, Soya- und Sonnenblumenöle Annehmbar. Soya fühlt sich angenehm an und wird unter Druck nicht klebrig. Sonnenblume hält sich am wenigsten gut, enthält aber Vitamin E.
Folgende Öle werden ihrer speziellen Eigenschaften wegen oft in kleinen Mengen zu Massagemischungen gegeben:

Avocadoöl Nährend, durchdringend, nützlich bei Fett und bei Muskelmassage. Wird klebrig, wenn auf grosse Flächen angewendet.

Ringelblume Eingeweichte Ringelblumen-Blütenblättchen. Gut in jedem Präparat für rauhe und rissige Haut.

Rübenöl Tonisch, verjüngend, besonders gut für Halsmassage. Reich an vielen Vitaminen.

Nachtkerzenöl Gegen Schuppen und sich schälende Haut. Neuere Forschung zeigt, dass Essenz aus Borretsch dieselbe Zusammensetzung hat.

Weizenkeimöl Nährend, reich an Vitamin E, wäre aber, allein angewendet, ziemlich «ölig». Natürliches Konservierungsmittel; fügt man 5 ml zu 50 ml Massageöl hinzu, wird die Lebensdauer verlängert.

ESSENZENMISCHUNGEN FÜR DIE MASSAGE

Die meisten ätherischen Öle werden in Fläschchen mit Millilitergradierung verkauft. Ein Milliliter entspricht etwa 20 Tropfen Essenz. In eine 50-ml-Flasche mit Trägeröl gibt man etwa 15 bis 30 Tropfen Essenz; üblich sind 25 Tropfen. Erst die Erfahrung zeigt mögliche Probleme auf, auch sprechen manche Leute auf schwächere Lösungen an, während andere stärkere benötigen. Schwache Konzentrationen sind oft erfolgreicher bei Gemütsproblemen und höhere bei körperlichen Schwierigkeiten.

Für eine volle Körpermassage braucht man 2 bis 4 TL einer Mischung, die man in einem Eierbecher herstellen kann. Einem Luxus-Massageöl in einer 50-ml-Flasche gibt man 1 TL Weizenkeimöl bei, das die Haltbarkeit erhöht, ferner 1 TL Avocadoöl, das die Durchdringungskraft verstärkt.

Jede Mischung etikettieren und datieren, dazu notieren, für wen und was es gebraucht wurde.

Öle auslesen

Machen Sie sich klar, welche Probleme Sie angehen wollen, und konsultieren Sie die Tabelle auf S. 236. Gewöhnlich verwendet man zwei oder drei Öle, manchmal vier. Jedes hat andere Eigenschaften; wählen Sie die geeignetsten und Ihnen sympathischsten.

Wenn sie zum Beispiel trockene, ältere Haut haben und Gesichtsöl für die Nacht machen möchten, steht eine verwirrende Vielfalt von Ölen zur Verfügung. Berücksichtigen Sie ihre weiteren Eigenschaften und wählen Sie einen Duft, der Ihnen zusagt.

Auch die «Note» einer Essenz kann eine Rolle spielen. Bei Essenzen, wie bei Parfüms, spricht man von hohen, mittleren und tiefen Noten. Hohe Noten ätherischer Öle werden als erstes wahrgenommen. Sie regen an und heben die Stimmung. Mittlere Noten haben Parfümcharakter und halten sich länger. Tiefe Noten wirken beruhigend und wirken sehr lange. Vielleicht nehmen Sie aus jeder Gruppe eine, um von allem zu haben, aber wichtig ist das nicht. Als ich für meinen Sohn, der nach heftiger sportlicher Betätigung Muskelschmerzen hatte, ein Massageöl mischte, stellte ich ihm Eukalyptus, Wacholder, Lavendel, Majoran, Rosmarin, Salbei und Thymian hin (die alle gut sind gegen Muskelschmerzen) und lud ihn ein, drei auszuwählen. Er beroch sie und wählte Eukalyptus, Salbei und Thymian, die alle hohe Noten haben, jedoch seinen Schnupfen milderten, wie sie auch seine Muskelschmerzen beseitigten.

HEILENDE MISCHUNGEN

BEHANDLUNG	REZEPT (in Tropfen)
Gesichtsöl	
Normale Haut	6 Weihrauch, 6 Geranium, 3 Jasmin, 12 Lavendel
Trockene Haut	8 Kamille, 8 Rose, 8 Sandelholz
Fettige Haut	8 Zedernholz, 10 Zitrone, 9 Ilang-Ilang
Massageöl	
Überdehnte Haut	10 Weihrauch, 15 Lavendel, 5 Neroli
Schlaffe Haut nach Schlankheitskur	8 Petit grain, 8 Kiefer, 8 Salbei
Zellulitis (Haselnussöl verwenden)	8 Oregano, 8 Fenchel, 8 Rosmarin
Muskelkrampf	10 Basilikum, 8 Zypresse, 8 Majoran
Arthritis	10 Wacholder, 10 Zitrone, 5 Thymian
Rheuma, akut	9 Ingwer, 9 Kiefer, 9 Rosmarin
Rheuma, chronisch	6 Eukalyptus, 8 Wacholder, 8 Rosmarin, 6 Thymian
Erkältung, Grippe	7 Zimt, 1 Eukalyptus, 7 Myrtenheide, 7 Kiefer
Bronchitis	10 Eukalyptus, 10 Ysop, 10 Niaouli, 5 Sandelholz
Asthma	4 Ysop, 8 Lavendel, 8 Kiefer, 8 Rosmarin
Ekzem, trocken	10 Ringelblume, 5 Kamille, 5 Geranium, 5 Lavendel
Ekzem, nässend	5 Bergamotte, 10 Ringelblume, 10 Wacholder
Bluthochdruck	10 Muskatellersalbei, 10 Lavendel, 10 Ilang-Ilang
Nebenhöhlenentzündung	7 Basilikum, 7 Eukalyptus, 7 Lavendel, 7 Pfefferminz
Blutkreis auf, schlechter	12 Schwarzer Pfeffer, 12 Wacholder, 8 Zypresse.
Brechreiz, Durchfall	9 Lavendel, 9 Pfefferminz, 6 Sandelholz
Menstruationsschmerzen	7 Kamille, 7 Muskatellersalbei, 7 Zypresse, 4 Jasmin
Moskitoabwehr	5 Nelken, 10 Eukalyptus, 5 Geranium, 5 Pfefferminz
Massage oder Inhalation (siehe S. 235)	
Husten, Erkältung	3 Benzoin, 2 Zypresse, 3 Eukalyptus, 2 Ysop
Schnupfen	3 Basilikum, 3 Eukalyptus, 3 Ingwer
Bronchitis	4 Eukalyptus, 4 Niaouli, 2 Ysop
Nebenhöhle	2 Basilikum, 2 Eukalyptus, 2 Lavendel, 2 Pfefferminz

---

Der Kasten rechts enthält eine Liste von Essenzenmengen, denen 50 ml Trägeröl beizufügen sind. Will man weniger Massageöl, Mengen proportional verringern.

MASSIEREN

Es ist wohltuend, sich von einem Freund eine Massage mit therapeutischen Ölen und einigen einfachen Massagestrichen geben zu lassen oder ihn derart zu massieren. In einem warmen, ruhigen Raum mit gedämpftem Licht und vielleicht bei sanfter Meditationsmusik (ohne jähe Tempowechsel) wird die Massage zu einer tief entspannenden Erfahrung.

Sorgen Sie dafür, dass Ihr Freund genug Platz hat, um bequem in voller Länge auf einer festen Unterlage zu liegen. Berufsmasseure benutzen einen Massagetisch, dessen Blatt etwa auf der Höhe ihres Oberschenkels liegt und der 75 cm breit ist. Ideal ist es, wenn die Tischplatte auf der Höhe Ihrer Handfläche ist. Sie können einen langen, gepolsterten Tisch verwenden oder ein schmales, hartes Bett; auch eine Schaumgummimatratze oder Wolldecken auf dem Boden ersetzen den Massagetisch. Schützen Sie die Unterlage mit einem Badetuch; Sie werden wahrscheinlich etwas Öl verschütten. Dann brauchen Sie noch einen Platz für Ihre Ölflasche, keine Armlänge weit entfernt, damit sie stets in Kontakt mit der Haut Ihres Freundes bleiben, und sei es auch nur mit dem Ellbogen.

Je weniger Kleidung Ihr Freund trägt, desto leichter werden Ihnen lange, fliessende Striche fallen. Bedecken Sie nackte Stellen, an denen Sie nicht arbeiten, mit einem Tuch, um sie warm zu halten.

Bevor Sie mit der Massage beginnen, sorgen Sie dafür, dass Ihre Hände rein und warm sind. Reiben Sie sie warm, wenn sie sich kühl anfühlen.

Wann soll man nicht massieren

Eine Aromatherapie-Massage ist sehr heilsam, aber die Wirkung kann so tief sein, dass man sie manchmal besser unterlässt.

● Nach einem sehr heissen Bad, Dampfbad oder Sauna, strömt die Haut Hitze, Toxine und Feuchtigkeit aus, bis zu einer Stunde lang. Solange der Körper Stoffe abgibt, nimmt er keine auf, so dass die Essenzen – ausser mit angenehmem Duft – nicht wirken können.

● Keine Stelle massieren, wenn dort entweder für Sie oder für Ihren Freund Unbehagen entsteht.

● Nicht massieren, wenn der Freund Fieber oder eine Viruskrankheit hat. Die Infektion könnte dadurch über das Lymphsystem weiter verbreitet werden. Aus demselben Grund bei Krebsverdacht nicht massieren.

● Niemanden massieren, der kürzlich eine grössere Operation hatte.

● Alle Stellen meiden, wo Brüche oder offene Wunden sind, Verstauchungen, Geschwülste, Ausschläge, Muskel- oder Sehnenrisse, Krampfadern.

● Niemanden massieren, der Herzbeschwerden hat.

● Niemanden mit akuten Rückenschmerzen massieren.

● Direkt nach dem Essen nie den Bauch massieren.

● Im Zweifelsfall nie massieren.

MASSAGESTRICHE

Die Aromatherapie-Massage verwendet eine ganze Anzahl verschiedener Striche. Hier drei der leichtesten Techniken:

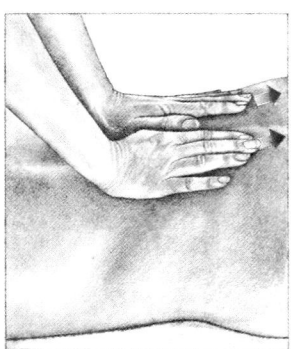 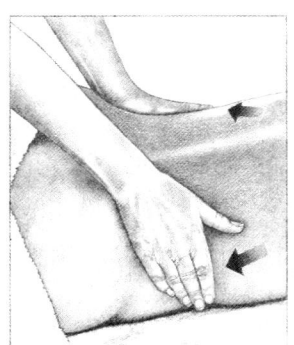

Effleurage Diese lange streichende Bewegung ist die in der Aromatherapie-Massage meistverwendete. Sie fördert die Bewegung in den Venen und hilft frischem Blut zu freierem Kreislauf. Sie beginnt mit einem festen Strich in Richtung des Herzens. Rückwärts wird sie leicht, vom Herzen weg und grossflächig ausgeführt. Die ganze Hand soll entspannt sein und sich der Form des Körpers anschmiegen, wenn sie rhythmisch über die Haut gleitet.

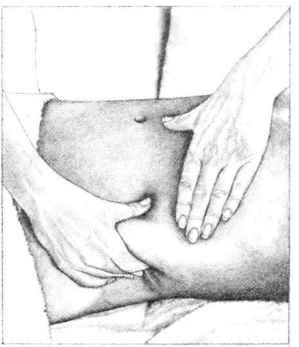 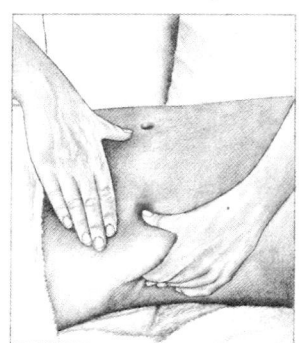

Kneten Diese kräftige Bewegung regt das Muskelgewebe an, fördert den Kreislauf und baut Müdigkeit ab, indem sie Abfallprodukte beseitigen hilft. Eine Handvoll Fleisch aufnehmen und es mit einer Hand pressen oder rollen, dann in die andere Hand nehmen. Die umliegende Haut aufnehmen und knetend kleine Wellen erzeugen. All dies langsam und rhythmisch, nachdem die Stelle erst mit Effleurage beruhigt wurde.

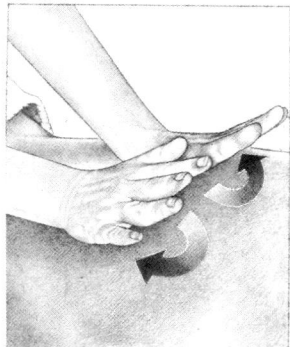 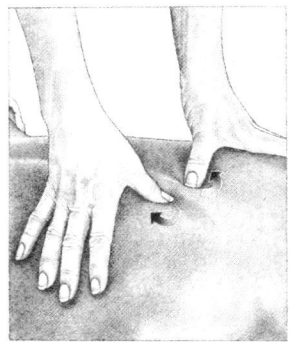

Friktionen Diese Bewegungen regen den Kreislauf an und helfen überschüssige Flüssigkeit entfernen. Drücken Sie den Handansatz in die Haut und kreisen Sie damit, etwas Druck ausübend. Nach mehreren Kreisbewegungen sanft zur nächsten Stelle gleiten, stets in Kontakt mit der Haut bleiben. Auf sehr kleinen Stellen die Daumen gebrauchen.

Rückenmassage

Der Rücken eignet sich sehr als Anfang der Erfahrung, welche Kräfte der Massage innewohnen. Er bietet eine grosse Fläche, auf der Ihre Hände experimentieren können, und Gelegenheit, die verschiedenen Massagestriche zu erproben. Und die meisten Leute geniessen die Rückenmassage am stärksten.

Ihr Freund soll sich bäuchlings hinlegen, die Arme bequem an die Seite gelegt oder als Kissen unter die Stirn.

Legen Sie einen Moment lang eine Hand auf den Kopf Ihres Freundes und die andere ans untere Ende des Rückgrats, um Kontakt zu schaffen. Atmen Sie tief und langsam und entspannen Sie sich. Nehmen Sie das ausgewählte Öl und giessen Sie etwa einen Teelöffel voll in eine Hand (wahrscheinlich ist es flüssiger, als Sie vermuteten). Nehmen Sie später mehr: 2–4 Teelöffel sollten für einen Rücken genügen, je nach Trockenheit der Haut. Reiben Sie die Hände gegeneinander und bedecken Sie den ganzen Rücken mit Öl.

Hier eine Auswahl von Strichen, die Sie je nach Wunsch modifizieren oder ausbauen können.

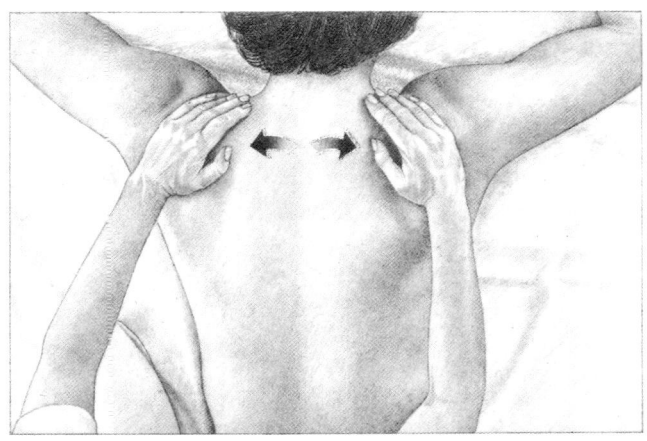

1 Beginnen Sie am unteren Rückenende, die Hände auf beiden Seiten des Rückgrats, mit nach oben gerichteten Fingern. Fahren Sie der Mittellinie entlang bis zum Halsansatz, gleiten Sie dann quer über die Schultern und führen Sie die Hände leicht zur Ausgangsposition zurück. Wiederholen Sie diese langen Effleurage-Striche, bis der Rücken eingeölt ist. Beschreiben Sie tellergrosse Kreise beiderseits des Rückgrats und lassen Sie die Hände langsam und rhythmisch zum unteren Rückenende zurückgleiten.

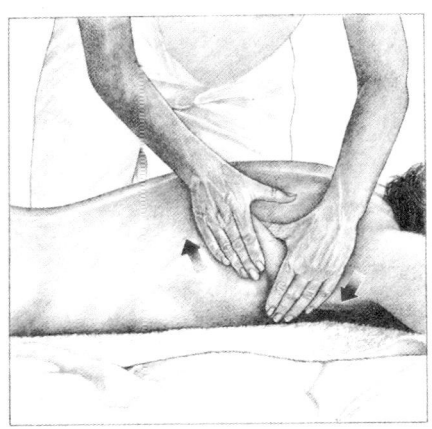

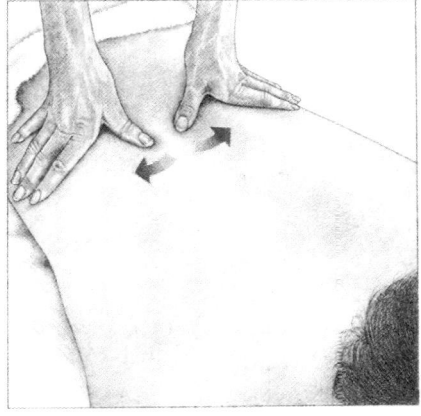

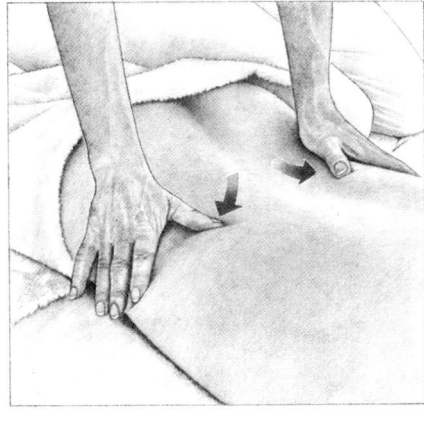

2 Führen Sie die Hände auf eine Seite des Körpers und fangen Sie mit Kneten an, der Rücken aufwärts und oben an den Schultern. Wo nicht viel Fleisch ist, kneten Sie sanfter, nur mit Daumen und Finger, statt der ganzen Hand. Achtung, nicht kneifen! Wiederholen Sie das auf der anderen Seite des Rückgrats, dann gleiten Sie mit den Händen sanft zurück, ohne an der Haut zu ziehen.

3 Beginnen Sie wieder am Rückgratende, führen Sie kleine Friktionsbewegungen aus, und zwar mit den Daumen beidseits des Rückgrats, aufwärts bis zum Hals und über die Schulterblätter. Drücken Sie die Muskeln nach aussen, nicht die Knochen, und arbeiten Sie gleichzeitig mit beiden Händen. Fahren Sie an das Rückgratende zurück in langen, rhythmischen Strichen.

4 Machen Sie kleine Friktionsbewegungen mit den Daumen, anfangend beim Rückgrat auf Taillenhöhe, dann einen Bogen nach aussen über die Hüftknochen beschreibend. Beendigen Sie die Massage mit einer Reihe langer, langsamer Effleurage-Striche und lassen Sie schliesslich beide Hände auf dem Rückenende liegen. Nach ein paar Sekunden nehmen Sie die Hände weg.

Armmassage

Nehmen Sie einen kleinen Öltropfen für jeden Arm. Halten Sie eine Hand in der Ihren und streichen Sie mit der anderen vom Handgelenk aufwärts über die äussere Seite des Arms. Wiederholen Sie den Strich am Innenarm. Kneten Sie allfällige Zellulitis-Stellen am Oberarm und führen Sie Friktionskreise auf rheumatischen Stellen aus. Kneten Sie in die Schultermuskeln und beendigen Sie die Massage mit ein paar Effleurage-Strichen den Arm auf- und abwärts, wobei Sie die Hand schlaff den Fingerspitzen folgen lassen. Wiederholen Sie die Bewegungen auf dem andern Arm.

Beinmassage

Hinten an den Beinen anfangen; Ihr Freund sollte darum bäuchlings liegen. Nehmen Sie einen Tropfen Öl in eine Hand, reiben Sie die Hände leicht gegeneinander und legen Sie die Handfläche auf die Fusssohlen Ihres Freundes, um Kontakt zu schaffen.

Danach führen Sie die Hände an der Hinterseite der Beine aufwärts bis zum Knie, halten einen Moment inne und fahren dann weiter aufwärts. Streichen Sie fest gegen oben und leicht nach unten, bis Sie die Beine mit Öl bedeckt haben. Üben Sie niemals Druck gegen die Knie-Innenseite aus. Kneten Sie Zellulitis-Stellen an den Beinen und ergänzen Sie mit Effleurage. Beenden Sie die Massage der Bein-Rückseiten, indem Sie die Hände bis zuoberst an die Schenkel gleiten lassen und dann gegen aussen wegnehmen.

Drehen Sie ihren Freund um, bedecken Sie ihn mit Tüchern, um ihn warmzuhalten, und massieren Sie die Bein-Vorderseiten. Legen Sie die Hände quer über ein Bein, streichen Sie seitlich fest bis nach oben, eine Hand nach der andern. Fest aufwärts, leicht abwärts. Wiederholen Sie das am andern Bein. Um Fesseln und Knie führen Sie mit den Fingern (oder leicht mit den Daumen) Kreisbewegungen aus. Am Schluss entspannende Effleurage von den Fesseln bis ganz nach oben.

Fussmassage

Eine Fussmassage ist ein besonderes Geschenk. Erst baden Sie die Füsse, um sie zu erfrischen, dann tupfen Sie sie trocken. Giessen Sie etwa einen Teelöffel Öl in die Hand, reiben Sie Ihre Hände gegeneinander und nehmen Sie einen Fuss in die Hand. Legen Sie eine Hand unter die Fusssohle und die andere auf den Rist. Verteilen Sie das Öl, indem Sie beide Hände erst gegen die Ferse, dann gegen die grosse Zehe bewegen. Arbeiten Sie das Öl gut in den Fuss hinein, indem Sie diesen Strich mehrmals wiederholen. Streichen Sie jede Zehe einzeln, von der Spitze bis nach unten. Fangen Sie mit der grossen Zehe an und hören Sie mit der kleinen auf.

Wiederholen Sie diese Striche mit dem andern Fuss. Dann nehmen Sie beide Fussspitzen in Ihre Finger und lassen Ihre Daumen auf der Ferse ruhen. Lassen Sie die Daumen mehrmals von der Ferse zur Zehe gleiten, immer mehr zur Mitte der Sohle vorstossend. Alle Bewegungen am Fuss sollten mit Entschiedenheit vorgenommen werden. Zaghafte Striche kitzeln bloss.

Gesichtsmassage zum Selbermachen

Gesicht gründlich reinigen. Zwei Teelöffel Ihres Öles in ein Schälchen giessen. Ehe Sie die Hände einölen, legen Sie sie aufs Gesicht, die Finger auf die Stirn und die Handflächen auf Wangen und Kinn. Einen Moment so bleiben, dann die Finger langsam gegen das Ohr ziehen, als wollten Sie die Stirn von Falten und Spannung befreien.

Nun tauchen Sie die Finger ins Öl (Sie brauchen sehr wenig) und reiben die Hände leicht gegeneinander. Stets sanfte Striche auf dem Gesicht anwenden, besonders an den heiklen Stellen ums Auge. Unter dem Kinn anfangen, das Gesicht emporgleiten, die Augen in der Richtung, in der Ihre Augenbrauen wachsen, umrunden.

Nehmen Sie etwas mehr Öl und gleiten Sie sachte über die Kehle und wieder gesichtsaufwärts. Legen Sie die Finger auf die Stirnmitte. Drücken Sie leicht, gleiten Sie gegen Schläfen und Haaransatz. Wiederholen Sie, immer höher gehend, bis Sie den Haaransatz erreichen. Pressen Sie am Schluss die Finger etwas härter auf die Stirnmitte, ein paar Sekunden lang. Wiederholen Sie diese Bewegung dem Stirnknochen entlang, bis Sie die äusseren Augenwinkel erreicht haben.

Legen Sie die Daumen aufs Kinn und ziehen Sie sie langsam entlang der Kieferkante bis zum Ohr. Dies wiederholen Sie, stets etwas höher gehend, bis Sie knapp unter dem Wangenknochen sind. Streichen Sie dann sanft über das ganze Gesicht, stets aufwärts.

Beschreiben Sie hinter den Ohren kleine Kreise mit den Fingern. Kneifen Sie sanft den äusseren Halbkreis des Ohrs, oben beginnend. Zupfen Sie dreimal an den Ohrläppchen.

Beendigen Sie die Gesichtsmassage, indem Sie den Ansatz der Handflächen etwa 20 Sekunden lang so über die Augen pressen, dass kein Licht eindringt. Hände nicht abrupt wegnehmen, sondern so weggleiten lassen, dass sie Ihr Gesicht bedecken, einen Moment lang dort lassen, dann sachte wegnehmen.

STRICHE FÜR DIE GESICHTSMASSAGE

Untenstehende Zeichnungen zeigen einige Grundstriche der Gesichtsmassage. Eine entspannende Gesichtsmassage wird nach den vorhergehenden Anweisungen ausgeführt.

Spannung lösen mit Strichen aus der Stirnmitte nach aussen.

Streichen Sie sanft aufwärts dem Hals entlang zum Ohr.

ANDERE MÖGLICHKEITEN, ÄTHERISCHE ÖLE ZU NUTZEN

Die wohltätige Wirkung ätherischer Öle lässt sich nicht nur durch Massage, sondern auch auf viele andere Arten ausnützen. Zur Auswahl der Öle benutzen Sie die Listen ab Seite 236.

Luftreinigung

Ätherische Öle wirken – in unterschiedlichen Graden – antiseptisch, antibakteriell und sogar virusabwehrend (s. Liste Seite 236). Manche Firmen verkaufen neuerdings verschiedene antiseptische Öle in Spraydosen, die sich ausgezeichnet für den Gebrauch im Haus, in Krankenzimmern, Spitälern und öffentlichen Räumen, eignen.
● Stellen Sie selbst Luftreiniger her, indem Sie einen Zerstäuber zur Hälfte mit Isopropyl-Alkohol füllen und 200 Tropfen Essenz pro 50 ml beigeben. Zum Beispiel 50 Tropfen Bergamotte, 25 Tropfen Zitrone, 25 Tropfen Lavendel, 15 Tropfen Orange, 15 Tropfen Thymian, 15 Tropfen Gewürznelken, 10 Tropfen Wacholder, 5 Tropfen Pfefferminz, 5 Tropfen Rosmarin, 5 Tropfen Sandelholz, 5 Tropfen Eukalyptus. (Wenn Sie nicht alle diese Öle haben, ist jede andere Mischung davon wirksam.) Füllen Sie mit destilliertem Wasser auf und sprühen Sie nach Bedarf.
Die Mischung funktioniert auch ohne Alkohol, aber die Öle werden dann nicht aufgelöst, und man muss die Flasche vor dem Sprühen gut schütteln; sie ist auch weniger haltbar.

Raumerfrischung

● Einen Teller warmen Wassers mit ein paar Tropfen Öl auf Heizkörper oder an sonniges Fenster stellen. Beim Verdunsten erfüllt sich der Raum mit Duft.
● Oder schütten Sie Tropfen eines oder mehrerer Öle in ein Gefäss, das Sie über einer kleinen Lampe plazieren. Achtung, nicht zu heiss, sonst verdirbt der Duft und gehen die Heilwirkungen verloren. Thymian, Lavendel, Kiefer oder Eukalyptus duften frisch.

Dufttopf-Auffrischer

● Oft wird mit ätherischem Öl der Duft eines Dufttopfs aufgefrischt. Lavendel, Rose, Bergamotte, Kiefer, Zedernholz, Zitrus- und Gewürzöle verleihen anderen Zutaten neue Frische und Kraft.

Auto-Auffrischer

● Ein paar Tropfen Essenz auf ein Papiertaschentuch träufeln und in einen Lüftungsschlitz im Auto plazieren. Mit Basilikum oder Pfefferminz bleiben Sie lange frisch; Zitrusöle erneuern verbrauchte Luft.

Hautcremes

● Viele Essenzen tun vor allem der Haut gut. Mischen Sie ein paar Tropfen in eine gekaufte, geruchslose Hautcreme oder benutzen Sie die kosmetischen Rezepte Seiten 217–221.

Parfüms

Mehrere ätherische Öle duften herrlich ohne jeden Zusatz. Aber es gibt soviel Auswahl, dass Sie unendliche Möglichkeiten für eigene Erfindungen haben. Alkohol ist dabei nötig, um den Duft der Essenzen zu bewahren. Parfüms enthalten 15–25% Essenz in reinem Alkohol. Parfum de toilette enthält 12–15% Essenzen, über 50% Alkohol und etwas destilliertes Wasser.
● Siehe S. 223, Parfümrezepte.

Bäder

Aromatische Bäder mit ätherischen Ölen sind sehr heilsam, vor allem bei Muskelschmerzen, Hautproblemen, Kreislaufproblemen, Spannung, Müdigkeit und Schlaflosigkeit.
● 5 bis 10 Tropfen Essenz in ein warmes Bad, sobald das Wasser ruht. Mischen. Etwa 10 Minuten drin liegen bei geschlossener Tür und Fenstern, um die volle Wirkung der Dämpfe zu geniessen.

Sauna

● Zwei Tropfen Kiefer- oder Eukalyptusöl in einer Schöpfkelle Wasser oder 15 Tropfen in kleinem Eimer ergeben einen angenehmen, antiseptischen Duft, der während des Saunabades inhaliert wird.

Inhalationen

Dampfbäder tun jedermann gut, nur Asthmatikern nicht. Sie sind besonders wirksam bei Schwierigkeiten der Atemwege – Erkältungen, Husten, Nebenhölenentzündungen – sie lösen Spannungen und lindern Kopfweh. Das Aroma geht direkt ins Hirn, während die heilsamen Kräfte der eingeatmeten Öle durch die Lunge in den Kreislauf gelangen.
● 5 bis 10 Tropfen Öl in eine Schüssel mit ½ Liter siedendem Wasser geben. Badetuch über den Kopf legen. Dampf 5 bis 10 Minuten lang, mit dem Gesicht etwa 20 cm über dem Wasser, einatmen. Nicht öfter als dreimal täglich.

● Inhalationen können auch bewerkstelligt werden, indem man 5 bis 8 Tropfen Öl auf ein Taschentuch gibt und viermal tief einatmet. Praktisch im Bett, bei der Arbeit, auf der Reise. Wenn Sie nicht am Tüchlein riechen, legen Sie es auf die Brust, wo es weiterwirkt.

Kompressen

Ausgezeichnet für lokale Probleme. Heisse Kompressen lindern alte Verletzungen, Verstauchungen, Muskelschmerzen, Neuralgien, schmerzhafte Menstruation, Zystitis, Hautprobleme.
● Träufeln Sie 6 Tropfen des gewählten Öls in genügend heisses Wasser, um eine Kompresse zu durchnässen (Essenzen behalten ihre Kraft auch bei stärkster Verdünnung). Legen Sie die Kompresse hinein und drücken Sie sie aus, bis sie nicht mehr tropft. Legen Sie sie auf die schmerzende Stelle und befestigen Sie sie mit Haftfolie. Mindestens zwei Stunden belassen. Zur Bewahrung der Wärme Wolldecke über Kompresse und Patient legen.

Stress

Ein um wenige Tropfen Essenz bereichertes Bad ist eine der besten Methoden, Stress zu lindern.

Schlaflosigkeit

Versuchen Sie, abends auf Ihr Kopfkissen einen Tropfen Basilikum, Kamille, Muskatellersalbei, Wacholder oder Lavendel zu träufeln.

Studieren

Wenn Sie bis gegen den Morgen studieren, lassen Sie auf eine Seite jedes benutzten Buches einen Tropfen stimmungshebender Essenz tropfen. Basilikum klärt den Kopf, Rose hebt die Stimmung, Bergamotte bringt Frische, Kardamom behebt die Müdigkeit des Geistes.

Innerer Gebrauch

Es ist wichtig, dass man hier die gewaltige Kraft ätherischer Öle kennt. Es gibt solche, von denen 1 Teelöffel voll, eingenommen, tödlich wirken kann. Deshalb soll man sie nur unter Aufsicht eines Aromatherapeuten oder eines auf dem Gebiet der ätherischen Öle bewanderten Kräuterkundigen einnehmen.
● Tee wird Geschmack verliehen, indem man etwa einen Tropfen Zitrusöl zu einem Paket Teeblätter gibt. Man kann auch einen Tropfen zu einem Teebeutel geben und mit diesem einen ganzen Topf Tee brauen.

FÜHRER DURCH ÄTHERISCHE ÖLE

Die hier erwähnten Öle sind leicht erhältlich und vielseitig verwendbar. Die Aufstellung zeigt die Eigenschaften der Öle, ihre Heilwirkung, Mischbarkeit mit anderen Ölen und Spezielles. Unter jedem Namen gibt eine «Note» den Flüchtigkeitsgrad an: «hoch» verflüchtigt sich rasch, «mittel» riecht mild, «tief» hält lange an. (Weiteres S. 231).

ÖL	EIGENSCHAFTEN	ANWENDUNG	MISCHBAR MIT	SPEZIELLES
Basilikum hoch	Stimmt froh, gibt Energie. Antidepressivum	Angst, Konzentrationsschwäche, Verdauung, Kopfweh, Atemprobleme	Bergamotte, Geranium, Ysop, Neroli, Majoran, Melisse, Lavendel	1 Tropfen lindert Wespenstich. Mehr als 3 Tropfen können die Haut reizen.
Benzoin tief	Tiefwirkend, wärmend	Regt Kreislauf an, unterstützt Atmung, mildert Hautreizungen	Zimt, Koriander, Zypresse, Jasmin, Zitrone, Myrrhe, Rose, Sandelholz	
Bergamotte hoch	Frisch, stimmungshebend, antiseptisch	Angst, Depression. Regt Appetit und Verdauung an. Hilft bei Lungenproblemen.	Kamille, Koriander, Zypresse, Geranie, Jasmin, Lavendel, Zitrone, Neroli, Ilang-Ilang	Nicht auf freiliegenden Hautstellen verwenden, kann Pigmentflecken verursachen.
Cymbopogon citratus	Stärkend, erfrischend, antiseptisch	Blutkreislauf, Verdauung, Muskeltonus, Akne, fette Haut	Basilikum, Geranie, Jasmin, Lavendel	
Eukalyptus hoch	Anregend, antiseptisch, desinfizierend, insektenabstossend	Durchfall, Erkältungen und Viren, Atmungsprobleme, allgemeine Schmerzen, Schnitte und Wunden	Benzoin, Ysop, Lavendel, Zitrone, Melisse, Kiefer, Rose	Fördert Bildung von Hautgewebe. Für tiefen Schlaf Füsse einreiben. Guter Luftreiniger.
Fenchel mittel	Entgiftend, entkrampfend	Verdauung, Verstopfung, Brechreiz, fettige Haut, Zellulitis	Geranie, Lavendel, Zitrone, Rose, Sandelholz	Nicht für Epileptiker und Kinder unter sechs Jahren.
Geranium mittel	Erfrischend, entspannend, adstringierend, insektenabstossend	Nervensystem, Verdauung, Leber- und Nierenstörungen, Menstruationsprobleme	allen Ölen	Das in der Aromatherapie meistverwendete Öl.
Gewürznelke tief	Wärmend, antiseptisch, schmerzlindernd, insektenabstossend	Allgemeine Schwäche, Neuralgie, Atmungsprobleme, Zahnweh, Mund- und Hautwunden	Basilikum, Zitrus, Gewürzölen	Ein Tropfen auf einer Fläche tötet Ameisen. In Luftreinigern verwendet.
Ilang-Ilang tief	Beruhigend, antiseptisch, antidepressiv	Angstzustände, Schlaflosigkeit, Frustration, kreislaufregulierend	den meisten Ölen	Sparsam anwenden. Kann Kopfweh verursachen.
Ingwer tief	Anregendes Tonikum	Verdauung, Appetitlosigkeit, Rheuma, Halsweh	Zitrus und Gewürzölen	Wertvolles Badeöl zum Vorbeugen vor Erkältungen.
Jasmin tief	Entspannend, beruhigend	Depression, Gebärmutterschmerzen, Atemprobleme, Tonikum für empfindliche Haut	allen Ölen	Teurer, aber wirksamer Duft.
Kamille mittel	Erfrischend, entspannend, schmerzlindernd	Depression, Schlaflosigkeit, Verdauungsprobleme, Menstruation, alle Hautleiden	Benzoin, Bergamotte, Lavendel, Geranium, Zitrone, Majoran, Neroli, Rose, Ilang-Ilang	Als erstes angezeigt bei Kindern.
Kampfer tief	Kühlend, sehr anregend	Depression, Schlaflosigkeit, Schock, Verdauung, Akne, Atemprobleme, fettige Haut	Weihrauch, Neroli	Wirkt in kalten Kompressen abschwellend bei Prellungen und Verstauchungen.
Kiefer mittel	Erfrischend, antiseptisch	Nieren, Atemwege, Fieber	Zedernholz, Eukalyptus, Lavendel, Rosmarin, Salbei, Gewürzölen	Guter Lufterfrischer
Koriander hoch	Süss, stimmungserhellend	Nervöse Schwäche, Verdauung, Rheuma	Bergamotte, Zitrone, Neroli, Orange, Zypresse, Gewürzen	
Lavendel mittel	Erfrischend, beruhigend, antiseptisch, insektenabstossend	Schlaflosigkeit, Kreislauf, Verdauung, Kopfweh, Infektionen, Muskelschmerzen, Zellerneuerung	den meisten Ölen, besonders Zitrus, Kamille, Muskatellersalbei, Geranien, Fichte, Rosmarin	Ausgezeichnete erste Hilfe bei Insektenstichen und kleineren Verbrennungen. Kaum giftig, geeignet für Kinder.
Majoran mittel	Beruhigend, wärmend	Spannungen, Schlafstörungen, Bluthochdruck, Verdauung, Erkältung, Kopfweh, Muskelkrämpfe, Atemprobleme	Bergamotte, Kamille, Zypresse, Rosmarin	
Melisse mittel	Erfrischendes Antidepressivum	Spannungen, Neuralgie, Verdauung, Fieber, Menstruationsschmerzen, Atembeschwerden	Geranium, Wacholder, Neroli, Ilang-Ilang	Gut für ältere Menschen.
Muskatellersalbei hoch	Wärmend, mildernd	Depression, Schlafstörungen, Halsweh, Verdauung, Menstruation, trockene Haut, Insektenstiche	Bergamotte, Zedernholz, Zitrus, Zypressen, Geranium, Lavendel, Sandelholz	Kleine Mengen können toxisch wirken, grosse Mengen Kopfweh verursachen.

ÖL	EIGENSCHAFTEN	ANWENDUNG	MISCHBAR MIT	SPEZIELLES
Kiefer mittel	Erfrischend, antiseptisch	Nieren, Atemwege, Fieber	Zedernholz, Eukalyptus, Lavendel, Rosmarin, Salbei, Gewürzöle	Guter Lufterfrischer
Myrrhe tief	Antiseptisches, heilendes Tonikum	Verdauung, Appetitlosigkeit, Katarrh, Bronchitis, Hautentzündungen	Kampfer, Lavendel, Gewürzölen	
Myrten-heide hoch	Wirksames Antisepticum, Desinfectans	Atemprobleme, Hautinfektionen, Wunden	Lavendel Rosmarin, Zitrus und Gewürzöl	Wirksames ungiftiges Desinfectans.
Neroli hoch	Beruhigend, antiseptisch	Angstzustände, Schlafstörungen, Durchfall, verjüngt die Haut	den meisten Ölen	Kräftiger Duft. Teuer. Ausgezeichnet für die Haut.
Niaouli hoch	Antiseptisch, desinfizierend, beruhigend	Atemprobleme, Kopfweh, Erkältung, Hautprobleme	Lavendel, Kiefer, Minze	Wird in vielen Pharmaka verwendet, z. B. Zahnpasta, Hustentropfen.
Patschuli tief	Antiseptisch, antidepressiv, beruhigend	Angstzustände, trockene und ältere Haut	Basilikum, Bergamotte, Geranium, Lavendel, Myrrhe, Neroli, Kiefer, Rose	Kleine Mengen heben die Stimmung, grössere beruhigen.
Pfeffer-minz hoch	Kräftiges, antiseptisches Schmerzmittel	Müdigkeit, Schock, Verdauung, Reisekrankheit, Kopfweh, Zahnweh, Hautreizungen	mit kleinen Mengen Benzoin, schwarzem Pfeffer, Melisse, Majoran, Gewürzölen	Auf empfindlicher oder entzündeter Haut nur in schwacher Konzentration (1%).
Rose tief	Entspannend, antidepressiv, adstringierend, antiseptisch	Stress, Kreislauf, Verdauung, Kopfweh, alle Hauttypen, besonders empfindliche	den meisten Ölen	Eines der wenigst toxischen Öle. Gut für Kinder.
Rosmarin mittel	Kräftigendes Insektenvertrei-bendes Mittel	Müdigkeit, Kreislauf, Verdauung, Kopffweh, Muskelschmerzen, Atemschwierigkeiten	Basilikum, Zedernholz, Weihrauch, Lavendel, Zitrone, Pfefferminz	Haarwuchsmittel
Salbei hoch	Beruhigend, kräftigend, antiseptisch, abschwellend	Müdigkeit, niedriger Blutdruck, Atemprobleme	Bergamotte, Ysop, Zitrone, Lavendel, Melisse, Pfefferminz, Rosmarin	Ziemlich giftig. Nur mässig anwenden. Nicht für stillende Mütter.
Sandel-holz tief	Beruhigend, antiseptisch	Müdigkeit, Durchfall, Brechreiz, Atemstörungen; erweicht trockene Haut; mild adstringierend für fettige Haut	Benzoin, Schwarzem Pfeffer, Zypresse, Weihrauch, Jasmin, Zitrone, Myrrhe, Neroli, Ilang-Ilang	
Schwarzer Pfeffer mittel	Leicht, anregend	Regt Kreislauf und Verdauung an. Erkältung, Husten, Muskelschmerzen	Zypresse, Weihrauch, Sandelholz, Gewürzölen	
Thymian hoch	Anregend, antiseptisch	Müdigkeit, Depression, Kreislauf, Kopfweh, Verdauung, Erkältung, Atemwege, Muskelschmerzen	Lavendel, Rosmarin, Zitrus, Gewürzölen	
Wacholder mittel	Anregendes Tonikum, antiseptisch	Depression, Atemwege, Muskelschmerzen, Akne, Hautentzündung, Ekzem	Bergamotte, Zitrus, Zypresse, Geranium, Lavendel, Rosmarin, Sandelholz	Nicht während Schwangerschaft einnehmen.
Weihrauch tief	Wärmend, entspannend, kräftigend	Atemwege, alternde Haut, Entzündung, Wunden	allen Ölen	Gilt als verjüngend.
Ysop mittel	Beruhigend, abschwellend	Angstzustände, Bluthochdruck, kreislaufregelnd, Verdauung, Atemwege, lässt blaue Flecke verschwinden.	Muskatellersalbei, Lavendel, Rosmarin, Salbei, Zitrusöl	Nicht für Epileptiker. Kann toxisch sein.
Zedern-holz tief	Beruhigend, antiseptisch, insektenabstossend	Angstzustände, Zystitis, alle Lungenkrankheiten, Akne, Schuppen	Bergamotte, Zypresse, Jasmin, Wacholder, Neroli, Rosmarin	Nicht während der Schwangerschaft anwenden.
Zimt tief	Wärmend, adstringierend, antiseptisch	Erschöpfung, Verdauung, Husten, Kreislauf	Koriander, Weihrauch, Zitrus	
Zitrone hoch	Erfrischend, kräftigend, antiseptisch, insektenabstossend	Kreislauf, Atemwege, Halsweh, fettige Haut, geplatzte Äderchen	Benzoin, Kamille, Eukalyptus, Fenchel, Weihrauch, Geranium, Wacholder, Neroli, Ilang-Ilang	Macht dunkle Zähne weiss. Unverdünnt auf Insektenstiche geben. 2%ige Lösung in reinem Wasser stoppt Blutung bei kleinen Schnitten.
Zypresse mittel	Entspannendes, erfrischendes Adstringens	Kreislauf, Grippe, Laryngitis, Muskelkrämpfe, ältere Haut	Benzoin, Bergamotte, Muskatellersalbei, Wacholder, Lavendel, Zitrone, Orange, Sandelholz	

KRÄUTER

FÜR DIE GESUNDHEIT

Seit Anbeginn haben die Menschen bei den Pflanzen Hilfe und Heilung gesucht. Es mutet ironisch an, dass diese Form der Medizin, die älteste und in vielen Teilen der Welt noch immer die wichtigste, jetzt als alternativ angesehen wird, wogegen die verhältnismässig neue Wissenschaft der synthetischen Medikamente in der westlichen Medizin orthodox genannt wird. Wichtig ist, dass aus jedem System das Beste herausgeholt wird und seine Gefahren gebührend beachtet werden. Für Notfälle, Katastrophen und schnelle Ansteckung spielen Antibiotika, Chirurgie und starke Drogen eine lebensrettende Rolle; bei leichteren und chronischen Beschwerden haben andere Behandlungsmethoden oft besseren Erfolg. 1975 erklärte ein hoher Gesundheitsbeamter in England, dass «die Zahl der Spitaleintritte wegen ungünstiger Nebenwirkungen von Medikamenten 100 000 im Jahr übersteige».

Man muss aber einsehen, dass auch Pflanzen mächtige Drogen sind. Ihre Wirkstoffe, herausgelöst und synthetisiert, bilden die Grundlage mancher moderner Pharmazeutika, von Aspirin bis Morphium. Deshalb ist eine genaue Dosierung lebenswichtig: Kräuter sollten nie im Übermass eingenommen werden.

Wenn Sie im Zweifel sind oder eine ernste oder sich stets wiederholende Krankheit haben, sollten Sie sich an einen ausgebildeten Kräuterarzt wenden. Die meisten befolgen holistische Grundsätze. Holistisches Denken oder Ganzheitsdenken verbreitet sich nach

aussen wie Wellen eines ins Wasser geworfenen Steins. Eine ganze Pflanze ist mehr als die Summe ihrer Einzelteile, und ähnlich wird der ganze Lebensstil und sein körperliches, seelisches und geistiges Wesen angeschaut, ehe mit einer Behandlung begonnen wird. Ein Kräuterarzt informiert sich über Ihre Ernährung, Ihre Arbeit, Ihren Sport, Ihr Familienleben und Ihre Umgebung ebenso gründlich wie über die Ausgewogenheit Ihrer körperlichen Systeme. Deshalb ist es leicht möglich, dass zwei Patienten dieselben Symptome zeigen, jedoch nicht gleich behandelt werden.

Leichtere Erkrankungen lassen sich zu Hause mit einer Anzahl einfacher Kräutermedizinen behandeln; man beachte dabei die Anleitungen für Zubereitung und Dosierung in diesem Kapitel. Sie können auch etwas für Ihre Gesundheit tun, indem Sie täglich Kräuter essen. Früher war es Tradition, im Frühjahr Kräuterstärkungsmittel einzunehmen, um dem Körper nach einem gemüsearmen Winter neue Lebenskraft zu geben. Solche Tonika waren Schafgarbe, Löwenzahn, Salbei, Pfefferminze und Hagebutten, die eine Reinigungswirkung haben, und andere Kräuter, die den Körper und seine Systeme kräftigen sollten. Minze zum Beispiel nahm man für den Verdauungstrakt ein und Weissdornbeeren für den Blutkreislauf.

Im Masse, wie die Forschung die Wirkstoffe der Pflanzen untersucht, wächst die Zahl traditioneller Behandlungen und Stärkungsmittel, die wieder zu Ehren kommen.

Geschichte der Kräutermedizin

Während Tausenden von Jahren häuften frühe Völker nützliches Wissen über die Wirkung von Kräutern an. Frauen, die ihrer Kinder wegen in ihrer Bewegungsfreiheit beschränkt waren, sammelten solche Kräuter und wandten sie an; in den vorwissenschaftlichen Kulturen war deshalb Medizin ein hauptsächlich weiblicher Beruf. Frühe Völker sahen auch eine Parallele zwischen Körpererneuerung und der Fähigkeit der Frau, Leben zu verleihen. Heil- und Pflanzenkunde wurden von Mutter zu Tochter weitergereicht. Die Wirksamkeit dieses Systems beruhte sowohl auf der Genauigkeit der Beobachtung als auch auf der Zuwendung der Heilerin. Als Gedächtnisstütze gaben die Nomadenstämme jedem Kraut ein visuelles Symbol bei.

Die Schwierigkeit, Pflanzen zu beschreiben und sich daran zu erinnern, verminderte sich, als man anfing zu schreiben, und um 3000 v. Chr. hatten Parallelkulturen in China, Babylon, Ägypten und Indien mit der Aufzeichnung ihres Heilkräuterwissens begonnen.

Chinesische Kräuterkunde

Das Land mit der längsten ununterbrochenen Tradition der Kräutermedizin ist China. Als er 2698 v. Chr. starb, hatte der legendäre Kaiser Shen Nung «hundert Kräuter geschmeckt». Sein Kräuterkanon erwähnt 252 Pflanzen, mit Angaben über Konservierung und Anwendung, und viele davon sind heute noch im Gebrauch.

Hundert Jahre später formalisierte der Gelbe Kaiser, Huang Ti, die Theorie der Medizin im *Nei Ching*. Er verstand Krankheit recht modern: «Behandelt man Krankheiten, so muss man den gesamten Zusammenhang sehen, die Symptome beobachten, die Gefühle und Haltungen mit einbeziehen. Wenn man auf dem Einfluss von Geistern besteht, kann man nicht von Heilung sprechen.» Es war ein optimistisches Buch; es besagte, dass mit zunehmendem Wissen alle möglichen Krankheiten schliesslich heilbar würden.

Das *Nei Ching* wurde im 6. Jh. n. Chr. modernisiert und nochmals im 7. Jahrhundert, als ein gewisser Su Jing ein umfassenderes Kräuterbuch ins Auge fasste und die Tangdynastie um Unterstützung bat. Der Hof stellte ihm 20 Experten zur Verfügung und befahl jeder Provinz, illustrierte Listen von den in ihrer Gegend verfügbaren Kräutern zu schicken. Nach zwei Jahren wurde der «Revidierte Kräuterkanon» veröffentlicht. Er beschrieb die Quelle, die Erntemethoden, den Geschmack und die Heilwirkung von 844 Kräutern. Mehr als 800 Jahre, ehe im Westen die Druckpresse erfunden wurde, druckte die Tang-Regierung dieses Kräuterbuch und verbreitete es durch ganz China.

Während der Mingdynastie trug Li Shizhen (1518–1593) ein weltberühmtes *Compendium de Materia Medica* zusammen. Von Kindheit an war er seinem Vater gefolgt, hatte Kräuter gesammelt und Rezepte abgeschrieben, und ihm war klargeworden, wie dringend ein genaues und umfassendes Handbuch benötigt wurde. Seine Arzneimittellehre wurde 1578, nach 27 Jahren der Forschung, fertig: ein durch und durch praktisches und wissenschaftliches Handbuch, das 1800 Heilsubstanzen – vor allem Kräuter – enthielt und 11 000 Rezepte oder Mischungen beschrieb. Bis zum heutigen Tag wird das Buch laufend auf den neuesten Stand gebracht.

Vom Fernen Osten zum Mittleren Osten

Tontafeln von 3000 v. Chr. registrieren Kräuterimporte nach Babylon, und es gibt Anhaltspunkte dafür, dass etwa 2000 v. Chr. zwischen China und Babylon ein Ginsenghandel bestand. Die Babylonier hatten eine riesige Pharmakopoe mit 1400 Pflanzen; sie wandten Mohn als Betäubungsmittel und Fenchel als Verdauungshilfe an. Der griechische Historiker Herodot bemerkte, jeder Babylonier sei ein Laienarzt, da es Brauch sei, Kranke auf die Strasse zu legen und Rat von Passanten einzuholen.

Der erste bekannte ägyptische Arzt war Imhotep (2980–2900 v. Chr.), ein Priester-Heiler, der auch eine der ältesten Pyramiden entwarf. Er wurde hochgeachtet als tüchtiger und mitfühlender Heiler und schliesslich zum Gott erhoben.

Die Ebers-Papyri von 1550 v. Chr. führen viele Kräutermedizinen und Beschwörungsformeln auf, und etwa um diese Zeit hielt eine Form der Astrologie Einzug in die ägyptische Medizin. Ägyptische Ärzte arbeiteten mit ungefähr 900 Kräutern, und als geschickte Einbalsamierer kannten sie den menschlichen Organismus sehr gut.

Etwa um die gleiche Zeit entwickelten indische Ärzte fortgeschrittene chirurgische und diagnostische Fertigkeiten und verwendeten Hunderte von Kräutern bei ihren Behandlungen. Wie die Chinesen brauchten sie alle fünf Sinne, wenn sie eine Diagnose stellten, und beurteilten aufs feinste Atem, Puls und Hautgerüche.

Kräutermedizin in der Antike

Die alten Griechen bezogen ihr Kräuterwissen aus Indien, Babylon, Ägypten und sogar China. Im 13. Jh. v. Chr. lebte in Griechenland ein Heiler namens Asklepios, der den Gebrauch von Kräutern verstand. Er entwickelte ein Heilsystem, das es den Menschen ermöglichen sollte, durch eine Anzahl von Erfahrungen alte Denkgewohnheiten zu ändern. Viele Wunderheilungen wurden Asklepios und seiner Tochter Hygieia zugeschrieben. Schliesslich wurde er zum Gott erhoben. Heiltempel entstanden in ganz Griechenland. Sein System wurde dort während mehrerer hundert Jahre angewandt, und einige seiner Ideen überleben heute noch in Fitnesszentren.

Im 6. Jh. v. Chr. gründete der Philosoph und Mathematiker Pythagoras eine Universität. Kräuter, besonders aromatische Gärten, spielten eine wichtige Rolle im Heil- und Stärkungsprozess, der höheren Studien voranging. Kräuter wurden auch in den speziellen Speisen verwendet, die Pythagoras zur Erlangung höherer Energie vor seinen langen Zeiten genoss, die der inneren Betrachtung gewidmet waren.

Hippokrates (460–377 v. Chr.) systematisierte die westliche Medizin in einem wissenschaftlichen Rahmenwerk von Diagnose und Behandlung. Er lehnte die Idee, Krankheit sei eine Strafe der Götter, ab und hielt Ernährung, Arbeit und Klima für wichtige Krankheitsfaktoren. Er war der Ansicht, jedes Individuum sei für seine Gesundheit auch verantwortlich und solle die Selbstheilung durch Ernährung und Kräutermedizinen fördern. Er formulierte für Ärzte einen Verhaltenskodex, der noch heute für alle Ärzte der Welt gilt.

Etwa 300 v. Chr. wurde im neuen kulturellen Zentrum von Alexandrien eine berühmte medizinische Schule gegründet, an der Kräuterforschung betrieben wurde. Bis 60 n. Chr. war das Wissen so weit gediehen, dass der Arzt Dioskorides eine *Materia Medica* von 600 Kräutern verfassen konnte, mit Beschreibung, Zubereitungs- und Wirkungsangaben und, was neu war, botanischen Einzelheiten. Dies wurde zum Standard-Kräuterbuch der nächsten 1500 Jahre.

Bald nachher, 77 n. Chr., gab Plinius der Ältere, der meistzitierte Schriftsteller des alten Roms, eine Liste von über 1000 Pflanzen heraus in seiner *Historia Naturalis.* Sie ist voll merkwürdiger Details, gilt aber nicht als genau.

Genauer war das von Galen (131–201 n. Chr.) verfasste Kräuterbuch. Galen war ein grosser Arzt und Philosoph, der weit gereist war, um Pflanzen selbst zu beobachten. Seine Begeisterung für Pharmazeutika und exotische Mischungen leitete mehrere Jahrhunderte einer Mode ein, die komplizierte Drogen bevorzugte, die meist nur für Reiche hergestellt wurden.

Das Mittelalter
Während des Mittelalters wurde Persien zum Inbegriff der Vortrefflichkeit. Dort gründeten die Nestorianer (östliche Christen ohne Verbindung zu Rom) eine berühmte Schule und ein Spital, wo griechische medizinische Schriften ins Arabische übersetzt wurden. Etwa um diese Zeit schrieb Avicenna (980–1037 n. Chr.), ein begabter Arzt und Wissenschaftler, der die Destillation ätherischer Öle erfunden haben soll, seinen *Canon Medicinae* über Krankheit, Heilmittel und medizinische Philosophie.

In Europa wurde der medizinische Fortschritt um diese Zeit durch die Christliche Kirche gehemmt; wissenschaftliche Studien galten nicht viel, von Experimenten wurde abgeraten und Originalität galt als gefährlich. Bezeichnenderweise betrachtete die Kirche Krankheit als eine Strafe für Sünden. Aber Kräutermedizin wurde dennoch weiter betrieben –

von Mönchen in ihren Klöstern und von «Kräuterfrauen» in den Dörfern.

Die Renaissance
Als im 15. Jahrhundert im Westen die Druckpresse erfunden wurde, begann ein goldenes Zeitalter für Kräuterbücher. Man war am Anfang der Renaissance, einer Zeit, die alte Ideen in ein neues Licht rückte, alten Dogmen zu entkommen suchte und der Lust am Entdecken freie Bahn gab. Eine neue, wissenschaftliche Haltung setzte sich in der Medizin durch. Die Erfolge von Kräuterheilmitteln wurden genauer beobachtet, man liess die seltsamsten Praktiken fallen. Merkwürdigerweise gab es genau in dieser zunehmend rationalen Umgebung die grausamsten Hexenverfolgungen der Geschichte. Frauen wurden vom Studium ausgeschlossen und Laienheiler zu Ketzern erklärt. Noch heute gibt es Leute, die Kräutermedizin als Aberglauben, Quacksalberei und Magie abtun.

Kräutermedizin heute
Mit dem Aufstieg der Wissenschaft im 19. Jahrhundert kam die Fähigkeit, Pflanzenteile zu synthetisieren und Dosierungen zu konzentrieren. Nie ging der Gebrauch von Kräutern so sehr zurück wie in der Mitte des 20. Jahrhunderts. Aber neuerdings wächst die Besorgnis wegen der Nebenwirkungen von Drogen; man macht sich Gedanken über die Ökologie und möchte selbst etwas für seine Gesundheit tun; so erfährt die Kräutermedizin eine bemerkenswerte Auferstehung. Die Erforschung von Pflanzen wie Frauenminze (gegen Migräne), Immergrün (gegen Leukämie) und *Rauvolfia serpentina* (Beruhigungsmittel) hat die Möglichkeiten der Pflanzenmedizin ins Licht gerückt.

Die pharmazeutischen Firmen haben zwar den Wert der Kräuter erkannt und erforschen eifrig das Kräuterwissen der ganzen Welt, aber anderseits möchten sie gerne ihr gewinnträchtiges Monopol für Arzneien behalten. Es gab Firmen, die die Kräuter aus dem Gebiet der Heilung auszuschliessen suchten. Eine Methode war, in einem Kraut eine einzige giftige Komponente zu finden und zu isolieren. Dies geschah vor einigen Jahren mit Salbei, aber der Versuch, dessen Gebrauch zu verhindern, scheiterte, als man herausfand, dass die übrigen Bestandteile des Salbeis das giftige Element neutralisierten.

Um Kräuter gefahrlos zu verwenden, müssen wir eine vernünftige Mittellösung finden. In Kanada denkt man daran, eine Kategorie «Volksmedizin» zu schaffen. Jedes Produkt wäre mit einer Deklaration der botanischen Namen, der verwendeten Pflanzenteile und der Zubereitungsart versehen. Bestandteile hätten festgelegte Grade von Reinheit und Konzentration aufzuweisen, und die Werbung dürfte nicht übertreiben. Ein solches System würde die Sicherheit der Kräutermedizin auf dem Markt garantieren und den Menschen ermöglichen, diese wohltuenden Pflanzen weiterzuverwenden.

Kräuterpräparate

Man ist sich einig, dass wilde oder selbstversamte Kräuter, Pflanzen, die da wachsen, wo die Natur sie hingesetzt hat, die aktivsten Substanzen haben. Bei selbstgezogenen Kräutern ist man dafür sicherer, die Art zu haben, die man haben wollte, und das jederzeit. Es besteht auch weniger Gefahr von Verwechslungen. Man kann die Gefahren falscher Bestimmung nicht genug betonen. Manche Pflanzen sind unter allen Umständen gefährlich, andere nur, wenn sie ungenau eingenommen werden.

Die Qualität eines Krauts ist äusserst wichtig, wenn es zu Heilzwecken dienen soll. Man sammle vollkommene Blätter, sauber und ohne Makel, zu ihrer besten Zeit, wenn die meisten aktiven Substanzen vorhanden sind (S. 269). Wenn nichts anderes gesagt wird, ist die beste Zeit für Blätter knapp vor dem Aufgehen der Blüten, für Blüten beim Aufgehen selbst, wenn sie am schönsten sind, für Früchte, wenn sie reif sind, für Wurzeln im Herbst, wenn die Güte von den Blättern in die Wurzel zurückgekehrt ist, und für Rinde im Frühjahr, wenn der Saft steigt.

Benutzen Sie eine Baumschere oder sehr scharfe Schere, um die Teile sauber abzuschneiden und die Pflanze so wenig als möglich zu beschädigen. Lose einpacken, vor dem Trocknen nicht zum Schwitzen kommen lassen. Sorgfältig aufbewahren, beschriften und datieren. Getrocknete grüne Kräuter verlieren ihre Heilkraft nach sechs bis sieben Monaten, Wurzeln, Samen und Rinde nach zwei bis drei Jahren.

Heilmittelrezepte und Dosierung

Im allgemeinen kann mit frischen oder getrockneten Kräutern gearbeitet werden. Frische Kräuter haben grössere Heilkraft als getrocknete und sind um so wirksamer, je rascher sie nach dem Pflücken verwendet werden (es handle sich denn um ein Kraut, das erst getrocknet werden muss, um seine aktive Substanz herzugeben; siehe Kräuterindex). Aber da getrocknete Kräuter das ganze Jahr über verfügbar sind, werden Rezepte mit getrockneten Kräutern angegeben. Durchschnittlich kommt bei Aufgüssen, Tee und Absuden ein Teelöffel getrockneten Krauts drei Teelöffeln oder einem Esslöffel frischen Krauts gleich.

Für eine einzige Dosis nimmt man 1 Teelöffel Kraut auf 225 ml Wasser, für eine Tagesdosis 25 g auf 570 ml. Für kleine Kinder, schwache und hochbetagte Menschen sollte die Kräutermenge (wenn es sich um starke Kräuter handelt) halbiert werden.

Die übliche Dosis beträgt 200 ml Aufguss oder ein Drittel der reduzierten Menge für einen Absud. Man nehme dies dreimal täglich vor Mahlzeiten, einen oder zwei Tage lang bei kleineren Beschwerden wie leichtem Halsweh, mehrere Tage bei einer Erkältung und mehrere Wochen bei chronischen Problemen wie Migräne und Verstopfung. Die Wirksamkeit wird auch beeinflusst durch den Lebensstil, die Ernährung und Fitness. Bei langwierigen Beschwerden, wenn sich der Zustand langsam bessert, Menge reduzieren, bis die Arznei nicht mehr gebraucht wird.

Obschon Kräuter nicht die Nebenwirkungen chemischer Drogen haben, wirken sie doch auf wichtige Körperfunktionen ein und sollten nicht ohne Grund eingenommen werden. Man darf auch nicht glauben, dass Kräuter, weil sie «natürlich» sind, in beliebigen Mengen und Kombinationen verwendet werden dürfen. Richtlinien sind zu befolgen.

METHODEN DER ZUBEREITUNG
Aufguss oder Tee

Beachten Sie die links unten angegebenen Dosierungen. Für einen heissen Aufguss Wasser sieden, 30 Sekunden warten und das Kraut aufs Wasser streuen. Gelegentlich umrühren. 10 Minuten ziehen lassen oder bis der Aufguss kühl ist oder über Nacht stehen lassen. Diese Methode ist für Blätter und Blüten geeignet, die ihre Heilsubstanzen leicht hergeben (besonders Vitamine und flüchtige Bestandteile). Denken Sie daran, den Behälter stets verschlossen zu halten. Benützen Sie einen Teekrug aus Porzellan, Glas oder Email oder eine Pfanne mit Deckel, und verwenden Sie das reinste Wasser oder abgefüllte Mineralwasser, das Sie finden können. Wasser mit hohem Kalkgehalt (sehr hartes Wasser) kann verhindern, dass Pflanzen ihre aktiven Substanzen voll abgeben. Aufguss in eine Tasse abgiessen und lauwarm oder kühl als Tee trinken, heiss nur zum Coupieren einer Erkältung oder eines Hustens. Das Getränk darf mit Honig oder Rohrzucker getrunken werden, damit es besser schmeckt, oder man kann andere Kräuter beifügen wie Zitronenmelisse oder Grüne Minze, solange sie mit dem Heilkraut harmonieren (siehe Kräuterindex). Wenn immer möglich, sollten Aufgüsse jeden Tag frisch gemacht werden; restliche Flüssigkeit gehört in den Kühlschrank bis zur Verwendung, dann kann man sie in einem Glasgefäss oder einer Emailpfanne wieder aufwärmen.

Ein kalter Aufguss ist für einige Pflanzenteile mit hochflüchtigen Substanzen vorzuziehen. Es wird angegeben, wann dies der Fall ist. Von solchen Pflanzen sollte man doppelte Mengen 8–12 Stunden in einem Glasgefäss oder einer Emailpfanne einlegen. Abseihen und trinken. Täglich frisch zubereiten.

Absud

Man nehme die links angegebenen Mengen. Das getrocknete Kraut wird mit kaltem Wasser in ein Glasgefäss oder eine Emailpfanne mit Deckel gegeben und langsam zum Sieden gebracht. Hitze zurücknehmen und simmern, bis ein Viertel des ursprünglichen Volumens vorhanden ist (10 Minuten oder länger), dann Deckel aufsetzen und 3 Minuten oder bis zur Abkühlung ziehen lassen. Diese Methode wird angewendet für hartes Material wie Wurzeln, Rinde und Samen, die man vorher zerdrückt, damit sie ihre aktiven Substanzen entlassen. Abseihen und mit Honig oder

Rohrzucker nehmen. Wenn möglich jeden Tag frisch zubereiten und ungebrauchte Flüssigkeit kühl stellen. Ein Absud sollte auf diese Weise bis zu drei Tagen halten.

Pulver

Grosse getrocknete Pflanzenteile wie Wurzeln, Rinde oder dicke Stengel zu kleinen Stücken hacken und diese, oder getrocknete Blätter oder Blüten, im Mörser zerstossen oder mit der Kaffeemühle mahlen. Pulver kann man in Getränke oder Suppen geben, aufs Essen streuen oder in Gelatinekapseln abfüllen, die man in der Apotheke kauft.

Pillen

Man kann sie mit einer Heimpresse selber machen, aber es ist leichter (und sicherer), sie fertig vom Fachmann zu kaufen.

Sirup

Sirup wird verwendet, um den unangenehmen Geschmack mancher Kräuter zu übertönen, vor allem für Kinder, und um die Einnahme von Hustenmedizin zu erleichtern, 570 ml Aufguss oder Absud mit 2–4 EL Honig langsam zum Siedepunkt bringen, bis die Mischung Sirupkonsistenz hat. Im Kühlschrank aufbewahren. Zuckersirup hält sich länger, ist aber nicht gleich gesund.

Um Sirup mit Tinktur herzustellen, 570 ml Wasser mit 4–6 EL Honig erhitzen, rühren, bis die Masse zu sieden beginnt. 1 Teil Tinktur mit 3 Teilen Sirup mischen. Im Kühlschrank aufbewahren.

Tinktur

110 g pulverisierte Kräuter oder 225 g frische gehackte Kräuter in ein Gefäss mit gutschliessendem Deckel geben. 570 ml Alkohol von mindestens 60° zugeben, z. B. Brandy oder Wodka. Weder Äthylalkohol noch Medizinalalkohol eignen sich. Mischung an warmen Ort stellen und zwei Wochen lang täglich zweimal schütteln. Durch zwei Lagen Musselin abseihen, dabei soviel Flüssigkeit wie möglich auspressen und in dunklem Glaskrug mit dichtem Verschluss lagern. Alkoholpräparate halten sich lange. Die übliche Dosierung ist 5–15 Tropfen, die man direkt oder in einem Glas heissen Wassers einnimmt. Homöopathen verwenden für viele ihrer Arzneien stark verdünnte Tinkturen.

Ätherisches Öl

Sie sind konzentrierte Pflanzenessenz; man gewinnt sie normalerweise durch Dampfdestillation. Man kann zwar winzige Mengen zu Hause erzielen, aber es ist vernünftiger, sie zu kaufen. Es ist wichtig, einen Lieferanten reiner, unvermischter ätherischer Öle zu finden, um sicher zu sein, dass alle Wirkstoffe der Pflanze darin enthalten sind. Ätherische Öle eignen sich ausgezeichnet für Tinkturen, Massageöl und andere äusserliche Anwendungen. Andere Öle lassen sich durch Aufgiessen oder Einweichen leicht herstellen (S. 188) und können unverdünnt für Massage verwendet oder mit Salben vermischt werden.

Salben und Cremes

Einen starken Absud oder Aufguss von Kräutern machen und ihn reinem, kaltgepresstem pflanzlichem Öl wie Sonnenblumenöl beigeben. Sieden, bis die Flüssigkeit verdunstet ist (bis keine Blasen mehr aufsteigen); die aktiven Substanzen der Pflanze bleiben im Öl. Oder ein aufgegossenes Öl benutzen (S. 188). Um die Konsistenz einer Salbe zu erreichen, geschmolzenes Bienenwachs hineinrühren – 25 g sollten für 275 ml genügen. Man kann auch eine Creme machen, indem man 25 g Bienenwachs, Lanolin oder Kakaobutter mit 110 ml Pflanzen- oder Kräuteröl vermischt; die Methode ist auf Seite 215 beschrieben. 25 g des von Ihnen gewählten Krauts beigeben, unter häufigem Umrühren 10 Minuten simmern, durch eine Doppellage Musselin in ein weithalsiges Gefäss abseihen, verschliessen, beschriften und datieren. Ein Tropfen Benzoin- oder Myrrhetinktur macht die Salbe haltbarer. Kein Borax verwenden, da es verletzter Haut schaden kann.

Vaselin ergibt eine nicht in die Haut eindringende Grundlage. 90 g Vaselin in einer Emailpfanne über siedendem Wasser schmelzen. Erkalten lassen, ein paar Tropfen ätherisches Öl (z. B. Eukalyptus, um die Nase freizubekommen) hineinrühren, in Gefäss giessen, beschriften und datieren.

Heisse und kalte Kompressen

Eine Kompresse ist nützlich, wenn man ein Kräuterheilmittel äusserlich auf der Haut anwenden will. Heisse Kompressen: Saubere Leinen- oder Baumwolltücher in heissem Absud oder Aufguss einlegen und auf die betroffene Stelle so heiss, als es vertragen wird, auflegen. Die Kompresse mit Plastik und gefalteten Tüchern oder einer Wolldecke bedecken, um die Hitze zu erhalten. Ist sie abgekühlt, neue heisse Kompresse auflegen oder über das Plastik eine heisse Bettflasche legen. Kalte Kompressen: Gleich vorgehen, aber abkühlen lassen vor der Anwendung.

Umschlag

Ein Umschlag ist ähnlich wie eine Kompresse, doch werden statt Flüssigkeiten Pflanzenteile gebraucht. Frische Pflanzenteile zerquetschen und entweder in einer Pfanne über siedendem Wasser erhitzen oder mit wenig siedendem Wasser mischen. Die Masse direkt auf die Haut geben, so heiss, wie sie vertragen wird, und sie mit Gazebandage befestigen. Wenn Sie getrocknete Kräuter verwenden, zerstossen Sie sie und mischen sie mit etwas siedendem Wasser. Falls die Paste die Haut reizt, legen Sie sie zwischen zwei Tücher.

Kräutermedizin von A–Z

Hier eine Liste leichterer Erkrankungen, die sich oft zu Hause mit Kräutern behandeln lassen. Versuchen Sie nicht, schwerere Probleme selbst zu behandeln, und denken Sie daran, dass viele Beschwerden auf falscher Ernährung, Stress und anderen äusseren Ursachen beruhen.

Für weniger bekannte Pflanzen haben wir den botanischen Namen hinzugefügt; dies auch bei Kräutern, deren Arten verwechselt werden könnten. Schlagen Sie Einzelheiten im Kräuterindex nach. Um sicher zu gehen, dass Sie die gewünschten aktiven Substanzen bekommen, verwenden Sie am besten die Hauptspezies anstatt Varietäten, Kultivars oder Kreuzungen. Sie müssen Kräuter zweifelsfrei bestimmen können – manche sind leicht zu verwechseln und hochgiftig.

Es empfiehlt sich stets, zuerst kleine Mengen des Heilmittels auszuprobieren, ehe man volle Dosierung gibt. Stellen Sie eine ungünstige Reaktion fest oder wird eine Krankheit schlimmer oder lang andauernd, dann holen Sie den fachkundigen Rat eines qualifizierten Kräuterarztes ein. Anweisungen, wie man Rezepte ausführt und wie dosiert, finden sich auf Seite 241.

Akne
Nach dem Waschen die Haut mit einem Kamillenaufguss (*Chamaemelum nobile*) spülen, welcher reinigt; Schafgarbe (*Achillea millefolium*), die Gift ausmerzt; Katzenminze (*Nepeta cataria*), die antiseptisch wirkt; Lavendel (*Lavandula* Sp.), der beruhigend und antiseptisch wirkt; oder Thymian (*Thymus vulgaris*), der Keime abtötet. Pickel mit reinem Zitronensaft betupfen, um Keime zu töten, Entzündungen zu beruhigen und die Blutzirkulation anzuregen. Legen Sie Ringelblumensalbe auf, um Entzündungen zu bekämpfen und die lokale Heilwirkung zu verstärken. Lassen Sie aus Ihrer Ernährung Zucker, Fett und Milchprodukte weg.

Appetitlosigkeit
Kümmel (*Carum carvi*) und Ginseng (*Panax ginseng*) sind kraftvolle Appetitanreger. Man kann einen gewöhnlichen Aufguss eine halbe Stunde vor dem Essen oder zu beliebiger Zeit trinken. Mit beiden Pflanzen waren Kräuterärzte schon erfolgreich bei der Behandlung von Anorexia nervosa. Andorn(*Marubium vulgare*)-Tee, 1 Tasse dreimal täglich, belebt den Appetit nach einer Grippe.

Arthritis *siehe* **Rheumatismus und Arthritis**

Asthma *siehe* ***Husten***

Blähungen
Anis-, Kümmel- oder Fenchelsamen sind alle windtreibend; am wirksamsten sind sie gemischt. Aufguss aus zerdrückten, gemischten Samen machen und 30 Minuten vor jeder Mahlzeit langsam trinken.

Viele Gewürze sind blähungstreibend; man kann Gewürznelken oder Nelkenpfeffer beliebig oft kauen oder als Aufguss trinken. Schwarzer Pfeffer, aufs Essen gestreut, beseitigt Wind. Sternanis (*Illicum verum*) vertreibt Wind und wird mit Dill- und Fenchelsamen oft in Kolikmitteln für Kleinkinder verwendet. Einen Standardaufguss dreimal täglich trinken.

Zitronenmelisse (*Melissa officinalis*) löst Blähungskrämpfe, und eine Dosis von ¼ bis ½ TL Engelwurzpulver (*Angelica archangelica*) vertreibt Gase rasch aus Magen und Darm, so sanft, dass für Kinder keine Gefahr besteht.

Blasenentzündung
Gegen Blasenentzündung und andere Infektionen der Harnwege trinkt man einen Standardaufguss aus Weissbirkenblättern (*Betula pendula*); er wirkt auch wassertreibend. Der Aufguss kann mit Bärentraube (*Arctostaphylos uva-ursi*) kombiniert werden. Ein Absud aus Wasserdostwurzel (*Eupatorium purpureum*), dreimal täglich getrunken, hilft bei Infektionen der Harnwege einschliesslich Blasenentzündung. Ein Standardaufguss von Schafgarbe (*Achillea millefolium*) entkeimt die Harnwege und beschleunigt die Heilung von Blasenentzündung.

Bluthochdruck
Bluthochdruck ist eine ernste Krankheit, die von einem Arzt überwacht werden sollte. Reife Weissdornbeeren (*Crataegus monogyna*) sind ein sanftes, aber mächtiges Kräftigungsmittel für Herz und Kreislauf; lange genug angewendet, normalisieren sie zu hohen und zu niedrigen Blutdruck. 2 EL Beeren 20 Minuten in 225 ml siedendem Wasser ziehen lassen und während langer Zeit dreimal täglich trinken. Bei hohem Blutdruck lässt sich Weissdorn wirksam mit Lindenblütentee und Schafgarbentee verbinden. Schafgarbe senkt hohen Blutdruck durch Erweiterung der peripheren Blutgefässe.

Chronischer Bluthochdruck muss ernstgenommen und von einem Kräuterarzt überwacht werden. Er reagiert gut auf 225 ml Löwenzahnaufguss (*Taraxacum officinale*), dreimal täglich genossen. Knoblauch wirkt zuverlässig, aber es dauert vier Wochen, bis der Blutdruck sinkt. Rohe Knoblauchzehen bis zu sechsmal täglich essen.

Brechreiz
Frisch geschabte Ingwerwurzel oder pulverisierte Zimtrinde können für sich als Tee aufgegossen oder in andere Tees gegeben werden, um Übelkeit und Erbrechen zu mildern. Gewürznelken, als Gewürz mit Speisen oder in Form von Tee, sind gut gegen Übelkeit und Erbrechen und regen gleichzeitig die Verdauung an. Etwa 10 Gewürznelken in 225 ml Wasser 10 Minuten ziehen lassen und nach Bedarf einnehmen (siehe auch Schwangerschaft und Geburt).

Bronchitis
Wirksam ist eine Mischung von gleichen Teilen Huflattich (*Tussilago farfara*), Andorn (*Marrubium vulgare*) und Anissamen (siehe auch unter Husten).

Depression
Ein Aufguss aus Lavendelblüten, dreimal täglich getrunken, kann hilfreich sein, besonders, wenn er mit Rosmarin (*Rosmarinus officinalis*) oder Helmkraut (*Scutellaria lateriflora*) kombiniert wird. Rosmarin ist nützlich, wenn Ihre Depression von psychologischen Spannungen herrührt oder wenn Sie sich nach einer Krankheit müde fühlen.

Um Depression und Melancholie, die oft nach einer Grippe auftreten, zu mildern, nehmen Sie einen Standardaufguss von Eisenkraut (*Verbena officinalis*). Er geht gut mit Helmkraut zusammen.

Durchfall
Plötzlicher, schmerzhafter Durchfall und chronischer Durchfall benötigen ärztliche Hilfe. In anderen Fällen versucht der Körper bloss, giftige Stoffe so rasch als möglich loszuwerden. Die meisten Kräutermittel versuchen, ihm dabei zu helfen und

gleichzeitig den Darm zu beruhigen und Entzündungen zu lindern.

Braunelle *(Prunella vulgaris)* wirkt beruhigend auf entzündete Schleimhäute. Dreimal täglich einen Aufguss trinken. Dieselbe Dosis kann von Odermennig *(Agrimonia eupatoria)* und von Koriandersamen, als Aufguss, eingenommen werden (siehe auch Kinderkrankheiten).

Ekzeme, Hautausschläge, Hautjucken

Einen schwachen Aufguss von Gelbwurzel *(Hydrastis canadensis)* herstellen und äusserlich, mit Waschen oder Kompressen, anwenden bei Ekzemen und Hautjucken. Ausgedrückter Vogelmierensaft besänftigt wunde oder juckende Stellen bei Ekzemen und Psoriasis und kräftigt die Haut. Ein Umschlag aus zerdrücktem Flachssamen *(Linum usitatissimum)* hilft bei Gürtelrose und Psoriasis.

Bei nässenden Ekzemen dreimal täglich einen Aufguss aus den blühenden Spitzen des Stiefmütterchens *(Viola tricolor)* trinken. Er verträgt sich gut mit Nesseln und Rotklee *(Trifolium pratense)*.

Ekzeme bei Kindern; nervöse Ekzeme

Hier empfehlen Kräuterärzte Nesseltee *(Urtica dioica)*, dreimal im Tag.

Erkältungen und Fieber

Um Erkältungen vorzubeugen, nimmt man jeden Tag dreimal den Saft einer rohen Knoblauchzehe zu sich. Ätherisches Öl bekämpft schädliche Bakterien und Viren sehr wirksam. Man kann es auch im Dampf inhalieren oder in einem Zimmer versprühen (S. 235).

Hagebuttentee, der viel Vitamin C enthalten soll, stärkt den Widerstand gegen Erkältungen und andere Infektionen. Auch Cayennepfefferpulver wehrt Erkältungen ab, da es den Blutkreislauf und die Verdauung anregt. ½–1 TL Cayennepulver in 225 ml siedendem Wasser 10 Minuten ziehen lassen. Abseihen und 1 EL dieser Mischung mit heissem Wasser nach Bedarf einnehmen.

Beim ersten Anzeichen einer Erkältung sollten Sie eine Mischung von Holunderblüten *(Sambucus nigra)*, Pfefferminze *(Mentha piperita)* und Schafgarbe *(Achillea millefolium)* einnehmen. Giessen Sie ½ TL von jedem Kraut mit 225 ml siedendem Wasser auf und lassen Sie 20 Minuten ziehen. Abseihen, 1 TL Honig und ¼ TL Cayennepfeffer beifügen. Das sollte die Stärke und das Unbehagen einer Erkältung oder Grippe lindern. Wenn diese Kräuter Ihnen helfen, legen Sie einen Vorrat der Mischung für den Winter an.

Um Erkältungen und Grippe zu bekämpfen, nach Belieben heissen Zitronensaft mit Honig trinken, da Zitrone antibakteriell wirkt. Häufig heissen Holunder-, Pfefferminz- oder Schafgarbentee trinken; sie wirken schweisstreibend und fiebersenkend. Holunder nützt auch gegen katarrhbedingte Entzündungen. Falls Sie intensive Kältegefühle haben, fügen Sie geschabte Ingwerwurzel oder Cayennepfeffer bei. Auch schwarzer Pfeffer, über das Essen gestreut, wirkt stärkend. Oder Sie können einen Aufguss aus Senfsamen nehmen: ¼ TL mit 225 ml siedendem Wasser 5 Minuten ziehen lassen, dreimal täglich. Oder fügen Sie 2 Liter Senfaufguss Ihrem Bad bei.

Gegen Katarrh und Grippe ist Goldrute *(Solidago vigaurea)* gut, weil sie antiseptisch ist, Katarrh vertreibt und Entzündungen lindert. 2 TL getrocknete blühende Spitzen in 225 ml siedendem Wasser 10 Minuten

---

ERSTE HILFE

Insektenstiche und -bisse

Wespenstiche sind basisch: Innenseite eines Hauswurzblatts *(Sempervivum tectorum)*, Zwiebelschnitten oder etwas Essig auflegen (möglichst Thymianessig). Bienenstiche und Ameisenbisse sind sauer: Natriumbicarbonat, in eiskaltem Wasser aufgelöst, darüberstreichen. Nicht vergessen, den Bienenstachel zu entfernen.

Schmerzhafte Schwellungen mit einem Tropfen reinen Lavendel- oder Eukalyptusöl behandeln. Bleibt die Stelle gereizt, eine kalte Kompresse aus Ringelblumentinktur oder -öl anwenden.

Bei Nesselstichen zerdrückte Grindwurzblätter *(Rumex obtusifolius)* darüberreiben.

Quetschungen und Verstauchungen

Destillierte Zaubernuss (aus der Apotheke) mit steriler Watte so rasch als möglich auf kleine Verletzungen auftragen. Damit wird ein Anschwellen verhindert. Beinwellöl oder -salbe sind gut bei Schrammen, Quetschungen und Verstauchungen. Ein Umschlag aus Beinwellblättern *(Symphytum officinale)* vermindert Blutergüsse und hilft Verstauchungen und Brüche heilen. Nicht für tiefe Wunden verwenden, da Beinwell ein so starker Heiler von Geweben ist, dass sich die Haut an der Oberfläche regenerieren kann, ehe die Wunde in der Tiefe verheilt ist.

Eine Lotion von Johanniskraut *(Hypericum perforatum)* und Arnika *(Arnica montana)*-Salbe sind ausgezeichnet für Verstauchungen und Quetschungen, besonders bei Schmerzen oder entzündeter Haut.

Vorsicht: Arnika nicht auf offenen Wunden verwenden.

Eine Salbe aus Ringelblumen-Blütenblättern, Odermennigblättern *(Agrimonia eupatoria)* oder Holunderblättern *(Sambucus nigra)* beruhigt und heilt Quetschungen, Verstauchungen und andere kleine Verletzungen.

Reisekrankheit

Neuere Forschung bestätigt, dass das wirksamste Mittel, den Magen zu beruhigen und Brechreiz zu lindern, ein Aufguss aus Ingwerwurzeln ist. Nehmen Sie eine Flasche Ingwertinktur mit auf Reisen und geben Sie Erwachsenen 10 Tropfen in einer halben Tasse Wasser, Kindern 2–3 Tropfen in wenig warmem Wasser.

Pflücken Sie grosse Blätter der Engelwurz *(Angelica archangelica)* und zerdrücken Sie sie auf der Reise; der Duft verhindert Brechreiz und erfrischt verbrauchte Luft.

Schnitte und Schrammen

Erst den Schnitt reinigen mit Zaubernuss, vierfach verdünnt, oder einem antiseptischen Kräuteraufguss. Sehr gut eignen sich Holunderblätter. Man kann auch 3 Tropfen Thymian- oder Rosmarinöl oder ½ TL Ringelblumentinktur in eine Tasse handwarmes, aufgesottenes Wasser geben. Schnitt mit sterilen Wattebäuschchen auswaschen. Ein Aufguss aus Frauenmantel *(Alchemilla vulgaris)* kann als Kompresse Blutungen stillen.

Für langsam heilende Wunden versuchen Sie eine Kompresse aus Beinwell *(Symphytum officinale)*, Braunelle *(Prunella vulgaris)* oder Schafgarbe *(Achillea millefolium)*. Fügen Sie Wegerichblätter *(Plantago major)* hinzu, die antibiotische Eigenschaften haben. Ist die Wunde offen, tauchen Sie die Blätter vor dem Auflegen kurz in siedendes Wasser.

Für die spätere Behandlung eignen sich sanfte Salben von Beinwell, Ringelblume oder Odermennig *(Agrimonia eupatoria)*.

Verbrennungen, kleinere

Sofort die kühle Innenseite eines Aloeblattes auflegen: dämpft den Schmerz, beschleunigt die Heilung und bildet Schutz gegen Infektion. Später Ringelblume als kühle Kompresse oder Salbe anwenden (siehe auch Sonnenbrand).

Grössere Verbrennungen sind als Notfall anzusehen: sofort ärztliche Hilfe suchen. Unterdessen die Verbrennung mit kühlem (nicht eiskaltem) Wasser abkühlen.

ziehen lassen und dreimal täglich eine Tasse trinken. Gelbwurzel *(Hydrastis canadensis)* heilt und kräftigt die Schleimhäute. Trinken Sie dreimal täglich einen Aufguss aus ½–1 TL pulverisierter Wurzel in 225 ml Wasser. Nicht während der Schwangerschaft einnehmen. Versuchen können Sie ferner einen Aufguss aus Borretsch *(Borago officinalis)*, Huflattich *(Tussilago farfara)*, Beinwell *(Symphytum officinale)* oder Gundelrebe *(Glecoma hederacea)*, um Katarrh zu lindern.

Gegen Benommenheit kann man die Dämpfe eines heissen Bads mit Kamillenblüten *(Matricaria recutita)* oder Eukalyptusblättern *(Eucalyptus globulus)* inhalieren (siehe auch S. 235). Eine Prise Basilikum eingeschnupft, kann den Geruchssinn zurückbringen. Ist die Temperatur wieder normal, trinken Sie dreimal täglich warmen Klettenlabkraut-Tee *(Galium aparine)*, der milde schweisstreibend wirkt, Magenbeschwerden vorbeugt und zu Schlaf verhilft. Nehmen Sie zuerst Gemüsesäfte, dann hausgemachte Gemüsesuppe, frisches Obst und Salat zu sich. Gehen Sie erst später zu schwererer Nahrung über, da das Verdauungssystem noch empfindlich ist.

Andorntee belebt den Appetit, der nach einer Grippe oft träge geworden ist. Stellt sich Lethargie oder eine Depression ein, trinken Sie Tee von Zitronenmelissen *(Melissa officinalis)* oder Eisenkraut *(Verbena officinalis)*. Zeigt sich nach ein paar Tagen keine Besserung, suchen Sie den Arzt auf.

Fieber *siehe* **Erkältungen und Fieber**

Frostbeulen und kalte Glieder
Um Hände und Füsse zu wärmen, sanft mit gewärmtem Öl, in dem Geissblattblüten *(Lonicera caprifolium)* eingelegt waren, massieren. Das zieht das Blut an die Hautoberfläche. Die Blutzirkulation in den Füssen verbessert und Frostbeulen heilt man, indem man einen Aufguss aus 1 EL frisch gemahlenem Senfsamen in 2 Liter Wasser einlegt. Auch Cayennepfefferpulver regt den Blutkreislauf mächtig an, so dass auch die Extremitäten mit Blut versorgt werden. Man kann es sparsam in eine Salbe gegen nicht aufgegangene Frostbeulen mischen.

Holunderblättersalbe *(Sambucus nigra)* hilft gegen Frostbeulen. 1 Teil frische Blätter mit 2 Teilen Vaselin erwärmen, bis die Blätter knusprig sind. Abseihen und beschriften.

Gegen schlechte Blutzirkulation
trinkt man täglich Hagebutten- oder Schachtelhalm- oder Buchweizentee, um die Kapillargefässe zu stärken. Viele Gewürze, darunter schwarzer Pfeffer, Gewürznelken, Zimt, Koriander, Kümmel, frisch geschabte Ingwerwurzel, Knoblauch, Majoran, Rosmarin und Thymian verbessern die Blutzirkulation. Man esse sie häufig, besonders im Winter.

Geschwüre, Haut, *siehe* **Hautgeschwüre**

Geschwüre, Magen *siehe* **Magenweh**

Halsweh
Roter Salbei *(Salvia officinalis «Purpurea»)* ist ein hervorragendes Mittel gegen Halsweh. Er ist antiseptisch und heilt Entzündungen an Mund, Hals und Mandeln. Eine halbe Tasse viermal täglich trinken und so oft als nötig damit gurgeln. Nicht während der Schwangerschaft anwenden; er könnte eine Fehlgeburt bewirken.

Die antibakteriellen Eigenschaften der Zitrone werden verstärkt, wenn sie in einem Tee aus natürlichem Antiseptikum wie Eukalyptus *(Eucalyptus globulus)* und mit Honig eingenommen wird. Thymian *(Thymus vulgaris)* ist ein mächtiges Desinfectans und ein ausgezeichnetes Gurgelwasser bei Halsweh, Laryngitis und Mandelentzündung. Gurgeln Sie mit einem Standardaufguss aus Griechischheu-Samen, Odermennig *(Agrimonia eupatorium)* oder Braunelle *(Prunella vulgaris)* oder einem Absud von Wiesenknöterichwurzeln *(Polygonum bistorta)* bei Halsweh, Mund- oder Zungenentzündung und Laryngitis, oder mit einem Aufguss aus Cayennepfeffer (Rezept S. 243).

Kamille *(Matricaria recutita)* ergibt wegen ihrer entzündungshemmenden und antiseptischen Eigenschaften ein wirksames Gurgelwasser bei Halsweh und Zahnfleischentzündungen. Verwenden Sie einen doppeltstarken Aufguss aus Blüten. Das Menthol in Pfefferminze *(Mentha piperita)* macht sie zu einem angenehmen Antiseptikum.

Gegen Halsweh können Sie auch eine heisse Kompresse aus Salbei *(Salvia officinalis)* oder Thymian *(Thymus vulgaris)* um den Hals legen und mit einer warmen Schärpe sichern. Nach Belieben Lakritze kauen.

Hämorrhoiden
Für milde Hämorrhoiden ist Feigwurz *(Ranunculus ficaria)* am besten. Sie lässt die geschwollenen Venen in der Anusgegend abschwellen und beruhigt sie. Einen Standardaufguss der Wurzel trinken und eine mit starkem Aufguss hergestellte Salbe einstreichen. Bei blutenden Hämorrhoiden Braunellensalbe *(Prunella vulgaris)* anwenden.

Ein Aufguss aus Rosskastanien *(Aesculus hippocastanum)*, dreimal täglich getrunken oder als Kompresse angewendet, tonisiert und stärkt die Venen und trägt zur Heilung der Hämorrhoiden bei (siehe auch Krampfadern).

Hautausschlag *siehe* **Ekzeme, Hautausschlag und Hautjucken**

Hautgeschwüre
Feigen haben stark antiseptische und desinfizierende Eigenschaften. Auf chronische Beingeschwüre einen Umschlag aus getrockneten Feigen geben. Ein Umschlag aus Beinwellblättern *(Symphytum officinale)* hat in vielen Fällen chronisch «offener Beine» ausgezeichnet geholfen und ist noch wirksamer, wenn man ihm beruhigenden Eibisch *(Althaea officinalis)* beifügt. Ringelblumen-Blütenblätter in Form einer Kompresse oder eines Aufgusses lindern Entzündungen und beschleunigen die Heilung.

Hautjucken *siehe* **Ekzeme, Ausschläge und Hautjucken**

Heuschnupfen
Heuschnupfen und andere Allergien bessern sich mit einem Aufguss von Goldrute *(Solidago vigaurea)*. Eine halbe Tasse viermal im Tag einnehmen. Die gereizten Schleimhäute beruhigen sich beim Einnehmen eines warmen Aufgusses von Ysop *(Hyssopus officinalis)*, Lavendel *(Lavandula* Species), Majoran *(Origanum majorana)* oder Thymian *(Thymus vulgaris)*.

Zaubernuss mit 4 Teilen Wasser verdünnen und in kalter Kompresse auf die Augen legen. Heisser Königskerzen-Blütentee *(Verbascum thapsus)* und Augentrost-Tee *(Euphrasia rostkoviana)* wirken schleimlösend, und Augentrost hilft gegen gerötete Augen. Dreimal täglich trinken. Rote und wunde Augenlider können auf andere Beschwerden deuten. Wenn diese Symptome nicht verschwinden, einen Kräuterarzt konsultieren.

Husten
Gegen eine Infektion der Bronchien essen Sie zwei rohe Knoblauchzehen wegen ihres Gehalts an Antibiotika. Flüssigkeit und Schleim vertreibt man am besten mit Andorn *(Marrubium vulgare)* aus Lungen und Atemwegen.

Einen heissen Aufguss dreimal täglich trinken. Noch ein wichtiges Kraut bei der Behandlung von Lungenbeschwerden, Husten, Erkältungen und Asthma ist Huflattich *(Tussilago farfara)*. Ein Aufguss aus Blättern und Blüten beruhigt die Bronchien, beschleunigt die Heilung von Gewebe und schützt die zarten Schleimhäute vor weiteren Reizungen.

Um Hustenanfälle zu beruhigen und die Schleimabsonderung zu erleichtern, Schlüsselblumensirup machen oder einen Absud aus Schlüsselblumenwurzel – 5 Minuten simmern – und täglich dreimal eine Tasse trinken. Man kann Huflattich und Anissamen *(Pimpinella anisum)* beigeben. Anissamen wirkt schleimlösend und verbessert den Geschmack von Hustenmedizin.

Bei lästigem Bronchialhusten mit viel Katarrh ist die schleimlösende, antiseptische Alantwurzel *(Inula helenium)* mit ihrem beruhigenden Schleim ein ausgezeichnetes Heilmittel, besonders für Kinder. 1 TL kleingehackte Wurzel in 225 ml kaltem Wasser neun Stunden ziehen lassen. Dreimal täglich heiss trinken. Ein

lästiger Husten lässt sich auch durch einen Aufguss mit pulverisierter Eibischwurzel *(Althaea officinalis)* mildern. Das passt gut zu Andorn *(Marrubium vulgare)* und Lakritze *(Glycyrrhiza glabra)*. Gegen trockenen Husten setze man Huflattich mit Andorn und Königskerze *(Verbascum thapsus)* ein.

Um Lungenkatarrh zu mildern, einen Umschlag aus frischgemahlenen Senfkörnern: 110 g Körner mit Wasser zu einer dicken Paste verarbeiten. Paste zwischen zwei Gazestücke legen, das untere nass machen, damit es nicht an der Haut klebt. Nur eine Minute drauf lassen. Ist die Haut gerötet, mit einem passenden Aromatherapieöl oder irgendeinem Pflanzenöl einreiben. Flachssamen, gemischt mit Senf, helfen ebenfalls bei Lungenkatarrh. Ein Tee aus Wegerichblättern *(Plantago major)* löst Schleim; dieses Kraut wird in der russischen Pharmazeutik viel verwendet. Ein Standardaufguss von Sternanis *(Illicium verum)* hat schleimlösende und antibakterielle Eigenschaften. Es geht mit anderen Hustenmitteln gut zusammen.

Insektenbisse *siehe* **ERSTE HILFE**

Furunkel und offene Stellen
Um Furunkel reifen zu machen, reinen Zitronensaft anstreichen oder über den Furunkel die Hälfte einer warmen gebackenen Zwiebel legen (das Herz entfernen, damit eine kleine Kuppel entsteht). Für Furunkel und offene Stellen einen Umschlag aus antiseptischen Katzenminzeblättern *(Nepeta cataria)*, antiseptischen Wegerichblättern *(Plantago lanceolata)* oder pulverisiertem Griechisch-Heu, um die Entzündung zu mildern. Bei Entzündung oder Pilzbefall ist Ringelblumensalbe ein gefahrloses Mittel. Kommen Furunkel wieder, suchen Sie den Arzt auf.

Katzenjammer
Zitrone in Wasser oder, um den Vitamin-C-Gehalt zu erhöhen, in Orangensaft, heisser Pfefferminz- oder Feldthymiantee können das Unbehagen mildern. Schafgarbentee *(Achillea millefolia)* und Holunderblütentee helfen dem Körper, die Gifte loszuwerden.

KINDERKRANKHEITEN

Durchfall
Bei hartnäckigem Durchfall stets einen Arzt aufsuchen. Ein Aufguss aus Odermennig ist ein spezielles Heilmittel gegen Durchfall bei Kindern, ebenso ein Absud von Wiesenknöterich-Wurzel *(Polygonum bistorta)*. Von jedem der beiden kann dreimal täglich eine Tasse getrunken werden. Auch ein Aufguss aus Koriander hilft. 1 TL zerdrückte Samen 5 Minuten aufgiessen, dreimal täglich vor den Mahlzeiten trinken.

Kolik
Für Kinder kommt vor allem Dillwasser in Frage (S. 45). Wenn Sie Verdauungsstörungen befürchten, geben Sie dem Baby vor der Nahrungsaufnahme einen Teelöffel voll davon. Sonst nach Bedarf.

Läuse
Maggie Tisserand hat in ihrem Buch *Aromatherapy for Women* ein Rezept mit ätherischen Ölen gegeben, das die Läuse vernichtet und das Haar glatt und glänzend zurücklässt. 25 Tropfen Rosmarinöl, 25 Tropfen Lavendelöl, 13 Tropfen Geranien(Pelargonien)-öl und 12 Tropfen Eukalyptusöl, alles mit 75 ml Pflanzenöl.

Haar in kleine Abschnitte aufteilen und jeden mit der Lösung bis auf die Wurzeln tränken. Langes Haar auf den Kopf legen, sich vergewissern, dass jedes bisschen eingeölt ist. Ein Stück Plastik um den Kopf und hinter die Ohren wickeln, damit Öl nicht verdunstet. Aufpassen, dass kleine Kinder das Plastik nicht vor Mund oder Nase bringen können, was das Atmen behindern würde. 2 Stunden darauf lassen. Plastik entfernen und gründlich schamponieren, reichlich spülen und mit einem Nissenkamm durcharbeiten. Nach drei Tagen wiederholen.

Säuglingswundsein
Wenn möglich, lassen Sie möglichst oft frische Luft an den Popo des Babys. Eine kühle Ringelblumen- oder Kamillenkompresse *(Matricaria recutita)* kann kurz auf wunde Stellen gelegt werden. Verwenden Sie eine Salbe aus Ringelblume, Beinwell *(Symphytum officinale)* oder Eibisch *(Althaea officinalis)*, um die Haut zu beruhigen und für rasche Besserung.

Schlafprobleme
Kamillentee *(Matricaria recutita)* ist ein gefahrloses und sanftes Beruhigungsmittel für Kinder. 1 Tasse

warmen Tee eine halbe Stunde vor der Schlafenszeit geben; das Kind vor dem Schlafen nochmals auf die Toilette bringen. Für kleine Kinder 1 EL in eine sterile Saugflasche geben. Für ältere Babys bis zu ½ Tasse geben.

Würmer
Da Knoblauch Darmparasiten vernichtet, macht man eine Knoblauchsalbe und reibt sie zwei Wochen lang jeden Abend in die Anusgegend ein. Kürbiskerne *(Cucurbita maxima)* gehören zu den wirksamsten Mitteln gegen Darmparasiten, auch gegen Bandwürmer. Aber Fasten, Reinigen der Därme und genaue Dosierung sind unerlässlich; man führt also die Behandlung am besten unter der Aufsicht eines qualifizierten Kräuterarztes durch.

Zahnen
Kamillentee kann gereizte Kinder beruhigen. Nützlich sind auch homöopathische Kamillen-Globuli. Man kann den Babys ein sauberes Stück Eibischwurzel *(Althaea officinalis)* zu kauen geben. Vergewissern Sie sich, dass die Wurzel das Baby nicht würgen kann.

Kopfweh und Migräne

Kräuter können Erleichterung bringen, nicht aber die Ursachen ausschalten. Frauenminzeblätter *(Tanacetum partherium)* sind mit Recht zu einem der beliebtesten Mittel gegen Migräne geworden. Ein kleines oder mittelgrosses Blatt, frisch oder gefroren, zwischen Brotschnitten (da es bei sehr empfindlichen Menschen Mundgeschwüre verursachen kann) dreimal täglich essen; dies hat in 70 Prozent von Migränefällen Stärke oder Häufigkeit der Anfälle reduziert (meist bei Patienten, denen Wärme auf der Stirn guttat). Die Wirkung ist kumulativ, und es kann bis zu 6 Monaten dauern, bis sie eintritt. Nicht während der Schwangerschaft einnehmen, da die Gebärmutter angeregt wird. Man kann auch eine halbe Tasse Blättertee zweimal täglich trinken, um den Schmerz zu bekämpfen.

Lavendel *(Lavandula* Species) nützt bei Spannungskopfweh und geht gut mit Baldrian *(Valeriana officinalis)* zusammen. Einen Aufguss von Lavendelblüten dreimal täglich trinken. Ein Standardaufguss von Baldrian nützt besonders bei Spannungskopfweh und wird dabei gut ergänzt von Helmkraut *(Scutellaria lateriflora).*

Krampfadern

Man kann schon viel zur Verhütung tun. Verstopfung vermeiden, Ernährung umstellen, Vitamine B, C und E einnehmen, sich viel Bewegung verschaffen, heisse Bäder und stundenlanges Stehen vermeiden.

Gewürze essen, die den Blutkreislauf anregen, zum Beispiel Ingwer und Cayennepfeffer, und die Gefässe mit dem Trinken von rutinhaltigen Aufgüssen stärken, etwa Buchweizen *(Fagopyrum esculentum)*, Weissdornbeeren *(Crataegus monogyna)* und Rosskastanien *(Aesculus hippocastanum).* Nicht häufiger als dreimal täglich oder als Kompresse oder Lotion anwenden.

Sind Ihre Adern entzündet oder schmerzhaft, nützt eine Kompresse aus Ringelblumentinktur oder Zaubernuss (siehe auch Hämorrhoiden).

Läuse *siehe* KINDERKRANKHEITEN

Magenweh

Heftiger oder langandauernder Schmerz im Magen muss medizinisch diagnostiziert werden. Für Kranke, die die Ursache bereits kennen, können Kräuter nützlich sein, solange die Krankheit ärztlich überwacht wird. Um die zarten Schleimhäute im Magen zu beruhigen und zu heilen, trinkt man

Kamillentee *(Matricaria recutita)*, da entzündungshemmend, oder Eibisch *(Althaea officinalis)*, da weichmachend – so oft man will.

Bei Verdauungsbeschwerden ist Ulme *(Ulmus rubra)*, als Pulver erhältlich, ein wohltuendes Heilmittel und für Kranke, die nicht essen mögen, eine gesunde Nahrung. Sie ist gefahrlos für mehr als 12 Monate alte Kinder. Aus ½–1 EL pulverisierter Rinde und etwas kaltem Wasser eine Paste machen. In 1 Tasse heisse Milch einrühren und, wenn nötig, mit Honig süssen.

Bei durch Verdauungsstörungen verursachten Magenkrämpfen

einen Aufguss aus der antiseptischen Katzenminze *(Nepeta cataria)* trinken. Bei Magengeschwüren Lakritzenwurzel *(Glycyrrhiza glabra)* kauen oder täglich ¼ TL pulverisierte Lakritzenwurzel einnehmen (hohe Dosen wirken abführend). Ein Aufguss aus Ringelblumen-Blütenblättern, dreimal täglich getrunken, beruhigt und heilt Magengeschwüre, besonders wenn mit Eibischwurzel kombiniert. Gegen Magen- und Zwölffingerdarmgeschwüre ist Lindenblütentee *(Tilia cordata)* nützlich. Der weichmachende Schleim von Beinwell *(Symphytum officinale)* macht diesen zu einem beruhigenden und heilenden Mittel. 1 TL getrocknete Wurzel in 225 ml Wasser 10 Minuten sieden.

Magengeschwüre und Colitis:

½–1 TL pulverisierte Gelbwurzel *(Hydrastis canadensis)* mit 225 ml siedendem Wasser 10 Minuten ziehen lassen. Ergibt ein wirksames Tonikum für alle Teile des Verdauungstrakts (siehe auch Verdauung).

Menstruation

Das beste Mittel gegen das dumpfe Kopfweh, die Reizbarkeit, die Niedergeschlagenheit, die Wasseransammlungen oder die schmerzenden Brüste, die bei vielen Frauen vor der Periode auftreten, ist Nachtkerzenöl. Versuche in einem Londoner Spital ergaben, dass 85 Prozent der Versuchspersonen hiermit Besserung erfuhren. Das Kraut *(Oenothera biennis)* ist leicht anzubauen, aber das Öl nur schwer aus dem Samen zu gewinnen, so dass man am besten Kapseln kauft. Helmkraut *(Scutellaria lateriflora)*, Kamille *(Matricaria recutita)* und Lindenblüten *(Tilia cordata)* liefern gefahrlose Tees, die prämenstruelle Spannung mildern können. Dreimal täglich trinken. Bei Menstrualkrämpfen Kamillen- oder Baldriantee dreimal täglich trinken, oder zweimal im Tag

eine halbe Tasse Frauenminzentee *(Tanacetum parthenium).*

Gegen **Krämpfe mit Schweregefühl** wird ein heisser Aufguss aus Himbeerblättern empfohlen *(Rubus idaeus).*

Um **Menstruationsschmerzen und übermässiges Bluten** zu vermindern, versuchen Sie Frauenmantelblätter, in doppeltstarkem Aufguss, zweimal täglich genossen. Dies hilft auch bei Menopausebeschwerden.

Gegen **Menopausebeschwerden** versuchen Sie getrocknete Beeren von Mönchspfeffer *(Vitex agnus-castus)*, die auf die Sexhormone regulierend wirken. Sie helfen auch bei prämenstrueller Spannung und tragen dazu bei, dass der Körper nach Einnahme der Verhütungspille wieder sein natürliches Gleichgewicht findet. 1 TL Beeren 15 Minuten aufgiessen, täglich dreimal eine Tasse trinken. Auch Herzgespann *(Leonurus cardiaca)* wirkt gegen Beschwerden der Menopause. Gegen Reizbarkeit und Angst wird Johanniskraut *(Hypericum perforatum)* empfohlen. Einen Standardaufguss von Blütenspitzen dreimal täglich trinken.

Muskeln und Gelenke

Fenchelessenz ist eines von mehreren Ölen, die in einem Massageöl Muskelschmerzen lindern (siehe auch S. 250). Die feuchte Innenseite frischer Weissbirkenrinde *(Betula pendula)*, auf die schmerzenden Stellen aufgelegt, entspannt schmerzende Muskeln.

Ein Umschlag von Senfsamen (Rezept S. 60) regt den Kreislauf an, lindert Muskel- und Knochenschmerzen.

Ein Umschlag oder eine Salbe aus Blättern der Gaultherie *(Gaultheria procumbens)* wirkt bei chronischen Muskelschmerzen schmerzlindernd und entzündungshemmend. Wenn Sie Muskelkrämpfe haben, hilft ein Standardaufguss von Baldrian.

Nervöse Spannungen

Im Gegensatz zu Tranquilizern wirken entspannende Kräuter auch gegen Stress, indem sie das Zentralnervensystem beleben und kräftigen.

Die beiden besten Heilkräuter sind blühende Spitzen des Helmkrauts *(Scutellaria lateriflora)*, die bei vielen nervösen Beschwerden Erleichterung schaffen, und Baldrianwurzel *(Valeriana officinalis)*, die sich für nervöse Spasmen, Zittern, Phobien, Schlaflosigkeit und Unruhe eignet. Zum Glück lassen sie sich gut kombinieren. Ein Aufguss kann aus einem der beiden oder aus beiden bestehen. 225 ml Aufguss bis dreimal täglich oder 125 ml alle drei Stunden trinken, aber nur in Zeiten von grossem Stress, nicht über lange Zeit. Ein Standardaufguss von Borretschblättern *(Borago officinalis)* kräftigt die Adrenalindrüsen, die immer mehr unter Stress leiden. Borretschblüten und -blätter in Wein galten seit jeher als mutmachend. Offenbar steigert es den Adrenalinspiegel im Blut, und ein Weinglas voll des Getränks wird in Zeiten hoher Beanspruchung entspannend wirken.

Nach einem hektischen Tag sollte man Tee aus Ginseng *(Panax ginseng)*, Lindenblüten *(Tilia cordata)* oder Lavendel *(Lavandula* Species) trinken, um das Nervensystem zu beruhigen und zu kräftigen. Zitrone und Lavendel, zusammen genossen, bekämpfen nervöse Erschöpfung, und Zitronenmelisse *(Melissa officinalis)* löst Spannungszustände und wirkt auch milde gegen Depressionen. Sie lässt sich gut mit Lavendelblüten und Lindenblüten kombinieren. 225 ml gemischten Tee morgens, abends und nach Bedarf trinken.

Rote Betonie *(Stachys officinalis)* stärkt das zentrale Nervensystem und wirkt milde beruhigend; sie lässt sich besonders gut gegen nervöses Kopfweh und Neuralgien einsetzen. 1 Tasse dreimal täglich trinken, evtl. mit Helmkraut kombinieren. Zum Entspannen kann man auch nach Belieben Kamille *(Chamaemelum nobile)* oder Schlüsselblumentee *(Primula veris)* trinken, der entspannend und beruhigend wirkt. Einen Aufguss aus den Blütenblättern machen und dreimal täglich eine Tasse trinken. Er kann mit Lindenblüten oder Helmkraut kombiniert werden.

Gegen Spannungen hilft auch ein Standardaufguss von Johanniskraut *(Hypericum perforatum)*, das schmerzlindernd und beruhigend wirkt, so dass es auch bei Angstzuständen helfen kann (aber nicht, wenn Depression vorhanden ist).

Nieren- und Leberbeschwerden
Löwenzahn *(Taraxacum officinale)* ist ein ideales Harntreibemittel; er enthält Kalium, eine Substanz, die dem Körper bei diesen Beschwerden fehlt. 1 EL Wurzel in 225 ml Wasser absieden und dreimal täglich trinken.

Offene Wunden *siehe* Quetschungen und offene Wunden

Ohrenweh
Ohrentropfen, aus einem schwachen Aufguss von Gelbwurzel *(Hydrastis canadensis)* gemacht, lindern Ohrenweh. Man kann dem Aufguss Königskerze *(Verbascum thapsus)* beifügen. Falls eine Mittelohrentzündung Ohrensausen verursacht, kann ein Aufguss von Gundelrebeblüten Erleichterung verschaffen.

Pickel *siehe* Akne

Quetschungen *siehe* ERSTE HILFE

Rheumatismus und Arthritis
Die Ursachen dieser Krankheiten sind komplex. Man sollte einen qualifizierten Kräuterarzt aufsuchen, um herauszufinden, ob Ernährung oder Lebensstil diese Probleme mitverursachen. Teufelskralle *(Harpagophytum procumbens)* hat in vielen Fällen geholfen: sie scheint den Körper zu entgiften und sein Immunsystem anzuregen. Bis jetzt wurden keine schädlichen Nebenwirkungen festgestellt, aber das Kraut kann Erbrechen hervorrufen. ½–1 EL Wurzel in 225 ml Wasser absieden, 15 Minuten kochen lassen. Wenigstens einen Monat lang dreimal täglich trinken, um die Wirkung festzustellen.

Rheumatoide Arthritis behandelt man mit einem Aufguss von Selleriesamen, der Harnsäure im Blut bekämpfen hilft. 1 Tasse dreimal täglich trinken. Man kann dies mit Löwenzahnwurzel *(Taraxacum officinale)* oder Teufelskralle kombinieren.

Ein Standardaufguss von Baldrian *(Valeriana officinalis)* bekämpft rheumatische Schmerzen, und ein doppelstarker Aufguss von Vogelmiere *(Stellaria media)*, 5 Minuten eingelegt, hat manchen Patienten geholfen.

Kranke, die Frauenminze *(Tanacetum parthenium)* gegen Migräne einnehmen, haben als Nebenwirkung festgestellt, dass die Arthritis-Schmerzen zurückgingen. Legen Sie täglich dreimal ein Blatt in ein Sandwich, sechs Monate lang (aber nicht während Schwangerschaft).

Ätherische Öle wie Rosmarin, einmassiert, können rheumatische und arthritische Schmerzen lindern (siehe S. 231). Gaultheriesalbe *(Gaultheria procumbens)* enthält nützliche schmerzstillende und entzündungshemmende Bestandteile; Arnika *(Arnica montana)*, als Salbe angewandt, mildert Beschwerden, und eine Kompresse aus Aufguss von Cayennepfeffer vermindert den Schmerz.

Reisekrankheit *siehe* ERSTE HILFE

Säuglingswundsein *siehe* KINDERKRANKHEITEN

Schlaflosigkeit
Eine Tasse (225 ml) Hopfentee *(Humulus lupulus)*, vor dem Schlafengehen eingenommen, ist ein nützliches Beruhigungsmittel ausser für Depressive. Er lässt sich gut mit Baldrian *(Valeriana officinalis)* – reduziert Spannung und Angst – und Passionsblumenblättern verbinden. Kamillentee *(Chamaemelum nobile)* und Katzenminzetee *(Nepeta cataria)* gelten seit jeher als entspannende Schlaftrünke, die Angst besänftigen und schläfrig machen. Auch Passionsblumentee und Orangenblütentee können Schlaflosen helfen (siehe auch Kinderkrankheiten).

Schnitte *siehe* ERSTE HILFE

Schrammen *siehe* ERSTE HILFE

Schwangerschaft und Geburt
Starke Kräuter sollen während der Schwangerschaft vermieden werden, besonders solche, die die Gebärmutter anregen, wie Gelbwurzel *(Hydrastis canadensis)*.

Morgendliche Übelkeit – dieser Ansicht sind viele Kräuterfachkundige – wird mitverursacht durch falsche Ernährung wie Schnellimbisse. Essen Sie viel frisches Obst und Gemüse. Zu den milden Kräutern, die hier helfen können, gehören die blühenden Spitzen von Mädesüss *(Filipendula ulmaria)*, Kamillenblüten *(Matricaria recutita)*, Lindenblüten *(Tilia cordata)* und Pfefferminzblüten *(Mentha piperita)*. Einen Standardaufguss jeden Morgen beim Aufstehen, am Mittag und abends trinken. Ein Aufguss aus pulverisierter Zimtrinde und frisch geschabtem Ingwer mässigt Brechreiz. Man kann diese Substanzen einzeln trinken oder in die vorher erwähnten Tees aus Blättern und Blüten streuen.

Um Muskeln und Gewebe der Gebärmutter zu kräftigen, ist Himbeerblättertee *(Rubus idaeus)* ein mit Recht berühmtes Mittel. 2 TL mit 225 ml siedendem Wasser aufgiessen und jederzeit während der letzten Schwangerschaftsmonate trinken. So werden die Muskeln auf die Wehen vorbereitet und Blutungen während der Geburt verhindert. Ein Aufguss aus Gelbwurzel *(Hydrastis canadensis)* regt die vegetativen Muskeln an und wirkt Wunder während der Wehen, soll in der Schwangerschaft aber vermieden werden. ½–1 TL pulverisierte Wurzel in 225 ml Wasser ziehen lassen, dreimal täglich trinken.

Zu Anfang der Wehen ist es sehr entspannend und angenehm, den Körper mit einem Schwamm, getränkt mit Rosen- oder Lavendelwasser oder mit Rosmarinaufguss zu waschen; auch eine milde antiseptische Wirkung wird erzielt.

Sonnenbrand

Saft aus Blättern der *Aloe vera* kühlt und heilt Sonnenbrand und kleinere Verbrennungen. Direkt auf die verbrannte Stelle streichen. Auch Sauerampfer *(Rumex acetosa)* wirkt kühlend. Sauerampfertee soll Sonnenstich und Erschöpfung heilen: 1 Tasse dreimal täglich trinken.

Ein Öl, in dem Johanniskraut eingelegt war *(Hypericum perforatum)*, ist ausgezeichnet bei kleineren Verbrennungen, wenn sie abgekühlt sind.

Stillen

Zur Anregung des Milchflusses einen Standardaufguss von Blättern und Samen des Boretschs *(Borago officinalis)* einnehmen, oder von Dill, Anissamen oder Fenchelsamen. Ein Absud Griechisch-Heu-Samen ist ein mächtiges Stimulans. 1½ TL Samen in 225 ml Wasser 10 Minuten simmern und dreimal täglich trinken. Sehr anregend sind auch die blühenden Spitzen von Ziegenraute *(Galega officinalis)*. 1 TL in 225 ml siedendem Wasser 10 Minuten ziehen lassen und zweimal täglich trinken.

Verbrennungen, kleine *siehe* ERSTE HILFE

Verdauung

Die meisten Würzkräuter regen den Fluss der Verdauungssäfte im Magen und Darm an was die Zerlegung der Fette in Fettsäuren und Nährstoffe erleichtert. Es gibt klassische Paare: Rosmarin hilft bei der Verdauung fetten Schaffleisches, Fenchel bei öligem Fisch und Meerrettich bei Rindfleisch.

Viele aromatische Samen sind nützliche Verdauungshilfen. 1 EL Anissamen, in 225 ml Milch gesotten und zweimal täglich getrunken, fördert die Verdauung. Kardamom regt den Speichelfluss an und schmeckt gut: 225 ml Aufguss eine halbe Stunde vor jeder Mahlzeit trinken. Heisser Pfefferminztee kann nach einer Mahlzeit getrunken werden. Ein Teller mit verdauungsfördernden Kräutern, einschliesslich Anissamen, Kümmel, Dill und Fenchel wird manchmal nach einem üppigen indischen Essen gereicht und hilft dem Körper wirksam, fette Speisen zu verdauen.

Treten bei der Verdauung starke oder chronische Schmerzen auf, konsultieren Sie einen Kräuterarzt oder Arzt. Haben Sie ohne Krankheitserscheinungen ständig verdauungsschwierigkeiten, so kann zu hastiges Essen, eine schlecht ausgewogene Ernährung oder Spannung schuld sein, und man ist vernünftig, sich momentane Erleichterung zu verschaffen, indem man Kräuter einnimmt (siehe auch Magenweh).

Verstauchungen *siehe* ERSTE HILFE

Verstopfung

Chronische Verstopfung oder ungewöhnliches Verhalten des Darmes sollte mit einem Kräuterarzt oder Arzt besprochen werden. Ballaststoffe im Essen und ausreichende Bewegung sind für gesunde Darmarbeit wichtig; Spannungen und Sorgen können zu Verstopfung führen.

Feigensirup, nach Bedarf getrunken, ist ein wirksames Mittel. Ein Aufguss aus zerdrücktem Flachssamen *(Linum usitatissimum)* führt ab: morgens und abends je eine Tasse trinken.

Laktritzenwurzel *(Glycyrrhiza glabra)* ist ein mildes und angenehmes Abführmittel. Wurzeln nach Bedarf kauen oder Absud aus 1 TL Wurzel in 225 ml Wasser herstellen und dreimal täglich trinken. Gekochter Rhabarber in mässigen Mengen ist gut für Kinder; grössere Mengen haben starke Wirkung. Auch Hagebuttentee ist ein mildes Abführmittel. Machen Sie einen Absud oder Aufguss aus halbierten Hagebutten, aber seihen Sie ihn durch Filterpapier ab, um die Kerne und feinen Härchen zu entfernen, die den Körper reizen können.

Zahnen *siehe* KINDERKRANKHEITEN

Zahnweh

Gewürznelken sind ein wirksames lokales Antiseptikum und mildern den Schmerz. Einen Tropfen Gewürznelkenöl (aus der Drogerie) aufs Ende eines Wattestäbchens träufeln und auf den Zahn oder in dessen Nähe anbringen, so lange, wie es wirkt.

THERAPEUTISCH WIRKSAME ÄTHERISCHE ÖLE

Ätherische Öle unterstützen die Behandlung leichterer Krankheiten wirksam, aber bei schweren Krankheiten oder unsicherer Diagnose, soll man unbedingt einen Arzt aufsuchen. Öle in Trägeröl durch Massage auftragen (S. 230–234) oder eine der auf Seite 235 angegebenen Methoden anwenden. Nicht innerlich anwenden. Die unten angeführten Öle sind nicht alphabetisch geordnet. Die zuerst genannten sind die geeignetsten für die betreffende Krankheit. Man kann die Öle für verschiedene Beschwerden kombiniert gebrauchen. Auf den Seiten 236/237 werden mögliche Mischungen angegeben.

Akne Kajeput, Wacholder, Bergamotte (½% Konzentration), Kamille, Zedernholz, Eukalyptus, Lavendel, Lemongras, Sandelholz

Angstzustände Jasmin, Lavendel, Majoran, Neroli, Basilikum, Bergamotte, Kampfer, Kamille, Weihrauch, Geranie, Wacholder, Melisse, Rose, Sandelholz

Apathie Jasmin, Rosmarin

Appetitlosigkeit Kamille, Bergamotte, schwarzer Pfeffer, Koriander, Fenchel, Ingwer, Ysop, Myrrhe, Salbei

Arteriosklerose Zitrone, Wacholder

Asthma Ysop, Lavendel, Kiefer, Rosmarin, Basilikum, Benzoin, Kajeput

Beruhigungsmittel Kamille, Lavendel, Zitrone, Majoran, Thymian

Blähungen Koriander, Fenchel, Pfefferminze

Blutdruck, niedriger Salbei, Ysop, Rosmarin, Thymian

Bluthochdruck Muskatellersalbei, Lavendel, Zitrone, Majoran, Melisse

Blutzirkulation, schlechte Schwarzer Pfeffer, Wacholder, Zypresse, Majoran, Lavendel

Brechreiz Pfefferminze, Basilikum, schwarzer Pfeffer, Fenchel, Lavendel, Rose

Bronchitis, chronische Eukalyptus, Ysop, Miaouli, Kajeput, Lavendel

Depression Kampfer, Kamille, Jasmin, Thymian, Basilikum, Bergamotte, Muskatellersalbei, Geranie

Durchfall Lavendel, Schwarzer Pfeffer, Kamille, Zimt, Gewürznelke, Ingwer, Wacholder, Zitrone, Myrrhe, Neroli, Pfefferminze, Sandelholz

Ekzem, nässend Bergamotte, Wacholder

Ekzem, trocken Kamille, Geranie, Ysop, Lavendel

Erkältung Zitrone, Kiefer, Orange, Myrtenheide

Erbrechen Basilikum, schwarzer Pfeffer, Kamille, Fenchel, Lavendel, Zitrone, Melisse, Pfefferminze, Rose

Fieber Basilikum, schwarzer Pfeffer, Bergamotte, Kampfer, Kamille, Eukalyptus, Ysop, Melisse, Pfefferminze

Frostbeulen Lavendel, Zitrone, Kampfer

Fusspilz Myrrhe, Lavendel

Geistige Ermüdung Rosmarin, Basilikum, Pfefferminze

Geschwür, Haut Myrtenheide, Bergamotte, Kampfer, Eukalyptus, Weihrauch

Geschwür, Magen Kamille, Geranie, Zitrone, Pfefferminze, Rose

Gesichtsneuralgie Kamille, Geranie, Eukalyptus, Pfefferminze

Grippe Schwarzer Pfeffer, Eukalyptus, Pfefferminze, Rosmarin, Zypresse

Gürtelrose Eukalyptus, Geranie, Pfefferminze

Haarausfall Lavendel, Rosmarin, Salbei

Halsweh Myrtenheide, Zitrone, Bergamotte, Muskatellersalbei, Eukalyptus, Geranie, Ingwer, Salbei, Thymian

Hämorrhoiden Zypresse, Weihrauch, Wacholder, Myrrhe

Haut, rauhe Benzoin, Patschuli, Kamille, Geranie, Rose

Heuschnupfen Kamille, Zypresse, Ysop, Lavendel, Zitrone, Kiefer, Rose

Husten Zypresse, Eukalyptus, Ysop, Thymian, Benzoin, Zedernholz

Insektenstiche Lavendel, Basilikum, Zimt, Zitrone, Melisse, Salbei, Thymian

Kapillaren, geplatzte Kamille, Zypresse, Rose, Lavendel, Neroli

Katarrh Ysop, Basilikum, Benzoin, Schwarzer Pfeffer, Zedernholz, Kamille, Eukalyptus, Weihrauch, Jasmin, Lavendel, Zitrone, Myrrhe, Thymian

Kehlkopfentzündung Zypresse, Weihrauch, Zitrone, Thymian, Sandelholz

Kopfweh Kamille, Lavendel, Zitrone, Majoran, Pfefferminze, Rose, Rosmarin

Krämpfe Basilikum, Zypresse, Majoran

Läuse Zimt, Eukalyptus, Gewürznelke, Geranie, Lavendel, Lemongras

Lebensmittelvergiftung Schwarzer Pfeffer, Fenchel

Leberzirrhose Wacholder, Rosmarin

Lungenkrankheit Eukalyptus, Myrtenheide, Thymian, Gewürznelke, Kiefer

Malaria Eukalyptus, Zitrone

Mandelentzündung Geranie, Ingwer, Zitrone

Menopause Zypresse, Salbei

Menstruation, schmerzhafte Zypresse, Pfefferminze, Salbei

Moskitoabwehr Eukalyptus, Gewürznelke, Geranie, Pfefferminze

Muskelschmerz Eukalyptus, Lavendel, Rosmarin, Schwarzer Pfeffer

Muskelsteifheit Rosmarin, Thymian

Muskeltonus Lavendel, Lemongras, Rosmarin, Sandelholz

Nervosität, Panik Basilikum, Bergamotte, Zedernholz, Kamille, Geranie, Wacholder, Lavendel, Majoran, Melisse, Neroli, Rose, Thymian

Ohrenweh Basilikum, Kamille, Gewürznelke, Ysop, Lavendel, Rose

Pickel Wacholder, Lavendel, Zitrone

Prämenstruelle Beschwerden Benzoin, Zedernholz, Kamille, Zypresse, Weihrauch, Geranie, Wacholder

Psoriasis Bergamotte, Kajeput, Lavendel

Quetschungen Ysop, Ringelblume, Fenchel

Reisekrankheit Pfefferminz, Ingwer

Rheumatismus Rosmarin, Ingwer, Origano, Kiefer, Thymian

Rückenweh Kamille, Geranie

Sinusitis Basilikum, Eukalyptus, Lavendel, Zitrone, Niaouli, Kiefer, Thymian

Schlaflosigkeit Basilikum, Kamille, Muskatellersalbei, Wacholder, Lavendel, Majoran, Neroli, Rose, Sandelholz, Ilangilang

Schock Kampfer, Melisse, Neroli, Pfefferminze

Schuppen Kamille, Zedernholz, Wacholder, Lavendel, Rosmarin

Schweiss, starker Zypresse, Kiefer

Stress Neroli, Zedernholz, Wacholder

Verbrennungen, Verbrühungen (Arzt konsultieren) Lavendel, Kamille, Eukalyptus, Geranie, Niaouli

Verdauungsstörungen Bergamotte, Kamille, Fenchel, Pfefferminz, Rosmarin, Salbei

Verstauchungen Eukalyptus, Lavendel

Verstopfung Fenchel, Majoran, Schwarzer Pfeffer, Rosmarin, Kampfer

Überanstrengung Basilikum, Lavendel

Warzen Zitrone

Wassersucht Zypresse, Eukalyptus, Fenchel, Geranie, Wacholder, Lavendel

Wunden (bei starker Blutung Hilfe holen) Zitrone auf die Bandage, um Blutung zu stoppen. Reinigen mit Lavendel, Eukalyptus, Kamille, Geranie, Ysop, Wacholder

Wunden, infizierte Myrtenheide, Kamille, Eukalyptus, Kamille, Geranie, Ysop, Wacholder

Zellulitis Zypresse, Fenchel, Oregano

Zuckerkrankheit Geranie, Wacholder

Zystitis Kiefer, Benzoin, Bergamotte, schwarzer Pfeffer, Kajeput, Zedernholz, Kamille

Vorbereitung des Bodens

Viele Kräuter gedeihen auf kargem, steinigem Boden, aber wenige überleben in nassem Boden. Am liebsten haben sie leichte, offene Erde, gut durchlüftet, aber fähig, Feuchtigkeit und Nährstoffe zurückzuhalten. Bereiten Sie den Boden früh im Jahr, vor dem Säen oder Pflanzen, vor. Tief umgraben, Erde fein zerkrümeln, glatte Oberfläche schaffen. Erde sich eine Woche vor dem Säen setzen lassen. In Töpfen gezogene Pflanzen darf man fast sofort in gut vorbereitete Erde setzen.

Durchlässigkeit erhöhen
Um in schwerer Erde Lufträume und Durchlässigkeit zu schaffen, im Frühwinter umgraben, da der Frost hilft, Erdklumpen zu zerkleinern. Früh im Frühjahr groben Sand, Gartensand oder Wurmstein in die obersten 45 cm mischen. Kompost dazu, um Struktur und Nährwert zu verbessern. So entsteht Raum für Sauerstoff, Bakterien sind aktiver, es entsteht mehr Pflanzennahrung. Es kommen auch mehr Regenwürmer, die jeden Boden bereichern und leichter machen.

Pflanzt man Mittelmeerkräuter wie Rosmarin, Salbei, Thymian, Lavendel oder Bohnenkraut, alle 30 cm einen Kindereimer voll Kies in die Erde geben, um die Dränage zu unterstützen.

Ist die Erde sehr nass, so kann man sie für einige Jahre verbessern, indem man eine Schotterdränage einbaut. Einen 45–60 cm tiefen Graben ausheben, der in vorhandenen Graben oder Abflussmög-

lichkeit endet. Zur Hälfte mit grobem Bruchgestein füllen und mit 8 cm Kies, Klinkerstein oder Asche auffüllen als Ersatz der obersten Erdschicht. Länger hält die Dränage, wenn man den Graben 75 cm bis 1 m tief aushebt und dem Boden entlang Plastikrohre zu einer Abflussmöglichkeit führt. Eine andere Möglichkeit besteht darin, erhöhte Beete anzulegen (S. 259).

Jäten
Bei der Vorbereitung des Bodens zähes Unkraut wie Winde, Quecke und Geissfuss ausmerzen. Unkraut samt Pfahlwurzel ausgraben, nichts abbrechen, sonst sprosst es erneut. Lange, wandernde Wurzeln einen Monat lang mit der Gabel ausheben. Nicht auf Komposthaufen werfen, sonst leben sie dort wieder auf.

Bereicherung des Bodens
Ein leichter, durchlässiger, sandiger Boden hält keine Feuchtigkeit fest und ist meist nährstoffarm. Mittelmeerkräuter können auf solchem Boden gedeihen; andere, wie Minze und Schnittlauch, brauchen etwas Kompost oder gut verrotteten Stallmist. Man gibt d es am besten nach den Winterregen zu so dass für das Frühlingswachstum genügend Nährstoffe vorhanden sind. Torf hält Feuchtigkeit zurück, enthält aber keine Nährstoffe und kann, wenn übermässig verwendet, den Boden übersäuern.

Die meisten Kräuter bevorzugen, wie die Gemüse, einen leicht alkalischen

Boden. Wenn Ihr Boden säurehaltig ist, streuen Sie ein wenig Kalk aus, nicht als Pflanzennahrung, sondern als Katalysator, der den Pflanzen hilft, die vorhandene Nahrung aufzunehmen. Verwenden Sie die kleinste angegebene Dosis. Asche von Holzfeuern ist ebenfalls hilfreich, sie enthält Kalk und Pottasche.

Kunstdünger sollte vermieden werden, er regt das Wachstum zu sehr an, und das Kraut hat dann wenig Geschmack. Wenn Sie aber wissen, dass Ihr Boden nährstoffarm ist, versuchen Sie es mit einem der Kräuterdünger (S. 265).

Mulchen
Sind die Kräuter einmal angesiedelt, wird ihnen Mulch guttun. Dazu breitet man organische Stoffe über den Boden. Mulch hilft, das Austrocknen des Bodens zu verhindern und spendet Nährstoffe. Zur Wachstumszeit angewendet, hilft er Salatkräutern wie Sauerampfer und Portulak zu üppigem Wachstum, wie auch schatten- und feuchtigkeitsliebenden Kräutern wie Minze, Engelwurz und Süssdolde. Manchmal schützt Mulch die Pflanzenwurzeln vor Frost.

Mulchen wird am besten nach kräftigem Regen vorgenommen. Leichte organische Stoffe über den Boden streuen, bis zu 8 cm tief. Mittelmeerkräuter wie Rosmarin, Thymian, Salbei und Lavendel profitieren mehr von einer Schicht Kies oder Klinkerstein, falls der Boden sehr feucht ist. Mulchen verhindert auch das Wachsen von Unkräutern, da es ihnen Licht entzieht.

Vermehrung

Manche Kräuter wachsen aus Samen und versamen sich, einmal angesiedelt, selbst. Viele lassen sich auch durch Stecklinge oder Zerteilen vermehren.

An endgültigen Platz säen

Einjährige Pflanzen der Familie Umbelliferae (Anis, Kerbel, Dill, Koriander, Kümmel und die zweijährige Petersilie) werden am besten gleich dort gesät, wo man sie haben will, denn werden sie mit der Wurzel verpflanzt, vesamen sie sich oft, ehe sie genügend Blätter produziert haben. Petersiliensamen keimt besonders langsam; haben Sie Geduld!

In der Regel von Frühlingsmitte bis -ende säen, wenn der Boden vorbereitet und erwärmt ist. Eines der sichersten Anzeichen ist das Erscheinen neuer Unkrautpflänzchen im Boden. Unkraut entfernen und Samen dünn in flache Rillen säen (siehe unten).

Fühlt sich der Boden schwer und klumpig an, eine Schicht feinen Sand über die Rillen streuen. Samen hauchfein mit Erde bestreuen und sanft anklopfen. Mit weichem Wasserstrahl befeuchten. Jede Reihe mit Namen des Krauts und Aussaatdatum markieren.

Mit Glasglocken bedeckte Samen haben einen Vorsprung; sie werden so auch vor Frost und hungrigen Wildtieren geschützt. Glocken ein paar Wochen vor dem Säen aufstellen, damit sich der Boden erwärmt.

Setzlinge ausdünnen, wenn sie 5–10 cm hoch sind. Am Tag zuvor den Boden wässern. Pflanzenheber oder Finger benützen, um sie sorgsam aus dem Boden zu heben; mit grosser Sorgfalt wieder einsetzen. Wegen Abstand

1 *Für eine gerade Saatreihe Schnur spannen. Flache Furche (6–13 mm tief) ziehen mit der Kante einer Gabel oder Hacke.*

2 *Samen dünn säen, 2–3 pro 2,5 cm. Wenn sie zu dicht beisammen sind, spriessen sie weniger.*

Kräuterindex oder Angaben auf Samenbriefchen konsultieren.

Im Haus aus Samen züchten

Teure, seltene oder unvertraute Samen sät man am besten in Samenschalen im Haus. Man kann dann auch früher anfangen als draussen.

Für die Aussaat eine lehmfreie Markenerde kaufen oder selbst mischen aus 2 Teilen sterilisiertem Lehm, 1 Teil feinem Torf, 1 Teil grobem Sand und einen Schuss Dünger. Gut vermischen und durch 8-mm-Sieb geben.

Eine 5 cm tiefe flache Schale eignet sich am besten für kleinen Samen. Auch kleine Töpfe eignen sich, vor allem für wenig Samen. Bei tieferen Schalen unten eine Schicht reines Dräniermaterial hineingeben – eine Schicht Kies, Perlstein oder Topfscherben. Die Wachstumserde soll nur die obersten 6 mm einnehmen. Scharf auf Schale oder Topf klopfen, dann mit flachem Brett Oberfläche sanft andrücken. Ist die Mischung sehr trocken, wässern und abtropfen

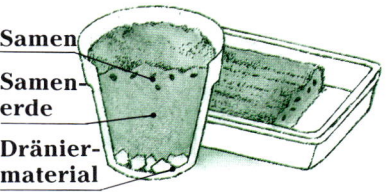

Samen

Samenerde

Dräniermaterial

lassen. Samen dünn säen, feinen Samen mit Sand mischen zur besseren Verteilung. Ganz wenig Samenerde über das Ganze streuen. Grössere Samen mit gleich dicker Schicht bedecken.

Vorbereitung von Töpfen und Schalen

Mit feiner Brause wässern, ausserhalb der Schale beginnend und endend. Beschriften, datieren, mit Glas und einer Schicht Zeitungspapier bedecken.

Samen keimen schneller in der Wärme

eines Treibhauses oder im Haus und müssen täglich kontrolliert werden. Wenn mehr Wasser nötig ist, Töpfe in Wasser setzen, bis die Erde feucht scheint.

Sprossen die Samen, Schalen ins Licht stellen. Decke auf einer Seite 2 Tage lüften. Dann ganz wegnehmen, aber Sämlinge vor praller Sonne schützen.

Sämlinge verpflanzen

Sobald die Pflanzen zum Anfassen gross genug sind, ausdünnen oder in grösseres Kistchen oder Topf verpflanzen, damit sie Platz haben. Aber warten, bis nach den Kotyledonen das erste echte Blätterpaar erschienen ist, das ganz anders geformt ist.

Junge Sämlinge besser am Blatt als am Stengel anfassen, sorgfältig herausnehmen, um die winzigen Stengel und Wurzeln nicht zu beschädigen. Ein Loch in die Erde machen und den Sämling einsetzen. Kompost andrücken, Pflanze an hellen Ort, aber nicht an die Sonne stellen. Tägliche Kontrolle ist jetzt wichtig, zu sehr gedrängte Sämlinge oder solche in schlechtem Licht können in zwei Tagen lange, schwache Stengel formen. Wenn dies geschieht, setzt man sie tiefer, indem man die Hälfte des Stengels eingräbt.

Wenn gutes Wachstum eingesetzt hat, schwächste Pflanzen entfernen, die starken wachsen lassen. In grössere Töpfe mit Spezialkompost (S. 262) setzen oder ins Freie pflanzen.

Sämling nach vorsichtiger Verpflanzung andrücken.

KRÄUTER, DIE SICH ZUR AUFZUCHT AUS SAMEN EIGNEN

Eine Unmenge Kräuter, häufige und seltene, lassen sich aus Samen ziehen, aber mit den unten genannten geht es am leichtesten. Braucht man nur eine Pflanze, kauft man sie billiger und schneller.

Alle Einjährigen

Anis	Kapuzinerkresse	Melde
Basilikum	Kerbel	Nachtviole
Bohnenkraut	Koriander	Portulak
Borretsch	Kümmel (Röm.)	Ringelblume
Kamille	Majoran	Senf

Zweijährige

Engelwurz	Petersilie	Wilde Sellerie
Kümmel	(glatt und gekraust)	

Perennierende

Blühende Kamille	Isop	Süssdolde
Eibisch	Katzenminze	Thymian
Fenchel	Liebstöckel	Wermut
Franzö. Majoran	Oregano	Wiesenknopf
Frauenminze	Salbei	Winterbergminze
Gartenraute	Sauerampfer	Winterzwiebel
Guter Heinrich	Schnittlauch	

Umpflanzen

Alle Pflanzen hassen Schocks und müssen sich an neue Verhältnisse erst gewöhnen. Im Haus gezogene Pflanzen sollten stufenweise ins Freie gebracht werden. Stellen Sie sie tagsüber an einen geschützten Ort und nehmen Sie sie nachts herein. Nach mehreren Tagen auch nachts draussen lassen. Nach einer Woche ins Freie pflanzen.

Ziemlich winterharte Pflanzen nicht ins Freie setzen, wenn noch Frühlingsfrost droht. Nicht bei Hitze oder Regen ins Freie setzen. Am besten sind ruhige, warme Tage; oft wählt man mit Vorteil den frühen Abend, wenn der Boden warm ist und die Sonne tief steht.

Boden vorher wässern, wenn er nicht schon feucht ist. Wurzelgrosses Loch machen, Pflanze vorsichtig einsetzen, Loch auffüllen und Erde andrücken.

ANDERE FORMEN DER VERMEHRUNG

Kräuter lassen sich auch leicht durch vegetative Methoden vermehren: mit Stecklingen, durch Teilen, mit Ablegern. Auf diese Art weiss man, wie Blatt und Blüte der Pflanze aussehen werden. Diese Methoden nützen auch der Mutterpflanze, die sonst zu dicht und wirr werden kann.

Vermehren mit Stecklingen

Drei Hauptarten von Stengelstecklingen eignen sich für Kräuter: Weichholz, von neuen, noch nicht verhärteten Schossen; halbhartes Holz, wenn neue Schosse sich zu verhärten beginnen, und Hartholz von holziger Gebüschen und Bäumen.

Weichholzstecklinge schneidet man im Spätfrühling von kräftigen neuen Schossen oder im Spätsommer nach der Blüte. Stecklinge von halbhartem Holz schneidet man gewöhnlich zwischen Hochsommer und Herbstmitte von buschigen Kräutern wie Rosmarin und Myrte. Hartholzstecklinge nimmt man im Spätherbst. Wenn eine Pflanze mit gefleckten oder farbigen Blättern vermehrt werden soll, wählt man die stärkstgefärbten Stecklinge.

Stecklinge einpflanzen

Pflanzt man ins Freie, so wählt man einen warmen, geschützten Ort ohne Sonnenbestrahlung. Für Stecklinge aus Weichholz und halbhartem Holz eignet sich eine Bodentemperatur von 13–18 °C. Sand und Torf mit eingraben, um Wurzelbildung in lockerer Erde zu fördern. Noch leichter ist es, ein paar Stecklinge unter die Mutterpflanze zu setzen, aber nicht vergessen, sie während der ersten paar Tage und bei Trockenheit zu wässern. Weichholzstecklinge welken rasch und sind daher sofort zu pflanzen. Blätter leicht besprühen, bei trockenem Wetter oft.

Stecklinge in Containern erlauben grössere Beweglichkeit bei der Plazierung, auch kann von unten geheizt werden, um die Wurzelbildung zu fördern. Stecklinge mit ⅓ ihrer Länge einsetzen, in Pflanzkompost oder Gartenerde, mit Sand oder Torf durchsetzt. Nicht stärker als nötig andrücken; je leichter der Boden ist, desto besser wachsen die Wurzeln. Mehrere Stecklinge derselben Art am Topfrand setzen, drei lange Stöcke einsetzen und mit durchsichtigem Plastiksack bedecken, um Feuchtigkeit und Wärme zu halten. Sack alle paar Tage wegnehmen, um die Luft zu wechseln und Schimmel zu verhindern. Sobald die Stecklinge Zeichen des Wachstums zeigen, sie an geschützten, sonnigen Ort stellen und Nährstoffe geben. Achtung, anfangs nicht zu starke Sonne!

Weichholz- und Halbhartholzstecklinge brauchen etwa sechs Wochen zur Wurzelbildung.

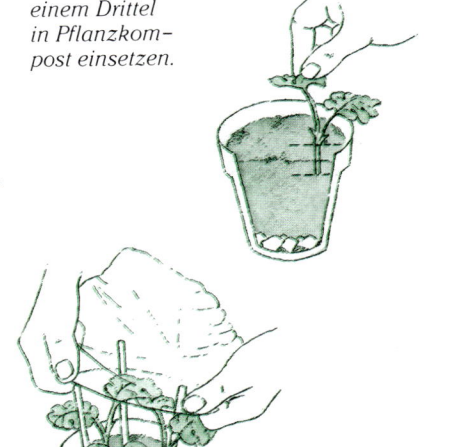

Stecklinge zu einem Drittel in Pflanzkompost einsetzen.

Mehrere Stecklinge einer Art in einen Topf pflanzen, mit Plastiksack bedecken, der die Blätter aber nicht berühren soll.

Hartholzstecklinge bilden allmählich über den Winter Wurzeln. Im folgenden Jahr an endgültigen Platz setzen.

Die meisten Kräuter verwurzeln leicht, ohne Hormonkompost. Wenn Sie solchen verwenden, Überschuss abschütteln.

PFLANZEN FÜR STECKLINGE

Folgende wachsen gut aus Stecklingen von einer gesunden Mutterpflanze.

Isop	Rosmarin
Estragon	Salbei
Garten-	Thymian
raute	Wermut
Lavendel	Winterberg-
Majoran	minze
Myrte	Zitronen-
Pelargonien	kraut

WIE MAN STECKLINGE SCHNEIDET

Für alle drei Arten dieselbe Methode anwenden. Für Weichholzstecklinge kräftige, 5–10 cm lange Stücke nehmen, mit viel Blättern. Für Halbharholzstecklinge 10–15 cm lange Stücke schneiden, für Hartholzstecklinge 15–38 cm lange. Direkt unter einem Blattknoten schneiden, da dort die Zellen besonders gedrängt sind. Gesunde, kräftige Schosse wählen, ohne Blüten oder Knospen. Mit scharfem Messer oder Gartenschere sauber abschneiden. Wird ein Steckling vom Hauptstamm abgerissen, beschneidet man ihn, denn je grösser der Riss, desto höher die Infektionsgefahr.

Vor dem Pflanzen das untere Drittel der Blätter entfernen, dabei Stengel nicht beschädigen.

Bei Hartholzstecklingen direkt unterhalb der tiefsten Knospe schneiden.

Weichholzstecklinge

Unterhalb eines Blattknotens schneiden, kurzes Stück Stengel belassen.

Schnittstelle beschneiden, wenn sie nicht sauber ist.

Vorsichtig Blätter vom unteren Drittel entfernen.

Hartholzsteckling

Alles Weiche – Blätter, Schosse usw. – von der Spitze des Hartholzstecklings entfernen.

Pflanzen teilen

Mehreren Kräutern tut es gut, geteilt zu werden. Sie können nicht wuchern und werden widerstandsfähiger. Pflanze im Herbst oder Frühfrühling ausgraben, wenn sie ruht. Alte Blütenstengel entfernen und die Pflanze sorgfältig so zerlegen, dass jeder Teil einen Vegetationspunkt und etwas Wurzeln hat. Teile wieder einsetzen, Nährstoffe geben, wässern, bis die Wurzeln angesiedelt sind und sich neues Wachstum ankündigt.

Zwiebelpflanzen wie Schnittlauch können auf die gleiche Weise auseinandergenommen und wieder eingepflanzt werden.

Junge Pflanzen von Hand zerteilen, darauf achten, dass alle Vegetationspunkte haben.

LEICHT TEILBARE KRÄUTER	
Echter Alant	Merk
Estragon	Rasenkamille
Gamander	Sauerampfer
Gänsefingerkraut	Schlüsselblume
Guter Heinrich	Veilchen
Kissenprimel	Wasserdost
Liebstöckel	Thymian
Lungenkraut	Wermut
Mädesüss	Wiesenknöterich
Majoran	Zitronenmelisse
Marienblatt	Zwergbeinwell

Wurzelteile

Das ist die leichteste Vermehrungsart. Pflanze im Frühjahr oder Herbst ausgraben, 5–10 cm lange Wurzelstückchen herausschneiden, jedes mit Knospen. Diese etwa 2,5 cm tief in Komposttopf setzen. Falls direkt ins Freie gesetzt wird, längere Wurzelstücke verwenden. Diese Methode eignet sich am besten für wuchernde Pflanzen mit kriechenden Wurzeln: Bergamotte, Zwergbeinwell, Liebstöckel, Minzen, Seifenkraut, Waldmeister.

Wurzelstecklinge

Einige Kräuter wie Meerrettich, Beinwell und Merk können aus 5–8 cm langen, dicken Wurzelteilen gezogen werden. Stecklinge senkrecht in Pflanzkompost stecken und mit 6 mm Sand bedecken (s. unten).

Wurzel in kleine Stücke schneiden und in Pflanzkompost legen, knapp unter der Oberfläche.

Ableger machen

Wenn Stecklinge nur schwer Wurzeln bilden, können Sie es mit Ablegern machen. Mit dieser Methode helfen Sie jungen Pflanzenteilen, Wurzeln zu schlagen, während sie mit der Mutterpflanze immer noch verbunden sind. So vermehren sich viele buschige Pflanzen wie Thymian in der Wildnis, und das kann man leicht nachvollziehen.

Ableger machen, indem man einen Stengel an den Boden heftet.

Ableger eindecken, indem das hölzerne Zentrum der Pflanze mit Erde bedeckt wird.

Sind die jungen Wurzeln genügend entwickelt, trennt man den neuen Schoss von der Mutterpflanze. Bei schwerem Boden erst Sand oder Torf beifügen.

Eine ähnliche Methode ist das Ablegermachen unter Hügeln. Damit entsteht nicht nur neues Wachstum, sondern alte Pflanzen, besonders in der Mitte verholzender Thymian und Salbei, sehen auch besser aus. Im Frühjahr Erde (wenn nötig mit Torf und Sand vermischt) über die verholzte Mitte häufen, bis nur die jungen Schosse herausragen. Im Spätsommer werden viele Schosse Wurzeln getrieben haben, können von der Mutterpflanze getrennt und andernorts eingesetzt werden.

Pflanzen formen

Kräuter sind im Grunde wilde Pflanzen und verstehen es, bei schlechten Bedingungen zu überleben. Werden sie in einen reichen Gartenboden verpflanzt, so können sie wuchern und müssen beschnitten werden.

Wucherer wie Minzen sollten ihre Wurzeln in einem versenkten 35-cm-Topf haben oder in einem gelöcherten schwarzen Polyäthylensack oder in 45 cm tiefem Entwässerungsrohr. Unten offene Gefässe wie Rohre müssen mindestens 45 cm tief sein, sonst klettern die Wurzeln aussen wieder zurück. Andere starkwüchsige Kräuter wie Seifenkraut, Zwergbeinwell und Waldmeister haben einen regelmässigen Beschnitt der Ausleger nötig.

Bei Sauerampfern, Zitronenmelisse und den einjährigen Salatkräutern schneidet man die Blütenstengel, sobald sie sprossen, damit mehr saftige Blätter produziert werden. Andere, wie Guter Heinrich und Majoran, können sofort nach der Blüte stark zurückgeschnitten werden und liefern dann noch vor dem Herbst eine neue Ernte junger Blätter.

Je nach Wahl können Sie im Herbst Samen ernten oder als Vogelfutter an der Pflanze lassen und dann im Frühjahr kräftig zurückschneiden. Andere spätblühende Gewächse kann man über den Winter stehenlassen, wenn ihre toten Blätter sie und ihre Nachbarn vor Wind schützen. In sehr leichtem Boden aber keine hohen und dicken Stengel stehenlassen, sonst werden sie vom Winterwind geschüttelt, was zu Froststellen an der Stengelbasis und zum Verfaulen führt.

Stutzen

Aromatische, buschige, perennierende Kräuter wie Lavendel, Stabwurz und Isop im Herbst nur leicht stutzen durch Entfernen der Blütenstengel, und im folgenden Frühjahr kräftig zurückschneiden. Auf etwa 23 cm schneiden oder auf die vorjährige Länge, wenn ein paar frische Schosse trotzdem sichtbar bleiben. Salbei braucht mehr Pflege, da die Stengel unten oft nicht gebrochen werden können. Bei Salbei und Lavendel ersetzt man oft die Pflanzen besser alle vier oder fünf Jahre.

Es ist besser, jedes Jahr sanft zu stutzen. Manche Leute belassen buschige Kräuter zwei, drei Jahre und finden dann ein Durcheinander aus aufgeschossenen Stengeln vor. Dies löst man, indem man zurückschneidet, soweit man Grünes sieht, oder indem man Stecklinge für neue Pflanzen schneidet, oder indem man die ganze Pflanze ausgräbt und tiefer setzt, so dass die langen Stengel eingegraben werden. Der Boden unter der tiefergesetzten Pflanze muss aber gut dräniert sein, sonst verrottet sie.

Buschige Kräuter im Herbst stutzen, bis auf die Länge des Vorjahres.

Alle aromatischen Kräuter sind antiseptisch, so dass Abfälle vom Stutzen mehrfach verwendet werden können: Wermut als Insektenabweiser in den Gemüsegarten legen oder Blätter trocknen und als Mottenabschrecker im Haus aufhängen. Thymian und Rosmarin zu Desinfektionsmitteln aufgiessen. Aromatische Kräuter ins Feuer werfen, um die Luft zu reinigen und zu parfümieren.

Kräuter pflücken

Je nachdem, wie man pflückt, kann eine Pflanze buschiger wachsen. Basilikum, Estragon, Majoran, Oregano und Immergrüne bleiben buschiger, wenn zuerst die Wachstumsspitze, dann die grösseren Seitenblätter abgenommen werden. Im allgemeinen sollte nicht mehr als ⅕ der Blätter geerntet werden, damit die

Wachstumsspitze für üppigeres Wachsen entfernen

Pflanze wieder Zeit zum Wachsen hat.

Minze bringt kleine Seitenblätter hervor, wenn man die Spitzen abschnipst. Nimmt man aber einen ganzen Stengel, dann wächst die Pflanze üppiger.

Für dauerndes Wachstum pflücken Sie die äusseren Blätter von Petersilie, Liebstöckel, Sauerampfer, und Wiesenknopf.

Bildet eine dieser Pflanzen einen starken Mittelstengel, um zu blühen, entfernen Sie ihn sofort. Petersilie ist zweijährig und bringt die besten Blätter im ersten Jahr hervor. Wenn Sie Petersilienpflanzen ersetzen, nutzen Sie die alten Wurzeln zu einem Bouquet garni.

Kleine Zweige von Rosmarin, Thymian, Salbei und Winterbergminze werden am besten nach ästhetischen Gesichtspunkten gepflückt – wegnehmen, was die Gesamterscheinung des Krauts beeinträchtigt.

Schnittlauch kann man auf 4 cm hinunterschneiden und dann wieder wachsen lassen. Es ist sparsamer, ein paar Blätter auf 4 cm zurückzuschneiden, als vom ganzen Stock die Spitzen, denn jeder Halm vergilbt ein Stück weit nach dem Schneiden.

Winterschutz für Kräuter

Viele Kräuter können einen harten Winter nicht draussen überleben. Bringt man sie in Töpfen nach drinnen, so leben Einjährige oft ein paar Monate länger, und nicht sehr winterharte Perennierende profitieren ebenfalls. (Seite 262, Eintopfen, und Seite 264–265, Kräuter im Haus ziehen). Beim ersten kühlen Herbstwind soll Basilikum ins Haus gebracht werden. Blasse, scheckige oder sonst unglücklich wirkende Blätter zeigen das Missvergnügen der Pflanze über kalte Abende an. Vor starkem Frost müssen Ananassalbei, Pelargonien, Balsamstrauch und Diptamdosten ins Haus gebracht werden. Alle werden Sie mit aromatischen Blättern und manchmal mit Winterblüte belohnen.

In kälterem Klima mit längeren Perioden von Frost und Schnee müssen Rosmarin, Salbei, Winterbergminze, Lavendel und heikle Thymianarten ins Haus gebracht werden. Ausgewachsene Pflanzen, die draussen bleiben, schützt man, indem man Erde, Stroh oder

Im Winter die Wurzeln ausgewachsener Pflanzen zudecken.

Kompost um ihre Wurzeln häuft.

Wenn Sie das ganze Jahr über Kräuter in Töpfen ziehen (s. Seite 262/3), und sie dabei im Sommer samt Topf in die Erde stecken, können Sie sie leichter nach drinnen bringen. Wurzeln, die durchs Bodenloch hinausgewachsen sind, abschneiden. Umzug möglichst vornehmen, wenn Temperatur drinnen und draussen gleich ist. Sonst eine Zwischenstation einschalten: ein paar Tage oder Nächte in ungeheizten Gewächshaus oder in kühler Garage.

Manche Kräuter, wie z. B. Schnitt-

lauch, haben eine starke Beziehung zu den Jahreszeiten und fühlen, dass vom Herbst an Ruhezeit ist. Man kann sie täuschen: im Frühherbst eintopfen, wässern, Kraut zurückschneiden. An warmen, feuchten Ort ohne Sonneneinstrahlung stellen, eine Woche oder zwei, um Wurzelwachstum in der neuen Erde zu fördern. Dann ein paar Wochen an kühleren Platz stellen, während draussen immer noch Schnittlauch wächst. Wenn diese welken, bringen Sie die Eingetopften ins Haus, damit sie das «Frühlingswachstum» beginnen, wenn möglich mit künstlichem Licht.

Kerbel und Winterportulak halten sich gut im Haus, da sie ohnehin lieber im Winter wachsen. Im Sommer gesäte Petersilie und Estragon verhalten sich ebenfalls gut im Haus. Es ist nicht nötig, ganze Minzenpflanzen hereinzuholen: 8–10 cm lange Stecklinge mit prallen Blattknospen eintopfen. Binnen sechs Wochen sollten Sie frische Minzenblätter ernten können.

Einhegungen

Das ist ein wichtiger Aspekt des traditionellen Kräutergartens. Eine Einhegung verhindert Windschäden, hebt die Temperatur und konzentriert das Parfüm aromatischer Kräuter. Sie kann je nach Wunsch dauerhaft oder vorübergehend sein. Pflege und Kosten variieren je nach Art.

HECKEN

Wenn sie einmal steht, ist dies die einfachste Form einer hohen, dauerhaften Einfriedung und erlaubt den Gebrauch weiterer aromatischer

Informelle Einhegung

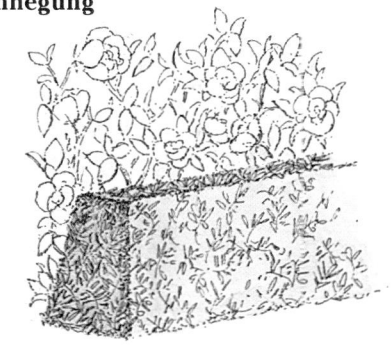

Formelle Einhegung

Pflanzen, denn viele buschige Kräuter sind immergrün und lassen sich leicht schneiden. Hecken können sauber und formell oder weich und wild sein, je nach den verwendeten Pflanzen und dem Schnitt. Aber alle Hecken brauchen ein paar Jahre, bis sie gross genug sind.

Eiben sind mit gutem Grund klassische Heckenpflanzen. Die dunkelgrünen Blätter haben die richtige Grösse und Farbe, um als Hintergrund für alle Schattierungen von Grün, Gold, Bronze, Silber und Grau wie auch für alle Blumenfarben zu dienen, und sie sind leicht in Form zu schneiden.

Eibe gilt als langsam, lohnt aber gute Pflege. Erde mit Knochenmehl und Kompost anreichern und Pflanzen im ersten Jahr reichlich wässern, damit sie schneller wachsen. Mit 45 cm hohen Pflanzen beginnen, 60 cm voneinander entfernt. Formgeben durch Stutzen mitten im Frühling und im Spätsommer. So wuchs unsere Eibenhecke auf Gürtelhöhe in drei Jahren und auf Kopfhöhe in sechs.

Buchs ist ebenfalls eine traditionelle Einfassungspflanze. Er wächst zwar sehr langsam, eignet sich aber dank seiner kleinen hübschen Blätter dazu, in kunstvolle Formen geschnitten zu werden. Mit 45 cm Abstand pflanzen.

Apfelrose wird oft zu Kräutergärten gepflanzt wegen des köstlichen Apfelduftes ihrer Blätter. Sie ist gross, unordentlich und dornig, kann aber zu einer natürlich wirkenden Hecke gezogen werden. Mit 1 m Abstand pflanzen.

Arbor-vitae, die Thuja-Familie der Koniferen, hat aromatische Blätter, die angenehm fruchtig, fast ananasartig duften. *T. plicata* und *T. occidentalis* eignen sich ausgezeichnet für hohe Hecken. Beide reagieren gut auf Stutzen und vertragen Schatten und untiefen Boden. Man stutzt sie am besten im Spätsommer, damit vor dem ersten Frost noch neue Blätter reifen. Mit 60 cm bis 1 m Abstand pflanzen.

Abies grandis, die grosse Fichte, bildet einen guten Windschutz, sollte aber nicht gestutzt werden. Ihr Laubwerk strömt einen frischen Geruch von Orange und Grapefruit aus, wenn man es zerquetscht. Mit 2–4 m Abstand pflanzen.

Niedrige Einfassungen

Man sieht sie in vielen Kräutergärten – sie trennen die verschiedenen Arten oder Beete – und als Ornamente. Am ausdauerndsten sind Zwergbuchs, Lavendel und Rosmarin. Richten Sie Ihre Wahl danach, ob das Kraut den Winter in Ihrer Gegend übersteht. Einzelne Pflanzen kann man ersetzen, aber wenn in einem strengen Winter eine ganze schöne Hecke stirbt, bricht einem das Herz.

Rosmarin kann in geschützter Lage 2 m hoch werden, aber die Norm ist 1 m. *Rosmarinus officinalis* «Miss Jessup's Upright» neigt am wenigsten zur Breite. Eine neue Sorte, *R. o.* «Sawyer's Selection», ist in vier Jahren 2,4 m hoch geworden und scheint ebenso widerstandsfähig wie gewöhnlicher Rosmarin.

Die Nächstgrossen sind 1–1,2 m hohe Lavendel, Old English lavender mit «Grappenhall» und «Hidcote giant». Die Zwischengrössen können weisse, rosa, blaue und violette Blüten haben; man kann also eine interessante Hecke mit vielen Farben, die zu verschiedenen Zeiten blühen, heranziehen. Hecke nach der Ernte der Blüten stutzen.

Heiligenkraut bildet eine intensiv silberne Hecke, die etwa 60 cm hoch wächst. Regelmässig gestutzt kann es hübsch geformt werden, doch verzichtet man dann auf die kleinen gelben Blüten.

Strohblumen, Ysop in verschiedenen Farben, Stabwurz, aufrechter Gamander, Gartenraute, Winterbergminze, buschiger Thymian, Schnittlauch und Wermut können alle für niedrige Hecken verwendet werden.

Pflanzung und Unterhalt einer Hecke

Am einfachsten ist es, Hecken aus in Containern gezogenen Pflanzen oder aus Stecklingen zu ziehen, die man direkt an den endgültigen Standort bringen kann. Als grobe Regel gilt, dass die Pflanzen ca. ⅔ ihrer mutmasslichen Höhe voneinander getrennt zu setzen sind: 1 m hoher Lavendel sollte 60 cm auseinandergesetzt werden, eine Ysophecke, die 45 cm hoch wird, braucht 30 cm Abstand.

Damit sie gesund und dicht wächst, schneidet man sie oben regelmässig, so wächst sie buschiger an der Seite. Jeden Frühling gut verrotteten Kompost über die Wurzeln legen und in heissem Wetter gut wässern, da eine dicke Hecke Regen von den Wurzeln abhält.

ORNAMENTALE GÄRTEN

Sie wurden erstmals im 15. Jahrhundert erwähnt. Wie man gestutzte Einfassungspflanzen benutzt, um «Bänder» von Farben zu erzielen, wird heute neu entdeckt, allerdings auf kleinerer Skala als die grossartigen Gartenanlagen der Vergangenheit.

Hecke so trimmen, dass die Seiten etwas schräg sind: unten breiter als oben. Das macht die Hecke stärker und bei Schneelast widerstandsfähiger.

Mit dieser attraktiven Methode kann man Pflanzen voneinander trennen und Farbe zur Geltung bringen.

Versuchen Sie es mit einem Beet, das nicht kleiner sein soll als 2 m² (man bringt bei kleinerem Ausmass keine Wellenlinien zustande). Der Garten kann für sich selbst stehen oder als Mittelstück des Kräutergartens figurieren. Gut gepflegt, gibt er dem ganzen Garten ein reifes und gepflegtes Aussehen.

Bepflanzen Sie ein Quadrat oder ein Rechteck, denn strenge geometrische Formen passen zu diesem Stil. Planen Sie Ihr Design sorgfältig auf Zeichenpapier und zeichnen Sie die Dicke der Hecke korrekt ein. Lassen Sie sich von alten Kräuterbüchern oder von anderen Kulturen, die geometrische Muster benutzten, inspirieren: indianisches, arabisches und chinesisches Material gibt besonders viel Ideen her.

Die Anziehung solcher Gärten stammt aus dem Kontrast zwischen den Blätterfarben verschiedener immergrüner Kräuter. Da gibt es z. B. hellgrünen Zwergbuchs, Ysop, grünes Heiligenkraut, das Dunkelgrün des aufrechten Gamanders, Winterbergminze oder Rosmarin, das Silber von *Santolina chamaecyparissus* «Nana» und die Zwerglavendel, das Weidengrün des Heiligenkrauts «Lemon Queen». Nur schon mit den drei Santolinas können Sie ein hochbefriedi-

Zwei ornamentale Gartenmuster, die einem Gartenbuch des 17. Jahrhunderts entnommen wurden.

gendes Muster herstellen, mit verschiedenen Laubfarben und einheitlichem Wachstum und Blattgrösse.

Man pflegte den Raum zwischen den Pflanzen mit farbigem Sand oder Kies zu bedecken, aber das ist schwer zu finden und zu unterhalten. Dunkler Torf bringt farbige Pflanzen wirksam zur Geltung, und da die Natur jeden freien Raum zu füllen trachtet, kann man auch bodennahes Immergrün wie kriechenden Thymian benutzen. Thymianlaub ist dunkelgrün *(T. herba barona)* bis hellgrün *(T. caespititius)*, es gibt goldene und goldgefleckte Arten, und im Hochsommer tragen ihre bunten Blüten zum Bild des Gartens bei.

Rekonstruktion eines Elisabethanischen ornamentalen Gartens im Tudor House Museum, Southampton.

Eine Steinmauer bauen

Mit flachem Graben die beabsichtigte Breite der Mauer angeben. Eine Schicht Geröll oder Steine hineinlegen, als Basis für die erste Schicht Steine. Breit anfangen – etwa zwei Steine breit – und schmal aufhören, etwa einen Stein breit. Statt

Mörtel Erde zwischen die Steine drücken und fortlaufend Pflanzen einsetzen. In Abständen, als zusätzliche Verankerung, lange Steine über die Breite der Mauer legen.

Wie man einen ornamentalen Garten anlegt und pflegt

Als erstes den Boden von allem Unkraut befreien und ihn gut umgraben. Groben Sand oder feinen Kies hineingeben.

Haben Sie Ihr Muster auf Papier gezeichnet, übertragen Sie es mit Kalk, Sand oder Schnur; für kleine wiederholte Formen benutzen Sie eine Kartonlehre.

Ausgewählte perennierende, immergrüne Kräuter, um 23 cm hohe Bänder zu erzielen, 23 cm auseinandersetzen. Niedrigere Bänder, 15 cm hoch, lassen sich mit Zwergbuchs erzielen, aber alle andern Pflanzen müsste man immer wieder nacktschneiden. Eckkräuter zuerst einsetzen, damit Abstände gleichmässig werden. Bei im Topf gezogenen Pflanzen kann sofort mit dem Beschneiden begonnen werden, oben und seitlich, so dass jede Pflanze sauber dasteht.

Im Spätfrühling zurückschneiden, damit neues Laub wächst. Geben Sie Ihrem Muster Fluss und Bewegung, indem Sie die Kreuzung zweier Bänder durch Höhe hervorheben. Kreuzt ein Silberband ein grünes Band, lassen Sie das obere leicht nach oben schwingen und das untere sich gegen den Verbindungspunkt hin senken.

Letztmals im Spätsommer stutzen, damit im Winter etwas Blattschutz vorhanden ist.

Schnell angelegter ornamentaler Garten

Eine unbeschwerte und nicht teure Art, einen ornamentalen Garten oder auch nur ein vorübergehendes Muster zu

erzielen, besteht darin, Stecklinge nach einem Muster zu pflanzen. Beet wie oben beschrieben vorbereiten, noch mehr Torf und Sand beigeben. Schneiden Sie Stecklinge von den gewählten Band-Kräutern. 15 cm hohe Stecklinge sollen im Abstand von 4 cm Ihrem Muster folgen. Während 2 Wochen täglich giessen, im Hochsommer bis zur Wurzelbildung mit einem Netzvorhang oder Zweigen vor der Sonne schützen. Abseits ein paar zusätzliche Stecklinge setzen, als Ersatz für abgehende.

MAUERN

Ein solid ummauerter Garten ist so warm, als wäre man 300 km näher beim Äquator. Man fühlt sich darin privat und allein. Hohe Mauern sind teuer und müssen von Spezialisten gebaut werden. Aber sogar eine niedrige Mauer gibt Schutz und zeigt Grenzen an.

Wählen Sie für Ihre Mauer Werkstoffe, die mit denen Ihres Hauses, der Terrasse und den Weg harmonieren. Verwenden Sie heimischen Stein, hohe Betonblöcke oder Backstein. Wenn Backsteine in vielen Farben verfügbar sind, nehmen Sie gute Farbmuster aus Ihrem Haus mit. Wenn Rosa in Ihrem Garten vorherrscht, bringen Sie auch ein paar Blüten mit, denn sie vertragen sich oft schlecht mit Ziegelrot.

Beschränken Sie sich auf niedrige Mauern, etwa 60 cm hoch, wie unten gezeigt. Trockenmauern (ohne Mörtel), Stützmauern und niedrige Backsteinmauern (doppelt) lassen sich alle so bauen, dass sie Erdtaschen enthalten, in denen Kräuter wachsen können. Bei einer doppelten Mauer sollte die Mitte eine dicke Schicht Geröll oder Steine enthalten; zuoberst kommt eine Schicht Erde.

KRÄUTER FÜR MAUERN

Kräuter, die von steinigen Hügeln kommen, geniessen eine sonnige Mauer. Folgende Hängepflanzen lassen sich gut in oder auf eine sonnige Mauer pflanzen:

kriechender Thymian	niedrigwachsende Wermutpflanzen
Winterbergminze	Heidenelke
Rosmarin	Alpen-Frauen-
Katzenminze	mantel
	liegender Salbei

Folgende immergrüne Büsche verleihen einer Mauerkrone Farbe und Höhe:

Lavendel	Goldlack
Ysop	Nabelkraut
Wacholder	Gamander
Heiligenkraut	Mauerkraut

Was trockene Erde liebt, wächst ebenfalls gut auf einer Mauer:
perennierende
Kamille
Hauslauch

Am Fuss der Mauer sammelt sich oft Feuchtigkeit, so dass sich dort wohlfühlen:

Schlüsselblumen	Minzen
Veilchen	Mädesüss
Süssdolde	Engelwurz

ZÄUNE

Für Leute, die weder Zeit noch Raum für Hecken und Mauern haben, gibt es alles mögliche Zaunmaterial. Zäune schützen vor Wind und fremden Blicken und verkleiden oder verstecken z. B. Kompostplätze. Wählen Sie Holz, Bambus, solides Flechtwerk oder Gitterwerk, die in Farbe und Struktur mit Kräutern harmonieren werden. Undurchlässige Bretterwände wahren zwar die Privatsphäre am besten, aber viele Kletterpflanzen schätzen das zusätzliche Licht und die Lüftung durchlässiger Zäune.

Alle Zäune müssen unterhalten und gelegentlich ersetzt werden, deshalb sollte man das beste Material, das man sich leisten kann, wählen. Gewöhnlich hält billiges Material nicht sehr lange.

Zaunpfosten müssen solid und sicher sein. Für einen leichten, offenen Zaun z. B. aus Gitterwerk sollen die Pfosten erstklassig sein: Ein Gitter ist schnell ersetzt, ein Pfosten gibt viel mehr Arbeit. Betonpfosten sind die solidesten, aber nicht die schönsten. Lieber sieht man Holz, aber das muss mit Holzkonservierungsmitteln behandelt werden. Falls Kreosot gebraucht wird, kann man ein Jahr lang keine Pflanzen in seine Nähe setzen. Holzpfosten, direkt in die Erde gesetzt, verrotten verhältnismässig rasch. Wenn möglich, stecken Sie Holzpfosten an der Basis in einen Metallkragen, der in die Erde versenkt wird, oder in einen Betonsockel, der mit Stein und Geröll gefüllt ist.

Um Beete voneinander abzugrenzen, sind niedrige Umzäunungen angezeigt.

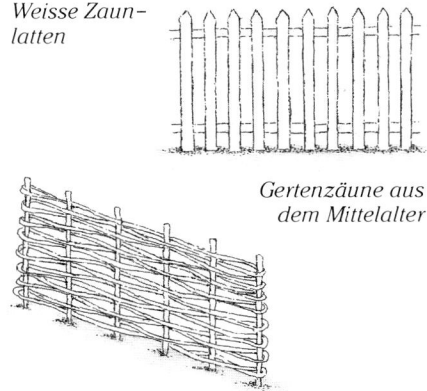

Weisse Zaunlatten

Gertenzäune aus dem Mittelalter

Weisse Lattenzäune schmücken viele amerikanische Kräutergärten. Sie bringen die Pflanzen zur Geltung und sehen sauber und ordentlich aus.

Um ein kleines Beet rustikaler erscheinen zu lassen, kann man eine Tradition des Mittelalters wieder aufnehmen und niedrige Zäune aus geflochtenen Gerten verwenden. Sie bestehen aus elastischen grünen Hasel-, Weiden- oder Hartriegelzweigen, etwa 6 mm dick. Kräftige Zweige, 12–18 mm dick und 30 cm lang, als Senkrechte verwenden. Mit 23 cm Abstand in die Erde stecken, so dass sie 13 cm hervorstehen. Dann die Haselgerten zwischen die Senkrechten winden, jede kräftig hinunterstossend.

Offene Wände

Eine Sichtbarriere, die keinen Schatten wirft, besteht aus Pfosten mit Girlanden aus Stricken oder Ketten, denen entlang Kletterrosen, Geissblatt, Hopfen oder Efeu gezogen werden. Man kann noch weitergehen und zwischen den Pfosten diagonal Seile ziehen. Zieht man eine Kletterpflanze den Seilen entlang, so kann man die Zwischenräume herausschneiden und «Fenster» machen. Eine offene Wand, die nur ein paar Jahre hält besteht aus Bambusrohren, die man mit 15 bis 23 cm Abstand in die Erde steckt, mit Drähten verbindet und mit leichten Kletterpflanzen wie Kapuzinerkresse, Wicken oder Kletterbohnen besetzt, die hübsche Blüten und Blätter haben.

Ein Netz diagonaler Stricke, bedeckt von wohlriechendem Geissblatt

Ein Zaun aus Draht und Pfosten, bedeckt mit schnellwüchsiger Kapuzinerkresse.

Gitterwerk

Gitterwerk, das Pflanzen stützt und Sichtschutz bietet, kommt wieder in Mode. Man kauft es in Stücken von 2 m Höhe und verschiedener Breite. Es macht grosse Flächen wie Hauswände oder flache Zäune oder dunkle Ecken leicht und dekorativ. Von der unten folgenden Liste Kletterpflanzen wählen oder hohe Gräser der Wand entlang wachsen lassen. Bei hölzernen Kletter-

BÄUME VERFLECHTEN

Junge Baumzweige werden miteinander verflochten, bis sie eine flache grüne Wand bilden, die unten offen ist. Alle unteren Zweige werden entfernt, und schliesslich sehen die Stämme wie Säulen aus. Man hat das in mittelalterlichen Kräutergärten gemacht.

Verflochtene Bäume geben Schutz und begrenzen Flächen, ohne die Platzangst zu erzeugen, die von grossen Hecken in kleinen Räumen ausgeht. Sie können grosse hässliche Dinge verdecken, Aussichten andeuten und zwei verschiedene Gartenstile geschickt miteinander verbinden, zum Beispiel zwischen geradlinigen Beeten und informellen Kräutergärten oder zwischen ornamentalen Anlagen und einem Swimming-pool. Eine einzige Reihe wird zum Windschutz, wenn eine Wegbreite entfernt eine zweite gepflanzt wird.

Hainbuche und Linden sind die hierfür meistverwendeten Bäume, aber Weiden, Liguster, Weissdorn, Platane, Kastanie und Hartriegel eignen sich ebenfalls. Überlegen Sie sich Grösse und Form im voraus, testen Sie sie mit Stöcken im Garten. Kontrollieren Sie den An- und Ausblick von überall her, auch von den Fenstern des Hauses.

Mit jungen Bäumen, die gerade Stämme haben, anfangen. Boden gut vorbereiten, mit Knochenmehl und gutem Kompost anreichern. Wenn eine schlanke Grünwand gewünscht wird, brauchen die Bäume Unterstützung durch Pfosten und waagrechte Drähte (wie Obstspaliere). Die Bäume 1,2 bis 2,4 m auseinandersetzen und stutzen wie unten angegeben. Jeden Herbst stutzen und aufbinden, bis ein dichtes Netzwerk von Zweigen entstanden ist. Dann nur noch Blätter abschneiden, um die Form zu erhalten.

1 *Alle Seitentriebe, die tiefer als die gewünschte Höhe sind, entfernen. Zweige, die nicht in der gewünschten Richtung wachsen, entfernen.*

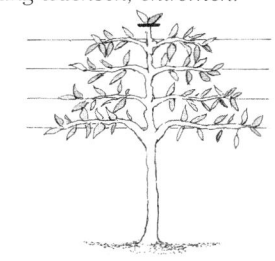

2 *Senkrechte Zweige oberhalb von Knospen beschneiden und neue Triebe dem Draht entlang ziehen.*

pflanzen wie Geissblatt und Jasmin solideres Material verwenden, da es schwierig ist, beschädigtes Gitterwerk oder Flechtgitter aus wirren Ästen herauszuholen. Mit etwas Geschick kann man die Gitter zu dreidimensionalen Strukturen kombinieren, z. B. Lauben (S. 262) oder Pergolen.

PERGOLEN

Eine Pergola besteht aus einer Reihe rechteckiger oder gekrümmter «Bogen», die waagrecht miteinander verbunden und mit Kletterpflanzen bedeckt sind, so dass ein halboffener Laubengang entsteht. Sie verleiht einem kleinen, faden Garten oder einer flachen Landschaft mühelos geheimnisvolle Belebung.

Man kann eine Pergola auch anschliessend ans Haus, mit horizontalen Balken und senkrechten Stützen, bauen und so Haus und Garten reizend verbinden und einen schönen Raum draussen schaffen. Sie verdeckt eine

Eine traditionelle Pergola stellt eine luftige gedeckte Passage dar.

unschöne Aussicht, bildet einen markanten Eingang zum Kräutergarten oder setzt an einer Strasse Akzente.

Wenn man eine Pergola baut, ist es schwierig, das richtige Gleichgewicht zwischen echtem ländlichem Charme und Märchensüsse zu finden. Einfache Metallbogen oder rechteckige Strukturen aus Stützen und Querleisten sind am wenigsten riskant. An jeder Stütze Klet-

Für Doppelbogen vier kräftige Stangen in den gewünschten Abständen setzen und an Draht mit biegsamen Gerten, z. B. Haselzweigen, verbinden. Dazu für erhöhte Stabilität Querleisten.

terpflanzen setzen. Wenn Sie Kletterrosen pflanzen, versuchen Sie dafür zu sorgen, dass niemand, der durch die Pergola geht, von Dornen verletzt wird.

Ein Doppelbogen bildet einen markanten Eingang, wie oben ersichtlich. Er kann auch bei Wegkreuzungen verwendet werden, wie oben rechts gezeigt. Der Garten auf S. 31 umfasst eine Pergola aus Spalierobstbäumen.

Bei Holzstrukturen hält Hartholz stets viele Jahre länger als Weichholz, doch ist es bedeutend teurer. Alles Holz mit pflanzenfreundlichem Konservierungsmittel behandeln. Bei viereckigen Pfosten hilft ein Metallkragen mit spitzem

Für Bogen an Wegkreuzungen Seitenleisten auslassen und zwei Extrabogen im rechten Winkel zum ersten Paar installieren.

Ansatz, der in den Boden gehämmert wird. Dies gibt dem Pfosten Halt auf dem Boden und verlängert sein Leben, indem er vom feuchten Boden ferngehalten wird.

Um Stämme an einem Pfosten hochzuziehen, befestigen Sie eine Öse oder Schleife oben und unten und verbinden Sie sie lose mit spiralförmig geführtem Plastikdraht. Wachsende Zweige fortlaufend in den Draht drücken.

KLETTERPFLANZEN FÜR DEN KRÄUTERGARTEN

Rosen Diese Liste enthält nur duftende und dauernd oder immer wieder blühende Sorten mit den sanften Farben und dem graziösen Wuchs alter Rosen.
«Albéric Barbier»; gelbe Knospen zu cremeweissen Blüten.
«Bloomfield Abundance»: Mengen winziger rosa Blüten.
«Gloire de Dijon»: bräunlichgelb, frühblühend. Wächst auch an schattiger Wand.
«Guinée»: reiches samtenes Rot, Knospen geeignet für Dufttopf.
«New Dawn»: rosa mit Silberhauch; fruchtiger Duft.
«Zephirine Drouhin»: kirschenrosa.
«Blush Noisette»: fliederrosa, reicher Nelkenduft.
«Cécile Brunner»: winzige Buschblüten
«Leverkusen»: zitronengelbe Blüten mit Zitronenduft.
«Mme Alfred Carrière»: weisse, rosa überhauchte runde Blüten, stark duftend, widerstandsfähig.
«Maigold»: bronzegelb, starker Duft, stachlig.

Andere duftende Kletterpflanzen
Jasmin Lässt sich in fruchtbarem Boden leicht ziehen und braucht sonnigen Standort. Sein berauschender Duft kann einen Garten füllen.
Jasminum officinale: Trauben winziger weisser, duftender Blüten im Sommer.
J. beesianum: kleine tiefrote Blüten im Spätfrühjahr.
J. × stephanense: kleine duftende blassrosa Trauben im Sommer.

Geissblatt Wächst in fast jedem Boden und liebt Halbschatten.
Lonicera periclymenum ist in vielen Bauerngärten zu finden, ist widerstandsfähig und am stärksten duftend.
L. japonica repens: Blüte, Blätter und Triebe haben violette Farbtöne.

Akebia *(Akebia quinata)* wächst 9–12 m hoch und ist eine ungewöhnliche, widerstandsfähige Kletterpflanze mit zarten Blätterwirbeln. Sie zeigt im Frühling winzige, duftende, purpurrote Blüten und nach einem heissen Sommer kleine essbare Früchte.

Hopfen Gedeiht in fast jedem Boden.
Humulus lupulus: 3–6 m hoch, grosse, tief eingekerbte Blätter.
H. lupulus «Aureus» hat sanftgelbe Blätter. Er liebt Sonne.

Duftlose Kletterpflanzen

Efeu *Hedera helix:* Es gibt 29 Sorten mit silbernen, goldenen und gefleckten grossen, kleinen oder gekrausten Blättern.

Clematis Die reichblühenden kleinblühenden Sorten passen am besten zur intimen Atmosphäre des Kräutergartens.
C. montana «Elizabeth» hat Duft.

Rebe Wohl die älteste Gartenkletterpflanze; kräftig mit grossen schönen Blättern. Rebe ist leicht zu ziehen, aber wenn sie Früchte tragen soll, braucht sie einen langen, heissen Sommer und fachmännische Pflege.
Vitis vinifera «Apiifolia» hat zerteilte Blätter.
V. vinifera «Purpurea» hat reichlich rote Blätter, die später weinfarben werden.

Kräuterrasen

Francis Bacon schrieb 1625 von drei Kräutern, die die Luft am schönsten parfümierten, wenn man auf sie trete: Wiesenknopf, Wilder Thymian und Wasserminze – man sollte deshalb ganze Alleen damit bepflanzen.

Ein duftender Rasenteppich lässt sich mit verschiedenen perennierenden Kräutern legen. Man fängt am besten mit einem kleinen Stück an, da Kräuterrasen zwar nicht gemäht, aber intensiv gejätet werden muss. Man kann eine «Begrüssungsmatte» am Eingang des Kräutergartens pflanzen oder einen kleinen Teppich vor einer Gartenbank anlegen.

Einen Kräuterrasen pflanzen
Boden gründlich von Unkraut säubern, dann zu glatter Oberfläche rechen. An leicht schattigem oder kühlem Ort fetten Kompost auftragen, der die Feuchtigkeit hält. Entweder eindringlich nach Pfefferminz duftende Poleiminze mit 23 cm Abstand setzen, oder die kleinblättrige *Mentha requienii*, die nach Crème de menthe riecht, mit 10 cm Abstand. Bacons Wasserminze braucht feuchten Boden, und es gäbe viele Löcher, aber man könnte es mit Poleiminze oder Rasengras probieren.

An sonnigem Ort braucht man sandigen Kompost und pflanzt Römische oder perennierende Kamille, die nach Äpfeln duftet, mit 10 cm Abstand. «Römische Kamille» ist eine nichtblühende Abart, praktisch, weil keine Blütenköpfe zu entfernen sind, aber gewöhnliche Römische Kamille lässt sich aus Samen ziehen und ist viel billiger. Boden vorbe-

reiten, dann säen. Mit dünner Schicht Erde bedecken und feucht (nicht nass) halten. Wenn Sämlinge wenigstens zwei Sätze Blätter haben, auf ca. 8 cm ausdünnen. Nicht betreten, bis sie zusammenwachsen. Die meisten Blütenköpfe entfernen, damit die Blätter stärker werden, aber ein paar belassen, weil sie im Rasen hübsch aussehen. Legen Sie keinen Kamillenrasen neben einer Wiese oder einem Naturgarten an, sonst dringt bald Unkraut in Ihren Rasen, und es auszuziehen, schadet den flachwurzligen Kamillenpflanzen. Die beste Umgebung sind Stein- oder Ziegelplatten.

Gern wird statt eines Rasens kriechender Thymian gepflanzt. Vorgehen wie bei Kamille. Setzlinge mit 23 cm Abstand oder in Gruppen säen. Thymiansorten nach Blattfarbe wählen (golden, gescheckt, grau, hell- und dunkelgrün) oder nach Gerüchen (Thymian, Zitrone, Kiefer, Kümmel) und Blütenfarbe (Seite 142). Im Hochsommer können die Blüten (weiss, rosa, lila, koschenille) ein Kaleidoskop von Farben und Düften liefern. Blütenstengel erst im Frühling entfernen, da sie das Kraut im Winter etwas schützen.

Ackerminze *(mentha arvensis)*, des Bauern Alptraum, verträgt Trockenheit, man könnte es damit allein oder mit Gras versuchen. Viele Minzen wachsen im Gras, wenn nicht zu oft gemäht wird. Oder man kann sie auf wenig benutzte Gartenwege setzen.

Von Bacons Kräutern habe ich nur Wiesenknopf nicht probiert. Das ist eine kräftige Pflanze mit Gurkenduft und könnte in einem Rasen gedeihen.

Alle diese Rasenarten vertragen das Betreten, aber nicht zuviel davon. Wenn nötig Platten legen oder Scheiben von Mammutbaum oder Ulme. Gewisse Stellen, oft die Mitte, werden stärker beansprucht, während am Rand kräftige Pflanzen wachsen. In diesem Fall kann man ja gutentwickelte Exemplare von aussen nach innen versetzen.

RASENKRÄUTER

Kamille
Chamaemelum nobile «Römische Kamille». Mit Apfelduft, nichtblühend, verträgt Trockenheit.

Minzen
Korsische Minze *(Mentha requienii):* winzige Blätter, starker Duft. Liebt Feuchtigkeit. Poleiminze *(M. pulegium):* glänzendgrün, süssduftend. Ackerminze *(M. arvensis)*

Thymian
Alle kriechenden Arten *(T. serpyllum, T. praecox, T. pseudolanuginosus)* eignen sich als Rasenkräuter. Bevorzugen trockenen, sandigen Boden.

Gartenwege

Man braucht sie im Kräutergarten, damit man jederzeit Blätter, Blüten und Samen pflücken und auch für die Pflege überall hinreichen kann. Ein Weg kann nur 45 cm oder ganze 2 m breit sein, je nach Grösse und Stil des Kräutergartens und seiner Umgebung.

Gras
Ein Wiesenweg ist die einfachste Wegform, besonders wenn der Kräutergarten innerhalb einer Rasenfläche angelegt ist. Auch die oben angegebenen Kräuter eignen sich. Der Weg soll wenigstens so breit sein wie der Rasenmäher, oder dann an den Seiten mit flachen Ziegeln ausgelegt, die das Gewicht von Rädern tragen können. Werden die Ziegel hintereinander zwischen Weg und Kräuter gelegt, so entsteht Raum für die Pflanzen zum Überhängen, ohne dass sie stören. Statt einer harten Kante können Sie auf jeder Seite des Wegs einen 8 cm tiefen Einschnitt machen, damit das Gras nicht in die Erde hinüberwandert und

eine klare Abgrenzung für die Pflege entsteht.

Der Hauptnachteil eines Gras- oder Kräuterweges besteht darin, dass er beschränkt begehbar ist. Man kann deshalb runde Stammscheiben als Trittsteine hineinlegen – aromatisches Holz wie Zeder ist ideal. Sonst kann man Steinplatten oder Ziegel verwenden.

Ein Schachbrettmuster von Steinplatten abwechselnd mit niedrigwachsenden Pflanzen.

Kieswege
Kies oder Schotter ergeben hübsche Gartenwege. Die Farbe des Kieses hängt davon ab, von welchem Stein er stammt.

Heller Kies erhellt dunkle Winkel, dunklerer Kies täuscht grössere Weite vor.

Kieswege müssen, um glattzubleiben, regelmässig gewalzt und gejätet werden. Vielbenutzte Kieswege brauchen von Zeit zu Zeit eine neue Schicht Kies. Man kann auch Holzbretter im Kies einbetten.

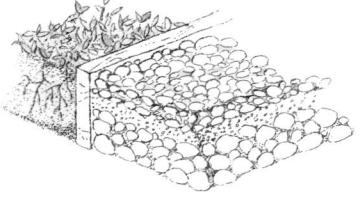

Einen Kiesweg anlegen
Zuerst ein Unterfutter von 10 cm legen, dann 5 cm Kies darauflegen. Für Wege, die länger als 5 m sind, sollte man eine leichte Neigung vorsehen, damit keine Pfützen entstehen.

Stein- und Ziegelwege

Harte Wege haben den Vorteil, viel Begehung zu ertragen. Sie sind bei jedem Wetter benützbar und leicht zu pflegen.

Welches Material Sie auch wählen, achten Sie darauf, Farben und Strukturen auszulesen, die mit der sanften Natürlichkeit der Kräuter harmonieren. Pflastersteine und Betonplatten gibt es heute in fein abgestimmten Farben. Wenn Sie Kunststein oder backsteingrosse Betonklötze verwenden, wählen Sie solche mit unregelmässiger Struktur und Farbvariationen. Gleichmässige Farbe wirkt fade und flach.

Alte Ziegelsteine werden auch gern für Wege verwendet, sie passen fast überall hin. Sie lassen sich gut zur Musterbildung verwenden. Laufen sie in Richtung des Weges, so scheint dieser länger; legt man sie quer, wird der Weg breiter und kürzer. Man kann Ziegel zu vielen Mustern zusammensetzen, fischgrat- oder fächerähnlich oder in vertikal/horizontalen Anordnungen (siehe unten).

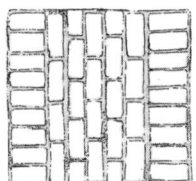 

Diagonales Fischgrätenmuster im Läuferverband

Besonders attraktiv ist ein schmaler (72 mm) Ziegel, der sich für die intime Atmosphäre eines Kräutergartens eignet. Man braucht dafür 10 cm Unterfutter und eine 2,5 cm dicke Mörtelschicht. Der Weg sollte breit genug sein für das Ziegelmuster samt Rändern (siehe rechts). Er braucht auch ein leichtes Gefälle um Pfützen zu vermeiden.

Einen Ziegelweg legen

Verleihen Sie Ihrem Kräutergarten mit einem traditionellen Ziegelweg Charakter und Beständigkeit. So gehen Sie vor:

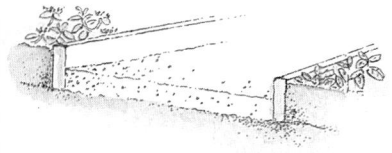

1 *Ganze Fläche 10 cm tief ausheben, Metall- oder Holzränder hineinlegen. 5 cm harten Sand darüber, leicht anfeuchten.*

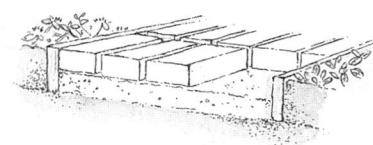

2 *Ziegel auslegen, 2–5 mm Zwischenraum lassen. Mit Hammer oder gemietetem Plattenvibrator einhämmern.*

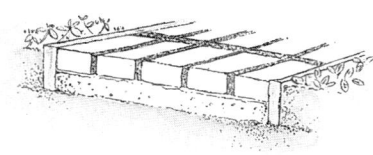

3 *Über Fugen eine Mischung aus feinem Sand (1:4) legen, hineinbürsten. Die Mischung nimmt aus der Luft Feuchtigkeit auf und fixiert mit der Zeit die Ziegel.*

Betonwege

Betonwege selber zu legen ist eine kreative Angelegenheit. Sie können einen sehr persönlichen Weg machen, indem sie mosaikgrosse Stücke aus Porzellan oder Glas, Muscheln, Eisengitter, Kies oder Ziegeln einlegen; man kann sogar mit Kräuterblättern deren Form in den Beton drücken. Erst sorgfältig auf Papier planen. An die Grundregel denken: Einheit braucht Konstanten, entweder wird das gleiche Material für alle Muster verwendet oder das gleiche Muster mit verschiedenem Material wiederholt oder, was am besten gelingt, das gleiche Material und das gleiche Muster mit kleinen Abweichungen angewandt.

Planen Sie den Weg in Abschnitten: Ein Quadrat von der Breite des Wegs ist am einfachsten. In jedes Quadrat legen Sie die gewählten Materialien. Bevor Sie sie verlegen, vergewissern Sie sich, dass keine scharfen Kanten herausragen und die Farben harmonieren. Verlegen Sie kleine Stücke wie Kiesel, so darf der Raum zwischen ihnen nicht grösser sein als die Kiesel selbst. Haben Sie zuwenig Kiesel, breiten Sie sie nicht gleichförmig aus; gruppieren Sie sie in engen Mustern mit breitem Raum zwischen den Gruppen. Achten Sie darauf, dass Sie alles Material bei der Hand haben; einmal vergossen, wartet Beton auf niemanden.

Kantenbefestiger

Sie helfen, Ziegel am Ort zu halten.

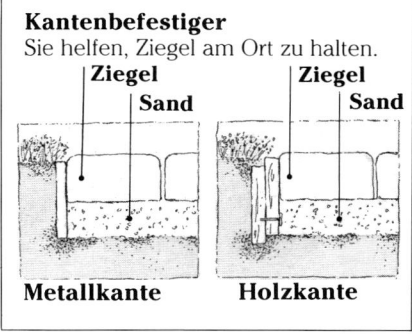

Metallkante   **Holzkante**

Erhöhte Gartenbeete

Bei undurchlässigem und besonders bei lehmigem Boden ist es ratsam, die Kräuter in erhöhten Beeten zu ziehen. Hier liegt die Erde höher als rundherum, so dass die Dränage besser wird. Erhöhte Beete oft in mittelalterlichen Holzschnitten gezeigt, grenzen die Fläche auch gut ab, erschweren das Betreten und erleichtern Jäten und Ernten. Rollstuhlfahrer können sie erreichen.

Ist die Dränage kein Problem, so kann man ein erhöhtes Beet einfach dadurch erreichen, dass man mehr Erde daraufhäuft als rundherum, es flachklopft und am Rand leicht abschrägt. Dauerhafter und besser dräniert wird ein Beet, das aus einem Unterfutter besteht, dann

Erhöhtes Beet: Querschnitt

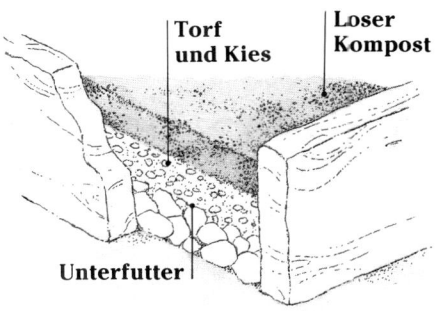

einer Schicht rauher Torf und Kies und zuoberst loser Kompost, alles von einer Holz- oder Ziegelwand umgeben.

Die beste Höhe für ein erhöhtes Beet liegt zwischen 30 und 100 cm. Bei grösserer Höhe braucht man ein solides Fundament für die Umfassungsmauer um dem Gewicht der Erde gerecht zu werden. Die Breite soll höchstens 1,5 m sein, damit man zum Pflücken und Ernten die Mitte erreicht.

Für Rollstuhlpatienten kann man ein Beet auf Betonstützen errichten, wie ein grosser Ausguss mit Dränierlöchern; es sollte mindestens 15 cm tief sein (tiefer bei starken Winden). Die meisten Kräuter wachsen auf einem solchen Beet, aber feuchtigkeitsbedürftige wie Minze und Süssdolde müssen viel gegossen werden. Wenn möglich ziehen Sie diese in einem Beet, das nahe an einem Wasserhahn liegt.

Schräge Böschungen

Eine gute Möglichkeit, sonnenliebende, aber nicht allzu widerstandsfähige Pflanzen in kühlem Klima zu ziehen, besteht darin, sie an einer sonnigen Böschung anzupflanzen. Eine solche Böschung erweitert die Pflanzfläche, kann als Windschutz dienen und ein erhöhtes Beet umrahmen. Nützlich ist sie auch als Versteck von Bauschutt. Der Schutt dient als Basis für die Böschung, wobei die Neigung weniger als 45° betragen sollte. Mit Humus bedecken und diesen, bis die Pflanzen eingewurzelt sind, mit an Pflöcken befestigten Netzen festhalten.

Oben läuft das Wasser rasch ab, und deshalb sollten die dort gesetzten Pflanzen gegen Trockenheit resistent sein. Unten wird die Erde feucht sein. Wenn Sie eine neue Böschung errichten, achten Sie zwei Jahre lang darauf, Erosion zu verhindern, entweder durch Bedecken mit Netzen oder durch den Bau einer kleinen Mauer zuunterst. Nachher sollten die Pflanzenwurzeln die Erde zusammenhalten; aber steile Böschungen haben am besten immer eine kleine Mauer, die die Erde zurückstaut.

«Ich weiss eine Böschung,
wo wilder Thymian blüht,
wo Schlüsselblumen und
nickende Veilchen wachsen.»

Shakespeares Pflanzen ergäben eine farbige, duftende Böschung. Die auf Seite 255 aufgezählten Kräuter eignen sich auch für eine sonnige Böschung. Majoran, Beifuss, Gelbdolde, Schlüsselblumen, Himmelsleiter, Akelei und weisser Andorn sind besonders günstig.

Bodendeckende Kräuter, die sich für Böschungen eignen, sind u. a. Zwergbeinwell, Echtes Labkraut, Günsel, Waldmeister, Immergrün und wilde Erdbeeren.

An einer feuchten Böschung – wie etwa an einem Graben – macht sich die Tibetanische Schlüsselblume Tsang Po (Primula florenda) besonders gut mit ihren riesigen honigduftenden Blüten, die im Hochsommer erscheinen.

Sitzgelegenheiten

Meist denkt man erst hinterher daran, aber eine Sitzgelegenheit ist äusserst wichtig, wenn man eine Beziehung zu den Kräutern entwickeln will.

Wählen Sie den Standort Ihres Sitzes sorgfältig. Er soll geschützt sein und zu der Stunde, an der Sie am ehesten zum Sitzen kommen, eine hübsche Aussicht bieten, beim Morgen- oder Abendsonnenschein.

Was für ein Sitz?

Farbe und Charakter von Stein oder Kunststein harmonieren sehr schön mit dem Silber, dem Grau und den gedämpften Blütenfarben der meisten Kräuter. Es sollte auch ein Stein sein, der zum Stil Ihres Hauses passt. Steinsitze sind schön, aber auf die Dauer etwas unbequem. Man braucht Kissen in der Nähe.

Gartensitze aus Hartholz sind immer noch am beliebtesten. Teak wird mit den Jahren silbergrau und hält sich 70 Jahre. Man erhöht die Freude, wenn man Minze, Zitronenmelisse oder Pelargonien um den Sitz pflanzt oder in Töpfen in die Nähe stellt.

LAUBEN

Ein Sitz verlockt einen, sich die Zeit zu nehmen, die Herrlichkeiten eines Kräutergartens zu betrachten. Noch schöner wird das, wenn man von einer Laube aus aromatischen Kräutern schützend umgeben ist. Metall- oder Holzrahmen sind käuflich. Man kann auch einen simplen Bogen über einen Sitz konstruieren, indem man vier kräftige Holzpfosten in die Erde steckt und zwei biegsame Zweige, zum Beispiel Haselnuss, zu zwei Bogen biegt. Zwei Querstücke in Schulterhöhe machen die Laube stabiler.

Eine einfache, rechteckige Laube lässt sich mit vier 8×8 cm messenden Eckpfosten errichten, an denen man hinten und oben Gitterwerk befestigt. Das kräftigste Gitterwerk wählen – besser rechtwinklige als rhomboide Stücke. Obschon Gitterwerk leicht ist, fand ich es dank der rechtwinkligen Konstruktion genügend steif. Kletterpflanzen verstärken es. Aber die Eckpfosten müssen kräftig sein, sonst wird das Bauwerk schief.

Planen Sie die Form je nach Grösse des vorhandenen Materials. Gibt es zum Beispiel Platten, die 2,5 m hoch sind und entweder 1 m oder 1,25 m breit, können Sie jede Seite 1 × 1,25 m gross machen, für die Rückseite zwei Platten 1,25 × 2 m verwenden und für die Decke 1 × 2,5 m; die Bank drin wäre dann 1,7 bis 2 m lang. Ein zusätzlicher Pfosten wäre nötig, wo die beiden Rückenplatten zusammenkommen. Eine Höhe und Breite von 2 m mit einer Tiefe von 60 cm wäre gerade noch möglich, aber man müsste dann mehr Pflanzen daran hindern, in die Laube hineinzuwuchern. Noch billiger wird die Laube, wenn man landwirtschaftliche Plastiknetze benutzt und Kletterpflanzen darüberzieht.

Konsultieren Sie die Liste von Kletterpflanzen S. 259, und wählen Sie solche aus, die den Sommer über duften und vielleicht im Herbst Früchte tragen.

WIE MAN EINE KRÄUTERBANK MACHT

Hübsch anzusehen und angenehm zu benützen ist eine Kräuterbank, eine Kreuzung zwischen Mauer, Sitz und Rasen. Eine bequeme, solide Bank lässt sich leicht als Backsteintrog errichten, der mit Thymian oder Kamille bepflanzt wird.

Basis 35 cm tief ausheben. Darauf 10 cm Schotter und 5 cm Sand. Mit zwei Backsteinschichten darüber kommt man auf Bodenhöhe. Fünf Backsteinschichten darüber ergeben eine bequeme Sitzhöhe. Man macht Rücken- und Armstützen mit nochmals je 2 Schichten. Backsteine mit Mörtel mauern, ein paar Dränierlöcher belassen – so wird der Sitz solid und sicher. Vorne oben eine Reihe Backsteine durch ein Stück imprägniertes Holz von entsprechender Dicke einsetzen, was zum Sitzen bequemer ist.

Mit Bauschutt bis 15 cm unterhalb der Sitzfläche füllen, dann guten Kompost hineingeben. Perennierende Kamille in Abständen von 15 cm oder Thymian (23 cm) einpflanzen. Man kann auch 15 cm breite Latten über den Sitz legen, in 8 cm Abstand, und Kräuter dazwischensetzen. – Jedes Frühjahr eine dünne Schicht Kompost daraufgeben, um Erde zu ersetzen und neuen Auslegern Platz zu geben.

2 Schichten Backsteine für Arm- und Rückenlehnen

Perennierende Kamille

Imprägniertes Holz

Bauschutt · Sand

Kompost · Unterfutter · Bodenhöhe

35 cm

Eine oder zwei Pflanzen sollten auch im Winter Blätter tragen. Wählen Sie solche mit verschiedenen Blattgrössen und -formen, so dass Sie sich, wenn Sie aufschauen, daran erfreuen können, wie das Sonnenlicht durch grosse, dekorative Blätter funkelt.

Der oft gehörte Rat, Kletterpflanzen 2 m auseinanderzusetzen, ist nur dann gültig, wenn man 2 m Mauer von einer einzigen Pflanze dekoriert sehen will. Wenn Sie es gerne sehen, dass sie sich mischen, kann man sie 60–90 cm auseinanderpflanzen. Es kann aber auch eine einzige wüchsige Kletterpflanze wie Geissblatt eine Laube in nur wenigen Jahren völlig bedecken.

Man kann auch aus Hecken Lauben schneiden. Im 1. Jahrhundert n. Chr. empfahl Plinius der Ältere die *Romora tonsilis*, die geschnittene Laube. Dort wurde eine enorme Mittelmeerzypresse so beschnitten, dass sie eine mit Sitz versehene Zuflucht bot. In kälterem Klima lässt sich dasselbe mit Eibe tun.

Duftlaube im Garten der Autorin.

Schwerpunkte

Ein Kräutergarten, als Ort der Betrachtung, hat oft einen Schwerpunkt. Meist ist er in der Mitte oder am Ende eines Wegs, wo er einen anzieht. Es kann sich um einen Formstrauch handeln, wie zum Beispiel um eine Lorbeerkugel (siehe unten). Oder er kann hervorheben, was für Wildtiere mit dem Garten verbunden sind – es kann ein Bienenkorb sein oder ein Vogelbad. Eine weite Schale oder ein Teich spiegeln den Himmel wider, man kann auch Blumen darin schwimmen lassen. Auch eine gut aufgestellte Urne oder ein anderes Gefäss ziehen das Auge auf sich. Lange Zeit waren Sonnenuhren beliebt, oft mit philosophischen Sprüchen versehen. Statuen vom St. Fiaker, dem Heiligen der Gärtner, oder von Kwan Yin, der chinesischen Göttin der Barmherzigkeit, sind beides klassische, hohe, schlanke Figuren von schönen Proportionen. Auch Pan mit seiner Flöte ist eine vergnügt stimmende Gartenfigur.

FORMSTRÄUCHER

Viele immergrüne Pflanzen eignen sich für die althergebrachte Form der Bildhauerei. Sie bringt Ordnung und Struktur in einen Garten und bildet einen angenehmen Gegensatz zur lustvollen Unordnung mancher Kräuter. Lange Zeit benutzte man vor allem die Mittelmeerzypresse (*Cupressus sempervirens*), um sie zu allerlei Formen zu schneiden, dann auch Eibe und Bux. Lorbeer, Myrte und Gamander lassen sich alle formen, wie auch Rosmarin, zu Shakespeares Zeiten besonders beliebt als Hecke.

Man braucht ein gutes Auge, um Formen zu sehen, besonders bei Wölbungen. Einfache geometrische Formen wie Kugel und Kegel lassen sich am leichtesten schneiden, aber manchmal lässt ein bisschen Exzentrik einen Garten unvergesslich werden.

Kleinblättrige Pflanzen wie Zwergbuchsbaum schneidet man, sobald sie die nötige Höhe haben. Um eine geformte oder geometrische Hecke in Form zu halten, muss man sie zweimal jährlich schneiden: einmal im späten Frühjahr, wenn sich neue Triebe geformt haben, und zum zweitenmal im Spätsommer, damit weitere Schosse noch vor dem Winter heranreifen können. So sieht die Pflanze fast das ganze Jahr frisch aus.

FORMSPALIERE

Mittelalterliche Gärtner kannten verschiedene Mittel, Kletterpflanzen zu schmückenden Formen zu ziehen. Oft sieht man in Bildern eine Mittelstange, die drei oder vier runde Drahttabletts trägt. Manchmal wurden in diese «Estraden» Kletterpflanzen gezogen (siehe rechts), und manchmal trugen sie Topfpflanzen, die mit bunten Kugeln behängt waren.

Etwas Ähnliches lässt sich einfacher machen. Man befestigt ein einziges rundes Drahttablett oben an einer Mittelstange. Dann lässt man eine schnellwachsende Kletterpflanze die Stange emporwachsen, nur zwei Stengel belassend und alle Seitentriebe wegschneidend. Oben entsteht dann eine Laubscheibe.

Einen eindrücklichen Schwerpunkt kann man binnen zweier Jahre schaffen, wenn man über ein Dreibein oder eine einzige senkrechte Stange kräftige Kletterer zieht, wie Geissblatt, Rebe, Hopfen, Zierefeu oder *Akebia quinata*.

Eine dreigeschossige «Estrade» mit Hopfen wird in ein paar Jahren zu einem Blickfang.

EINE LORBEERKUGEL MACHEN

Zeichnen Sie die gewünschte Form auf, besonders wenn der Lorbeer im Container wächst, so dass die Proportionen von Kugel, Stammhöhe und Gefäss stimmen. Je höher der Stamm, desto grösser sollte die Kugel sein.

1 *Baum 15 cm höher werden lassen als die gewünschte fertige Höhe. Dann Spitze stutzen, Seitentriebe dort entfernen, wo die Kugel anfangen soll, und Seitentriebe in der Kugel auf 2 oder 3 Blätter zurückschneiden.*

2 *Wenn die Seitentriebe vier oder fünf Blätter gebildet haben, wieder auf zwei oder drei zurückstutzen, und das mit allen Trieben wiederholen, bis die Kugelform erreicht ist. Nachher mit Baumschere im Früh- und Spätsommer beschneiden.*

Kräuteranbau in Behältern

Die meisten Kräuter wachsen willig in Töpfen, so dass sich auch Stadtleute mit Balkon, Dachgarten oder Aussensims an ihnen freuen können. Kräuter in Behältern sehen hübsch aus, wenn sie in Gruppen beisammenstehen; das tut ihnen auch gut. Mit Behältern kann man beweglich sein und sie je nach Sonnenbestrahlung umstellen, sie nach Laune arrangieren oder ergänzen. Die Pflanzen sind leicht zu pflegen und kranke rasch entfernt.

Ehe Sie Behälter auf Balkon und Dachgarten stellen, vergewissern Sie sich, ob die Tragfähigkeit reicht, denn die Verbindung von Erde mit Wasser kann sehr schwer sein. Auch Windstärke und Abflussmöglichkeiten sind zu bedenken. Kleine Töpfe werden leicht weggeblasen, und weichblättrige Kräuter welken bei starkem Wind rasch dahin.

Eintopfen

Alle Töpfe brauchen ein Abflussloch und alle, ausser hängenden Körben, eine Schicht Kies, Perlit oder Scherben, damit sie sich nicht mit Wasser vollsaugen können. Behälter mit guter Topferde füllen. Sie kann auf Torf oder auf Erde beruhen. Torfmischung wird sehr leicht, wenn sie austrocknet (dann stellen Sie den Topf ein paar Stunden lang in fast bis zum Topfrand reichendes Wasser). Erdmischung eignet sich besser für grosse Pflanzen.

Man kann Topferde selber herstellen: 7 Teile Lehm, 3 Teile Torf und zwei Teile kleiner Kies oder harter Sand, dann gut verrotteten Kompost oder Beinwellblätter (schon im Vorjahr mit dem Torf gemischt, so dass ihre Nährstoffe schon absorbiert sind). Sonnenliebende Mittelmeerkräuter lieben mehr Kies oder Sand in der Mischung, zum Beispiel 6 Teile Lehm und 3 Teile Sand. Verwenden Sie keinen Bausand, da er runde Körner hat und die Dränage behindert. Die meisten Gartenbücher empfehlen sterilisierten Lehm. Aber Sterilisieren braucht viel Zeit.

Ich verwende für meine Töpfe unsterilisierten, organisch angereicherten Gartenlehm. Da ist dann manchmal Unkrautsamen drin, aber in zehn Jahren hatte ich sonst nie kranke Böden. Vielleicht, weil ich die Mischung lose und offen aufbewahre, nicht in Plastik gehüllt, der zur Bildung von Pilzen beiträgt. Und die Kräuter selber schaffen sich einen gesunden Boden (siehe S. 267).

Um die Alkalinität zu erreichen, die Kräuter haben möchten, soll man jedes Jahr Landwirtschaftskalk in den Kompost mischen – einen Teelöffel Kalk für einen 12-cm-Topf. Eine Schicht von Holzkohlekörnern tief unten – ein Esslöffel voll für einen 12-cm-Topf – hilft die Erde süss halten, indem sie Abfallstoffe aufsaugt.

Allgemeine Pflege

Töpfe können im Frühjahr oder Frühsommer hinausgestellt oder in die Erde versenkt werden. Stellen Sie sie nur nach und nach an die Sonne. Entfernen Sie häufig Blätter, um ein buschiges Wachstum zu erzielen. In kaltem Klima die Pflanzen ins Haus nehmen (siehe S. 253), sobald Frostgefahr besteht. Über Wässern und Düngen siehe S. 266/267.

Umtopfen

Wenn die Wurzeln einer Pflanze durch das Loch im Topfboden wachsen, ist es Zeit zum Umtopfen. Gewöhnlich ist die nächste Grösse gerade recht. Dieselbe Erdmischung verwenden.

Die beste Zeit fürs Umtopfen ist das Frühjahr. Schlecht ist das Ende der Wachstumszeit oder die Zeit, da die Pflanze schläft – dann wachsen keine Wurzeln, die die Pflanze in der Erde verankern.

Die Pflanze sorgfältig aus ihrem Topf heben, Moos oder Unkraut vom Ballen entfernen, dem neuen Topf Dränagematerial beigeben sowie einen grossen Löffel Holzkohlekörner. Ein wenig Erde hinein, dann kontrollieren, ob die Pflanze

in der richtigen Höhe sitzt. Wurzeln lockern, Pflanze einsetzen, mit Erde auffüllen, sanft andrücken, gut wässern.

Pflanze samt Erde sorgfältig herausnehmen. In den nächstgrösseren Topf setzen, in derselben Höhe.

Schliesslich, wenn die grösste Topfgrösse erreicht ist, jeden Frühling die oberste Schicht Erde entfernen und durch eine frische Mischung ersetzen, die einen langsam wirkenden Dünger enthält (s. Seite 267).

Neu eingetopfte Kräuter brauchen einen Monat oder sechs Wochen lang keine Dünger, da die frische Erde Nährstoffe enthält.

Perennierende Kräuter sollten schrittweise in grössere Töpfe versetzt werden, bis sie buschige Exemplare in 12-cm-Töpfen sind und grössere Pflanzen in 20- bis 25-cm-Töpfen. Im allgemeinen gilt, dass die Ernte besser ist, je grösser der Topf. Alle kleineren Kräuter können in Töpfen gezogen werden (siehe S. 252 über Samenziehen im Haus), aber einjährige, die man für ihren Samen zieht, können diesen vorzeitig bilden, weil die Wurzeln nicht genügend Platz haben.

Kräuter mit Pfahlwurzeln wie Borretsch, Petersilie und Dill wachsen besser in tiefen Töpfen. Liebstöckel und Fenchel: am besten drei Setzlinge in einen 15-cm-Topf plazieren und die Blätter jung verwenden. Nach einem einzigen Sommer versuchen sie oft verzweifelt, Samen zu machen und bilden keine Blätter mehr. Für zwei Jahre kann man drei Setzlinge in eine 30-cm-Topf pflanzen.

WIE MAN BEHÄLTER WÄHLT

Es gibt sie in allen Formen und Grössen und aus dem verschiedensten Material. Um Kräuter einzeln zu setzen, sind Töpfe wohl am praktischsten. Plastiktöpfe sind billig, leicht zu reinigen und aufzubewahren und wiegen nicht schwer. Deshalb kann man sie nur in die Hand nehmen, um den Feuchtigkeitsgehalt zu überprüfen. Wenn Plastiktöpfe ins Freie kommen sollen, vergewissern Sie sich, ob sie nicht bei Kälte springen.

Tontöpfe

Unglasierte Tontöpfe sind schöner und geben überflüssiges Wasser durch ihre Poren ab. Den Feuchtigkeitsgehalt prüft man, indem man mit den Knöcheln an den Topf schlägt. Tönt es dumpf, ist die Erde zu nass, tönt es hohl, ist sie zu trocken. In Tontöpfen verdunstet das Wasser schneller, man muss also häufiger giessen. Neue Tontöpfe sollte man vor Gebrauch 24 Stunden in Wasser legen.

Die Topfgrössen

Die üblichen runden Töpfe sind ungefähr gleich hoch wie ihr Durchmesser. Man kauft Kräuter oft in der kleinsten Grösse – 8 cm Durchmesser – und können so schnell zu klein werden, dass man fast sofort umtopfen muss. Wenn Wurzeln durch das Loch

herauskommen oder das Kraut beengt scheint, geben Sie ihm die nächste Grösse. Ein 10-cm-Topf enthält, was überraschend ist, doppelt soviel Erde wie ein 8-cm-Topf und ein 12-cm-Topf sogar dreimal soviel.

Auch bei eckigen Töpfen misst man, um sie zu bezeichnen, die Distanz von Rand zu Rand.

EINEN GROSSEN BEHÄLTER BEPFLANZEN

Stellen Sie grosse Behälter stets an ihren definitiven Standort, bevor Sie sie mit Erde füllen – denn nachher bringen Sie sie nicht mehr vom Fleck. Oder stellen Sie sie auf einen Rahmen mit Laufrollen. Geben Sie zuunterst in der Mitte leichten Schutt oder Perlit hinein; so sparen Sie Kompost und Gewicht. Dann füllen Sie mit einer Erdmischung auf bis 2,5 cm unter den Rand. Pflanzen Sie Kräuter, die dieselben Bedingungen mögen, zum Beispiel Petersilie, Schnittlauch und krausen Sauerampfer, nahe der Küchentür.

Lange offene Röhren einfügen, um Wasser in die Tiefe des Behälters zu leiten.

Pflanzen gruppieren

Geben Sie Kräutern den Vorzug, die Sie am meisten verwenden. Ein 30-cm-Topf kann Basilikum, Zitronenmelisse und Majoran enthalten, die alle Sonne lieben. Kerbel, Koriander und Petersilie gehen gut zusammen, sie mögen helle Standorte ohne direkte Sonnenbestrahlung, und es darf ein bisschen kühler und nässer sein.

Man kann verschiedene Arten von Minze in einem Topf vereinen; sie haben alle gern mässig feuchten Boden und breiten ihre Wurzeln aus. Engelwurz verträgt keine kleinen Töpfe, aber in

einem grossen Container, an kühlem Ort, kann man prächtige, tropisch aussehende Pflanzen ziehen. Engelwurz und Minze vertragen sich ausgezeichnet. Wenn Engelwurz seinen Dreijahreszyklus vollendet hat, ist es auch Zeit, neue Minze zu pflanzen.

Lorbeer, Rosmarin, Heiligenkraut, Myrte, Bux, Zitronenmelisse, Zitronenkraut und Lavendel machen sich gut, einzeln in 24–30-cm-Töpfe gepflanzt; mit den ersten fünf kann man Formsträucher machen. Diesen Kräutern tut ein Teppich aus aromatischen Kräutern gut, er hält den Boden schattig und feucht: Thymian an sonnigen Orten, perennierende Apfelblüten-Kamille in Streulicht, die winzige Pfefferminze *Mentha requienii* an kühlem Platz.

Ungewöhnliche Behälter

Ein alter rechteckiger Spülstein, wenigstens 13 cm tief und auf Backsteine gesetzt, kann zu einem anziehenden und praktischen Miniaturkräutergarten werden. Tröge, Holzkisten, halbe Fässer ergeben ebenfalls gute Container.

Schornstein-kappe

Spülstein

HÄNGENDE KÖRBE

Mit einem Hängekorb verleiht man einem Hof oder Balkon Höhe. Man muss die Pflanzen aber sorgfältig überwachen: Kräuter sind fast zu kräftig für beschränkten Raum. Setzt man sie zu eng oder wässert sie zu wenig, so verlieren sie bald die untersten Blätter und sehen traurig und spitz aus.

Den Korb an einen gutsitzenden, starken Haken hängen. Er darf die Wand nicht berühren, und er darf nicht fallen. Ein bepflanzter Korb kann schwer sein. Keinen Hängekorb in Räume zwischen hohen Gebäuden setzen, da hier oft starke Windströmungen entstehen, die den Kräutern schaden.

Im Hochsommer muss man Körbe zwei- bis dreimal am Tag giessen. Wählen Sie also eine geeignete Giesskanne aus: kleine langhalsige sind ideal. Ein Schlauch eignet sich auch.

KRÄUTER FÜR DEN HÄNGEKORB

Pflanzen wählen, die mit der Form des Korbes harmonieren: solche, deren Blätter in Schichten oder horizontalen Flächen zu wachsen scheinen, oder solche, die graziöse, gebogene oder hängende Zweige haben. Aufrechte Pflanzen vermeiden oder mit andern umgeben, um ein strenges Ausehen zu vermeiden. Alle folgenden eignen sich:

An sonnigem Ort: kriechender Thymian wie Zitronen- oder Kümmelthymian.
Katzenminze *(Nepeta mussinii)*
Efeu
Liegende Winterbergminze
Rosmarin
liegender Salbei
Frauenmantel

Für die Schattenseite eines Hängekorbes: Poleiminze, gefleckte Minzen, Immergrün.

Leicht lässt sich irgendwo, wo keine direkte Sonne hinfällt, ein Petersilien- oder ein Schnittlauchstock dazwischenmischen, um einen kompletten Minikräutergarten in einem Korb zu erzielen.

EINEN HÄNGEKORB MACHEN

Wie unten angegeben vorgehen. Aufzeichnen, welche Pflanzen man wo haben möchte, und sich vergewissern, dass genug Platz da ist.

3 *Hängepflanzen am äusseren Rand setzen, zwei oder drei durch Torfmull und Plastiklöcher nach aussen ziehen. Höhere Kräuter kommen in die Mitte.*

1 *Balancieren Sie den Korb auf einem Kessel. Besteht er aus Draht, legen Sie ihn mit Torfmull aus, hierauf Plastik mit Abflusslöchern.*

2 *Halb füllen mit feuchtigkeitsbewahrendem Kompost. Die Wurzeln der Topfpflanzen, die Sie verwenden wollen, lösen, ihre Erde mit der neuen vermischen.*

4 *Mit Kompost auffüllen, gut wässern. Vor dem Aufhängen abtropfen lassen.*

BLUMENKÄSTEN AM FENSTER

Bei sonniger Lage und wenn man korrekt giesst und beschneidet, lässt sich vor dem Fenster eine Anzahl nützlicher Kräuter ziehen. Hiefür eignen sich besonders Küchen- und Duftkräuter, praktisch aufgestellt und so plaziert, dass der vorherrschende Wind den Duft ins Hausinnere trägt.

Als erstes kontrollieren Sie, ob die Verordnungen Ihrer Gemeinde und Ihr Mietvertrag das Anbringen von Fensterkistchen überhaupt erlauben. Vergewissern Sie sich, dass das Fenstersims stark genug ist für das Gewicht. Wie immer Sie das Kistchen befestigen, es muss ganz sicher sein; ein fallendes Kistchen könnte einen Fussgänger erschlagen.

Überlegen Sie sich auch, wo das Wasser abläuft. Am besten wäre ein wegnehmbares Tablett, das die Tropfen auffängt.

Was für ein Fensterkistchen?

Plastiktröge sind leicht und gut zu pflegen, aber Holz ist hübscher. Behandeltes Hartholz wie Eiche, Ulme oder Boots-Sperrholz ist am besten. Unter den Boden kleine Keile legen, damit er manchmal austrocknen kann, und um Platz für ein Tropfbrett zu schaffen. Fensterkistchen aus Ton sind in vielen Garten-Centern erhältlich und stehen dem Laub vieler Kräuter gut. Oft haben sie Füsse. Aber bei Kälte können sie springen oder abblättern.

BEPFLANZEN EINES FENSTERKISTCHENS

Kistchen an endgültigen Standort stellen, die untersten 2,5 cm mit Scherben oder anderem Dränagematerial füllen. Oft wird empfohlen, eine schwere Plastikfolie mit Dränierlöchern hineinzulegen, damit die Erde besser feucht gehalten und nicht weggeschwemmt wird. Bedeckt die Folie auch die Seitenwände, hält das Holz länger.

Wenn in kaltem Klima die Kräuter auch bei Frost draussenbleiben, werden die Wurzeln mit einer Schicht Polystyren

vor raschem Gefrieren und Auftauen geschützt. Man kann die Kräuter aber auch in Einzeltöpfen aus Ton halten, die Feuchtigkeit durchlassen, und diese in einen für zusätzliche Isolation mit feuchtem Torfkompost gefüllten Trog setzen. Das geht für alle einjährigen Kräuter.

Ein Plastikkistchen braucht eine dünne Schicht Holzkohlekörner, damit die Erde süss bleibt. Hierauf kommt Erde- oder Torfkompost.

Perennierende Kräuter in Tontöpfen

Einjährige Kräuter

Plastikfolie

Feuchter Kompost auf Torfbasis

Scherben

KRÄUTER FÜR FENSTERKISTCHEN

Bei beschränktem Platz kommt es auf jedes Kraut an. Für die Küche zieht man Petersilie, Schnittlauch, einen kleinen Rosmarinstrauch und Zitronenthymian. Eine Ringelblume sieht fröhlich aus dazu, und mit ihren Blütenblättern garniert man Salate und Reisgerichte. Kapuzinerkresse bringt hängende Zweige und farbige Blumen, die man Salaten beigibt. Ist die Lage heiss und trocken, versuchen Sie es mit Safrankrokus, seiner wertvollen Ernte wegen.

Kräuteranbau im Haus

Sonnenliebende Kräuter brauchen, um zu gedeihen, wenigstens sechs Stunden Bestrahlung am Tag; deshalb geht es ihnen im Haus meist nicht so gut. Haben sie zuwenig Licht, so werden die Pflanzen dünn und schiessen in die Höhe, die Blätter sind kleiner und haben wenig Geschmack. Wenn Sie für Ihre Kräuter einen Platz im Hausinnern suchen, denken Sie daran, dass Glas das Licht um 30 bis 50 Prozent reduzieren kann. Schauen Sie auch nach draussen: Eine grosse weisse Mauer oder eine Glasfläche gegenüber kann als Spiegel wirken und viel Licht abgeben; umgekehrt mag ein scheinbar sonniges Fenster wegen einer Wand oder eines tiefgezogenen Daches wenig Licht haben. Auch weisse Wände im Innern und Spiegelflächen können das Licht erhöhen. Drehen Sie die Kräuter täglich ein wenig, so dass alle gleichviel Sonne bekommen, oder erwägen Sie künstliches Licht.

Basilikum braucht die sonnigste Lage und erträgt trockene Luft. Thymian, Salbei, Majoran, Pelargonien und Zwerglavendel lieben auch direkte Sonne. Dill,

Bohnenkraut und Schnittlauch haben gerne Sonne, aber nicht zu heiss. Rosmarin mag es hell (es kann sich auch um reflektiertes Licht handeln), aber kühler: 15 °C, wenn er blühen soll. Koriander, Wiesenknopf und Petersilie verhalten sich wie Rosmarin.

Estragon und Zitronenmelisse vertragen volle Sonne, aber auch leichten Schatten. Minze und Kerbel mögen etwas Sonne, aber nicht die heisse Mittagssonne; beide möchten feuchten, kühlen Boden. Zitronenkraut und Lorbeer ziehen filtrierte Sonne, reiche Erde und einen kühlen Platz vor.

TEMPERATUR

Die meisten Kräuter fühlen sich in angenehm warmer Temperatur, bei 15–21 °C, wohl, in der Nacht darf es 5 °C kühler sein. Kräuter gedeihen zwischen 7 °C und 24 °C, aber kühler darf es nicht werden.

Luftzüge haben auf Wachstum und Überleben Einfluss. Eine Tür, bei Kälte geöffnet, lässt die Temperatur scharf fallen. Ein offenes Feuer zieht eine Menge Luft aus jeder Ritze an, das gibt

Luftzüge in Richtung des Feuers. Einfach verglaste Fenster lassen das Sims in der Nacht drastisch kalt werden. Jeder scharfe Temperaturunterschied schockt die Pflanze und schwächt sie.

Luftzug mögen Kräuter nicht, aber etwas frische Luft jeden Tag. So werden durch Luft übertragene Krankheiten verhindert und Heizungsdünste vertrieben.

GIESSEN

Eingetopfte Kräuter, drinnen und draussen, brauchen Ihre Pflege mehr als andere. Draussen trocknen Töpfe sehr schnell aus. Bei heissem Wetter soll die Erde täglich kontrolliert werden. Im Herbst wässert man nur, wenn die Erde trocken ist, besonders aromatische Kräuter wie Thymian und Rosmarin. Setzlinge müssen gewöhnlich täglich gewässert werden, ebenso Kräuter mit grossen, weichen Blättern, die in der Sonne stehen, Kräuter im Wachstum oder in kleinen Töpfen.

Pflanzen ziehen es vor, bei Trockenheit kräftige Güsse Wasser zu bekommen anstatt häufiger und wenig.

So dringt das Wasser bis zum Boden. Man verwendet am besten lauwarmes Wasser und giesst morgens, so dass ein Überschuss an Flüssigkeit tagsüber verdunsten kann. Ist man unsicher, ob man giessen soll, wartet man am besten noch einen Tag. Es gibt kleine Stäbe, die man einfach in die Erde steckt und die durch Farbwechsel anzeigen, wenn sich die Feuchtigkeit verändert.

Giessen Sie nicht zuviel. Luft ist wichtig für Haarwurzeln, und wenn die Luftlöcher in der Erde von Wasser verstopft sind, tritt Wurzelfäule ein.

Ist ein Topf mit Torfmischung ausgetrocknet und leicht geworden, entsteht eine Lücke zwischen Erde und Topf. Stellen Sie den Topf 15 Minuten in Wasser, das bis unter den Topfrand reicht. So kann das Wasser den Torf durchdringen. Giesst man es hinein, so läuft es nutzlos zwischen Torf und Topf. Torfteile sind mit einer wasserdichten Schicht umgeben; wenn sie ausgetrocknet sind, können sie nur schwer wieder Feuchtigkeit aufnehmen. Viele moderne Erdmischungen enthalten deswegen eine Nässungshilfe.

Luftfeuchtigkeit ist für die meisten Kräuter ebenfalls wichtig. Es hilft, wenn man Pflanzen nahe zueinanderstellt, Torfmull auf die Erdoberfläche legt oder die Töpfe auf Tabletts mit feuchtem Kies, Vermiculit oder Perlit stellt.

Achten Sie darauf, dass alle Behälter genügend dräniert sind. Im Haus ist ein Abtropftablett oder ein äusserer Behälter nötig, wo sich überschüssiges Wasser sammeln kann. Am besten ist ein grosses Tablett, mit sauberem Kies gefüllt; es hält die Kräuter über dem Wasser und dient zugleich als Befeuchter.

Pflanzen mit Besprühen feucht halten und sie auf Tablett mit Kies stellen.

DÜNGEN

Kräuter, die regelmässig geerntet werden, müssen im Frühjahr und Sommer alle zwei Wochen mit schwachem Flüssigdünger ernährt werden; wenn das Wachstum langsamer wird, genügt eine Gabe im Monat. Im Winter soll man nicht düngen. Man soll auch nie mehr geben, als in der Gebrauchsanweisung angegeben ist.

Unschöne Blätter

Hellgelbe Blätter oder gelbe Flecken, wie man sie häufig aussen an Petersiliebü-

schen, Fenchel und zu eng gesetzten Sämlingen sieht, zeigen an, dass gedüngt werden sollte.

Dasselbe gilt, wenn untere Blätter traurig herunterhängen oder wenn Pflanzen schlecht wachsen und zu Krankheit neigen.

Zuviel Dünger zeigt sich in braunen Flecken, verbrannt aussehenden Blatträndern und missgeformten Blättern. Eine Decke aus grünem Moos, Lebermoos oder Schlamm verrät einen Überschuss an Stickstoff. Dies geschieht gewöhnlich im Winter; seltener bei trockenen Räumen.

Düngertypen

Flüssiger Dünger, korrekt in Wasser gelöst, ist zuverlässig und kann von oben oder von unten her gegeben werden. Es gibt Pillen und Stäbchen, die den Nährstoff verzögert abgeben, aber da können zu hohe Konzentrationen entstehen. Für Hauspflanzen gibt es mit Nährstoff gesättigte Teppiche; hier wässert man von unten.

Wenn Sie grosse, immergrüne Pflanzen in Töpfen kaufen, bemerken Sie winzige weisse Kügelchen in der Erde. Das ist langsamer Dünger, der bis zum Herbst anhalten sollte.

Pflanzlicher Dünger

Man kann aus einer überraschenden Zahl von Kräutern selbst Dünger herstellen. Eine Beinwellpflanze, in einem Trog oder 30-cm-Topf, liefert vier Ernten im Jahr. Beinwelldünger (s. Rezept Seite 131) enthält die drei Grundstoffe Stickstoff, Phosphor und Kali sowie mehrere Spurenelemente und Mineralien.

Für einen gewöhnlichen Dünger giesst man 1 Liter siedendes Wasser über eine gute Handvoll frischer oder 2 Esslöffel getrockneter Kräuter. Zudecken, mindestens 10 Minuten ziehen lassen. Vor Gebrauch abseihen.

Dafür kommen in Frage:
Huflattich (*Galax urceolata*) für Schwefel und Kali.
Quecke (*Agropyron repens*) – ein Unkraut, aber reich an Mineralien, Kali und Kieselerde.
Löwenzahn (*Taraxacum officinale*) liefert Kupfer.
Dill (*Anethum graveolens*) ist reich an Mineralien, Kali, Schwefel und Natrium.
Weisser Gänsefuss (*Chenopodium album*) enthält Eisen und andere Mineralien.
Griechisch-Heu (*Trigonella foenumgraecum*) Die Köpfe spriessender Samen sind reich an Nitraten und Kalzium.
Brennessel (*Urtica dioica*) ist eine Schatzkammer von Eisen, Stickstoff, Mineralien und Spurenelementen. Wie Beinwell herstellen (S. 131), Nesseln 3 Wochen ziehen lassen.
Schachtelhalm (*Equisetum hyemale*) hat viel Kieselerde.

Sonnenblume (*Helianthus annuus*) Die Asche der Stengel ist reich an Kali.
Rainfarn (*Tanacetum vulgare*) ist reich an Kali und anderen Mineralien.
Teeblätter enthalten Stickstoff, Phosphorsäure, Mangan und Kali.
Schafgarbe (*Achillea millefolium*) liefert Kupfer und ist ein guter Allgemeindünger.

KÜNSTLICHES LICHT

Es gibt spezielle fluoreszente Lampen, die die Strahlen abgeben, welche die Pflanzen für die Photosynthese brauchen. Sie fördern das Wachstum im Haus, besonders an dunklen Orten. Man kann auch zwei gewöhnliche Leuchtstoffröhren, eine «kaltweiss» und eine «warmweiss», miteinander kombinieren.

Benutzen Sie zuerst Tageslicht und wenden Sie die Leuchtstoffröhren erst abends an, so dass die Pflanzen 15 Stunden Licht haben, damit sie gut wachsen und sich versamen. Die Röhren sollten 15–23 cm über kleinen Kräutern und 30–45 cm über grösseren Kräutern angebracht sein. Sind sie zu nah, versengen sie die Blätter, sind sie zu weit entfernt, werden die Pflanzen dünn und aufgeschossen.

PFLEGE UND REINIGUNG

Hat Ihr Wasser einen hohen Kalkgehalt, der sich als weisser Niederschlag auf der Erde zeigt, so kratzen Sie ihn hin und wieder weg und legen Sie frischen Kompost hin. Von Lorbeerblättern entfernt man Kalk durch sanftes Abwischen mit einem reinen feuchten Tuch.

Alle Hauskräuter werden mit Vorteil mit Wasser besprüht, damit ihre Poren nicht durch Staub verstopft werden. Abwischen ist auch nötig bei in der Küche gehaltenen, grösserblättrigen Kräutern, denn die feine Fettschicht, die sich darauf bildet, zieht Staub an. Im allgemeinen ist die Küche kein guter Platz für den Kräuteranbau; es gibt zuviel Temperaturunterschiede und Kochdünste. Mit einem Pfeifenreiniger oder einem Pinsel kann man wollhaarige Kräuter reinigen, wie unten gezeigt.

Tote und beschädigte Blätter sowie welke Blüten entfernen, sonst verrotten sie auf der Mutterpflanze.

Benutzen Sie einen kleinen, weichen Pinsel, um wollblättrige Pflanzen wie Muskatellersalbei zu reinigen.

Kräuter gesund erhalten

Die übliche Pflanzenpflege, gesunder Menschenverstand und Beobachtung – mit diesen dreien hält man Kräuter gesund. Kräuter sind meistens krankheitsfrei, aber zu viele im gleichen Topf oder zuviel Wasser kann Pflanzen schwächen. Kontrollieren Sie also immer zuerst, was an ihrer Haltung falsch sein könnte.

SCHÄDLINGE: VORBEUGEN UND HEILEN

Wenn Sie eine neue Pflanze kaufen oder geschenkt bekommen, schauen Sie nach, ob unter Achseln der Blätter keine Tierchen sind. Zur Vorsicht kann man jede Pflanze in eine schwache Geschirrspüllösung tauchen. Erde mit der Hand, mit Plastik oder Karton bedecken, Pflanze umdrehen und sanft hin- und herschwenken (s. unten).

Neue Pflanzen in eine milde Waschmittellösung tauchen, um Insekten zu entfernen.

Organische Insektenvertilger
Haben Sie wirklich Probleme mit Insekten, versuchen Sie, sie mit organischen oder aus Kräutern hergestellten Insektenvertilgern zu lösen. Im Gegensatz zu Gartenchemikalien sind diese nichtbeständig, sie bleiben gewöhnlich nur einen Tag lang wirksam. Es gibt ein pflanzliches Insektizid, das aus den Wurzeln von *Derris elliptica* gewonnen wird, eines tropischen Gemüses. Man bekommt es mischfertig und mit Gebrauchsanleitung in organischen Läden. Verwenden gegen beissende und saugende Insekten: Blattspinnmilben, Wespen, Kohlraupen, Himbeerkäfer, Erdflöhe, Blattwespenlarven, Blattläuse. Dieses Mittel greift alle an und ist schäd-lich für wechselwarme Tiere wie Kröten, Schildkröten und Fische, bringen Sie es also nicht in die Nähe von Teichen. Einmal der Luft und der Sonne ausgesetzt, zersetzt es sich schnell: Menschen, Hunden, Katzen und Vögeln schadet es nicht.

Mehrere Kräuter wirken, auf kranke Blätter gesprüht, insektenvertilgend. Wenden sie das Standardrezept für Kamille links unten an, wo nicht anders angegeben, und fügen Sie einen Teelöffel Waschmittel oder Seifenflocken hinzu, damit die Mischung auf den Blättern klebt.

Holunderblätter gegen Blattläuse. 225 g Blätter in 1 Liter Wasser 30 Minuten simmern, gut verrühren, abseihen und erkalten lassen. Getrennt davon 1 Teelöffel Seifenflocken oder flüssiges Waschmittel in 1 Liter kaltem Wasser auflösen. Beides mischen.

Rhabarberblätter gegen Blattläuse. Wie oben vorgehen, mit grob geschnittenen Rhabarberblättern.

Basilikumblätter gegen Blattläuse.

Marienblatt als allgemeines Insektenvertilgungsmittel.

Flohkraut *(Inula conyza)* – Blätter und Wurzeln ergeben ein starkes Insektizid.

Wermutblätter schützen gegen grössere Schädlinge wie Raupen und Erdflöhe sowie Blattläuse. Diesen Absud nur in halber Stärke herstellen und nur auf ausgewachsenen Pflanzen anwenden, da giftig.

Pyrethrum, aus getrockneten und gemahlenen Blütenköpfen
Dieses bekannte natürliche Insektizid lähmt die Insekten rasch und zersetzt sich schnell, besonders in der Sonne. Sie können es selbst herstellen nach dem Rezept S. 67. Verwenden Sie es gegen alle saugenden Insekten; es hilft auch gegen Wanzen, Mücken, Küchenschaben und Stubenfliegen. Handschuhe anziehen bei der Herstellung, die Blumenköpfe können Allergien hervorrufen.

Bei Schildläusen auf Lorbeer oder Zitruspflanzen fegt man die Blätter mit starker Waschmittellösung und weicher Nagelbürste, oder man reibt sie mit Methylalkohol ab, wobei man hartnäckige Schildläuse mit dem Fingernagel entfernt.

Schildläuse von Lorbeer entfernen, indem man die Blätter mit starker Waschmittel-lösung bürstet, wie oben beschrieben.

KRANKHEITEN: VORBEUGUNG UND HEILUNG

Verwenden Sie keine schädlichen Chemikalien auf essbaren Kräutern. Besprühen Sie die Pflanzen mit einer der folgenden Lösungen.

Kamillenblüten verhindern Schimmel bei jungen Setzlingen. 1 Liter siedendes Wasser über eine Handvoll frische oder 2 EL getrocknete Kräuter giessen. Gut decken, 10 Min. ziehen lassen, abseihen, sofort verwenden.

Queckenwurzeltee, auf Blätter gesprüht, verhindert Schimmel und Pilzkrankheiten. Wie Kamille zubereiten und verwenden.

Schachtelhalm nützt gegen Schimmel, Rost und andere Pilzkrankheiten. Auf 1 Liter Wasser 1 EL getrockneten Schachtelhalm verwenden. 20 Min. zugedeckt sieden, 24 Stunden stehen lassen, abseihen und anwenden.

BEGLEITPFLANZEN

Viele Gärtner haben beobachtet, wie bestimmte Kräuter anderen, in der Nähe wachsenden Pflanzen guttun: Knoblauch und Schnittlauch unter den Rosen vertreiben grüne Blattläuse, Kapuzinerkresse hält Blattläuse von Apfelbäumen fern, und ein Kamillenstock als Nachbar tut einer kranken Pflanze gut.

Die Wissenschaft beginnt erst zu entdecken, wie manche Pflanzen sich mit anderen veständigen und ihnen durch ihre Wurzelaussonderungen beistehen. Tagetes scheiden Chemikalien aus, die Winden abtöten, Quecken eindämmen und Fadenwürmer daran hindern, ihre Wirtspflanze zu erkennen. Viele aromatische Kräuter wie Wermut, Ysop und Bohnenkraut stossen Insekten ab. Andere wie Tagetes, Ringelblume, Kapuzinerkresse, weisser Gänsefuss und Mohn ziehen schwebende Insekten an, die ihrerseits Blattläuse vertilgen.

Dill und Tagetes zwischen den Kohlköpfen vertreiben Schädlinge.

Kräuter ernten

Frische Blätter können während der Wachstumszeit jederzeit gepflückt werden. Immergrünen Thymian kann man das ganze Jahr hindurch ernten, nur sollte man ihn sich vor dem Winter etwas verholzen lassen. Für alle Pflanzen gibt es eine am besten geeignete Zeit, ihre Blätter, Blüten, Samen oder Wurzeln zum Konservieren zu pflücken. Näheres hierüber im *Kräuterindex*.

Abgeschnittene Pflanzen, Blätter und Blumen sorgfältig in einen flachen Korb legen. Nicht in einen Beutel, da werden sie beschädigt, schwitzen und lohnen das Aufbewahren nicht mehr.

Wer in Feld und Wald sammelt, muss seine Kräuter sicher kennen; Pflanzen werden leicht verwechselt, und es gibt hochgiftige. Er muss auch wissen, welche Arten in seiner Gegend geschützt sind, und er soll keine Pflanze völlig abernten. Nichts pflücken, das Auto-Abgasen oder sonstigen Chemikalien ausgesetzt war. Sicherstellen, dass auch die Kräuter im eigenen Garten nie mit Unkrautvertilger oder Insektiziden behandelt worden sind.

Blätter
Am Morgen sammeln, wenn der Tau verdunstet ist. Wenn es wärmer wird und die Photosynthese beginnt, fangen verschiedene organische Stoffe an, sich im Pflanzensystem zu bewegen. Ätherische Öle konzentrieren sich in den Blättern, bereit, in der Mittagshitze ihre kühlende und antiseptische Wirkung zu entfalten. Für grösste Wirkung und Duft sollten die Blätter dann gepflückt werden, wenn die Wärme die Öle schon hochgezogen hat, diese aber noch nicht verdunsten konnten.

Blätter sind am zartesten und süssesten, wenn die Pflanze jung ist, bis sie zum erstenmal blüht. Von diesem Augenblick an setzt die Pflanze ihre Priorität anders und widmet ihre Energie der Fortpflanzung.

Die saftigen Blätter von Sauerampfer, Wiesenknöterich, Guter Heinrich, Engelwurz und aller Salatblätter jung pflücken. Diese Art Blätter eignet sich im allgemeinen nicht zum Trocknen und sollte

entweder in einem fertigen Gericht tiefgefroren oder in Öl oder Essig konserviert werden (s. S. 188).

Alle Blätter sorgfältig anfassen, nicht brechen oder zerquetschen. Nur ganze Blätter pflücken, die keinen Fleck, gelbe Stellen oder Insektenspuren aufweisen.

Die Blätter der aromatischen Immergrünen (Rosmarin, Salbei, Thymian, Bohnenkraut) können das ganze Jahr geerntet werden, aber am stärksten sind sie eben vor der Blüte. Blätter von Basilikum, Minze, Majoran und Liebstöckel behalten ihren würzigen Geschmack fast den ganzen Sommer, sind aber süsser, wenn eben vor der Blüte gepflückt. Später im Jahr, wenn Minze den Boden leergesaugt hat, schmeckt sie ein wenig nach Terpentin.

Bei hohen Pflanzen, wie Eibisch, nur die Spitzen abschneiden.

Um ganze Stengel von Minze und kleinblättrigen Kräutern wie Thymian und Majoran abzuschneiden, benutzt man die Gartenschere, da man sie so leichter trocknen kann.

Ganze Pflanze
Eine ganze Pflanze erntet man am besten unmittelbar bevor sich die Blüten öffnen. Wenn Sie nur Grünes wollen, schneiden Sie einjährige 3 cm über dem Boden ab, von einer perennierenden nehmen Sie nur ein Drittel.

Blüten
Blüten schneidet man am besten mittags bei trockenem Wetter. Pflücken Sie sie eben, wenn sie sich voll öffnen, im Moment ihrer höchsten Schönheit. Lavendelblütenzweige nimmt man ganz, andere Blumen pflückt man von Hand, möglichst ohne Berührung der Blütenblätter. Behandeln Sie alle Blüten mit grösster Sorgfalt. Lassen Sie beschädigte und welke Blüten weg, besonders, wenn Sie sie kandieren wollen. Gepflückte Blumen lose in offenen Behältern halten, sie werden leicht beschädigt und beginnen zu schwitzen.

Samen und Früchte
Samen an warmem, trockenem Tag pflücken, wenn er ganz reif ist, aber noch

nicht zerstreut wurde.

Er sollte lederfarben, braun oder schwarz sein, nirgends mehr grün, und hart mit papiertrockenen Samenhülsen. Kleinen Samen in einen Papiersack schütten oder den Blumenkopf samt Stengel abschneiden und über einen Teller hängen, um die Samen aufzufangen. Samen getrennt aufbewahren, beschriften und datieren.

Sammeln Sie nicht nur Samen für die Fortpflanzung, sondern auch solche für die Küche: Fenchel, Dill, Koriander, Liebstöckel und Kümmel.

Früchte pflücken, wenn sie reif, aber noch nicht weich sind. Beeren und Hopfen kann man mit Stengel ernten und, wenn halbtrocken, mit der Gabel abstreifen.

Wurzeln und Rhizome
Wurzeln im Herbst sammeln, wenn die oberirdischen Pflanzenteile zu welken und sterben anfangen. Um diese Zeit enthalten die Wurzeln am meisten Heilkräfte. Einjährige ausgraben, wenn ihr Zyklus gegen Ende des Jahres beendet ist. Perennierende im zweiten oder dritten Jahr nehmen, wenn die aktiven Kräfte entwickelt sind. Von Ginseng glaubt man, er brauche sieben Jahre bis zur Reife. Man sucht jetzt, schnellerreifende Abarten zu entwickeln.

Sorgsam die ganze Wurzel ausgraben, keine Teile schneiden oder verletzen. Soviel wie nötig davon abtrennen, den Rest wieder pflanzen.

Die meisten Wurzeln, wie etwa Schachtelhalm und Beinwell, kann man sauberschrubben, aber andere, wie Baldrian, sollten nicht gefegt werden, denn ihre wertvollen Stoffe liegen in der Wurzelhaut.

Rinde
Rinde lässt sich in feuchtem Wetter leicht abschälen. Man nimmt sie von jungen Zweigen oder Stämmen, am besten von bereits gefällten Bäumen. Man kann Bäume töten, wenn man ihnen zuviel Rinde wegnimmt, besonders wenn dies kreisförmig rund um den Stamm geschieht.

... konservieren und aufbewahren

Die meisten Kräuter welken bald nach dem Schneiden. Stellt man sie in ein Glas Wasser, weg von der Sonne, so hilft das ein oder zwei Stunden lang. Aber um Kräuter wie Petersilie ein paar Tage frischzuhalten oder um welke Kräuter neu zu beleben, gibt man sie in einen mit Luft gefüllten, dicht verschlossenen Plastiksack, den man in den Kühlschrank legt. So bleiben sie mehrere Tage frisch.

Manche Kräuter behalten getrocknet ihren Geschmack lange; manche werden

dabei sogar stärker. Aber das Konservieren verlangt Sorgfalt und bestimmte Bedingungen. Details im *Kräuterindex*.

KRÄUTER TROCKNEN
Sobald Blatt oder Blüte von einer Pflanze getrennt werden, setzen Stoffwechselveränderungen ein. Einzelne Zellen sterben, weil sie weder Feuchtigkeit noch Nahrung bekommen. Enzyme, die früher aktive Bestandteile waren, beginnen, die Substanzen zu zersetzen.

Bei dieser Zersetzung vermindern sich die Heilkräfte und der Geschmack immer mehr. Je schneller das Trocknen beginnt und je rascher die Methode, desto besser die Qualität und die Farbe des getrockneten Krauts. Trotzdem muss eine Pflanze langsam getrocknet werden. Sie im Ofen zu dörren, ist nicht ratsam, da das Wasser zu schnell verdunstet und die ätherischen Öle verlorengehen. Mikrowellenöfen können Heilkräften abträglich sein.

Halten Sie die zu trocknenden Kräuter getrennt, um Verwechslungen oder gegenseitige Beeinflussungen zu vermeiden, besonders, wenn es Heil- kräuter sind. Bringen Sie keine frischen Kräuter in die Nähe von trocknenden.

Blätter trocknen

Erde oder Sand entfernen, wenn möglich Blätter nicht waschen. Kein Sonnenlicht auf sie lassen, da es die ätherischen Öle herauszieht und verdunstet.

Wählen Sie einen warmen, trockenen, dunklen Ort mit genügender Lüftung aus – einen Trockenschrank, warmen Dach- boden oder Schuppen zum Beispiel. 32 °C sind ideal für die ersten 24 Stunden, hernach sollten es 24–26 °C sein. Nicht allzu dicke Blätter sollten so etwa vier Tage brauchen. Noch ein oder zwei Wochen kühler lagern.

Blätterstiele von Salbei, Rosmarin, Bohnenkraut und Thymian bindet man mit Schnur zusammen und hängt sie mit dem Stiel nach oben auf. Nicht stark zusammenschnüren, da die Luft überall zirkulieren muss. Höchstens 10 Stengel auf einmal nehmen. Wenn die Gefahr von Staub besteht, lose Papiersäcke darüberstülpen; der Sackboden muss geöffnet sein.

Bei kleinen Mengen die Blätter dünn auf Musselin oder fein gelöchertes Pack- papier legen. Das Gewebe über einen Rahmen oder ein Kuchengitter strecken, damit die Luft frei zirkulieren kann.

Fertig getrocknete Blätter sollten papiertrocken und zerbrechlich sein, aber nicht so trocken, dass sie bei Berührung zu Staub zerfallen. Stark duftende Kräuter wie Liebstöckel sollten nicht nahe bei anderen liegen, sonst beeinflussen sie deren Geschmack.

Getrocknete Blätter aufbewahren

Sind die Blätter trocken, entfernen Sie sie vom Stengel. Lassen Sie sie ganz, damit sie ihren Duft und ihre Güte so lang als möglich bewahren; zerbrechen Sie sie nur, wenn es für das Einfüllen in einen Krug nötig ist.

Blätter sollten in dunklen, luftdichten Gläsern fern von Sonnenlicht, Feuchtig- keit und Staub aufbewahrt werden. Behälter aus Plastik oder Metall eignen sich nicht, sie können die Chemie der Kräuter beeinflussen.

Beschriften Sie das Glas mit Namen und Datum. Gibt es darin Kondens- wasser, so waren die Blätter nicht trocken genug. Nehmen Sie sie heraus und lassen Sie sie weiter trocknen.

Manche Kräuter sind, wenn getrocknet, hygroskopisch – sie entnehmen der Luft Feuchtigkeit. Dies kann ihre Enzyme so stark reaktivieren, dass ihre chemischen Verfallprozesse in Gang gesetzt werden. Man sollte sie also nicht allzulange aufbewahren. Eibisch und Frauenmantel verhalten sich so.

Kontrollieren Sie Ihre getrockneten Kräuter regelmässig auf Feuchtigkeit, Schimmel und Insekten, und werfen Sie sie bei Befall sofort weg. Die meisten Kräuter verlieren nach einem Jahr an Qualität, aber bis dann haben Sie eine neue Ernte. Übriggebliebene süssduf- tende Kräuter kann man in Duftschalen legen, in Kräutersäcklein nähen oder auf ein offenes Feuer streuen. Kräftig rie- chende Kräuter streut man über frische Saaten, um die Mäuse zu vertreiben, oder wirft sie auf den Kompost.

Blüten trocknen

Blüten genau so wie Blätter trocknen. Sie sollten ihre Farbe behalten. Zarte Blüten wie Veilchen und Borretsch sind sorg- fältig auszubreiten, damit sie die Form nicht verlieren. Räumen Sie eine bis drei Wochen Trocknungszeit ein, je nach Dicke der Blütenblätter. Wenn möglich flach lagern. Bei Ringelblume nur die getrockneten Blütenblätter aufbewahren. Kamille, Lavendel und kleinere Blumen- köpfe sollten intakt behalten werden.

Samen und Früchte trocknen

Entfernen Sie die Samenköpfe einjähriger Kräuter und Küchenkräuter wie Fenchel und Dill, hängen Sie sie zum Trocknen über eine Schachtel oder ein Blatt Papier oder in einen Papiersack oder in ein Stück feinen Musselins, damit Samen, wenn sie fallen, aufgefangen werden. Sonnenblumenköpfe ganz trocknen und die Samen herausnehmen, wenn sie sich lockern.

Samen trocknet sehr schnell in luftiger, trockener, warmer Umgebung, nämlich in einer bis zwei Wochen. Beschriften und in dunklen, luftdicht verschlossenen Gefässen aufbewahren. Samen, der für die Aussaat bestimmt ist, sollte an dunklem, kühlem, frostfreiem Platz aufbewahrt werden.

Beeren und Früchte, wie etwa Hage- butten, trocknen langsamer; in einem Trockenschrank kann der Prozess beschleunigt werden. Fleischige Früchte müssen oft gewendet werden.

Wurzeln trocknen

Bei allen Wurzeln sind die faserigen Teile vor dem Trocknen sauber zu entfernen. Grosse, dicke Wurzeln längs entzwei- und dann in kleine Stücke schneiden, um das Trocknen zu erleichtern. Wurzeln brauchen höhere Temperaturen: 50 °C bis sogar 60 °C. Man kann sie im Back- ofen trocknen, wo man sie regelmässig wendet, bis sie leicht zerbrechen. Die Wurzeln von Eibisch und der Wurzel- stock von Süssholz sind vor dem Trocknen zu schälen.

Trockene Wurzeln in dunklen, luft- dichten Gefässen aufbewahren. Petersi- lien- und Engelwurz-Wurzeln nehmen Feuchtigkeit aus der Luft auf. Wegwerfen, wenn sie weich werden.

Rinde trocknen

Rinde muss man eventuell waschen, um Insekten und Moos zu entfernen. Dann in warmer, luftiger, dunkler Umgebung so flach wie möglich trocknen. In luftdichte Gefässe geben.

KRÄUTER TIEFGEFRIEREN

Tiefgefrieren erhält Farbe, Geschmack und grösstenteils den Nährwert frischer junger Kräuter. Küchenkräuter werden am liebsten so konserviert, da es prak- tisch ist und schnell geht. (Heilkräuter sollten, sagt man, nicht tiefgefroren werden.) Es ist eine äusserst befriedi- gende Methode, zarte Küchenkräuter zu konservieren, wie Fenchel, Wiesenknopf, Kerbel, Petersilie, Basilikum, Estragon, Zitronenkraut und Schnittlauch.

Manche empfehlen, die Kräuter erst zu blanchieren. Das mag für lange Aufbe- wahrung und grosse Blätter nötig sein. Falls nötig, spülen und trockenschütteln.

Am leichtesten ist es, Blätter einfach in Plastiksäcke zu packen, einzeln oder gemischt als Bouquet garni. Kleine Bündel in grosse starre Gefässe geben, damit sie nicht verlorengehen oder beschädigt werden. Oder legen Sie fein- gehackte Kräuter in ein Eiswürfeltablett und füllen Sie mit Wasser auf. Ein Würfel enthält 1 Esslöffel Kräuter und 1 Esslöffel Wasser – eine bequeme Menge. Braucht das Rezept kein Wasser, legt man den Würfel in ein Sieb und lässt ihn abtauen.

Blüten und Blätter vom Borretsch oder Minze, in Eiswürfel eingefroren, sehen in Drinks besonders hübsch aus.

ANDERE KONSERVIERUNGSMETHODEN

Der Geschmack von Kräutern lässt sich in Kräuteressig und -öl bewahren, wie S. 188 beschrieben. Diese Methode eignet sich ausgezeichnet für stark würzige Küchenkräuter, und die entstehende Flüssigkeit verleiht Salatsaucen, Pickles und Marinaden besonderen Schwung. Mit der gleichen Methode können Sie aromatischen oder Blütenessig und -öl für kosmetische und medizinische Zwecke herstellen. Es gibt noch viele andere Techniken, um Küchenkräuter zu konservieren: in Pickles, Gelees, Zucker und Alkohol (S. 188–193).

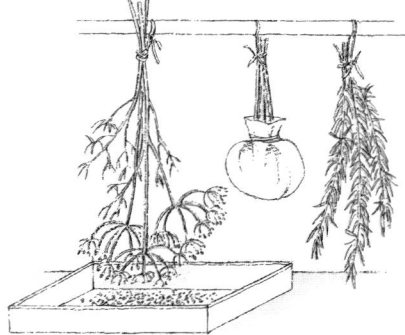

Verschiedene Methoden zum Trocknen der Kräuter.

Kräuterkatalog

In jedem Land gibt es Kräuter, die von Einheimischen zum Würzen, Heilen oder im Haushalt auf eine Weise verwendet werden, die anderswo unbekannt ist. Nach und nach werden immer mehr solche Bräuche bekannt und untersucht. Auch das ist ein Grund, warum Kräuter stets für Überraschungen sorgen, und macht die Beschäftigung mit ihnen stets spannend.

So hat man im Jojoba-Strauch ein Öl gefunden, das dieselben Eigenschaften hat wie das des Pottwals, so dass man nicht mehr so viele dieser Riesengeschöpfe sollte töten müssen. Jojoba wächst in der Halbwüste und könnte an Wüstenrändern in grossem Stil angebaut werden. Das Öl wird in vielen kosmetischen Präparaten verwendet.

Dieser Katalog umfasst eine Auswahl nützlicher Kräuter, Bäume und Sträucher, dazu heute kaum bekannte, aber früher vielgebrauchte Kräuter. Er enthält auch Gewürze, diese einzigartigen Pflanzen, die Forscher dazu trieben, Länder zu erobern, Handelswege zu verlegen und neue Kontinente zu entdecken.

Gewürze

Capsicum annuum
Spanischer Pfeffer, Paprika
Solanaceae

Beschreibung Ein- oder zweijährige Pflanze, wird in den Tropen oder Subtropen angebaut. Wird 30 cm–1 m hoch, hat ovale, zugespitzte Blätter und im Sommer weisse Blüten. Fleischige, essbare Früchte mit gefurchter Oberfläche sind verschiedenfarbig (gelb, braun, violett, hellrot), wenn reif. Wenn unreif, sind sie grün, aber essbar.
Anbau Unter Glas an sonnigem Ort in reichem Boden ziehen. Temperaturextreme vermeiden. Im Frühling säen.
Verwendung In Fruchtsalat oder als Gemüse essen, oder Eintopfgerichten und Stews beifügen. Frische oder getrocknete Frucht wird als Stimulans oder Verdauungshilfe benutzt. ½ TL fein gehackt in 125 ml siedendes Wasser oder heisse Milch streuen beim ersten Zeichen einer Erkältung. Die getrocknete Frucht von *C. tetragonum* wird zu Paprika gemahlen. Der Geschmack ist süss und mild, im Gegensatz zur Schärfe des Spanischen Pfeffers. Paprika enthält viel Vitamin C und sollte reichlich zu Fleischgerichten gegeben werden.

Capsicum frutescens
Cayennepfeffer, Chillies
Solanaceae

Beschreibung Ausdauernder Strauch in den Tropen und Subtropen, anderswo einjährig. Wird 60 cm–2 m hoch. Holziger Stengel, elliptische Blätter und sterngleiche weisse Blüten im Sommer. Kleine ledrige, längliche Schoten, rot und gelb, enthalten zahlreiche scharfschmeckende Samen.
Anbau Unter Glas an sonniger Lage. Im Frühjahr säen.
Verwendung Samen zermahlen und das scharfe Gewürz mit Vorsicht anwenden. Die Schoten enthalten Vitamin C und Magnesium. Sie regen den Blutkreislauf an und helfen Erkältungen vorbeugen. Anwenden gegen Koliken, Blähungen, Magenweh und Krämpfe. Ein schwacher Aufguss als Gurgelwasser. Tinktur auf Frostbeulen streichen.

Cinnamomum zeylanicum
Zimt
Lauraceae

Beschreibung Tropischer immergrüner Baum. Wird 6–9 m hoch mit dicker, glatter, blasser Rinde, ledrigen, ovalen grünen Blättern mit blasser Unterseite und kleinen weissen Blüten. Rinde, Blätter und die ovalen bläulichen Früchte verströmen Duft.
Anbau Wächst am besten in reinem Sand, windgeschützt, mit gleichbleibendem Regen und Hitze und gleichmässiger Temperatur. Vermehren durch Samen, Stecklinge oder Zerteilen der Wurzeln.
Verwendung Die getrocknete innere Rinde der Zweige wird als Gewürz in Tee, Fruchtkompotten, Honig, Punch und Glühwein verwendet. Zimtpulver wird Puddings, Fruchtkompotten und gewissen Fleisch- und Fischgerichten beigegeben. Grob gemahlener Samen eignet sich für Duftschalen und Samenöl für die Parfümerie. Die Rinde wird medizinisch verwendet als Antiseptikum, Adstringens und Stimulans; sie hilft bei Brechreiz, Blähungen und Durchfall.

Crocus sativus
Safran
Iridaceae

Beschreibung Knollig, perennierend. Wird 30–45 cm hoch. Zahlreiche schmale, grasähnliche, graugrüne Blätter; trichterförmige, tiefrote Blüten im Herbst. Jede Blüte hat drei Samenfäden, die aus der Blüte herausragen; daran kann man sie vom giftigen *Colchium autumnale* unterscheiden.
Anbau Wächst in jedem reichen, gutdränierten Boden an sonniger, geschützter Lage. Blüten erscheinen nur nach langen, heissen Sommern. Die äusseren beblätterten Sprosse abbrechen und im Spätsommer neu pflanzen.
Verwendung Delikates Gewürz. Blüten verwenden zum Würzen und Färben von Reis, Fleisch- und Fischgerichten, Suppen, Brot, Kuchen und Biscuits. In Kräuterlikören stimuliert es den Appetit. Der starke gelbe Farbstoff zum Safran ist wasserlöslich. Man kann damit Haar tönen. Blüten fördern die Verdauung, helfen bei Fieber und Krämpfen.

Cuminum cyminum
Römischer Kümmel
Umbelliferae

Beschreibung Sommergewächs. Wird 15–30 cm hoch. Fadenförmige Blätter duften ein wenig. Weisse oder rosa Blüten im Sommer; später aromatische Samen. Sie sehen ähnlich aus wie Kümmelsamen, sind aber behaart.
Anbau Wächst in leichtem, gut dräniertem Boden an geschützter, sonniger Lage. Im Spätfrühling säen bei warmem Wetter.
Verwendung Kräftig schmeckende Samen, ganz oder gemahlen, werden für viele Gerichte des Mittleren Ostens und Indiens verwendet, besonders mit Lamm, Curry und Joghurt. Auch zum Einlegen gebraucht sowie zum Würzen von Likören und Herzstärkungsmitteln. Das Samenöl wird in der Parfümerie und in der Veterinärmedizin verwendet. Soll gegen Blähungen, Kolik, schlechte Verdauung und Durchfall wirken.

Curcuma domestica
Turmerik
Zingiberaceae

Beschreibung Perennierend, aber empfindlich. Wird bis 60 cm hoch. Grosse, duftende, eiförmige Wurzeln mit tief orangefabenem Fleisch; grosse lanzettförmige Blätter in Büscheln. Blassgelbe Blüten an dichtbesetzten Ähren vom späten Frühjahr bis in den Hochsommer.
Anbau Wächst in reichem, lehmigem Boden in feuchter Umgebung. Wurzelstecklinge im Herbst nehmen.
Verwendung Getrocknete Wurzel hat bitteren, ingwerähnlichen Geschmack, wenn sie in Wasser oder Alkohol eingelegt wird. Sie färbt Gerichte und Arzneien sowie Gewebe tiefgelb. Wurzel kann Katarrh und einige Blutstörungen mildern; äusserlich angewendet, heilt sie Quetschungen.

271

Elettaria cardamomum
Kardamom
Zingiberaceae

Beschreibung Nicht winterfest, perennierend, stammt aus den Tropen. Wird 1,8–3 m hoch. Blätter lanzettförmig, dunkelgrün, mit blasserer, flaumiger Unterseite; Kriechwurzeln gross und fleischig. Kleine gelbe Blüten im Spätfrühling, gefolgt von grünen, dreikammrigen Schoten mit dunkelrotbraunen Samen.

Anbau Wächst in reichem, feuchtem Boden im Schatten. Säen oder Wurzeln teilen.

Verwendung Ganze Samen in Marinaden, Likören, Punsch, Glühwein, Einlegemischungen. Zermahlener Samen als Würze zu Fruchtsalat, Curry, Kuchen, Brot, Biscuits und Kaffee. Samen kauen, um Atem zu erfrischen. In Duftschalen und Parfüms geben. Nützlich bei Blähungen, schlechter Vedauung und Kopfweh.

Illicium verum
Sternanis
Magnoliaceae

Beschreibung Nicht winterfester, immergrüner Baum. Wird 4,5–9 m hoch. Aromatische weisse Rinde, glänzende elliptische Blätter und weissliche, gelbe oder dunkelrote, von vielen schmalen Blütenblättern umgebene Blüten. Später sternförmige, graubraune Früchte.

Anbau In gut dräniertem Boden an sonnigen, geschützten Orten. Vermehrung durch Samen oder Stengelstecklinge.

Verwendung Samenöl liefert einen wichtigen Ersatz für Anissamen als Würze. Samen als Gewürz verwendet. Zu Getränken geben. Samen wirkt verdauungs- und appetitfördernd und hilft gegen Blähungen, Husten, Bronchitis und Rheumatismus.

Myristica fragrans
Muskat und Muskatblüte
Myristicaceae

Beschreibung Buschiger, nicht winterfester, immergrüner Baum. Wird 7,5 m hoch. Glatte graubraune Rinde und aromatische, lederige, elliptische glänzende Blätter von dunkelgrüner Farbe. Auf gelbe Blüten folgen kugelige rote oder gelbe Früchte, die einen aromatischen, eiförmigen braunen Kern enthalten (die Muskatnuss), der von einer roten Membran («Muskatblüte») überzogen ist.

Anbau In humusreichem, lehmigem Boden in geheiztem Gewächshaus mit hoher Luftfeuchtigkeit und Temperatur. Stecklinge im Herbst nehmen.

Verwendung Getrocknete Kerne ergeben einen sehr starken, bitteren Geschmack. Frisch geschabt zu süssen und würzigen Gerichten, besonders solchen mit Milch oder Käse. Würzt Honigwein, Milchgetränke und Liköre. In Duftschale legen. In sehr kleinen Mengen fördert Muskatnuss Appetit und Verdauung. Sie kann milde halluzinogen wirken.

Achtung: Muskatnuss sehr sparsam anwenden.

Pimenta dioica
Nelkenpfeffer
Myrtaceae

Beschreibung Aromatischer, nicht winterfester, immergrüner Baum. Wird 12 m hoch. Blätter ledern, glänzend und länglich, paarweise am Stengel sitzend. Kleine weisse Blütenbüschel von Sommer bis Frühherbst, gefolgt von fleischigen, schwarzroten süssen Früchten.

Anbau In gemässigtem Klima wird Nelkenpfeffer als nicht blühender Schmuck in Gewächshäusern gezogen. Stecklinge nehmen oder Ausleger machen.

Verwendung Getrocknete, unreife Früchte werden als Gewürz verwendet, zu Curry, Reis, Pudding, Einlegeflüssigkeiten und Glühwein. Seife und Schreibpapier damit parfümieren. Samen mahlen und in Duftschalen streuen. Das Öl der Früchte mildert Koliken und Blähungen. Zerdrückte Früchte sieden und auf Tücher legen, um Rheumatismus und Neuralgie zu behandeln.

Piper nigrum
Schwarzer Pfeffer
Piperaceae

Beschreibung Nicht winterfester, perennierender Kletterstrauch aus den Tropen. Wird 6 m hoch. Starke, hölzerne, sich windende Stengel tragen breite, ovale, glänzend dunkelgrüne Blätter mit hervorstehenden Adern. Weisse Blütenbüschel im Sommer. Später aromatische, kugelige, runzlige rote Früchte.

Anbau Bei hoher Feuchtigkeit im Schatten. Muss gestützt werden. Durch Stecklinge vermehren.

Verwendung Getrocknete unreife Früchte werden als Gewürz verwendet: frisch gemahlen an alle pikanten Speisen. Bakterientötend, deshalb als Konservierungsmittel geeignet. Harntreibendes, anregendes, verdauungsförderndes und blähungstreibendes Heilmittel. Gut gegen Verstopfung, Brechreiz, Schwindel und Arthritis.

Syzygium aromaticum (Eugenia aromatica)
Gewürznelke
Myrtaceae

Beschreibung Nicht winterfester, immergrüner Baum aus den Tropen. Wird 9 m hoch oder höher. Grosse ledrige, ovale, glänzende und paarweise stehende Blätter. Glockenförmige rote Blüten zu zwei getrennten Zeiten während der Wachstumsperiode. Rosa Blütenknospen werden beim Trocknen rotbraun.

Anbau Gut dränierter, saurer Boden im Schatten. Vor Wind schützen.

Verwendung Für würzigen Geschmack ganze getrocknete, nicht geöffnete Blumenknospen verwenden, die man Gewürznelken nennt. An Curry, gedämpftes Obst, Marinaden, Glühwein. Gewürznelken mahlen für Brot, Biscuits, Kuchen. In Duftkugeln und -schalen anwenden. Als Atemerfrischer kauen. Als Tee aufgiessen gegen Brechreiz. Gewürznelkenöl in hohlen Zahn träufeln, gegen Zahnweh. Äusserlich gegen Neuralgie und Rheumatismus anwenden.

Vanilla planifolia
Vanille
Orchidaceae

Beschreibung Nicht winterfeste tropische Kletterpflanze. Wird 9–15 m hoch. Lange, lederne, fleischige ovale Blätter wachsen auf kräftigen Stengeln. Gelbe oder orangefarbige Blüten erscheinen im 3. Jahr nach dem Pflanzen. Später zeigen sich lange, aromatische Schoten.

Anbau In hoher Luftfeuchtigkeit im Schatten, an Stangen oder Baumstämmen. Durch Stecklinge vermehren.

Verwendung Getrocknete Fruchtschoten werden in Haushalt und Industrie als Würze und als Arzneifärbemittel benutzt. Auch in der Kosmetik, vor allem in der Parfümerie. In Duftschale legen. Pulverisierte Schoten über Schreibpapier streuen, duftet gut.

Zingiber officinale
Ingwer
Zingiberaceae

Beschreibung Nicht winterfest, perennierend, aus den Tropen stammend. Wird 1–1,2 m hoch. Dicke, aromatische, faserige, knotige, braungelbe Wurzeln bringen aufrechte Stengel mit langen, schmalen und lanzettförmigen Blättern hervor. Weisse Blüten mit purpurroten Streifen erscheinen nur selten.

Anbau Wächst in reichem, gut dräniertem Lehmboden in leichtem Schatten. Durch Wurzelstecklinge vermehren.

Verwendung Frische Ingwerwurzel, geschält und in Scheiben geschnitten oder geschabt, wird zu Stews, Saucen und orientalischen Gerichten gegeben. Gemahlene Wurzel zu Ingwerkuchen, Biscuits, Glühwein und Likören. Junge grüne Wurzeln in Sirup konservieren. Frische Wurzeln äusserlich als «Rouge» benutzen, da sie den Blutkreislauf anregt. Wurzel als Tee aufgiessen, um die Körpersysteme zu reinigen, eine Erkältung zu mildern und an kalten Tagen ein Wärmegefühl zu schaffen. Wurzel kauen gegen Halsweh. Ein Aufguss beruhigt den Magen und verhindert Reisekrankheit.

Bäume und Sträucher

Buxus sempervirens
Buchs
Buxaceae

Beschreibung Langsam wachsender, winterfester, immergrüner Baum. Wird 4,5–6 m hoch. Die rauhe, graue Rinde umgibt gelbes, hartes Holz. Dichte Zweige tragen lederne, glänzende, ovale, dunkelgrüne Blätter mit hellerer Unterseite. Kleine hellgelbe Blüten erscheinen Mitte Frühjahr.

Anbau Liebt alkalischen Boden. Stengelstecklinge im Frühjahr nehmen.

Verwendung Ganze Pflanze, stark beschnitten, bildet ausgezeichnete Einfassung für ornamentalen Kräutergarten. Das Holz ist sehr dauerhaft.

Camellia thea
Teestrauch
Theaceae

Beschreibung Nicht winterfester, immergrüner Strauch. Wird in Gärten 2,1–2,4 m, wild bis zu 9 m hoch. Rauhe, graue Zweige tragen gezähnte, elliptische, dunkelgrüne Blätter; weisse Blüten erscheinen im Frühling, gefolgt von flachen, runden Früchten.

Anbau In tiefem, saurem Boden bei gleichbleibender Temperatur und hoher Luftfeuchtigkeit.

Verwendung Die getrockneten Blätter ergeben den «grünen Tee», Chinas wichtigstes Getränk. Er hilft, fette Nahrung zu verdauen, und soll den Stoffwechsel ausgleichen. Für Schwarztee werden die Blätter vergoren, was Tannin, Coffein und anregende Wirkung erhöht. Mit Mass geniessen.

Citrus limon
Zitrone
Rutaceae

Beschreibung Nicht winterfester, subtropischer, immergrüner Baum. Wird 3–6 m hoch. Graue Rinde, elliptische Blätter; Büschel weisser, aussen rosafarbener Blüten erscheinen zu jeder Jahreszeit, gefolgt von sauer schmeckenden, gelben Früchten, die Öldrüsen tragen.

Anbau In leichtem, gut dräniertem, fruchtbarem Boden an wintergeschütztem Ort. Vermehrung durch Säen.

Verwendung Frucht, Saft und Schale sind reich an Vitaminen und werden weiterum beim Kochen, für Süssigkeiten und Getränke gebraucht. In Duftschale, Kräuterkissen, Seifen und Parfüms. Vielseitig im Haushalt verwendbar: putzt Messing, Silber, Marmor und entfernt Rostflecken. Als Adstringens und Hauttonikum benutzen. Bleicht Nikotinflecken auf Nägeln und Zähnen sowie Sommersprossen, stärkt blondes Haar. Saft mildert Erkältungen, Husten, Halsweh, Kopfweh, Rheumatismus und Fieber. Als Antiseptikum gegen Bakterien brauchen.

Eucalyptus globulus
Eukalyptus
Myrtaceae

Beschreibung Immergrüner Baum, dessen junge Blätter frostempfindlich sind. Wird 90 m hoch oder höher. Die Rinde ist papierartig und schält sich, die reifen Blätter sind ledern, lanzettförmig und mit Öldrüsen besetzt. Kleine, blätterlose, weisse Blüten im Sommer.

Anbau Wächst in allen möglichen Böden. Im Frühjahr säen.

Anwendung Blätter ergeben ein wirkungsvolles Abwehrmittel gegen Fliegen. Das flüchtige, gelblichgrüne Öl aus den Blättern nützt bei Katarrh, Halsweh, Bronchitis, Verdauungsstörungen, Fieber, kann inhaliert werden, ist antiseptisch, deodorierend und anregend. Verdünnen und äusserlich anwenden bei Verbrennungen, Wunden und Geschwüren.

Achtung: *Ist in grossen Dosen giftig.*

Gaultheria procumbens
Gaultherie
Ericaceae

Beschreibung Winterfester, immergrüner Strauch. Wird 13–15 cm hoch. Aus den kriechenden Stengeln spriessen steife Zweige. Die Blätter sind stark aromatisch, lederig, glänzend und oval. Nickende, glockenförmige, weisse Blüten im Spätsommer werden gefolgt von fleischigen, leuchtendroten Beeren.

Anbau Wächst in saurem Boden im Halbschatten. Säen, Stengelstecklinge nehmen oder im Frühling oder Herbst Ausleger machen.

Verwendung Blätter enthalten Magnesium und Kalium sowie schmerzstillende Substanzen in einem Öl, das von der Haut gut aufgenommen wird. Blätter zu Tee aufgiessen und gegen Kopf- und Halsweh damit gurgeln.

Ginkgo biloba
Fächerblattbaum
Ginkgoaceae

Beschreibung Sehr langsam wachsender, winterharter Baum. Wird 9–15 m gross. Der Stamm ist hellbraun und korkähnlich aufgerissen. Die Blätter sind fächerförmig und hellgrün, im Herbst werden sie gelb. Blüten sind selten und auf verschiedenen Bäumen: Männliche Blüten sind kleine grüne Kätzchen, weibliche klein, kugelig und grün. Später bilden sich kleine, übelriechende Früchte.

Anbau Wächst in jedem fruchtbaren, gut dränierten Boden in Sonne oder Halbschatten. Vermehrung durch Stecklinge im Frühling.

Verwendung Innere Rinde ergibt blassbraunen Farbstoff. Geröstete oder gebackene Samen sind angenehm zu essen und helfen gegen Katzenjammer.

Hamamelis virginiana
Zaubernuss
Hamamelidaceae

Beschreibung Winterfester Baum. Wird 2,4–3 m hoch. Braune Rinde und gezähnte, elliptische Blätter mit behaarter Unterseite. Duftende gelbe Blüten im Spätherbst.

Anbau In feuchtem, kalkfreiem Boden in Sonne oder Halbschatten. Im Herbst durch Ausleger vermehren.

Verwendung Destillierten Extrakt aus jungen, blühenden Zweigen (käuflich) äusserlich für Quetschungen, Verstauchungen, Krampfadern, Hämorrhoiden, Insektenstiche und zum Blutstillen anwenden. Bei der Schönheitspflege als Adstringens geeignet.

Achtung: *Eine Tinktur aus Rinde oder Blättern hinterlässt Flecken auf der Haut.*

Ilex aquifolium
Stechpalme
Aquifoliaceae

Beschreibung Winterfester immergrüner Baum. Wird 9 m hoch. Grüne Zweige tragen lederige, glänzende, gewelltrandige, stachlige, ovale, dunkelgrüne Blätter. Kleine duftende, weisse Blüten im Früh- und Hochsommer, später kugelige rote oder gelbe Früchte. Manche Bäume sind zweigeschlechtig, andere brauchen zur Pollination einen männlichen Baum in der Nähe.

Anbau Wächst am besten in humusreichem, feuchtem, gut dräniertem Boden im Halbschatten. Im Frühjahr säen.

Verwendung Ganze Pflanze ist dekorativ im Garten und eignet sich als Hecke. Grüne Zweige im Kamin verbrennen. Blätter zu Tee aufgiessen gegen Husten, Erkältung, Katarrh, Grippe, Fieber und Rheumatismus.

Morus nigra
Schwarzer Maulbeerbaum
Moraceae

Beschreibung Winterfester Baum. Wird 9 m hoch. Buschig, mit dicken, gezähnten, herzförmigen Blättern und eingeschlechtigen, grünen Kätzchen im Frühjahr und Frühsommer. Später längliche, violette Früchte.

Anbau In gut dräniertem, lehmigem Boden an warmer Lage, vor Wind und tiefem Frost schützen. Im Frühling säen. Stecklinge im Vorfrühling nehmen. Im Herbst Ausleger machen.

Verwendung Die Früchte sind reich an Vitamin C und Traubenzucker; roh oder gekocht essen und zu Wein und Konfitüre verarbeiten. Gegen Zuckerkrankheit angewendet. Früchte wirken abführend, ergeben einen Sirup für Genesende sowie Farbe und Geschmack für andere Medikamente. Weisser Maulbeerbaum *(M. alba)* hat ähnliche Eigenschaften.

Myrica gale
Gagelstrauch
Myricaceae

Beschreibung Buschiger laubwechselnder Strauch, 1,2–1,5 m hoch, mit duftendem Holz und – wenn zerdrückt – Blättern. Gezähnte, glänzende, lanzettförmige Blätter mit leicht behaarter, blasserer Unterseite und ein paar Öldrüsen. Die Kätzchen brauner oder gelbgrüner eingeschlechtiger Blüten erscheinen im Spätfrühling und Frühsommer, gefolgt von kleinen, flachen Fruchtkätzchen, die Wachs enthalten.

Anbau Wächst in feuchtem, saurem Boden im Schatten. Stengelstecklinge, Wurzelteile oder Schösslinge im Frühling oder Frühsommer pflanzen.

Verwendung Getrocknete Blätter und Früchte als Gewürz in Suppen und Stews. Wurzeln und Rinde ergeben einen gelben Farbstoff für Wolle. Aus Früchten wird ein Insektizid gemacht, auch aromatische Kerzen. Blätter als Tee gegen Magenbeschwerden.

Phyllostachys nigra
Bambus
Gramineae

Beschreibung Winterfest, immergrün, perennierend. Wächst in Büscheln bis zu 8 m Höhe. Die Rohre sind dicht, hölzern und elastisch, grün, wenn jung, braunschwarz, wenn reif. Blätter sind lang, schmal und spitzig. Bambus blüht selten.

Anbau Wächst auf feuchtem Boden in Sonne oder Halbschatten, vor kaltem Wind geschützt. Vermehrung durch Teilung der Pflanze oder des Wurzelstocks im Spätwinter oder Frühsommer.

Verwendung Junge Schosse sind im Frühjahr essbar. Die Rohre ergeben Gartenzäune, werden beim Bauen sowie zu Geflechten und für Musikinstrumente verwendet. Entgiftet den Körper und wirkt harntreibend. Die Wurzeln senken hohes Fieber.

Populus balsamifera
Balsampappel
Salicaceae

Beschreibung Winterfester, aromatischer Baum, 30 m hoch. Hocharomatische, klebrige, harzige Blattknospen im Winter entwickeln sich zu gezähnten, herzförmigen, dunkelgrünen Blättern mit behaarter, weisser Unterseite. Hängende gelbe Kätzchen erscheinen im Frühling.

Anbau Wächst in jedem Boden. Im Herbst vermehren mit Schösslingen oder 30 cm langen Stecklingen.

Verwendung Knospen in Duftschale legen. Blattknospentinktur hilft bei Husten, Kehlkopfentzündung, Bronchitis, Magen- und Nierenbeschwerden und Rheumatismus. Ist auch ein Antiseptikum, Stimulans und Tonikum; wirkt harntreibend. Als Salbe bei Schnitten und Quetschungen und als Schmerzlinderer.

Prunus dulcis
Mandelbaum
Rosaceae

Beschreibung Etwas frostempfindlicher Baum. Wird 9 m hoch mit feingezähnten, spitzigen ovalen Blättern. Rosa oder weisse Blüten im Spätfrühling bringen eiförmige, grüne Früchte hervor, die zwei Nüsse enthalten.

Anbau In gut dräniertem Boden, vollsonnig, vor kaltem Wind geschützt.

Verwendung Nüsse verwendet in Kuchen, Süssigkeiten, pikanten Gerichten, Patisserie und Likören. Aus gemahlenen Nüssen Marzipan machen. Öl wird geschätzt für Parfüms, Hautcremen, Gesichtsmasken, und ist das häufigste Trägeröl in der Aromatherapie. Es lindert Sonnenbrand und Husten.

Quercus robur
Eiche
Fagaceae

Beschreibung Winterfester Baum, wird 33 m hoch, hat gelappte ovale Blätter, lange männliche Kätzchen und kleine grüngelbe Blüten im Frühling. Der Herbst bringt längliche, in Kelchen stehende Früchte (Eicheln) und manchmal Eichengallen – von Larven verursachte runde Wucherungen.

Anbau Wächst überall. Im Herbst säen oder aufpfropfen.

Verwendung Eicheln rösten als Kaffee-Ersatz. Das Holz wird für Schiffe, Häuser, Möbel und Waffen gebraucht, als Brennholz und zum Räuchern von Schinken. Die Rinde liefert Tannin zum Gerben und für verschiedene Farbstoffe. Aus den Galläpfeln gewinnt man Tinte (S. 202). Ein Absud von makelloser, im Spätfrühling geernteter Rinde ist ein wirksames Astringens, das man gegen Durchfall, Hämorrhoiden und Krampfadern trinkt, bei Halsweh gurgelt oder direkt auf blutendem Zahnfleisch oder Hämorrhoiden anbringt.

Rubus fructicosus
Brombeerstrauch
Rosaceae

Beschreibung Perennierender Strauch. Wird 3 m hoch. Hat dornige zweijährige Stengel und gezähnte Blätter. Rosa oder weisse Blüten erscheinen im Sommer, gefolgt von Brombeeren.

Anbau Wächst fast überall. Ausleger im Sommer machen, säen im Herbst.

Verwendung Die Früchte enthalten viel Vitamin C. Roh oder gekocht essen, in Puddings, Konfitüren, Gelees, Wein und Essig. Die organischen Säuren in den Beeren ergeben eine gute Gesichtsmaske. Wurzeln liefern orangefarbenen Farbstoff. Blätter und Schosse in Badewasser geben, um die Haut zu beleben. Blätter absieden als Tonikum, Gurgelwasser oder Umschlag für Hautgeschwüre.

Simmondsia chinensis
Jojoba
Buxaceae

Beschreibung Nicht winterfest, perennierend, immergrün. Wird 60 cm–2,4 m hoch. Junge Stengel behaart. Lanzettförmige graugrüne Blätter. Trägt im Frühling becherförmige, grünliche männliche oder einfache, glockenförmige weibliche Blüten, die einförmige, einsamige Kapseln entwickeln. Samen enthalten ein duftloses, klares, wächsernes Öl.

Anbau In gut dräniertem, trockenem Boden in voller Sonne. Durch Säen vermehren.

Verwendung Das Samenöl wird als Diätöl verwendet und durchfliesst die Därme weitgehend ungenutzt. Wird für Seife, Shampoo, Haarkräftiger und Hautcreme gebraucht. Der Samen ergibt ein ausgezeichnetes Basisfutter für Vieh.

Taxus baccata
Eibe
Taxaceae

Beschreibung Winterfester, immergrüner Baum. Wird 15 m hoch. Abblätternde, rotbraune Rinde und lange, schmale, glänzende, dunkelgrüne Nadeln mit blasser Unterseite. Gelbe männliche Blüten und kleine grüne weibliche Blüten erscheinen im Frühjahr. Letztere entwickeln sich zu glockenförmigen, roten und gelben Früchten.

Anbau Wächst am besten in alkalischem Boden, verträgt Schatten. Säen oder im Frühherbst Stecklinge nehmen.

Verwendung Orangebraunes Holz ist wasserabstossend und hart. Für Möbel, Bögen und als Brennholz. Eine homöopathische Tinktur aus Blättern und Beeren wird als Heilmittel eingesetzt.

Achtung: *Alle Teile der Eibe sind giftig, auch der Samen (aber nicht das Fleisch, das ihn bedeckt.)*

Vitex agnus-castus
Mönchspfeffer
Verbenaceae

Beschreibung Winterfester Baum oder Strauch. Wird 6 m hoch. Blättchen sind aromatisch, lang, oval und dunkelgrün. Trägt im Herbst Büschel duftender lilablauer Blüten an langen, kugeligen Ähren. Später kleine, kugelige Früchte mit aromatischem Samen.

Anbau Wächst in voller Sonne auf leichtem, gut dräniertem, alkalischem Boden, durch Mauer geschützt. Samen im Frühjahr, Ausleger im Frühjahr oder Sommer, Stecklinge im Frühherbst.

Verwendung Gemahlene Samen wird als pfeffriges Gewürz verwendet. Die Stengel werden zu Korbwaren geflochten. Getrocknete Früchte enthalten hormonähnliche Substanzen, die die Hypophyse normalisieren und Beschwerden der Menopause lindern.

Andere Kräuter

Acorus calamus
Kalmus *Araceae*
Beschreibung Perennierende Sumpf-pflanze aus gemässigtem Klima mit knorrigem, aromatischem Wurzelstock. Die schwertlilienähnlichen Blätter werden 1 m hoch. Winzige grüne Blüten erscheinen im Hochsommer auf einer gebogenen Ähre, die sich auf halber Höhe vom Stengel wegbiegt.
Anbau In sonniger Lage in untiefem Wasser oder reichem, sumpfigem Boden. Stücke des Wurzelstocks mit dünnen Wurzeln daran im Frühling oder Herbst setzen.
Verwendung Die ganze Pflanze hat einer starken, zimtig-würzigen Duft. Trockene Blätter und zwei Jahre alte Wurzelstock-Stücke in Duftschale und Kräuterkissen.

Agastache anethiodora
Anishysop *Labiatea*
Beschreibung Winterfest, perennierend. Wird 60 cm–1 m hoch. Ovale, zugespitzte Blätter mit weisslicher Unterseite duften nach Anissamen. Lange Ähren violettblauer Blumen im Spätsommer.
Anbau In reichem, feuchtem Boden an sonniger Lage. Im Frühjahr vermehren durch Säen oder Wurzelteilung.
Verwendung Getrocknete Blätter als Würze verwenden oder als Tee aufgiessen. Kraut zieht Bienen an.

Anchusa officinalis
Alkannawurzel *Boraginaceae*
Beschreibung Zweijährig oder perennierend. Wird 30 cm hoch. Ähnlich Borretsch, mit rauhen Blättern, dicker Pfahlwurzel und kleinen leuchtend-blauen Blüten im Frühsommer.
Anbau In jeder Art von Boden. Im Frühjahr säen, im Herbst Wurzeln teilen.
Verwendung Blüten und junge Blätter zu Salaten. Wurzel absieden als Blutreiniger und Schleimlöser bei Husten. Die Wurzel, in Alkohol oder Öl eingelegt, ergibt kräftigen roten Farbstoff. Wertvolle Bienenpflanze.

Arnica montana
Arnika *Compositae*
Beschreibung Winterfest, perennierend, wird 20–60 cm hoch. Ovale, behaarte Blätter bilden Rosetten. Grosse, duftende gelbe Blumen erscheinen den ganzen Sommer über.
Anbau In sandigen, sauren Boden pflanzen, humusreich und besonnt. Kriechwurzeln im Frühjahr teilen. Im Frühjahr säen, keimt langsam.
Verwendung Gute Bienenpflanze. Blätter und Wurzeln werden in Kräutertabak geraucht. Blütentinktur wird gegen Verstauchungen, Wunden und Quetschungen verwendet, auch gegen rheumatische Schmerzen und Frostbeulen,

wenn sie nicht offen sind. Zu entspannendem Fussbad geben.
Achtung: *Möglicherweise giftig, wenn eingenommen.*

Bellis perennis
Gänseblümchen *Compositae*
Beschreibung Winterfest, perennierend. Wird 8–15 cm hoch, mit flachen Rosetten feinbehaarter, gesägter Blätter. Einfache oder gefüllte weisse oder rosa Blüten mit goldenem Zentrum blühen vom Frühjahr bis Herbst.
Anbau Leicht zu ziehen auf fruchtbarem Grund in Sonne oder Halbschatten. Im Frühjahr teilen oder im Frühjahr oder Herbst säen.
Verwendung Junge Blätter und Blüten in Salaten, Blüten in Duftschalen. Gute Nektarpflanze für Bienen und Schmetterlinge. Blüten aufgiessen für ein tonisches Frühlingsbad, um fahle Haut zu beleben, bei Dünndarmentzündung, Durchfall oder als Schleimlöser bei Husten und Erkältung trinken. Ein Absud aus zerdrückten frischen Blättern hilft Wunden und Quetschungen heilen.

Calaminta grandiflora
Steinquendel *Labiatae*
Beschreibung Winterfest, perennierend. Wird 30 cm hoch. Seine kantigen, behaarten, holzigen Stengel wachsen aus Kriechwurzeln. Dichte Wirbel bläulicher Blumen erscheinen im Hochsommer und Frühherbst an der Seite gepaarter, minzenduftender, gezähnter, ovaler Blätter.
Anbau Liebt kalkigen Boden in trockenen Waldschlägen und Ödland. Im Frühjahr säen. Stengelstecklinge im Frühjahr nehmen. Wurzel im Spätfrühling oder Herbst teilen.
Verwendung Steinquendel enthält kampferähnliche ätherische Öle. Getrocknete Blätter zu Tee aufgiessen gegen Kolik mit Blähungen und als kräftiges Tonikum. Frische Blätter in Umschlägen für Quetschungen. Als Sirup oder Absud gegen Husten.

Carthamus tinctorius
Färberdistel *Compositae*
Beschreibung Sommergewächs. Nicht mit Safran verwandt, obschon Blüten ähnlich verwendet werden. Wird 60 cm–1 m hoch. Stachlige ovale Blätter wachsen entlang des steifen, weisslichen Stengels, der sich oben gabelt und im Sommer eine orangegelbe Blüte trägt. Weisse, glänzende Früchte.
Anbau Im Frühjahr säen.
Verwendung Samen ist reich an Linolsäure, einer essentiellen Fettsäure, sehr gut für die Küche, baut Cholesterin ab und hilft Herzleiden vermeiden. Blüten geben gelbe und rote Farbstoffe ab; mit Talkpuder gemischt entsteht «Rouge». Blüten in Duftschale. Als Tee abführend,

harn- und schweisstreibend; hilft gegen Hautkrankheiten.
Achtung: *Während Schwangerschaft keine grossen Mengen einnehmen.*

Cymbopogon citratus
Lemongras *Gramineae*
Beschreibung Nicht winterfest, perennierend. Wird 1,8 m hoch. Dichte Büschel von duftenden, sehr langen, schmalen und zugespitzten Blättern mit vorstehender Mittelader. Grünliche, rot angehauchte Blüten erscheinen in herabhängenden Büscheln im Sommer.
Anbau Wächst in feuchtem Boden in voller Sonne im Gewächshaus, Mindesttemperatur 13 °C. Vermehrung durch Teilen.
Verwendung Zarte Stengel in Salate hacken. Blätter als Kräutertee aufgiessen. Öl zur Reinigung fetter Haut und zur Entspannung im Bad verwenden. Zu Parfüms und Seifen geben.

Dictamnus albus
Diptam *Rutaceae*
Beschreibung Winterfest, perennierend. Durchdringender Orangenduft. Wird 60 cm hoch. Runde, behaarte Stengel und duftende, gezähnte, ovale Blättchen; alle Teile sind mit Drüsen besetzt. Lange Ähren grosser roter, weisser, blauer oder gestreifter Blüten erscheinen im Sommer.
Anbau Wächst in gut dräniertem, alkalischem Boden in sonnigen Gärten und an warmen Orten. Im Spätsommer an endgültigen Standort säen.
Verwendung Blätter für Duftschale trocknen. Als Kräutertee aufgiessen. Destilliertes Wasser als Schönheitsmittel. Blätter und Blüten ergeben Tinktur gegen rheumatische Schmerzen. Früher gab man Tee gegen nervöse Beschwerden. Ein Absud des Wurzelstocks wurde gegen Fieber und Magenkrämpfe eingesetzt und, zusammen mit Samen, gegen Nieren- und Blasensteine. Ein Bestandteil, Dictamin, ist in grösseren Mengen giftig. Nicht während der Schwangerschaft einnehmen.

Echium vulgare
Natternkopf *Boraginaceae*
Beschreibung Zweijährig, eng verwandt mit Borretsch. Wird 60 cm–1 m hoch mit länglichen, stacheligen Blättern. Blätter und Stengel oft rot gefleckt. Rosa Knospen öffnen sich zu blauvioletten Blüten vom Sommer bis Herbst.
Anbau Leicht zu ziehen in trockenen oder steinigen, kalkigen oder sandigen Böden, besonders in Meeresnähe. Im Spätsommer an Standort säen. Versamt sich reichlich selbst.
Verwendung Blüten an Salate geben, Herzstärkungsmittel draus machen, sie kandieren. Niedrigstehende Blätter aufgiessen, um Fiebernde schwitzen zu

machen, auch gegen Kopfweh, Erkältung, nervöse Beschwerden und schmerzhafte Entzündung.

Equisetum arvense
Schachtelhalm *Equisetaceae*
Beschreibung Widerstandsfähig, perennierend. Wird 45 cm hoch. Quirlständige, schmale, grüne Zweige winden sich um grösseren Mittelstengel. *E. hyemale* wird 1,5 m gross.
Anbau In trockenem, steinigem Boden. Verbreitet sich rasch durch Kriechwurzeln und Sporen.
Verwendung Ganze Pflanze liefert ockergelben Farbstoff. Stengel haben hohen Silikongehalt und können zum Reinigen von Kochtöpfen verwendet werden, auch von Zinn und feinem Holzwerk. Sie enthalten Vitamine und Mineralien und ergeben einen stärkenden Tee, der das Blut bereichert und Fingernägel kräftigt. Ein Absud, äusserlich angewendet, adstringiert. Ein Umschlag hilft Wunden und Geschwüre heilen.

Eryngium maritimum
Stranddistel *Umbelliferae*
Beschreibung Winterhart, perennierend, bildet halbkugelförmigen Busch, 30 cm–1 m hoch. Blätter sind sehr steif, fleischig, stachelig, blaugrün mit weissen Rändern. Winzige, distelähnliche, metallblaue Blüten erscheinen vom Hoch- bis Spätsommer. Die essbare Wurzel ist sehr lang, brüchig, fleischig und weiss.
Anbau Gut dränierter, sandiger Boden in voller Sonne in Meeresnähe. Säen oder Wurzel teilen im Herbst.
Verwendung Wurzel kandieren als Aphrodisiakum und Nerventonikum. Junge blühende Schosse kochen und wie Spargel servieren. Auch Blätter sind essbar. Pulverisierte Wurzel in Umschlag verwenden, um Neubildung des Gewebes zu fördern. Wurzelabsud trinken als Tonikum, harntreibendes Mittel und gegen Entzündung von Blase, Harnröhre und Prostata.

Euphrasia officinalis
Augentrost *Scrophulariaceae*
Beschreibung Sommergewächs. Wird 5–20 cm hoch. Hat tief eingeschnittene, behaarte, gezähnte, ovale Blätter und kantige, verzweigte Stengel. Zahlreiche kleine weisse Blüten mit dunkelroten und gelben Flecken oder Streifen erscheinen vom Hochsommer bis Spätherbst.
Anbau Schwer zu ziehen, da es mit gewissen Grasarten halbparasitisch ist. Im Frühling auf kalkigen Boden säen.
Verwendung Ganze Pflanze aufgiessen oder frische Stengel zerdrücken und abgeseihten Saft gegen Augenentzündungen, Augenermüdung und andere Augenbeschwerden verwenden, auch gegen Heuschnupfen, Erkältung, Husten und Halsweh. *E. rost-*

koviana ist die nützlichste Art für Augenbehandlungen. Äusserlich als Augenkompresse anwenden, auch in einem Umschlag zur Beschleunigung der Wundheilung. Früher als Tabak geraucht, um Blutandrang in der Lunge zu mildern.

Galega officinalis
Geissrute *Leguminosae*
Beschreibung Winterfest, perennierend. Wird 1 m hoch. Buschig mit glattem, hohlem, verzweigtem Stengel, lanzettförmigen grünen Blättchen und wickenähnlichen violettblauen oder weissen Blüten vom Hochsommer bis Herbst. Lange, aufrechtstehende, rotbraune Schoten. Die Pflanze riecht unangenehm, wenn sie verletzt wird.
Anbau In tiefem, feuchtem Boden an sonnigem Ort. Im Frühling säen, im Frühling oder Herbst Wurzel teilen.
Verwendung Frischer Saft lässt Milch gerinnen und kann beim Käsen verwendet werden. Getrocknete blühende Spitzen aufgiessen, um den Milchfluss bei stillenden Müttern und säugenden Tieren anzuregen. Getrocknetes Kraut als Harntreibmittel und fiebersenkendes Mittel verwenden. Samen senkt anscheinend den Blutzuckerspiegel und hilft vielleicht Zuckerkranken. Nur unter strenger ärztlicher Aufsicht verwenden.

Galium verum
Labkraut *Rubiaceae*
Beschreibung Winterfest, perennierend, wird 30 cm–1 m hoch. Feine Wirtel fadenförmiger Blätter an kantigem Stengel. Dichte Büschel winziger, honigduftender gelber Blüten den ganzen Sommer hindurch.
Anbau Gedeiht in tief umgegrabenem, gut dräniertem, gedüngtem Lehmboden in Sonne oder Halbschatten. Unterirdische Ausleger teilen oder im Frühling oder Herbst aussäen. Samen muss zum Keimen zwischen Sandpapierschichten gelegt werden.
Verwendung Starker Absud der ganzen Pflanze lässt Milch gerinnen, wenn sie zur Käseherstellung gesotten wird; die Blüten verleihen Käse goldene Farbe. Getrocknete Blätter enthalten Cumarin und duften nach frischem Heu. Blätter und Blüten in Duftschalen und Kräuterkissen. Wurzeln und untere Stengel liefern roten Farbstoff, Blüten gelben.

Genista tinctoria
Färberginster *Leguminosae*
Beschreibung Winterfester, laubwechselnder Strauch. Wächst 30 cm–1 m hoch. Blätter klein, länglich, glänzend, dunkelgrün; gelbe wickenähnliche Blüten im Sommer, lange, schmale Schoten im Herbst.
Anbau Wächst in eher trockenen,

sandigen Böden. Im Frühjahr säen, im Herbst Stecklinge nehmen.
Verwendung Blüten liefern gelblichgrünen Farbstoff. Früher als harntreibendes Mittel verwendet, heute als giftig betrachtet.

Glycyrrhiza glabra
Lakritze *Leguminosae*
Beschreibung Winterfest, krautig, perennierend. Wird 60 cm–1,5 m hoch. Lange, schmale dunkelgrüne Blättchen. Die Pfahlwurzel bildet mehrere lange Zweige, braun und runzlig mit gelbem Fleisch. Gelbe oder violette Blüten im Sommer, später rötlichbraune Schoten.
Anbau Wüchsig in tiefem, feuchtem reichem, sandigem Lehmboden. Wurzeln im Herbst oder Frühling teilen.
Verwendung Wurzel würzt Bier, Backwerk, Tabak, Schnupftabak. Wurzelbrei wird als Kompost für Pilze verwendet. Wurzel enthält Glycyrrhizin, eine bedeutend süssere Substanz als Zucker, unschädlich für Zuckerkranke. Als erfrischenden Tee und Heilmittel gegen Husten und Brustleiden aufgiessen. Starker Absud dient als Abführmittel für Kinder und kann fiebersenkend wirken.

Hydrastis canadensis
Gelbwurz *Ranunculaceae*
Beschreibung Winterhart, krautig, perennierend. Wird 15–30 cm hoch mit behaarten Stengeln, gezähnten und gelappten Blättern und einem dicken, knotigen gelben Wurzelstock. Grünlichweisse Blüten erscheinen im Spätfrühling und Frühsommer. Früchte himbeerähnlich, nicht essbar.
Anbau Gedeiht in gut dräniertem, feuchtem Boden im Halbschatten. Wurzelstock im Frühherbst teilen.
Verwendung Wurzel liefert gelborangen Farbstoff. Ein paar Tropfen Tinktur wirkt gegen Verstopfung. Tinktur mit destilliertem Wasser ergibt eine Lotion gegen Hautkrebs. Ein schwacher Aufguss wird gegen Bindehautentzündung und als antiseptisches Gurgelwasser verwendet.

Hypericum perforatum
Johanniskraut *Hypericaceae*
Beschreibung Duftend, winterfest, strauchartig, perennierend. Wird 30 cm–1 m hoch. Blätter sind blassgrün, länglich und fein durchbrochen – die Öldrüsen. Zitronenduftende gelbe Blüten im Sommer und Frühherbst.
Anbau Verträgt die meisten Böden in Sonne und Halbschatten. Mit Auslegern oder Samen im Herbst vermehren.
Verwendung Blätter eignen sich als interessantes Salatkraut. Blüten liefern mit Alaun gelben Farbstoff für Wolle, mit Alkohol violettroten für Seide. Aufguss mit Blütenöl hilft gegen Quetschungen, Wunden, Krampfadern, Geschwüre und

Sonnenbrand. Blütenaufguss ergibt einen schmerzlindernden, beruhigenden Tee bei Blutarmut, Rheumatismus, Kopfweh und nervösen Leiden. Manche Experten halten es aber für nicht ungefährlich.

Indigofera tinctoria
Indigo *Leguminosae*
Beschreibung Perennierender halbtropischer Strauch. Paare ovaler Blätter wachsen den Stengeln entlang, und Büschel kleiner violetter Blüten erscheinen im Sommer.
Anbau Muss bei gemässigtem Klima im Gewächshaus gezogen werden. Im Frühling säen oder Stecklinge nehmen.
Verwendung Wegen seines tiefblauen Farbstoffs seit der Antike bekannt. Seitdem es vor drei Jahrhunderten im Westen eingeführt wurde, immer noch sehr gefragt, obschon die Herstellung der lichtechten blauen Farbe und mit Gärung verbunden ist.

Iris florentina
Florentiner Schwertlilie
Iridaceae
Beschreibung Winterfest, perennierend. Wird 60 cm–1 m hoch. Seine dicken Wurzeln duften nach Veilchen. Blätter haben Schwertform. Grosse weisse Blüten, lavendelfarben angehaucht und mit gelbem Bart, erscheinen im Spätfrühling oder Frühherbst.
Anbau Wächst in tiefem, reichem, gut dräniertem Boden an sonnigem Ort. Wurzeln im Spätfrühling oder Frühherbst teilen.
Verwendung Wurzeln liefern Bitterstoff für bestimmte Liköre. Gemahlene Wurzel verleiht Wäsche erfrischenden Duft. Wird auch als Basis für Trockenshampoo, Zahnpulver, Gesichtspackungen und in der Parfümerie verwendet, ferner als Fixativ in Duftschalen. Die Wurzel ist ein kräftiges Abführmittel, nach heutiger Ansicht zu stark für den medizinischen Gebrauch.

Lawsonia inermis
Hennastrauch *Lythraceae*
Beschreibung Perennierender tropischer Strauch. Wird bis 3 m hoch. Buschig mit schmalen, graugrünen Blättern und kleinen, süssduftenden rosa oder cremeweissen Blüten. Später Büschel schwarzblauer Beeren.
Anbau In trockenem, gut dräniertem Boden und tropischem Klima.
Verwendung Getrocknete Blätter liefern starken roten Farbstoff, der im Osten seit Jahrhunderten zum Färben von Haar, Haut und Nägeln verwendet wird. Getrocknete Blätter adstringieren auch. Als kalte Kompresse senken sie Fieber und mildern Kopfweh, Stiche, Gelenkschmerzen und Hautreizungen.

Leonurus cardiaca
Herzgespann *Labiatae*
Beschreibung Winterfest, perennierend. Durchdringender Geruch und bitterer Geschmack. Wird 1–1,5 m hoch. Dicke, gefurchte, behaarte, kantige Stengel tragen behaarte, gelappte, gezähnte, dunkelgrüne Blätter mit blasserer Unterseite. Wirtel von Blüten, blassrosa bis rotviolett, erscheinen von Mittsommer bis in den Herbst.
Anbau Wächst auf gut dräniertem, leichtem, kalkigem Boden an sonnigem Ort. Im Frühjahr säen, im Spätfrühjahr oder Herbst Wurzel teilen. Reichlich selbstversamend.
Verwendung Ganze Pflanze liefert dunkelgrünen Farbstoff für Wolle. Ist leicht adstringierend. Ein Aufguss aus getrockneter Pflanze besänftigt falsche Wehen und ist ein entspannendes Tonikum in der Menopause. Kann als Herzstärkungsmittel und zur Senkung des Blutdrucks verwendet werden.

Linum usitatissimum
Flachs *Linaceae*
Beschreibung Winterfest, einjährig. Wird 30 cm–1 m hoch. Schmale, behaarte, schwertförmige Blätter und rote, weisse oder blaue Blüten, im Sommer. Nachher runde Kapseln mit glänzenden, hellbraunen Samen, die viel Öl und Linolsäure enthalten.
Anbau In trockenem, gut dräniertem Boden in offener, sonniger Lage. Im Frühling oder Frühsommer säen.
Verwendung Seit ältesten Zeiten genutzt. Samen und unreife Kapsel sind geröstet essbar. Samenöl (Leinöl) ist wichtig bei der Herstellung von Malfarben und Lacken. Aus Stengeln wird Papier und Stoff gemacht, aus Samen ein Haarfestiger und, wenn ganz gegessen, ein Abführmittel. Samenaufguss trinken gegen alle Lungeninfektionen und als Umschlag benützen gegen Furunkel und Entzündungen.

Lupinus polyphyllus
Staudenlupine *Leguminosae*
Beschreibung Krautig, perennierend. Wird 75 cm–1 m hoch. Wirtel von langen, schmalen Blättern und wickenähnliche, tiefblaue, violette, rosa, weisse oder gelbe Blüten im Spätfrühling und Frühsommer. Später abgeflacht kugelige, weisse Samen in langen Schoten.
Anbau Wächst in leichtem, sandigem Boden in Sonne oder Halbschatten. Im Frühjahr säen.
Verwendung Samen zerdrücken und Gesichtsdampfbad damit machen oder Gesichtslotion gegen fette Haut.
Achtung: *Der rohe Samen einiger Arten ist zum Essen giftig.*

Onobrychis viciifolia
Esparsette *Leguminosae*
Beschreibung Hübsch, buschig, perennierend. Wird 10–75 cm hoch. Blättchen sind schmal und paarweise angeordnet. Kegelförmige Ähren von rosa, rotgestreiften Blüten im Spätfrühling bis Spätsommer.
Anbau Wächst in trockenem, gut dräniertem Boden, Samen abstreifen und im Frühling oder Frühherbst säen.
Verwendung Ergibt guten Honig; seine Pollen locken Bienen an. Als Futterpflanze nutzen.

Panax quinquefolia
Amerikanischer Ginseng
Araliaceae
Beschreibung Winterfest, perennierend. Wird 30–45 cm hoch. Fein gezähnte, ovale Blättchen und aromatische, spindelförmige, fleischige, blassgelbe bis braune Wurzel. Kleine gelbe oder rosa Blüten im Spätsommer, nachher leuchtendrote Beeren.
Anbau Wächst in kühlem, humusreichem Boden im Schatten. Im Vorfrühling in geheiztem Gewächshaus säen. Ins Freie setzen. Ernte nach 3–9 Jahren.
Verwendung Getrocknete Wurzel zu Tonikum zwecks erhöhter geistiger und körperlicher Leistungsfähigkeit aufgiessen, gegen Erschöpfungsdepression oder äusserlichen Stress, als Appetit- und Verdauungsanreger und gegen Brechreiz. Hilft bei Husten und Brustkrankheiten. Orientalischer Ginseng *(P. pseudoginseng)* wird ähnlich verwendet.

Polygonum bistorta
Wiesenknöterich *Polygonaceae*
Beschreibung Winterfest, perennierend. Wird bis 1 m hoch. Blätter sind breit, oval, blaugrün mit herzförmigem Ansatz. Knollige, verdrehte schwarzbraune Wurzeln haben rotes Fleisch. Rosa Blüten in dichten Ähren im Spätfrühling.
Anbau Wächst in feuchtem Boden in Sonne oder Schatten. Kriechwurzeln im Frühling oder Herbst teilen. Breitet sich stark aus.
Verwendung Junge rohe Blätter schmecken gut. Wurzel kann zum Ledergerben verwendet werden. Getrocknete Wurzeln mahlen und als stark adstringierenden Tee gegen äusserliche und innerliche Blutungen, gegen Durchfall und als Einlauf verwenden. Wurzelabsud dient zum Gurgeln gegen Mundgeschwüre und als Mittel gegen Husten, Halsweh und Dysenterie. Direkt auf eine Wunde gegeben, hilft das Wurzelpulver Blutungen zu stoppen.

Reseda luteola
Gelbe Reseda *Resedaceae*
Beschreibung Winterfest, zweijährig.

Wird 60 cm–1,5 m hoch. Rosetten langer, wellenrandiger Blätter im ersten Jahr. Anmutige, gebogene Ähren kleiner, gelbgrüner Blüten erscheinen im zweiten Sommer.
Anbau Wächst in fruchtbarem, gut dräniertem, alkalischem Boden in voller Sonne. Im Spätsommer säen.
Verwendung Ganze blühende Pflanze liefert starken, klargelben Farbstoff für Wolle und Seide.

Rubia tinctorium
Färberröte *Rubiaceae*
Beschreibung Winterfeste, perennierende Kletterpflanze mit stacheligen, schwachen Stengeln. Wird 60 cm–1 m hoch mit Wirteln grosser, rauher, stachelrandiger, lanzettförmiger Blätter. Wurzel ist dick, fleischig und rotbraun. Kleine gelbgrüne Blüten im Frühsommer bis Frühherbst, danach kugelige schwarze Früchte.
Anbau Wächst in gutdräniertem Boden in voller Sonne oder Halbschatten. Im Frühling oder Herbst in gut umgegrabene, lehmige Erde säen. Kriechwurzel zerteilen.
Verwendung Wurzel und Blätter liefern rosa, krapprote und braune Farbstoffe, je nach Beize, für Tuch und Leder, Blätter lassen sich als Metallreiniger verwenden. Pulverisierte Wurzel hilft gegen Beschwerden der Harnwege und verhindert die Bildung von Steinen. Stengel mit Blättern, als Tee aufgegossen, können Verstopfung beheben.

Scutellaria lateriflora
Helmkraut *Labiatae*
Beschreibung Winterfest, perennierend. Wird 30 cm–1 m hoch. Verzweigte Stengel tragen ovale, gezähnte Blätter, und hübsche blaue Blümchen erscheinen entlang dem Stengel im Sommer. Die Wurzeln sind faserig und gelb.
Anbau In gewöhnlichem, gut dräniertem Boden in Sonne oder Halbschatten. Unter sanfter Heizung im Spätwinter säen. Wurzeln im Vorfrühling teilen.
Verwendung Ganze Pflanze sehr wirksam als beruhigendes, krampflösendes Tonikum und Mittel gegen Hysterie und Wasserscheu. Gemahlenes Kraut als Tee aufgiessen gegen prämenstruelle Spannung, Rheumatismus, Neuralgie und starken Schluckauf.

Sesamum indicum
Sesam *Pedaliaceae*
Beschreibung Starkriechendes Sommergewächs, stammt aus den Tropen. Wird 1 m hoch. Lanzettförmige Blätter, hängende violette bis weisse Blüten, später lange Kapseln voll flacher, weisser oder gelblicher Samen.

Anbau Mag sandigen Lehmboden an sonniger Lage. Durch Säen vermehren.
Verwendung Samen ist ausgezeichneter Lieferant von Protein, Nikotinsäure, Phosphor, Schwefel und Kohlenhydraten und hat einen süssen, nussigen Geschmack. Über Brot, Biscuits, Gemüse und Eintöpfe streuen. Paste aus Samen wird in Brotaufstriche, Saucen und Pâtés gemischt. Die Samen helfen auch gegen Verstopfung, Hämorrhoiden und Infektionen der Geschlechtsorgane und Harnwege.

Stachys officinalis
Rote Betonie *Labiatae*
Beschreibung Winterfest, perennierend. Wird bis 60 cm hoch. Behaarte, kantige Stengel tragen aromatische, dünn behaarte, rundgelappte Blätter. Dichte Ähren von rosa oder violetten Blüten von Hoch- bis Spätsommer.
Anbau In gewöhnlichem Boden in Sonne oder Schatten. Bevorzugt etwas Humus. Im Frühling säen oder Wurzeln im Frühling oder Herbst teilen.
Verwendung Getrocknete Blätter als Tee-Ersatz versuchen. Frische Pflanze liefert gelben Farbstoff; in Haarspülung geben, um grauem Haar goldene Lichter aufzusetzen. Blätter werden jetzt hauptsächlich statt Tabak geraucht und in Umschlägen und homöopathischen Tinkturen gegen Durchfall verwendet. Die ganze Pflanze hat aromatische, adstringierende und blutreinigende Eigenschaften. Als Beruhigungs- und krampflösendes Mittel bei Migräne und Verdauungsstörungen aufgiessen.

Stellaria media
Sternmiere *Caryophyllaceae*
Beschreibung Kräftige einjährige Kriechpflanze, wird 10–30 cm lang. Saftige ovale Blätter wachsen an wuchernden, brüchigen, dicht verzweigten Stengeln, die nur auf einer Seite behaart sind. Kleine sternförmige, weisse Blüten vom Vorfrühling bis mitten im Winter.
Anbau Leicht zu ziehen in jedem Boden, zieht aber feuchte Orte vor. Im Frühling säen. Selbstversamend.
Verwendung Blätter enthalten Vitamin C und Phosphor und schmecken wunderbar roh in Salaten oder gekocht als Gemüse. Frische Blätter in einem Umschlag helfen gegen Entzündung und Geschwüre. Ganze Pflanze absieden gegen Verstopfung, Hämorrhoiden und offene Wunden. Als Salbe gegen Ekzeme, Psoriasis und Hautreizungen.

Taraxacum officinale
Löwenzahn *Compositae*
Beschreibung Sehr verbreitet, winterfest und perennierend. Wird 5–30 cm

hoch. Lange, milchige Pfahlwurzel und Stengel. Längliche, gezähnte Blätter, in flachen Rosetten stehend. Goldene Blüten vom Frühjahr an bis zum Herbst. Später kugelige Büschel gefiederter Samen.
Anbau Wächst in feuchtem Boden an sonnigem Standort. Im Frühling oder Frühherbst säen. Reichlich selbstversamend.
Verwendung Blätter enthalten Vitamine A und C, Nikotinsäure und verschiedene Mineralien, Wurzel kann roh in Salaten gegessen werden. Getrocknete, geröstete Wurzel dient als Kaffee-Ersatz. Wurzel liefert magentaroten Farbstoff für Wolle. Das Latex in den Blättern ist ein ausgiebiger Weichmacher für Gesichtsdampfbäder, Reinigungsmilch und Feuchtigkeitscreme für jede Haut. Als Tonikum zum Badewasser geben. Die Wurzel regt die Gallenproduktion an und wirkt harntreibend. Auch gut gegen Rheumatismus, Gicht, Ekzem, Verstopfung und Schlaflosigkeit.

Tussilago farfara
Huflattich *Compositae*
Beschreibung Winterfest, perennierend. Wird 8–30 cm hoch. Kleine weisse, sich ausbreitende Wurzeln und gezähnte, dunkelgrüne Blätter mit grauer Unterseite. Kleine, gelbe Blüten im Frühjahr.
Anbau Gedeiht in den meisten Böden, kann wuchern. Im Frühling säen. Wurzelstecklinge im Frühling oder Herbst nehmen. Pflanze im Herbst teilen.
Verwendung Frische Blätter in Salat. Getrocknete werden in Kräutertabak verwendet. Alle Teile von Huflattich enthalten Schleim, der Husten und Bronchitis besänftigt. Blätter absieden gegen Erkältung, Grippe und Asthma.

Urtica dioica
Brennessel *Urticaceae*
Beschreibung Perennierend mit getrennten männlichen und weiblichen Pflanzen. Wird 1,2 m hoch. Blätter gezähnt, spitzig und oval, beim Berühren stechen sie. Behaarte, kantige Stengel tragen winzige grünliche Blüten vom Frühsommer bis Frühherbst.
Anbau Wächst rasch in jedem Boden. Im Frühling säen. Wurzeln im Frühling teilen.
Verwendung Junge Brennesseln sind reich an Vitaminen und Mineralien. In Salat essen, als Gemüse kochen oder als Kräutertee trinken. Ganze Pflanze liefert grünlichgelben Farbstoff für Wolle. Nesselfasern werden zu Seilen gezogen und zu Geweben und Papier verarbeitet. Adstringierende junge Blätter in Gesichtsdampfbädern, Badezusätzen und Haarpräparaten. Aufgiessen oder absieden als Verdauungshilfe, harntreibendes Mittel, Adstringens und Abführmittel.

Register

280

Glossar

Absud Hiefür wird ein bestimmtes Gewicht von Kräutern in einer bestimmten Menge Flüssigkeit während einer bestimmten Zeit ausgesotten oder gesimmert. Ein Standardabzug wird mit 25 g Kräutern und 570 ml Wasser hergestellt. Für einen milden Absud halbiert man die Kräutermenge, für einen starken verdoppelt man sie.

Adstringens Eine Substanz, die lebendes Gewebe zusammenzieht. Ein adstringierendes Kosmetikum strafft die Haut.

Alkalisch ist ein Boden mit einem pH-Wert von mehr als 7,3. Es gibt Kräuter, die sauren Boden vorziehen, aber die meisten gedeihen besser auf alkalischem Boden.

Aufguss wird hergestellt, indem man eine bestimmte Menge siedenden Wassers über eine bestimmte Menge Kräuter giesst und eine bestimmte Zeitlang ziehen lässt. Für einen Standardaufguss nimmt man 25 g getrocknete Kräuter und 570 ml Wasser. Zu einem milden Aufguss verwendet man die halbe Menge, zu einem starken die doppelte Menge Kräuter.

Ausläufer Stengel, der sich dem Boden entlang ausbreitet und überall, wo er feuchten Boden findet, Wurzeln schlägt, die eine neue Pflanze hervorbringen.

Blattachsel Der Winkel zwischen der Oberseite eines Blattstiels und seinem Stengel.

Cultivar Eine in Kultur entstandene Varietät, im Gegensatz zu einer natürlich und wild entstandenen.

Cumarin Eine bestimmte, in manchen Pflanzen vorkommende Verbindung, die – in grossen Mengen eingenommen – Blutungen hervorrufen kann. Sie verleiht den getrockneten Pflanzen den Duft frisch gemähten Heus.

Destillation Trennung der Bestandteile einer Flüssigkeit, die verschiedene Siedepunkte haben, indem man die Flüssigkeit verdampft, den Dampf kondensiert und die sich ergebende Flüssigkeit sammelt.

Diuretisch Harntreibend.

Dolde Abgeflachte Masse kleiner Blütenköpfe, deren Stiele alle demselben Punkt entspringen.

Effleurage Weicher, leichter Strich in der Massage.

Einjährig ist eine Pflanze, die binnen eines Jahres aus Samen zur Blüte heranwächst und dann stirbt.

Enfleurage Technik, bei der Pflanzen mittels Fett der Duft entzogen wird, zur Herstellung von Parfüm.

Formstrauch Immergrüne Bäume und Sträucher, zu geometrischen und phantasievollen Formen geschnitten.

Genus Botanischer Name für eine Gruppe nahe verwandter Pflanzen.

Halbstrauch Niederer Strauch mit hölzerner Basis, aber weichen Stengeln.

Herzstärkungsmittel Wärmendes, belebendes Getränk, auch Medizin zur Anregung des Herzens.

Immergrün Eine Pflanze, die das ganze Jahr hindurch lebendes Blattwerk trägt.

Knolle Dicke Wurzel oder unterirdischer Stengel, in denen Nahrung gespeichert ist.

Krautig nennt man perennierende Pflanzen, deren Stengel nicht verhölzern und am Ende jeder Wachstumsperiode eingehen.

Laubwechselnd ist eine Pflanze, besonders ein Baum oder Strauch, die ihr Laub am Ende der Vegetationsperiode abwerfen.

Mazeration Die Gewinnung der Heilstoffe eines Krautes durch Eintauchen in ein Lösungsmittel.

Mulch Bodenbedeckendes Material, das verwendet wird, um Wurzeln zu schützen.

Narkotikum Eine Substanz, die in kleinen Dosen schmerzstillend wirkt, in grossen Dosen jedoch das Nervensystem schädigen und zu Bewusstlosigkeit oder Tod führen kann.

Nerventonikum Substanz zur Behandlung nervöser Leiden.

Perennierend Jahr um Jahr lebend. Stengel und Blätter einer perennierenden Pflanze sterben im Winter; neue Schosse erscheinen jeden Frühling. Gewöhnlich Benennung krautiger Pflanzen.

Pflanzenschleim Eine gallertartige Substanz, die in gewissen Kräutern vorkommt und zur Behandlung von Hautentzündungen gebraucht wird.

pH-Wert Masseinheit zur Bestimmung des Säure- bzw. Basengehaltes des Bodens. Zahlen unter 7 geben saure Beschaffenheit an, hohe Zahlen alkalische.

Rhizom Ein waagrecht kriechender unterirdischer dicker Stengel, der Nahrung speichert und von dem aus Wurzeln und Schosse produziert werden.

Samenblätter Blütenstaubtragender Teil der Blüte.

Sauer wird ein Boden genannt, der einen pH-Wert von weniger als 6,5 aufweist und keinen freien Kalk enthält.

Selbstversamend nennt man Pflanzen, die ihren Samen rund um sich herum fallen lassen. Dort entstehen neue Pflanzen, manchmal jedoch mit weniger üppigen und andersförmigen Blüten.

Spezies Eine Unterklasse von Genus. Aus Samen gezogene Pflanzen einer Spezies bleiben sich stets gleich.

Steckling Ein Blatt, eine Knospe, ein Stengel- oder Wurzelteil, die einer Pflanze entnommen wurden, um eine neue daraus zu ziehen.

Strauch Perennierende Pflanze, deren verzweigte Stengel hölzern sind.

Tinktur Eine Lösung mit Extrakten aus Heilpflanzen, hergestellt, indem man die Pflanzen in Alkohol oder in eine Mischung aus Alkohol und Wasser einlegt.

Umschlag Zerdrückte Kräuter oder Pflanzenextrakte, erhitzt und auf Quetschungen oder entzündete Haut gelegt.

Varietät Ausdruck, der früher nur für natürlich entstandene Abweichungen einer Spezies gebraucht wurde, heute aber oft ein Cultivar.

Winterfest Fähig, den Winter im Freien ohne Schutz zu überleben.

Wurzelhaube Basis einer krautigen, perennierenden Pflanze, aus der Wurzel und Schosse wachsen.

Wurzelschössling Schoss, das unterirdisch gebildet wird und dann ans Licht kommt.

Wurzelstock Wurzel- und Haubensystem krautiger perennierender Pflanzen und Wurzelschösslinge bildender Sträucher.

Ziemlich winterfest sind Pflanzen, die strenge Fröste nicht sicher überleben. Manche ziemlich winterfesten Pflanzen kann man nur im Sommer im Freien belassen. Andere, besonders bestimmte Sträucher, überwintern im Freien an geschützter Lage in Gegenden mit mildem Klima.

Zweijährig sind Pflanzen, die ihren Lebenszyklus in zwei Jahren vollenden. Im ersten Jahr bringen sie Stengel und Blätter hervor, im zweiten Blüten und Samen; dann sterben sie.

Dank der Autorin

Ich möchte Jill Norman dafür danken, dass sie mich mit Dorling Kindersley zusammengebracht hat, und Daphne Razazan für ihr Vertrauen zu diesem Buch. Besonderen Dank schulde ich meiner Lektorin Carolyn Ryden für ihre geduldige Führung und die freundliche Bestimmtheit, mit der sie mich zurückrief, wenn ich allzusehr vom Grundthema abschweifte. Dank auch Tina Vaughan für die sorgfältige und phantasievolle Bildredaktion und Jill Dow für die einfühlsame Genauigkeit ihrer Gartenzeichnungen. Besonderen Dank dem Fotografen Dave King und seinem Assistenten Jonathan Buckley; geduldig und wohlgelaunt unternahmen sie mehrere Reisen in unsere Pflanzgärten und Feldwege, um jedes Kraut zu seiner besten Zeit festzuhalten.

Ich danke auch zwei begabten Köchen für die beigesteuerten originellen Rezepte: Jan Butcher von Beanfeast und Ruth Bolton, The Chalice Restaurant, Bury St Edmunds. Dank auch Eileen Clarke für ihre inspirierenden Rezeptideen.

Ferner danke ich Ann Mulley für ihre sorgsam ausgeführten Färbe-Experimente und Sonia Berrisford-Hobbs für ihre phantasievollen Dekorationen. Vivienne Boulton bin ich dankbar für ihre handwerklichen Versuche mit Kräutern, Joy Larkcom für das Beisteuern ungewöhnlicher Salatkräuter, Chao Hen aus Hangzhou für seine Führung durch Gärten und Kräuter in China, John Stephen, Cotswold Perfumery Ltd für Information über Parfümzutaten und Mary Chipper für ihre nützlichen Hinweise auf dem Gebiet der Aromatherapie und dafür, dass sie Netherfield Herbs am Leben erhielt, währenddem ich mit Forschen und Schreiben beschäftigt war.

Schliesslich geht mein besonderer Dank an meine Familie, die sich für zahlreiche Kräuterexperimente als Versuchskaninchen hergab – Kräuter essend, Kräuter trinkend, Kräuter in Lotionen anwendend. Meinem ältesten Sohn, Toby Lowe, verdanke ich literarische Kritik und Hilfe an meiner Textverarbeitungsmaschine, und mein grösster Dank geht an meinen Mann, J. Roger Lowe, der mir mit Klarheit und Kraft beistand.

Dorling Kindersley dankt Liny Newton, Clare Mitchison und Barbara Croxford für ihre redaktionelle Mitarbeit, Richard Bird für das Register, Ann Warren-Davis für ihre konstruktive Kritik des Kapitels über Kräutermedizin, Linda Fraser für das Zubereiten von Speisen zum Fotografieren, Val Baxter für den Gebrauch ihrer Küche und ihres Gartens, Craft at the Barn und Joy Larkcom für die Erlaubnis, in ihren Gärten zu fotografieren, Phil Ladd für die Bereitstellung von Kräutern, Maureen Richardson für die Lieferung von Kräuterpapier, Steve Wilson für den Entwurf der Symbole und Henrietta Withrop für die Geduld, mit der sie das Buch durch die Herstellung begleitete.

Folgende Firmen lieferten Requisiten für die Fotografie; Elisabeth David, 46 Bourne St, London SW 1, Philip Poole, 182 Drury Lane, London WC 2, David Mellor, 4 Sloane St, London SW 1 (und Filialen 26 James St, London WC 2 und 66 King St, Manchester), Naturally British, 13 New Row, London WC 2, Tables Laid, Novello St, London SW 6, Josiah Wedgwood & Sons, 32 Wigmore St, London W 1.

Illustratoren

Jill Dow 19, 20–1, 22, 24, 27, 28, 30–1, 32, 33
Nick Hall 232–3, 234
Lorraine Harrison 17, 19, 20, 26, 31, 150, 163, 194, 212, 228, 238, 251, 252–68, 270
Fotografen
Alle Aufnahmen von Dave King, ausser
A–Z Botanical Collection Ltd. 141 OR
Heather Angel (Biofotos) 18, 25 OR
Clive Boursnell 2–3, 6–7, 14–15, 23 UL
Lesley Bremness 13, 29, 105 OR
Pat Brindley 47 OR
Linda Burgess (Botanical Pictures) Vorsatzpapiere, 1, 10, 23, OR, 36–7
Eric Crichton 34, 75 OR, 89 OR, 90 OR, 112 OR, 119 OR

Philip O'Dowell 46, 47, 118–19, 208–9
Julie Fisher 217, 221
Chao Hen 25 U
Monique le Luhandre (Monstyle) 215, 223
Tania Midgley 11
The National Trust 6
Peter Smith 169, 171, 175, 179, 181, 184, 187, 189, 192–3
Jessica Strang 23 UR, 35
Michael Warren (Photos Horticultural) 9, 147 OR

Schlüssel O = oben, U = unten, R = rechts, L = links

Titelbild Dave King
Foto von Lesley Bremness, Jonathan Buckley

Wichtiger Hinweis

Kräuter sind sehr wirksame Heilmittel. Wenn sie missbraucht werden, können sie Schaden anrichten. Dieses Buch ist kein medizinisches Nachschlagewerk. Die darin enthaltenen Ratschläge sind nicht spezifisch, sondern allgemeiner Art, und weder die Autorin noch die Verlage können verantwortlich gemacht werden für irgendwelche gegenteilige Reaktionen aufgrund der hier enthaltenen Rezepte, Formeln, Empfehlungen oder Anleitungen. Bevor Sie ein Kräuterrezept versuchen, probieren Sie zuerst eine kleine Menge aus für den Fall, dass sich irgendwelche negative Reaktionen oder Allergien entwickeln. Machen Sie keine Selbstdiagnose und versuchen Sie keine Eigenbehandlung bei schweren oder langwierigen gesundheitlichen Störungen, ohne einen medizinisch kompetenten Kräuterkenner aufgesucht zu haben. Verwenden Sie keine Heilkräuter, wenn Sie bereits in ärztlicher Behandlung stehen, ohne professionellen Ratschlag eingeholt zu haben.